समावेशी बैंकिंग

बिजनेस कॉरेस्पॉन्डेंट के माध्यम से (उन्नत कोर्स)

INDIAN INSTITUTE OF BANKING & FINANCE

Revise and updated by Mr. K.S. Padmanabhan, Retd. CGM, NABARD.

First Edition : 2024

Price : ₹ 655

Published by :
Taxmann Publications (P.) Ltd.

Sales & Marketing :
59/32, New Rohtak Road, New Delhi-110 005 India
Phone : +91-11-45562222
Website : www.taxmann.com
E-mail : sales@taxmann.com

Mumbai
35, Bodke Building, Ground Floor M.G. Road,
Opp. Railway Station, Mulund (W), Mumbai - 400 080
Mob. +91-9322247686, 9619668669, 7045453844/45/51
E-mail : sales.mumbai@taxmann.com; nileshbhanushali@taxmann.com

Regd. Office :
21/35, West Punjabi Bagh, New Delhi-110 026 India

Printed at :
Tan Prints (India) Pvt. Ltd.
44 Km. Mile Stone, National Highway, Rohtak Road,
Village Rohad, Distt. Jhajjar (Haryana) India
E-mail : sales@tanprints.com

प्रस्तावना

भारत की समग्र अर्थव्यवस्था ग्रामीण आबादी के व्यापक या सर्वसमावेशी विकास पर निर्भर करती है। यह परिकल्पना ज़मीनी स्तर पर साकार हो सके, इसके लिए बैंकिंग सुविधारहित समुदायों का वित्तीय समावेशन आवश्यक है और साथ ही ऐसे भौगोलिक क्षेत्रों का भी, जहाँ बैंकिंग सुविधाएँ बहाल नहीं की जा सकी हैं। ऐसी स्थिति में, अंतिम व्यक्ति तक पहुँचने के इरादे से गठित बिजनेस कॉरेस्पॉन्डेंट्स (BC)/ बिजनेस फैसिलिटेटर (BF) मॉडल की महत्ता और बढ़ जाती है, जो वित्तीय सेवाओं को सीधे लोगों के द्वार तक ले जाता है।

उपरोक्त पंक्तियों के आलोक में, स्पष्ट है कि BC/BF मॉडल का उद्देश्य उन क्षेत्रों में बैंकिंग सेवाएँ बहाल करना है जहाँ कोई बैंक शाखा नहीं है और जो अब तक वित्तीय सेवाओं से वंचित हैं। आसान शब्दों में कहें तो BC/BF, बैंक की शाखा की एक विस्तारित भुजा है जो शाखा और क्षेत्र के लोगों के बीच एक पुल का काम करता है।

चूँकि बैंकिंग सेवाओं का विस्तार करने के लिए बिजनेस कॉरस्पोंडेंट्स को नियुक्त करने में बैंकों के समक्ष यह जोखिम बना रहता है कि ऐसी नियुक्तियों से उनके परिचालन और प्रतिष्ठा पर आँच आ सकती है; इसलिए जो भी उम्मीदवार BC/BF बनने की इच्छा रखते हैं, उनके पास अपनी निर्धारित भूमिकाओं के प्रभावी निष्पादन के लिए सभी आवश्यक कौशल और दक्षताएँ मौजूद होनी चाहिए। बैंकों से अपेक्षा की जाती है कि वे अपने ग्राहकों के हितों की रक्षा के लिए एक सुदृढ़ प्रणाली स्थापित करेंगे, इसलिए बिज़नेस कॉरस्पोंडेंट्स के क्षमता निर्माण को आजकल काफ़ी महत्व दिया जा रहा है।

इन उद्देश्यों को ध्यान में रखते हुए, संस्थान ने बिजनेस कॉरेस्पॉन्डेंट्स (BC)/बिजनेस फैसिलिटेटर्स (BF) नामक वित्तीय मध्यस्थों (financial intermediaries) पर लक्षित एक सर्टिफिकेट कोर्स डिज़ाइन किया था।

आरबीआई (RBI) की सलाह के अनुसार भारतीय बैंक संघ (IBA) द्वारा गठित गवर्निंग काउंसिल की सिफ़ारिशों के आधार पर पाठ्यक्रम के सिलेबस को फिलहाल पूरी तरह से संशोधित कर लिया गया है। यह संशोधित पाठ्यक्रम बिजनेस कॉरेस्पॉन्डेंट्स द्वारा निभाए जा रहे कर्तव्यों और जिम्मेदारियों पर प्रकाश डालता है।

इस संबंध में, विभिन्न हितधारकों के बीच हुई विस्तृत चर्चा के परिणामस्वरूप, यह निर्णय लिया गया है कि प्रमाणन (certification) के दो स्तर होंगे :

(a) *मूलभूत प्रमाणन (Basic Certification)* : इस प्रमाणन को प्राप्त करने का दायित्व बीसी का होगा जो केवल बुनियादी लेनदेन जैसे जमा, भुगतान लेनदेन, कैश-इन कैश-आउट (नक़द जमा और निकासी), रेमिटेंस (वित्तप्रेषण) इत्यादि जैसे कार्य संभालते हैं। भुगतान बैंकों के बीसी को भी यह मूलभूत प्रमाणन प्राप्त करना होगा।

(b) *उन्नत प्रमाणन (Advanced Certification)* : यह प्रमाणन बीसी को प्राप्त करना है जो नियामक द्वारा निर्धारित सभी गतिविधियों को कवर करने वाले पूर्ण BC/CSP प्रबंधक के रूप में कार्य करेंगे।

यह पुस्तक उन्नत प्रमाणन पाठ्यक्रम के लिए निर्धारित सिलेबस पर विस्तार से चर्चा करती है। इस पाठ्यक्रम की शुरुआत बैंकिंग की संरचना और बैंकों के अलग-अलग प्रकारों के बारे में जानकारी देने से होती है। यह पाठ्यक्रम पाठकों को विभिन्न प्रकार की जमा राशियों, खाता खोलने, केवाईसी (KYC) प्रक्रियाओं, लेखांकन, वित्त और परिचालन, ऋण और एडवांस, लाभप्रद ऋण (Sound lending) देने के सिद्धांत, संपत्ति वर्गीकरण, शिकायत निवारण तंत्र, BC/BF मॉडल, माइक्रो फाइनेंस और विभिन्न प्रकार की सरकारी योजनाओं आदि के बारे में भी जानकारी देता है। इस पाठ्यक्रम में बिजनेस कॉरेस्पॉन्डेंट्स के लिए आवश्यक बुनियादी तकनीकी कौशल, डिजिटल बैंकिंग उत्पाद, डिजिटल क्षेत्र में हाल के विकास और साथ ही BC के लिए आवश्यक व्यावहारिक कौशल (Soft Skills) को भी शामिल किया गया है।

संस्थान ने इस पाठ्यक्रम को बैंकिंग उद्योग से जुड़े विशेषज्ञों की मदद से विकसित किया है। संस्थान उनकी सेवाओं के लिए हृदय से आभारी है।

जैसा कि संस्थान द्वारा अपनाई जाने वाली रीत है, यह पुस्तक एक मॉड्यूलर दृष्टिकोण का अनुसरण करती है। हालाँकि पुस्तक संपूर्ण निर्धारित पाठ्यक्रम को कवर करती है, लेकिन पुस्तक में दी गई इकाइयाँ बिलकुल उसी क्रम में नहीं दिखाई दे सकती हैं जैसा कि सिलेबस में उल्लिखित है। ऐसा पुस्तक के चार मॉड्यूलों में सुसंगतता और तार्किक प्रवाह सुनिश्चित करने के लिए है।

हमें इसका पूरा यकीन है कि इस पुस्तक में दी गई जानकारियों को परीक्षा में शामिल होने वाले उम्मीदवार बेहद उपयोगी पाएँगे। यह पुस्तक पेशेवर बैंकरों और संस्थानों के लिए एक संदर्भ पुस्तक के रूप में भी उपयोगी साबित होगी।

पुस्तक में सुधार के लिए सुझावों का स्वागत है।

मुंबई
2024

बिस्वा केतन दास
मुख्य कार्यकारी अधिकारी

अनुशंसित पाठ

शिक्षक की मदद के बिना परीक्षा की तैयारी को सुगम बनाने के लिए संस्थान ने अध्ययन किट के रूप में इस व्यापक पाठ्यक्रम को तैयार किया है। इसमें प्रत्येक मॉड्यूल/विषय के निर्धारित पाठ्यक्रम को पूर्णतया कवर करने का प्रयास किया गया है, और विषयों की प्रस्तुति हमेशा उसी क्रम में नहीं हो सकती जैसा कि पाठ्यक्रम में प्रदत्त है।

उम्मीदवारों से यह भी अपेक्षा की जाती है कि वे पाठ्यक्रम में शामिल विषयों से संबंधित नवीनतम विकास से अवगत रहने के लिए आर्थिक समाचार पत्रों, आर्थिक पत्रिकाओं, नवीनतम पुस्तकों और प्रकाशनों का संदर्भ लें।

पाठ्यक्रम

मॉड्यूल A - सामान्य बैंकिंग

1. भारतीय बैंकिंग की संरचना और बैंकों के प्रकार

- बैंकिंग सेवाओं की आवश्यकता
- बैंक का अर्थ
- भारतीय बैंकिंग प्रणाली की संरचना
- बैंकों के कार्य
- भारत में बैंकिंग का विनियमन और पर्यवेक्षण
- बैंकिंग में अभिनव प्रवृत्तियाँ (Recent Trends)

2. विभिन्न जमा योजनाएँ और अन्य सेवाएँ

- जमाराशियों के प्रकार (Types of Deposits)
- मांग जमाराशि (Demand deposits)
- मियादी जमाराशि (Term Deposits)
- निक्षेप बीमा और प्रत्यय गारंटी निगम (DICGC) द्वारा बैंक जमाराशियों का बीमा
- आरबीआई रिटेल डायरेक्ट योजना
- वित्तप्रेषण (Remittance)

3. खाता खोलना, ऑन-बोर्डिंग प्रक्रिया, केवाईसी (KYC) व्यवस्था और परिचालन

- खाता खोलने के लिए प्रक्रिया
- जमाकर्ताओं के फोटोग्राफ

- नमूना हस्ताक्षर (Specimen Signature)
- नामांकन (Nomination)
- धन-शोधन (Money Laundering) की रोकथाम
- खातों के संचालन के संबंध में आरबीआई (RBI) के दिशानिर्देश
- खाता बंद करना
- ग्राहक अधिकारों का चार्टर

4. लेखांकन, वित्त एवं परिचालन

- लेखांकन की मूल बातें और बहीखातों का रखरखाव
- वित्त एवं परिचालन (Finance and Operations)
- ब्याज क्या है?
- समान मासिक किस्त (EMI)

5. उत्तम ऋण देने के सिद्धांत

- ऋण देने के सिद्धांत
- ब्याज का प्रसार एवं लाभप्रदता

6. खुदरा ऋण पर विशेष ध्यान के साथ ऋण और अग्रिम (एडवांस)

- ऋण एवं उसके प्रकार
- खुदरा ऋण
- शिक्षा ऋण
- आवास ऋण
- वाहन ऋण
- कंज्यूमर ड्यूरेबल्स के लिए ऋण
- उपभोग ऋण
- ओवरड्राफ्ट
- क्रेडिट कार्ड
- सूक्ष्म, लघु एवं मध्यम उद्यम (MSME) ऋण

- मुद्रा योजना के तहत सूक्ष्म एवं लघु उद्यमों को ऋण
- किसान क्रेडिट कार्ड योजना

7. परिसंपत्ति का वर्गीकरण एवं वसूली की विधियां

- गैर-निष्पादक परिसंपत्ति (Non-Performing Asset) की परिभाषा
- आय पहचान, परिसंपत्ति वर्गीकरण (IRAC) मानदंडों के अनुरूप परिसंपत्ति वर्गीकरण
- वसूली के महत्वपूर्ण पहलू
- ऋणों की वसूली के लिए अपनाई जाने वाली विभिन्न विधियां

8. बैंकों में शिकायत निवारण व्यवस्था (Grievance Redressal Mechanism) और एकीकृत लोकपाल योजना (Integrated Ombudsman Scheme)

- शिकायत का अर्थ (Meaning of Grievance)
- छोटे ग्राहकों की आम शिकायतें
- शिकायत निवारण और इसके सिद्धांत
- ग्राहक शिकायत (Customer Complaint)
- बैंकों में शिकायत निवारण प्रणाली
- एकीकृत लोकपाल योजना (Integrated Ombudsman Scheme)

9. वित्तीय बाज़ार का अवलोकन

- भारतीय वित्तीय बाज़ार
- वित्तीय प्रणाली नियामक
- बैंकिंग सेक्टर
- पूंजी बाजार
- बीमा बाजार
- पेंशन बाजार

मॉड्यूल B - वित्तीय समावेशन और बिजनेस कॉरेस्पॉन्डेंट की भूमिका

10. वित्तीय समावेशन

- वित्तीय समावेशन (Financial Inclusion) क्या है?
- वित्तीय समावेशन की आवश्यकता

- बिज़नेस कॉरेस्पोंडेंट (Business Correspondent) और बिज़नेस फैसिलिटेटर मॉडल (Business Facilitator Model)
- बीसी/बीएफ (BC/BF) मॉडल की आवश्यकता
- बिज़नेस कॉरेस्पॉन्डेंट/बिज़नेस फैसिलिटेटर की भूमिका और जिम्मेदारियाँ
- बिज़नेस फैसिलिटेटर कौन हो सकते हैं?
- बिज़नेस कॉरेस्पोंन्डेंट कौन हो सकते हैं?
- बिज़नेस फैसिलिटेटर – कार्यकलापों का दायरा
- बिज़नेस कॉरेस्पोंडेंट - कार्यकलापों का दायरा
- बिजनेस कॉरेस्पोंडेंट बनाम बिजनेस फैसिलिटेटर
- सूक्ष्म वित्त (Micro Finance) संस्थान
- ऋण वितरण (Credit Delivery) प्रणाली में नवाचार
- वर्तमान बैंकिंग परिदृश्य
- वित्तीय समावेशन में प्रौद्योगिकी की भूमिका

11. वित्तीय शिक्षा एवं परामर्श

- वित्तीय शिक्षा (Financial Education)
- बैंकों के लिए वित्तीय शिक्षा का महत्व
- वित्तीय शिक्षा और वित्तीय परामर्श में संचार की भूमिका (Role of Communication in Financial Education and Counselling)
- प्रभावी परामर्श (Effective Counselling)
- वित्तीय शिक्षा में वित्तीय परामर्शदाताओं की भूमिका (Role of Financial Counsellors in Financial Education)
- क्रॉस सेलिंग में वित्तीय परामर्शदाताओं की भूमिका (Role of Financial Counsellors in Cross Selling)
- उधारकर्ता प्रोफाइलिंग (Borrower Profiling)
- ऋण प्रबंधन कौशल (Debt Management Skills)
- ऋण परामर्श केंद्र (Credit Counselling Centres)
- नेशनल सेंटर फॉर फाइनेंशियल एजुकेशन

- जमाकर्ता शिक्षा एवं जागरूकता फंड (Depositor Education and Awareness Fund)
- अन्य प्रयास

12. वित्तीय समावेशन को बढ़ावा देने के लिए सरकारी योजनाएं

- प्रधानमंत्री जनधन योजना (PMJDY)
- प्रधानमंत्री जीवन ज्योति बीमा योजना (PMJJBY)
- प्रधानमंत्री सुरक्षा बीमा योजना (PMSBY)
- अटल पेंशन योजना (APY)
- नेशनल पेंशन सिस्टम लाइट (एनपीएस/लाइट) स्वावलंबन योजना
- वित्तीय समावेशन हेतु राष्ट्रीय रणनीति

13. जोखिम और धोखाधड़ी प्रबंधन

- बैंकों की नजर में जोखिम और इसे कम करने के उपाय
- बीसी (BCs) की नजर में जोखिम
- जोखिम और धोखाधड़ी प्रबंधन
- बिज़नेस कॉरेस्पॉन्डेंट और बिज़नेस फैसिलिटेटर के लिए 'क्या करें और क्या न करें'

मॉड्यूल C- तकनीकी कौशल (TECHNICAL SKILLS)

14. मूलभूत तकनीकी कौशल (माइक्रो-एटीएम, बायोमेट्रिक व अन्य डिवाइसों की देखभाल, कनेक्टिविटी से जुड़ी बुनियादी समस्याएं)

- बीसी मॉडल की मदद से आईटी सक्षम वित्तीय समावेशन (Financial Inclusion)
- कम लागत वाले वित्तीय समावेशन हेतु प्रौद्योगिकी

15. डिजिटल बैंकिंग उत्पाद

- डिजिटल बैंकिंग की जरूरत
- विभिन्न प्रकार के कार्ड
- मोबाइल बैंकिंग
- इंटरनेट बैंकिंग
- ऑटोमेटेड टेलर मशीनें (ATMs)
- प्वाइंट ऑफ़ सेल (Pos) टर्मिनल और माइक्रो एटीएम (Micro ATM)

- आधार सीडिंग (Aadhaar Seeding) और ई-केवाईसी (e-KYC)
- आधार समर्थित भुगतान प्रणाली (AePS)
- रूपे कार्ड्स (RuPay Cards)
- यूपीआई (UPI), भीम (BHIM) और भारत क्यूआर (Bharat QR)
- विफल लेनदेन के लिए टर्न-अराउंड टाइम (TAT) का सामंजस्य

16. डिजिटल बैंकिंग में नवीनतम विकास

- सेंट्रल बैंक डिजिटल करेंसी (CBDC)
- खाता और भुगतान एग्रीगेटर
- जन समर्थ पोर्टल
- ओपन नेटवर्क फ़ॉर डिजिटल कॉमर्स (ONDC)

मॉड्यूल D - अनौपचारिक (सॉफ्ट) कौशल और व्यवहारगत पहलू

17. बिजनेस कॉरेस्पॉन्डेंट के लिए जरूरी कौशल आवश्यकताएं

- अनौपचारिक कौशल (Soft Skills) और व्यावहारिक कौशल (Hard Skills)
- संबंध बनाने के लिए अनौपचारिक कौशल (Soft Skills)
- बातचीत करने का कौशल

18. विभिन्न प्रकार के ग्राहकों को संभालना और बैंक ऋणों की वसूली के लिए रणनीतियां

- विभिन्न प्रकार के ग्राहकों को संभालना
- ग्राहक संबंध में विश्वास को कैसे बनाए रखा जाए?
- शिकायतों का निपटारा कैसे करें?
- ग्राहक की शिकायतों से निपटारा करने के लिए क्या करें और क्या न करें
- बैंक के कर्तव्य (Duties of a Bank)
- हठी ग्राहकों को संभालना
- बैंक ऋणों की वसूली के लिए रणनीतियां
- बैंक ऋणों की वसूली के लिए किसान क्लबों व स्वयं सहायता समूहों का लाभ उठाना

अध्याय

मॉड्यूल A : सामान्य बैंकिंग

पृष्ठ

मॉड्यूल B: वित्तीय समावेशन और बिजनेस कॉरेस्पॉन्डेंट की भूमिका

मॉड्यूल C: तकनीकी कौशल (TECHNICAL SKILLS)

मॉड्यूल D: अनौपचारिक (सॉफ्ट) कौशल और व्यवहारगत पहलू

विषय-सूची

मॉड्यूल A : सामान्य बैंकिंग

अध्याय 1

भारतीय बैंकिंग की संरचना और बैंकों के प्रकार

पृष्ठ

अध्याय 2

विभिन्न जमा योजनाएँ और अन्य सेवाएँ

अध्याय 3

खाता खोलना, ऑन-बोर्डिंग प्रक्रिया, केवाईसी (KYC) व्यवस्था और परिचालन

पृष्ठ

पृष्ठ

अध्याय 7

परिसंपत्ति का वर्गीकरण एवं वसूली की विधियां

अध्याय 8

बैंकों में शिकायत निवारण व्यवस्था (Grievance Redressal Mechanism) तथा एकीकृत लोकपाल योजना (Integrated Ombudsman Scheme)

पृष्ठ

अध्याय 9

वित्तीय बाज़ार का अवलोकन

मॉड्यूल B : वित्तीय समावेशन और बिजनेस कॉरेस्पॉन्डेंट की भूमिका

अध्याय 10

वित्तीय समावेशन

पृष्ठ

अध्याय 11

वित्तीय शिक्षा एवं वित्तीय परामर्श

पृष्ठ

अध्याय 12

वित्तीय समावेशन को बढ़ावा देने के लिए सरकारी योजनाएं

पृष्ठ

अध्याय 13

जोखिम और धोखाधड़ी प्रबंधन

मॉड्यूल C : तकनीकी कौशल (TECHNICAL SKILLS)

अध्याय 14

मूलभूत तकनीकी कौशल (माइक्रो-एटीएम, बायोमेट्रिक व अन्य डिवाइसों की देखभाल, कनेक्टिविटी से जुड़ी बुनियादी समस्याएं)

पृष्ठ

अध्याय 15

डिजिटल बैंकिंग उत्पाद

पृष्ठ

अध्याय 16

डिजिटल बैंकिंग में नवीनतम विकास

मॉड्यूल D: अनौपचारिक (सॉफ्ट) कौशल और व्यवहारगत पहलू

अध्याय 17

बिजनेस कॉरेस्पॉन्डेंट के लिए जरूरी कौशल आवश्यकताएं

पृष्ठ

अध्याय 18

विभिन्न प्रकार के ग्राहकों को संभालना और बैंक ऋणों की वसूली के लिए रणनीतियां

सामान्य बैंकिंग

अध्याय

1 भारतीय बैंकिंग की संरचना और बैंकों के प्रकार

1

1.1 उद्देश्य

1.2 परिचय

1.3 बैंकिंग सेवाओं की आवश्यकता

1.4 बैंक का अर्थ

1.5 भारतीय बैंकिंग प्रणाली की संरचना

1.6 बैंकों के कार्य

1.7 भारत में बैंकिंग का विनियमन और पर्यवेक्षण

1.8 बैंकिंग में अभिनव प्रवृत्तियाँ (Recent Trends)

1.9 सारांश

1.10 प्रमुख शब्द

1.11 अपनी प्रगति जाँचें

1.12 'अपनी प्रगति जाँचें' का उत्तर

अध्याय

भारतीय बैंकिंग की संरचना और बैंकों के प्रकार

1.1 उद्देश्य

इस अध्याय को पढ़ने के बाद, पाठक निम्नलिखित विषयों को समझ सकेंगे :

- बैंक की आवश्यकता
- बैंक का अर्थ
- भारत में कार्यरत बैंकों और क्रेडिट संस्थानों के प्रकार
- बैंकों द्वारा किए जाने वाले विभिन्न कार्य
- भारतीय बैंकिंग क्षेत्र में हाल की प्रवृत्तियाँ (Recent Trends)

1.2 परिचय

भारतीय बैंकिंग प्रणाली ने पिछली दो शताब्दियों में विकास के अनेक पड़ाव देखे हैं। वर्ष 1955 तक अधिकांश वाणिज्यिक बैंक निजी स्वामित्व वाली संयुक्त स्टॉक कंपनियाँ थीं, जिन पर औद्योगिक घरानों, व्यापारियों और शाही परिवारों का नियंत्रण था। भारतीय स्टेट बैंक और उसके अनुषंगियों (subsidiaries) की स्थापना और उसके बाद बड़े बैंकों के राष्ट्रीयकरण ने भारत में बैंकिंग प्रणाली की संरचना को एकदम से बदल दिया। वर्ष 1991-92 में वित्तीय क्षेत्र में सुधारों की शुरुआत हुई और इसके साथ ही निजी क्षेत्र के नए बैंक अस्तित्व में आए। इन बैंकों द्वारा अपने समस्त कार्य संचालन में प्रौद्योगिकी का भरपूर उपयोग करने से बैंकों द्वारा ग्राहकों को दी जाने वाली सेवाओं में अभूतपूर्व सुधार हुआ है। आज, सभी बैंक वैश्विक मानकों के अनुरूप नए उत्पादों को विकसित करने के लिए एक-दूसरे के साथ प्रतिस्पर्धा कर रहे हैं।

बैंक अपने ग्राहकों को बचत (savings), वित्तप्रेषण (remittance), ऋण (credit) और अन्य सहायक उत्पाद उपलब्ध कराते हैं। इसके अलावा, ग्राहकों को बीमा (इंश्योरेंस) और अन्य उत्पाद तथा सेवाएँ भी उपलब्ध कराई जाती हैं। आज सार्वजनिक और निजी क्षेत्रों में बड़ी संख्या में वाणिज्यिक बैंकों, विदेशी

बैंकों, क्षेत्रीय ग्रामीण बैंकों, शहरी सहकारी बैंकों, स्थानीय क्षेत्र बैंकों, लघु वित्त बैंकों और भुगतान बैंकों द्वारा बैंकिंग सेवाएँ उपलब्ध कराई जा रही हैं। ग्रामीण सहकारी बैंकों से संबद्ध प्राथमिक कृषि सहकारी समितियाँ भी अल्पावधि सहकारी ऋण संरचना के अंतर्गत ग्रामीण स्तर पर किसानों/ग्रामीणों को ऋण संबंधी सेवाएँ उपलब्ध करा रही हैं। विभिन्न वित्तीय गतिविधियों में संलग्न और व्यापक श्रेणी की वित्तीय सेवाएँ उपलब्ध कराने वाले ग़ैर-बैंकिंग वित्तीय संस्थान और आवास वित्त कंपनियाँ भी भारतीय वित्तीय प्रणाली का हिस्सा हैं।

1.3 बैंकिंग सेवाओं की आवश्यकता

वर्तमान समय में बैंकिंग सेवाएँ किसी भी व्यक्ति के लिए विलासिता की चीज़ नहीं रह गई हैं, बल्कि ये जीवन की आवश्यकता बन गई हैं। ऐसे लोगों की वित्तीय ज़रूरतें विविध और विशिष्ट हैं, जो अब भी बैंकिंग सेवाओं से वंचित हैं। उन्हें बचत, बीमा और सबसे बढ़कर, ऋण सुविधाओं की आवश्यकता है। साथ ही, उन्हें इस बारे में परामर्श की भी आवश्यकता है कि वित्तीय सेवाओं तक कैसे पहुँचें और उनका किस तरह से उपयोग करें। जो लोग बैंकिंग प्रणाली से बाहर हैं, उनकी माली आर्थिक हालत को देखते हुए, यह स्पष्ट है कि व्यक्तिगत ऋण की उनकी आवश्यकता छोटी हो सकती है और वे शुरू-शुरू में बैंकों द्वारा दी जाने वाली विप्रेषण (remittance) और अन्य सुविधाओं की बस थोड़ी-बहुत ही मांग कर सकते हैं। साथ ही, हो सकता है कि इन खातों का टर्नओवर अधिक न हो या इनका बारंबार उपयोग न किया जाए। मूल्य की दृष्टि से बैंकों के लिए यह बाजार आमतौर पर कम राशि (volume)और कम कारोबार (turnover) वाला है, लेकिन संख्या की दृष्टि से यह एक बड़ा बाजार है। यह दोहराने की आवश्यकता नहीं कि औपचारिक वित्तीय सेवाओं तक इन लोगों की पहुँच बहाल की जानी चाहिए ताकि समग्र विकास लक्ष्यों को हासिल करते हुए आर्थिक विकास सुनिश्चित किया जा सके।

हालाँकि, ऐसा महसूस किया गया है कि बैंकिंग प्रणाली से बाहर रह गए लोगों तक पहुँचने के लिए शाखा बैंकिंग और इलेक्ट्रॉनिक बैंकिंग उपयुक्त मॉडल नहीं हो सकते हैं क्योंकि वित्तीय समावेशन के तहत वित्तीय शिक्षा और परामर्श उपलब्ध कराने तथा लोगों के साथ घनिष्ठ संबंध स्थापित करने की आवश्यकता होती है। इस पृष्ठभूमि को बदलने और बैंकिंग सुविधाओं से वंचित तथा कमतर बैंकिंग सुविधा वाले क्षेत्रों में रह रहे लोगों तक व्यापक पैमाने पर बैंकिंग सेवाएँ पहुँचाने के उद्देश्य से बिजनेस कॉरेस्पोंडेंट (BC)/ बिजनेस फैसिलिटेटर (BF) मॉडल को पेश किया गया था।

बीसी/बीएफ (BC/BF) के रूप में नियुक्त व्यक्ति या संस्था/कंपनी संबंधित क्षेत्र में बैंक शाखा के विस्तार पटल के रूप में कार्य करेगी। बैंक या बीसी कंपनी द्वारा नियुक्त किए गए व्यक्ति को बिजनेस कॉरेस्पोंडेंट एजेंट (BCA) कहा जाता है। इस व्यवस्था का परिणाम यह होगा कि इन एजेंटों के माध्यम से लक्षित आबादी बैंकों की विभिन्न वित्तीय सेवाओं का लाभ उठा सकेगी और वित्तीय शिक्षा प्राप्त कर सकेगी। ऐसे में बीसीए (BCA) से अपेक्षित है कि उसे बैंकिंग क्षेत्र का बुनियादी/सामान्य ज्ञान हो; वह वित्तीय समावेशन में अपनी भूमिका और ज़िम्मेदारियों को बख़ूबी समझता हो और साथ ही तकनीकी कौशल और व्यावहारिक कौशल (soft skills) से परिचित हो ताकि अपने कर्तव्यों का कुशलतापूर्वक निर्वाह कर सके। इस नज़रिये से बीसीए (BCA) को बैंक के कार्यों और उसके परिचालनों का बुनियादी ज्ञान होना चाहिए।

1.4 बैंक का अर्थ

बैंक एक वित्तीय संस्थान है जो निधियों के बचतकर्ताओं या निवेशकों तथा धन के उपयोगकर्ताओं के बीच मध्यस्थ के रूप में कार्य करता है। बैंक अपने ग्राहकों को अनेक प्रकार की वित्तीय सेवाएँ और उत्पाद उपलब्ध कराता है। किसी बैंक द्वारा अपने ग्राहकों/आम जनता को दी जाने वाली विभिन्न सेवाओं के आधार पर यह आसानी से जाना जा सकता है कि वह किस प्रकार का बैंक है। बैंक के विशिष्ट कार्यों को नीचे सचित्र प्रस्तुत किया गया है :

बैंक अपने ग्राहकों को आम तौर पर जो सेवाएँ देते हैं, नीचे उसकी उदाहरणात्मक सूची दी गई है :

- *जमा (Deposits) :* बैंक बचत (savings), चालू (current) और सावधि जमा (Term Deposits) के रूप में आम जनता से जमाराशियाँ स्वीकार करता है।
- *रेमिटेंस (remittance):* इसके माध्यम से ग्राहक को इस बात की सुविधा मिलती है कि वह डिमांड ड्राफ्ट या मनी ट्रांसफर के रूप में एक स्थान से दूसरे स्थान पर पैसे भेज सके। आजकल, बैंक इलेक्ट्रॉनिक मोड में भी पैसे भेजने की सेवाएँ उपलब्ध कराते हैं।
- *बिल भुगतान :* बैंक ग्राहक से निर्देश मिलने पर उनकी ओर से बिजली बिल, स्कूल फीस आदि यूटिलिटी (उपयोगी सेवाओं) के लिए भुगतान करता है।
- *कर प्राप्तियाँ (Tax Receipts) :* बैंक सरकार की ओर से कर भुगतान को स्वीकार करता है।
- *ऋण और अग्रिम (Loans & Advances) :* बैंक ट्रेड (व्यापार) और बिज़नेस (व्यवसाय), कृषि, घर की खरीद, वाहनों की खरीद, कंज़्यूमर डयूरेबल आइटमों की खरीद आदि के लिए पैसे उधार देता है।
- *फॉरेन एक्सचेंज :* बैंक विदेशी मुद्रा में लेनदेन (विदेशी मुद्रा की खरीद और बिक्री) करता है और व्यवसायियों और अन्य लोगों को उनके निर्यात या आयात के लिए क्रमशः विदेशी मुद्रा प्राप्त

करने या भुगतान करने में मदद करता है। यह ग्राहकों की आवश्यकता के अनुसार विदेशी मुद्रा खरीदता और बेचता है।

- *सेफ डिपॉजिट :* बैंक ग्राहकों के क़ीमती सामान को सुरक्षित रखने के लिए सेफ डिपॉजिट वॉल्ट की सुविधा प्रदान करता है।
- *एटीएम (ATM) :* बैंक एटीएम मशीनें संचालित करता है, जिनसे ग्राहकों को यह सुविधा मिलती है कि वे चौबीसों घंटे अपने खातों से धनराशि निकाल सकें।
- *कार्ड :* बैंक क्रेडिट/डेबिट कार्ड की सुविधा प्रदान करता है जिनसे ग्राहकों को अपनी खरीदारी के बदले भुगतान करने में मदद मिलती है। क्रेडिट कार्ड का उपयोग करके उधार लेना भी संभव है।
- *अन्य सेवाएँ :* बैंकों द्वारा म्यूचुअल फंड यूनिट्स और बीमा उत्पादों की भी बिक्री की जाती है।

उपरोक्त सूची स्पष्ट रूप से संकेत करती है कि बैंक हमारे दैनिक जीवन में किन महत्वपूर्ण भूमिकाओं का निर्वहन कर रहे हैं, । बैंक उपरोक्त सभी गतिविधियों का संचालन करने में सक्षम हैं क्योंकि वे वित्तीय मध्यस्थ (financial intermediaries) हैं। यह ध्यान रखना महत्वपूर्ण है कि बैंकों का प्राथमिक कार्य है बचतकर्ताओं से जमा के रूप में धन स्वीकार करना और उन लोगों को पैसे उधार देना जिन्हें अपने कारोबार और व्यावसायिक गतिविधियों के लिए इसकी आवश्यकता है। बैंकों द्वारा एकत्रित जमा राशि का एक हिस्सा बॉन्ड और प्रतिभूतियों (securities) में भी निवेश किया जाता है। इस प्रकार, जमा स्वीकार करना, ऋण देना और निवेश करना - ये बैंक के प्राथमिक कार्य हैं। बैंकों द्वारा की जाने वाली अन्य गतिविधियाँ अपने प्राथमिक कार्य का निर्वहन करते हुए किए जाने वाले अन्य कार्य हैं।

1.5 भारतीय बैंकिंग प्रणाली की संरचना

भारत में बैंकों को दो श्रेणियों में वर्गीकृत किया गया है। (i) अनुसूचित बैंक और (ii) ग़ैर-अनुसूचित बैंक। यदि किसी बैंक का नाम भारतीय रिज़र्व बैंक अधिनियम, 1934 की दूसरी अनुसूची में शामिल है, तो उसे **अनुसूचित बैंक** (Scheduled Bank) कहा जाता है। इनके अलावा, अन्य बैंक गैर-अनुसूचित श्रेणी में बने रहेंगे। किसी बैंक द्वारा भारतीय रिज़र्व बैंक अधिनियम की धारा 42 में निर्दिष्ट शर्तों को पूरा करने पर भारतीय रिज़र्व बैंक उस बैंक का नाम दूसरी अनुसूची में शामिल करता है। उपरोक्त अधिनियम की धारा 42 के अनुसार, वाणिज्यिक बैंकों, क्षेत्रीय ग्रामीण बैंकों, राज्य सहकारी बैंकों, शहरी सहकारी बैंकों, लघु वित्त बैंकों, स्थानीय क्षेत्र बैंकों और भुगतान बैंकों को अनुसूचित बैंक का दर्जा प्रदान किया जा सकता है।

अनुसूचित बैंकों को कुछ विशेष दर्जा प्राप्त है, जैसे

- वे आरबीआई (RBI) से बैंक दर पर तरजीही कर्ज (preferential debts)/लोन प्राप्त कर सकते हैं,
- वे आरबीआई (RBI) सिस्टम से पुनर्वित्त (refinance) सुविधाओं का लाभ उठा सकते हैं,

- वे समाशोधन गृह (clearing house) में भाग ले सकते हैं, और
- वे मुद्रा भंडारण (currency storage) की सुविधाएँ पाने के हकदार हैं।

भारत सरकार ने अर्थव्यवस्था के अलग-अलग अहम क्षेत्रों की प्रगति के लिए बैंकिंग संस्थानों के अलावा, आरबीआई (RBI) के साथ समन्वय में, भारतीय वित्तीय प्रणाली में विभिन्न विकास वित्तीय संस्थानों/पुनर्वित्त संस्थानों (refinancing institutions) की स्थापना के लिए समय-समय पर अनेक उपाय किए हैं। इनके तहत निम्न संस्थानों की स्थापना की गई है :

(a) राष्ट्रीय कृषि और ग्रामीण विकास बैंक (कृषि और ग्रामीण क्षेत्रों के विकास के लिए)

(b) भारतीय लघु उद्योग विकास बैंक (एमएसएमई क्षेत्र)

(c) राष्ट्रीय आवास बैंक (आवास क्षेत्र),

(d) भारतीय निर्यात-आयात बैंक (अंतरराष्ट्रीय व्यापार को बढ़ावा देना) और

(e) राष्ट्रीय अवसंरचना वित्तपोषण और विकास बैंक (आधारभूत संरचना क्षेत्र)।

ये संस्थान बैंकों को रीफाइनेंस की सुविधा प्रदान करने के अलावा अपने संबंधित क्षेत्रों के विकास के लिए विभिन्न प्रोत्साहन और विकास गतिविधियों में संलग्न हैं।

यहाँ नीचे भारतीय वित्तीय प्रणाली को दर्शाने वाला एक चार्ट दिया गया है, जिसमें विभिन्न प्रकार के संस्थानों को उनके प्रकार और स्वामित्व के अनुसार दर्शाया गया है।

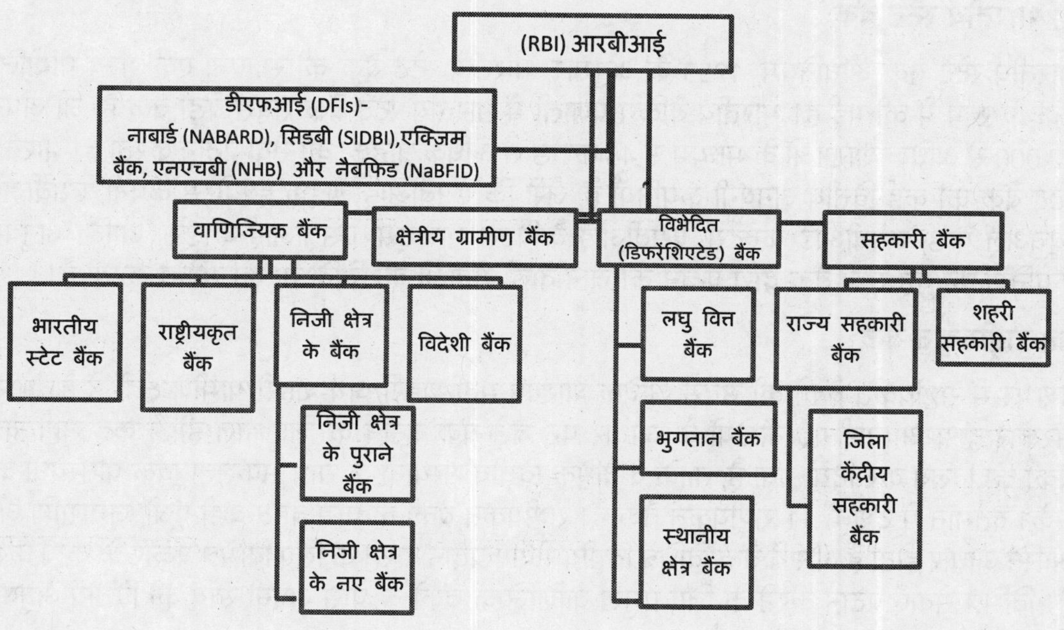

(a) सार्वजनिक क्षेत्र के बैंक

सार्वजनिक क्षेत्र की बैंकिंग निम्नलिखित परिवर्तनों से गुजरते हुए अपनी वर्तमान स्थिति तक पहुँची है -

- वर्ष 1955 में इंपीरियल बैंक ऑफ इंडिया को राज्य के स्वामित्व वाले बैंक में परिवर्तित करके भारतीय स्टेट बैंक की स्थापना की गई।
- वर्ष 1959 में भारतीय स्टेट बैंक के सहयोगी बैंकों के रूप में सात अनुषंगी बैंकों की स्थापना।
- वर्ष 1969 और 1980 में दो चरणों में 20 वाणिज्यिक बैंकों का राष्ट्रीयकरण,
- पूर्ववर्ती भारतीय औद्योगिक विकास बैंक (एक वित्तीय संस्थान) को वाणिज्यिक बैंक में परिवर्तित करना।

वर्ष 1991 में, यह सुझाव दिया गया था कि भारत में कम लेकिन सुदृढ़ आधार वाले सार्वजनिक क्षेत्र के बैंक (PSB) होने चाहिए। वर्ष 2016 में, भारतीय स्टेट बैंक (SBI) के पाँच सहयोगी बैंकों और भारतीय महिला बैंक (BMB) को एसबीआई (SBI) में मिलाकर सार्वजनिक क्षेत्र के बैंकों को समेकित करने की दिशा में प्रभावी कार्रवाई की गई। इससे पहले दो सहयोगी बैंकों का विलय किया गया था। भारत सरकार (GoI) ने वर्ष 2019 में सार्वजनिक क्षेत्र के 10 बैंकों को 4 बैंकों में समेकित करने की घोषणा की। इसके अलावा, 21 जनवरी 2019 को भारतीय जीवन बीमा निगम (LIC) ने IDBI बैंक की 51% नियंत्रण हिस्सेदारी हासिल कर ली, जिसके परिणामस्वरूप RBI ने IDBI बैंक को निजी क्षेत्र के बैंक के रूप में वर्गीकृत किया है। विलय और अधिग्रहण के बाद, अब देश में सार्वजनिक क्षेत्र के कुल 12 बैंक हैं।

(i) भारतीय स्टेट बैंक

भारतीय स्टेट बैंक अधिनियम, 1955 के अनुसार, भारतीय स्टेट बैंक की स्थापना एक राज्य प्रायोजित बैंक के रूप में की गई है। भारतीय बैंकिंग प्रणाली में भारतीय स्टेट बैंक सबसे बड़ा बैंक है, जो अपनी 22,000 से अधिक शाखाओं के माध्यम से 48 करोड़ से अधिक ग्राहकों को सेवा प्रदान करता है। भारतीय स्टेट बैंक की कई वित्तीय अनुषंगी कंपनियाँ हैं, जैसे कि एसबीआई लाइफ इंश्योरेंस कंपनी, एसबीआई म्यूचुअल फंड, एसबीआई फैक्टर्स, एसबीआई कैपिटल मार्केट्स, एसबीआई कार्ड्स, आदि। अनुषंगी कंपनियों की यह सूची बैंक द्वारा प्रदान की जाने वाली सेवाओं की विविधता का संकेत करती है।

(ii) राष्ट्रीयकृत बैंक

देशभर में राष्ट्रीयकृत बैंकों की सबसे अधिक शाखाएँ मेट्रो/शहरी/अर्ध-शहरी/ग्रामीण क्षेत्रों में हैं। भारत सरकार द्वारा अपनाई गई नीतियों के आधार पर, बड़े बैंक बनाने के लिए हाल ही में कई राष्ट्रीयकृत बैंकों का विलय कर दिया गया है, ताकि वे वैश्विक वित्तीय संस्थानों के साथ सफलतापूर्वक प्रतिस्पर्धा कर सकें। वर्तमान में देश में 11 राष्ट्रीयकृत बैंक हैं। राष्ट्रीयकृत बैंकों के पास बहुत बड़ी पूंजी, जमाराशि और आस्ति आधार होता है और ये बैंक विभिन्न वित्तीय सेवाएँ प्रदान करने के लिए विभिन्न प्रकार के कार्य करते हैं। विभिन्न सेवाएँ प्रदान करने के लिए प्रमुख वाणिज्यिक बैंकों के पास अपनी स्वयं की वित्तीय अनुषंगी कंपनियाँ (subsidiaries) मौजूद हैं।

(b) निजी क्षेत्र के बैंक

ये भारत में निगमित ऐसे बैंक हैं, जिनके शेयर जनता के पास हैं। इनमें से अधिकांश बैंक पुरानी पीढ़ी के निजी बैंकों की श्रेणी से संबंधित हैं, जिनकी विशेषता है- बैलेंस शीट का छोटा आकार, क्षेत्रीय परिचालन तथा प्रबंधन और व्यावसायिक गतिविधियों की परंपरागत शैली। निजी क्षेत्र के बैंकों की दूसरी श्रेणी नई पीढ़ी के बैंक हैं, जिन्हें वर्ष 1993 के बाद (सुधार-पश्चात अवधि) निगमित किया गया था। ये बैंक बेहतर ढंग से पूंजीकृत और प्रौद्योगिकी-संचालित हैं, जो अपने व्यवसाय विस्तार में खासे आक्रामक हैं और ऐसी कार्यशैली अपनाते हैं जिसकी भारत में परिचालन कर रहे विदेशी बैंकों के साथ सहज ही तुलना की जा सकती है। ये बैंक विभिन्न प्रकार के डिलीवरी चैनलों का उपयोग करते हैं। 31 मई 2023 की स्थिति के अनुसार निजी क्षेत्र के बैंकों की संख्या 21 है।

(c) विदेशी बैंक

ये ऐसे बैंक हैं जो विदेश में निगमित हैं परंतु आरबीआई द्वारा उन्हें अपनी भारतीय शाखाओं के माध्यम से भारत में बैंकिंग व्यवसाय करने का लाइसेंस दिया गया है। हालाँकि, भारत में कई विदेशी बैंक काम कर रहे हैं लेकिन उनका शाखा नेटवर्क अपेक्षाकृत छोटा है, और उनमें से अधिकांश महानगरों और राज्य की राजधानियों में परिचालित हैं। उनका परिचालन प्रौद्योगिकी द्वारा संचालित है और उनके कारोबार में कॉर्पोरेट बैंकिंग, फॉरेन एक्सचेंज, एक्सपोर्ट/इम्पोर्ट फाइनेंस और मर्चेंट बैंकिंग की बड़ी हिस्सेदारी है। 31 मई 2023 की स्थिति अनुसार भारत में लगभग 45 विदेशी बैंक मौजूद हैं।

(d) क्षेत्रीय ग्रामीण बैंक (RRBs)

ग्रामीण विकास को ध्यान में रखते हुए क्षेत्रीय ग्रामीण बैंक अधिनियम, 1976 के तहत क्षेत्रीय ग्रामीण बैंकों की स्थापना की गई है। ये बैंक सार्वजनिक क्षेत्र के बैंकों द्वारा प्रायोजित हैं लेकिन वाणिज्यिक बैंकों के विपरीत, उनका परिचालन क्षेत्र कुछ जिलों तक ही सीमित है। इसके अलावा, ये बैंक वाणिज्यिक बैंकों की तरह सभी वित्तीय सेवाएँ प्रदान नहीं करते। केंद्र सरकार (50%), संबंधित राज्य सरकार (15%) और प्रायोजक बैंक (35%) द्वारा उन्हें संयुक्त रूप से स्वामित्व/पूंजी प्रदान की जाती है। भारत सरकार ने इन RRB की व्यवहार्यता को और बेहतर बनाने के उद्देश्य से, अन्य हितधारकों के साथ तालमेल स्थापित कर कई RRB का परस्पर विलय कर उनका आकार बढ़ाया है जिससे वे ग्रामीण वित्तीय बाजार में प्रतिस्पर्धा करने में सक्षम हो गए हैं। 31 मई 2023 की स्थिति अनुसार, समान बैंकों द्वारा प्रायोजित कई RRBका विलय करने के बाद, देश में अब इनकी कुल संख्या 43 है।

(e) स्थानीय क्षेत्र बैंक

वर्ष 1996 में, सरकार ने निम्नलिखित दो उद्देश्यों को ध्यान में रखते हुए नए स्थानीय क्षेत्र बैंकों को अनुमति देने का निर्णय लिया :

(i) ग्रामीण और अर्ध-शहरी क्षेत्रों में बचत की संस्कृति को बढ़ावा देने के लिए संस्थागत तंत्र प्रदान करना, और

(ii) स्थानीय क्षेत्रों में व्यवहार्य आर्थिक गतिविधियों के लिए ऋण उपलब्ध कराना।

कंपनी अधिनियम के अंतर्गत इन बैंकों को पब्लिक लिमिटेड कंपनी के रूप में पंजीकृत किया गया है। ऐसे बैंकों की न्यूनतम चुकता पूंजी (paid up capital) 5 करोड़ रुपये होगी, और इन बैंकों को जिला नगरों में स्थापित किए जाने की उम्मीद है, और उनके कार्य-संचालन का क्षेत्र भौगोलिक रूप से समीपवर्ती अधिकतम तीन जिले होंगे, जहाँ वे अपनी शाखाएँ खोल सकते हैं। हालाँकि, आरबीआई ने तीन राज्यों में कुछ स्थानीय क्षेत्र बैंक खोलने की अनुमति दी है, लेकिन वर्तमान में देश में केवल दो स्थानीय क्षेत्र बैंक काम कर रहे हैं।

(f) लघु वित्त बैंक

जमाराशि स्वीकार करने और ऋण देने, दोनों ही मामलों में लघु वित्त बैंक अनिवार्य रूप से वाणिज्यिक बैंकों के छोटे संस्करण हैं। उनके लिए आवश्यक है कि वे अपने ऋण का कम-से-कम 75 प्रतिशत हिस्सा प्राथमिकता-प्राप्त क्षेत्र के रूप में वर्गीकृत उधारकर्ताओं को दें, साथ ही, उनके ऋण का कम-से-कम 50 प्रतिशत हिस्सा 25 लाख रुपये से कम होना चाहिए। लघु वित्त बैंक (SFB) मौजूदा बैंकों से अलग हैं, क्योंकि उन्हें लघु व्यवसायों, असंगठित क्षेत्रों, कम आय वाले परिवारों, किसानों और प्रवासी कार्यबल की ऋण और वित्तप्रेषण (remittance) संबंधी ज़रूरतों को पूरा करने के लिए स्थानीय क्षेत्रों की सेवा करनी होती है। इन बैंकों से अपेक्षा की जाती है कि वे भारतीय अर्थव्यवस्था में रोजगार, मूल्य संवर्धन और निर्यात में महत्वपूर्ण योगदान देने वाले सूक्ष्म और लघु उद्यमों (MSE) की ज़रूरतों को पूरा करेंगे। 31 मई 2023 की स्थिति अनुसार, देश में 12 लघु वित्त बैंक कार्य कर रहे हैं।

(g) भुगतान बैंक

भुगतान बैंक व्यक्तियों, लघु व्यवसायों और अन्य संस्थाओं से मांग जमाराशियाँ - चालू जमाराशियाँ और बचत बैंक जमाराशियाँ - स्वीकार कर सकते हैं। हालाँकि, भुगतान बैंक में दिन के अंत में प्रति व्यक्तिगत ग्राहक के खाते में अधिकतम 2 लाख रुपये की शेषराशि ही रखी जा सकती है। ग्राहक को अपने बचत खाते की शेषराशि पर ब्याज मिलता है। भुगतान बैंक, रेमिटेंस स्वीकार एवं प्रेषित कर सकते हैं। इन्हें यूटिलिटी बिल का भुगतान करने की अनुमति है और साथ ही वे म्यूचुअल फंड, बीमा और पेंशन उत्पादों का भी वितरण कर सकते हैं। हालाँकि, वे ग्राहकों को उधार नहीं दे सकते और न ही क्रेडिट कार्ड जारी कर सकते हैं। भुगतान बैंक केवल सरकारी प्रतिभूतियों और बैंक जमाराशियों में पैसा रख सकते हैं।

(h) सहकारी बैंक

सहकारी बैंक, राज्य सहकारी समिति अधिनियम के अंतर्गत पंजीकृत होते हैं और संबंधित राज्य के सहकारी समितियों के रजिस्ट्रार ऐसे बैंकों के पंजीकरण प्राधिकारी हैं। उनका मुख्य नियामक राज्य सरकार है (या बहु-राज्य सहकारी सोसायटी अधिनियम के तहत एक से अधिक राज्यों में परिचालित सहकारी बैंकों के मामलों में केंद्र सरकार)। सहकारी बैंकों का संगठनात्मक ढाँचा और प्रबंधकीय व्यवस्था सहकारी सिद्धांतों पर आधारित है। सहकारी बैंकों को शहरी सहकारी बैंक, राज्य सहकारी बैंक और जिला केंद्रीय सहकारी बैंक के रूप में वर्गीकृत किया गया है। चूँकि ये संस्थाएँ बैंकिंग कार्यों का निष्पादन कर रही हैं, इसलिए 1 मार्च 1966 से राज्य/जिला केंद्रीय सहकारी बैंकों और शहरी सहकारी बैंकों पर बैंकिंग कानून लागू किए गए हैं। वित्तीय प्रणाली को सुदृढ़ बनाने के लिए प्रबंधन, पूंजी, लेखापरीक्षा और परिसमापन (liquidation) के मामले में सहकारी बैंकों पर आरबीआई के नियामक नियंत्रण का विस्तार करने के लिए

बैंकिंग विनियमन अधिनियम में 2020 के दौरान संशोधन किया गया है। वाणिज्यिक बैंकों की तुलना में सहकारी बैंकों की बैलेंस शीट का आकार बहुत छोटा होता है। सभी सहकारी बैंकों को अनुसूचित बैंक का दर्जा प्राप्त नहीं है। एक ओर जहाँ शहरी सहकारी बैंक स्टैंड-अलोन आधार पर काम कर रहे हैं, वहीं दूसरी ओर, अल्पकालिक सहकारी ऋण संरचना के अंतर्गत ग्रामीण सहकारी बैंक अपनी शाखाओं और उनसे जुड़ी क्रेडिट समितियों के माध्यम से काम कर रहे हैं। प्राथमिक कृषि ऋण समितियाँ बैंक नहीं हैं, हालाँकि उनमें से कुछ जमाराशियाँ स्वीकार करती हैं। दीर्घकालिक सहकारी ऋण संरचना में कृषि और ग्रामीण विकास गतिविधियों के लिए इन्वेस्टमेंट क्रेडिट लोन प्रदान करने वाले भूमि विकास बैंक (जिन्हें कृषि और ग्रामीण विकास बैंक के नाम से बेहतर जाना जाता है) भी गैर-बैंक हैं।

1.6 बैंकों के कार्य

1.6.1 पारंपरिक कार्य

(a) जमाराशियाँ स्वीकार करना :

बैंक आम जनता से जमाराशियाँ स्वीकार करके संसाधन जुटाते हैं। ग्राहक अपना पैसा चालू खातों में रख सकता है, जिस पर कोई ब्याज नहीं मिलता या बचत खातों (जिसे बचत जमा खाता भी कहा जाता है) में रख सकता है, जिसमें नाममात्र का ब्याज मिलता है। आम तौर पर, व्यावसायिक फर्म/कंपनियाँ चालू खाता खोलती हैं, जिससे उन्हें अपने कारोबार और व्यवसाय का संचालन करने के लिए बड़ी संख्या में लेनदेन के साथ खाता संचालित करने की सुविधा मिलती है। व्यक्तियों के मामले में और जहाँ वाणिज्यिक लेनदेन की आवश्यकता न हो, वहाँ बचत खाते खोले जाते हैं। इन दोनों मामलों में, जमा की गई राशि को ग्राहक द्वारा मांगे जाने पर वापस चुकाना पड़ता है। इसी पहलू के कारण, चालू खातों और बचत खातों को 'मांग' (demand) जमाराशियों के रूप में जाना जाता है और ग्राहक चेक जारी करके अपने खातों से धनराशि निकाल सकते हैं। बचत खाता धारकों को एटीएम कार्ड जारी किए जाते हैं, जिनका उपयोग करके वे एटीएम से नकदी निकाल सकते हैं। ऐसे खातों को 'मियादी' जमा (term Deposit) कहा जाता है जिसमें ग्राहक/बचतकर्ता अपनी धनराशि को लंबे समय तक रख सकते हैं। मियादी जमाराशियाँ सावधि जमा (fixed deposit), आवर्ती (recurring)/संचयी (cumulative) जमा, मासिक आय, जमा आदि के रूप में हो सकती हैं। चालू और बचत बैंक जमाराशियों के विपरीत, जिसमें बैंकों के पास जमा राशि मांग

पर देय होती है, मियादी जमाराशियों के मामले में, जमा की गई राशि सामान्यतः सहमत अवधि/जिस अवधि के लिए रखी गई थी, उसकी समाप्ति पर देय होती है। हालाँकि, जमा खाते को नियत समय से पहले बंद किया जा सकता है और राशि निकाली जा सकती है, पर इसके लिए कुछ जुर्माना ब्याज का भुगतान करना पड़ता है। किसी बैंक की ऋण योग्य निधि में सबसे बड़ी हिस्सेदारी मियादी जमाराशियों की होती है।

(b) ऋण और अग्रिम (Loans and Advances) :

बैंकों को जमाराशियों पर सहमत दर से ब्याज का भुगतान करना पड़ता है। इसके अलावा, उन्हें अपने परिचालन खर्चों की भी व्यवस्था करनी पड़ती है। इसके लिए, बैंकों को अपने पास रखी धनराशि को निवेश कर/उधार देकर ब्याज अर्जित करना होता है। इस प्रकार, विभिन्न किस्म के ऋणों और अग्रिमों के माध्यम से धन उधार देना बैंक का एक महत्वपूर्ण परंपरागत कार्य है। बैंक जमाराशियों के रूप में जुटाई गई धनराशि और उधार ली गई धनराशि को ऋण और अग्रिम के रूप में कुछ इस तरह से नियोजित करता है कि वह ऋण और जमा पर औसत ब्याज दरों के बीच अंतर के रूप में लाभ कमा सके। ऋण और अग्रिम पर ब्याज से प्राप्त होने वाली आय बैंक के लाभ का एक प्रमुख स्रोत है।

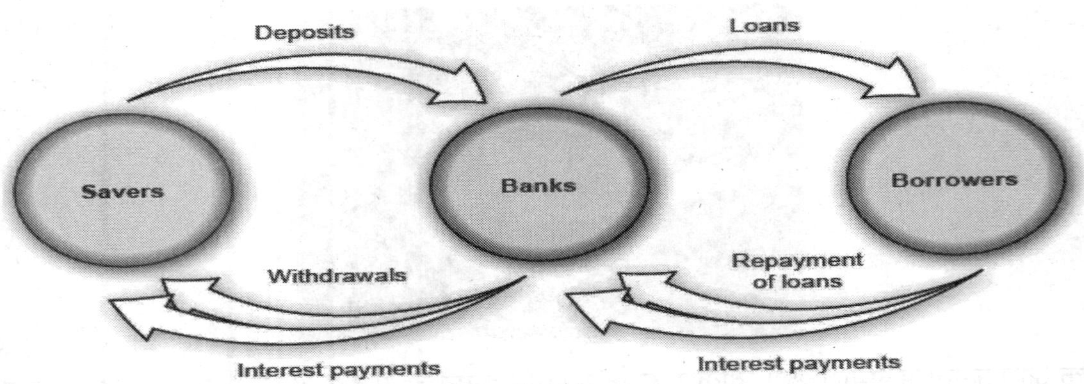

बैंक नकदी ऋण (Cash Credits), ओवरड्राफ्ट, मांग ऋण (Demand Loans) और मियादी ऋण (Term Loans) के रूप में ऋण देते हैं। उधारकर्ता की प्रोफ़ाइल के आधार पर, ऋणों को कॉर्पोरेट लोन, एसएमई (SME) एडवांस, कृषि ऋण, खुदरा ऋण, विदेशी मुद्रा ऋण, शिक्षा ऋण, वाहन ऋण, आदि के रूप में वर्गीकृत किया जा सकता है। ऋणों को प्रतिभूति के आधार पर भी वर्गीकृत किया जाता है। ये प्रतिभूतियाँ (security) निम्न रूप में हो सकती हैं : ज़मानत (surety), बैंक की जमा रसीदों की गिरवी, शेयर और डिबेंचर, जीवन बीमा पॉलिसियों का असाइनमेंट, अचल संपत्ति का बंधक, संयंत्र और मशीनरी का हाइपोथिकेशन, और कच्चे माल, निर्माणाधीन वस्तु और तैयार माल के रूप में वस्तुओं का स्टॉक। प्रतिभूति वाले ऋण खाते को प्रतिभूत ऋण (secured loan) कहा जाता है, जबकि बिना प्रतिभूति वाले ऋण को गैर-जमानती ऋण (clean advance) के रूप में जाना जाता है।

बैंकों को जमाकर्ताओं की मांग पर चुकौती करने और उधार ली गई निधियों और जमाराशियों पर ब्याज अदा करने की आवश्यकता होती है, और इस सिलसिले में, वे उम्मीद करते हैं कि ऋण और क्रेडिट

सुविधाओं का लाभ उठाने वाले सभी उधारकर्ता समय पर ब्याज का भुगतान करें और साथ ही मूलधन की भी चुकौती करें। हालाँकि, यह संभव है कि कई कारणों से कुछ मामलों में, ब्याज और मूलधन की चुकौती में चूक (डिफॉल्ट) हो सकती है जिससे ये अतिदेय (overdue) हो सकते हैं। नियत अवधि से अधिक समय तक अतिदेय (बकाया) रह जाने वाले ऋण और अग्रिम को 'गैर-निष्पादित आस्ति' या 'अनर्जक आस्तियाँ' (NPA) कहा जाता है। एनपीए के कारण आय की हानि होती है (ब्याज का भुगतान या वसूली नहीं की जाती है) और कुछ मामलों में, मूलधन (उधार दी गई राशि) की भी हानि होती है। अतः ऋण देने के लिए अच्छे क्रेडिट मूल्यांकन की आवश्यकता होती है और जहाँ तक ऋण के अतिदेय होने और उसके एनपीए (NPA) में बदल जाने को रोकने का सवाल है, इसके लिए बैंक को पर्याप्त देखभाल, सावधानी और पर्यवेक्षण/निगरानी करने की आवश्यकता है। बैंकों के नज़रिये से, अपने ऋण योग्य धन को प्रभावी ढंग से पुनर्निवेश करने यानी सदुपयोग करने, विकास की रफ़्तार को बनाए रखने और व्यवहार्यता सुनिश्चित करने के लिए, नियत तिथि पर ऋणों का संग्रहण या वसूली महत्वपूर्ण है।

(c) वित्तप्रेषण (remittance) सेवाएँ :

ग्राहकों को अपनी खरीदारी के लिए अपने कारोबार की जगह पर या वेंडर/विक्रेता के कारोबार के स्थान पर भुगतान करना होता है। इसके लिए धन का एक स्थान से दूसरे स्थान तक अंतरण होता है। हालाँकि, खरीदार के लिए भुगतान करने हेतु हमेशा एक से दूसरी जगह तक यात्रा करना संभव नहीं हो सकता। न ही एक बड़ी रकम को एक से दूसरी जगह ले जाना सुविधाजनक होगा। अतः यह आवश्यक है कि देश में व्यापार और वाणिज्य को धन अंतरित करने और सेटलमेंट करने में सक्षम बनाने के लिए प्रभावी 'भुगतान एवं सेटलमेंट प्रणाली' स्थापित की जाए। बैंक वित्तीय बाज़ार में भुगतान और सेटलमेंट का कार्य करते हैं।

इस संबंध में, बैंकों का शाखा नेटवर्क विभिन्न शहरों/क्षेत्रों/राज्यों में फैला हुआ है। कुछ बैंकों की शाखाएँ और प्रतिनिधि बैंक विदेशों में भी हैं। इस नेटवर्क के जरिये बैंक ज़रूरत पड़ने पर इलेक्ट्रॉनिक फंड ट्रांसफर या बैंक ड्राफ्ट जारी करके अपने ग्राहकों की निधियों का एक ही देश में एक से दूसरे स्थान पर या विदेश में वित्तप्रेषण (remittance) करते हैं। ऐसी सेवा प्रदान करने के एवज़ में बैंक धनराशि भेजने वाले व्यक्ति से उचित शुल्क लेते हैं। धन अंतरण के अन्य तरीकों, जैसे डाकघर मनी ऑर्डर (जिसका उपयोग आम तौर पर व्यक्तिगत उपयोग के लिए छोटी रकम अंतरित करने के लिए होता है), धन के भौतिक अंतरण आदि की तुलना में बैंकों द्वारा निधियों का वित्तप्रेषण (remittance) त्वरित, सुरक्षित और सस्ता होता है।

1.6.2 अन्य कार्य

(a) विविध सेवाएँ :

ऊपर जिन मुख्य कार्यों की चर्चा की गई है उनके अलावा, बैंक अन्य सेवाएँ भी प्रदान करते हैं, जो ग्राहकों, व्यावसायिक फर्मों और समाज के सदस्यों के लिए उपयोगी हैं। इन सेवाओं में सेफ डिपॉजिट लॉकर, कीमती सामानों के लिए सेफ कस्टडी की सुविधाएँ उपलब्ध कराना; साख पत्र और बैंक गारंटी जारी करना; आउट-स्टेशन चेक/बिल/हुंडी का संग्रहण; अपने ग्राहकों के बारे में ओपिनियन रिपोर्ट प्रस्तुत करना; सरकारी व्यवसाय, प्रतिनिधि, ट्रस्टीशिप और निष्पादक के व्यवसाय के लिए एजेंसी सेवाएँ प्रदान

करना शामिल है। बैंक ऐसी सेवाओं के लिए कमीशन या शुल्क वसूल करते हैं, जिससे उन्हें शुल्क-आधारित आय प्राप्त होती है।

(b) इलेक्ट्रॉनिक बैंकिंग :

भारतीय बैंकों में कंप्यूटर का उपयोग आरंभ होने और एटीएम के आगमन के साथ, सभी बैंकों में बैंकिंग सेवाएँ प्रदान की जाने लगी है। जिन ग्राहकों के पास टेलीबैंकिंग या रिमोट-बैंकिंग सुविधाएँ उपलब्ध हैं, उन्हें बैंकिंग लेनदेन करने के लिए अब शाखा में जाने की ज़रूरत नहीं है। इस प्रकार की बैंकिंग को इलेक्ट्रॉनिक बैंकिंग कहा जाता है, और यह बैंकिंग माध्यम भारत में व्यक्तियों के साथ-साथ कॉर्पोरेट संस्थाओं के बीच भी लोकप्रिय हो रहा है।

इलेक्ट्रॉनिक बैंकिंग चैनलों में निम्नलिखित शामिल हैं :

1. ऑटोमेटेड टेलर मशीन :

एटीएम एक ऐसा इलेक्ट्रॉनिक बैंकिंग आउटलेट है जिस पर ग्राहकों को किसी भी बैंक प्रतिनिधि या टेलर की मदद के बिना प्राथमिक बैंकिंग लेनदेन करने की सुविधा प्राप्त है। यह एक ऐसी मशीन है जिसे बैंक की मिनी शाखा माना जा सकता है। ऐसी कई बैंकिंग गतिविधियाँ हैं जो एटीएम के माध्यम से की जा सकती हैं, जैसे कि :

- नकदी निकासी
- बैलेंस पूछताछ
- संक्षिप्त विवरण (Mini statement) प्राप्त करना
- सावधि जमा (Fixed deposit) खोलना
- धन अंतरण
- क्रेडिट कार्ड बिलों का भुगतान करना
- चेक बुक के लिए अनुरोध करना
- मोबाइल नंबर/आधार नंबर अपडेट करना
- मोबाइल फ़ोन रिचार्ज करना
- बीमा प्रीमियम का भुगतान करना
- यूटिलिटी बिलों का भुगतान करना
- नकद जमा करना
- चेक जमा करना

2. कार्ड :

भुगतान कार्ड सामान्यतया एक प्लास्टिक कार्ड होता है - जिसके माध्यम से उपयोगकर्ता इलेक्ट्रॉनिक भुगतान करने में सक्षम हो जाता है। सबसे सामान्य प्रकार के भुगतान कार्ड हैं- क्रेडिट कार्ड और डेबिट कार्ड। सभी प्रकार के कार्ड बैक एंड पर किसी-न-किसी प्रकार के खाते से विशिष्ट रूप से जुड़े होते हैं। यह खाता किसी बैंकिंग इकाई/गैर-बैंकिंग इकाई के पास हो सकता है जिसने कार्ड जारी किया है। बाज़ार में बैंकों/गैर-बैंक संस्थाओं द्वारा जारी किए गए विभिन्न प्रकार के कार्ड प्रचलन में हैं।

3. इंटरनेट बैंकिंग :

इंटरनेट और वर्ल्ड वाइड वेब (WWW) की सुलभता के साथ, बैंक निर्देश प्राप्त करने तथा अपने ग्राहकों तक अपने उत्पादों और सेवाओं को पहुँचाने के लिए एक चैनल के रूप में इंटरनेट का तेज़ी से उपयोग कर रहे हैं। बैंकिंग के इस स्वरूप को इंटरनेट बैंकिंग कहा जाता है, हालाँकि विभिन्न बैंकों द्वारा पेश किए जाने वाले उत्पादों और सेवाओं की रेंज उनकी सामग्री और विशेषज्ञता के आधार पर अलग-अलग होती है।

ग्राहक अपने पीसी/फ़ोन से या किसी अन्य पीसी/मोबाइल से बैंक के पेज़ पर जा सकते हैं। वे शाखा के माध्यम से भी अपने खाते को पंजीकृत और लिंक करा सकते हैं। इसके बाद शाखा द्वारा इंटरनेट बैंकिंग की सुविधा को सक्रिय कर दिया जाता है। पेज़ पर लॉगिन करने के लिए बैंक आईडी और पासवर्ड उपलब्ध कराता है। लॉगिन का प्रयास करते समय, इंटरनेट बैंकिंग का सर्वर अपने डेटाबेस से लॉगिन विवरण का सत्यापन करता है, और फिर मिलान होने पर लॉगिन करने की अनुमति देता है। सॉफ्टवेयर द्वारा ग्राहक को उसके सीबीएस (CBS) खाते से लिंक किया जाता है, जिसके बाद ग्राहक वेब पेज़ में मेनू के अनुसार लेनदेन कर सकता है।

4. मोबाइल बैंकिंग :

बैंकिंग सेवाओं के विस्तार में आज मोबाइल फ़ोन की भूमिका बेहद महत्वपूर्ण हो गई है। मोबाइल फ़ोन नेटवर्क के व्यापक कवरेज ने इस माध्यम को बैंकिंग सुविधा रहित क्षेत्रों समेत हर वर्ग तक बैंकिंग सेवाएँ पहुँचाने का एक महत्वपूर्ण प्लेटफॉर्म बना दिया है। बैंकों को (एसएमएस(SMS), यूएसएसडी (USSD) या मोबाइल बैंकिंग एप्लिकेशन के माध्यम से) मोबाइल बैंकिंग सेवाएँ उपलब्ध कराने की सुविधा दी गई है।

मोबाइल बैंकिंग के माध्यम से उपलब्ध कराई जाने वाली कुछ सामान्य सेवाएँ निम्नवत हैं :

खाता बैलेंस पूछताछ, खाता विवरण पूछताछ, चेक स्थिति पूछताछ, चेक बुक अनुरोध, खातों के बीच फंड ट्रांसफर, आईएमपीएस(IMPS)/यूपीआई(UPI) आदि के माध्यम से बैंकों के बीच फंड ट्रांसफर, जमा/निकासी संबंधी अलर्ट, बिजली/पानी/मोबाइल जैसे यूटिलिटी बिलों का भुगतान, हाल के लेनदेन इतिहास संबंधी अनुरोध, विभिन्न लेनदेन से जुड़े अन्य अलर्ट, ट्रेन/बस/फ्लाइट की बुकिंग, डीमैट पोर्टफोलियो का प्रबंधन, टैक्स का भुगतान, जीवन बीमा और साधारण बीमा खरीदना।

5. टेलीबैंकिंग :

टेलीबैंकिंग सुविधा का उपयोग करके, ग्राहक बैंक के सर्वर से जुड़े बैंक के निर्दिष्ट टेलीफ़ोन नंबर पर डायल कर सकते हैं। अपना पहचान नंबर डायल करने के बाद ग्राहक सुरक्षित पिन (PIN) का उपयोग

करके कुछ बैंकिंग सेवाओं का लाभ उठा सकता है। टेलीबैंकिंग सॉफ्टवेयर ग्राहक के साथ इंटरैक्टिव ढँग से संवाद करता है और उसे आवश्यक सेवा का कोड नंबर डायल करने के लिए कहता है और फिर ग्राहक को समुचित उत्तर प्रदान करता है।

ग्राहक इस टेली(फ़ोन) बैंकिंग के माध्यम से अपना बैलेंस जान सकता है और खाता विवरण, चेक बुक और साथ ही कुछ चयनित सेवाओं के लिए अनुरोध कर सकता है। टेलीबैंकिंग सुविधा के माध्यम से प्राप्त की जा सकने वाली कुछ सेवाएँ निम्नलिखित हैं :

(i) बैलेंस पूछताछ

(ii) पिछले कुछ लेनदेन का विवरण

(iii) चेक बुक के लिए ऑनलाइन अनुरोध करना

(iv) किसी भी चेक का भुगतान रोकना

(v) खुद के खाते में फंड ट्रांसफर शुरू करना

(vi) एटीएम पिन जेनरेट करना

(vii) ब्याज प्रमाणपत्र प्राप्त करना

(viii) जमाराशि पर ब्याज प्रमाणपत्र प्राप्त करना

(ix) मोबाइल जानकारी या ईमेल आईडी अपडेट करना

ग्राहक बैंकिंग सेवाओं का अधिकाधिक लाभ उठा सकें, इसमें उनकी मदद करने के लिए अब यह सुविधा आर्टिफिशियल इंटेलिजेंस का उपयोग करके वॉयस असिस्टेंट/बॉट के माध्यम से दी जा रही है।

6. इलेक्ट्रॉनिक भुगतान प्रणाली :

सूचना और संचार प्रौद्योगिकी में हुए उन्नयन के कारण *क्लियरिंग सिस्टम* में व्यापक बदलाव आया है।

एमआईसीआर (MICR) क्लियरिंग की शुरुआत ऑटोमेटेड सेटलमेंट की प्रक्रिया की दिशा में पहला कदम था। भारतीय रिज़र्व बैंक ने चेक क्लियरिंग चक्र की दक्षता में सुधार के लिए भारत में चेक ट्रंकेशन सिस्टम (CTS) शुरू करने का निर्णय लिया। सीटीएस (CTS) की प्रक्रिया में, फिजिकल इंस्ट्रूमेंट को प्रस्तुतकर्ता बैंक के स्तर पर ही (या तो शाखा स्तर पर या सेवा शाखा स्तर पर) ट्रंकेट किया जाता है। प्रस्तुतकर्ता बैंक में प्राप्त इंस्ट्रूमेंट की कैप्चर की गई छवियों और डेटा को उसी दिन प्रोसेसिंग के लिए इलेक्ट्रॉनिक रूप से अदाकर्ता बैंक को भेजा जाएगा। रिटर्न चक्र अगले दिन पूरा हो जाएगा, और रिटर्न चक्र पूर्ण होने पर सेटलमेंट पूरा हो जाएगा। सेटेलमेंट प्रक्रिया पूरी हो जाने पर ग्राहक को धनराशि मिल जाएगी।

उपयुक्त ईएफटी (EFT) सिस्टम के लिए इलेक्ट्रॉनिक मीडिया का उपयोग आवश्यक शर्तों में से एक है। देश में विभिन्न ईएफटी (EFT) सिस्टम की शुरुआत होने के साथ ही अभूतपूर्व प्रगति हुई है।

नेशनल इलेक्ट्रॉनिक फंड ट्रांसफर (NEFT) प्रणाली ने न केवल पूरे भारत में बैंकिंग क्षेत्र में फंड ट्रांसफर एवं क्लीयरिंग को कुशल, सुरक्षित, किफ़ायती, विश्वसनीय और त्वरित बना दिया है बल्कि मौजूदा पेपर-

बेस्ड फंड ट्रांसफर एवं क्लीयरिंग प्रणाली पर बोझ भी कम कर दिया है। एनईएफटी (NEFT) से बैंक 24x7 आधार पर फंड ट्रांसफर कर सकते हैं और यह ट्रांसफर विभिन्न डिलीवरी चैनलों के माध्यम से किया जा सकता है।

रीयल-टाइम ग्रॉस सेटलमेंट (RTGS) प्रणाली एक ऐसी इलेक्ट्रॉनिक भुगतान प्रणाली है जिसमें भुगतान निर्देशों को 'निरंतर' और 'वास्तविक समय' (रियल टाइम) आधार पर प्रोसेस किया जाता है, और क्रेडिट से डेबिट को घटाए बिना सकल या व्यक्तिगत आधार पर सेटल किया जाता है। इस प्रकार किए गए भुगतान 'अंतिम' होते हैं और आरबीआई की बहियों में 'अपरिवर्तनीय' (irrevocable) रूप में सेटलमेंट किया जाता है।

पारंपरिक बैंकिंग की तुलना में इलेक्ट्रॉनिक बैंकिंग बेहद कम खर्चीली, त्रुटि की न्यूनतम संभावना वाली और अधिक कुशल है। 'कहीं भी' और 'कभी भी' बैंकिंग ने ग्राहकों के लिए बैंकिंग को अत्यंत सुविधाजनक बना दिया है।

1.7 भारत में बैंकिंग का विनियमन और पर्यवेक्षण

बैंकिंग क्षेत्र की गतिविधियों का पर्यवेक्षण, नियंत्रण और विनियमन भारतीय रिज़र्व बैंक द्वारा किया जाता है। देश की मौद्रिक नीति और वित्तीय स्थिरता में महत्वपूर्ण भूमिका निभाने वाले आरबीआई की स्थापना देश के केंद्रीय बैंक के रूप में 1 अप्रैल, 1935 को की गई थी। यह नोट जारी करने वाले प्राधिकारी, बैंकरों के बैंक और सरकार के बैंकर के रूप में काम करता है, और मूल्य स्थिरता बनाए रखने की आवश्यकता के अनुरूप, सरकार की सामान्य आर्थिक नीति के ढाँचे के तहत अर्थव्यवस्था के विकास को बल देता है। आरबीआई समय-समय पर वाणिज्यिक बैंकों और अन्य विनियमित संस्थाओं का निरीक्षण करता है जिसके माध्यम से वह (RBI) सुनिश्चित करता है कि बैंक निर्धारित दिशानिर्देशों का पालन कर रहे हैं, बैंकिंग विनियमन अधिनियम, 1949 के विभिन्न प्रावधानों का अनुपालन कर रहे हैं और यह कि जमाकर्ताओं के हित पूरी तरह से सुरक्षित हैं।

भारतीय अर्थव्यवस्था में कृषि की प्रमुखता को ध्यान में रखते हुए, रिज़र्व बैंक को कृषि क्षेत्र के लिए उपलब्ध ऋण सुविधाओं के विस्तार और समन्वय के लिए बड़ी भूमिका सौंपी गई। वर्ष 1982 में नाबार्ड (NABARD) के गठन के साथ ग्रामीण वित्तीय संस्थानों के संबंध में भारतीय रिज़र्व बैंक की संवर्धनात्मक, वित्त और विनियामक कार्यों से संबंधित ग्रामीण ऋण उपलब्ध कराने की भूमिका में बदलाव आया है। अल्पावधि सहकारी ऋण संरचना में ग्रामीण वित्तीय संस्थानों अर्थात क्षेत्रीय ग्रामीण बैंकों, राज्य सहकारी बैंकों और जिला केंद्रीय सहकारी बैंकों का नाबार्ड द्वारा पर्यविक्षक के रूप में निरीक्षण किया जा रहा है, जिसकी शक्ति उसे बैंकिंग विनियमन अधिनियम के प्रावधानों के अनुसार सौंपी गई है। लेकिन यहाँ ध्यातव्य है कि नाबार्ड द्वारा उपरोक्त आरएफआई (RFI) के निरीक्षण/पर्यवेक्षण का कार्य भारतीय रिज़र्व बैंक में निहित इन बैंकों का पर्यवेक्षण/विनियमन करने की शक्तियों पर कोई प्रतिकूल प्रभाव नहीं डालता।

नाबार्ड(NABARD),सिडबी(SIDBI),एनएचबी(NHB),एक्ज़िम बैंक (Exim Bank) और नैबफिड (NaBFID) जैसे विकास वित्तीय संस्थान (DFI) अर्थव्यवस्था में प्राथमिकता वाले विभिन्न क्षेत्रों के विकास के लिए

सहायता उपलब्ध कराने में महत्वपूर्ण भूमिका निभाते हैं। ये संस्थान अपने क्रेडिट और अन्य संवर्धनात्मक और विकासात्मक कार्यों के संबंध में आरबीआई के समग्र पर्यवेक्षण और मार्गदर्शन में काम कर रहे हैं।

1.8 बैंकिंग में अभिनव प्रवृत्तियाँ (Recent Trends)

जैसा कि हम पहले चर्चा कर चुके हैं, भारतीय बैंकिंग प्रणाली में सार्वजनिक क्षेत्र के वाणिज्यिक बैंक, निजी क्षेत्र के वाणिज्यिक बैंक, विदेशी बैंक, क्षेत्रीय ग्रामीण बैंक, स्थानीय क्षेत्र बैंक, लघु वित्त बैंक, भुगतान बैंक, शहरी सहकारी बैंक और ग्रामीण सहकारी बैंक शामिल हैं। बैंकिंग क्षेत्र अपने ग्राहकों को बेहतर सेवाएँ प्रदान करने और अपनी प्रौद्योगिकी की बुनियादी संरचना को उन्नत बनाने पर अधिक जोर दे रहा है, ताकि ग्राहकों के अनुभवों में वृद्धि की जा सके और जिससे उन्हें अपने प्रतिस्पर्धियों पर बढ़त बनाए रखने में मदद मिल सके।

(a) बैंकों को परिचालन के मामले में अधिक स्वायत्तता :

आरबीआई ने ब्याज दरों को अविनियमित करते हुए बैंकों को अपने एसेट-लायबिलिटी मैनेजमेंट (ALM) फ्रेमवर्क के अनुसार, एडवांस के साथ-साथ जमाराशियों पर ब्याज दरों को तय करने की परिचालन स्वायत्तता प्रदान की है। आरबीआई को उम्मीद है कि अपनी आधार दरों और ब्याज दरों से जुड़े अन्य नीतिगत मामलों के संबंध में बैंक अधिक पारदर्शी बनेंगे।

(b) बैंकों का एकीकरण (समेकन) :

सरकार के आदेश और सहक्रियात्मक उद्देश्यों के संयोजन से भारत में बैंकिंग उद्योग में विलय और अधिग्रहण शुरू हुआ है। उच्चतर पूंजी आधार का निर्माण समेकन के माध्यम से ही संभव हो सकता है, जो बैंकों को विभिन्न क्षेत्रों में बड़ा निवेश करने में सक्षम बनाएगा। समेकन के अन्य अनुमानित लाभ में आकारिक मितव्ययिता (economies of scale) के कारण हासिल होने वाली बेहतर कार्यकुशलता और लाभप्रदता भी शामिल है। उम्मीद है कि भारतीय बैंकिंग क्षेत्र चुनौतियों का सामना करने और सहक्रियाशीलता का लाभ उठाने के लिए विलय और अधिग्रहण के माध्यम से समेकन की राह पर आगे बढ़ेगा।

(c) यूनिवर्सल बैंकिंग का उद्भव :

यूनिवर्सल बैंकिंग का मतलब है एक ही छत के नीचे सभी बैंकिंग उत्पादों और सेवाओं (शुल्क-आधारित और फंड-आधारित दोनों तरह की सेवाएँ) को उपलब्ध करना। लगातार बढ़ती प्रतिस्पर्धा को देखते हुए बैंकों द्वारा विभिन्न प्रकार की विपणन रणनीतियाँ अपनाई जा रही हैं, जिसमें वे अपने ग्राहक आधार (कस्टमर बेस) को बनाए रखते हुए नए ग्राहकों को आकर्षित करने का प्रयास करते हैं ताकि अपने व्यवसाय और लाभ को बढ़ा सकें। इसके लिए, उन्हें जमा और एडवांस दोनों ही मामलों में प्रतिस्पर्धी ब्याज दरों की पेशकश करने की आवश्यकता होती है। इसके परिणामस्वरूप बैंक कम ब्याज अर्जित कर पा रहे हैं, हालाँकि, उनके कारोबार की मात्रा कई गुना बढ़ गई है। परंपरागत व्यवसाय के अलावा, बैंक ब्याज से प्राप्त होने वाली आय के अतिरिक्त पूरक आय के रूप में शुल्क-आधारित आय पर भी ध्यान दे रहे हैं। इस संबंध में बैंकों द्वारा प्रदान की जाने वाली कुछ लोकप्रिय शुल्क-आधारित सेवाएँ निम्नवत हैं : निवेश बैंकिंग गतिविधियाँ, सलाहकार सेवाएँ, वेल्थ मैनेजमेंट, मार्केटिंग इंश्योरेंस और म्यूचुअल फंड उत्पाद।

(d) वित्तीय समावेशन पर अधिक बल :

वित्तीय समावेशन का अर्थ है कम आय वाले और वंचित समूहों को बैंकिंग के दायरे में लाकर, उन्हें किफ़ायती लागत पर बैंकिंग सेवाएँ उपलब्ध कराना। प्रधानमंत्री जन-धन योजना (PMJDY), प्रधानमंत्री जीवन ज्योति बीमा योजना तथा प्रधानमंत्री सुरक्षा बीमा योजना की शुरुआत का उद्देश्य ऐसे सभी लोगों को वित्तीय उत्पाद उपलब्ध कराना था, जो अब तक इन सुविधाओं से वंचित थे। सुदूरवर्ती क्षेत्रों में बैंकिंग सेवाएँ उपलब्ध कराने के लिए बिजनेस कॉरेस्पॉन्डेंट्स और बिजनेस फैसिलिटेटर्स की सेवाओं का उपयोग करना इस संबंध में एक सफल प्रयास रहा है। इस क्षेत्र में बड़ी संख्या में नए और विशिष्ट (differentiated) बैंकों के पदार्पण को वित्तीय वितरण खंड के लिए व्यापक विकास संचालक माना गया है। इस खंड के अन्य तीन विकास संचालकों में शामिल हैं : वित्तीय सेवाओं की डिलीवरी और उपभोग में परिवर्तन के लिए प्रोत्साहन, जनसांख्यिकीय कारक, प्रौद्योगिकी परिवर्तन और विनियमन। कम मूल्य-उच्च मात्रा वाले ग्राहकों के लिए कम लागत-उच्च तकनीक मॉडल पर आधारित गैर-बैंकिंग डिजिटल कंपनियाँ और नए बैंक जिस तेज़ी से बैंकिंग जगत में अपनी पैठ जमा रहे हैं, उसे देखते हुए अपेक्षा की जाती है कि आपूर्ति पक्ष द्वारा वित्तीय सेवाओं की डिलीवरी के लिए नए तरीके तलाशे जाएँ।

(e) प्रौद्योगिकी का बढ़ता उपयोग :

बैंकों में नई प्रौद्योगिकी अपनाने से बैंकिंग संस्कृति में काफ़ी बदलाव आया है। तकनीकी विकास ने बैंकिंग परिचालन के स्वचालन (automation) को बढ़ाया है, जिससे एटीएम और इंटरनेट बैंकिंग के माध्यम से ऑफ-साइट बैंकिंग तथा बैंकों के माध्यम से यूटिलिटी सेवाओं का भुगतान, यात्रा आरक्षण, आदि करना

अब कहीं अधिक आसान हो गया है। लगभग सभी बैंकों में प्रयुक्त कोर बैंकिंग सॉल्यूशन (CSB) ने 'कहीं भी', 'कभी भी' बैंकिंग को साकार कर दिया है। हर दिन मोबाइल बैंकिंग का उपयोग बढ़ता जा रहा है। रियल टाइम ग्रॉस सेटलमेंट (RTGS), नेशनल इलेक्ट्रॉनिक फंड ट्रांसफर (NEFT), यूनीफ़ाइड पेमेंट इंटरफेस (UPI) और आईएमपीएस (IMPS) के जरिये निधियों के प्रेषण ने व्यक्तियों के साथ-साथ व्यापारियों के लिए उनके कारोबारी लेनदेन के त्वरित सेटलमेंट को सुविधाजनक बना दिया है। देश की विशाल आबादी तक अपनी पहुँच बहाल करने के लिए बैंक भी "वॉलेट" बैंकिंग कारोबार के क्षेत्र में प्रवेश कर रहे हैं। ""पॉइंट ऑफ सेल" पर प्लास्टिक मनी जैसे कि क्रेडिट कार्ड, डेबिट कार्ड और अन्य प्री-पेड इंस्ट्रूमेंट्स के उपयोग में वृद्धि देखी जा रही है।

(f) मोबाइल बैंकिंग :

देश में परिवर्तन ला रही मोबाइल-फ़ोन क्रांति अपने विस्तार और लेनदेन के आधार पर बैंकिंग क्रांति में भी बदल सकती है। दूरदराज के गाँवों तक मोबाइल की पहुँच और आम आदमी द्वारा इसका उपयोग समय की ज़रूरत है और अनुमान है कि लगभग एक-चौथाई मोबाइल उपयोगकर्ता गाँवों/छोटे कस्बों में रहते हैं। मोबाइल फ़ोन के बढ़ते दायरे और आबादी के सभी वर्गों द्वारा ऐसे उपकरणों के उपयोग को देखते हुए वित्तीय सेवाओं को वंचित आबादी तक पहुँचाने के लिए इसका भरपूर लाभ उठाया जा सकता है। यह ग्राहकों को किसी भी स्थान और समय पर स्वतंत्र रूप से अपने वित्तीय लेनदेन (फंड ट्रांसफर) करने में सक्षम बनाता है। ग्राहक (सब्स्क्राइबर) धनराशि निकालने/जमा करने के लिए मोबाइल नेटवर्क के रिटेलर से संपर्क कर सकता है, और एसएमएस (SMS) संदेशों का उपयोग करके लेनदेन कर सकता है।

मोबाइल बैंकिंग के माध्यम से विभिन्न बैंकिंग सेवाओं को निष्पादित किया जा सकता है, जैसे कि फंड ट्रांसफर, तत्काल भुगतान सेवाएँ, पूछताछ सेवाएँ (बैलेंस पूछताछ/मिनी स्टेटमेंट), डीमैटरलाइज्ड खाता सेवाएँ, चेक बुक के लिए अनुरोध, बिल भुगतान आदि। "मोबाइल बैंकिंग" का उपयोग करके मोबाइल आधारित पिन प्रणाली के माध्यम से बैंक खातों से बुनियादी वित्तीय लेनदेन किए जा सकते हैं। मोबाइल वॉलेट के माध्यम से मोबाइल बैंकिंग की शुरुआत वर्ष 2012 में की गई थी। वित्तीय समावेशन अभियान के तहत, परिवारों को शामिल करने के लिए मोबाइल टेलीफ़ोनी और प्री-पेड वॉलेट का भी उपयोग किया जाता है।

1.9 सारांश

हमारे देश में विभिन्न प्रकार के बैंक कार्यरत हैं। इन्हें स्वामित्व और गतिविधियों के आधार पर वर्गीकृत किया जा सकता है। ये हैं : सार्वजनिक क्षेत्र के बैंक, निजी बैंक, विदेशी बैंक, क्षेत्रीय ग्रामीण बैंक, स्थानीय क्षेत्र बैंक, भुगतान बैंक, लघु वित्त बैंक और सहकारी बैंक। इन सभी बैंकों का मुख्य कार्य जमाराशि के रूप में जनता से बचत स्वीकार करना और जरूरतमंद व्यक्तियों को उनकी आवश्यकताओं या कारोबार के लिए धन उधार देना है। बैंकों द्वारा प्रदान किए जाने वाले ऋण का उपयोग कृषकों, लघु औद्योगिक इकाइयों, छोटे व्यवसायों, कारोबारियों और औद्योगिक घरानों और सेवा क्षेत्र में लगे उद्यमों द्वारा अपनी उत्पादन गतिविधियों के लिए किया जाता है जिससे अर्थव्यवस्था में वृद्धि और विकास होता है। बैंक अन्य विभिन्न सहायक सेवाएँ उपलब्ध कराने के अलावा वित्तप्रेषण (remittance) सुविधाएँ भी प्रदान करते हैं।

भारतीय रिज़र्व बैंक, भारत में बैंकिंग प्रणाली का विनियामक है। विकास वित्तीय संस्थानों द्वारा बैंकों और क्रेडिट एजेंसियों को पुनर्वित्त (refinance) की सुविधाएँ प्रदान की जाती हैं, ताकि ये बैंक और एजेंसियाँ प्राथमिकता वाले क्षेत्र को बड़ा ऋण प्रदान करने के लिए प्रेरित हो सकें। डीएफआई उन क्षेत्रों के विकास के लिए विभिन्न संवर्धनात्मक और विकासात्मक गतिविधियों में भी संलग्न हैं, जिनके लिए उनकी स्थापना की गई है।

हमारे देश में बैंकिंग परिदृश्य तेज़ी से बदल रहा है, जिसमें बैंकों को परिचालन स्वायत्तता प्रदान करना, बैंकिंग प्रक्रियाओं में नवीनतम तकनीकों को अपनाना, आदि शामिल हैं। बैंकों द्वारा ग्राहकों की सुविधा के लिए और अपने कारोबार को बढ़ाने के लिए नए उत्पाद लॉन्च किए जा रहे हैं।

पिछले दो दशकों में भारत सरकार और आरबीआई (RBI) द्वारा लागू किए गए वित्तीय समावेशन कार्यक्रम - जो बैंकिंग सुविधाओं से वंचित लोगों को बैंकिंग सेवा प्रदान करने, असुरक्षित को सुरक्षित करने, वित्त रहित को वित्तपोषित करने और सेवाविहीन और अल्प सेवा प्राप्त क्षेत्रों को सेवाएँ प्रदान करने के मार्गदर्शक सिद्धांतों पर आधारित है - ने बैंकिंग सुविधाओं से वंचित परिवारों तक बैंकिंग एवं वित्तीय सेवाओं का विस्तार किया है। हाल की अवधि में, बाज़ार संबंधी मापदंडों को अपनाते हुए बैंकों को समेकित किया गया है और इस प्रक्रिया ने उनके परिचालन में बड़े पैमाने पर आकारिक मितव्ययिता (economies of scale) बहाल की है साथ ही उन्हें वैश्विक प्रतिस्पर्धा करने और किफ़ायती वित्तीय सेवाएँ प्रदान करने में सक्षम बनाया है।

1.10 प्रमुख शब्द

अनुसूचित बैंक : वे बैंक जिन्हें भारतीय रिज़र्व बैंक अधिनियम, 1934 की दूसरी अनुसूची में शामिल किया गया है।

सार्वजनिक क्षेत्र के बैंक : सरकारी स्वामित्व वाले प्रमुख बैंक, जिनकी अधिकांश हिस्सेदारी (यानी 50 प्रतिशत से अधिक) भारत सरकार के पास होती है; इन सरकारी स्वामित्व वाले बैंकों के शेयर स्टॉक एक्सचेंज में सूचीबद्ध हैं।

निजी क्षेत्र के बैंक : वे बैंक जिनमें निजी स्वामित्व 51 प्रतिशत से अधिक होता है।

नई पीढ़ी के बैंक : आधुनिक तकनीक से सुसज्जित ऐसे बैंक जो समावेशी आर्थिक विकास को सुविधाजनक बनाकर बैंकिंग क्षेत्र के विकास और समावेशन का समर्थन करते हैं।

क्षेत्रीय ग्रामीण बैंक : वे बैंक जो क्षेत्रीय ग्रामीण बैंक अधिनियम, 1976 के तहत स्थापित किए गए हैं। वे विभिन्न राज्यों में क्षेत्रीय स्तर पर भारत सरकार के स्वामित्व के तहत बड़े सार्वजनिक क्षेत्र के वाणिज्यिक बैंकों के प्रायोजन के तहत काम करते हैं। ये बैंक ग्रामीण क्षेत्रों में बुनियादी बैंकग और वित्तीय सेवाएं प्रदान करने के लिए बनाए गए हैं।

विभेदित (Differentiated) बैंक : विभेदित बैंक (Differentiated) वे बैंक हैं जो आबादी के एक निश्चित जनसांख्यिकीय खंड की ज़रूरतों को पूरा करते हैं। इन्हें विशिष्ट बैंक भी कहा जा सकता है। लघु वित्त बैंक और भुगतान बैंक विभेदित बैंकों के उदाहरण हैं।

स्थानीय क्षेत्र बैंक : इनको प्रतिस्पर्धी रूप में स्थानीय लोगों की ऋण और अन्य वित्तीय जरूरतों को पूरा करने के लिए कंपनी अधिनियम के तहत एक पब्लिक लिमिटेड कंपनी के रूप में पंजीकृत किया जाता है। वे समीपवर्ती जिलों/क्षेत्रों में परिचालनशील होते हैं।

लघु वित्त बैंक : ऐसे वित्तीय संस्थान जो देश के सेवाविहीन और बैंक की सुविधा से वंचित क्षेत्र को वित्तीय सेवाएँ प्रदान करते हैं। ये कंपनी अधिनियम, 2013 के तहत सार्वजनिक लिमिटेड कंपनी के रूप में पंजीकृत हैं।

भुगतान बैंक : ऐसे बैंक जो बिना किसी ऋण जोखिम के छोटे पैमाने पर काम करते हैं। ये बैंकिंग से जुड़े अधिकांश कार्य कर सकते हैं, लेकिन ऋण नहीं दे सकते या क्रेडिट कार्ड जारी नहीं कर सकते। ये डिमांड डिपॉजिट (2 लाख रुपये तक) स्वीकार कर सकते हैं, वित्तप्रेषण (remittance) सेवाएँ, मोबाइल भुगतान/अंतरण/खरीदारी और अन्य बैंकिंग सेवाएँ जैसे एटीएम/डेबिट कार्ड आदि, उपलब्ध करा सकते हैं।

शहरी सहकारी बैंक : इन्हें प्राथमिक सहकारी बैंक भी कहा जाता है; वे मुख्य रूप से छोटे उधारकर्ताओं तथा समुदायों, समीपवर्ती और कार्यस्थल समूहों पर केंद्रित व्यवसायों की ज़रूरतों को पूरा करने के लिए शहरी और अर्ध-शहरी क्षेत्रों में काम करते हैं।

ग्रामीण सहकारी बैंक : कृषि क्षेत्र में ऋण का प्रवाह सुनिश्चित करने के लिए सहकारी तंत्र में कार्यरत ऋण संस्थान। अल्पावधि सहकारी ऋण संरचना में इन संस्थानों को तीन स्तरों में विभाजित किया गया है : ग्राम-स्तरीय प्राथमिक कृषि ऋण समितियाँ (PACS), जिला-स्तरीय केंद्रीय सहकारी बैंक (DCCB) और राज्य-स्तरीय राज्य सहकारी बैंक (StCB)।

विकास वित्तीय संस्थान : ये आर्थिक विकास को साकार करने की दृष्टि से प्राथमिकता-प्राप्त क्षेत्रों और आधारभूत संरचना में निवेश के लिए आवश्यक दीर्घकालिक वित्त का प्रसार करने के लिए सरकार द्वारा प्रमोट किए गए महत्वपूर्ण मध्यस्थ (intermediaries) हैं। बैंकों और क्रेडिट संस्थानों को पुनर्वित्त (refinance) प्रदान करने के अलावा, ये संस्थान अपनी संविधि में अनिवार्य बनाए गए मुख्य क्षेत्रों में संवर्धन और विकास गतिविधियों में संलग्न हैं।

भारतीय रिज़र्व बैंक अधिनियम : वर्ष 1934 में भारत सरकार द्वारा प्रवर्तित एक अधिनियम के अनुसार भारतीय रिज़र्व बैंक की स्थापना की गई है ताकि वह भारत में मौद्रिक स्थिरता सुनिश्चित करने और सामान्यतः देश हित में मुद्रा और क्रेडिट सिस्टम को संचालित करने के उद्देश्य के साथ बैंक नोटों को जारी करने और आरक्षित राशियों (रिज़र्व) के विनियमन को अपने लाभ के लिए संचालित कर सके।

बैंकिंग विनियमन अधिनियम : एक व्यापक कानून (1949 में अधिनियमित) जिसका उद्देश्य देश में बैंकिंग कारोबार की सुदृढ़ और संतुलित वृद्धि को सुनिश्चित करना है। इस अधिनियम के अंतर्गत बैंकिंग शब्द की परिभाषा से लेकर इसकी लाइसेंसिंग, कार्यप्रणाली, पूंजी और आरक्षित राशि संबंधी आवश्यकताएँ, बैंकिंग परिचालन और प्रबंधन संरचना, लिक्विडिटी संबंधी प्रावधान, लाभ वितरण और बैंकों के निरीक्षण से लेकर बैंकों के अधिग्रहण और समामेलन और उनके परिसमापन तक सारे विषयों को व्यापक रूप से कवर किया गया है।

मांग जमाराशि (Demand Deposits) : खातों में जमा की गई धनराशि, जिसे बिना किसी पूर्व सूचना के निकाला जा सकता है, उदाहरण के लिए, चालू खाते/बचत बैंक खाते से।

सावधि जमा (Time Deposits) : बैंक खातों में जमा की गई धनराशि, जिसे निर्धारित तिथि से पहले नहीं निकाला जा सकता है या जिसके लिए निकासी की सूचना देना आवश्यक है।

इलेक्ट्रॉनिक बैंकिंग : इलेक्ट्रॉनिक बैंकिंग, बैंकिंग का वह रूप है जिसमें नकदी का विनिमय करने की बजाय इलेक्ट्रॉनिक सिग्नलों के एक्सचेंज द्वारा निधियों का अंतरण होता है।

मोबाइल बैंकिंग : मोबाइल डिवाइस (सेल फ़ोन, टैबलेट, आदि) पर वित्तीय लेनदेन करना ही मोबाइल बैंकिंग है।

सेफ डिपॉजिट लॉकर : क़ीमती सामानों को रखने के लिए इस्तेमाल की जाने वाली तिजोरियाँ (vaults)। बैंकों द्वारा प्रदत्त किए गए सेफ डिपॉजिट लॉकर का उपयोग उन लोगों द्वारा किया जाता है जो अपनी अन्य चीज़ों के अलावा महत्वपूर्ण दस्तावेज़ों, महंगी वस्तुओं, जैसे कि विरासत में मिले गहनों या आपातकालीन आरक्षित निधि (मनी रिज़र्व) को सुरक्षित रखना चाहते हैं।

आरटीजीएस (RTGS) : फंड ट्रांसफर का वह सिस्टम जो धन और/या प्रतिभूतियों के तत्काल अंतरण की सुविधा देता है। यह केंद्रीय बैंक की बहियों में क्रेडिट के साथ डेबिट को जोड़े बिना, व्यक्तिगत आदेश के आधार पर भुगतान का सेटलमेंट करने की सतत प्रक्रिया है।

एनईएफटी (NEFT) : भारतीय रिज़र्व बैंक (RBI) द्वारा संचालित इलेक्ट्रॉनिक फंड ट्रांसफर सिस्टम। यह सिस्टम बैंकों के ग्राहकों को हर एक के लिए अलग आधार पर किन्हीं दो एनईएफटी-सक्षम (NEFT-enabled) बैंक खातों के बीच धनराशि अंतरित करने की सुविधा प्रदान करता है। इस सिस्टम के तहत फंड ट्रांसफर और सेटलमेंट बैच में होते हैं।

1.11 अपनी प्रगति जाँचें

1. बैंकों के प्रमुख कार्य हैं :
   (a) जमाराशियाँ स्वीकार करना
   (b) ऋण देना और निवेश करना
   (c) गैर-निधि व्यवसाय और वित्तप्रेषण (remittance) सेवाएँ
   (d) उपरोक्त सभी
2. अनुसूचित बैंक किसे कहते हैं?
   (a) जो भारतीय रिज़र्व बैंक अधिनियम की दूसरी अनुसूची में शामिल है
   (b) जो सार्वजनिक क्षेत्र के अंतर्गत आते हैं

(c) जो वाणिज्यिक बैंकिंग क्षेत्र के अंतर्गत आते हैं

(d) विकास बैंक

3. भारत में भुगतान बैंकों के परिचालन के संबंध में निम्नलिखित में से कौन-सा कथन सत्य है?

(a) भुगतान बैंक बिना किसी सीमा के कितनी भी जमाराशि स्वीकार कर सकते हैं

(b) भुगतान बैंक मियादी जमा (Term Deposits) भी जुटा सकते हैं

(c) भुगतान बैंक बिना किसी सीमा के केवल मांग जमाराशि स्वीकार कर सकते हैं

(d) भुगतान बैंक मांग जमाराशि और वह जमाराशि स्वीकार कर सकते हैं जो प्रति ग्राहक 2 लाख रुपये से अधिक न हो

4. लघु वित्त बैंकों के लिए वित्त देना अपेक्षित है -

(a) अधिकतम 25 लाख रुपये तक

(b) अपने कुल एडवांस पोर्टफोलियो का 50%, जो प्रति उधारकर्ता कम-से-कम 25 लाख रुपये तक हो

(c) बिना किसी सीमा के किसी भी उधारकर्ता को

(d) केवल आरबीआई द्वारा परिभाषित प्राथमिकता वाले क्षेत्रों को

5. क्षेत्रीय ग्रामीण बैंक अपनी शाखाएँ खोल सकते हैं।

(a) उस राज्य में कहीं भी जहाँ इसका मुख्यालय है

(b) राज्य में कहीं भी लेकिन वे गैर-ग्राहक संबंधी कार्यालय देश में कहीं भी खोल सकते हैं

(c) देश में कहीं भी

(d) केवल भारत सरकार (GoI) द्वारा अधिसूचित जिलों में

1.12 'अपनी प्रगति जाँचें' का उत्तर

1. (d)	2. (a)	3. (d)	4. (b)	5. (d)

अध्याय

2 विभिन्न जमा योजनाएँ और अन्य सेवाएँ

अध्याय

2 विभिन्न जमा योजनाएँ और अन्य सेवाएँ

2.1 उद्देश्य

इस अध्याय को पढ़ने के बाद पाठक निम्नलिखित विषयों को समझ सकेंगे :

- निवेश करने वाली जनता से बैंकों द्वारा जुटाई गई जमाराशियों के प्रकार
- जमा बीमा योजना की विशेषताएँ
- सरकारी प्रतिभूतियों में निवेश के लिए आरबीआई की रिटेल डायरेक्ट योजना
- बैंकों द्वारा अपने ग्राहकों को दी जाने वाली वित्तप्रेषण (remittance) सुविधाएँ

2.2 परिचय

बैंक अपने ग्राहकों को विभिन्न प्रकार की सेवाएँ प्रदान करते हैं। जमाराशि स्वीकार करना इसके महत्वपूर्ण कार्यों में से एक है। बैंकों ने अनेक जमा योजनाएँ तैयार की हैं, जो प्रत्येक ग्राहक की ज़रूरतों को पूरा करती हैं। विभिन्न बैंकों द्वारा पेश की जाने वाली जमा योजनाओं के नाम अलग-अलग हो सकते हैं, लेकिन मूल रूप से जमा दो प्रकार की होती हैं अर्थात् मांग जमा (demand deposit) और मियादी जमा (term deposit)। ग्राहक बैंकों द्वारा प्रदान की जाने वाली अन्य सेवाओं, जैसे वित्तप्रेषण (remittance), सेफ डिपॉजिट लॉकर और वस्तुओं की सेफ कस्टडी का व्यापक रूप से उपयोग करते हैं, अतः इन सेवाओं की विशेषताओं से परिचित होना उपयोगी रहेगा।

2.3 जमाराशियों के प्रकार

बैंकों द्वारा निवेश करने वाली जनता से जुटाई गई जमाराशियों के प्रकार को निम्नानुसार वर्गीकृत किया जा सकता है :

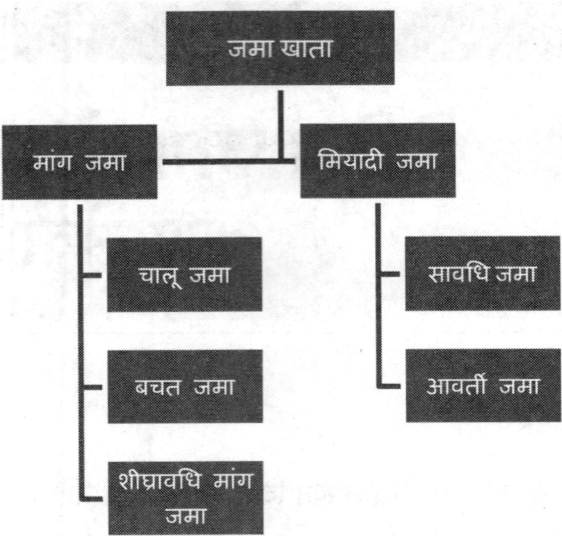

मांग जमाराशियाँ (demand deposits) ग्राहकों की मांग पर देय होती हैं, जबकि मियादी जमा (term deposits) ग्राहकों और बैंक के बीच सहमत परिपक्वता तिथि पर देय होती है। निम्नलिखित अनुच्छेद में जमा उत्पादों की विशेषताओं पर चर्चा की गई है।

2.4 मांग जमाराशि (demand deposits)

(i) चालू खाते (current account)

किसी बैंक की मांग जमाराशियों में चालू खातों का एक बड़ा हिस्सा होता है। चालू खाते व्यक्तियों, व्यावसायिक संस्थाओं (फर्मों, कंपनियों आदि), संस्थानों, सरकारी निकायों/विभागों, सोसायटी, लिक्विडेटर (परिसमापक), रिसीवर, ट्रस्ट आदि द्वारा खोले जा सकते हैं। चालू खातों की मुख्य विशेषताएँ निम्नलिखित हैं :

- निकासी/जमा की संख्या और मात्रा के संबंध में कोई प्रतिबंध नहीं है। चालू जमा खाते मूलतः कारोबार और व्यवसाय के उद्देश्य से रखे जाते हैं।
- प्रत्येक चालू खाताधारक को चेक बुक की सुविधा प्रदान की जाती है। इस खाते से केवल चेक द्वारा निकासी की अनुमति है। एक दिन में लेनदेन किए जाने वाले चेकों की संख्या पर कोई प्रतिबंध नहीं है।
- चालू खाते में शेष राशि (balances) पर ग्राहक को कोई ब्याज नहीं मिलता। बैंकों को चालू खाताधारकों को किसी भी रूप में ब्याज या ब्रोकरेज का भुगतान करने की अनुमति नहीं है।
- चालू खाताधारकों में से ऋण पात्रता वाले ग्राहकों को ओवरड्राफ्ट की सुविधा भी प्रदान की जाती है। ओवरड्राफ्ट एक ऐसी सुविधा है, जिसके तहत बैंक ऐसे चालू खाताधारकों द्वारा जारी किए गए चेक का भुगतान करते हैं, जिनकी व्यवसायिक स्थिति अच्छी है और जो ऋण पात्रता रखते हैं,

भले ही खाते में शेष राशि ग्राहक द्वारा आहरित चेक की राशि से कम हो। बैंक ऐसे ओवरड्राफ्ट पर सहमत दर से ब्याज वसूलते हैं। ओवरड्राफ्ट की प्रकृति अस्थायी या नियमित हो सकती है। ग्राहकों की क्रेडिट योग्यता के आधार पर, खाताधारक के साथ की गई पूर्व-व्यवस्था के अनुसार बैंक नियमित ओवरड्राफ्ट (स्थायी) की सुविधा मंजूर कर सकते हैं। ऐसे मामलों में, बैंक क्रेडिट बैलेंस से अधिक राशि के आहरित चेकों का भुगतान करेगा, लेकिन यह सुविधा ओवरड्राफ्ट की सीमा तक सीमित होगी। बैंक दिए गए ओवरड्राफ्ट पर सहमत दर से ब्याज वसूलेगा।

- खाताधारक को बैंक से आवधिक आधार पर खातों का विवरण मिलता है, जिसमें ग्राहक के सत्यापन और रिकॉर्ड के लिए लेनदेन का विवरण अंकित होता है। खाता विवरण में ग्राहक के बैंक की खाताबही में दिनांक-वार दर्ज संपूर्ण डेबिट और क्रेडिट लेनदेन तथा शेष राशि को प्रदर्शित किया जाता है।

बैंक उन ग्राहकों के चालू खाते खोलते हैं जो बैंकिंग प्रणाली के उधारकर्ता भी हैं। आरबीआई (RBI) ने बैंकों को सुझाव दिया था कि वे चालू खाते खोलते समय सावधानी बरतें और चालू खाते खोलने के लिए ऋण देने वाले संस्थानों से "अनापत्ति प्रमाणपत्र" (No Objection Certificate) प्राप्त करें। अनुसूचित वाणिज्यिक बैंकों के उधारकर्ताओं के संबंध में व्यापक प्रणाली की स्थापना करने के साथ ही आरबीआई ने पुरानी व्यवस्था को बदल दिया है। इस नई व्यवस्था के प्रमुख पहलुओं का नीचे उल्लेख किया गया है :

(i) जिन व्यक्तियों के पास ऐसी व्यवस्था नहीं है कि वे किसी अनुसूचित वाणिज्यिक बैंक से उधार ले सकें, उनके लिए किसी भी बैंक द्वारा चालू खाते खोलने पर कोई प्रतिबंध नहीं है, बशर्ते संबंधित बैंक अपने बोर्ड द्वारा अनुमोदित नीतियों के अनुसार इसकी आवश्यक छानबीन कर लें। यह व्यवस्था उन व्यक्तियों पर भी लागू होती है जिन्हें केवल एनबीएफसी (NBFCs)/एफआई (FIs)/ सहकारी बैंकों/ गैर-बैंक संस्थानों से ऋण सुविधाएँ प्राप्त हैं।

(ii) ऐसे व्यक्तियों (व्यक्तियों, कृषकों या स्व-रोजगार वाले व्यक्तियों सहित) पर प्रतिबंध है जिन्हें अनुसूचित वाणिज्यिक बैंक या भुगतान बैंक द्वारा किसी भी प्रकार की उधार व्यवस्था या सुविधा (कृषि ऋण, व्यक्तिगत ओवरड्राफ्ट या जमाराशि के एवज़ में ओवरड्राफ्ट की सुविधा समेत) उपलब्ध कराई गई है। .

(iii) ऋण देने वाले बैंकों से 'अनापत्ति प्रमाणपत्र' प्राप्त करने की प्रणाली की जगह नई व्यवस्था लागू की गई है।

(iv) उधार सुविधाओं की सीमा और प्रकृति के आधार पर प्रतिबंधों की प्रकृति अलग-अलग है।

(ii) बचत बैंक खाते (saving account)

जैसा कि नाम से पता चलता है, बचत बैंक खाते को व्यक्तियों और छोटे कारोबारियों की बचत राशि (व्यावसायिक लेनदेन उद्देश्यों के अलावा) को उनकी भविष्य की धन संबंधी ज़रूरतों की पूर्ति करने के उद्देश्य से रखा जाता है। ग्राहकों में बचत की आदत को प्रोत्साहित करने के उद्देश्य से बैंक इन खातों पर ब्याज देते हैं। व्यक्तियों, अभिभावकों (उनके नाबालिग बच्चों/संरक्षितों की ओर से), नाबालिगों, ट्रस्टों, हिंदू अविभाजित परिवारों (HUF) आदि द्वारा बचत खाते खोले जा सकते हैं।

बचत बैंक खाते चेक बुक की सुविधा वाले या बिना चेक बुक की सुविधा वाले हो सकते हैं :

(a) चेक बुक की सुविधा वाले खातों में, स्वयं या अन्य पार्टियों के पक्ष में आहरित चेक द्वारा निकासी की जा सकती है। चेक के भुगतानकर्ता समाशोधन (clearing) या संग्रह के माध्यम से, अदाकर्ता (drawee) बैंक शाखा में या अपने बैंक खाते के माध्यम से नकद भुगतान प्राप्त कर सकते हैं। खाताधारक निकासी फॉर्म भरकर या बैंकों के एटीएम से भी नकदी निकाल सकता है।

(b) बिना चेक बुक की सुविधा वाले खातों में, खाताधारकों को केवल अदाकर्ता बैंक शाखा में खाता पासबुक के साथ निकासी फॉर्म या पत्र भरकर निकासी करने की अनुमति दी जाती है। ऐसे खातों में, तीसरे पक्ष भुगतान प्राप्त नहीं कर सकते हैं।

बचत बैंक खातों की मुख्य विशेषताएँ इस प्रकार हैं :

- खाताधारक की मांग पर चेक या निकासी फॉर्म/पत्र प्रस्तुत करके निकासी की अनुमति है। हालाँकि, प्रति लेनदेन/दिन (अलग-अलग बैंकों में इसके लिए अलग-अलग राशि निर्धारित होती है) निर्दिष्ट राशि से अधिक नकद निकासी के लिए बैंक शाखा को पूर्व सूचना देना आवश्यक है। बैंक प्रति माह/तिमाही निकासी की संख्या, प्रति दिन निकासी की राशि, खाते में रोजाना बनाए रखे जाने वाले न्यूनतम बैलेंस आदि पर कुछ प्रतिबंध लगाते हैं और इन नियमों के उल्लंघन पर शुल्क/जुर्माना (पेनल्टी) लगाते हैं। इस संबंध में अलग-अलग बैंकों के अपने-अपने नियम हैं। इन प्रतिबंधों को लगाए जाने के संबंध में यह तर्क दिया जाता है कि बचत बैंक खाते का उपयोग चालू खाते की तरह नहीं किया जाना चाहिए, क्योंकि ऐसे खातों का मूल उद्देश्य बचत राशि का संचय करना है।
- बैंक खाते में रखे गए दैनिक बैलेंस पर निर्धारित दर से ब्याज देते हैं। बैंक बचत बैंक खाते पर ब्याज दर तय करने के लिए स्वतंत्र हैं।
- बचत बैंक खातों पर ओवरड्राफ्ट (जमा शेष से अधिक के भुगतान) की सुविधा नहीं दी जाती है, क्योंकि बचत खाते में कोई डेबिट बैलेंस नहीं हो सकता है।
- अधिकांश बैंक प्रत्येक बचत बैंक खाताधारक को पासबुक प्रदान करते हैं, जिसमें बैंक के पास रखी गई ग्राहक की खाताबही के अनुसार दिनांक-वार डेबिट/क्रेडिट लेनदेन और क्रेडिट बैलेंस दिखाए जाते हैं। खाताधारक की सुविधा के लिए, आजकल बैंक कंप्यूटर-जनरेटेड खाता विवरण उपलब्ध कराते हैं।

इलेक्ट्रॉनिक बैंकिंग के तहत, ग्राहक बैंक द्वारा प्रदत्त ग्राहक आईडी नंबर और पासवर्ड का उपयोग करके इंटरनेट के माध्यम से अपना खाता एक्सेस कर सकते हैं। इलेक्ट्रॉनिक बैंकिंग से ग्राहक को एक खाते से दूसरे खाते में धनराशि अंतरित करने, खाते में लेनदेन का सत्यापन करने, आदि की सुविधा मिलती है। अब ग्राहक ई-मेल के माध्यम से भी अपना खाता विवरण (account statement) प्राप्त कर सकते हैं। ग्राहक अपनी मोबाइल इंटरनेट सेवा का उपयोग करके संबंधित बैंक के मोबाइल ऐप से अपने खाते से लेनदेन कर सकते हैं।

मूल बचत बैंक जमा खाता (BSBDA)

बैंक अपने सभी ग्राहकों को निम्नलिखित न्यूनतम सामान्य सुविधाओं के साथ 'मूल बचत बैंक जमा खाता' की सुविधा प्रदान करते हैं :

- 'मूल बचत बैंक जमा खाता' सभी ग्राहकों के लिए उपलब्ध एक सामान्य बैंकिंग सेवा है।
- इस खाते में कोई भी न्यूनतम बैलेंस रखने की आवश्यकता नहीं है।
- इस खाते के लिए उपलब्ध सेवाओं में निम्न शामिल हैं: बैंक शाखा और एटीएम (ATM) में नकदी जमा करना और निकालना; इलेक्ट्रॉनिक भुगतान चैनलों या केंद्र/राज्य सरकार एजेंसियों और विभागों द्वारा आहरित चेकों के जमा/संग्रह के माध्यम से धनराशि की प्राप्ति करना/जमा करना।
- हालाँकि एक माह में की जाने वाली जमाओं की संख्या के संबंध में कोई सीमा नहीं है, लेकिन खाताधारकों को एटीएम से निकासी सहित एक महीने में अधिकतम चार निकासी की अनुमति होगी।
- एटीएम कार्ड या एटीएम-सह-डेबिट कार्ड की सुविधा।

उपरोक्त सुविधाएँ निःशुल्क प्रदान की जाती हैं। इसके अलावा, गैर-परिचालनशील/निष्क्रिय 'मूल बचत बैंक जमा खाते' को सक्रिय करने के लिए कोई शुल्क नहीं लिया जाता है।

बैंक उचित और पारदर्शी आधार पर निर्धारित बुनियादी न्यूनतम सेवाओं से परे, अतिरिक्त मूल्य वर्धित (वैल्यू ऐडेड) सेवाओं के लिए मूल्य-निर्धारण संरचना तैयार करने सहित अन्य आवश्यकताएँ विकसित करने के लिए स्वतंत्र हैं; इस प्रकार की अतिरिक्त सेवाओं के लिए नियम/शुल्कों को भेदभाव-रहित ढंग से लागू किया जाना चाहिए।

बैंक खाते खोलने के लिए ' मूल बचत बैंक जमा खाता' अपने ग्राहक को जानें (KYC)/एंटी-मनी लॉन्ड्रिंग (AML) के संबंध में समय-समय पर जारी आरबीआई (RBI) के निर्देशों के अधीन होगा। यदि ऐसा खाता सरलीकृत केवाईसी मानदंडों के आधार पर खोला जाता है, तो खाते को अतिरिक्त रूप से 'लघु खाता' माना जाएगा और यह ऐसे खातों के लिए निर्धारित शर्तों के अधीन होगा।

'मूल बचत बैंक जमा खाता' के धारक उसी बैंक में कोई अन्य बचत बैंक जमा खाता खोलने के पात्र नहीं हैं। यदि किसी ग्राहक के पास उस बैंक में कोई अन्य मौजूदा बचत बैंक जमा खाता है, तो 'मूल बचत बैंक जमा खाता' खोलने की तिथि से 30 दिनों के अंदर उस खाते को बंद करना होगा।

2.5 मियादी जमा (term deposits)

मियादी जमा को सावधि जमा (Fixed Deposit) या आवधिक जमा (Time Deposit) भी कहा जाता है। ऐसी जमाराशियाँ 7 दिनों से लेकर 120 महीने तक की निर्दिष्ट अवधि की समाप्ति के बाद चुकाने योग्य हैं, यानी ग्राहकों और बैंकर के बीच सहमति के अनुसार परिपक्वता तिथियों पर देय होती हैं। धनराशि जमा करते समय ही इसकी अवधि तय कर दी जाती है।

(i) सावधि जमा (Fixed Deposit)

सावधि जमा निश्चित परिपक्वता तिथि पर मूलधन और जमा अवधि के लिए सहमत ब्याज दर के साथ चुकाने योग्य होते हैं और ग्राहकों को जमा के विरुद्ध कोई संचालन करने की अनुमति नहीं होती है, जैसा कि मांग जमा (demand deposit) के मामले में अनुमति दी जाती है। जमाकर्ता अपने जमा पर लिक्विडिटी छोड़ देता है, और बैंक इस प्रकार जुटाई गई धनराशि का लोन और एडवांस देने में इस्तेमाल करके ब्याज कमा सकता है। बैंक इसलिए बचत बैंक जमा की तुलना में सावधि जमा पर अधिक ब्याज दर का भुगतान करते हैं, क्योंकि जमाकर्ता बचत बैंक जमा से कभी भी निकासी कर सकता है, जिससे बैंकों को जमा का कुछ हिस्सा हमेशा जमाकर्ताओं के निस्तारण के लिए रखना पड़ता है।

सावधि जमा खातों की मुख्य विशेषताएँ इस प्रकार हैं :

- खाता खोलने के समय जमाकर्ता और बैंकर के बीच हुई आपसी सहमति के अनुसार, निर्दिष्ट ब्याज दरों पर, निश्चित अवधि के लिए सावधि जमाराशियाँ स्वीकार की जाती हैं। चूँकि जमाराशि पर ब्याज दर संविदात्मक है, इसलिए राशि को जमा रखने की अवधि के दौरान ब्याज दर में उतार-चढ़ाव होने के बावजूद इसे नहीं बदला जा सकता।
- सावधि जमा पर ब्याज दर को नियंत्रण-मुक्त कर दिया गया है। इसे पहले आरबीआई (RBI) द्वारा विनियमित किया जाता था। अब बैंक विभिन्न परिपक्वता अवधि के लिए अलग-अलग ब्याज दरों की पेशकश करते हैं, जिसे उनके निदेशक मंडल द्वारा तय किया जाता है। हालाँकि, निम्नलिखित दो अपवादों को छोड़कर किसी भी बैंक में परिपक्वता के अनुसार ब्याज दरें सभी ग्राहकों के लिए एक समान होंगी - (i) निश्चित कट-ऑफ मूल्य से अधिक राशि की जमाराशियों और (ii) वरिष्ठ नागरिकों (निर्दिष्ट आयु से ऊपर - सामान्य रूप से 60 वर्ष) की जमाराशियों पर निर्दिष्ट बेसिसपॉइंट के अनुसार उच्च ब्याज दर की पेशकश की जा सकती है। हालाँकि, बैंक के बोर्ड द्वारा विभेदक दर (differential rate) के संबंध में विशिष्ट निर्देश जारी किए जाते हैं, और शाखा स्तर पर भेदभाव और दुरुपयोग को रोकने के लिए ब्याज की ऐसी विभेदक दर की अनुमति देने की शक्ति प्राधिकारी में निहित होती है।
- आरबीआई के निर्देशानुसार सावधि जमा की न्यूनतम अवधि 7 दिन है। अधिकतम अवधि (120 महीने से अधिक नहीं) और अवधि परिपक्वता (टर्म मैच्योरिटी) का बैंड, प्रत्येक बैंड के लिए संबंधित ब्याज दरों के साथ प्रत्येक बैंक द्वारा निर्धारित किया जाता है।
- जमा रसीद में जमाकर्ता का नाम, मूलधन, परिपक्वता अवधि और ब्याज दर, जमा करने की तारीख और इसकी परिपक्वता आदि का उल्लेख होगा। जमा रसीद परक्राम्य साधन (negotiable instrument) नहीं है, और न ही इसे चेक की तरह अंतरित (transfer) किया जा सकता है। हालाँकि, मियादी जमा (term deposit) रसीद इस बात का प्रमाण देती है कि जमाराशि के लिए निर्दिष्ट शर्तों पर अनुबंध किया गया है।
- जमाराशि की परिपक्वता पर, मूलधन और ब्याज को उस समय के प्रचलित ब्याज दर पर आगे एक और अवधि के लिए नवीनीकृत किया जा सकता है तथा इसके लिए ग्राहक को एक नई जमा

रसीद जारी की जा सकती है, जो एक नए अनुबंध का प्रमाण है। वैकल्पिक रूप से, रसीद के पीछे जमाकर्ता से 'डिस्चार्ज' (चुकौती) प्राप्त करके जमा राशि का भुगतान किया जा सकता है।

- अपने आकस्मिक खर्चों को पूरा करने के संबंध में ग्राहकों द्वारा किए गए अनुरोध को समायोजित करने के लिए, कई बैंक अपने विवेकानुसार सावधि जमाराशियों का अवधि पूर्ण होने से पहले ही भुगतान करते हैं। ऐसे मामलों में, बैंक की नीति के आधार पर, आम तौर पर व्यतीत हो चुकी अवधि (यानी बैंक में जमा खोलने की तारीख से लेकर नियत समय से पहले बंद करने की तारीख के बीच की अवधि) के लिए ब्याज का भुगतान उस व्यतीत अवधि पर लागू दर से एक प्रतिशत कम दर पर किया जाता है। ग्राहकों की नकदी की आकस्मिक आवश्यकताओं को पूरा करने के लिए बैंक सावधि जमा की प्रतिभूति पर ओवरड्राफ्ट/ऋण भी दे सकते हैं।
- आयकर विनियमों के अनुसार, यदि सावधि जमा (fixed deposit) की परिपक्वता पर 20,000 रुपये से अधिक की आय प्राप्त होती है तो उसका नकद भुगतान नहीं किया जाएगा। 20,000 रुपये से अधिक की जमाराशि की अदायगी या तो ग्राहक के नाम पर "आदाता खाता" (A/c payee) रेखांकित चेक द्वारा किया जाना चाहिए या फिर उसे ग्राहक के बैंक खाते में जमा किया जाना चाहिए।
- बैंकों को समय से पहले निकासी के विकल्प के बिना सावधि जमा (टर्म डिपॉजिट) ऑफर करने की स्वतंत्रता है।एक करोड़ रुपये और उससे कम की राशि के लिए व्यक्तियों से ली गई (अकेले या संयुक्त रूप से) सभी सावधि जमाओं में समयपूर्व निकासी करने की सुविधा होगी।

विशेष मियादी जमा/पुनर्निवेश मियादी जमा: इस श्रेणी की मियादी जमा में सावधि जमा की सभी विशेषताएँ शामिल होती हैं। इस प्रकार की मियादी जमा की खास विशेषता यह है कि ब्याज हर तिमाही में चक्रवृद्धि होता है, जिसके परिणामस्वरूप जमाकर्ताओं को अधिक प्रतिलाभ (रिटर्न) मिलता है।

वरिष्ठ नागरिक जमा: 60 वर्ष की आयु पूरा कर चुके व्यक्ति "वरिष्ठ नागरिक" कहलाते हैं और बैंक उनकी जमाराशि पर ऊँची ब्याज दर देते हैं, लेकिन यह ब्याज दर मियादी जमा की विभिन्न अवधियों पर लागू सामान्य ब्याज दरों से एक प्रतिशत से अधिक नहीं हो सकती। प्रत्येक बैंक के पास वरिष्ठ नागरिकों के लिए मियादी जमा की अपनी योजना है।

थोक जमा (बल्क डिपोजिट): बैंकों के थोक जमा का अर्थ है -

i. अनुसूचित वाणिज्यिक बैंकों (क्षेत्रीय ग्रामीण बैंकों और लघु वित्त बैंकों को छोड़कर) के लिए दो करोड़ रुपये और उससे अधिक का सिंगल रुपी टर्म डिपोजिट।

ii. आरआरबी के लिए एक करोड़ रुपये और उससे अधिक का सिंगल रुपी टर्म डिपोजिट।

बैंक केवल थोक जमा पर विभेदक ब्याज दर (डिफरेंशियल इंटरेस्ट रेट) ऑफर कर सकते हैं, और बैंक सावधि जमा योजना, 2006 के आधार पर बनाई गई जमा योजनाओं या पूंजीगत लाभ खाता योजना, 1988 के तहत प्राप्त जमा पर विभेदक ब्याज लागू नहीं होगा।

(ii) आवर्ती जमा (recurring deposits) :

आवर्ती जमा, मियादी जमा की श्रेणी से संबंधित है, जैसा कि पहले ही इंगित किया गया है। आवर्ती जमा की विशेषताएँ इस प्रकार हैं :

- ग्राहक एक निश्चित अवधि (12 महीने से 120 महीने) तक पूर्व-निर्धारित आवृत्ति (आमतौर पर मासिक) के अनुसार निश्चित धनराशि जमा करता है। कुछ बैंकों ने लचीली आवर्ती जमा योजना (flexible recurring deposit scheme) आरंभ की है, जिसमें ग्राहक हर महीने पूर्व-निर्धारित राशि से अधिक राशि जमा कर सकते हैं, जिसमें ऐसी मासिक किस्त के तहत जमा की जाने वाली अधिकतम धनराशि पर कुछ शर्तें लगाई जाती हैं।
- आवर्ती जमा पर दी जाने वाली ब्याज दर पहले से निर्धारित होती है और यह ब्याज दर वही होगी जो सावधि जमा पर उस अवधि के लिए देय है, जिसके लिए आवर्ती जमाराशि रखी गई है।
- परिपक्वता तिथि पर, जमा की गई कुल राशि ब्याज समेत चुका दी जाती है। जमाकर्ता अपने आकस्मिक खर्चों को पूरा करने के लिए इस जमाराशि के बदले लोन (ऋण) या एडवांस (अग्रिम) ले सकते हैं अथवा परिपक्वता अवधि से पहले जमाराशि निकाल सकते हैं। आवर्ती जमा को समय से पहले बंद कराए जाने की स्थिति में, लागू नियमों के अनुसार, बैंक द्वारा जमाराशि पर देय ब्याज अनुबंधित दर से कम होगा।

2.6 निक्षेप बीमा और प्रत्यय गारंटी निगम (DICGC) द्वारा बैंक जमाराशियों का बीमा

भारतीय बैंकिंग प्रणाली की एक महत्वपूर्ण विशेषता यह है कि बैंकों में जनता की जमाराशि एक बैंक में प्रति जमाकर्ता 5 लाख रुपये की सीमा तक बीमाकृत होती है। 1960 के दशक में कुछ बैंकों के विफल हो जाने के बाद, सरकार और रिज़र्व बैंक को महसूस हुआ कि बैंकों में जमाराशि का बीमा करने की आवश्यकता है ताकि किसी बैंक का परिचालन विफल हो जाने की स्थिति में, उसके कारण जनता का बैंकिंग संस्थानों से भरोसा न उठ जाए।

भारतीय रिज़र्व बैंक के पूर्ण स्वामित्व वाले निगम के रूप में, भारतीय निक्षेप बीमा निगम (deposit insurance corporation of India) की स्थापना संसद के एक अधिनियम (DICGCअधिनियम) द्वारा बैंकों में जमाराशि का बीमा करने के लिए की गई थी। जमा बीमा की यह योजना 1 जनवरी 1962 से आरंभ की गई थी। 15 जुलाई 1978 को निगम का नाम बदलकर निक्षेप बीमा और प्रत्यय गारंटी निगम (DIGCG) कर दिया गया। शुरुआत में इस बीमा की सीमा प्रति जमाकर्ता/बैंक केवल 1 लाख रुपये थी।

बैंकों में जमाकर्ताओं के हितों को अधिक सुरक्षा प्रदान करने के उद्देश्य से, डीआईसीजीसी (DIGCG) ने भारत सरकार(GOI)/आरबीआई (RBI) की मंजूरी से, 4 फरवरी 2020 की प्रभावी तिथि से बीमाकृत बैंकों में जमाकर्ताओं के लिए बीमा कवर की सीमा बढ़ाकर प्रति जमाकर्ता 5 लाख रुपये कर दी, जैसा कि पहले उल्लेख किया गया है।

आरबीआई (RBI) द्वारा विनियमित सभी बैंक (वाणिज्यिक बैंक, क्षेत्रीय ग्रामीण बैंक, लघु वित्त बैंक, भुगतान बैंक, स्थानीय क्षेत्र बैंक, सहकारी बैंक (शहरी सहकारी बैंक, राज्य/जिला केंद्रीय सहकारी बैंक) इस योजना के तहत कवर किए गए हैं, क्योंकि वे डीआईसीजीसी (DIGCG) के साथ बीमाकृत बैंक के रूप में पंजीकृत हैं।

निगम को भुगतान की जाने वाली प्रीमियम राशि का भार स्वयं बीमाकृत बैंकों को वहन करना पड़ता है, ताकि जमाकर्ताओं को निक्षेप बीमा सुरक्षा का लाभ निःशुल्क उपलब्ध कराया जा सके। दूसरे शब्दों में, बैंकों को प्रीमियम के भुगतान के कारण पड़ने वाले वित्तीय बोझ को खुद ही उठाना पड़ता है और इसे जमाकर्ताओं पर नहीं डाला जाता।

2.7 आरबीआई की रिटेल डायरेक्ट योजना

सरकारी प्रतिभूति (G-sec) केंद्र सरकार या राज्य सरकारों द्वारा जारी एक व्यापार-योग्य साधन है। यह सरकार की ऋण (डेब्ट) देनदारी को स्वीकार करता है। ऐसी प्रतिभूतियाँ या तो अल्पकालिक (आमतौर पर इन्हें ट्रेजरी बिल कहा जाता है, जिनकी वास्तविक परिपक्वता अवधि एक वर्ष से कम होती है) होती हैं या दीर्घकालिक (आमतौर पर इन्हें सरकारी बांड अथवा एक वर्ष या उससे अधिक की मूल परिपक्वता अवधि वाली दिनांकित प्रतिभूतियाँ कहा जाता है)। भारत में, केंद्र सरकार ट्रेजरी बिल और बांड या दिनांकित प्रतिभूतियाँ दोनों जारी करती है, जबकि राज्य सरकारें केवल बांड या दिनांकित प्रतिभूतियाँ जारी करती हैं, जिन्हें राज्य विकास ऋण (SDL) कहा जाता है। सरकारी प्रतिभूतियों (G-sec) में डिफ़ॉल्ट का कोई व्यावहारिक जोखिम नहीं होता और इसलिए इन्हें जोखिम-मुक्त गिल्ट-एज साधन कहा जाता है।

रिटेल डायरेक्ट योजना व्यक्तिगत निवेशकों के लिए सरकारी प्रतिभूतियों में निवेश की सुविधा प्राप्त करने का वन-स्टॉप समाधान है। इस योजना के तहत व्यक्तिगत खुदरा निवेशक आरबीआई के साथ गिल्ट प्रतिभूति खाता - "रिटेल डायरेक्ट गिल्ट (RDG)" खाता खोल सकते हैं।

पात्रता :

a. इस योजना के तहत जिन खुदरा निवेशकों के पास निम्नलिखित चीज़ें हैं, उन्हें योजना के तहत पंजीकरण करने और रिटेल डायरेक्ट गिल्ट अकाउंट (RDG खाता) बनाए रखने की अनुमति है :

    (i) भारत में रखा गया रुपया बचत बैंक खाता;

    (ii) आयकर विभाग द्वारा जारी स्थायी लेखा संख्या (पैन);

    (iii) केवाईसी प्रयोजन के लिए कोई भी ओवीडी;

    (iv) वैध ईमेल आईडी; और

    (v) पंजीकृत मोबाइल नंबर।

b. विदेशी मुद्रा प्रबंधन अधिनियम, 1999 यानी फेमा के तहत सरकारी प्रतिभूतियों में निवेश करने की पात्रता रखने वाले अनिवासी खुदरा निवेशक भी इस योजना के तहत पात्र हैं।

c. आरडीजी (RDG) खाते को अकेले या पात्रता मानदंडों को पूरा करने वाले किसी अन्य खुदरा निवेशक के साथ संयुक्त रूप से खोला जा सकता है।

निवेशक केंद्र सरकार की सभी प्रतिभूतियों (ट्रेजरी बिल और सॉवरेन गोल्ड बांड सहित) के साथ-साथ विभिन्न राज्य सरकारों द्वारा जारी प्रतिभूतियों के प्राथमिक निर्गम के समय गैर-प्रतिस्पर्धी बोलियाँ लगा सकते हैं।

इस योजना के तहत, व्यक्ति आरबीआई की ट्रेडिंग प्रणाली "एनडीएस ओएम" (NDS OM) के माध्यम से द्वितीयक बाजार तक भी पहुँच सकता है।

देय तिथियों पर भुगतान किया गया कोई भी ब्याज/परिपक्वता आय निवेशक को उसके द्वारा लिंक किए गए बैंक खाते में स्वचालित रूप से प्राप्त हो जाएगी।

2.8 वित्तप्रेषण (Remittance)

(a) डिमांड ड्राफ्ट (demand drafts)

ग्राहकों और जनता द्वारा बैंकिंग लेनदेन में, अक्सर डिमांड ड्राफ्ट (बैंकर्स ड्राफ्ट) जैसे लिखतों का उपयोग किया जाता है। ये सभी बैंकों द्वारा जारी किए जाते हैं और परक्राम्य लिखत (निगोशिएबल इन्स्ट्रुमेंट्स) अधिनियम, 1881 में यथा-परिभाषित निगोशिएबल इन्स्ट्रुमेंट्स(जैसे कि चेक या विनिमय बिल या वचन-पत्र) के समान होते हैं।

बैंकर्स ड्राफ्ट (या डिमांड ड्राफ्ट) एक भुगतान आदेश है, जो बैंक की एक शाखा द्वारा दूसरी शाखा को जारी किया जाता है, जिसमें अदाकर्ता (drawee) शाखा को निर्दिष्ट व्यक्ति को निर्दिष्ट राशि का भुगतान करने के निर्देश होते हैं। डिमांड ड्राफ्ट, विनिमय बिल के समान होता है। इनमें केवल इतना अंतर होता है कि डिमांड ड्राफ्ट में, आहर्ता (बैंक) और अदाकर्ता (बैंक) एक ही होते हैं।

परक्राम्य लिखत (निगोशिएबल इन्स्ट्रुमेंट्स) अधिनियम में, विनिमय बिल की परिभाषा में यह नहीं बताया गया है कि आहर्ता (drawer) और अदाकर्ता (drawee) अलग-अलग होने चाहिए। इसमें केवल इतना कहा गया है कि विनिमय बिल पर मेकर द्वारा हस्ताक्षर किया जाना चाहिए और अदाकर्ता एक 'निश्चित व्यक्ति' होना चाहिए। इसलिए बैंक ड्राफ्ट को विनिमय बिल और चेक भी माना जा सकता है, क्योंकि यह मांग पर देय होता है और बैंकर पर आहरित होता है।

डिमांड ड्राफ्ट अलग-अलग स्थानों पर एक खाते से दूसरे खाते में धन के अंतरण का एक अन्य तरीका है। चेक लेनदेन में, तीन पक्ष शामिल होते हैं : अदाकर्ता (drawee), आहर्ता (drawer) और आदाता/पानेवाला (payee), जबकि डिमांड ड्राफ्ट में, केवल दो पक्ष शामिल होते हैं : आहर्ता और आदाता। किसी एजेंसी व्यवस्था के मामले में, एक बैंक शाखा द्वारा दूसरे बैंक की शाखा पर ड्राफ्ट जारी किया जा सकता है। ऐसे मामलों में, तीन पक्ष होंगे - आहर्ता बैंक की शाखा, अदाकर्ता बैंक की शाखा और आदाता/पानेवाला। लाभार्थी को देय राशि निश्चित और सुनिश्चित होती है, क्योंकि अदाकर्ता एक बैंक है जिससे उम्मीद की जाती है कि वह ड्राफ्ट प्रस्तुत किए जाने पर अपने दायित्व का सम्मान करेगा।

आवेदक से संपूर्ण राशि और ड्राफ्ट से संबंधित विनिमय या शुल्क प्राप्त करने के बाद आहर्ता शाखा द्वारा ड्राफ्ट जारी किया जाता है। ड्राफ्ट से बैंक (आहर्ता (drawer) और अदाकर्ता (drawee)) को चल निधि (फ्लोट फंड) प्राप्त होती है, क्योंकि ड्राफ्ट जारी करने और अदाकर्ता शाखाओं में भुगतान के लिए ड्राफ्ट प्रस्तुत किए जाने के बीच हमेशा समय का अंतराल होता है।

डिमांड ड्राफ्ट जारी करना और भुनाना

ड्राफ्ट जारी करते समय बैंकर निम्नलिखित नियमों और प्रक्रियाओं का पालन करते हैं :

- 50,000 रुपये और उससे अधिक राशि का डिमांड ड्राफ्ट जारी करने के लिए, बैंक आम तौर पर ग्राहकों के खातों से डेबिट करते हैं। काउंटर पर नकद में डिमांड ड्राफ्ट जारी करना और भुगतान करना आयकर प्रावधानों और पीएमएलआर (PMLR) के अधीन है, और 50,000 रुपये और इससे अधिक राशि के डिमांड ड्राफ्ट का भुगतान बैंकिंग चैनलों के माध्यम से किया जाना चाहिए, न कि नकद में।
- यदि ग्राहक छोटी राशि के वित्तप्रेषण (remittance) के लिए ड्राफ्ट बनवाना चाहते हैं तो शाखाओं को नकदी के बदले ड्राफ्ट जारी करना चाहिए और कैशियर को ड्राफ्ट जारी करने के उद्देश्य से ऐसी छोटी जमाराशि लेने से इनकार नहीं करना चाहिए।
- बैंक यह सुनिश्चित करेंगे कि 20,000 रुपये और उससे अधिक राशि के डिमांड ड्राफ्ट अनिवार्य रूप से 'अकाउंट पेई ' क्रॉसिंग के साथ ही जारी किए जाएँ यानी सिर्फ़ आदाता के खाते में।
- बैंक किसी गैर-खाता आधारित ग्राहक, जो कि अकस्मात ग्राहक (वॉक-इन कस्टमर) है, के लिए 50,000 रुपये के बराबर या उससे अधिक राशि का डिमांड ड्राफ्ट जारी करते या भुगतान करते समय ग्राहक की पहचान का सत्यापन करेंगे।
- डिमांड ड्राफ्ट की वैधता के बारे में सभी अभिलेख ड्राफ्ट फॉर्म/इंस्ट्रूमेंट में सबसे ऊपर दिए जाने चाहिए। ड्राफ्ट जारी होने की तिथि से तीन महीने की अवधि के लिए वैध होता है। तदनुसार, यदि ग्राहक इसे निर्धारित अवधि के अंदर नहीं भुना पाता, तो जारीकर्ता शाखा क्रेता द्वारा इस उद्देश्य से किए गए साधारण अनुरोध पर इसे पुनः मान्य कर देगी।
- बैंक अपनी शाखाओं में आहरित ड्राफ्ट का तत्काल भुगतान करेंगे। ड्राफ्ट का भुगतान इस कारण से अस्वीकार नहीं किया जाएगा कि जारीकर्ता शाखा से अभी तक इसके संबंध में सूचना प्राप्त नहीं हुई है।
- ट्रांजिट आदि में ड्राफ्ट खो जाने की स्थिति में, बैंक क्रेता के अनुरोध पर डुप्लिकेट ड्राफ्ट जारी कर सकते हैं। डुप्लिकेट ड्राफ्ट जारी करते समय बैंक ड्राफ्ट के क्रेता से क्षतिपूर्ति प्राप्त करने के अलावा, आदाता शाखा से यह पुष्टि भी लेगा कि अभी तक उनकी ओर से ड्राफ्ट को नहीं भुनाया गया है। बैंकों को अनुरोध प्राप्त होने की तारीख से एक पखवाड़े के अंदर डुप्लिकेटड्राफ्ट जारी कर देना चाहिए।

इलेक्ट्रॉनिक फंड ट्रांसफर (Electronic funds transfer)

परंपरागत रूप से, बैंकों द्वारा मेल ट्रांसफर और टेलीग्राफिक ट्रांसफर द्वारा निधियों को एक स्थान से दूसरे स्थान पर अंतरित किया जाता था। मेल ट्रांसफर की तुलना में टेलीग्राफिक ट्रांसफर हीं अधिक तेज़ होता था। दोनों प्रकार के अंतरणों में, बैंकों द्वारा डाक एवं तार विभाग की सेवाओं का उपयोग किया जाता था तथा संदेशों के प्रसारण में गोपनीयता और सुरक्षा सुनिश्चित करने के लिए कुछ कोड का उपयोग किया जाता था। अब, संचार की इलेक्ट्रॉनिक प्रणाली में, प्रसारण बहुत तेज़ और सुरक्षित है। लगभग सभी बैंकों ने फंड ट्रांसफर के लिए निम्नलिखित प्रणालियाँ आरंभ की हैं। निधियों के अंतरण और वित्तप्रेषण (remittance) के लिए विभिन्न प्रणालियों और प्लेटफॉर्मों का उपयोग किया जाता है। निम्नलिखित अनुच्छेद में इन योजनाओं की विशेषताओं की चर्चा की गई है।

(a) आरटीजीएस (RTGS) :

रियल टाइम ग्रॉस सेटलमेंट (RTGS) एक अंतर-बैंक फंड ट्रांसफर प्रणाली है, जिसमें लेनदेन शुरू होने पर (यानी वास्तविक समय में) तत्काल फंड ट्रांसफर कर दिया जाता है। इस प्रणाली के अंतर्गत, एक बैंक से दूसरे बैंक में धन का अंतरण 'तत्काल' और 'सकल' (gross) आधार पर होता है। आरटीजीएस बैंकिंग चैनल के माध्यम से निधि अंतरण की सबसे तेज़ प्रणालियों में से एक है। 'तत्काल' निपटान का आशय यह है कि भुगतान लेनदेन के लिए कोई प्रतीक्षा अवधि नहीं है। इस योजना के निम्नलिखित लाभ हैं :

- *गति :* इसमें लाभार्थी शाखाओं को उम्मीद होती है कि प्रेषक बैंक (remitting bank) द्वारा धनराशि अंतरित किए जाने के तत्काल बाद उन्हें धनराशि प्राप्त हो जाएगी।
- *त्वरित निपटान (सेटलमेंट) चक्र :* इस प्रणाली में अंतर-बैंक और क्लीयरिंग हाउस से संबंधित सेटलमेंट के मुद्दे कम हो जाते हैं।
- *व्यापक सीमाएँ :* आरबीआई (RBI) की आरटीजीएस (RTGS) प्रणाली का सहभागी बैंक होने पर भारत में कोई भौगोलिक सीमाएँ नहीं हैं।

आरटीजीएस (RTGS) प्रणाली मुख्य रूप से बड़ी राशि के लेनदेन के लिए है। आरटीजीएस के माध्यम से भेजी जाने वाली न्यूनतम राशि 2 लाख रुपये है। आरटीजीएस लेनदेन के लिए कोई अधिकतम सीमा नहीं है। प्रेषक बैंक द्वारा धनराशि तत्काल अंतरित कर दी जाती है। धन अंतरण का संदेश प्राप्त होने के दो घंटे के अंदर लाभार्थी बैंक को लाभार्थी के खाते में राशि जमा करनी होगी। यदि किसी कारण से यह धनराशि जमा नहीं की जा सकती, तो प्राप्तकर्ता बैंक को 2 घंटे के भीतर पैसे भेजने वाले बैंक को पैसा

वापस करना होगा। प्रेषक बैंक को राशि वापस मिल जाने पर, ग्राहक के खाते में की गई मूल डेबिट प्रविष्टि को रिवर्स कर दिया जाता है।

पैसा भेजने वाले ग्राहक को वित्तप्रेषण (remittance) से संबंधित निम्नलिखित जानकारी प्रस्तुत करनी होगी:

1. वित्तप्रेषण की राशि,
2. वह खाता संख्या जिससे वित्तप्रेषण राशि को डेबिट किया जाना है,
3. लाभार्थी बैंक का नाम,
4. लाभार्थी ग्राहक का नाम,
5. लाभार्थी का खाता संख्या,
6. प्रेषक द्वारा प्राप्तकर्ता को जानकारी, यदि कोई हो, और
7. प्राप्तकर्ता शाखा का IFSC (Indian Financial System Code) नंबर

हालाँकि बैंकों की कई शाखाएँ RTGS सक्षम हैं, लेकिन ज़रूरी नहीं कि बैंकों की सभी शाखाएँ RTGS सक्षम हों।

(b) एनईएफटी (NEFT)

एनईएफटी (National Electronic Fund transfer) सेवा बिना किसी देरी या प्रक्रियात्मक परेशानी के एक बैंक से दूसरे बैंक में धन के निर्बाध अंतरण में मदद करती है। इस प्रणाली का परिचालन और कार्य आरटीजीएस की तरह ही है। आम तौर पर केवल बैंक के खाताधारक ही इस सुविधा का लाभ उठा सकते हैं, क्योंकि एनईएफटी (NEFT) आवेदन पत्र में अनिवार्य रूप से लाभार्थी और आवेदक दोनों के खाता संख्या का उल्लेख किया जाना चाहिए।

जिस व्यक्ति के पास बैंक खाता नहीं है, वह किसी अन्य एनईएफटी (NEFT) सदस्य बैंक में बैंक खाता रखने वाले लाभार्थी को एनईएफटी के जरिये धनराशि भेज सकता है। किसी भी बैंक की निकटतम एनईएफटी सक्षम शाखा में नकद जमा करके, पूरा पता, टेलीफ़ोन नंबर आदि अतिरिक्त विवरण प्रस्तुत

करके ऐसा किया जा सकता है। हालाँकि, ऐसे नकद वित्तप्रेषण (cash remittance) के लिए प्रति लेनदेन अधिकतम सीमा 50,000 रुपये होगी।

एनईएफटी (NEFT) में, समाशोधन निपटान (क्लीयरिंग सेटलमेंट) बैच होते हैं और रिटर्न के लिए 24 घंटे का समय दिया जाता है। प्रत्येक सेटलमेंट बैच समय के अंदर आरबीआई (RBI) द्वारा प्राप्त संदेशों को समेकित किया जाएगा, और सेटलमेंट के बाद आदाता (payee) बैंकों को वितरित किया जाएगा। आम तौर पर, बैच समय से 15 से 30 मिनट के अंदर भुगतान संदेश प्राप्तकर्ता (आदाता) बैंक तक पहुँच जाता है। उदाहरण के लिए, 12.00 बजे के सेटलमेंट बैच के लिए आरबीआई को भेजा गया संदेश, 12.30 बजे तक प्राप्तकर्ता बैंक तक पहुँच जाएगा। यदि प्राप्तकर्ता बैंक के पास एसटीपी (Straight Through Process) सुविधा है, तो राशि तुरंत जमा कर दी जाएगी, अन्यथा, राशि दिन के अंत में (End of the day) जमा कर दी जाएगी। हालाँकि, यदि प्राप्तकर्ता बैंक संदेश को वापस लौटाना चाहता है, तो उन्हें अगले सेटलमेंट दिन के दोपहर 12.00 बजे तक (24 घंटे के भीतर) इस संदेश को वापस लौटाना चाहिए।

एनईएफटी (NEFT) का उपयोग करके अंतरित की जाने वाली न्यूनतम या अधिकतम राशि की कोई सीमा नहीं है। नकद-आधारित वित्तप्रेषण के लिए, 50,000 रुपये प्रति लेनदेन की ऊपरी सीमा लागू है। आरबीआई (RBI) ने मुख्य रूप से नाममात्र की लागत पर वित्तप्रेषण की सुविधा बहाल करने के लिए एनईएफटी प्रणाली शुरू की है। हम एक बैंक से उन दूसरी बैंक-शाखाओं में धनराशि भेज सकते हैं, जिनके पास IFS कोड है, और जो NEFT नेटवर्क से जुड़े हुए हैं। एनईएफटी (NEFT) छोटी राशि के भुगतान के लिए सबसे उपयुक्त तरीका है, क्योंकि भुगतान के अन्य तरीकों की तुलना में इसका शुल्क सस्ता है और सेटलमेंट की प्रक्रिया तेज़ है। इंटरनेट बैंकिंग सेवाओं का उपयोग करके ग्राहक स्वयं ही एनईएफटी (NEFT) के माध्यम से धनराशि का अंतरण कर सकता है।

प्रवर्तक (ऑरिजिनेटर) को सकारात्मक पुष्टि प्रदान करना

सभी बैंकों को यह सुनिश्चित करने के लिए एक उचित तंत्र की स्थापना करनी चाहिए जिससे कि रेमिटेंस ऑरिजिनेटर को पॉजिटिव कंफ़र्मेशन भेजा जाए, जिसमें एनईएफटी (NEFT) के माध्यम से धन अंतरित होने पर लाभार्थी के खाते में निधियों के सफलतापूर्वक जमा हो जाने की पुष्टि की जाए। हालाँकि यह अपेक्षा की जाती है कि लाभार्थी के खाते में राशि जमा होते ही इस तरह के पुष्टिकरण संदेश भेज दिए जाएँ, और यह किसी भी परिस्थिति में दिनांत से आगे नहीं होना चाहिए।

एनईएफटी (NEFT) लेनदेन के विलंब से क्रेडिट/रिफंड के लिए दंडात्मक ब्याज का भुगतान

एनईएफटी के मामले में, लाभार्थी ग्राहक के खाते में पैसा जमा करने या जमा न की जा सकी राशि को वित्तप्रेषक (remitter) को वापस करने में देरी होने की स्थिति में बैंकों को दंडात्मक ब्याज का भुगतान करना चाहिए। मौजूदा दिशानिर्देशों के तहत, बैंकों को विलंब की अवधि के लिए/रिफंड की तारीख तक, जैसा भी मामला हो, प्रभावित ग्राहकों को उनसे दावे का इंतज़ार किए बिना, स्वप्रेरणा से आरबीआई (RBI) की वर्तमान एलएएफ (LAF) रेपो रेट से दो प्रतिशत अधिक दर पर दंडात्मक ब्याज का भुगतान करना आवश्यक है।

(c) मोबाइल फ़ोन, इंटरनेट बैंकिंग और एटीएम के माध्यम से वित्तप्रेषण

(i) तत्काल भुगतान सेवा (IMPS) :

भारतीय राष्ट्रीय भुगतान निगम (NPCI) द्वारा 22 नवंबर 2010 को तत्काल भुगतान सेवा (IMPS) शुरू की गई थी। यह मोबाइल फ़ोन, इंटरनेट बैंकिंग और एटीएम के माध्यम से तत्काल, 24x7, अंतर-बैंक इलेक्ट्रॉनिक फंड ट्रांसफर सेवा प्रदान करता है। बैंकों के माध्यम से वित्तप्रेषण की प्रक्रिया में चार हितधारक होते हैं, यानी वित्तप्रेषक (भेजने वाला), लाभार्थी (प्राप्तकर्ता), बैंक और नेशनल फाइनेंशियल स्विच - NPCI.

मोबाइल बैंकिंग के माध्यम से वित्तप्रेषण : आईएमपीएस (IMPS) के माध्यम से पैसे भेजने के लिए वित्तप्रेषक को मोबाइल बैंकिंग का उपयोग करना चाहिए। यहाँ प्राप्तकर्ता के मोबाइल नंबर का उसके बैंक के साथ पंजीकृत होना आवश्यक है और ऐसा होने पर पैसा तुरंत प्राप्तकर्ता के खाते में जमा हो जाएगा। इस सेवा का उपयोग करने के लिए, वित्तप्रेषक को मोबाइल बैंकिंग के लिए पंजीकरण करना होगा और लेनदेन शुरू करने के लिए मोबाइल मनी आइडेंटिफ़ायर (MMID) और मोबाइल बैंकिंग पिन (MPIN) प्राप्त करना होगा। एमएमआईडी (MMID) 7 अंकों का एक नंबर है, जो पंजीकरण के बाद बैंक द्वारा ग्राहक को जारी किया जाता है तथा लाभार्थी को अपने बैंक खाते के साथ अपना मोबाइल नंबर पंजीकृत कराकर एमएमआईडी (MMID) प्राप्त करना होगा। वित्तप्रेषक अपने बैंक को लाभार्थी का मोबाइल नंबर, लाभार्थी एमएमआईडी (MMID) और धनराशि टाइप करके एसएमएस (SMS) भेजकर आईएमपीएस (IMPS) लेनदेन शुरू कर सकता है। प्राप्तकर्ता को एक एसएमएस (SMS) मिलेगा, जिसमें इस बात की पुष्टि की गई होगी कि उसके खाते में पैसे जमा हो गए हैं। तत्काल भुगतान सेवा (IMPS) की सुविधा भारतीय राष्ट्रीय भुगतान निगम (NPCI) द्वारा दी जा रही है।

(ii) *99# :

आम जनता तक बैंकिंग सुविधाओं की पहुँच बढ़ाने के लिए मोबाइल बैंकिंग सबसे शक्तिशाली तरीकों में से एक है। आज, भारत में मोबाइल फ़ोन एक घरेलू डिवाइस बन गई है, और फ़ोन कनेक्शनों की संख्या लगभग 90 करोड़ है। एसएमएस का उपयोग करके, जो एक अनएन्क्रिप्टेड सेवा है और जिसे असुरक्षित माना जाता है - या मोबाइल बैंकिंग ऐप का उपयोग करके मोबाइल बैंकिंग सेवा शुरू की जा सकती

है। हालाँकि यह बहुत इंटरैक्टिव है, परंतु मोबाइल बैंकिंग ऐप्स के साथ एक बड़ी समस्या यह है कि इन्हें मोबाइल फ़ोन पर डाउनलोड और इंस्टॉल करना पड़ता है। इस प्रणाली के लिए आवश्यक है कि हैंडसेट J2ME संगत हो और मोबाइल फ़ोन पर जीपीआरएस (GPRS) कनेक्शन मौजूद हो, परंतु 40% से भी कम भारतीय उपयोगकर्ताओं के पास ऐसी सुविधा मौजूद है।

इन समस्याओं को हल करने के लिए, यूएसएसडी (USSD) प्लेटफॉर्म पर एक वैकल्पिक समाधान उपलब्ध है। ग्राहक जीएसएम (GSM) नेटवर्क पर किसी भी मोबाइल फ़ोन के जरिये यूएसएसडी (USDD) समाधान का लाभ उठा सकते हैं, भले ही उनके फ़ोन का मेक और मॉडल कुछ भी हो। इसके लिए ग्राहक के मोबाइल फ़ोन पर किसी एप्लिकेशन को डाउनलोड करने और जीपीआरएस कनेक्टिविटी की आवश्यकता नहीं है। यूएसएसडी (USDD) उपयोगकर्ता के अनुकूल है, अतः ग्राहकों से संवाद करना और उन्हें शिक्षित करना भी आसान है। यूएसएसडी (USDD) एप्लिकेशन डाउनलोड करने की आवश्यकता को समाप्त कर देता है और यह एसएमएस चैनल की तुलना में अधिक सुरक्षित है।

बैंकिंग ग्राहक अपने मोबाइल डिवाइस पर *99# डायल करके इस सेवा का उपयोग कर सकते हैं और मोबाइल स्क्रीन पर प्रदर्शित एक इंटरैक्टिव मेनू के माध्यम से लेनदेन कर सकते हैं। यह नंबर सभी दूरसंचार सेवा प्रदाताओं (TSP) के लिए एक ही है। *99# का उपयोग करके, ग्राहक अपनी सुविधानुसार फंड ट्रांसफर जैसी वित्तीय सेवाओं के साथ-साथ बैलेंस पूछताछ और बैंक खाते के मिनी स्टेटमेंट जैसी गैर-वित्तीय सेवाओं का लाभ उठा सकते हैं।

*99# द्वारा दी जाने वाली प्रमुख सेवाओं में शामिल हैं : अंतर-बैंक खाते से खाते में फंड ट्रांसफर, बैलेंस पूछताछ, मिनी स्टेटमेंट के अलावा कई अन्य सेवाएँ।

(c) आधार सक्षम भुगतान प्रणाली (AePS)

एईपीएस (AePS) एक बैंकिंग उत्पाद है जो आधार ऑथेंटिकेशन (प्रमाणीकरण) का उपयोग करने वाले किसी भी बैंक के बिज़नेस कॉरेस्पोंडेंट (BC) के माध्यम से पीओएस (माइक्रो एटीएम) या कियोस्क बैंकिंग पर ऑनलाइन इंटर-ऑपरेबल वित्तीय समावेशन लेनदेन की अनुमति देता है।

वर्तमान में, आधार सक्षम चार मूलभूत बैंकिंग लेनदेन उपलब्ध हैं, अर्थात (i) पूछताछ, (ii) नकद निकासी, (iii) नकद जमा और (iv) आधार से आधार फंड ट्रांसफर।

आधार ऑथेंटिकेशन (प्रमाणीकरण)

आधार सक्षम किसी भी वित्तीय लेनदेन के मामले में, अपनी पहचान साबित करने और यूआईडीएआई (UIDAI) द्वारा ऑथेंटिकेट होने के लिए यह आवश्यक है कि ग्राहक बीसी द्वारा प्रबंधित माइक्रो एटीएम

पर व्यक्तिगत आधार संख्या/वर्चुअल आईडी और बायोमेट्रिक्स प्रदान करे। आधार ऑथेंटिकेशन सफल होने पर लेनदेन अधिकृत बैंक (चाहे इंट्रा-बैंक हो या इंटर-बैंक) को भेजा जाएगा।

आधार सक्षम अंतर-बैंक लेनदेन

अंतर-बैंक लेनदेन के मामले में, अनुरोध बीसी टर्मिनल से शुरू किया जाएगा और यूआईडीएआई (UIDAI) से ग्राहक का आधार/वीआईडी (VID) ऑथेंटिकेट होने के बाद जारीकर्ता बैंक को ऑथेंटिकेशन के पुष्टिकरण के साथ एक अनुरोध प्राप्त होगा। अंतर-बैंक लेनदेन के मामले में, ग्राहक को आधार संख्या/वर्चुअल आईडी (VID), जारीकर्ता बैंक का नाम (IIN), लेनदेन का प्रकार, राशि (यदि यह एक वित्तीय लेनदेन है) और बायोमेट्रिक ऑथेंटिकेशन प्रदान करना होगा।

2.9 सारांश

ग्राहकों से जमाराशियाँ स्वीकार करना बैंकों के प्रमुख कार्यों में से एक है। लगभग सभी बैंकों के जमा उत्पाद एक जैसे होते हैं, लेकिन उनके नाम अलग-अलग होते हैं। मूल रूप से, जमा दो प्रकार के होते हैं - एक मांग जमा (demand deposit) और दूसरा मियादी जमा (term deposit)। चालू और बचत बैंक खातों में शेष राशि (बैलेस) मांग जमा का हिस्सा होती है।

वाणिज्यिक बैंकों, क्षेत्रीय ग्रामीण बैंकों और अन्य डिफरेंशिएटेड (विभेदित) बैंकों और सहकारी बैंकों में रखी गई जमाराशि को जमा बीमा और ऋण गारंटी निगम (DICGC) (भारतीय रिज़र्व बैंक की पूर्ण स्वामित्व वाली सहायक कंपनी) द्वारा प्रदान की गई बीमा कवर उपलब्ध है। वर्तमान में, DIGCG ने बीमा कवरेज को बढ़ाकर प्रति जमाकर्ता/बैंक 5 लाख रुपये कर दिया है। बीमाकृत बैंकों के लिए यह आवश्यक है कि वे निगम को भुगतान किए जाने वाले प्रीमियम का बोझ स्वयं वहन करें, ताकि जमाकर्ताओं को जमा बीमा सुरक्षा का लाभ निःशुल्क उपलब्ध कराया जा सके।

बैंक ग्राहकों को विभिन्न सहायक सेवाएँ प्रदान करते हैं और इन सेवाओं में वित्तप्रेषण/धन अंतरण आदि शामिल हैं। इलेक्ट्रॉनिक बैंकिंग ने वित्तप्रेषण (remittance) प्रणाली की गति, सटीकता और विश्वसनीयता को बढ़ा दिया है। फंड ट्रांसफर के लिए मोबाइल बैंकिंग बेहद लोकप्रिय हो गई है।

2.10 प्रमुख शब्द

मांग जमा खाता (Demand deposits account): वह जमा खाता जिसमें जमा किया गया पैसा बिना किसी पूर्व सूचना के निकाला जा सकता है, उदाहरण के लिए, चालू खाते से।

आवधिक जमा खाता (Time deposits account): वह जमा खाता जिससे जमाराशि को निर्धारित तिथि से पहले नहीं निकाला जा सकता या जिसके लिए निकासी की सूचना देनी आवश्यक है।

आवर्ती जमा खाता (Recurring deposits account): एक आवधिक जमा खाता जिसमें जमाकर्ता नियमित रूप से धनराशि जमा कर सकते हैं और अपने निवेश पर अच्छा रिटर्न अर्जित कर सकते हैं।

शीघ्रावधि मांग जमा (Call deposits): एक अल्पकालिक निवेश जो लचीले नकदी प्रबंधन की सुविधा प्रदान कर सकता है। फिक्स्ड-टर्म डिपॉजिट के विपरीत, कॉल डिपॉजिट की न तो कोई निश्चित परिपक्वता होती है और न ही कोई निश्चित ब्याज दर । बाज़ार के माहौल के आधार पर दरें भिन्न हो सकती हैं।

अपने ग्राहक को जानें संबंधी दिशानिर्देश: वित्तीय सेवाओं से संबंधित ऐसे नियम और दिशानिर्देश जिनके लिए विनियमित संस्थाओं को ग्राहक के साथ व्यावसायिक संबंध बनाए रखने से जुड़ी पहचान, उपयुक्तता और जोखिमों को सत्यापित करने की आवश्यकता होती है।

एंटी मनी लॉन्ड्रिंग (AML): ऐसे कानून, विनियम और प्रक्रियाएँ जिनका उद्देश्य है- अवैध धन को वैध आय के रूप में छिपाने के प्रयासों को उजागर करना।

मनी लॉन्ड्रिंग: इसका उद्देश्य अल्पावधि की टैक्स चोरी से लेकर सार्वजनिक भ्रष्टाचार और आतंकवादी संगठनों के रूप में नामित समूहों का वित्तपोषण करने जैसे अपराधों को छिपाना है।

मूल बचत बैंक जमा खाता (BSBDA): BSBDA एक ऐसा बचत खाता है जिसमें न्यूनतम बैलेंस बनाए रखने की आवश्यकता नहीं होती है।

एटीएम कार्ड: ऑटोमेटेड टेलर मशीन पर विभिन्न उद्देश्यों के लिए उपयोग करने हेतु बैंक द्वारा खाताधारकों को जारी किया गया एक पिन-आधारित कार्ड।

परक्राम्य लिखत अधिनियम: वचन पत्र (प्रॉमिसरी नोट्स), विनिमय बिल और चेक से संबंधित कानून को परिभाषित और संशोधित करने के लिए वर्ष 1881 का एक अधिनियम।

निक्षेप बीमा और प्रत्यय गारंटी निगम (DICGC): जमाराशियों का बीमा करने, ऋण सुविधाओं की गारंटी देने और उससे जुड़े या अन्य प्रासंगिक मामलों के लिए स्थापित एक सांविधिक निगम। इस निगम का पूर्ण स्वामित्व आरबीआई के पास है।

इलेक्ट्रॉनिक फंड ट्रांसफर: एक बैंक खाते से दूसरे बैंक खाते में धन की डिजिटल आवाजाही।

आरटीजीएस (RTGS): धन अंतरण की ऐसी प्रणाली जो धन और/या प्रतिभूतियों के तत्काल हस्तांतरण की अनुमति देती है। यह किसी केंद्रीय बैंक के बहीखातों में डेबिट को क्रेडिट से जोड़े बिना, व्यक्तिगत आदेश के आधार पर भुगतान के सेटलमेंट की सतत प्रक्रिया है।

एनईएफटी (NEFT): भारतीय रिज़र्व बैंक (RBI) द्वारा संचालित एक इलेक्ट्रॉनिक फंड ट्रांसफर प्रणाली। यह प्रणाली बैंकों के ग्राहकों को हर एक के लिए अलग आधार पर किन्हीं दो एनईएफटी-सक्षम (NEFT-enabled) बैंक खातों के बीच धनराशि अंतरित करने की सुविधा प्रदान करती है। इस प्रणाली के तहत फंड ट्रांसफर और सेटलमेंट बैच में होते हैं।

आधार सक्षम भुगतान प्रणाली (AePS): यह बैंक के नेतृत्व वाला भुगतान मॉडल है जो सभी आधार कार्ड धारकों को एक विशिष्ट पहचान संख्या (UID) का उपयोग करके माइक्रो ऑटोमेटेड टेलर मशीन (ATM) या पॉइंट ऑफ सेल (POS) पर मौद्रिक लेनदेन करने और अपने फ़िंगरप्रिंट/आईरिस स्कैन की सहायता से इसका सत्यापन करने की सुविधा प्रदान करता है।

तत्काल भुगतान सेवा (IMPS): त्वरित भुगतान हेतु एक अंतर-बैंक इलेक्ट्रॉनिक फंड ट्रांसफर प्रणाली।

*99# : यह एक ऐसा प्लेटफॉर्म है जो यूएसएसडी (USSD) प्रोटोकॉल पर यूनिफाइड पेमेंट इंटरफेस (UPI) सेवा तक पहुँच प्रदान करता है। भारत सरकार द्वारा शुरू किया गया और भारतीय राष्ट्रीय भुगतान निगम (NPCI) द्वारा विकसित किया गया यह प्लेटफॉर्म मोबाइल फ़ोन के ज़रिये बैंकिंग सेवाओं तक पहुँच की सुविधा प्रदान करता है।

2.11 अपनी प्रगति जाँचें

1. बचत खातों में ....के संबंध में कुछ प्रतिबंध होते हैं।
   (a) प्रति तिमाही निकासी की संख्या
   (b) एटीएम में प्रति लेनदेन निकाली जाने वाली राशि
   (c) प्रति तिमाही खाते में जमा की संख्या
   (d) उपरोक्त (a) और (b) दोनों
2. बचत बैंक पर ब्याज का भुगतान................ किया जा सकता है।
   (a) बैंक की अपनी अनुमोदित नीति के अनुसार किसी भी अंतराल पर
   (b) केवल अर्धवार्षिक अंतराल पर
   (c) केवल वार्षिक अंतराल पर
   (d) त्रैमासिक या उससे कम अंतराल पर
3. मांग जमाराशियाँ वे होती हैं जिन्हें................निकाला जा सकता है।
   (a) अनुरोध (Request) पर
   (b) प्रबंधक द्वारा मंजूरी पर
   (c) मांग (Demand) पर
   (d) अनुनय (Persuasion) पर
4. चालू खाता में जमाराशियाँ....................के लिए पात्र नहीं होती।
   (a) 100 पन्नों से अधिक वाली चेक बुक
   (b) मासिक विवरण
   (c) नकद भुगतान
   (d) ब्याज

5. बचत खाता जमाराशि में, खाते में ब्याज की गणना......................बैलेंस पर की जाती है।
   (a) अधिकतम
   (b) औसत
   (c) दैनिक
   (d) माह की समाप्ति पर अंतिम बैलेंस
6. आरटीजीएस के माध्यम से भेजी जाने वाली न्यूनतम राशि................. रुपये है।
   (a) 100,000
   (b) 50,000
   (c) 200,000
   (d) कोई भी राशि

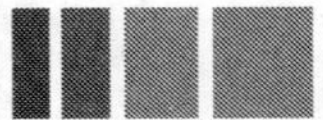

2.12 'अपनी प्रगति जाँचें' का उत्तर

1. (d)	2. (d)	3. (c)	4. (d)	5. (c)	6. (c)

अध्याय

खाता खोलना, ऑन-बोर्डिंग प्रक्रिया, केवाईसी (KYC) व्यवस्था और परिचालन

अध्याय

खाता खोलना, ऑन-बोर्डिंग प्रक्रिया, केवाईसी (KYC) व्यवस्था और परिचालन

3.1 उद्देश्य

इस अध्याय को पढ़ने के बाद, पाठक निम्नलिखित के संबंध में प्रक्रियाओं को समझ सकेंगे :

- ग्राहकों के खाते खोलना
- खातों में परिचालन
- आरबीआई द्वारा जारी दिशानिर्देशों में दिए गए केवाईसी (KYC) मानदंड और धन-शोधन (Money Laundering) की रोकथाम के लिए किए जाने वाले उपाय
- खातों को बंद करना

3.2 परिचय

बैंक में खाता खोलने के इच्छुक किसी भी व्यक्ति को अपनी पहचान और अपने आवासीय/कार्यालय के पते को प्रमाणित करने के लिए कुछ दस्तावेज़ जमा कराने होंगे। सामान्य शब्दों में बैंकिंग भाषा में इस प्रक्रिया को "नो योर कस्टमर" यानी "अपने ग्राहक को जानें" (KYC) कहा जाता है। उक्त प्रक्रिया के अनुपालन के लिए आरबीआई ने विभिन्न प्रकार के ग्राहकों के लिए "आधिकारिक तौर पर वैध दस्तावेज़" निर्धारित किए हैं। ये दिशानिर्देश केंद्रीय बैंकों द्वारा जारी किए गए हैं, क्योंकि यह देखा गया था कि कई भौगोलिक स्थानों में, आर्थिक अपराधी अवांछनीय आर्थिक गतिविधियों में लिप्त थे, जिसमें अवैध तरीकों (ब्लड डॉयमंड, आतंकवाद, मादक पदार्थों की तस्करी, अवैध हथियारों का व्यापार, भ्रष्टाचार, जबरन वसूली आदि) से उत्पन्न धन के उद्गम यानी स्रोत को छिपाया गया था; वे गैर-क़ानूनी गतिविधियों से बनाई गई रकम को विभिन्न देशों की बैंकिंग प्रणाली के जरिये घुमाकर विभिन्न संस्थाओं को धन अंतरित करने में लिप्त थे, ताकि ऐसी रकम वैध गतिविधियों से अर्जित धन के रूप में दिखाई दे। दूसरे शब्दों में, उनके द्वारा अवैध गतिविधियों से अर्जित धन का वैध गतिविधियों में निवेश किया गया था। बैंकिंग प्रणाली के जरिये इसे घुमाने से यह गैर-कानूनी कमाई साफ़/सफ़ेद (यानी वैध) हो गई है।

अवैध धनराशि की उत्पत्ति और उसे वैध माध्यमों से अंतरित करने का मुद्दा कोई नया नहीं है, लेकिन यह ज्यादातर उन अर्थव्यवस्थाओं तक ही सीमित था, जहाँ इसकी उत्पत्ति होती है। लेकिन हाल ही में, आतंकवादियों द्वारा दुनिया भर में आतंकवादी गतिविधियों को वित्तपोषित करने के लिए इस चैनल का उपयोग किए जाने से यह मानवता के लिए एक गंभीर खतरा बन गया है। बैंकिंग लेनदेन में उन्नत आईटी के उपयोग ने, जहाँ ग्राहक के साथ आमने-सामने का संपर्क नहीं रह गया है, मनी लॉन्ड्रिंग का पता लगाना मुश्किल कर दिया है। इस प्रकार, मनी लॉन्ड्रिंग (Money Laundering) न केवल दुनियाभर की अर्थव्यवस्थाओं के लिए बल्कि मानव जाति की सुरक्षा और शांति के लिए भी एक खतरा बन गई है।

अंतरराष्ट्रीय स्तर पर, फाइनेंशियल एक्शन टास्क फ़ोर्स (FATF) ने कुछ मानक निर्धारित किए हैं जो मनी लॉन्ड्रिंग, आतंकवादियों को धन उपलब्ध कराने, और अंतरराष्ट्रीय वित्तीय प्रणाली की अखंडता से जुड़े अन्य प्रासंगिक खतरों से निपटने के लिए कानूनी, नियामक और परिचालन उपायों के प्रभावी कार्यान्वयन को बढ़ावा देता है। एफएटीएफ वर्ष 1989 में अपने सदस्यों के अधिकार क्षेत्र के मंत्रियों द्वारा स्थापित एक अंतर-सरकारी निकाय है। एफएटीएफ (FATF) का सदस्य होने के नाते, भारत अंतरराष्ट्रीय वित्तीय प्रणाली की अखंडता की रक्षा से संबंधित उपायों को बनाए रखने के लिए प्रतिबद्ध है।

भारत में धन-शोधन निवारण अधिनियम, 2002 और धन शोधन निवारण (अभिलेखों का रखरखाव) नियम 2005 सुस्थापित है जो एंटी-मनी लॉन्ड्रिंग (AML) और आतंकवाद के वित्तपोषण का मुकाबला (CFT) पर कानूनी ढांचा प्रदान करते हैं।

3.3 खाता खोलने की प्रक्रिया

3.3.1 खाता खोलने का फॉर्म और अन्य दस्तावेज़

जो भी व्यक्ति बैंक में खाता खोलना चाहता है, उसे इसके लिए निर्धारित किए गए खाता खोलने के फॉर्म को भौतिक रूप में या ऑनलाइन भरकर बैंक के साथ अनुबंध करना होगा। साथ ही, बैंकों की "अपने ग्राहक को जानें (KYC)" नीति के अनुसार, उसे कुछ दस्तावेज़ की भी आवश्यकता होती है, जिसमें नए ग्राहक की पहचान के रूप में उसकी हाल की तस्वीर और निवास का प्रमाण अपेक्षित है। इस फॉर्म को, जो ग्राहक की ओर से खाता खोलने का प्रस्ताव है, बैंक कुछ शर्तों के पूरा होने पर ही स्वीकार करेगा।

3.3.2 आरबीआई द्वारा जारी 'अपने ग्राहक को जानें' (KYC) संबंधी दिशानिर्देश

केवाईसी (KYC) के अंतर्गत निर्दिष्ट दस्तावेज़ी साक्ष्यों के आधार पर ग्राहकों की पहचान की जाती है और उनके आवासीय पते को प्रमाणित किया जाता है। केवाईसी प्रक्रिया का एक प्रमुख उद्देश्य मनी लॉन्ड्रिंग और आतंकवादी गतिविधियों के लिए धन मुहैया कराए जाने के लिए बैंकिंग प्रणाली के संभावित दुरुपयोग को रोकना है। आरबीआई ने निर्धारित किया है कि बैंकों को 'केवाईसी' (KYC) दिशानिर्देशों का सख्ती से पालन करना चाहिए और इसके लिए निर्धारित मानदंडों के आधार पर नकद लेनदेन की निगरानी करनी चाहिए। आरबीआई द्वारा जारी 'केवाईसी' (KYC) दिशानिर्देश ग्राहक की पहचान करने

की बैंकों की मौजूदा प्रणाली को मजबूती प्रदान करते हैं। बैंकों को अपने उन सभी ग्राहकों के संबंध में केवाईसी दिशानिर्देशों का अनिवार्य रूप से पालन करना होगा, जो उनके पास घरेलू या अनिवासी रुपया या विदेशी मुद्रा खाते रखते हैं। इससे बैंकिंग प्रणाली में गैर-कानूनी और/या अवांछनीय स्रोतों से आने वाले धन को रोका जा सकेगा।

प्रधान अधिकारी अनुपालन सुनिश्चित करने, लेनदेन की निगरानी करने और कानून/विनियमों के तहत आवश्यक जानकारी साझा करने और रिपोर्ट करने के लिए जिम्मेदार होगा। प्रधान अधिकारी का अर्थ है विनियमित इकाई (आरई) द्वारा नामित प्रबंधन स्तर का एक अधिकारी, जो नियमों के अनुसार जानकारी प्रस्तुत करने के लिए जिम्मेदार है।

भारत सरकार द्वारा समय-समय पर यथा-संशोधित पीएमएल अधिनियम, 2002 और पीएमएल नियम, 2005 के प्रावधानों के अनुसार, विनियमित संस्थाओं (RE) के लिए अपेक्षित है कि वे खाता-आधारित संबंध स्थापित करके या अन्यथा संव्यवहार करते समय ग्राहक पहचान से जुड़ी कुछ प्रक्रियाओं का आवश्यक तौर पर पालन करें और उनके लेनदेन पर निगरानी रखें।

3.3.3 महत्वपूर्ण शब्दावली

आधिकारिक रूप से वैध दस्तावेज़ (OVD) का अर्थ है :

- पासपोर्ट,
- ड्राइविंग लाइसेंस,
- आधार संख्या के धारण का प्रमाण,
- भारत निर्वाचन आयोग द्वारा जारी मतदाता पहचान पत्र,
- नरेगा द्वारा जारी जॉब कार्ड, जो राज्य सरकार के अधिकारी द्वारा विधिवत हस्ताक्षरित हो, और
- राष्ट्रीय जनसंख्या रजिस्टर द्वारा जारी पत्र जिसमें नाम और पते का विवरण मौजूद हो।

ऐसे मामले में, जहाँ ग्राहक द्वारा प्रस्तुत ओवीडी में अद्यतन पता दर्ज नहीं है, पते के प्रमाण के सीमित उद्देश्य के लिए निम्नलिखित दस्तावेज़ों या उसके समकक्ष ई-दस्तावेज़ों (e-documents) को ओवीडी (OVD) माना जाएगा। हालाँकि, ग्राहक को तीन महीने की अवधि के भीतर वर्तमान पते के साथ ओवीडी (OVD) जमा करना होगा।

- किसी भी सेवा प्रदाता का यूटिलिटी बिल (बिजली बिल, टेलीफ़ोन बिल, पोस्ट-पेड मोबाइल फ़ोन बिल, पाइप लाइन गैस बिल, पानी का बिल), जो दो महीने से अधिक पुराना न हो;
- संपत्ति या नगरपालिका की टैक्स रसीद;
- सरकारी विभागों या सार्वजनिक क्षेत्र के उपक्रमों द्वारा सेवानिवृत्त कर्मचारियों को जारी पेंशन या पारिवारिक पेंशन भुगतान आदेश (PPO), यदि उनमें पते का उल्लेख है;

- राज्य सरकार या केंद्र सरकार के विभागों, वैधानिक या विनियामक निकायों, सार्वजनिक क्षेत्र के उपक्रमों, अनुसूचित वाणिज्यिक बैंकों, वित्तीय संस्थानों और सूचीबद्ध कंपनियों द्वारा जारी किया गया नियोक्ता से आवास आवंटन का पत्र और आधिकारिक आवास आवंटित करने वाले ऐसे नियोक्ताओं के साथ अवकाश और लाइसेंस अनुबंध;

"व्यक्ति" में शामिल हैं :

(a) व्यक्ति,

(b) हिंदू अविभाजित परिवार (HUF),

(c) कंपनी,

(d) फर्म,

(e) व्यक्तियों का संघ या व्यक्तियों का निकाय, चाहे निगमित हो अथवा नहीं,

(f) प्रत्येक कृत्रिम न्यायिक व्यक्ति, जो उपरोक्त व्यक्तियों (a से e) में से किसी एक के अंतर्गत नहीं आता है, और

(g) उपरोक्त व्यक्तियों (a से f) में से किसी के स्वामित्व या नियंत्रण वाली कोई एजेंसी, कार्यालय या शाखा।

हितकारी स्वामी वह प्राकृतिक व्यक्ति है, जो या तो अकेले या एक साथ, या एक या अधिक न्यायिक व्यक्तियों के माध्यम से कार्य कर रहा हो, और जो नियंत्रण स्वामित्व हित रखता हो या जो अन्य माध्यमों से नियंत्रण रखता हो।

"डिजिटल केवाईसी" का अर्थ है ग्राहक की लाइव फोटो और आधिकारिक तौर पर वैध दस्तावेज़ या आधार होने संबंधी साक्ष्य को कैप्चर करना, जहाँ ऑफ़लाइन सत्यापन नहीं किया जा सकता है; साथ ही उस स्थान के अक्षांश और देशांतर को अंकित करना जहाँ अधिनियम में निहित प्रावधानों के अनुसार आरई के किसी अधिकृत अधिकारी द्वारा ऐसी लाइव फोटो ली जा रही है।

"विनियमित संस्थाएँ" (RE) का अर्थ है :

a. सभी अनुसूचित वाणिज्यिक बैंक (SCB)/क्षेत्रीय ग्रामीण बैंक (RRB)/स्थानीय क्षेत्र बैंक (LAB)/सभी प्राथमिक (शहरी) सहकारी बैंक (UCB)/राज्य और केंद्रीय सहकारी बैंक (StCB/CCB) और कोई अन्य संस्था जिसे बैंकिंग विनियमन अधिनियम, 1949 की धारा 22 के तहत लाइसेंस प्राप्त है, जिसे एक समूह के रूप में 'बैंक' कहा जाएगा।

b. अखिल भारतीय वित्तीय संस्थान (AIFIs)

c. सभी गैर-बैंकिंग वित्त कंपनियाँ (NBFCs), विविध गैर-बैंकिंग कंपनियाँ (MNBCs) और अवशिष्ट गैर-बैंकिंग कंपनियाँ (RNBCs)।

d. असेट रीकंस्ट्रक्शन कंपनी (ARCs)

e. सभी भुगतान प्रणाली प्रदाता (PSPs)/सिस्टम पार्टीसिपेंट (SPs) और प्रीपेड पेमेंट इंस्ट्रूमेंट जारीकर्ता (PPI जारीकर्ता)

f. सभी अधिकृत व्यक्ति (APs), जिनमें मनी ट्रांसफर सर्विस स्कीम (MTSS) के एजेंट भी शामिल हैं, नियामक द्वारा विनियमित हैं।

कस्टमर ड्यू डिलिजेंस (CDD) का अर्थ है पहचान के विश्वसनीय और स्वतंत्र स्रोतों की मदद से ग्राहक और हितकारी स्वामी की पहचान करना और सत्यापन करना।

सीडीडी खाता-आधारित संबंध बनाना आरंभ करने के समय या पचास हजार रुपये के बराबर या उससे अधिक राशि का कभी-कभार लेनदेन करते समय, चाहे वह एकल लेनदेन के रूप में किया गया हो या कई लेनदेनों के रूप में जो जुड़े हुए प्रतीत होते हों, या किसी अंतर्राष्ट्रीय धन स्थानांतरण परिचालन के रूप में किए गए हों, उनमें निम्नलिखित शामिल होंगे:

a. ग्राहक की पहचान करना, पहचान के विश्वसनीय और स्वतंत्र स्रोतों का उपयोग करके उनकी पहचान का सत्यापन करना, जहां लागू हो, व्यावसायिक संबंध के उद्देश्य और इच्छित प्रकृति के बारे में जानकारी प्राप्त करना;

b. ग्राहक के व्यवसाय की प्रकृति, उसके स्वामित्व और नियंत्रण के बारे में जानने के लिए उचित प्रयास करना;

c. यह जानना कि क्या कोई ग्राहक किसी बेनिफीशियल ओनर की ओर से काम कर रहा है, और हितकारी स्वामी की पहचान करना और पहचान के विश्वसनीय और स्वतंत्र स्रोतों का उपयोग करके हितकारी स्वामी की पहचान का सत्यापन करने के लिए सभी प्रयास करना।

ऑन-गोइंग ड्यू डिलिजेंस" का अर्थ है खातों में लेनदेन की नियमित निगरानी करना ताकि यह सुनिश्चित किया जा सके कि वे ग्राहकों, ग्राहकों के व्यवसाय और जोखिम प्रोफाइल, फंड/संपत्ति के स्रोत के बारे में आरई के संज्ञान के अनुरूप हों।

3.3.4 व्यक्तियों के खाते

व्यक्ति

खाता एकल व्यक्ति के लिए या संयुक्त रूप से दो या दो से अधिक व्यक्तियों के लिए खोला जा सकता है। जिस व्यक्ति का खाता खोला जा रहा है उसे वयस्क, स्वस्थचित्त होना चाहिए, और किसी भी कानून के तहत विषयाधीन अनुबंध करने के लिए दिवालिया या अयोग्य नहीं होना चाहिए।

आरईएस (RE) को व्यक्ति के साथ खाता-आधारित संबंध स्थापित करते समय या हितकारी स्वामी, अधिकृत हस्ताक्षरकर्ता या किसी कानूनी इकाई से संबंधित पावर ऑफ अटॉर्नी धारक के साथ संव्यवहार करते समय निम्नलिखित दस्तावेज़ प्राप्त करने होंगे :

(a) आधार संख्या या:

(aa) आधार संख्या होने का प्रमाण, जहाँ ऑफ़लाइन सत्यापन किया जा सकता है; या

(ab) आधार संख्या होने का प्रमाण, जहाँ ऑफ़लाइन सत्यापन नहीं किया जा सकता है या कोई ओवीडी (OVD) या उसके समकक्ष ई-दस्तावेज़ जिसमें उसकी पहचान और पते का विवरण अंकित हो; या

(ac) सीकेवाईसीआर (CKYCR) से रिकॉर्ड डाउनलोड करने की स्पष्ट सहमति के साथ केवाईसी (KYC) आइडेंटिफायर; और

(b) स्थायी लेखा संख्या या उसके समकक्ष ई-दस्तावेज़ या फॉर्म संख्या 60, जैसा कि आयकर नियम, 1962 में परिभाषित है; और

(c) व्यवसाय की प्रकृति और ग्राहक की वित्तीय स्थिति के संबंध में ऐसे अन्य दस्तावेज़, या उसके समकक्ष ई-दस्तावेज़, जिसे प्राप्त करना आरई (RE) के लिए आवश्यक हो सकता है।

बैंक के भीतर खातों का अंतरण : आरई (RE) की एक शाखा/कार्यालय द्वारा एक बार किया गया केवाईसी सत्यापन उसी आरई (RE) की किसी अन्य शाखा/कार्यालय में खाते के अंतरण के लिए मान्य होगा, बशर्ते संबंधित खाते के लिए पूर्ण केवाईसी (KYC) सत्यापन पहले ही हो चुका हो और उसे आवधिक रूप से अद्यतन किया जाना बाकी न हो।

निरक्षर व्यक्ति

निरक्षर व्यक्ति के मामले में, उपरोक्त दस्तावेज़ प्राप्त करने के अलावा, खाते से संबंधित नियम निरक्षर व्यक्ति को उसकी समझ में आने वाली भाषा में बताया जाना चाहिए। उन्हें सलाह दी जानी चाहिए कि खाते से पैसे निकालने के लिए उन्हें हर बार पासबुक लेकर व्यक्तिगत रूप से बैंक आना होगा। अधिकृत बैंक अधिकारी और बैंक के लिए परिचित व्यक्ति की उपस्थिति में खाता खोलने के फॉर्म पर खाताधारक के बायें हाथ के अंगूठे का निशान लिया जाना चाहिए। बैंक के लिए परिचित यही व्यक्ति खाता खोलने के फॉर्म पर उस निरक्षर व्यक्ति के अंगूठे के निशान को सत्यापित करेगा। ग्राहक की पासपोर्ट आकार की तस्वीरें ली जानी चाहिए - जिनमें से एक खाता खोलने के फॉर्म पर और दूसरी पासबुक पर लगानी होगी।

नेत्रहीन व्यक्ति

किसी नेत्रहीन व्यक्ति के लिए बैंक खाता खोलने में कोई कानूनी बाधा नहीं है। नेत्रहीन व्यक्तियों के खातों के मामले में उचित सावधानी बरती जानी चाहिए, क्योंकि उनके हस्ताक्षर में एकरूपता नहीं हो सकती है। चूँकि वे हमेशा किसी न किसी पर निर्भर रहते हैं, इसलिए उनके धोखा खाने की अधिक संभावना होती है। खाताधारक अपने लेनदेन के लिए कोई संदेशवाहक भेज सकता है, जिसकी विश्वसनीयता के बारे में बैंक अनभिज्ञ हो सकता है।

नेत्रहीन व्यक्तियों की पासपोर्ट आकार की तस्वीरें ली जानी चाहिए - जिनमें से एक खाता खोलने के फॉर्म पर और दूसरी पासबुक पर लगानी होगी। नेत्रहीन व्यक्ति के हस्ताक्षर/अंगूठे का निशान बैंक के किसी परिचित व्यक्ति द्वारा सत्यापित होना चाहिए।

अवयस्क

मितव्ययिता और बचत की आदत विकसित करने के उद्देश्य से, बैंक 10 वर्ष से अधिक उम्र के अवयस्कों को कुछ शर्तों के अधीन जमा खाते खोलने और संचालित करने की अनुमति देते हैं। अवयस्क के खाते खोलने के लिए अवयस्क और उसके अभिभावक, दोनों की केवाईसी (KYC) औपचारिकताओं को पूरा करना तथा बैंक के सिस्टम में उस अवयस्क की जन्मतिथि सुनिश्चित करना और उसे दर्ज करना आवश्यक है।

खाता खोलने के लिए पिता प्राकृतिक संरक्षक है, लेकिन आरबीआई (RBI) ने बैंकों को अनुमति दी है कि वे माँ को संरक्षक के रूप में रखते हुए अवयस्कों का खाता खोल सकते हैं। प्राकृतिक संरक्षक शब्द में सौतेली माँ या सौतेला पिता शामिल नहीं है। अवयस्क को साक्षर होना चाहिए। दो अवयस्क संयुक्त खाता नहीं खोल सकते। आरबीआई (RBI) ने बैंकों को यह सुनिश्चित करते हुए अवयस्कों को इंटरनेट बैंकिंग, एटीएम (ATM) और डेबिट कार्ड जैसी सुविधाएँ देने की अनुमति दी है कि अवयस्क के खाते से अधिक निकासी नहीं होगी।

लघु खाते (Small Accounts) : ऐसे व्यक्ति जिनके पास इस उद्देश्य के लिए ओवीडी के रूप में अधिसूचित कोई भी दस्तावेज़ नहीं है, वे बैंकों में 'लघु खाते' खोल सकते हैं। स्व-प्रमाणित फोटोग्राफ के आधार पर और बैंक के किसी अधिकारी की उपस्थिति में अपने हस्ताक्षर या अंगूठे का निशान लगाकर 'लघु खाता' खोला जा सकता है। ऐसे खातों में कुल जमाराशियों (एक वर्ष में एक लाख रुपये तक), कुल निकासी (महीने में दस हजार रुपये तक) और खातों में बैलेंस (किसी भी समय पचास हजार रुपये से अधिक नहीं) के संबंध में प्रतिबंध हैं।

ये लघु खाते सामान्यतः बारह महीने की अवधि के लिए वैध रहेंगे। इसके बाद, ऐसे खातों को और अगले बारह महीनों की अवधि तक जारी रखने की अनुमति दी जा सकती है, केवल उस स्थिति में जबकि खाताधारक कोई ऐसा दस्तावेज़ प्रदान करता है जिससे यह इंगित हो कि लघु खाता खोलने के बारह महीनों के भीतर उसने आधिकारिक तौर पर वैध दस्तावेज़ के लिए आवेदन किया है।

बैंक किसी विदेशी छात्र का उसके पासपोर्ट (उचित वीजा और इमिग्रेशन एंडोर्समेंट के साथ) के आधार पर, जिसमें पहचान का प्रमाण और तस्वीर के साथ उसके गृह देश का पता दिया गया होता है, और प्रवेश की पेशकश करने वाले शैक्षणिक संस्थान के पत्र के आधार पर **अनिवासी साधारण (NRO)** बैंक खाता खोल सकते हैं।

- बशर्ते कि खाता खोलने के 30 दिनों की अवधि के भीतर स्थानीय पते के बारे में घोषणा प्राप्त हो जाए और उक्त स्थानीय पते का सत्यापन कर दिया जाए।
- 30 दिनों की अवधि के दौरान, खाते को 1,000 अमरीकी डालर या उसके बराबर विदेशी रेमिटेंस की अनुमति देने की शर्त के साथ संचालित किया जाना चाहिए और पते का सत्यापन होने तक 50,000 रुपये की मासिक निकासी की सीमा होनी चाहिए।
- पाकिस्तानी राष्ट्रीयता वाले छात्रों को खाता खोलने के लिए रिज़र्व बैंक की पूर्वानुमति लेनी होगी।

राजनीतिक रूप से उजागर व्यक्तियों (पीईपी) के खाते

- आरई के पास पीईपी (चाहे ग्राहक या हितकारी स्वामी के रूप में) के साथ संबंध स्थापित करने का विकल्प होगा, बशर्ते कि, सामान्य ग्राहक के उचित तत्परता को छोड़कर:
    a. आरई के पास यह पता करने के लिए उचित जोखिम प्रबंधन प्रणालियां होती हैं कि ग्राहक या हितकारी स्वामी पीईपी है या नहीं;
    b. आरई द्वारा फंड/संपत्ति के स्रोत का पता लगाने के लिए उचित उपाय किए जाते हैं;
    c. पीईपी के लिए खाता खोलने की स्वीकृति वरिष्ठ प्रबंधन से ली जाएगी;
    d. ऐसे सभी खातों पर लगातार उच्च निगरानी रखी जाती है।
    e. किसी मौजूदा ग्राहक या मौजूदा खाते के हितकारी स्वामी के बाद में पीईपी बनने की स्थिति में, व्यावसायिक संबंध बनाए रखने के लिए वरिष्ठ प्रबंधन की स्वीकृति ली जाती है;
- ये निर्देश पीईपी के परिवार के सदस्यों या करीबी सहयोगियों पर भी लागू होंगे।

3.3.5 स्वयं सहायता समूहों (SHG) के लिए सरलीकृत मानदंड

- एसएचजी (SHG) का बचत बैंक खाता खोलते समय एसएचजी (SHG) के सभी सदस्यों का कस्टमर ड्यू डिलिजेंस (CDD) करने की आवश्यकता नहीं है।
- केवल सभी पदाधिकारियों का कस्टमर ड्यू डिलिजेंस (CDD) पर्याप्त होगा।
- एसएचजी (SHG) की क्रेडिट लिंकिंग के समय एसएचजी (SHG) के सभी सदस्यों की सीडीडी (CDD) की जा सकती है।

3.3.6 एकल स्वामित्व वाली फर्मों के खाते

एकल स्वामित्व वाली फर्म के नाम पर खाता खोलने के लिए, कस्टमर ड्यू डिलिजेंस (CDD) करने के अलावा, स्वामित्व फर्म के नाम पर व्यवसाय/गतिविधि के प्रमाण के रूप में निम्नलिखित में से कोई दो दस्तावेज़ या उसके समकक्ष ई-दस्तावेज भी लिए जाने चाहिए :

a. सरकार द्वारा जारी उद्यम पंजीकरण प्रमाणपत्र (URC) सहित पंजीकरण प्रमाण पत्र
b. दुकान और प्रतिष्ठान अधिनियम के तहत नगर निगम अधिकारियों द्वारा जारी प्रमाण पत्र/लाइसेंस
c. बिक्री और आयकर रिटर्न
d. सीएसटी/वैट/जीएसटी (CST/VAT/GST) प्रमाण पत्र
e. बिक्री कर/सेवा कर/व्यावसायिक कर प्राधिकारियों द्वारा जारी प्रमाण पत्र/पंजीकरण दस्तावेज़
f. डीजीएफटी (DGFT) के कार्यालय द्वारा मालिकाना प्रतिष्ठान को जारी किया गया आईईसी (IEC)

(आयातक निर्यातक कोड) या किसी कानून के तहत निगमित एक पेशेवर निकाय द्वारा मालिकाना प्रतिष्ठान के नाम पर जारी लाइसेंस/प्रैक्टिस प्रमाण पत्र

g. एकल स्वामी के नाम पर पूर्ण आयकर रिटर्न (सिर्फ पावती नहीं) जिसमें फर्म की आय प्रतिबिंबित हो, और जिसे आयकर अधिकारियों द्वारा विधिवत प्रमाणित/स्वीकृत किया गया हो।

h. यूटिलिटी बिल जैसे बिजली, पानी, लैंडलाइन टेलीफ़ोन बिल आदि।

3.3.7 कंपनियों के खाते :

किसी कंपनी का खाता खोलने के लिए, निम्नलिखित दस्तावेज़ों में से प्रत्येक की प्रमाणित प्रतियाँ या उसके समकक्ष ई-दस्तावेज़ लिए जाने होंगे :

- निगमन प्रमाणपत्र;
- संस्था के बहिर्नियम और अंतर्नियम (मेमोरेंडम एंड आर्टिकल ऑफ़ एसोसिएशन);
- कंपनी का स्थायी लेखा संख्या (PAN);
- निदेशक मंडल का प्रस्ताव और कंपनी की ओर से लेनदेन करने के लिए उसके प्रबंधकों, अधिकारियों या कर्मचारियों को दी गई पावर ऑफ अटॉर्नी;
- हितकारी स्वामी, प्रबंधकों, अधिकारियों या कर्मचारियों, जैसा भी मामला हो, से संबंधित दस्तावेज़, जैसा कि कस्टमर ड्यू डिलिजेंस (CDD) के लिए निर्दिष्ट है, जिसमें कंपनी की ओर से कारोबार करने के लिए अटार्नी रखने का उल्लेख हो;
- वरिष्ठ प्रबंधन पद धारण करने वाले संबंधित व्यक्तियों के नाम; और
- पंजीकृत कार्यालय और उसके व्यवसाय का मुख्य स्थान, यदि वह भिन्न हो।

3.3.8 भागीदारी फर्मों के खाते

भागीदारी फर्म का खाता खोलने के लिए, निम्नलिखित दस्तावेज़ों में से प्रत्येक की प्रमाणित प्रतियाँ या उसके समकक्ष ई-दस्तावेज़ लिए जाने चाहिए :

- पंजीकरण प्रमाण पत्र
- भागीदारी विलेख
- भागीदारी फर्म का स्थायी लेखा संख्या (PAN)

दस्तावेज, जैसा कि ग्राहक देय परिश्रम (सीडीडी) के लिए निर्दिष्ट है, हितकारी स्वामी, प्रबंधकों, अधिकारियों या कर्मचारियों से संबंधित है, जैसा भी मामला हो, अपनी ओर से लेनदेन करने के लिए एक अटॉर्नी रखता हो। इस संबंध में इस बात का उल्लेख करना भी महत्वपूर्ण है कि हितकारी स्वामी को किसी पार्टनरशिप फर्म की पूंजी/लाभ में 15% अधिकार या स्वामित्व रखने वाला एक मूल व्यक्ति माना जाता था, जिसे 17

अक्टूबर 2023 के संशोधन के अनुसार घटाकर 10% कर दिया गया है। इसके अतिरिक्त, प्रबंधन या नीतिगत निर्णय को नियंत्रित करने का अधिकार रखने वाले मूल व्यक्ति को भी हितकारी स्वामी माना जाएगा।

- सभी भागीदारों के नाम, और
- पंजीकृत कार्यालय का पता, और उसके व्यवसाय का मुख्य स्थान, यदि वह भिन्न हो।

3.3.9 अनिगमित संस्था या व्यक्तियों के निकाय के खाते

किसी अनिगमित संस्था या व्यक्तियों के निकाय का खाते खोलने के लिए, निम्नलिखित दस्तावेज़ों में से प्रत्येक की प्रमाणित प्रतियाँ या उसके समकक्ष ई-दस्तावेज़ लिए जाने चाहिए :

- ऐसे संस्था या व्यक्तियों के निकाय के प्रबंध निकाय का संकल्प
- अनिगमित संस्था या व्यक्तियों के निकाय का स्थायी लेखा संख्या (PAN)या फॉर्म नंबर 60
- उसकी ओर से कारोबार करने के लिए प्रदत्त पावर ऑफ अटॉर्नी
- हितकारी स्वामी, प्रबंधकों, अधिकारियों या कर्मचारियों, जैसा भी मामला हो, से संबंधित दस्तावेज़, जैसा कि कस्टमर ड्यू डिलिजेंस (CDD) के लिए निर्दिष्ट है, जिसमें इसकी ओर से कारोबार करने के लिए अटार्नी रखने का उल्लेख हो, और
- ऐसी जानकारी जो आरई द्वारा ऐसी संस्था या व्यष्टि निकाय के कानूनी अस्तित्व को समग्रतः स्थापित करने के लिए आवश्यक हो सकती है।

स्पष्टीकरण : अपंजीकृत ट्रस्ट/भागीदारी फर्मों को 'अनिगमित संस्था' शब्द के अंतर्गत शामिल किया जाएगा।

स्पष्टीकरण : 'व्यष्टि निकाय' के अंतर्गत सोसाइटी शामिल हैं।

3.3.10 न्यायिक व्यक्ति के खाते

ऐसे ग्राहक का खाता खोलने के लिए, जो कि एक न्यायिक व्यक्ति है (और जिसे विशेष रूप से अन्यत्र कवर नहीं किया गया है) जैसे कि सोसायटी, विश्वविद्यालय और स्थानीय निकाय, यथा - ग्राम पंचायत आदि, अथवा जो ऐसे न्यायिक व्यक्ति या ट्रस्ट की ओर से कार्य करने के लिए अभिप्रेत हो, उससे निम्नलिखित दस्तावेज़ों या उसके समकक्ष ई-दस्तावेज़ों की प्रमाणित प्रतियाँ प्राप्त और सत्यापित की जानी चाहिए :

- संस्था की ओर से कार्य करने के लिए अधिकृत व्यक्ति का नाम दर्शाने वाला दस्तावेज़।
- इसकी ओर से कारोबार करने के लिए अटार्नी रखने वाले व्यक्ति के कस्टमर ड्यू डिलिजेंस (CDD) के लिए निर्दिष्ट दस्तावेज़।

- ऐसी संस्था/न्यायिक व्यक्ति के कानूनी अस्तित्व को स्थापित करने के लिए आरई द्वारा अपेक्षित दस्तावेज़।

3.3.11 ट्रस्टों के खाते

ट्रस्ट का खाता खोलने के लिए, निम्नलिखित दस्तावेज़ों में से प्रत्येक की प्रमाणित प्रतियाँ या उसके समकक्ष ई-दस्तावेज प्राप्त किए जाने चाहिए :

- पंजीकरण का प्रमाणपत्र
- ट्रस्ट डीड (न्यास विलेख)
- ट्रस्ट का स्थायी लेखा संख्या (PAN) या फॉर्म नंबर 60
- हितकारी स्वामी, प्रबंधकों, अधिकारियों या कर्मचारियों, जैसा भी मामला हो, से संबंधित दस्तावेज़, जैसा कि कस्टमर ड्यू डिलिजेंस (CDD) के लिए निर्दिष्ट है, जिसमें इसकी ओर से कारोबार करने के लिए अटार्नी रखने का उल्लेख हो
- लाभार्थियों, ट्रस्टीज, सेटलर, संरक्षक, यदि कोई हो तो, और ट्रस्टी के ऑथर्स के नाम
- ट्रस्ट के पंजीकृत कार्यालय का पता; और
- उन ट्रस्टियों तथा ट्रस्टी के रूप में कर्तव्य निभाने वाले और ट्रस्ट की ओर से लेनदेन करने के लिए अधिकृत व्यक्तियों से संबंधित दस्तावेज़ों की सूची, जैसा कि धारा 16 में निर्दिष्ट है।

बल्कि किसी ट्रस्ट के मामले में, आरई यह सुनिश्चित करेगा कि ट्रस्टी खाता-आधारित संबंध आरंभ होने के समय या निर्दिष्ट लेनदेन करते समय अपनी स्थिति के बारे में बताएं।

3.3.12 इलेक्ट्रॉनिक रूप से अपने ग्राहक को जानें (ई-केवाईसी)/आधार ओटीपी आधारित ई-केवाईसी

वर्ष 2013 में, आरबीआई (RBI) ने केवाईसी (KYC) सत्यापन की एक वैध प्रक्रिया के रूप में धन-शोधन रोकथाम (अभिलेखों का रखरखाव) नियम, 2005 के अंतर्गत ई-केवाईसी (e-KYC) की अनुमति प्रदान की। पहचान संबंधी धोखाधड़ी, दस्तावेज़ से जुड़ी जालसाजी के जोखिम को कम करने और कागज-रहित केवाईसी (KYC) करने के लिए यूआईडीएआई (UIDAI) ने अपनी ई-केवाईसी (e-KYC) सेवाएँ शुरू की हैं। ई-केवाईसी (e-KYC) प्रक्रिया के तहत, ग्राहक की स्पष्ट सहमति से और यूआईडीएआई (UIDAI) डेटा बेस से उसका बायोमेट्रिक ऑथेंटिकेशन (biometric authentication) करने के बाद, व्यक्तिगत बुनियादी डेटा, जिसमें नाम, उम्र, लिंग और फोटोग्राफ शामिल हैं, को बैंकों जैसे अधिकृत उपयोगकर्ताओं के साथ इलेक्ट्रॉनिक रूप से साझा किया जा सकता है, जो कि केवाईसी (KYC) के लिए वैध प्रक्रिया है। उपरोक्त प्रक्रिया कागज-रहित है और इसने आधार संख्या रखने वाले ग्राहकों के लिए खाता खोलना बहुत आसान बना दिया है। लगभग सभी बैंकों ने यह प्रक्रिया अपना ली है। ई-केवाईसी प्रक्रिया के उपयोग से बैंकों को बड़ी संख्या में खाते खोलने में मदद मिलेगी।

बैंकों से अपेक्षा की जाती है कि वे खातों में लेनदेन की निगरानी करेंगे। यदि किसी खाते का उपयोग धन-शोधन गतिविधि के लिए किए जाने का लेकर कोई संदेह है, तो संबंधित विवरण की रिपोर्ट करते समय, ग्राहक को सचेत किए बिना, उचित चैनल के माध्यम से इसकी सूचना दी जानी चाहिए।

यदि जमा और अग्रिम खाते ओटीपी आधारित ई-केवाईसी का उपयोग करके खोले गए हैं, तो दोनों खातों को एक वर्ष से अधिक की अनुमति नहीं दी जाएगी जब तक कि कस्टमर ड्यू डिलिजेंस (CDD) के अनुसार या वी-सीआईपी (V-CIP) के अनुसार पहचान नहीं कर ली जाती। यदि वी-सीआईपी के तहत आधार विवरण का उपयोग किया जाता है, तो नए आधार ओटीपी का प्रमाणीकरण करने समेत प्रक्रिया का पूरी तरह से पालन किया जाएगा।

3.3.13 वीडियो आधारित ग्राहक पहचान प्रक्रिया (V-CIP)

वी-सीआईपी (V-CIP), चेहरे की पहचान और आरई (RE) के अधिकृत अधिकारी द्वारा कस्टमर ड्यू डिलिजेंस (CDD) के जरिये ग्राहक की पहचान का एक वैकल्पिक तरीक़ा है जिसमें सीडीडी (CDD) उद्देश्य के लिए पहचान संबंधी आवश्यक जानकारी प्राप्त करने के लिए ग्राहक के साथ निर्बाध, सुरक्षित, लाइव, सूचित-सहमति आधारित ऑडियो-विजुअल इंटरैक्शन किया जाता है। और जिसमें स्वतंत्र सत्यापन के जरिये ग्राहक द्वारा दी गई जानकारी की सत्यता का पता लगाया जाता है और प्रक्रिया के ऑडिट ट्रेल को बनाए रखा जाता है। निर्धारित मानकों और प्रक्रियाओं का अनुपालन करने वाली ऐसी प्रक्रियाओं को आमने-सामने की जाने वाली सीआईपी (CIP) के बराबर माना जाएगा।

वी-सीआईपी (V-CIP) करने वाले आरई (RE) के अधिकृत अधिकारी द्वारा ऑडियो-वीडियो रिकॉर्ड करने के साथ-साथ पहचान के लिए उपस्थित ग्राहक की तस्वीर भी ली जाएगी और निम्नलिखित में से किसी एक का उपयोग करके पहचान की जानकारी प्राप्त की जाएगी :

a. ओटीपी (OTP)आधारित आधार ई-केवाईसी प्रमाणीकरण
b. पहचान के लिए आधार का ऑफलाइन सत्यापन। आधार के ऑफ़लाइन सत्यापन के मामले में, XML फ़ाइल या आधार सिक्योर QR कोड का उपयोग करके यह सुनिश्चित किया जाएगा कि XML फ़ाइल या QR कोड जनरेशन की तारीख V-CIP करने की तारीख से तीन कार्य दिवस से अधिक पुरानी नहीं है।
c. ग्राहक द्वारा प्रदत्त केवाईसी (KYC) पहचानकर्ता का उपयोग करके सीकेवाईसीआर (CKYCR) से केवाईसी (KYC) रिकॉर्ड डाउनलोड किए जाने चाहिए
d. डिजीलॉकर के माध्यम से जारी किए गए दस्तावेज़ों सहित आधिकारिक रूप से वैध दस्तावेज़ों (OVD) के समकक्ष ई-दस्तावेज़।

3.3.14 केवाईसी का आवधिक अपडेशन (अद्यतनीकरण)

विनियमित इकाई (RE) के मूल्यांकन और जोखिम बोध के आधार पर ग्राहकों को निम्न, मध्यम और उच्च जोखिम श्रेणी के रूप में वर्गीकृत किया जाएगा। जोखिम का वर्गीकरण ग्राहक की पहचान, सामाजिक/

वित्तीय स्थिति, व्यावसायिक गतिविधि की प्रकृति और ग्राहक के व्यवसाय और उनके स्थान के बारे में जानकारी, ग्राहकों के साथ-साथ लेनदेन को कवर करने वाले भौगोलिक जोखिम, ऑफर किए गए उत्पादों/सेवाओं के प्रकार, उत्पादों/सेवाओं की डिलीवरी के लिए डिलीवरी चैनल, किए गए लेनदेन के प्रकार - नकद, चेक/मौद्रिक प्रपत्र, वायर ट्रांसफर, विदेशी मुद्रा लेनदेन इत्यादि जैसे मापदंडों के आधार पर किया जाएगा। किसी ग्राहक के जोखिम वर्गीकरण और ऐसे वर्गीकरण के विशिष्ट कारणों को गोपनीय रखा जाएगा और ग्राहक को धोखा से बचाने के लिए ग्राहक के सामने इसे प्रकट नहीं किया जाएगा।

पचास हजार रुपये से कम के डोमेस्टिक वायर ट्रांसफर की स्थिति में, जहां प्रवर्तक (ओरिजिनेटर) ऑर्डर करने वाले आरई का खाताधारक नहीं होता है, ऑर्डर करने वाले आरई को ओरिजिनेटर या लाभार्थी का पता लगाने के लिए एक विशिष्ट लेनदेन संदर्भ संख्या शामिल करनी होगी।

आरई को केवाईसी के समय-समय पर अपडेट करने के लिए जोखिम-आधारित दृष्टिकोण अपनाना होगा, इस बात को सुनिश्चित करते हुए कि सीडीडी के तहत प्राप्त की गई जानकारी या डेटा को अपडेट और प्रासंगिक रखा जाएगा, खासकर जहां उच्च जोखिम हो।

हालांकि, उच्च जोखिम वाले ग्राहकों के लिए खाता खोलने/अंतिम केवाईसी अपडेशन की तिथि से हर दो साल में कम से कम एक बार, मध्यम जोखिम वाले ग्राहकों के लिए हर आठ साल में एक बार और कम जोखिम वाले ग्राहकों के लिए हर दस साल में एक बार सावधिक अपडेशन किया जाएगा।

3.4 जमाकर्ताओं की फोटोग्राफ

बैंकों को निम्नलिखित स्पष्टीकरणों के अधीन, अपने द्वारा खोले गए खातों के संबंध में सभी जमाकर्ताओं/खाताधारकों के फोटोग्राफ प्राप्त कर रिकॉर्ड में रखना चाहिए :

(a) इन निर्देशों में सावधि, आवर्ती, संचयी आदि सभी प्रकार की जमाराशियाँ शामिल हैं।

(b) ये निर्देश निवासी हों या अनिवासी, जमाकर्ताओं की सभी श्रेणियों पर लागू होते हैं। फोटोग्राफ लेने से छूट केवल बैंकों, स्थानीय प्राधिकरणों और सरकारी विभागों (सार्वजनिक क्षेत्र के उपक्रमों या अर्ध-सरकारी निकायों को छोड़कर) के लिए होगी।

(c) बैंक केवल स्टाफ सदस्यों (एकल/संयुक्त) के खातों के मामले में, फोटोग्राफ लेने का आग्रह नहीं कर सकते।

(d) बैंकों को बिना किसी अपवाद के, बचत बैंक और चालू खाता परिचालन के लिए सभी प्राधिकृत व्यक्तियों के फोटोग्राफ लेने चाहिए।

(e) बैंकों को 'पर्दानशीन' महिलाओं के भी फोटोग्राफ लेने चाहिए।

(f) फोटो के स्थान पर फोटोयुक्त ड्राइविंग लाइसेंस/पासपोर्ट की फोटोकॉपी प्राप्त करना पर्याप्त नहीं होगा।

(g) फोटोग्राफ नमूना हस्ताक्षर का स्थानापन्न नहीं हो सकते।

(h) फोटोग्राफ का केवल एक सेट लेने की आवश्यकता है, और प्रत्येक श्रेणी की जमाराशि के लिए अलग-अलग फोटोग्राफ नहीं लिया जाना चाहिए। विभिन्न प्रकार के जमा खातों के लिए आवेदनों को उपयुक्त रूप से संदर्भित होना चाहिए।

(i) यदि खाताधारक अतिरिक्त खाता खोलना चाहता है, तो उससे नया फोटोग्राफ लेने की आवश्यकता नहीं है।

(j) परिचालनशील (ऑपरेटिव) खातों अर्थात बचत बैंक और चालू खातों के मामले में, उन व्यक्तियों का फोटोग्राफ लेना चाहिए जो उसे परिचालित करने के लिए प्राधिकृत हैं। सावधि, आवर्ती, संचयी, आदि अन्य जमाराशियों के मामले में, उन सभी जमाकर्ताओं के फोटोग्राफ लेने चाहिए जिनके नाम पर जमा रसीद है। इसका अपवाद अवयस्कों के नाम वाली जमाराशियाँ हैं, जिनके मामले में अभिभावकों का फोटोग्राफ लिया जाना चाहिए।

3.5 नमूना हस्ताक्षर (Specimen Signature)

बैंक स्टाफ की उपस्थिति में खाता खोलने के फॉर्म पर ग्राहक का नमूना हस्ताक्षर लिया जाता है और उसे फॉर्म पर ही प्राधिकृत बैंक अधिकारी द्वारा अभिप्रमाणित किया जाता है। ग्राहक की पहचान मुख्यतः चेक/वाउचर पर उसके हस्ताक्षर से की जाती है और ग्राहक के हस्ताक्षर की वास्तविकता का सत्यापन रिकॉर्ड में मौजूद नमूना हस्ताक्षर से तुलना कर की जाती है। क्रेडिट/डेबिट कार्ड और एटीएम (ATM) कार्ड के संबंध में, ग्राहकों को बैंक द्वारा विशिष्ट पिन (PIN) नंबर प्रदान किया जाता है। ग्राहकों के धन की सुरक्षा सुनिश्चित करने के लिए नमूना हस्ताक्षर और पिन आवश्यक हैं। निरक्षर ग्राहकों के मामले में, बैंक पहचान के लिए अंगूठे का निशान लेते हैं।

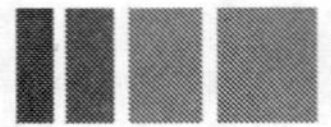

3.6 नामांकन (Nomination)

एकल नाम से खाता खोलते समय, बैंक ग्राहक को नॉमिनी का नाम अंकित करने की सलाह देते हैं, जिसे जमाकर्ता/ओं की दुर्भाग्यपूर्ण मृत्यु की घटना में राशि देय होगी। वैध नामांकन का प्रभाव यह है कि एकल जमाकर्ता या सभी जमाकर्ताओं की मृत्यु की स्थिति में, खाते में पड़ी राशि, बिना किसी कानूनी औपचारिकता के, नॉमिनी को तत्काल वापस कर दी जाएगी। नामांकन से संबंधित प्रक्रियाएँ निम्नानुसार हैं :

(a) एकल जमाकर्ता निर्धारित तरीके से ऐसे व्यक्ति को नॉमिनी के रूप में दर्ज करा सकता है, जिसे जमाकर्ता की मृत्यु की स्थिति में बैंकिंग कंपनी द्वारा उसके खाते में जमाराशि अदा की जा सकती है।

(b) संयुक्त खाते में सभी जमाकर्ता मिलकर किसी व्यक्ति को नामांकित कर सकते हैं, जिसे सभी संयुक्त जमाकर्ताओं की मृत्यु की स्थिति में बैंकिंग कंपनी द्वारा उनके खाते में जमा राशि का भुगतान किया जाएगा। इस प्रकार, नामांकित व्यक्ति को जमा राशि प्राप्त करने का अधिकार सभी जमाकर्ताओं की मृत्यु के बाद ही प्राप्त होता है। संयुक्त खाते में एक से अधिक व्यक्ति को नॉमिनी नहीं बनाया जा सकता।

(c) नामांकन केवल व्यक्तियों के पक्ष में हो सकता है, न कि संस्था, सोसाइटी, ट्रस्ट या किसी संगठन या उनके पदाधिकारियों के पक्ष में।

(d) नामांकन सुविधा सभी प्रकार के जमा खातों के लिए उपलब्ध है, जिसमें पेंशन जमा करने के लिए खोले गए खाते भी शामिल हैं।

(e) ऐसा नामांकन नॉमिनी को बैंकिंग कंपनी से जमा राशि प्राप्त करने का अधिकार प्रदान करता है। जमाकर्ता/सभी संयुक्त जमाकर्ताओं की मृत्यु पर, नामित व्यक्ति अन्य सभी व्यक्तियों को छोड़कर, ऐसी जमा राशि के सभी अधिकारों का हकदार हो जाएगा।

(f) यदि नॉमिनी अवयस्क है, तो उस अवधि के दौरान जिस अवधि में नॉमिनी 'अवयस्क' था, जमाकर्ता अपनी मृत्यु की स्थिति में जमाराशि प्राप्त करने के लिए किसी अन्य व्यक्ति को नियुक्त कर सकता है/ सकते हैं।

(g) जमाकर्ता द्वारा निर्धारित तरीके से नामांकन को परिवर्तित या रद्द किया जा सकता है। संयुक्त खाते के मामले में, सभी जीवित जमाकर्ताओं द्वारा एक साथ मिलकर ही मौजूदा नामांकन को परिवर्तित या रद्द किया जा सकता है।

(h) इस धारा के प्रावधानों के तहत भुगतान करने पर, बैंकिंग कंपनी जमाराशि के संबंध में अपनी देनदारी से पूरी तरह मुक्त हो जाएगी।

(i) इस धारा के तहत नॉमिनी को किए जाने वाले भुगतान के विरुद्ध किसी अन्य व्यक्ति का अधिकार या दावा ऐसे भुगतान से प्रभावित नहीं होगा।

(j) बैंकिंग कंपनी से किसी अन्य व्यक्ति को ऐसी जमाराशि के दावे के संबंध में सूचना नहीं मिलेगी। न ही बैंकिंग कंपनी ऐसी सूचना देने के लिए बाध्य होगी, भले ही इसको स्पष्ट रूप से दिया गया हो।

(k) नॉमिनी की भूमिका केवल जमाकर्ता(ओं) की मृत्यु की स्थिति में जमाराशि प्राप्त करना भर है, और नॉमिनी को जमाराशि का भुगतान कर, भले ही कानूनी उत्तराधिकारियों/दावेदारों द्वारा कोई आपत्ति उठाई गई हो, सिवाय इसके जहाँ ऐसे भुगतान/डिलीवरी पर रोक लगाने के लिए अदालत का आदेश प्राप्त हो, बैंक सद्भाव में और वैध ढंग से चुकौती करता है। नामांकन के आधार पर नॉमिनी को स्वामित्व का अधिकार नहीं मिलता है, लेकिन वह कानूनी उत्तराधिकारियों या वसीयत के लाभार्थियों की ओर से न्यासी (ट्रस्टी) की स्थिति में होता है, और इन व्यक्तियों को दिए गए पैसे का हिसाब देने के लिए ज़िम्मेदार होता है।

3.7 धन-शोधन (Money Laundering) की रोकथाम

धन-शोधन यानी मनी लॉन्ड्रिंग पर अंकुश लगाने की ज़रूरत है, क्योंकि यह देश की आर्थिक वृद्धि और विकास में बाधक है। अंतरराष्ट्रीय वित्तीय प्रणाली के सदस्य के रूप में, हमारा देश इस खतरे को रोकने के लिए प्रतिबद्ध है। इसके अलावा, यह भी एक तथ्य है कि उन देशों में अंतरराष्ट्रीय निवेश प्रवाह नहीं

होता है, जिन्होंने अपने यहाँ मनी लॉन्ड्रिंग की रोकथाम के उपायों को प्रवर्तित नहीं किया है। भारत सरकार ने वर्ष 2002 में धन शोधन निवारण अधिनियम (Prevention of Money Laundering Act) बनाया है। इस अधिनियम के प्रावधानों के अनुसार, कोई भी व्यक्ति जो अपराध की आय से जुड़ी किसी भी प्रक्रिया या गतिविधि में प्रत्यक्ष या अप्रत्यक्ष रूप से संलिप्त है, इसमें शामिल होने का प्रयास करता है या जानबूझकर सहायता करता है या अनजाने में एक पक्ष है या वास्तव में ऐसे कृत्यों से अर्जित आय को बेदाग़ या वैध संपत्ति के रूप में दर्शाता है, तो वह व्यक्ति मनी लॉन्ड्रिंग के अपराध का दोषी होगा। धन-शोधन निवारण अधिनियम के उद्देश्य इस प्रकार हैं :

- बैंकों को ग्राहकों और उनके वित्तीय लेन-देन को बेहतर ढंग से जानने और समझने में समर्थ बनाना, जिससे आगे चलकर उन्हें जोखिमों का विवेकपूर्ण प्रबंधन करने में मदद मिलेगी।
- लागू कानूनों और निर्धारित प्रक्रियाओं के अनुसार, संदिग्ध गतिविधियों का पता लगाने और उनकी रिपोर्टिंग करने के उद्देश्य से समुचित नियंत्रण बनाए रखना।
- लागू कानूनों और नियामक दिशानिर्देशों का अनुपालन करना, और
- यह सुनिश्चित करने के लिए आवश्यक कदम उठाना कि बैंककर्मी उपरोक्त आवश्यक प्रक्रियाओं में पर्याप्त रूप से प्रशिक्षित हैं।

3.7.1 मनी लॉन्ड्रिंग - चरण और प्रकार

ऐसा कहा जा सकता है कि मनी लॉन्ड्रिंग की प्रक्रिया निम्नलिखित तीन चरणों में होती है :

प्लेसमेंट- इसका आशय है आपराधिक गतिविधियों से प्राप्त आय का भौतिक निपटान।

लेयरिंग - इसका अर्थ है वित्तीय लेनदेन की जटिल परतें बनाकर, अवैध तरीके से प्राप्त आय को उसके स्रोत से अलग करना, ताकि ऑडिट ट्रेल से बचा जा सके और धन के स्रोत को गुमनाम रखा जा सके।

एकीकरण: यह अंतिम चरण है, जिसमें ऐसे धन को सामान्य फंडों की तरह वैध आर्थिक गतिविधियों में निवेशित किया जाता है। बैंकों को "मनी म्यूल्स" के संचालन को न्यूनतम करने के लिए खाते खोलने और लेनदेन की निगरानी के निर्देशों का कठोरता से पालन करना चाहिए, जिनका उपयोग उन अपराधियों द्वारा धोखाधड़ी योजनाओं (जैसे, फ़िशिंग और पहचान की चोरी) के लाभों को लूटने के लिए किया जाता है जो तीसरे पक्षों की भर्ती करके जमा खातों तक अवैध पहुंच बनाते हैं, जो "मनी म्यूल्स" की तरह काम करते हैं।

3.7.2 बैंकों की भूमिका

इस कहावत के अनुसार कि 'रोकथाम इलाज से बेहतर है', बैंकों को पहले कदम पर ही धन-शोधन (मनी लॉन्ड्रिंग) को रोकने का उपाय शुरू कर देना चाहिए, जिसका अर्थ है कि बैंक 'ऐसी निधियों को स्वीकार न करें जिनके स्रोतों के बारे में संतोषजनक स्पष्टीकरण नहीं दिया गया हो।' इसे तभी स्वीकार किया जाए जब बैंक ग्राहक के वित्तीय विवरण से अवगत हो। बैंकों से अपेक्षा की जाती है कि वे किसी व्यक्ति को

अपने ग्राहक के रूप में स्वीकार करने से पहले उसकी वास्तविक पहचान करें, उसकी वित्तीय पृष्ठभूमि और खाते में किए जाने वाले लेनदेन की संभावित मात्रा के बारे में जानें ताकि यह सत्यापित करने के लिए लेनदेन की निगरानी की जा सके कि बैंक खाता सही है या नहीं और कहीं इसका उपयोग अवैध लेनदेन के लिए तो नहीं किया जाता। जमा और ऋण, दोनों तरह के लेनदेन के लिए केवाईसी (KYC) प्रक्रिया महत्वपूर्ण है।

3.8 खातों के संचालन के संबंध में आरबीआई (RBI) के दिशानिर्देश

(a) बचत बैंक खातों में न्यूनतम बैलेंस

खाता खोलते समय, बैंकों को चाहिए कि वे अपने ग्राहकों को न्यूनतम शेष राशि (बैलेंस) बनाए रखने की आवश्यकता और निर्धारित बैलेंस न बनाए रखने पर लगने वाले प्रभार, यदि कोई हो, के बारे में पारदर्शी ढंग से अवगत कराएँ। इस संबंध में नीति में कोई भी बदलाव होने पर या बाद में लगाए जाने वाले प्रभार, यदि कोई हो, की जानकारी सभी जमाकर्ताओं को कम-से-कम एक महीने के नोटिस के साथ अग्रिम रूप से दी जानी चाहिए। बैंकों को किसी भी निष्क्रिय खाते में न्यूनतम बैलेंस न बनाए रखने पर जुर्माना शुल्क वसूल करने की अनुमति नहीं है।

(b) बचत बैंक खाताधारकों (व्यक्तियों) को पासबुक जारी करना

लेन-देन के नज़रिये से पासबुक तत्काल संदर्भ सामग्री का काम करता है और यह सुविधाजनक और कॉम्पैक्ट है और इस तरह से, छोटे ग्राहकों के लिए खाता विवरण की तुलना में कहीं अधिक सुविधाजनक है। ग्राहक प्रायः निम्नलिखित कारणों से खाता विवरण की बजाय पासबुक जारी कराने को तरजीह देते हैं:

- खाता विवरण को नियमित रूप से फाइल किए जाने की ज़रूरत होती है
- आरंभिक बैलेंस का पिछले विवरण के अंतिम बैलेंस के साथ मिलान ज़रूरी है
- डाक से भेजने के मामले में, विवरण का खो जाना आम बात है और इसकी डुप्लिकेट प्रति प्राप्त करने में खर्च करना पड़ता है और यह असुविधाजनक भी है
- दो विवरणों के बीच में एटीएम (ATM) पर्ची कोई संतोषजनक समाधान नहीं करती, क्योंकि लेनदेन का पूरा रिकॉर्ड उपलब्ध नहीं होता, और
- ऐसे छोटे ग्राहकों की बड़ी संख्या है, जिनकी कंप्यूटर/इंटरनेट आदि तक पहुँच नहीं है। ऐसे में, यदि छोटे ग्राहकों को पासबुक जारी न किया जाए तो अप्रत्यक्ष रूप से उनका वित्तीय बहिष्कार (financial exclusion) हो जाएगा।

इसलिए, बैंकों को अपने सभी बचत बैंक खाताधारकों (व्यक्तियों) को अनिवार्य रूप से पासबुक सुविधा प्रदान करनी चाहिए। साथ ही, यदि बैंक खाता विवरण भेजने की सुविधा की पेशकश करता है और ग्राहक खाता विवरण प्राप्त करने का विकल्प चुनते हैं, तो बैंकों को मासिक विवरण जारी करना चाहिए। ऐसे पासबुक या खाता विवरण उपलब्ध कराने के लिए कोई शुल्क नहीं लगाया जाना चाहिए।

(c) पासबुक अपडेट करना

ग्राहकों को इस बारे में जागरूक किया जाना चाहिए कि वे अपने पासबुक को नियमित रूप से अपडेट कराते रहें।

आजकल, बैंकों ने ग्राहकों द्वारा "स्वयं संचालन" के लिए कई शाखाओं में पासबुक प्रिंटिंग मशीनें लगा रखी हैं। यह सुविधा काफ़ी लोकप्रिय हुई है। ग्राहकों को इस बारे में भी जागरूक किया जाना चाहिए कि वे अपने पासबुक को अपनी कस्टडी में सुरक्षित रखें, क्योंकि इस संबंध में यदि कोई लापरवाही हुई तो धोखेबाज़ खातों से रकम निकाल सकते है।

(d) मासिक खाता विवरण प्रदान करना

चालू खाताधारकों को नियमित रूप से उनका खाता विवरण भेजा जाता है। बैंकों को सुनिश्चित करना चाहिए कि ग्राहकों को निर्धारित अंतराल पर खाता विवरण भेज दिया जाए।

शाखाओं में ग्राहकों को उपलब्ध सेवा की गुणवत्ता में सुधार करने के लिए यह उपयोगी होगा कि पासबुक/खाता विवरण पर शाखा का पता/टेलीफ़ोन नंबर अंकित हो। बैंकों को यह सुनिश्चित करना चाहिए कि खाताधारकों को जारी किए गए पासबुक/खाता विवरण में शाखा का पूरा पता/टेलीफ़ोन नंबर और आईएफएस (IFS) कोड जैसे विवरण आवश्यक तौर पर दर्ज हों।

(e) चेक बुक जारी करना

ग्राहक द्वारा मांगे जाने पर बैंक बड़ी संख्या में (20/25 पन्नों वाली) चेक बुक जारी कर सकते हैं और साथ ही यह भी सुनिश्चित कर सकते हैं कि आवश्यकताओं को पूरा करने के लिए सभी शाखाओं में ऐसी चेक बुक (20/25 पन्नों वाली) का पर्याप्त स्टॉक रखा गया है।

बैंक को सभी पात्र ग्राहकों को बिना किसी अतिरिक्त शुल्क के केवल "सममूल्य पर देय"/ "मल्टी-सिटी" सीटीएस (CTS) 2010 मानक चेक जारी करना चाहिए। बैंक अपने बचत बैंक खाता ग्राहकों से पहली बार जारी किए गए सीटीएस-2010 मानक चेक के लिए कोई शुल्क नहीं ले सकते।

(f) निष्क्रिय खाते :

यदि किसी बचत और चालू खाते में दो वर्ष से अधिक समय तक कोई लेन-देन न हो तो उसे निष्क्रिय खाता माना जाएगा। किसी खाते को 'निष्क्रिय' के रूप में वर्गीकृत करने के उद्देश्य से, दोनों प्रकार के लेनदेन यानी ग्राहकों के साथ-साथ तीसरे पक्ष के अनुरोध पर किए गए डेबिट और क्रेडिट लेनदेन पर विचार किया जाना चाहिए। हालाँकि, इसके लिए बैंक द्वारा लगाए गए सेवा प्रभार या बैंक द्वारा जमा किए गए ब्याज पर विचार नहीं किया जाना चाहिए। ग्राहक की जोखिम श्रेणी के अनुसार समुचित सावधानी के बाद ऐसे खातों में परिचालन की अनुमति दी जा सकती है। समुचित सावधानी का अर्थ है लेनदेन की वास्तविकता, हस्ताक्षर और पहचान का सत्यापन सुनिश्चित किया जाना। हालाँकि, यह सुनिश्चित किया जाना चाहिए कि बैंक द्वारा बरती गई अतिरिक्त सावधानी से ग्राहक को कोई असुविधा न हो। निष्क्रिय खाते को सक्रिय करने के लिए कोई शुल्क नहीं लिया जाना चाहिए।

आरबीआई (RBI) ने बैंकिंग विनियमन अधिनियम, 1949 के प्रावधानों के तहत वर्ष 2014 में 'डिपॉजिटर एजुकेशन एंड अवेयरनेस फंड (फंड)' (DEAF) की स्थापना की है। बैंकों के लिए आवश्यक है कि वे दस वर्ष या उससे अधिक समय से दावा न किए गए या निष्क्रिय पड़े किसी भी खाते में क्रेडिट बैलेंस या बैंक में रखी किसी भी जमाराशि को इस फंड में अंतरित करें।

(g) मियादी जमा (Term Deposit) खाता

मियादी जमा रसीद जारी करना : बैंकों को मियादी जमा रसीदें जारी करनी चाहिए, जिसमें जारी करने की तिथि, जमा की अवधि, देय तिथि, लागू ब्याज दर आदि का पूरा विवरण शामिल हो। कई बैंकों ने ऑनलाइन टीडीआर जारी करने की सुविधा आरंभ की है और इस सुविधा की बदौलत ग्राहक स्वयं बचत/चालू खाते में रखे अपने बैलेंस को मियादी जमा में बदल सकता है। वह अपने रिकॉर्ड के लिए ई-रसीद का प्रिंट भी ले सकता है। ये मियादी जमाराशियाँ बैंक की एक शाखा से दूसरी शाखा में आसानी से अंतरित किए जाने योग्य होनी चाहिए।

जमाराशि की परिपक्वता पर उसका सेटलमेंट करने का अग्रिम अनुदेश जमाकर्ताओं से आवेदन पत्र में ही लिया जा सकता है। जहाँ इस तरह के अनुदेश नहीं लिए गए हों, वहाँ बैंकों को सुनिश्चित करना चाहिए कि अपने जमाकर्ताओं को नियमानुसार निकट भविष्य में परिपक्व हो रही उनकी जमाराशियों की आसन्न देय तिथि की सूचना पहले ही भेज दें।

जमा पर ब्याज दर में किसी भी परिवर्तन को शाखा के नोटिस बोर्ड के साथ-साथ इसकी आधिकारिक वेबसाइट पर भी प्रदर्शित किया जाना चाहिए।

ब्याज गणना की विधि : बैंक ब्याज को चक्रवृद्धि करने के उद्देश्य से इसके भुगतान की आवधिकता तय करने के लिए स्वतंत्र हैं। इसके अलावा, तीन महीने से कम अवधि में चुकाने योग्य जमाराशियों पर या जहाँ अंतिम तिमाही अधूरी है, ऐसे मामलों में ब्याज का भुगतान वर्ष के 365 दिन मानते हुए वास्तविक दिनों की संख्या के आधार पर आनुपातिक रूप से अदा किया जाना चाहिए। कुछ बैंक अधिवर्ष (leap year) में 366 दिन और अन्य वर्षों में 365 दिन के आधार पर गणना की विधि अपना रहे हैं।

मियादी जमाराशि की समय-पूर्वनिकासी : बैंक को जमाकर्ता से अनुरोध प्राप्त होने पर, जमा करते समय जमाराशि के लिए सहमत अवधि पूरी होने से पहले मियादी जमाराशि की निकासी की अनुमति प्रदान करनी चाहिए। बैंक मियादी जमाराशियों की समय-पूर्व निकासी के लिए जुर्माना ब्याज दर निर्धारित करने के लिए स्वतंत्र हैं। जमाराशि को समय-पूर्व बंद करते समय, बैंक के पास जिस अवधि तक जमाराशि रही थी, उस अवधि के लिए लागू दर से ब्याज अदा किया जाएगा, न कि अनुबंधित दर से। ऐसी जमाराशि की समय-पूर्व निकासी पर कोई ब्याज देय नहीं होगा, जो निर्धारित न्यूनतम अवधि के पूरी होने से पहले निकाली गई हो। बैंकों को समय से पहले निकासी के विकल्प के बिना सावधि जमा की पेशकश करने की स्वतंत्रता होगी। बशर्ते कि एक करोड़ रुपये और उससे कम राशि के लिए व्यक्तियों से स्वीकार की गई (अकेले या संयुक्त रूप से) सभी सावधि जमाओं में समयपूर्व निकासी की सुविधा होगी। ये निर्देश अनिवासी (बाह्य) रुपया (एनआरई) जमा/साधारण अनिवासी (एनआरओ) जमा के लिए भी लागू होंगे।

संयुक्त नामों वाली मियादी/सावधि जमाराशियों (Term/Fixed Deposits) की चुकौती : संयुक्त नामों से रखी गई मियादी/सावधि जमाराशियों की चुकौती (पुनर्भुगतान) के संबंध में बैंक निम्नलिखित प्रक्रियाएँ अपनाएँगे :

i. यदि सावधि/मियादी जमा खातों को 'कोई एक या उत्तरजीवी' के परिचालन अनुदेश के साथ खोला गया है, तो परिपक्वता पर जमाराशि के भुगतान के लिए दोनों जमाकर्ताओं के हस्ताक्षर लेने की आवश्यकता नहीं है। हालाँकि, यदि भुगतान परिपक्वता से पहले किया जाना है, तो दोनों जमाकर्ताओं के हस्ताक्षर प्राप्त करने होंगे। यदि परिचालन अनुदेश 'दोनों में से कोई एक या उत्तरजीवी' है, और परिपक्वता से पहले किसी एक जमाकर्ता की मृत्यु हो जाती है, तो मृत संयुक्त धारक के कानूनी उत्तराधिकारियों की सहमति के बिना, सावधि/मियादी जमा के समय-पूर्व भुगतान की अनुमति नहीं दी जा सकती। हालाँकि, यह प्रावधान परिपक्वता पर उत्तरजीवी को भुगतान करने में बाधक नहीं होगा।

ii. यदि 'पूर्ववर्ती या उत्तरजीवी' का मैंडेट (अधिदेश) है, तो दोनों जमाकर्ताओं के जीवित होने पर सावधि/मियादी जमा की परिपक्वता राशि का परिचालन/निकासी 'पूर्ववर्ती व्यक्ति' अकेले ही कर सकता है। हालाँकि, परिपक्वता से पहले जमाराशि का भुगतान किए जाने के मामले में, दोनों जमाकर्ताओं का हस्ताक्षर प्राप्त करने की आवश्यकता होगी। सावधि/मियादी जमा की परिपक्वता अवधि से पहले 'पूर्ववर्ती' व्यक्ति की मृत्यु हो जाने की दशा में, परिपक्वता पूरी होने पर 'उत्तरजीवी' जमाराशि की निकासी कर सकता है। हालाँकि, दोनों के जीवित रहने पर समय-पूर्व निकासी के लिए दोनों पक्षों की सहमति आवश्यक होगी; और किसी एक जमाकर्ता की मृत्य की स्थिति में उत्तरजीवी जमाकर्ता और मृतक के कानूनी उत्तराधिकारियों की सहमति आवश्यक है।

iii. यदि संयुक्त जमाकर्ता 'दोनों में से कोई एक या उत्तरजीवी' या 'पूर्ववर्ती या उत्तरजीवी', इनमें से जैसा भी मामला हो, के मैंडेट के अनुसार सावधि/मियादी जमाराशियों की समय-पूर्व निकासी के लिए अनुमति देना चाहें, तो बैंक ऐसा करने के लिए स्वतंत्र होंगे, बशर्ते बैंक ने उक्त उद्देश्य के लिए जमाकर्ताओं से विशिष्ट संयुक्त मैंडेट ले रखा हो। दूसरे शब्दों में, "दोनों में से कोई एक या उत्तरजीवी" या "पूर्ववर्ती या उत्तरजीवी" मैंडेट वाली सावधि जमाराशियों के मामले में, बैंक द्वारा एक जमाकर्ता की मृत्यु की स्थिति में उत्तरजीवी संयुक्त जमाकर्ता को जमाराशि की समय-पूर्व निकासी करने की अनुमति केवल तभी दी जाती है, जब संयुक्त जमाकर्ताओं की ओर से इस आशय का संयुक्त मैंडेट दिया गया हो। संयुक्त जमाधारकों को सावधि जमाराशि रखने के समय या बाद में जमा की अवधि के दौरान किसी भी समय यह अधिदेश देने की अनुमति होनी चाहिए। ऐसा मैंडेट प्राप्त होने की स्थिति में, बैंक दिवंगत संयुक्त जमाधारक के कानूनी उत्तराधिकारियों की सहमति लिए बिना उत्तरजीवी जमाकर्ता को सावधि/मियादी जमाराशि की समय-पूर्व निकासी करने की अनुमति दे सकते हैं। यह भी ध्यातव्य है कि इस तरह की समय-पूर्व निकासी पर कोई दंडात्मक शुल्क (जुर्माना) नहीं लगेगा।

iv. जब दो जमाकर्ताओं द्वारा 'कोई एक या उत्तरजीवी' आधार पर संयुक्त नामों में कोई सावधि जमा खाता खोला जाता है और उपरोक्त संयुक्त जमाकर्ताओं का 'कोई एक या उत्तरजीवी' अनुदेश

के साथ उनके संयुक्त नामों में पहले ही एक बचत बैंक खाता मौजूद है, तो सावधि जमाराशि की परिपक्वता पर ऐसी सावधि जमाराशि को बैंक में पहले से ही खुले संयुक्त बचत बैंक खाते में जमा किया जा सकता है। सावधि जमा की आय को जमा करने के लिए पहले जमाकर्ता के नाम पर एक अलग बचत बैंक खाता खोलने की कोई आवश्यकता नहीं है।

अतिदेय (Overdue) जमाराशियों का नवीनीकरण : यदि कोई मियादी जमा (Term Deposit) (TD) परिपक्व हो जाती है और आय का भुगतान नहीं किया जाता है, तो बैंक के पास मौजूद उस दावारहित राशि पर वही ब्याज दर लागू होगी जैसा कि बचत खाते पर लागू ब्याज दर है या परिपक्व टीडी (TD) पर अनुबंधित ब्याज दर, इनमें से जो भी कम हो।

संयुक्त खाताधारकों के नाम जोड़ना या हटाना : परिस्थितियों के अनुकूल होने की दशा में बैंक, सभी संयुक्त खाताधारकों के अनुरोध पर उनके नाम जोड़ या हटा सकता है अथवा एक व्यक्तिगत जमाकर्ता को संयुक्त खाताधारक के रूप में किसी अन्य व्यक्ति का नाम जोड़ने की अनुमति दे सकता है। हालाँकि, यदि यह जमा एक मियादी जमा (term deposit) है तो किसी भी स्थिति में मूल जमा की राशि या अवधि में किसी भी तरह का बदलाव नहीं होना चाहिए।

बैंक अपने विवेकाधिकार से, और जमा रसीद के सभी संयुक्त खाताधारकों के अनुरोध पर, संयुक्त जमाराशि को संयुक्त खाताधारकों में से प्रत्येक के नाम पर विभाजित करने की अनुमति दे सकता है, बशर्ते कि ऐसा करने से जमाराशि की अवधि और कुल जमाराशि में कोई परिवर्तन नहीं होता हो।

बैंकों द्वारा फ्रीज किए गए खातों पर ब्याज का भुगतान : प्रवर्तन अधिकारियों के आदेश पर बैंकों को कभी-कभी ग्राहकों के खातों को फ्रीज करना पड़ता है। ऐसे मामलों में बैंकों को निम्नलिखित प्रक्रियाओं का पालन करना चाहिए :

i. परिपक्वता पर ग्राहक से अनुरोध पत्र प्राप्त किया जाना चाहिए। नवीकरण के लिए जमाकर्ता से अनुरोध पत्र प्राप्त करते समय, बैंकों को उसे यह भी सूचित करना चाहिए कि वे नवीकृत की जाने वाली जमाराशि की अवधि भी बताएँ। यदि जमाकर्ता नवीकरण की अवधि नहीं चुनता तो बैंक मूल अवधि के बराबर की अवधि के लिए इसे नवीकृत कर सकते हैं।

ii. कोई नई रसीद जारी करने की आवश्यकता नहीं है।

iii. जमाराशि के नवीकरण की सूचना संबंधित सरकारी विभाग को पंजीकृत पत्र/स्पीड पोस्ट/कूरियर सेवा द्वारा दी जाए और इसकी सूचना जमाकर्ता को भी भेजी जाए। जमाकर्ता को भेजी जाने वाली सूचना में ब्याज की वह दर भी बताई जाए जिस पर जमाराशि का नवीकरण किया गया है।

iv. यदि अतिदेय (overdue) अवधि और अनुरोध पत्र प्राप्त होने की तिथि में 14 दिन से अधिक का अंतराल नहीं है, तो परिपक्वता की तिथि से नवीकरण किया जा सकता है। यदि यह अंतराल 14 दिनों से अधिक है, तो बैंक अपने द्वारा अंगीकृत नीति के अनुसार अतिदेय अवधि के लिए ब्याज का भुगतान कर सकते हैं, और इसे एक अलग ब्याज मुक्त उप-खाते में रख सकते हैं, जिसे मूल सावधि जमा (fixed deposit) के नवीकरण पर जारी किया जाना चाहिए।

इसके अलावा, प्रवर्तन प्राधिकारियों द्वारा फ्रीज किए गए बचत बैंक खातों के संबंध में, बैंक नियमित आधार पर खाते में ब्याज जमा करते रह सकते हैं।

फॉर्म 15जी/15एच प्रस्तुत करते समय बैंकों द्वारा पावती : बैंकों को ऐसे जमाकर्ताओं से टीडीएस काटने की आवश्यकता नहीं है, जिन्होंने आयकर नियम, 1962 के तहत फॉर्म 15जी/15एच में घोषणा प्रस्तुत की है; यह भी कि शाखाओं में फॉर्म 15जी/15एच में घोषणाएँ प्रस्तुत करने पर शाखाओं को इसके लिए ग्राहकों को पावती पर्ची जारी करनी चाहिए।

(h) काउंटर पर नकदी स्वीकार करना

कुछ बैंकों ने ऐसे उत्पाद पेश किए हैं, जिनमें ग्राहकों को काउंटर पर नकदी जमा करने की अनुमति नहीं है; और नियम और शर्तों में यह उपबंध भी शामिल किया है कि नकदी जमा, यदि की जानी हो, तो एटीएम (ATM) के जरिये किया जाए।

परिभाषा के अनुसार, बैंकिंग का आशय उधार देने और निवेश करने के उद्देश्य से जनता से जमाराशियाँ स्वीकार करना है। अतः बैंक कोई भी ऐसा उत्पाद डिज़ाइन नहीं कर सकते, जो बैंकिंग के बुनियादी सिद्धांतों के अनुरूप न हो। इसके अलावा, नियम और शर्तों में ऐसे उपबंध शामिल करना, जो काउंटरों पर नकदी जमा करने पर प्रतिबंध लगाता है, एक अनुचित व्यवहार है।

इसलिए, बैंकों को यह सुनिश्चित करना चाहिए कि उनकी शाखाएँ अपने उन सभी ग्राहकों से अनिवार्यतः काउंटर पर नकदी स्वीकार करें जो काउंटर पर नकदी जमा करना चाहते हैं। साथ ही, उन्हें नियमों और शर्तों में ऐसे उपबंध नहीं शामिल करने चाहिए जो काउंटरों पर नकदी जमा करने पर प्रतिबंध लगाते हों।

(i) बैंकों द्वारा सेवा शुल्क निर्धारित करना

विभिन्न प्रकार की सेवाओं, जैसे चेक संग्रहण के लिए शुल्क आदि के लिए सेवा शुल्क निर्धारित करते समय, बैंकों को यह सुनिश्चित करना चाहिए कि शुल्क उचित हों और ऐसी सेवाएँ प्रदान करने की औसत लागत से अधिक न हों। बैंकों को यह भी सुनिश्चित करना चाहिए कि कम मात्रा में लेनदेन करने वाले ग्राहक दंडित न हों।

यदि कोई सेवा विशेष गृह शाखा में निःशुल्क है, तो वह गैर-घरेलू शाखाओं में भी निःशुल्क उपलब्ध होनी चाहिए। ग्राहकों द्वारा गृह शाखा और गैर-घरेलू शाखाओं में किए गए एक जैसे लेनदेन के लिए परस्पर शुल्क के संबंध में कोई भेदभाव नहीं होना चाहिए।

एसएमएस (SMS) अलर्ट भेजने के लिए बैंक ग्राहकों से शुल्क वसूल सकते हैं, लेकिन ऐसे शुल्क वास्तविक उपयोग के आधार पर होने चाहिए।

(j) बैंक शाखाओं में बैंकिंग कारोबार के घंटे/कामकाजी दिन

बैंकों को प्रत्येक शाखा में कारोबार का समय (ग्राहकों द्वारा लेनदेन के उद्देश्य से) प्रदर्शित करना चाहिए। नकदी के अलावा अन्य बैंकिंग लेनदेन करने का कारोबारी समय, कामकाजी समय समाप्त होने से एक घंटे पहले तक हो सकता है।

सार्वजनिक लेनदेन के लिए बैंक आम तौर पर सप्ताह के सभी दिनों में यानी सोमवार से शनिवार तक कम से कम 4 घंटे काम करते हैं (छुट्टी के रूप में घोषित दूसरे और चौथे शनिवार को छोड़कर)। एक्सटेंशन काउंटर, सैटेलाइट ऑफिस, वन-मैन ऑफिस या अन्य विशेष श्रेणी की शाखाएँ उतने कम घंटों के लिए खुली रह सकती हैं, जितना आवश्यक समझा जाए।

कानून द्वारा कोई विशेष बैंकिंग कार्य समय निर्धारित नहीं किया गया है। अपने ग्राहकों को समुचित सूचना देने के बाद एक बैंक तय कर सकता है कि उसके लिए कारोबार का कौन-सा समय सुविधाजनक रहेगा, जैसे कि डबल शिफ्ट में काम करना, रविवार से भिन्न किसी अन्य दिन साप्ताहिक अवकाश रखना या सामान्य कार्यदिवसों के अलावा रविवार को भी कार्य करना, जो जनता से लेनदेन करने के लिए सामान्य कार्य समय रखने के अधीन होगा। सार्वजनिक लेनदेन के लिए सामान्य कार्य घंटों का पालन करना होगा। दुकान और प्रतिष्ठान अधिनियम, आदि किसी अन्य प्रासंगिक स्थानीय कानूनों का उल्लंघन नहीं होना चाहिए।

इसके अलावा, औद्योगिक पंचाट/समझौतों के तहत अपने कर्मचारियों के प्रति बैंकों के दायित्वों के संबंध में प्रावधान, यदि कोई हों, का अनुपालन किया जाना चाहिए। इस संबंध में उस स्थान के क्लीयरिंग हाउस प्राधिकारी से भी परामर्श किया जाना चाहिए।

ग्रामीण क्षेत्रों में बैंकों की शाखाएँ स्थानीय आवश्यकताओं के अनुरूप कामकाजी समय (यानी काम के घंटे और समय) और साप्ताहिक अवकाश निश्चित कर सकती हैं।

कार्य समय का प्रारंभ/विस्तार : महानगरीय और शहरी केंद्रों की शाखाओं में कर्मचारियों का कार्य समय कारोबारी समय शुरू होने से 15 मिनट पहले आरंभ होना चाहिए। बैंकों को स्थानीय दुकान और प्रतिष्ठान अधिनियम (local Shops and Establishments Act) के प्रावधानों का पालन करना चाहिए।

हालाँकि, शाखा प्रबंधकों और अन्य पर्यवेक्षी अधिकारियों को यह सुनिश्चित करना चाहिए कि स्टाफ सदस्य बैंकिंग कार्य का समय आरंभ होने से लेकर पूरे निर्धारित कार्य समय के दौरान अपने संबंधित काउंटरों पर मौजूद रहें ताकि ग्राहकों को शिकायत का कोई मौका न मिले।

बैंकों को यह सुनिश्चित करना चाहिए कि कारोबार के समय कोई भी काउंटर बिना स्टाफ के न रहे और ग्राहकों को निर्बाध सेवा प्रदान की जाए। इसके अलावा, बैंकों को कार्य का आवंटन इस प्रकार करना चाहिए कि उनकी शाखाओं में बैंकिंग कार्य समय के दौरान कोई भी टेलर काउंटर बंद न रहे। कारोबार का समय समाप्त होने से पहले बैंकिंग हॉल में प्रवेश कर चुके सभी ग्राहकों पर ध्यान दिया जाना चाहिए।

(k) वृद्ध और असमर्थ व्यक्तियों द्वारा खातों का परिचालन :

बीमार/बूढ़े/असमर्थ खाताधारकों का प्रकार :

बीमार/बूढ़े/असमर्थ खाताधारकों के मामले निम्नलिखित श्रेणियों में आते हैं :

(a) कोई खाताधारक जो इतना बीमार है कि चेक पर हस्ताक्षर नहीं कर सकता/अपने बैंक खाते से पैसे निकालने के लिए स्वयं बैंक में उपस्थित नहीं हो सकता, लेकिन चेक/निकासी फॉर्म पर अपने अंगूठे का निशान लगा सकता है;

(b) कोई खाताधारक जो बैंक में न केवल स्वयं उपस्थित होने में असमर्थ है, बल्कि कुछ शारीरिक अक्षमताओं के कारण चेक/निकासी फॉर्म पर अपने अंगूठे का निशान भी नहीं लगा सकता।

परिचालन संबंधी प्रक्रिया : वृद्ध/बीमार खाताधारकों को अपने बैंक खाते के परिचालन में समर्थ बनाने की दृष्टि से, बैंक निम्नानुसार प्रक्रिया का पालन कर सकते हैं :

- जब भी किसी बीमार/बूढ़े/असमर्थ खाताधारक के अंगूठे या पैर के अंगूठे का निशान लिया जाए तो बैंक को ज्ञात दो निष्पक्ष गवाहों द्वारा उसकी निशानदेही की जानी चाहिए, जिनमें से एक गवाह बैंक का ज़िम्मेदार अधिकारी होना चाहिए।
- यदि ग्राहक अपने अंगूठे का निशान भी नहीं लगा सकता और बैंक में स्वयं उपस्थित होने में भी असमर्थ है, तो उस स्थिति में चेक/निकासी फॉर्म पर निशान प्राप्त किया जा सकता है जिसकी दो निष्पक्ष गवाहों द्वारा निशानदेही की जानी चाहिए, जिनमें से एक गवाह ज़िम्मेदार बैंक अधिकारी होना चाहिए।
- ग्राहक से बैंक को यह बताने के लिए भी कहा जा सकता है कि उपर्युक्त के अनुसार चेक/निकासी फॉर्म के आधार पर बैंक से धनराशि कौन निकालेगा और उस व्यक्ति की, जो वास्तव में बैंक से पैसा निकालता है, पहचान दो निष्पक्ष गवाहों द्वारा की जानी चाहिए तथा उससे बैंक के रिकॉर्ड के लिए अपना हस्ताक्षर करने के लिए कहा जाना चाहिए।

दिव्यांग लोगों के लिए बैंक शाखाओं/एटीएम को सुलभ बनाने की आवश्यकता : बैंकों को सभी मौजूदा एटीएम/भावी एटीएम में रैंप बनाना चाहिए, ताकि व्हीलचेयर का उपयोग करने वाले/दिव्यांग जन वहाँ आसानी से पहुँच सकें। इस प्रकार की व्यवस्था बनाने पर भी ध्यान दिया जाना चाहिए कि एटीएम की ऊँचाई से व्हीलचेयर का उपयोग करने वालों को कोई दिक्कत न हो।

दृष्टिबाधित (कमज़ोर नज़र वाले) व्यक्तियों के लिए बैंकिंग सुविधाओं तक उनकी पहुँच को सुविधाजनक बनाने के लिए, बैंक उन्हें चेक बुक सुविधा/एटीएम/लॉकर के परिचालन आदि सहित बैंकिंग सुविधाएँ प्रदान कर सकते हैं, क्योंकि वे अनुबंध करने में कानूनी रूप से सक्षम हैं। बैंकों द्वारा ब्रेल कीपैड के साथ 'बोलने वाले' एटीएम (ATM) लगाए जा रहे हैं।

उपरोक्त के अलावा, कमज़ोर नज़र वाले व्यक्तियों के उपयोग के लिए, ऐसी सभी बैंक शाखाओं में मैग्निफाइंग लेंस भी उपलब्ध कराया जाना चाहिए, जहाँ वे आसानी से बैंकिंग लेनदेन करना चाहते हैं। शाखाओं को प्रमुख स्थान पर यह सूचना प्रदर्शित करनी चाहिए कि उनके यहाँ दिव्यांग व्यक्तियों के लिए मैग्निफाइंग लेंस और अन्य सुविधाएँ उपलब्ध हैं।

(I) ऑटिज्म, सेरेब्रल पाल्सी, मानसिक मंदता, मानसिक बीमारी और मानसिक अक्षमताओं वाले व्यक्तियों के बैंक खाते खोलना/परिचालित करना

उपरोक्त व्यक्तियों के बैंक खाते खोलने/परिचालित करने के उद्देश्य से निम्नलिखित दिशानिर्देश लागू हैं :

i. मानसिक स्वास्थ्य अधिनियम (Mental Health Act), 1987 मानसिक रूप से बीमार व्यक्तियों के बेहतर इलाज और देखभाल करने तथा उनकी संपत्ति और मामलों के संबंध में बेहतर प्रावधान

करने से संबंधित है। उक्त अधिनियम के अनुसार, "मानसिक रूप से बीमार व्यक्ति" का अर्थ एक ऐसा व्यक्ति है जिसे मानसिक मंदता (mental retardation) के अलावा किसी अन्य मानसिक विकार के कारण इलाज कराने की आवश्यकता है। इस अधिनियम की धारा 53 और 54 के अंतर्गत मानसिक रूप से बीमार व्यक्तियों के लिए अभिभावकों और कुछ मामलों में उनकी संपत्ति की देखरेख के लिए प्रबंधकों की नियुक्ति का प्रावधान किया गया है। मानसिक स्वास्थ्य अधिनियम, 1987 के तहत निर्धारित नियुक्ति प्राधिकारी जिला न्यायालय और जिला कलेक्टर होते हैं।

ii. ऑटिज़्म, सेरेब्रल पाल्सी, मानसिक मंदता और बहु-विकलांगताग्रस्त व्यक्तियों के कल्याण के लिए राष्ट्रीय न्यास अधिनियम, 1999, कुछ निर्दिष्ट विकलांगताओं से संबंधित कानून है। इस अधिनियम की धारा 2 के उपबंध (j) में "दिव्यांग जन" को परिभाषित किया गया है, जिसमें ऑटिज़्म, सेरेब्रल पाल्सी, मानसिक मंदता या ऐसी दो या अधिक स्थितियों के संयोजन से संबंधित किसी भी स्थिति से पीड़ित व्यक्ति और गंभीर रूप से बहु-विकलांगता से पीड़ित व्यक्ति शामिल हैं। यह अधिनियम स्थानीय स्तर की समिति को दिव्यांग जन के लिए एक ऐसा अभिभावक नियुक्त करने का अधिकार देता है, जो दिव्यांग जन की संपत्ति की देखरेख करेगा।

(m) डोरस्टेप बैंकिंग

70 वर्ष से अधिक उम्र के वरिष्ठ नागरिकों और दृष्टिबाधित लोगों सहित दिव्यांग जनों या अशक्त व्यक्तियों (जिन्हें चिकित्सकीय रूप से प्रमाणित जीर्ण रोग या दिव्यांगता है) की कठिनाइयों को ध्यान में रखते हुए, बैंकों को सलाह दी गई है कि वे डोरस्टेप बैंकिंग प्रदान करने के लिए ठोस प्रयास करें। इसके अंतर्गत मूलभूत बैंकिंग सुविधाएँ शामिल हैं, जैसे कि रिसिप्ट के निमित्त नकदी और इंस्ट्रूमेंट का पिक-अप, खाते से निकासी के निमित्त नकदी की डिलीवरी, डिमांड ड्राफ्ट की डिलीवरी, ऐसे ग्राहकों के परिसर/निवास पर ही अपने ग्राहक को जानें (केवाईसी) दस्तावेज़ और जीवन प्रमाण पत्र का सबमिशन।

(n) शिकायत/सुझाव पेटी

बैंक के प्रत्येक कार्यालय में शिकायत/सुझाव पेटी लगी होनी चाहिए। इसके अलावा, बैंक के प्रत्येक कार्यालय में एक नोटिस प्रदर्शित किया जा सकता है जिसमें ग्राहकों से यह अनुरोध किया गया हो कि यदि उनकी शिकायतों का निवारण नहीं हुआ है तो वे इसके संबंध में शाखा प्रबंधक से मिल सकते हैं।

(o) शिकायत पुस्तिका/रजिस्टर

ग्राहकों को प्रत्येक सेट में छिद्रित प्रतियों वाली शिकायत पुस्तिका उपलब्ध कराई जानी चाहिए; यह इस प्रकार से डिज़ाइन की गई होनी चाहिए कि ग्राहकों को तत्काल पावती मिल जाए और साथ ही नियंत्रण कार्यालय को भी सूचना मिल जाए।

3.9 खाता बंद करना

यदि कोई ग्राहक बैंक की सेवाओं से संतुष्ट नहीं है या उसके पास कोई अन्य कारण है, जैसे कि वह किसी अन्यत्र स्थान पर शिफ्ट हो रहा है, तो वह जमा खाता बंद करने के लिए आवेदन देकर बैंक के

साथ अपना संबंध समाप्त करने का पूरा अधिकार रखता है। बैंकर ग्राहक को समुचित नोटिस देकर यथावश्यक होने पर निम्नलिखित में से किसी भी मामले में, ग्राहक का जमा खाता बंद कर सकता है या उसमें परिचालन रोक सकता है :

i. ग्राहक की मृत्यु की सूचना मिलने पर
ii. किसी एक खाताधारक की मृत्यु पर संयुक्त खाता भी बंद किया जा सकता है, और कानूनी समस्याओं से बचने के लिए उत्तरजीवी खाताधारकों के नाम पर एक नया खाता खोला जा सकता है।

बैंक अदालतों के आदेश के आधार पर भी खाते में परिचालन बंद कर सकते हैं। यदि बैंक को किसी डिक्री, जिसे गार्निशी ऑर्डर कहा जाता है, के निष्पादन के लिए, न्यायालय से किसी खाते में भुगतान रोकने या परिचालन न करने देने का आदेश प्राप्त होता है अथवा किसी आयकर प्राधिकारी से कोई नोटिस प्राप्त होता है, तो बैंक तत्काल इस 'चेतावनी' को नोट कर लेगा और तब तक चेकों का भुगतान या खाते में डेबिट करने पर रोक लगाए रखेगा, जब तक कि अदालत या आयकर विभाग, जैसा भी मामला हो, से इसे हटाने के लिए लिखित आदेश नहीं प्राप्त हो जाता। इस तरह के आदेश और उसके परिणामस्वरूप खाते से निकासी पर रोक के बारे में ग्राहक को भी साथ-साथ सूचित किया जाएगा। ध्यान रहे कि ऐसे मामलों में, खाते में परिचालन अस्थायी अवधि के लिए 'रोक' दिया जाता है, लेकिन खाता बंद नहीं किया जाता।

यदि बैंकर को प्रतीत होता है कि ग्राहक अब वांछित ग्राहक नहीं रहा, तो वह भी उसके साथ अपना संबंध समाप्त कर सकता है। बैंक उन परिस्थितियों में यह चरम कदम उठाता है जिसमें ग्राहक अपने खाते को असंतोषजनक तरीके से परिचालित करने का दोषी पाया जाए; यानी तब जबकि ग्राहक को चेक या बिल में जालसाजी करने का दोषी ठहराया जाए या यदि वह पर्याप्त धनराशि के बिना चेक जारी करे या ऋण वापस चुकाने या ओवरड्राफ्ट आदि की प्रतिबद्धता को पूरा नहीं करे। ऐसे उपाय उचित प्रक्रियाओं का पालन कर और ग्राहकों को नोटिस देकर ही किए जाने चाहिए।

3.10 ग्राहक अधिकारों का चार्टर

भारतीय रिज़र्व बैंक ने ग्राहक अधिकारों का एक चार्टर तैयार किया है, जो बैंक के ग्राहकों के संरक्षण के लिए व्यापक सिद्धांतों को प्रतिष्ठापित करता है और उनके 'पाँच' मूलभूत अधिकारों को प्रतिपादित करता है। ये अधिकार हैं : (i) उचित व्यवहार का अधिकार; (ii) पारदर्शिता, उचित एवं ईमानदार व्यवहार का अधिकार; (iii) उपयुक्तता का अधिकार; (iv) गोपनीयता का अधिकार; और (v) शिकायत निवारण और क्षतिपूर्ति का अधिकार।

1. उचित व्यवहार का अधिकार : ग्राहक और वित्तीय सेवा प्रदाता, दोनों को अपने प्रति शिष्टाचार से व्यवहार किए जाने का अधिकार है। वित्तीय उत्पादों की पेशकश और वितरण करते समय ग्राहक के साथ लिंग, उम्र, धर्म, जाति और शारीरिक क्षमता आदि के आधार पर अनुचित भेदभाव नहीं किया जाना चाहिए।

2. पारदर्शिता, उचित और ईमानदार व्यवहार का अधिकार : वित्तीय सेवा प्रदाता को यह सुनिश्चित करने के लिए हर संभव प्रयास करना चाहिए कि उसके द्वारा तैयार किए गए अनुबंध या समझौते में पारदर्शिता

हो, जिसे आम आदमी को अच्छी तरह से संप्रेषित किया जाए, जिसे वे आसानी से समझ सकें। उत्पादों की कीमत, उससे संबंधित जोखिम, उत्पाद के जीवन चक्र पर उपयोग को नियंत्रित करने वाले नियम और शर्तों, और ग्राहक और वित्तीय सेवा प्रदाता की ज़िम्मेदारियों को स्पष्ट रूप से प्रकट किया जाना चाहिए। ग्राहक किसी भी तरह से अनुचित व्यापार या विपणन प्रथाओं, अनुबंध संबंधी अवपीड़क शर्तों या भ्रामक प्रतिनिधित्व के अधीन नहीं होना चाहिए। ग्राहक के साथ अपने संबंध के दौरान, वित्तीय सेवा प्रदाता ग्राहक को शारीरिक नुकसान की धमकी नहीं दे सकता, उस पर अनुचित प्रभाव नहीं डाल सकता, या ख़ुलेआम उत्पीड़न में शामिल नहीं हो सकता।

3. उपयुक्तता का अधिकार : पेश किए गए उत्पाद ग्राहक की ज़रूरतों तथा उसकी वित्तीय परिस्थितियों के लिहाज़ से उपयुक्त होने चाहिए। उत्पाद की विशेषताएँ ग्राहक के समझ में आने योग्य होनी चाहिए।

4. गोपनीयता का अधिकार : ग्राहकों की व्यक्तिगत जानकारी को गोपनीय रखा जाना चाहिए, बशर्ते उन्होंने वित्तीय सेवा प्रदाता को उस जानकारी के उपयोग की विशिष्ट सहमति न दी हो या ऐसी जानकारी क़ानून के तहत प्रदान की जानी आवश्यक हो या यह एक अनिवार्य व्यावसायिक उद्देश्य के लिए प्रदान की गई हो (उदाहरण के लिए, क्रेडिट सूचना कंपनियों को)। संभावित अनिवार्य व्यावसायिक उद्देश्यों के बारे में ग्राहक को पहले से सूचित किया जाना चाहिए। ग्राहकों को इलेक्ट्रॉनिक अथवा अन्य सभी प्रकार के संचार से सुरक्षा का अधिकार है, जो उनकी गोपनीयता का उल्लंघन करता है।

5. शिकायत निवारण और क्षतिपूर्ति का अधिकार : ग्राहक को प्रस्तावित उत्पादों के लिए वित्तीय सेवा प्रदाता को जवाबदेह ठहराने का अधिकार है, साथ ही यह अधिकार भी है कि उसे अपनी वैध शिकायत के निवारण के लिए आसान प्रणाली उपलब्ध हो। सेवा प्रदाता को तीसरे पक्ष के उत्पादों की बिक्री से उत्पन्न होने वाली शिकायतों के निवारण की सुविधा भी देनी चाहिए। वित्तीय सेवा प्रदाता को अपनी गलतियों, आचरण में खामियों, साथ ही कार्य-निष्पादन में चूक अथवा विलंब के लिए, भले ही वह प्रदाता के कारण हो या अन्य से हो, क्षतिपूर्ति नीति से ग्राहक को अवगत कराना चाहिए। क्षतिपूर्ति नीति में ऐसी घटनाओं में ग्राहक के अधिकारों और कर्तव्यों का उल्लेख होना चाहिए।

3.11 सारांश

व्यक्तियों, साझेदारी/स्वामित्व वाली फर्मों, सार्वजनिक/प्राइवेट लिमिटेड कंपनियों, ट्रस्टों आदि द्वारा बैंक खाते खोले जा सकते हैं। ग्राहकों के खाते खोलते समय, बैंक को चाहिए कि वह अपने ग्राहक समूह से संबंधित सभी अभिलेखों का उचित सत्यापन करके उनकी स्थिति के बारे में स्वयं को संतुष्ट करे। खाता खोलने और उसकी निगरानी की प्रक्रिया में केवाईसी (KYC) की अहम भूमिका है। जो भी व्यक्ति बैंक में खाता खोलना चाहता है, उसे अपनी पहचान तथा निवास/कार्यालय के संबंध में उसका पता प्रमाणित करने के लिए निर्धारित दस्तावेज़ जमा करने होंगे। इस प्रक्रिया का उद्देश्य मनी लॉन्ड्रिंग (Money Laundering) की जाँच करना है, जो एक अवांछनीय प्रक्रिया है, जिसमें अवैध तरीकों से उत्पन्न धन के उद्गम यानी स्रोत को छिपाया जाता है, जिसे बाद में विभिन्न देशों की बैंकिंग प्रणालियों के माध्यम से पुनः प्राप्त किया जाता है और विभिन्न संस्थाओं को अंतरित किया जाता है, ताकि धन प्राप्त किया जा सके और ऐसे अवैध

धन का वैध गतिविधियों में निवेश किया जा सके। आरबीआई (RBI) ने खातों के परिचालन और अच्छी ग्राहक सेवा प्रदान करने के संबंध में कुछ दिशानिर्देश निर्धारित किए हैं। ग्राहकों के खाते खोलकर, बैंक ग्राहकों के साथ संबंध स्थापित करते हैं और ऐसे संबंध को किसी भी पक्ष द्वारा, स्वैच्छिक आधार पर या अनैच्छिक रूप से, कानून की प्रक्रिया द्वारा समाप्त किया जा सकता है। बैंकरों से अपेक्षा की जाती है कि ग्राहकों के खाते बंद करते समय वे निर्धारित मानदंडों और दिशानिर्देशों को ध्यान में रखेंगे और ग्राहकों को समुचित सूचना प्रदान कर उचित प्रक्रियाओं का पालन करेंगे।

3.12 प्रमुख शब्द

केवाईसी (KYC) : वित्तीय सेवाओं के उपयोगकर्ता की पहचान और अन्य क्रेडेंशियल्स को सत्यापित करने की प्रक्रिया।

आधिकारिक रूप से वैध दस्तावेज़ (OVD) : आधिकारिक रूप से वैध दस्तावेज़ वे हैं जिन्हें व्यक्तियों के कानूनी नाम और वर्तमान पते के सत्यापन के लिए स्वीकार किया जा सकता है।

ई-आधार (e-:Aadhaar) : डिजीटल प्रारूप में किसी व्यक्ति का आधार कार्ड। इसमें मुद्रित आधार कार्ड पर उपलब्ध सभी जानकारी शामिल होती है, जैसे बायोमेट्रिक और जनसांख्यिकीय विवरण, जिसमें नाम, यूआईएन (UIN) नंबर, लिंग, जन्म तिथि, फोटोग्राफ आदि शामिल हैं। यूआईडीएआई (UIDAI) द्वारा ई-आधार कार्ड समान रूप से वैध है।

कम जोखिम वाले ग्राहक (Low Risk Customers) : ऐसे व्यक्ति और संस्थाएँ जिनकी पहचान और धन के स्रोत आसानी से पहचाने जा सकते हैं और जिनके खातों में लेनदेन आम तौर पर ज्ञात प्रोफ़ाइल के अनुरूप होते हैं।

मध्यम जोखिम वाले ग्राहक (Medium Risk Customers) : ऐसे ग्राहक जिनसे बैंक को औसत से अधिक जोखिम होने की संभावना है।

उच्च जोखिम वाले ग्राहक (High-risk Customers) : ऐसे ग्राहक जिनके लिए बैंकों को ड्यू डिलिजेंस (CDD) के उपाय करने चाहिए।

संस्था के बहिर्नियम (Memorandum of Association) : वह दस्तावेज़ जो कंपनी के चार्टर का प्रतिनिधित्व करता है। यह कंपनी के गठन और पंजीकरण प्रक्रिया के दौरान तैयार एक विधिक दस्तावेज़ है। यह शेयरधारकों के साथ कंपनी के संबंधों को परिभाषित करता है और उन उद्देश्यों को निर्धारित करता है, जिनके लिए कंपनी का गठन किया गया है।

संस्था के अंतर्नियम (Articles of Association) : कंपनी का वह दस्तावेज़ जो कंपनी के परिचालनों और उसके उद्देश्यों के साथ नियमों और विनियमों को निर्धारित करता है।

साझेदारी विलेख (Partnership Deed) : फर्म के साझेदारों के मध्य हुआ अनुबंध, जो साझेदारों के बीच साझेदारी के नियमों और शर्तों को रेखांकित करता है। साझेदारी विलेख का उद्देश्य प्रत्येक साझेदार की

भूमिकाओं की स्पष्ट समझ प्रदान करना है, जो सुनिश्चित करता है कि फर्म का परिचालन सुचारू रूप से किया जाए।

ट्रस्ट डीड (Trust Deed) : वह कानूनी दस्तावेज़ जो ट्रस्ट बनाने और प्रबंधित करने के लिए स्थितियों, नियमों एवं शर्तों को निर्धारित करता है।

स्रोत पर कर कटौती (TDS) : टीडीएस भारत सरकार द्वारा आय के स्रोत पर कर वसूल करने के लिए लागू की गई एक प्रक्रिया है। प्राप्तकर्ता को भुगतान करते समय भुगतानकर्ता द्वारा एक निश्चित प्रतिशत में कर की कटौती की जाती है, और फिर वह राशि सरकार को भेज दी जाती है।

सीटीएस (CTS) : चेक ट्रंकेशन एक चेक क्लीयरेंस प्रणाली है जिसमें भुगतानकर्ता बैंक को भेजने के लिए मुद्रित चेक को इलेक्ट्रॉनिक रूप में डिजिटाइज करता है। चेक क्लीयरेंस की प्रक्रिया, जिसमें डेटा मिलान और सत्यापन शामिल है, कागजी प्रतियों के बजाय डिजिटल छवियों का उपयोग करके की जाती है।

धन-शोधन (मनी लॉन्ड्रिंग) (ML) : बड़ी मात्रा में धन कमाने की एक अवैध प्रक्रिया है, जो मादक पदार्थों की तस्करी या आतंकवाद की फंडिंग जैसी आपराधिक गतिविधियों से उत्पन्न होती है, परंतु जो किसी वैध स्रोत से आती प्रतीत होती है।

एटीएम (ATM) : एक इलेक्ट्रॉनिक बैंकिंग आउटलेट है जो ग्राहकों को शाखा प्रतिनिधि या टेलर की सहायता के बिना मूलभूत लेनदेन पूरा करने की सुविधा प्रदान करता है। एटीएम कार्ड या क्रेडिट कार्ड या डेबिट कार्ड रखने वाला कोई भी व्यक्ति अधिकांश एटीएम से नकदी प्राप्त कर सकता है।

पावर ऑफ अटॉर्नी (Power of Attorney) : पावर ऑफ अटॉर्नी एक कानूनी प्राधिकार है जो एक नामनिर्दिष्ट व्यक्ति को किसी और की ओर से कार्य करने की शक्ति देता है।

नामांकन (Nomination) : यह एक ऐसी सेवा है जो खाताधारक या किसी अन्य वित्तीय लिखत के निवेशक को खाते के मूल मालिक के निधन के बाद जमा या निवेश का दावा करने के लिए किसी अन्य व्यक्ति का नाम देने में सक्षम बनाती है।

पर्दानशीन (Pardanashin) : पर्दा करने वाली महिला को पर्दानशीन कहा जा सकता है।

दोनों में से कोई एक या उत्तरजीवी (Either or Survivor) : यह संयुक्त खाते का सबसे सामान्य रूप है। इसमें केवल दो व्यक्ति ही खाते का परिचालन कर सकते हैं, अर्थात प्राथमिक खाताधारक और द्वितीयक खाताधारक। दोनों खाते का उपयोग कर सकते हैं और धनराशि अंतरित कर सकते हैं।

पूर्ववर्ती या उत्तरजीवी (Former or Survivor) : इसका सीधा मतलब यह है कि किसी बैंक खाते में पहला नामित व्यक्ति ही, जब तक वह जीवित है, सभी परिस्थितियों में खाते का परिचालन करेगा। केवल प्रथम व्यक्ति की मृत्यु होने पर ही संयुक्त धारक (पूर्ववर्ती या उत्तरजीवी के आधार पर) खाते का परिचालन करने के लिए पात्र होगा।

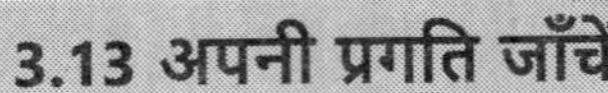

3.13 अपनी प्रगति जाँचें

1. धन-शोधन (मनी लॉन्ड्रिंग) का आशय है.....................।
   (a) संपत्ति का नकदी में रूपांतरण
   (b) गैर-कानूनी ढंग से प्राप्त धनराशि को वैध माध्यमों से बदलना
   (c) नकदी को स्वर्ण में बदलना
   (d) अवैध उद्देश्यों के लिए उपयोग हेतु वैध धन का रूपांतरण

2. धन-शोधन (मनी लॉन्ड्रिंग) का एक महत्वपूर्ण क़दम है..............................।
   (a) प्लेसमेंट और लेयरिंग
   (b) संगठन एवं नियंत्रण
   (c) जमा करना और निकालना
   (d) बैकवर्ड और फॉरवर्ड एकीकरण

3. ग्राहक की पहचान के लिए निम्नलिखित में से कौन-सा बैंक के लिए उपलब्ध आधिकारिक रूप से वैध दस्तावेज़ है?
   (a) मतदाता पहचान पत्र
   (b) राशन कार्ड
   (c) फ़ोटोग्राफ़
   (d) बैंक खाता विवरण

4. केवाईसी (KYC) मानदंडों का उद्देश्य क्या है?
   (a) ग्राहक की उचित पहचान सुनिश्चित करना
   (b) संदिग्ध प्रकृति के लेन-देन पर निगरानी रखना
   (c) यदि ऋण दिया जाए तो वह एनपीए नहीं होगा
   (d) ग्राहकों का डेटाबेस बनाना

5. निम्नलिखित विकल्पों में से सही कथन को पहचानें
   (a) ग्राहक को निवास स्थान बदलने या बैंक की सेवा से असंतुष्ट होने पर अपना जमा खाता बंद करने का अधिकार है।

(b) उत्तरजीवी ग्राहक को किसी भी असुविधा से बचाने के लिए, बैंक आम तौर पर किसी ग्राहक की मृत्यु की सूचना मिलने पर भी संयुक्त जमा खाते में परिचालन बंद करने का विकल्प नहीं चुनते हैं।

(c) खाता बंद करना केवल स्वैच्छिक आधार पर किया जा सकता है और बैंक आम तौर पर ग्राहकों के खाते स्वयं बंद नहीं करते हैं, भले ही ग्राहक को किसी मामले में दोषी ठहराया गया हो और खातों में अवांछनीय परिचालन देखे गए हां।

(d) बैंकों के पास ग्राहकों के निष्क्रिय खातों को बिना कोई नोटिस दिए बंद करने का विशेषाधिकार है।

3.14 'अपनी प्रगति जाँचें' का उत्तर

1. (b)	2. (a)	3. (a)	4. (a)	5. (a)

अध्याय

4 लेखांकन, वित्त एवं परिचालन

4

अध्याय

4 लेखांकन, वित्त एवं परिचालन

4.1 उद्देश्य

इस अध्याय को पढ़ने के बाद, बीसी (BC) निम्नलिखित में सक्षम होंगे :

- लेखांकन (Accounting) की अवधारणाओं, लेखांकन प्रक्रियाओं, लेखांकन की दोहरी प्रविष्टि प्रणाली और बैंकों में अपनाई जाने वाली लेखांकन प्रक्रियाओं और कार्यप्रणाली को समझने में
- ब्याज के पहलुओं और ब्याज-गणना की प्रक्रियाओं को समझने में
- ऋणों के पुनर्भुगतान (चुकौती) शेड्यूल तैयार करने संबंधी प्रक्रियाओं और समान मासिक किस्त (EMI) की अवधारणा को जानने में।

4.2 परिचय

लेखांकन (Accounting) अवधारणाएँ वे बुनियादी नियम, धारणाएँ और स्थितियाँ हैं जो उन मापदंडों और बाधाओं को परिभाषित करती हैं जिनके अंतर्गत लेखांकन किए जाते हैं। दूसरे शब्दों में कहें तो लेखांकन अवधारणाएँ आम तौर पर स्वीकृत वे लेखांकन सिद्धांत हैं, जो वित्तीय विवरणों के सार्वभौमिक रूप को निरंतर सृजित करने का मौलिक आधार तैयार करते हैं। बैंक लेखांकन के अंतर्गत प्रत्येक लेनदेन के लिए स्थायी रिकॉर्ड तैयार किया जाता है। इसलिए, बैंक स्टेटमेंट से बैंक के खातों की सामान्य तस्वीर दिखती है जबकि बहीखातों के विभिन्न प्रकार अलग-अलग मदों का विस्तृत विश्लेषण प्रस्तुत करते हैं। अन्य क्षेत्रों की तरह ही, बैंक लेखांकन के मामले में सभी बैंक एक तरह से काम करते हैं। परिणामस्वरूप, प्रत्येक बैंक में उनके आकार या नियंत्रण की प्रकृति से परे समान सिद्धांतों का पालन किया जाता है। सभी खाताबहियाँ सामान्य बहियों का एक भाग होती हैं। बैंक लेखांकन का मूल सिद्धांत यह है कि प्रत्येक डेबिट के लिए एक क्रेडिट मौजूद होता है और इसी तरह प्रत्येक क्रेडिट के लिए एक डेबिट होता है। इसलिए, बही-खातों को हमेशा बैलेंस किए जाने की आवश्यकता होती है। इसका अर्थ यह है कि देनदारी के प्रत्येक रुपये का हिसाब उस एक रुपये से होना चाहिए जो आपका संसाधन है।

बैंकों के प्रमुख वित्तीय विवरण को इस प्रकार से डिज़ाइन किया गया है कि वह बैंक की समग्र वित्तीय स्थिति और कार्य-निष्पादन की तस्वीर दिखा सके। इस समग्र तस्वीर को सामने रखने के लिए, वित्तीय लेखांकन प्रणाली में आम तौर पर तीन प्रमुख वित्तीय विवरण तैयार किए जाते हैं। पहला, नकदी प्रवाह का विवरण; दूसरा, लाभ और हानि खाता और तीसरा, बैलेंस शीट। ये विवरण किसी विशेष अवधि के दौरान नकदी की आवाजाही, व्यवसाय द्वारा उत्पन्न कामकाजी परिणाम (लाभ या हानि) और विशेष अवधि के अंत में व्यवसाय की देनदारियों और परिसंपत्तियों तथा संपत्ति की परिणामी स्थिति को जानने में मदद करते हैं।

ब्याज पैसा उधार लेने पर लगाया जाने वाला मौद्रिक शुल्क है - आम तौर पर इसे प्रतिशत के रूप में व्यक्त किया जाता है, जैसे कि वार्षिक प्रतिशत दर। ऋणदाता अपने धन का उपयोग करके ब्याज अर्जित कर सकते हैं या उधारकर्ताओं द्वारा उन निधियों का उपयोग करने के एवज़ में इसका भुगतान किया जा सकता है। ब्याज को अक्सर साधारण ब्याज (मूलधन पर आधारित) या चक्रवृद्धि ब्याज (मूलधन और पहले अर्जित ब्याज पर आधारित) माना जाता है। बैंकों के संदर्भ में, ब्याज अक्सर जमा देनदारियों और उधार और ऋण देने योग्य संसाधनों से सृजित ऋण संपत्तियों से जुड़ा होता है। ब्याज काफ़ी हद तक देश में वित्तीय/आर्थिक स्थिरता बनाए रखने के लिए अपनाई गई व्यापक आर्थिक नीतियों के आधार पर भारतीय रिज़र्व बैंक द्वारा निर्धारित नीतिगत दरों पर निर्भर है।

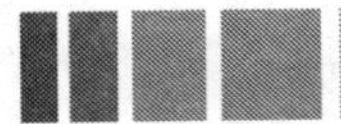

4.3 लेखांकन की मूल बातें और बहीखातों का रखरखाव

(a) बहीखाता और लेखांकन

बहीखाता पद्धति का तात्पर्य 'मूल प्रविष्टि और बही-खातों में व्यावसायिक लेनदेन के रिकॉर्ड के रखरखाव' से है। लेखांकन की मुख्य विशेषताएँ इस प्रकार हैं :

(a) लेखांकन व्यावसायिक लेनदेन को क्रमबद्ध और व्यवस्थित तरीके से रिकॉर्ड और वर्गीकृत करता है तथा इसे सार-संक्षेप में प्रस्तुत करता है।

(b) लेखांकन लेनदेन को उनके मौद्रिक मूल्यों के आधार पर धन के संदर्भ में रिकॉर्ड करता है, ताकि उन्हें सार्थक और तुलनीय बनाया जा सके।

(c) लेखांकन वित्तीय प्रकृति वाली घटनाओं और लेनदेन को रिकॉर्ड करता है।

(d) लेखांकन हमें निर्णय लेने के लिए वित्तीय डेटा की व्याख्या करने में मदद करता है।

(b) लेखांकन की अवधारणाएँ

कुछ निश्चित सिद्धांत या अवधारणाएँ हैं जिनके आधार पर लेखांकन किए जाते हैं। लेखांकन की बुनियादी अवधारणाओं का नीचे संक्षेप में वर्णन किया गया है :

(i) *व्यावसायिक इकाई की अवधारणा (Business Entity Concept) :* एक व्यावसायिक इकाई (फर्म, कंपनी और निगम) उन व्यक्तियों से भिन्न होती है, जो व्यवसाय के मालिक होते हैं या उसे परिचालित करते हैं। व्यवसाय और मालिकों के खाते एक-दूसरे से अलग-अलग रखे जाते हैं

और अनिवार्यतः एक-दूसरे से नहीं जुड़े होते, ताकि बिना किसी अस्पष्टता के किसी व्यवसाय की वास्तविक वित्तीय स्थिति का अनुमान लगाया जा सके।

(ii) *दोहरे पहलू की अवधारणा (Dual Aspect Concept) :* प्रत्येक लेनदेन के दो पहलू होते हैं - यानी 'डेबिट' और 'क्रेडिट'। प्रत्येक डेबिट के लिए संबंधित क्रेडिट होता है।

(iii) *कार्यशील संस्था की अवधारणा (Going Concern Concept) :* लेखांकन के तहत यह मान्यता है कि एक व्यवसाय तब तक निरंतर चलता रहता है, जब तक कि वह ठप्प (समापन) न हो जाए। यह इस सिद्धांत पर आधारित है कि कॉर्पोरेट एक शाश्वत इकाई है। तदनुसार, उसकी परिसंपत्तियों और देनदारियों को 'बिक्री के लिए अभिप्रेत नहीं' के रूप में बही मूल्य (बुक वैल्यू) पर दिखाया जाता है। हालाँकि, यदि अकाउंटेंट के पास यह मानने के पर्याप्त कारण हैं कि कंपनी का परिसमापन (liquidation) होने जा रहा है, तो परिसंपत्तियों को उनके परिसमापन मूल्य पर रिपोर्ट किया जाएगा।

(iv) *लेखांकन अवधि की अवधारणा (Accounting Period Concept) :* लेखांकन विशिष्ट अवधियों में व्यावसायिक गतिविधि के परिणाम को मापता है जो आमतौर पर एक वर्ष होती है। इसके तहत किसी विशेष वार्षिक अवधि से संबंधित राजस्व और लागत का विवरण तैयार किया जाता है। वार्षिक अवधि को व्यवसाय का 'लेखांकन वर्ष' (accounting year) कहा जाता है और यह एक कैलेंडर वर्ष (1 जनवरी से 31 दिसंबर तक) या एक वित्तीय वर्ष (1 अप्रैल से 31 मार्च तक) या कोई अन्य वार्षिक अवधि हो सकती है।

(v) *मुद्रा माप अवधारणा (Money measurement Concept) :* जैसा कि ऊपर उल्लेख किया गया है, लेखांकन मौद्रिक संदर्भ में व्यक्त किए जाने वाले लेनदेन को रिकॉर्ड करता है। गैर-मौद्रिक लेनदेन जिन्हें मौद्रिक मूल्यों में व्यक्त नहीं किया जा सकता, उन्हें लेखांकन में दर्ज नहीं किया जाता है।

(vi) *राजस्व के विरुद्ध लागत का मिलान (Matching cost against revenues) :* लेखांकन किसी विशेष अवधि के लिए आमदनी या हानि का पता लगाने के लिए, उसी अवधि के लिए राजस्व और व्यय को एक साथ रिकॉर्ड करता है। इस प्रकार, प्राप्त आय उस आय को अर्जित करने पर आई लागत से मेल खाती है, जिसके आधार पर परिणामी लाभ या हानि की सटीकता से गणना की जाती है।

(vii) *ऐतिहासिक लागत अवधारणा (Historic cost concept) :* लेनदेन इसमें शामिल राशि और परिसंपत्तियों पर आई लागत के आधार पर दर्ज किए जाते हैं। इसे ऐतिहासिक लागत अवधारणा कहा जाता है।

(viii) *उपचय अवधारणा (Accrual concept) :* आय और व्यय तब दर्ज किए जाते हैं जब ये भुगतान या प्राप्ति के लिए देय हो जाते हैं, न कि तब जब ये वास्तव में प्राप्त किए जाते हैं या इनका भुगतान किया जाता है। (यानी, नकद आधार पर)।

(c) बहीखाता पद्धति की दोहरी प्रविष्टि प्रणाली

हर खाते को दो भागों में बांटा जाता है। बाईं ओर को डेबिट या नामे पक्ष कहा जाता है और इसे 'Dr.' (डेबिट का संक्षिप्त रूप) द्वारा दर्शाया जाता है। दाहिने हाथ को क्रेडिट या जमा पक्ष कहा जाता है और इसे 'Cr.' (क्रेडिट का संक्षिप्त रूप) के रूप में दर्शाया जाता है। खाते का नाम खाता पृष्ठ के शीर्ष कोने पर दर्शाया जाता है। दोहरी प्रविष्टि बहीखाता पद्धति के मुख्य सिद्धांत निम्नलिखित हैं :

i. प्रत्येक लेनदेन में दो पक्षकार शामिल होते हैं।

ii. प्रत्येक कारोबारी लेनदेन के दो पहलू होते हैं- एक लाभ प्राप्त करता है और दूसरा लाभ प्रदान करता है। यह दोहरी प्रविष्टि प्रणाली को जन्म देता है, जिसका अर्थ है कि प्रत्येक डेबिट का एक संबंधित क्रेडिट उपस्थित है।

iii. लेनदेन के दोनों पहलू -डेबिट और क्रेडिट पक्ष- बहीखातों में दर्ज किए जाते हैं।

iv. व्यावसायिक लेनदेन के दोहरे प्रभाव को एक ही समय में एक खाते से डेबिट और दूसरे खाते में क्रेडिट करके दर्ज किया जाता है।

बैंक और व्यावसायिक संगठनों को बहीखाता पद्धति की दोहरी प्रविष्टि प्रणाली से विशिष्ट लाभ होता है और इसी कारण वे इस पद्धति को अपनाते हैं।

I. चूँकि दोनों पहलुओं को एक साथ दर्ज किया जाता है, और मात्रात्मक दृष्टि से दोनों बराबर हैं, अतः सिस्टम खातों की अंकगणितीय सटीकता सुनिश्चित करता है।

II. सभी व्यावसायिक लेनदेन व्यवस्थित रूप से दर्ज किए जाते हैं, जिससे त्रुटि की संभावना न्यूनतम हो जाती है।

III. यह किसी भी व्यक्ति को किसी भी समय, ग्राहकों से प्राप्य/ ग्राहकों को देय राशि, प्रत्येक खाते के शीर्षक के तहत व्यय और आय और विभिन्न शीर्षों के तहत खर्च की गई राशि को जानने में सक्षम बनाता है।

IV. सिस्टम अकाउंटेंट को वार्षिक खाते -लाभ और हानि खाता- और बैलेंस शीट (तुलन-पत्र) तैयार करने में सक्षम बनाता है।

V. संगठन द्वारा सिस्टम को किसी भी प्रकार/आकार में कार्यान्वित किया जा सकता है।

(d) दोहरी प्रविष्टि प्रणाली के नियम

व्यावसायिक गतिविधि मुख्य रूप से खातों की तीन श्रेणियों के इर्द-गिर्द घूमती है :

- वास्तविक खाता (Real account) : ये खाते आस्तियों या संपत्तियों से संबंधित हैं। प्रत्येक आस्ति, जैसे नकदी, स्टॉक, भवन, मशीनरी आदि के लिए एक अलग खाता रखा जाता है।
- व्यक्तिगत खाता (Personal account) : ये विभिन्न इकाइयों के खाते हैं, जैसे व्यक्ति, फर्म, कंपनी, स्थानीय प्राधिकरण, एसोसिएशन, सोसाइटी।

- नामिक खाता (Nominal account) : ये व्यय (losses) और लाभ (income) के खाते हैं।

तीन प्रकार के खातों के लिए बहीखाता की दोहरी प्रविष्टि प्रणाली के नियम नीचे दिए गए हैं :

- व्यक्तिगत खाते : प्राप्तकर्ता को डेबिट करना और देने वाले को क्रेडिट करना।
- वास्तविक खाते : जो आता है उसे डेबिट करना और जो बाहर जाता है उसे क्रेडिट करना।
- नामिक खाते : व्यय या हानियों को डेबिट करना और आय या लाभों को क्रेडिट करना।

(e) बहीखातों के प्रकार (Kinds of Account Books)

विभिन्न प्रकार के बहीखातों की विशेषताएँ इस प्रकार हैं :

जर्नल (दैनिकी) (Journal) - जर्नल का अर्थ है दैनिक रिकॉर्ड। यह मूल प्रविष्टि की बही है और सभी व्यावसायिक लेनदेन अपनी घटना के क्रम में एक जर्नल में दर्ज किए जाते हैं। लेनदेन को जर्नल में रिकॉर्ड करने की प्रक्रिया को 'जर्नलाइजिंग' कहा जाता है। जर्नल में दर्ज होने के बाद, लेनदेन को संबंधित खातों के बही-खाते में पोस्ट किया जाता है, जिसमें बही के फोलियो नंबर (L.F. या लेज़र फोलियो) का उल्लेख होता है, जहाँ वह संबंधित खाता खोला गया है। जर्नल प्रविष्टियों में, प्रत्येक लेनदेन के डेबिट और क्रेडिट दोनों पक्षों को संक्षिप्त और सटीक विवरण के साथ दर्ज किया जाता है।

लेजर (बहीखाता) (Ledger) - लेजर एक विशेष अवधि के दौरान हुए किसी व्यक्ति, संपत्ति, व्यय/आय से संबंधित सभी लेनदेन के विवरण का सारांश है, और जिसमें उनका निवल प्रभाव (net effect) प्रदर्शित होता है। लेजर में क्रमानुसार पन्ने अंकित होते हैं। संदर्भ की सुविधा के लिए लेजर में वर्णमाला अनुक्रमणिका भी प्रदान की जाती है। अब हम जर्नल और लेजर के बीच इस प्रकार अंतर कर सकते हैं :

	जर्नल	लेजर
(i)	मूल प्रविष्टि की बही।	अंतिम प्रविष्टि की बही।
(ii)	लेनदेन प्रतिदिन दर्ज किया जाता है।	आवधिक रूप से पोस्टिंग की जाती है।
(iii)	खातों की जानकारी बिखरी हुई होती है।	जानकारी खाता-वार होती है।
(iv)	जर्नल दोहरी प्रविष्टि के दोनों पहलुओं को दर्शाता है।	यह केवल एक पहलू दिखाता है।
(v)	प्रविष्टि के लिए वाउचर, रसीदें, डेबिट/क्रेडिट नोट बुनियादी दस्तावेज़ हैं।	जर्नल में बुनियादी रिकॉर्ड शामिल होते हैं।

कैश बुक (Cash Book) - यह सभी नकद लेनदेन -यानी प्राप्तियों और भुगतानों का रिकॉर्ड रखता है। इसका नियम लेजर की तरह है और यह दो पक्षों -डेबिट और क्रेडिट में विभाजित है। सभी प्राप्तियाँ डेबिट पक्ष में और सभी भुगतान क्रेडिट पक्ष में दर्ज किए जाते हैं। यह मूल प्रविष्टि की बही है, क्योंकि सभी नकद लेनदेन पहले कैश बुक में दर्ज किए जाते हैं और उसके बाद उन्हें विभिन्न लेजर खातों में दर्ज किया जाता है। इसे लेजर या अंतिम प्रविष्टि बही भी कहा जाता है, क्योंकि सभी नकद प्राप्तियाँ डेबिट पक्ष में और सभी भुगतान क्रेडिट पक्ष में दर्ज किए जाते हैं। इस प्रकार, एक कैश-बुक (रोकड़ बही) एक सहायक बही और खाता बही दोनों है।

पेटी कैश बुक (Petty Cash Book) - पेटी कैश बुक एक सहायक बही है, जिसमें परिवहन, कार्टेज इत्यादि जैसे सभी छोटे (एक परिभाषित स्तर से कमतर मूल्य के) नकद खर्च दर्ज किए जाते हैं। यह व्यवस्था कैश बुक (रोकड़ बही) को भारी और बोझिल होने से बचाने के लिए है। कंपनियाँ सभी छोटे नकद भुगतान करने और उसे पेटी कैश बुक (फुटकर नकदी बही) में दर्ज करने के लिए एक 'पेटी कैशियर (फुटकर खजांची)' नियुक्त करती हैं।

ट्रायल बैलेंस (Trial Balance) - यह खाता बही नहीं है। यह एक विवरण है जो बहीखाते से लिए गए डेबिट और क्रेडिट बैलेंस को दर्शाता है, जिसमें एक विशेष तिथि पर नकदी और बैंक बैलेंस भी शामिल है। इसकी विशेषताएँ निम्नवत हैं :

- यह लेजर से ली गई डेबिट और क्रेडिट बैलेंस की एक सूची है।
- इसमें नकदी और बैंक बैलेंस शामिल हैं।
- इसका मुख्य उद्देश्य बहीखाते में दर्ज लेनदेन की अंकगणितीय सटीकता स्थापित करना है।
- इसे आमतौर पर महीने/तिमाही/छमाही/वर्ष के अंत में तैयार किया जाता है।
- यह अंतिम हिसाब-किताब तैयार करने की प्रक्रिया को सुगम बनाता है।

वित्तीय विवरण में निम्नलिखित शामिल हैं :

i. *बैलेंस शीट (Balance Sheet) :* बैलेंस शीट या तुलन-पत्र एक वित्तीय विवरण है, जो किसी विशेष तिथि पर किसी व्यावसायिक इकाई की संपत्ति और देनदारियों को दर्शाता है। किसी व्यावसायिक इकाई के मामले में, देनदारियों से परिसंपत्ति सृजित की जाती है। परिसंपत्तियाँ हमेशा देनदारियों के बराबर होती हैं। परिसंपत्ति के उदाहरणों में शामिल हैं- भूमि, संयंत्र और मशीनरी, फर्नीचर, प्राप्य राशियाँ (receivables), आदि। देनदारियों में मालिकों के दावे और बाहरी लोगों के दावे शामिल हैं। मालिकों के दावों का अर्थ है चुकता पूंजी (paid up capital) और रिज़र्व तथा अधिशेष (surplus) का बैलेंस। अन्य देनदारियों में उधार, देय बिल आदि शामिल होंगे।

ii. *लाभ और हानि खाता (Profit and Loss account) :* लाभ और हानि विवरण (संक्षेप में,P एवं L स्टेटमेंट) लेखांकन अवधि के दौरान किसी व्यवसाय के राजस्व (आय) और व्यय (लागत) और एक इकाई के परिणामी अधिशेष (लाभ) या घाटा (हानि) को दर्शाता है।

iii. *नकदी प्रवाह विवरण (Cash Flow Statement) :* नकदी प्रवाह विवरण किसी संगठन के परिचालन, निवेश और वित्तपोषण गतिविधियों में वर्गीकृत अवधि के लिए नकदी के अंतर्वाह (inflow) और उसके बहिर्वाह (outflow) को दर्शाता है।

iv. *लेखांकन नीतियाँ (Accounting Policies):* लेखांकन नीतियाँ वित्तीय विवरण तैयार करने के लिए उपयोग किए जाने वाले लेखांकन नियम हैं। ये वित्तीय रिपोर्टिंग के लिए आमतौर पर अपनाए जाने वाले लेखांकन नियमों और मानकों का संग्रह हैं।

v. *खाते के लिए नोट्स (Notes to the account) :* खातों के लिए नोट्स अतिरिक्त प्रकटीकरण हैं, जिनका खुलासा किया जाना होता है।

(f) बैंकों में लेखांकन (Accounting in Banks)

बैंक अन्य बैंकों (RBI, वाणिज्यिक बैंकों, आदि) से उधार लेकर और पूंजी खाता के माध्यम से मालिकों (यानी बैंक के शेयरधारकों) से इक्विटी फंड प्राप्त करके जमाराशियों (सावधि, बचत और चालू) (fixed, savings and current) के रूप में धन प्राप्त करते हैं। ये सभी बैंक की देनदारियाँ हैं। बैंक इन निधियों का उपयोग ऋण देने, प्रतिभूतियों में निवेश करने, उपकरण खरीदने और अन्य बैंकों में मुद्रा और जमा जैसी नकद वस्तुएँ रखने के लिए करते हैं। ये सभी बैंक की परिसंपत्तियाँ हैं। किसी बैंक की बैलेंस शीट एक विशेष समय पर उसकी संपत्ति और देनदारियों का विवरण है। बैंक अपने ऋणों, अग्रिमों और निवेशों पर ब्याज अर्जित करता है और जमा एवं लिए गए उधार पर ब्याज का भुगतान करता है। बैंक अपने ग्राहकों को विभिन्न प्रकार की सेवाएँ प्रदान करने के बदले शुल्क वसूली के माध्यम से भी आय अर्जित करते हैं।

4.4 वित्त एवं परिचालन (Finance and Operations)

वित्त परिचालन के अंतर्गत वित्त और संसाधनों का प्रबंधन किया जाता है। इष्टतम लागत पर संसाधन जुटाना और फिर जुटाए गए धन को युक्तियुक्त तरीके से लाभदायक गतिविधियों में प्रयुक्त करना किसी संगठन में वित्त विभाग के सबसे महत्वपूर्ण कार्यों में से एक है। संबंधित गतिविधियों में निम्नलिखित शामिल हैं :

- बजट बनाना
- लेखांकन
- वित्तीय पूर्वानुमान
- वित्तीय आंकड़ों का विश्लेषण

यह वित्तीय योजनाओं और नीतियों को विकसित करने में मार्गदर्शन प्रदान करके समग्र व्यावसायिक परिचालन में रणनीतिक भूमिका भी निभाता है। इस प्रकार, यह किसी भी सफल व्यवसाय या संगठन का एक अभिन्न अंग है। वित्त परिचालन व्यवसायों को इस बात में सक्षम बनाता है कि वे संभावित जोखिमों और अवसरों की पहचान कर सकें और साथ-ही-साथ यह देख सकें कि उद्देश्यों की प्राप्ति के लिए उन्होंने क्या कार्य किए हैं और उनका कार्य-निष्पादन कैसा रहा है। व्यवसाय प्राप्त सूचनाओं और जानकारियों के आधार पर विवेकसम्मत और समसामयिक निर्णय ले सकें इसके लिए भी वित्त परिचालन आवश्यक है जो लंबे समय तक लाभ प्राप्ति सुनिश्चित करने में मदद कर सकता है।

4.5 ब्याज क्या है?

ब्याज वह कीमत है जो कोई व्यक्ति पैसे उधार लेने के बदले चुकाता है या वह लागत है जिसे ऋणदाता पैसे उधार देने के बदले वसूलता है। किसी ऋण पर ब्याज का निर्धारण एक निश्चित ब्याज दर तय करके किया जाता है, जिसे ऋण राशि के वार्षिक प्रतिशत के रूप में व्यक्त किया जाता है। ऋणदाता जो स्वयं या दूसरों से धन की व्यवस्था करके उधारकर्ताओं को पैसा उधार देते हैं, उन्हें ऐसे लेनदेन से उस राशि के एवज़ में चुकाई जाने वाली अतिरिक्त राशि का लाभ होता है जो वे उधारकर्ताओं को उधार देते हैं।

जो धनराशि उधार दी गई है और जो धनराशि लौटाई गई है उसके बीच का अंतर ब्याज आय के रूप में जाना जाता है। इस प्रकार, ब्याज संपत्ति के उधारकर्ता द्वारा संपत्ति के मालिक को संपत्ति के उपयोग के लिए मुआवजे के रूप में भुगतान किया जाने वाला शुल्क है। यह आमतौर पर उधार ली गई धनराशि के उपयोग के लिए भुगतान की गई कीमत है, या जमा किए गए धन से अर्जित किया गया धन है। जब पैसा उधार लिया जाता है, तो ऋणदाता को मूल राशि के प्रतिशत के रूप में ब्याज का भुगतान किया जाता है, जो ऋणदाता पर बकाया राशि है। एक निश्चित अवधि (आमतौर पर एक वर्ष) में शुल्क के रूप में भुगतान किए जाने वाले मूलधन का प्रतिशत ब्याज दर कहलाता है।

ऋणदाता सीधे संपत्तियों का उपयोग करने की बजाय, उन्हें उधारकर्ता को दे देते हैं। ऐसे में उधारकर्ता को यह सहूलियत मिलती है कि वह उधार ली गई परिसंपत्तियों के लिए भुगतान हेतु आवश्यक प्रयास करने से पहले ही अपनी ज़रूरतों के अनुसार उनका उपयोग करने का लाभ उठा सके। दूसरी ओर, ऋणदाता को विशेषाधिकार के तहत उधारकर्ता द्वारा भुगतान किए गए शुल्क का लाभ मिलता है। अर्थशास्त्र में ब्याज को ऋण की कीमत माना जाता है। ब्याज दर पूंजी की लागत है और यह मुद्रा की आपूर्ति और मांग के नियमों के अधीन है।

आइए, अब हम ब्याज की विभिन्न अवधारणाओं को समझते हैं, जिनका वित्तीय सेवाओं, विशेषकर बैंकिंग में व्यापक रूप से उपयोग किया जाता है।

(a) साधारण ब्याज (Simple Interest) : साधारण ब्याज एक निश्चित अवधि के लिए उधार ली गई राशि का निश्चित प्रतिशत है। साधारण ब्याज की गणना का सूत्र इस प्रकार है :

ब्याज = मूलधन x ब्याज दर x समय

जहाँ,

ब्याज चुकता किए गए ब्याज की कुल राशि है,

मूलधन उधार ली गई धनराशि है,

दर प्रत्येक वर्ष ब्याज के रूप में वसूले जाने वाले मूलधन का प्रतिशत है, जिसे दशमलव अंश के रूप में व्यक्त किया जाता है और समय वह अवधि है जिसके लिए धन उधार लिया जाता है।

यदि 1 लाख रुपये 12 महीनों के लिए उधार लिया गया धन है और ब्याज दर 12% प्रति वर्ष है, तो उधारकर्ता द्वारा ऋणदाता को कितना ब्याज दिया जाएगा?

उपरोक्त सूत्र को लागू करके, आइए उपरोक्त उदाहरण में देय ब्याज की राशि की गणना करें।

उत्तर - ब्याज = रु. 1,00,000 × 12/100 × 1 वर्ष = 12,000 रुपये

(b) चक्रवृद्धि ब्याज (Compound Interest) : जब ऋणदाता को तुरंत भुगतान करने की बजाय ब्याज खाते में जोड़ा जाता है, तो ब्याज को पूंजीकृत (capitalized) कहा जाता है और चक्रवृद्धि ब्याज के लिए अगली समय अवधि के दौरान ब्याज अर्जित होता है। यह ब्याज की कम्पाउंडिंग है या सरल शब्दों में "चक्रवृद्धि ब्याज" है। चक्रवृद्धि ब्याज की गणना का सूत्र इस प्रकार है :

$A = P (1 + r/n)^{nt}$

जहाँ, P = मूलधन (मूल राशि),

A = परिपक्वता पर राशि,

r = दर (अंश के रूप में व्यक्त),

n = प्रति वर्ष कितनी बार ब्याज चक्रवृद्धि होता है,

t = ऋण/जमा के वर्षों की संख्या

सवाल : आप किसी बैंक में एक वर्ष के लिए 6% वार्षिक ब्याज पर 10,000 रुपये जमा करते हैं। बैंक मासिक चक्रवृद्धि ब्याज का भुगतान करता है जिसे खाते में पुनः निवेश कर दिया जाता है। आपकी जमा राशि की परिपक्वता पर आपको कितनी राशि मिलेगी?

उपरोक्त सूत्र को लागू करके, आइए इस प्रश्न का समाधान करते हैं,

A = परिपक्वता पर राशि

P = रु. 10000

r = 0.06

n = वर्ष में ब्याज के कई बार चक्रवृद्धि होने की संख्या = 12

t = जमा के वर्षों की संख्या

$A = 10000 (1 + 0.06/12)^{12}$

$A = 10000 (1 + 0.005)^{12}$

$= 10000 (1.005)^{12}$

= रु. 10000 (1.06167)

= रु. 10616.77, मान लीजिए 10617 रुपये।

(c) फिक्स्ड और फ्लोटिंग ब्याज दरें (Fixed and Floating Interest Rates) : फिक्स्ड रेट में, एक बार तय की गई ब्याज दर ऋण की पूरी अवधि के दौरान नहीं बदलेगी। फ्लोटिंग रेट में, ब्याज दर बाज़ार की स्थितियों के आधार पर बदलती है, जो ऋण अनुबंध में शामिल रीसेट क्लॉज, यदि कोई हो, के अधीन होती है। इस प्रकार, प्रत्येक रीसेट (Reset) पर, दर बढ़ या घट सकती है।

एक निश्चित दर तब होती है जब कोई बैंक ऋण जारी करता है जिसमें आरओआई (ROI) तय होता है, मान लीजिए, 5 वर्षों के लिए 10% प्रति वर्ष। फ्लोटिंग रेट तब होता है जब ऋणदाता उधारकर्ता से "मुद्रास्फीति दर + 5%" ब्याज दर का भुगतान करने के लिए कहता है। यहाँ, ब्याज दर हर छमाही में पिछली छमाही में मौजूद मुद्रास्फीति दर के आधार पर रीसेट की जाएगी। उदाहरण के लिए, यदि पहली

छमाही में मुद्रास्फीति 5% है, तो दूसरी छमाही में ब्याज दर 5%+ 5% = 10% होगी। यदि दूसरी छमाही में मुद्रास्फीति 4% है, तो तीसरी छमाही में ब्याज दर 4% + 5% = 9% होगी। फ्लोटिंग दरें, दिए गए मामले में, हर आधे साल में पूर्व निर्धारित आवधिकता पर रीसेट की जाएँगी।

नीचे दी गई तालिका में दिए गए तुलनात्मक पहलुओं के माध्यम से फिक्स्ड और फ्लोटिंग ब्याज दरों की विशेषताओं को स्पष्ट रूप से समझा जा सकता है :

फिक्स्ड ब्याज दर	फ्लोटिंग ब्याज दर
ब्याज दर ऋण देनदारी/ऋण की पूरी अवधि के लिए समान रहती है।	ब्याज दर में परिवर्तन होता है और यह ऋण देनदारी/ऋण की अवधि के लिए समान नहीं रहता है।
उच्च ब्याज दर (सामान्यतः फ्लोटिंग दर से 1 से 2.5 प्रतिशत अधिक)	फिक्स्ड ब्याज दर से कम ब्याज दर (हालाँकि यह रेपो दर से अधिक होता है)
संपूर्ण ऋण अवधि के लिए EMI समान होती है	ब्याज दरों में बदलाव के साथ EMI और ऋण अवधि में बदलाव हो सकता है
यदि ब्याज दरें स्थिर रहने वाली हैं या बढ़ने वाली हैं तो फिक्स्ड ब्याज दर वाले ऋण का विकल्प चुनना बेहतर है।	यदि ब्याज दरें गिरने वाली हैं, तो फ्लोटिंग दर वाला ऋण निश्चित ब्याज दर वाले ऋण से बेहतर है।
बाज़ार की स्थितियों से प्रभावित नहीं	बाज़ार की स्थितियों से प्रभावित
उन व्यक्तियों के लिए उपयुक्त जो वित्त बाज़ार में ब्याज दरों में अस्थिरता नहीं स्वीकार करना चाहते।	उन व्यक्तियों के लिए उपयुक्त जो ब्याज दरों में अस्थिरता को स्वीकार करने के इच्छुक हैं और जो बाज़ार की स्थितियों के अनुसार बदलती ब्याज दरों के साथ अपने बजट को समायोजित कर सकते हैं।
फिक्स्ड ब्याज दर योजना में ऋण के पूर्व भुगतान पर जुर्माना लग सकता है	फ्लोटिंग ब्याज दर में पूर्व भुगतान पर जुर्माना नहीं लग सकता है
बजट योजना बनाना संभव है	बजट बनाना कठिन है, क्योंकि ब्याज दर में उतार-चढ़ाव होता रहता है
लघु से मध्यम अवधि के लिए उपयुक्त (उदाहरण के लिए 3 से 10 वर्ष)	लंबी अवधि के लिए उपयुक्त (उदाहरण के लिए 20-30 वर्ष)
तुलनात्मक रूप से कम जोखिम वाला	तुलनात्मक रूप से अत्यधिक जोखिम वाला

4.6 समान मासिक किस्त (EMI)

उपरोक्त मामले में, हमने देखा कि ब्याज का भुगतान अलग से किया गया है और मूलधन का भुगतान निर्धारित अनुसार किया गया है। इसके विपरीत, अब ऋण चुकाने का सबसे अधिक अपनाया जाने वाला तरीका ईएमआई (EMI) है, जहाँ ऋण की निश्चित अवधि के दौरान मूलधन और ब्याज मासिक किस्त के माध्यम से चुकाया जाता है। इसे ऋण की रकम, ब्याज दर और ऋण की अवधि के आधार पर तय किया जाता है।

दी गई ऋण राशि, अवधि और ब्याज के आधार पर ईएमआई की गणना का सूत्र निम्नवत है :

$$EMI = (P \times r)\ \frac{(1 + r)^n}{(1 + r)^n - 1}$$

जहाँ, P = मूलधन,

r = प्रति किस्त अवधि में ब्याज की दर (अर्थात यदि ब्याज 12% प्रति वर्ष है, एक वर्ष में किस्तों की संख्या 12 है, तो r = 1/100 = 0.01),

n = ऋण की पूरी अवधि में किस्तों की संख्या।

प्रश्न :10.5% प्रति वर्ष की ब्याज दर पर 15 वर्षों में चुकता किए जाने वाले 10 लाख रुपये के आवास ऋण के लिए ईएमआई ज्ञात करें।

ऊपर दिए गए सूत्र को लागू करके,

P = 10,00,000

r = 10.5%/12 = 10.5/1200 = 0.00875

n = 15 x 12

अतः, ईएमआई = [(10,00,000 * .00875 { (1+.00875)^{180}/(1+.00875)^{180}-1}]

ईएमआई = [(8750'4.797761)/3.797761)]

ईएमआई = 11,054 रुपये।

चूँकि उपरोक्त गणना काफ़ी जटिल है, अतः विभिन्न ब्याज दरों के लिए पूंजी रिकवरी कारक (CRF) के लिए तैयार तालिकाएँ उपलब्ध हैं और नीचे दिए गए फॉर्मूले के अनुसार सीआरएफ के साथ ऋण राशि को गुणा करके ईएमआई निकाली जाती है :

समान किस्त = ऋण राशि xCRF जहाँ CRF = [r{ (1+r)^n}/ {(1+r)^n-1}]

पूँजी रिकवरी कारक एक निश्चित अवधि के लिए उस वार्षिकी को प्राप्त करने के वर्तमान मूल्य के लिए स्थिर वार्षिकी (annuity) का अनुपात है।

बैंक अपनी ब्याज दर की गणना कैसे करते हैं?

भारतीय रिज़र्व बैंक (RBI) ब्याज की दर पर दिशानिर्देश प्रदान करता है जिसे बैंक चार्ज कर सकते हैं। फिर भी, विभिन्न ऋण प्रदाताओं द्वारा अपने द्वारा वसूली जाने वाली ब्याज दर की गणना विभिन्न कारकों जैसे कि चुकौती अवधि, क्रेडिट स्कोर, ऋण का प्रकार आदि को ध्यान में रखकर की जाती है।

ऋण के लिए दो प्रकार की ब्याज दरों की पेशकश की जा रही है - फिक्स्ड और फ्लोटिंग (Fixed and Floating) फिक्स्ड दर वाला ऋण ऐसा ऋण है जिसमें आप ऋण अवधि के दौरान एक ही दर पर ब्याज का भुगतान करते हैं। फ्लोटिंग रेट वाला ऋण आम तौर पर बैंक द्वारा अपनाए जाने वाले **बेंचमार्क** से

जुड़े होते हैं और ऋण अवधि के दौरान बेंचमार्क (Benchmark) में बदलाव आने पर उनमें बदलाव आ सकता है।

दिनांक 1 अप्रैल 2016 से स्वीकृत एवं नवीनीकृत किए गए रुपये में फ्लोटिंग दर पर लिए गए सभी ऋण का मूल्य निर्धारण सीमांत निधि लागत आधारित उधार दर (MCLR) के संदर्भ में किया जाएगा जो आंतरिक बेंचमार्क होगा। सीमांत निधि लागत आधारित उधार दर (MCLR) वह न्यूनतम उधार दर है जिसके नीचे किसी बैंक को उधार देने की अनुमति नहीं है। एमसीएलआर ने वाणिज्यिक बैंकों के लिए ऋण दरें निर्धारित करने के लिए पहले की आधार दर प्रणाली को प्रतिस्थापित कर दिया है।

सभी नए फ्लोटिंग रेट को, चाहे व्यक्तिगत हों या खुदरा ऋण (जैसे आवास, ऑटो ऋण आदि) और बैंकों द्वारा सूक्ष्म और लघु उद्यमों को 01 अक्टूबर 2019 से दिए गए फ्लोटिंग रेट ऋण और 01 अप्रैल 2020 से मध्यम उद्यमों को फ्लोटिंग रेट पर दिए गए ऋण निम्नलिखित में से एक के लिए बेंचमार्क किए जाएँगे :

- भारतीय रिज़र्व बैंक की नीतिगत रेपो रेट
- फाइनेंशियल बेंचमार्क इंडिया प्राइवेट लिमिटेड (FBIL) द्वारा प्रकाशित भारत सरकार के 3 महीने के ट्रेजरी बिल यील्ड
- एफबीआईएल (FBIL) द्वारा प्रकाशित भारत सरकार के 6 महीने के ट्रेजरी बिल यील्ड
- एफबीआईएल (FBIL) द्वारा प्रकाशित बाज़ार आधारित कोई अन्य बेंचमार्क ब्याज दर।

बैंक अन्य प्रकार के उधारकर्ताओं को भी ऐसे बाहरी बेंचमार्क से जुड़े ऋण की पेशकश करने के लिए स्वतंत्र हैं। ऋण उत्पादों की पारदर्शिता, मानकीकरण और समझ में आसानी सुनिश्चित करने के लिए, उधारकर्ताओं के लिए बैंक को ऋण श्रेणी के भीतर एक समान बाहरी बेंचमार्क अपनाना चाहिए; दूसरे शब्दों में, एक ही ऋण श्रेणी में एक बैंक को एक से अधिक बेंचमार्क अपनाने की अनुमति नहीं है।

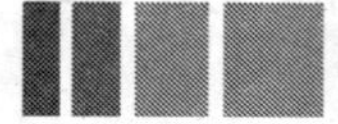

4.7 सारांश

बहीखाता (Book Keeping) पद्धति से तात्पर्य मूल प्रविष्टि और खाता-बही में व्यावसायिक लेनदेन की रिकॉर्डिंग से है। अकाउंटेंसी एक व्यापक अवधारणा है और व्यवस्थित तरीके से खातों के संकलन को संदर्भित करती है, ताकि हर कोई जान सके कि व्यवसाय की माली हालत क्या है। मुख्य लेखांकन अवधारणाएँ व्यावसायिक इकाई, दोहरी प्रविष्टि, कार्यशील संस्था (going concern), लेखांकन अवधि, मौद्रिक माप, लागत और राजस्व का मिलान, उपचय (Accrual) और ऐतिहासिक लागत से संबंधित हैं। दोहरी प्रविष्टि प्रणाली आमतौर पर व्यावसायिक संगठनों द्वारा अपनाई जाती है, क्योंकि यह व्यवस्थित है और एकल प्रविष्टि प्रणाली की तुलना में इसके कई फ़ायदे हैं।

दोहरी प्रविष्टि (Double Entry) के मुख्य नियम हैं- प्राप्तकर्ता को डेबिट करना और देने वाले को क्रेडिट करना (व्यक्तिगत खातों के मामले में); जो आता है उसे डेबिट करना और जो बाहर जाता है उसे क्रेडिट करना (वास्तविक खातों के मामले में) और खर्चों को डेबिट करना और खर्चों को क्रेडिट करना (नामिक (nominal) खातों के मामले में)। जर्नल, लेजर, कैश बुक और पेटी कैश बुक मुख्य बहियाँ हैं। जर्नल मूल

प्रविष्टि वाली तथा दैनिक आधार पर लिखी जाने वाली बही है। लेजर (Ledger) अंतिम प्रविष्टि की बही है और इसे समय-समय पर जर्नल से लिखा जाता है। कैश बुक मूल और अंतिम प्रविष्टि की बही है। बैलेंस शीट (Balance Sheet) और लाभ और हानि विवरण किसी व्यावसायिक इकाई के वित्तीय विवरण के प्रमुख भाग हैं। बैलेंस शीट एक विशेष तिथि पर परिसंपत्ति और देनदारियों को दिखाती है और इस तरह किसी संगठन की वित्तीय स्थिति को दर्शाती है। लाभ और हानि विवरण एक अवधि से संबंधित होता है, आमतौर पर एक वर्ष, और उस अवधि के दौरान व्यवसाय के राजस्व और लागत और परिणामी लाभ या हानि को दर्शाता है।

ब्याज दर (Interest Rate) या तो पैसे उधार लेने की लागत है या इसे बचाने के लिए रिवार्ड है। इसकी गणना उधार ली गई या बचाई गई राशि के प्रतिशत के रूप में की जाती है। हालाँकि ब्याज दरें बहुत प्रतिस्पर्धी हैं, लेकिन वे बैंकों और उधारकर्ताओं की विभिन्न श्रेणियों के लिए एक समान नहीं हैं। खातों के प्रबंधन में आने वाली लागत और जोखिम कारकों को ध्यान में रखते हुए बैंक उच्च ब्याज दर निर्धारित करते हैं। पुनर्भुगतान या चुकौती के तरीक़े वित्तपोषित की गई परिसंपत्तियों से आने वाले नकदी प्रवाह और उधारकर्ताओं की पुनर्भुगतान करने की क्षमता को ध्यान में रखते हुए तय किए जाते हैं। समान किस्त उन लोगों से ऋण की वसूली का एक लोकप्रिय तरीका है जिनके पास आय के नियमित स्रोत हैं, जैसे वेतनभोगी वर्ग और साथ ही यह अपेक्षाकृत सुनिश्चित स्रोतों से वसूली के मामले में लागू किया जाता है। चूँकि ईएमआई (EMI) की गणना करने का फार्मूला जटिल है, इसलिए तैयार तालिकाएँ उपलब्ध हैं और निर्दिष्ट ब्याज दर/अवधि के लिए लागू सीआरएफ (CRF) को ऋण राशि से गुणा करने पर ईएमआई की आसानी से गणना की जा सकती है। समान किस्त के तहत, संपूर्ण पुनर्भुगतान कार्यक्रम के अनुसार समान राशि चुकाई जाती है, क्योंकि इसमें मूलधन और ब्याज दोनों शामिल होता है।

4.8 प्रमुख शब्द

बहीखाता पद्धति (Book keeping) : वित्तीय लेनदेन की रिकॉर्डिंग है, और यह किसी व्यवसाय और अन्य संगठनों के लिए लेखांकन की प्रक्रिया का हिस्सा है। इसमें किसी व्यवसाय के सभी लेनदेन, परिचालन और अन्य घटनाओं के संदर्भ में स्रोत दस्तावेज़ तैयार किया जाता है।

नकदी प्रवाह विवरण (Cash flow statement): एक वित्तीय विवरण जो किसी कंपनी/व्यावसायिक इकाई में आने और जाने वाली नकदी और उसकी समकक्ष आस्तियों के परिचालन का सारांश बताता है।

लाभ और हानि लेखांकन (Profit and Loss accounting) : कंपनियाँ/उद्यम अपने राजस्व प्राप्ति और व्यय का स्पष्ट दृष्टिकोण विकसित कर सकें, इसमें उनकी मदद करने के लिए समय-समय पर लाभ और हानि का विवरण बनाने की प्रक्रिया।

तुलन पत्र/बैलेंस शीट (Balance sheet) : एक वित्तीय विवरण जो किसी विशिष्ट समय पर किसी कंपनी/उद्यम की संपत्ति, देनदारियों और शेयरधारक इक्विटी की रिपोर्ट करता है। बैलेंस शीट जहाँ एक ओर निवेशकों को रिटर्न दरों की गणना करने की सहूलियत प्रदान करती है वहीं दूसरी ओर कंपनी/उद्यम को अपनी पूंजी संरचना का मूल्यांकन करने का आधार प्रदान करती है।

दोहरी प्रविष्टि प्रणाली (Double entry System): वर्तमान बहीखाता और लेखांकन पद्धति में अंतर्निहित एक मौलिक अवधारणा, जो बताती है कि प्रत्येक वित्तीय लेनदेन का कम-से-कम दो अलग-अलग खातों में समान और विपरीत प्रभाव होता है। इसका उपयोग लेखांकन समीकरण को संतुष्ट करने के लिए किया जाता है।

जर्नल एंट्री (Journal Entry): किसी इकाई द्वारा किए गए व्यवसाय के किसी भी लेनदेन को रिकॉर्ड करने और ट्रैक करने की प्रक्रिया। जर्नल प्रविष्टियाँ व्यावसायिक लेनदेन को उपयोगी डेटा में बदलने में बेहद कारगर हैं।

कैश बुक (Cash Book) : सामान्य बहीखाता की सहायक है, जिसमें एक अवधि के दौरान सभी नकद लेनदेन दर्ज किए जाते हैं।

ट्रायल बैलेंस (Trial balance) : किसी व्यवसाय के बहीखाता में निहित सभी सामान्य दैनिक लेखों (राजस्व और पूंजी खाता दोनों) की एक सूची है। इस सूची में प्रत्येक नामिक (nominal) लेजर खाते का नाम और उस नामिक लेजर के बैलेंस का मूल्य शामिल होगा।

वित्तीय विवरण (Financial Statements) किसी संगठन के वित्तीय परिणामों, वित्तीय स्थिति और नकदी प्रवाह के बारे में सारांश-स्तरीय रिपोर्टों का एक संग्रह है।

साधारण ब्याज (Simple Interest) : एक प्रकार का ब्याज शुल्क है जिसका उधारकर्ता ऋण लेने के एवज़ में उधारदाताओं को भुगतान करते हैं। इसकी गणना केवल मूलधन का उपयोग करके की जाती है और इसमें चक्रवृद्धि ब्याज शामिल नहीं होता। साधारण ब्याज केवल कुछ ऋणों से संबंधित नहीं है। यह एक ऐसा ब्याज भी है जिसे बैंक ग्राहकों को उनके बचत खातों पर देते हैं।

चक्रवृद्धि ब्याज (Compound Interest): किसी ऋण या जमा की मूल राशि पर ब्याज का योग है, या दूसरे शब्दों में, ब्याज पर लगाए जाने वाला ब्याज है। यह ब्याज का भुगतान करने के बजाय उसके पुनर्निवेश का परिणाम है, ताकि अगली अवधि में ब्याज मूल राशि और पहले से संचित ब्याज पर अर्जित हो। चक्रवृद्धि ब्याज वित्त और अर्थशास्त्र में मानक है।

फ्लोटिंग ब्याज दर (Floating Interest Rate) : इसे परिवर्तनीय या समायोज्य दर के रूप में भी जाना जाता है जो किसी भी प्रकार के ऋण साधन को संदर्भित करता है, जैसे कि ऋण, बांड, बंधक (mortgage) या क्रेडिट, जिसमें इंस्ट्रूमेंट के जीवन पर ब्याज की कोई निश्चित दर नहीं होती है। फ्लोटिंग ब्याज दरें आमतौर पर संदर्भ दर के आधार पर बदलती हैं, जैसे कि किसी भी वित्तीय कारक का बेंचमार्क, जैसे उपभोक्ता मूल्य सूचकांक।

ईएमआई (EMI) : प्रत्येक कैलेंडर माह में एक निर्दिष्ट तिथि पर उधारकर्ता द्वारा ऋणदाता को अदा की गई एक निश्चित भुगतान राशि। प्रत्येक माह ब्याज और मूलधन दोनों पर समान मासिक किस्तें लागू की जाती है ताकि निर्दिष्ट वर्षों में ऋण का पूरी तरह से भुगतान किया जा सके।

4.9 अपनी प्रगति जाँचें

1. किस विकल्प में दोहरी प्रविष्टि प्रणाली का नियम सही-सही बताया गया है?
   (a) देने वाले को डेबिट करना और प्राप्तकर्ता को क्रेडिट करना
   (b) जो बाहर जाता है उसे डेबिट करना और जो आता है उसे क्रेडिट करना
   (c) डेबिट व्यय और क्रेडिट आय
   (d) उपरोक्त में से कोई नहीं

2. लेखांकन के सिद्धांतों को ध्यान में रखते हुए उस कथन की पहचान करें जो जर्नल की विशेषता को प्रतिबिंबित नहीं करता।
   (a) मूल प्रविष्टि की बही
   (b) लेनदेन दैनिक आधार पर दर्ज किए जाते हैं
   (c) जानकारी खाता-वार प्रदान की जाती है
   (d) दोहरी प्रविष्टि के दोनों पहलुओं की जानकारी प्रदान की जाती है

3. फिक्स्ड/फ्लोटिंग ब्याज दरों की विशेषताओं पर आपकी धारणा के आधार पर, किस अवलोकन में गलत कथन दिया गया है?
   (a) फिक्स्ड ब्याज दर से निश्चितता और सुरक्षा के संदर्भ में दीर्घकालिक योजना बनाने में मदद मिलती है
   (b) फ्लोटिंग ब्याज दर अस्थिर परिस्थितियों से सुरक्षा प्रदान करती है
   (c) फ्लोटिंग ब्याज दरें आम तौर पर निर्धारित ब्याज दरों से कम होती हैं
   (d) फिक्स्ड ब्याज दर के मामले में ईएमआई और ऋण अवधि पूरी ऋण अवधि के दौरान समान रहती है

4. निम्नलिखित कथनों का अध्ययन करें और पूंजी रिकवरी कारक और उसके अनुप्रयोग की अपनी समझ के आधार पर गलत कथन की पहचान करें?
   (a) पूंजी रिकवरी कारक एक निश्चित अवधि के लिए उस वार्षिकी (annuity) को प्राप्त करने के वर्तमान मूल्य के लिए स्थिर वार्षिकी का अनुपात है।
   (b) यदि ऋण की वसूली समान किस्तों में किए जाने का प्रस्ताव है तो पूंजी रिकवरी कारक नियोजित नहीं किया जाता है

(c) पूंजी रिकवरी कारक को नियोजित करके प्राप्त समान किस्त के तहत, पूरे पुनर्भुगतान शेड्यूल में समान राशि चुकाई जाती है

(d) पूंजी रिकवरी कारक अस्थिर बाज़ार स्थितियों की भविष्यवाणी की सुविधा देता है

4.10 'अपनी प्रगति जाँचें' का उत्तर

1. (c)	2. (c)	3. (b)	4. (d)

अध्याय

5 उत्तम ऋण देने के सिद्धांत

अध्याय

5 उत्तम ऋण देने के सिद्धांत

5.1 उद्देश्य

इस इकाई के अध्ययन के बाद पाठक निम्नलिखित बातों को समझ पाएँगे:

- बैंकों की ओर से ग्राहकों को उधार देने के प्रमुख सिद्धांत या बुनियादी बातें।
- बदलते समय और समाज में विकास के साथ उधार देने के सिद्धांत।

5.2 परिचय

उधार या ऋण देना किसी भी बैंक की एक अहम गतिविधि होती है क्योंकि इससे उन्हें आमदनी होती है और बैंक की लाभप्रदता में योगदान मिलता है। बैंकों की ऋण गतिविधियां प्रबंधन द्वारा वृहत (macro) एवं सूक्ष्म (micro) स्तर की नीतियों के आधार पर निर्धारित की जाती हैं। ऋणों के डिफ़ॉल्ट होने के जोखिम को कम करने के लिए, ऋण की मंजूरी देते समय विवेकपूर्ण निर्णय लेने की आवश्यकता होती है। किसी बैंकर के लिए कर्ज देने या निवेश के लिए धन का मुख्य स्रोत जनता से ली गई जमा राशि है, जो जमाकर्ताओं द्वारा मांगे जाने पर वापस उन्हें चुकाने योग्य होती हैं। इसलिए, ऋण देते समय बैंकरों को उधार देने के उत्तम सिद्धांतों का पालन करना चाहिए और स्वीकृत मानदंडों के आधार पर उधार दिए जाने वाले फंड की मात्रा का मूल्यांकन करना चाहिए।

फंड या धन की सुरक्षा एवं तरलता (liquidity) सुनिश्चित करने के लिए, बैंकों को जमाराशियों का एक हिस्सा (मांग व सावधिक जमा) निम्नांकित रूप में रखना आवश्यक किया गया है:

** CRR (कैश रिजर्व रेशियो)* - CRR बैंक की कुल जमा राशि के मुकाबले रिजर्व रखे जाने वाले कैश या नकदी का जरूरी प्रतिशत है।

**SLR (स्टैच्युटरी लिक्विडिटी रेशियो)* - SLR जमा का वह न्यूनतम प्रतिशत है, जिसे किसी बैंक को तरल नकदी (liquid cash), सोना या अन्य प्रतिभूतियों के रूप में बनाए रखना होता है।

बैंकों द्वारा शेष धन का इस्तेमाल ऋण और एडवांस देने तथा दूसरे निवेशों में किया जाता है। तरलता बनाए रखने के लिए बैंक अन्य स्रोतों से भी फंड उधार लेते हैं।

ऋण देने के अपने कार्यों में, सभी वाणिज्यिक बैंकों के लिए आवश्यक है कि वे अपने सकल बैंक अग्रिम (एडवांस) का चालीस प्रतिशत हिस्सा प्राथमिकता सेक्टर को ऋण देने में लगाएँ। प्राथमिकता सेक्टर के अंतर्गत कृषि, एसएमई और समाज के निर्बल वर्गों को ऋण देने के लिए उप-लक्ष्य भी निर्धारित किए गए हैं। किसी किसान की ऋण जरूरतों को एडवांस की विस्तृत श्रेणियों *यानी* प्रत्यक्ष वित्त एवं अप्रत्यक्ष वित्त के जरिए पूरा किया जाता है। ऋण अवधि के आधार पर, प्रत्यक्ष वित्त को अल्पकालिक ऋण और मध्यम/दीर्घकालिक ऋण के रूप में वर्गीकृत किया जाता है। बैंक फसल उगाने आदि के लिए अल्पावधि ऋण देते हैं, जबकि मध्यम अवधि के ऋण भूमि सुधार, भूमि समतलीकरण, लघु सिंचाई, डेयरी व्यवसाय, मुर्गी पालन, मछली पालन इत्यादि कई कार्यों के लिए दिए जाते हैं। उनका विवरण आगे के पैराग्राफ में दिया जा रहा है।

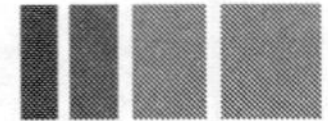

5.3 ऋण देने के सिद्धांत

ऋण देने के व्यवसाय के अपने जोखिम भी होते हैं, खासकर जब ऋण देने वाले बैंक बहुत हद तक कर्ज लिए गए फंड पर निर्भर होते हैं। इसलिए उधार देने के प्रमुख सिद्धांतों में ये बातें शामिल रहती हैं:

सुरक्षा	तरलता	लाभप्रदता
उत्पादक उद्देश्य	जोखिमों का विविधीकरण	सिक्योरिटी

फंडों की सुरक्षा

सुरक्षा का अर्थ होता है कि उधारकर्ता बिना चूक के नियमित रूप से ऋण तथा ब्याज चुकाने में सक्षम हो। फंडों की सुरक्षा उत्तम उधार देने का सबसे अहम सिद्धांत है। जब कोई बैंकर कुछ धन उधार देता है, तो उसे यह ध्यान रखना होता है कि एडवांस सुरक्षित हो और कर्ज दिया गया धन वापस आ जाए। हालांकि इसमें कोई शक नहीं कि बैंक पैसे के ही कारोबारी होते हैं; और उधार दिया गया धन उनका नहीं, बल्कि जनता का अर्थात जमाकर्ताओं का होता है। बैंकर जनता के धन का संरक्षक (custodian) होता है और धन उधार देता है, जिसे जमाकर्ताओं द्वारा बैंक की देखभाल के लिए सौंपा दिया जाता है, जिसे जमा की अवधि के अनुसार चुकाया जाना होता है। ऋण का चुकाना कर्ज लेने वाले के:

- *चरित्र पर निर्भर करता है* - यानी उत्तम चरित्र और नैतिक आधार वाले उधारकर्ता धन की सुरक्षा तय करने के लिए कर्ज लेने से पहले सभी अहम जानकारी का खुलासा करने के लिए तैयार रहते हैं।

- *भुगतान करने की क्षमता पर निर्भर करता है* - ऋण की मंजूरी देने से पहले उधार लेने वाले की सुलभ आय या नकदी प्रवाह (cash flow) का इस्तेमाल कर ऋण पर ब्याज और मूलधन चुकाने की उनकी क्षमता का सावधानीपूर्वक आकलन किया जाना चाहिए।
- *भुगतान करने की इच्छा पर निर्भर करता है*- निर्धारित शर्तों के अनुसार उधारकर्ता की ऋण चुकाने की मंशा फंड की सुरक्षा तय करने के लिए एक अहम पहलू है।
- *आय सृजन पर निर्भर करता है*- ऋण लेने वाले को ऋण चुकाने के लिए नियमित/पर्याप्त आय अर्जित करने में समर्थ होना चाहिए।
- *ऋण की शर्तों पर निर्भर करता है* - ऋण व उसकी अदायगी के नियम व शर्तें स्पष्ट रूप से बताई जानी चाहिए।
- *संपार्श्विक (Collateral) पर निर्भर करता है*- संपार्श्विक वह परिसंपत्ति है, जिसे ऋणदाता ऋण देने के लिए सिक्योरिटी के रूप में स्वीकार करता है। यदि उधारकर्ता ऋण चुकाने में चूक करता है, तो ऋणदाता ऋण का निपटारा करने के लिए संपार्श्विक को जब्त कर सकता है।

इसलिए, बैंकर को यह तय करने में काफी सावधानी बरतनी चाहिए कि जिस व्यवसाय के लिए ऋण मांगा गया है, वह सुदृढ़ स्थिति में हो और उधारकर्ता उस उद्यम को सफलतापूर्वक चलाने में समर्थ हो। ऋण के एवज में संपार्श्विक प्रतिभूतियां (Collateral securities) लेने से भी सुरक्षा सुनिश्चित होती है। संपार्श्विक प्रतिभूतियां भूमि तथा भवन जैसी प्रतिभूतियां है, जिसे उधारकर्ता द्वारा बकाया न चुकाने की स्थिति में बकाए की वसूली के लिए बेचा जा सकता है।

अग्रिम (एडवांस) देते समय, उधारकर्ता का चयन सबसे महत्वपूर्ण पहलू है, जिस पर सावधानी के साथ सोच-विचार किया जाना चाहिए। बैंकों को धोखा देने और धन हासिल करने के लिए पक्षों द्वारा विभिन्न प्रकार की धोखाधड़ी और जालसाजी को अंजाम देने के कई उदाहरण हैं। KYC (अपने ग्राहक को जानें) के सिद्धांतों का पूरी तरह से पालन कर बैंक ऐसे अधिकतर मामलों से बच सकते हैं। नए प्रस्तावों पर विचार करते समय, नियमतः और बिना चूक के, RBI/CIBIL रिपोर्ट/अन्य बैंकों की रिपोर्ट की सतर्कता सलाह और चूककर्ता सूची (डिफॉल्टर लिस्ट) का सत्यापन किया जाना चाहिए। चूंकि उधार दिए गए फंडों की सुरक्षा बैंक की मुख्य चिंता होती है, अतः अग्रिम (एडवांस) किसी ऐसे भरोसेमंद उधारकर्ता को दी जानी चाहिए, जो व्यवसाय के सामान्य क्रम में उधार को चुका सकता है।

तरलता (Liquidity)

जैसा कि ऋण मंजूर करते समय बैंकों द्वारा तय किया गया था, ऋण-अदायगी अनुसूची के अनुसार पैसा बैंक में वापस आ जाना चाहिए। यहां यह देखना होता है कि उधार दिया गया धन लंबे समय के लिए फंसा न रह जाए। अल्पावधि फंडों के लिए बैंकों की भूमिका मध्यस्थ (intermediaries) की होती है क्योंकि जुटाई गई जमाराशि का सत्तर प्रतिशत हिस्सा एक वर्ष के भीतर देय होता है, इसलिए एडवांस दी जानी वाली धनराशि काफी हद तक कार्यशील पूंजी (working capital) होनी चाहिए और यह तीन वर्ष से अधिक के मियादीऋण (टर्म लोन) के लिए नहीं होनी चाहिए। दीर्घावधि ऋण बैंकों द्वारा उनकी बहियों में देनदारियों के परिपक्वता पैटर्न को ध्यान में रखते हुए प्रदान किए जाते हैं। आरबीआई (RBI)

के दिशानिर्देशों के अनुसार, बैंकों से उम्मीद की जाती है कि वे तरलता (liquidity) जोखिम से बचाव के लिए अपने संगठन में प्रभावी संपत्ति-देयता प्रबंधन (Assets-Liabilities management) को लागू करें। इस प्रकार, कोई बैंक तब तरल रहेगा यदि उसके अग्रिम (एडवांस) भी तरल होंगे। बैंक द्वारा दिया जाने वाला एक किस्म का ऋण व परिपक्वता पैटर्न उसके परिसंपत्ति-देयता प्रबंधन के लिए जरूरी होता है। ऋण पर निर्धारित अदायगी अवधि (अल्प/दीर्घकालिक) जमाकर्ताओं की मांग से मेल खाने के लिए पर्याप्त होनी चाहिए।

लाभप्रदता

बैंकों द्वारा ऋण देने के मामले में निवेश पर उचित रिटर्न मिलना जरूरी है। बैंक वाणिज्यिक संगठन होते हैं और मुनाफ़ा कमाना बैंकों का एक उद्देश्य होता है ताकि शेयरधारकों को पर्याप्त लाभांश दिया जा सके। "स्प्रेड" अर्जित ब्याज आमदनी एवं ब्याज व्यय के बीच का अंतर है। उधार देने और लेने के बीच ब्याज मार्जिन (स्प्रेड), प्रशासनिक खर्चों को पूरा करने के साथ ही रिजर्व में रखने व वितरण उद्देश्यों के लिए कुछ लाभ बनाए रखने के लिए जरूरी होता है। लाभप्रदता पर विचार करते समय, किसी बैंकर के लिए यह समझदारी वाली बात है कि वह व्यवसाय के प्रत्येक घटक या प्रस्तावित सेवा के एवज में लाभप्रदता की जांच करने के बजाय, बैंक द्वारा ग्राहक की ओर से किए गए व्यवसाय की समग्रता के एवज में लाभप्रदता को देखे। ऐसा संभव है कि एक बैंकर को किसी ग्राहक के लिए शुरू की गई किसी विशेष सेवा में वांछित रिटर्न नहीं मिल पा रहा हो, जबकि उसी ग्राहक के लिए दी गई किसी अन्य सेवा या व्यवसाय के लिहाज से, उसे ज्यादा आमदनी हो सकती है। इसलिए, जब बैंकर किसी ग्राहक के लिए एक से अधिक सेवा या व्यवसाय से जुड़ा हो, तो ग्राहक लाभप्रदता विश्लेषण (CPA) कराने का सुझाव दिया जाता है। भले ही ग्राहक को ऋण देना हो या सेवा प्रदान करना हो, इस प्रकार का विश्लेषण बैंकर के लिए उत्पाद का मूल्य निर्धारण करने में बेहद कारगर होगा। इस प्रकार, बैंकर द्वारा दिए जाने वाले ऋण या प्रदान की जाने वाली सेवा के लाभ और मूल्य निर्धारण के बीच प्रत्यक्ष संबंध होता है।

ऋण का उद्देश्य

ऋण का उपयोग उत्पादक कार्यों के लिए किया जाना चाहिए ताकि उधारकर्ता अर्जित नकदी से वापस ऋण का भुगतान कर सके। उदाहरण के लिए, कृषि कार्यों के लिए लिया गया ऋण किसान को अपनी आमदनी बढ़ाने में मदद कर सकता है। गैर-उत्पादक कार्यों के लिए ऋण नहीं दिए जाने चाहिए क्योंकि ऐसे कार्यों में ऋण चुकाने के दायित्वों को पूरा करने के लिए नकदी प्रवाह और अधिशेष (सरप्लस) निर्मित नहीं होगा। यहां तक कि अगर उधारकर्ता ऐसे ऋणों, जो बताए गए कारण के आधार पर गैर-उत्पादक प्रकृति के हों, के लिए ऊंचे ब्याज दर का भुगतान करने को तैयार हो, तब भी बैंक ऐसे ऋण जारी करने को तैयार नहीं होते । उपभोग करने के उद्देश्य से लिए गए ऋण अनुत्पादक प्रकृति के होते हैं, क्योंकि ऐसे ऋण से आमदनी सृजित नहीं होती।

बैंकों को नए उद्यमों के लिए या मौजूदा इकाइयों का विस्तार करने अथवा उनमें विविधीकरण (diversification) लाने के लिए या मौजूदा सीमाओं (limits) के नवीनीकरण (renewal)/ पुनःप्रवर्तन (revival) / वृद्धि (enhancement) के लिए प्रस्ताव प्राप्त होते हैं। हालांकि एडवांस के लिए अनुरोध सुरक्षित और भरोसेमंद हो सकता है, फिर भी बैंक को इस पर ध्यान देना चाहिए कि दिया जाने वाला

एडवांस उत्पादक कार्य के लिए हो, और यह सरकारी दिशानिर्देशों के अनुरूप इसे वैध गतिविधि के लिए ही दिया जाना चाहिए।

विवेकशील बैंकर यह तय करेगा कि उधारकर्ता को मुहैय्या कराया गया धन न तो अधिक वित्तपोषित (over financed) हो और न ही कम वित्तपोषित (underfinanced) हो। अपर्याप्त वित्तपोषण से परियोजना अपनी उत्पादकता को समुचित रूप से अनुकूलित नहीं कर पाती है और इस प्रकार बैंक द्वारा द्विया गया ऋण डूब सकता है। अधिक वित्तपोषण उधारकर्ता को उस उद्देश्य के अलावा जिस उद्देश्य से उसने सुविधा का लाभ उठाया था, अन्य गतिविधियों के लिए भी धन का उपयोग करने में सक्षम बनाता है, जिससे आखिरकार ऋण-अदायगी योजना खतरे में पड़ जाती है। अतः ऋण की मात्रा या क्रेडिट सीमा मंजूर करने से पहले उसका उचित मूल्यांकन जरूरी है।

कार्यशील पूंजी हेतु ऋण सुविधाओं के मूल्यांकन के लिए, बैंकों से उम्मीद की जाती है कि वे फ़ाइनेंस हेतु प्रस्तावित उद्योग/उद्यम के आधार पर परिचालन चक्र पद्धति या अनुमानित टर्नओवर पद्धति अथवा नकद बजट पद्धति का अनुपालन करें। परिसंपत्तियों के अधिग्रहण के लिए मुहैय्या कराए गए मियादी ऋण (term loans) के मामले में, बैंकों को अधिग्रहित की जाने वाली प्रस्तावित परिसंपत्तियों के मूल्य, परिसंपत्तियों (मशीनरी, उपकरण आदि) का जीवन-काल, उद्यम को मिलने वाले मुनाफ़ो, परिसंपत्ति के जीवन-काल के दौरान नकदी प्रवाह का विस्तृत विश्लेषण कर, रिटर्न की आंतरिक दर पर पहुंचने तथा ऋण की अदायगी को प्रभावित करने हेतु उद्यम की ऋण अदायगी क्षमता पर पहुंचने के लिए उत्पादन के माध्यम से परिसंपत्तियों के लेखा-जोखा को ध्यान में रखना आवश्यक होता है।

बैंक के लिए एडवांस की अदायगी बेहद अहम है। जब कोई उधारकर्ता फ़ाइनेंस के लिए बैंक से संपर्क करता है, तो उसे इस बात की स्पष्ट समझ होनी चाहिए कि वह ऋण/एडवांस को किस प्रकार चुकाएगा और उसे बैंक को इस बात की जानकारी देनी चाहिए। ऋण चुकाने का स्रोत व्यवसाय/वेतन या किसी अन्य स्रोत से अर्जित आय से हो सकती है। कार्यशील पूंजी खाते जैसे कैश क्रेडिट या पर्चेज़ बिल/ डिस्काउंट सुविधाओं के मामलों में, यह बिक्री आगमों (sale proceeds) की उगाही पर स्व-तरलीकृत (self-liquidating) हो सकता है।

जोखिमों का विविधीकरण

जोखिम के विविधीकरण (Diversification) का यह मतलब होता है कि बैंकर को केवल कुछ उधारकर्ताओं या किसी क्षेत्र या अर्थव्यवस्था के कुछ सेक्टरों में की गई कुछ गतिविधियों के लिए अग्रिम (एडवांस) की स्वीकृति नहीं देनी चाहिए। एडवांस को अच्छी तादाद में ग्राहकों और उद्देश्यों के बीच विविधीकृत / वितरित किया जा सकता है। विविधीकरण- उधारकर्ताओं, सेक्टरों तथा भौगोलिक क्षेत्रों के संदर्भ में किया जा सकता है। इससे कुछ लोगों, उद्देश्यों या सेक्टरों या सीमित भौगोलिक क्षेत्र में एडवांस के केंद्रीकरण से बचने में मदद मिलेगी।

प्रतिभूति (Security)

यह कहा जा सकता है कि ऋण प्रस्ताव पर विचार करते समय बैंक को दी जाने वाली सिक्योरिटी का प्रकार (सिक्योरिटी का हक और तरलता) एक अहम मानदंड है। प्रमुख सिक्योरिटी बैंक फ़ाइनेंस से

निर्मित स्टॉक, बही ऋण या अन्य परिसंपत्तियों का बंधक/गिरवी (hypothecation/pledge) हो सकती है। बैंक प्रमुख सिक्योरिटी और तीसरे पक्ष की गारंटी (जिसे बैंक फ़ाइनेंस के लिए सिक्योरिटी के रूप में भी माना जाता है) के अलावा संपार्श्विक प्रतिभूति (collateralsecurity) के रूप में अचल परिसंपत्ति पर शुल्क पर जोर दे सकता है। मुख्य चिंता यह है कि बैंक को उपलब्ध सिक्योरिटी इतनी अच्छी होनी चाहिए कि प्रतिकूल परिस्थितियों में उसका इस्तेमाल किया जा सके। स्वीकृत सिक्योरिटी का मूल्य स्थिर हो और आकलन करने में आसान होना चाहिए। अचल परिसंपत्ति को सिक्योरिटी के रूप में स्वीकार करते समय ऐसी सभी सावधानियां बरती जानी चाहिए कि प्रस्तावित सिक्योरिटी का स्पष्ट विपणन-योग्य हक हो। किसी अनुभवी वकील से कानूनी राय लेकर पता लगाना और इस बात की तस्दीक करना भी अनिवार्य है, ताकि बैंक बहुत कम खर्च के साथ ऐसी सिक्योरिटी को आसानी से अपने कब्जे में ले सके और खाता के अशोध्य बनने पर अपने बकाया की वसूली के लिए उसका निपटान कर सके।

5.4 ब्याज का प्रसार एवं लाभप्रदता

नेट ब्याज दर स्प्रेड उस औसत आय के बीच, जो कोई वित्तीय संस्थान ऋणों से हासिल करता है - साथ ही अन्य ब्याज-उपार्जक गतिविधियों से हासिल करता है - और वह औसत दर का अंतर होता है, जिस पर यह जमा और उधार भुगतान करता है। नेट ब्याज दर स्प्रेड किसी वित्तीय संस्थान की लाभप्रदता का प्रमुख संकेत होता है। कर्ज देने वाले बैंक या क्रेडिट संस्थान कई स्रोतों से ब्याज आय प्राप्त करते हैं। जमाराशियां मुख्य स्रोत हैं, जो आमतौर पर बचत, चालू और मियादी जमा (term deposits) के रूप में होती हैं। ये प्रायः कम दरों पर मिल जाती हैं। बैंक शेयरहोल्डर इक्विटी, थोक जमा और कर्ज (debt) जारी कर भी फंड हासिल करते हैं। बैंक विभिन्न प्रकार के ऋण (लोन) जारी करते हैं - जैसे उत्पादक उद्देश्यों के लिए ऋण, खुदरा ऋण (रिटेल लोन) और बंधक ऋण (मॉर्गेज लोन)। किसी बैंक का प्राथमिक व्यवसाय जमाकर्ताओं को भुगतान की जाने वाली ब्याज दर और उस दर के बीच के अंतर (स्प्रेड) का प्रबंधन करना है, जो उधारकर्ताओं से उन्हें प्रदान किए गए ऋण को लेकर प्राप्त होती है। दूसरे शब्दों में कहें, तो जब बैंक ऋण से जो ब्याज कमाता है, वह जमाराशियों पर दिए जाने वाले ब्याज से ज्यादा होता है, तो यह ब्याज दर स्प्रेड से आय प्राप्त करता है। सरल शब्दों में कहें तो नेट ब्याज दर स्प्रेड लाभ मार्जिन जैसे होते हैं। स्प्रेड जितना अधिक होगा, वित्तीय संस्थान के उतना ज्यादा लाभदायक होने की संभावना होगी। वहीं किसी संस्थान के निरंतर विकास के लिए मुनाफ़ा जरूरी होता है, बैंक ग्राहक के रचनात्मक अधिग्रहण, ग्राहक प्रतिधारण और निष्ठा (loyalty) तथा मुख्य निवेश रणनीतियों पर काम करते हैं। उनकी अपनी रणनीतियां उन्हें प्रतिस्पर्धा करने और खुद को दूसरे वित्तीय संस्थानों से अलग बनाने में मदद करती हैं।

5.5 सारांश

उधार देने के सिद्धांत मुख्य रूप से सुरक्षा, लाभप्रदता और एडवांस की तरलता की अवधारणाओं के इर्द-गिर्द टिके होते हैं। अर्थव्यवस्था में बदलाव होने पर ऋण देने के मानदंड में भी समय-समय पर बदलाव या संशोधन होते रहते हैं। पारंपरिक रूप से, भारत में बैंक व्यापार तथा उद्योग को प्रतिभूति-

उन्मुख (security-oriented) वित्त प्रदान करते थे। बड़े औद्योगिक घराने और व्यापारी प्रतिभूति-उन्मुख ऋण अवधारणा के मुख्य लाभार्थी हुआ करते थे और बैंक फ़ाइनेंस का एक बड़ा हिस्सा उनके द्वारा लिया जाता था। बैंकों के राष्ट्रीयकरण के बाद, प्रतिभूति-आधारित बैंक फ़ाइनेंस की अवधारणा आवश्यकता-आधारित वित्त की धारणा में बदल गई, हालांकि जहां भी संपार्श्विक प्रतिभूतियां (collateral securities) उपलब्ध होती थीं, उन्हें स्वीकार किया जाता रहा। इस प्रकार, क्रेडिट प्रस्तावों पर विचार करते समय ध्यान परियोजना की व्यवहार्यता पर दिया जाता है, न कि केवल प्रतिभूति की उपलब्धता पर। हालांकि, बैंक द्वारा ऋण दिए जाने की क्रिया को नियंत्रित करने वाले मूल सिद्धांत सुरक्षा, लाभप्रदता और एडवांस की तरलता पर जरा भी नहीं बदले हैं।

चूंकि उधार दिए गए फंडों की सुरक्षा बैंक की मुख्य चिंता होती है, अतः एडवांस किसी ऐसे भरोसेमंद उधारकर्ता को दिया जाना चाहिए, जो व्यवसाय के सामान्य क्रम में उधार को चुका सकता है। बैंक को इस पर ध्यान देना चाहिए कि उत्पादक कार्य के लिए ही एडवांस दिया जाए, और सरकारी दिशानिर्देशों के लिहाज से इसका उपयोग वैध गतिविधि के लिए होता है। विवेकशील बैंकर यह तय करता है कि उधारकर्ता को मुहैय्या कराया गया धन न तो अधिक वित्तपोषित (over financed) हो और न ही कम वित्तपोषित (underfinanced) हो। इस प्रकार, कोई बैंक तब तरल रहेगा (यानी उसके पास नकदी की पर्याप्तता बनी रहेगी) यदि उसके एडवांस भी तरल होंगे। बैंक द्वारा दिया जाने वाला एक किस्म का ऋण व परिपक्वता पैटर्न उसके परिसंपत्ति-देयता प्रबंधन (asset-liability management) के लिए जरूरी होता है। ऋण पर निर्धारित अदायगी अवधि (अल्प/दीर्घकालिक) जमाकर्ताओं की मांग से मेल खाने के लिए पर्याप्त होगी। बैंक के लिए एडवांस की अदायगी बेहद अहम होती है। चूंकि ऋण चुकाने का स्रोत व्यवसाय/वेतन या किसी अन्य स्रोत से आने वाली आय होगा, इसलिए बैंकरों को यह सुनिश्चित करना होता है कि नकद क्रेडिट या पर्चेज़ बिल/डिस्काउंट सुविधाओं जैसे एडवांस, बिक्री आगमों की प्राप्ति पर स्व-तरलीकृत (self-liquidating) हो रहे हैं। ऋण प्रस्ताव पर विचार करते समय बैंक को दी जाने वाली सिक्योरिटी एक अहम मानदंड है। प्रमुख सिक्योरिटी बैंक फ़ाइनेंस से निर्मित स्टॉक, बही ऋण या अन्य परिसंपत्तियों का बंधक/गिरवी (hypothecation/pledge) हो सकती है। बैंक प्रमुख सिक्योरिटी और तीसरे पक्ष की गारंटी के अलावा संपार्श्विक प्रतिभूति (collateral security) के रूप में अचल परिसंपत्ति पर शुल्क लागू करने पर जोर दे सकता है। मुख्य चिंता यह है कि बैंक को उपलब्ध सिक्योरिटी इतनी अच्छी होनी चाहिए कि प्रतिकूल परिस्थितियों में उसका इस्तेमाल किया जा सके।

5.6 प्रमुख शब्द

नकदी आरक्षित अनुपात (Cash Reserve Ratio): बैंकिंग विनियमन अधिनियम, 1949 के प्रावधानों के अनुसार, आरबीआई के पास बैंक द्वारा कैश रिजर्व के रूप में रखा जाने वाला निर्धारित हिस्सा (बैंक की मांग और समय देनदारियों के अनुपात में) जरूरी होता है।

स्टैच्युटरी लिक्विडिटी रेशियो (सांविधिक चलनिधि अनुपात): बैंकिंग विनियमन अधिनियम/भारतीय रिजर्व बैंक अधिनियम के प्रावधानों के अनुसार, जमाराशियों का एक न्यूनतम प्रतिशत जो किसी वाणिज्यिकल बैंक/अनुसूचित या गैर-अनुसूचित बैंक को तरल नकदी, सोना या अन्य प्रतिभूतियों के रूप में बनाए रखना

होता है। मूल रूप से यह रिजर्व आवश्यकता है, जिसे बैंकों से ग्राहकों को ऋण देने से पहले बनाए रखने की उम्मीद की जाती है।

जोखिमों का विविधीकरण: यह एक पोर्टफोलियो के भीतर कई सेक्टरों, उद्योगों और श्रेणियों में निवेश करने की प्रक्रिया है। इससे इस बात का भरोसा मिलता है कि भले ही कुछ परिसंपत्ति/सेक्टर अच्छे प्रदर्शन न करते हों लेकिन विभिन्न सेक्टरों से जुड़े पोर्टफोलियो के अन्य क्षेत्र उस नुकसान को पूरा कर सकते हैं।

सिबिल (CIBIL): एक क्रेडिट सूचना कंपनी है, जो भारत में काम करती है। (इस कंपनी को ट्रांसयूनियन सिबिल लिमिटेड (TransUnion CIBIL Limited) के नाम से जाना जाता है)

चलनिधि जोखिम (Liquidity Risk): वह जोखिम जिसमें किसी व्यक्ति या बैंक अथवा कंपनी के पास अपने वित्तीय दायित्वों को समय पर पूरा करने के लिए पर्याप्त नकदी उपलब्ध न हो।

उत्पादक उद्देश्य: उधार दिए गए धन का इस्तेमाल उन उद्देश्यों के लिए किया जाता है, जिनसे धन/फंडों, माल या संपत्ति का सृजन होता है।

संपार्श्विक (Collateral): किसी ऋण को प्रतिभूत करने के लिए गिरवी रखी गई एक मूल्यवान वस्तु। यह (संपार्श्विक) ऋणदाताओं के लिए जोखिम को कम करता है। यदि कोई उधारकर्ता ऋण पर डिफ़ॉल्ट करता है, तो ऋणदाता संपार्श्विक को जब्त कर सकता है और अपने नुकसान को पूरा करने लिए इसे बेच सकता है।

5.7 अपनी प्रगति जाँचें

1. उधार देने के प्रमुख सिद्धांत हैं ---।
   - (a) सुरक्षा एवं तरलता
   - (b) लाभप्रदता एवं जोखिमों का विविधीकरण
   - (c) उत्पादक उद्देश्य तथा सिक्योरिटी (प्रतिभूति)
   - (d) सभी (a) से (c) तक
2. बैंकर के पास तरलता (Liquidity) का मतलब है ----।
   - (a) उपलब्ध नकदी
   - (b) नकदी और बैंक बैलेंस
   - (c) अल्पावधि चालू परिसंपत्ति
   - (d) उपरोक्त सभी
3. ग्राहक लाभप्रदता विश्लेषण का अर्थ है ----।
   - (a) किसी ग्राहक को उधार देने से पहले बैंक द्वारा किया गया कार्य

(b) नई शाखा खोलने से पहले का कार्य

(c) ग्राहक के व्यवसाय की लाभप्रदता का आकलन करना

(d) केवल (a) और (c)

4. बैंकर किसी उधारकर्ता को ऋण देने में पैदा होने वाले जोखिम को कम कर सकता है ----।

(a) पर्याप्त प्रतिभूति (सिक्योरिटी) हासिल कर

(b) यह सुनिश्चित कर कि उधारकर्ता के पास तरलता (liquidity) की कोई समस्या नहीं होगी

(c) यह सुनिश्चित कर कि तरलता (liquidity) की कमी और उधारकर्ता की ओर से भुगतान करने की इच्छा के अभाव से कोई डिफ़ॉल्ट उत्पन्न नहीं होगा।

(d) KYC गाइडलाइंस के तहत उचित सावधानी बरत कर

5. बैंकर की शब्दावली में, उधार देने में क्रेडिट जोखिम का तात्पर्य ---- से है।

(a) उधारकर्ता द्वारा ऋण चुकाने में चूक

(b) बैंकरों द्वारा SLR बनाए रखने में चूक

(c) किसी उधारकर्ता को क्रेडिट जारी करने में बैंकर की चूक

(d) विदेशी मुद्रा के मूल्य में बदलाव

6. कार्यशील पूंजी (Working capital) का अर्थ है ----।

(a) रोजमर्रा की लेनदेन आवश्यकताएं

(b) पूंजी पर दीर्घावधि देनदारियों की अधिकता

(c) अचल परिसंपत्तियां - चालू परिसंपत्तियां

(d) वर्तमान देनदारियां - चालू परिसंपत्तियां

7. मियादी ऋण (Term-loans) का मतलब है ----।

(a) एक वर्ष से दस वर्ष के बाद देय ऋण

(b) अदायगी किस्तों में की जाती है

(c) मियादी ऋण का इस्तेमाल अचल परिसंपत्तियों के अधिग्रहण के लिए किया जाता है

(d) उपरोक्त सभी

8. कार्यशील पूंजी की आवश्यकता का आकलन ---- द्वारा किया जाता है।

(a) परिचालन चक्र विधि

(b) अनुमानित टर्नओवर विधि

(c) नकद बजट विधि

(d) उपरोक्त में से कोई भी

5.8 'अपनी प्रगति जाँचें' का उत्तर

1. (d)	2. (d)	3. (c)	4. (c)	5. (a)	6. (a)
7. (d)	8. (d)				

अध्याय

खुदरा ऋण पर विशेष ध्यान के साथ ऋण और अग्रिम (एडवांस)

अध्याय

6 खुदरा ऋण पर विशेष ध्यान के साथ ऋण और अग्रिम (एडवांस)

6.1 उद्देश्य

इस अध्याय के अंत में, विद्यार्थी:

- ऋण की अवधारणा तथा ऋण के प्रकार को समझने में सक्षम होंगे।
- शिक्षा ऋण, आवास ऋण, वाहन ऋण, कंज्यूमर ड्यूरेबल्स ऋण, ओवरड्राफ्ट आदि की विशेषताएं जान पाएंगे।
- किसान क्रेडिट कार्ड योजना के तहत किसानों को दिए जाने वाले सूक्ष्म और लघु उद्यम ऋण और अग्रिम (एडवांस) की विशेषताओं को जान पाएंगे।

6.2 परिचय

ऋण देना किसी भी बैंक का मुख्य कार्य है। जमाकर्ताओं से जुटाए गए फंडों को कई व्यवसायों, व्यापार और वाणिज्य के लिए ऋण और एडवांस देने में लगाया जाता है। ऋण और अग्रिम (एडवांस) का मुख्य उद्देश्य ब्याज स्प्रेड के जरिए, यानी ऋण पर प्राप्त होने वाली औसत ब्याज तथा जमाराशियों पर देय ब्याज के बीच के अंतर के जरिए मुनाफ़ा कमाना है। बैंक 'वित्तीय मध्यस्थ' (financial intermediaries) होते हैं और ये जमाकर्ताओं के फंडों को उधार पर देते हैं, क्योंकि जमाकर्ता खुद व्यवसायों और उद्यमों को सीधे ऋण देने का खतरा मोल लेना नहीं चाहते हैं। बैंक अपनी जमाराशि का एक बड़ा हिस्सा ऋण/अग्रिम (एडवांस) के रूप में देने का जोखिम उठाते हैं और इस प्रकार, वे जो जोखिम उठा रहे हैं उसके एवज में रिवार्ड के रूप में ब्याज पाते हैं। इस प्रकार, बैंकों के लिए ऋण देना उस मध्यस्थ की भूमिका का एक अहम तत्व है, जो वह वित्तीय प्रणाली में निभाते हैं। किसी देश की आर्थिक वृद्धि और तरक्की के लिए भी बैंकों का ऋण देने का कार्य महत्वपूर्ण माना जाता है। क़िसी देश की मौद्रिक प्रणाली में धन के संचलन की गति निर्धारित करने में भी ऋण देने की गतिविधियां अहम भूमिका अदा करती हैं।

6.3 ऋण एवं उसके प्रकार

बैंक जमाराशियों के रूप में धन जुटाते हैं और इस धन को न केवल व्यक्तियों को निजी इस्तेमाल के लिए, बल्कि अन्य उद्देश्यों के लिए तथा संस्थानों को व्यावसायिक/आर्थिक गतिविधियों के लिए उधार दिया जाता है, जिनके ऊपर बैंक ब्याज वसूलते हैं। आर्थिक संपत्ति के सृजन में, ऋण अच्छे, जरूरतमंद व भरोसेमंद गतिविधियों के लिए धन वितरण का एक सुव्यवस्थित तरीका है। बैंक कैश क्रेडिट, ओवरड्राफ्ट, मांग ऋण और मियादी ऋण (Term Loans) के रूप में ऋण प्रदान करते हैं। उधारकर्ता की प्रोफ़ाइल के आधार पर, ऋणों को कॉर्पोरेट ऋण, एसएमई एडवांस, कृषि ऋण, खुदरा ऋण, विदेशी मुद्रा ऋण, शिक्षा ऋण, वाहन ऋण आदि के रूप में वर्गीकृत किया जा सकता है। ऋणों को उन्हें दी गई सिक्योरिटी (प्रतिभूति) के आधार पर भी वर्गीकृत किया जाता है। सिक्योरिटी जमानत के रूप में, बैंक की डिपॉजिट रसीदों, शेयर व डिबेंचर, जीवन बीमा पॉलिसियों के असाइनमेंट, अचल परिसंपत्ति के बंधक, प्लांट व मशीनरी, कच्चे माल इत्यादि के दृष्टिबंधन (हाइपोथिकेशन) इत्यादि के रूप में हो सकती है। सिक्योरिटी युक्त ऋण खाते को सुरक्षित ऋण (सिक्योर्ड लोन) के रूप में जाना जाता है, जबकि बगैर सिक्योरिटी वाले ऋण को निर्बंध ऋण (इनसिक्योर्ड एडवांस) के रूप में जाना जाता है। आमतौर पर, ऋण और एडवांस शब्द का इस्तेमाल बैंकों के परिसंपत्ति वर्ग के उत्पादों के लिए किया जाता है। ऋण और एडवांस के बीच का मुख्य अंतर उनका उद्देश्य है। ऋणों का इस्तेमाल प्रायः दीर्घ अवधि की फ़ाइनेंसिंग जरूरतों के लिए किया जाता है जबकि अग्रिम (एडवांस) का इस्तेमाल अल्प अवधि वाली फ़ाइनेंसिंग आवश्यकताओं के लिए किया जाता है।

6.4 खुदरा ऋण

खुदरा बैंकिंग का अर्थ देनदारियों (जमा और उधार) तथा परिसंपत्ति (ऋण और एडवांस) दोनों में विशेष ग्राहकों के साथ वाणिज्यिक बैंकों के कारोबार से है। देनदारियों की ओर फ़िक्स्ड, चालू/बचत खाते; और परिसंपत्ति पक्ष पर ऋण (जैसे कि व्यक्तिगत, आवास, वाहन और शिक्षा ऋण) बैंकों द्वारा मुहैय्या कराए जाने वाले अहम खुदरा उत्पाद हैं। संबंधित सहायक सेवाओं में क्रेडिट कार्ड, विप्रेषण (remittances), म्यूचुअल फंड और बीमा उत्पादों की बिक्री और डिपॉजिटरी सेवाएं सम्मिलित हैं। आज के खुदरा बैंकिंग सेक्टर को तीन बुनियादी लक्षणों से पहचाना जाता है:

- एक से ज्यादा उत्पाद (जमा, ऋण, क्रेडिट/डेबिट कार्ड, बीमा, निवेश और प्रतिभूतियां);
- वितरण के कई सारे चैनल (शाखा नेटवर्क, एटीएम, बीसी, कॉल सेंटर, डिजिटल बैंकिंग, फ़ोन बैंकिंग इत्यादि);
- एक से ज्यादा ग्राहक समूह (खुदरा, लघु एवं मध्यम व्यवसाय और कॉर्पोरेट)।

भारतीय खुदरा बैंकिंग सेगमेंट में पेश किए जाने वाले आम ऋण उत्पाद हैं:

1. आवास ऋण
2. कंज्यूमर ड्यूरेबल्स की खरीद के लिए ऋण

3. वाहन लोन
4. क्रेडिट कार्ड
5. शिक्षा ऋण

इन ऋणों की अलग-अलग बैंकों द्वारा पेश किए जाने वाले उत्पादों को अलग दिखाने के लिए आकर्षक ब्रांड नेम के तहत मार्केटिंग की जाती है और खुदरा ऋण का ऋण मूल्य प्रायः 20,000 रुपए से 100 लाख रुपए के बीच होता है। ऋण आमतौर पर पांच से सात वर्ष की ऋण अदायगी अवधि के साथ दिए जाते हैं, जबकि आवास ऋण 15-20 वर्ष की लंबी अवधि के लिए होते हैं।

खुदरा ऋण के प्रकार

खुदरा ऋण में मुख्य रूप से निम्नांकित उप-खंड शामिल होते हैं और उनके लक्षित ग्राहक समूह इस प्रकार हैं:

- *आवास ऋण - लक्षित समूह:* वेतनभोगी वर्ग और स्व-नियोजित पेशेवर। कुल खुदरा ऋण में आवास ऋण का हिस्सा लगभग आधा है।
- *वाहन ऋण (कार व टू-व्हीलर) - लक्षित समूह:* वेतनभोगी तथा स्व-नियोजित पेशेवर। कुल खुदरा ऋण में इस उप-खंड की लगभग एक तिहाई हिस्सेदारी है।
- *शेयरों के विरुद्ध ऋण/अग्रिम (एडवांस) - लक्षित समूह:* उच्च -निवल मूल्य वाले व्यक्ति (HNI), व्यवसायी तथा व्यापारी।
- *व्यक्तिगत ऋण - लक्षित समूह:* वेतनभोगी वर्ग, स्व-नियोजित पेशेवर और व्यापारी/व्यवसायी। ये ऋण उपभोग जरूरतों के लिए होते हैं और ये अनसिक्योर्ड (यानी बगैर किसी मूर्त सिक्योरिटी के) होते हैं; इन्हें ऋण लेने वाले व्यक्तियों के आय प्रवाह या नेट मूल्य के आधार पर स्वीकृत किया जाता है।
- *क्रेडिट कार्ड - लक्षित समूह:* वेतनभोगी, स्व-नियोजित पेशेवर और व्यापारी/व्यवसायी।
- *शिक्षा ऋण - लक्षित समूह:* उच्चतर शिक्षा प्राप्त करने वाले छात्र।

इस इकाई में, हम महत्वपूर्ण खुदरा ऋण उत्पादों *अर्थात्* शिक्षा ऋण, आवास ऋण, वाहन ऋण, कंज्यूमर ड्यूरेबलऋण, उपभोग ऋण, ओवरड्राफ्ट, सूक्ष्म और लघु उद्यमों को दिए जाने वाले ऋण और किसान क्रेडिट कार्ड योजना के तहत किसानों को मिलने वाले ऋण की मुख्य विशेषताओं पर संक्षेप में चर्चा करेंगे।

6.5 शिक्षा ऋण

बैंकों की शिक्षा ऋण योजना का उद्देश्य छात्रों को भारत व विदेशों में उच्चतर शिक्षा हासिल करने के लिए वित्तीय सहायता मुहैय्या करना है। इसमें इस बात पर ध्यान दिया जाता है कि हरेक मेधावी छात्र को किफ़ायती शर्तों पर वित्तीय सहायता मुहैय्या कराकर उन्हें शिक्षा प्राप्त करने का अवसर प्रदान किया जाए।

भारतीय बैंक संघ द्वारा तैयार मॉडल शिक्षा ऋण योजना की मुख्य विशेषताएं इस प्रकार हैं:

- छात्र की पात्रता:
  - छात्र भारतीय नागरिक होना चाहिए, (अनिवासी भारतीय (एनआरआई) समेत)
  - उसने HSC (10+2 या समतुल्य) पूरा होने के बाद प्रवेश परीक्षा/मेरिट आधारित चयन प्रक्रिया के जरिए भारत या विदेश के मान्यता प्राप्त संस्थानों में उच्चतर शिक्षा पाठ्यक्रम में प्रवेश हासिल किया हो। विदेश में अध्ययन के लिए, शैक्षिक संस्थान द्वारा मांग किए जाने पर बैंक अपने विवेक से आमंत्रण/कंडिशनल ऑफ़र लेटर के आधार पर ऋण देने पर विचार कर सकते हैं।
- योग्य पाठ्यक्रम:
  - भारत में अध्ययन (सांकेतिक सूची):
    a. विभिन्न सरकारी सब्सिडी योजनाओं के तहत शुरू किए गए पाठ्यक्रम।
    b. UGC/ सरकार/ AICTE/ AIBMS/ICMR इत्यादि द्वारा मान्यता प्राप्त महाविद्यालयों/ विश्वविद्यालयों द्वारा संचालित ग्रेजुएट/पोस्ट ग्रेजुएट डिग्री तथा पीजी डिप्लोमा/ सर्टिफिकेट के लिए स्वीकृत पाठ्यक्रम।
    c. ICWA,CA,CFA इत्यादि पाठ्यक्रम।
    d. IIM, IIT, IISC, XLRINIFT, NID इत्यादि द्वारा संचालित पाठ्यक्रम।
    e. नियमित डिग्री/डिप्लोमा कोर्स जैसे कि एयरोनॉटिकल, पायलट ट्रेनिंग, शिपिंग, नर्सिंग में डिग्री/डिप्लोमा अथवा सिविल एविएशन/शिपिंग/भारतीय नर्सिंग परिषद के महानिदेशक या किसी अन्य नियामक निकाय द्वारा स्वीकृत, जैसी भी स्थिति हो, यदि पाठ्यक्रम भारत में पूरा किया जाता हो।
    f. प्रतिष्ठित विदेशी विश्वविद्यालयों द्वारा भारत में पेश किए जाने वाले स्वीकृत पाठ्यक्रम।
  - विदेश में अध्ययन (सांकेतिक सूची):
    a. विभिन्न सरकारी सब्सिडी योजनाओं के तहत परिभाषित पाठ्यक्रम।
    b. ग्रेजुएशन: प्रतिष्ठित विश्वविद्यालयों/संस्थानों द्वारा प्रस्तावित रोजगारोन्मुख व्यावसायिक/ तकनीकी पाठ्यक्रमों हेतु।
    c. पोस्ट ग्रेजुएशन: MCA, MBA, MS इत्यादि।
    d. CIMA- लंदन, यूएसए में CPA इत्यादि द्वारा संचालित पाठ्यक्रम।
    e. ऐयरोनॉटिकल, पायलट ट्रेनिंग, शिपिंग इत्यादि डिग्री/डिप्लोमा कोर्स, बशर्ते कि इन्हें भारत/विदेश में रोजगार के उद्देश्य से भारत/विदेश के उचित नियामक निकायों द्वारा मान्यता हासिल हो।

- *ऋण के लिए निर्धारित व्यय:* कॉलेज/शैक्षणिक संस्थानों को देय शुल्क, छात्रावास शुल्क, परीक्षा शुल्क, किताबों, उपकरण, कंप्यूटर आदि के खर्चे। विदेश में पढ़ाई के लिए यात्रा व्यय, छात्र/सह-उधारकर्ता (co-borrower) के लाइफ़ कवर के लिए जीवन बीमा प्रीमियम भी शामिल है।
- *वित्त की मात्रा:* योग्य खर्चों के अनुसार खर्चों को पूरा करने के लिए आवश्यकता आधारित वित्त पर निर्धारित न्यूनतम मार्जिन को ध्यान में रखते हुए विचार किया जाएगा। वित्त की मात्रा का आकलन करते समय, बैंकों को यह ध्यान रखना होता है कि किसी छात्र को न तो बहुत ज्यादा वित्त मिल जाए और न ही कम वित्त मिले। बैंकों को यह सुनिश्चित करना चाहिए कि यदि वित्त की मात्रा तय करते समय छात्रवृत्ति राशि का भुगतान नहीं किया गया था, तो सरकारी छात्रवृत्ति या किसी भी स्रोत से मिलने वाली छात्रवृत्ति का ऋण खाते में समायोजन किया जाए।
- *मार्जिन:* रु. 4 लाख तक: शून्य; रु. 4 लाख से ऊपर और 7.5 लाख रुपए तक - भारत में पढ़ाई: 5%, विदेश में पढ़ाई: 15%। 7.5 लाख रुपए से ऊपर: बैंक के विवेक पर। हालांकि, यदि ऋण क्रेडिट गारंटी के लिए पात्र है, तो 7.5 लाख रुपए तक मार्जिन शून्य होगा।
- सिक्योरिटी:
    - शिक्षा ऋण के लिए क्रेडिट गारंटी फंड स्कीम के तहत 7.5 लाख रुपए तक संपार्श्विक-मुक्त (Collateral free) ऋण।
    - 7.50 लाख रुपए तक के ऋण के लिए। कोई सिक्योरिटी नहीं, हालांकि, माता-पिता या अभिभावक इसके लिए सह-उधारकर्ता (co-borrowers) होंगे; 7.50 लाख रुपए से अधिक के ऋण के लिए: माता-पिता के सह-दायित्व तथा बैंक के लिए स्वीकार्य उचित मूल्य की वास्तविक संपार्श्विक प्रतिभूति (tangible collateral security)। हालांकि, यदि ऋण क्रेडिट गारंटी कवरेज के लिए पात्र है तो कोलैटरल सिक्योरिटी/तृतीय पक्ष गारंटी माफ कर दी जाएगी।
- *ब्याज दर:* एक्सटर्नल बेंचमार्क लेंडिंग रेट के आधार पर बैंक ब्याज दर तय करेगा।
- *अदायगी अवकाश/मोरेटोरियम:* पाठ्यक्रम की अवधि + 1 वर्ष
- *अदायगी अवधि:* अदायगी शुरु होने के बाद अधिकतम 15 वर्ष

6.6 आवास ऋण

बैंकों और हाउसिंग फ़ाइनेंस कंपनियों द्वारा भूखंड की खरीद तथा घर, आवासीय फ्लैट के निर्माण तथा मौजूदा घर के नवीकरण आदि के लिए स्वीकृत ऋण को आवास वित्त/ऋण के रूप में वर्गीकृत किया जाता है। आवास हर परिवार की बुनियादी जरूरत है, क्योंकि ज्यादातर भारतीय लोगों के पास अपना घर नहीं है। कंपनियों को अपने कर्मचारियों को घर आवंटित करने के लिए हाउसिंग कॉलोनी खरीदने के लिए भी फंड की जरूरत पड़ती है। इस कारण से आवास ऋण की अच्छी-खासी मांग रही है। बैंकों

के खुदरा ऋण पोर्टफोलियो में आवास/गृह ऋण की हिस्सेदारी लगभग आधी है। हाल के दौर में बैंकों द्वारा दिए गए ऋण और उनके ऊपर बकाया राशि में काफी तेजी से वृद्धि हुई है।

हाल के वर्षों में, सर्विस सेक्टर में वेतन पैकेज में भारी वृद्धि हुई है, जिसका श्रेय सामान्य तौर से अर्थव्यवस्था की गति और ख़ासतौर से आईटी सेक्टर में उछाल को जाता है। बैंकों द्वारा आवास ऋण प्रस्तावों के मूल्यांकन के लिए उचित और दक्ष आईटी इंफ़्रास्ट्रक्चर की उपलब्धता के साथ इस उल्लेखनीय फ़ीचर के कारण बैंकों के आवास ऋण पोर्टफोलियो में तेजी से वृद्धि हुई है। सिक्योरिटाइजेशन विंडो खुलने से खुदरा सेक्टर को ऋण देने की बैंकों की इच्छा भी बढ़ी है, क्योंकि इन ऋणों को पैकेज्ड कर झटपट दूसरे निवेशकों को बेचा जा सकता है।

जैसा कि पहले पैराग्राफ में चर्चा की गई थी, आवास ऋण में वृद्धि की काफी अधिक गुंजाइश है। आवास ऋण खाते की मुख्य विशेषताएं इस प्रकार हैं:

- *ऋण का उद्देश्य:* घर की खरीद/निर्माण करने/अपग्रेड करने/घर का विस्तार करने के लिए ऋण पर विचार किया जाएगा।
- *ऋण की मात्रा:* ऋण में भूमि और उस पर घर बनाने की लागत शामिल होगी। वैकल्पिक रूप से, फ्लैट और इंटीरियर डेकोरेशन की लागत भी सम्मिलित की जाती है।
- *लोन-टू-वैल्यू (LTV):* यह परिसंपत्ति के बाजार मूल्य के आधार पर सिक्योर्ड लोन की अधिकतम राशि निर्धारित करता है।
- *उधारकर्ता का प्रकार:* एकल या संयुक्त या कॉर्पोरेट।
- *पात्रता:* आवास ऋण की पात्रता आयु, आर्थिक स्थिति, क्रेडिट इतिहास, क्रेडिट स्कोर, अन्य वित्तीय दायित्वों इत्यादि जैसे मानकों पर निर्भर करती है।
- *ऋण की अवधिमियाद:* उधारकर्ता का नकदी प्रवाह और उसकी उम्र के आधार पर, ऋण पर मध्यम अवधि (3-5 वर्ष) से लेकर अत्यंत लंबी अवधि (15-20 वर्ष) तक विचार किया जा सकता है।
- *ब्याज दर:* फिक्स्ड/फ्लोटिंग रेट और ब्याज दरें बाजार की स्थितियों को ध्यान में रखकर तय की जाती हैं।
- *सिक्योरिटी:* उधारकर्ता द्वारा बैंक के पक्ष में भूमि/घर या अन्य अचल परिसंपत्ति (खरीदा जा रहा/निर्मित किया जा रहा या पहले से निर्मित) का पहला बंधक (इक्विटेबल या रजिस्टर्ड)।
- *रजिस्ट्रेशन:* रजिस्टर्ड मॉर्गेज की स्थिति में, मॉर्गेज शुल्क को रजिस्ट्रार ऑफ एश्योरेंस के यहां रजिस्टर किया जाएगा।
- *गारंटी:* ऐसे मामलों में ली जाती है, जहां उधारकर्ता द्वारा लाया जाने वाला मार्जिन कम हो या उधारकर्ता का नेट मूल्य पर्याप्त न हो।

- *दस्तावेज़:* किस्तों के त्वरित भुगतान के लिए प्रॉमिसरी नोट, टर्म लोन एग्रीमेंट और उधारकर्ता से उचित शपथ पत्र। जहां भी लागू हो, वहां गारंटी पत्र।
- ऋण की अदायगी आमतौर पर ऋण की अवधि के लिए EMI (समान मासिक किस्तों) के रूप में की जाती है। EMI में ब्याज और मूलधन दोनों शामिल रहते हैं। EMI उधारकर्ता के नकदी प्रवाह के आधार पर तय की जाती है, जिसकी जांच ऋण मंजूर करते समय की जाती है। फ्लैटों के संबंध में, जहां निर्माण में वक्त लगता है, उधारकर्ताओं को उस समय तक आवधिक ब्याज चुकाना होगा, जब तक घर का निर्माण पूरा नहीं हो जाता और घर उनके कब्जे में नहीं आ जाता है।
- *वृद्धिशील ऋण अदायगी (Stepped-up Repayment):* कभी-कभी ऐसा होता है कि प्रस्तावित EMI के लिए उधारकर्ता के पास पर्याप्त आय स्तर न हो। ऐसे मामलों में, बैंक शुरुआती वर्षों में घटी हुई EMI लगाते हैं और बाद के वर्षों में जब उधारकर्ता के नकदी प्रवाह बढ़ने की उम्मीद होती है, ऊंची EMI का ऑफ़र दे सकते हैं। इसे वृद्धिशील ऋण के नाम से जाना जाता है।

नियत दर ऋण (fixed rate loan) वह होता है, जहां ऋण की पूरी अवधि के लिए दर तय होती है। इसलिए, बैंकों द्वारा स्वीकृत दोहरी दर/विशेष दर आवास ऋण को नियत दर ऋण के रूप में नहीं माना जा सकता है। बैंकों को व्यक्तिगत उधारकर्ताओं के ऊपर स्वीकृत फ्लोटिंग रेट वाले सभी मियादी ऋण (टर्म लोन) पर फोरक्लोजर चार्ज/प्री-पेमेंट पेनल्टी लगाने की भी अनुमति नहीं है।

6.7 वाहन ऋण

बैंकों के कुल खुदरा ऋण पोर्टफोलियो में वाहन ऋण [हल्के मोटर वाहनों (पैसेन्जर कार), दोपहिया वाहनों के लिए] की हिस्सेदारी एक तिहाई है। वाहन ऋण के बकाया ऋण की राशि हाउसिंग सेक्टर के बाद दूसरे स्थान पर आती है। हाल के वर्षों में यह पोर्टफोलियो भी काफी तेजी से बढ़ा है। कार और दोपहिया वाहन ऋण की मांग पेशेवर और स्व-रोज़गार प्राप्त लोगों की ओर से आती है। सार्वजनिक परिवहन व्यवस्था पर्याप्त न होने से ज्यादातर शहरों में ऑटो-रिक्शा और कार-टैक्सी के लिए ऋण की मांग भी बढ़ रही है।

- *उद्देश्य:* खुद के इस्तेमाल के लिए वाहनों (2-4 पहिया वाहन) की खरीद;
- *ऋण की अवधि/मियाद:* आमतौर पर 3-7 वर्ष, व्यक्ति की अनुमानित आय/नकदी प्रवाह और वाहन की प्रकृति/लागत के आधार पर, उदाहरण के लिए, पुरानी कारों के लिए अवधि कम हो सकती है (जैसे कि 2 वर्ष);
- *ब्याज दर:* आमतौर पर फ्लोटिंग दर होता है; यह दर आवास ऋण दर से अधिक है;
- *सिक्योरिटी:* खरीदे गए वाहन का बैंक के पक्ष में हाइपोथिकेशन;
- *रजिस्ट्रेशन:* हाइपोथिकेशनचार्ज सड़क परिवहन आयुक्त के कार्यालय में पंजीकृत किया जाता है;
- *गारंटी:* टैक्सी के लिए ऋण के मामले में जमानत या निजी गारंटी ली जाती है;
- *ऋण अदायगी मोड:* समान मासिक किस्त (ईएमआई)।

6.8 कंज्यूमर ड्यूरेबल्स के लिए ऋण

रेफ्रिजरेटर, वॉशिंग मशीन, टेलीविजन सेट, म्यूजिक सिस्टम, माइक्रो वेव / इलेक्ट्रिक ओवन, रसोई के अन्य उपकरण आदि की खरीद के लिए बैंकों (मियादी ऋण (term loans)) और फ़ाइनेंस कंपनियों (आमतौर पर हायर पर्चेज फ़ाइनेंस) – जो कि घरेलू सामान का निर्माण करने वाली कंपनियों की सहायक कंपनियाँ हैं - द्वारा दिए गए ऋण को इस श्रेणी में वर्गीकृत किया जाता है। आमतौर पर, ये ऋण पांच वर्ष से कम अवधि के लिए दिए जाते हैं। आवास ऋणकी तुलना में इन ऋणों पर अधिक ब्याज दर लगता है। हायर पर्चेज़ फ़ाइनेंस के मामले में, खरीदार को आखिरी किस्त के भुगतान पर ही संबंधित वस्तु का स्वामित्व हासिल होता है। मियादी ऋण (term loans) के मामले में, खरीद की तिथि से ही खरीदार के पास स्वामित्व निहित होता है और इसलिए संबंधित वस्तु को ऋणदाता के पक्ष में हाइपोथिकेट (यानी दृष्टि-बंधक) रखा जाता है। ऐसे दूसरे दस्तावेजों के अलावा, जिन्हें आवश्यक समझा जाए, उधारकर्ता द्वारा हाइपोथिकेशन के लिए करार कियाजाता है। किस्तों का भुगतान न कर पाने के मामले में, हायर पर्चेज़ ट्रांजैक्शन से विक्रेता को फिर से कब्ज़ा लेने का अधिकार प्राप्त होता है, क्योंकि स्वामित्व अभी भी विक्रेता के पास ही होता है। इसके विपरीत, ऋण के मामले में, जो कि हाइपोथिकेशन करार द्वारा समर्थित होता है, वस्तु या माल को अपने कब्जे में लेने से पूर्व ऋणदाता बैंक को उचित कानूनी प्रक्रिया का पालन करना होता है। इसमें यह भी जोड़ा जाना चाहिए कि हायर-पर्चेज़ वेंडर को भी कुछ कानूनी औपचारिकताओं को पूरा करना पड़ता है, जैसे कि फिर से कब्जा करने की मंशा को लेकर नोटिस जारी करनी होती है।

कंज्यूमर ड्यूरेबल्स की खरीद के लिए ऋण की सामान्य शर्तें इस प्रकार होंगी;

- *ऋण का उद्देश्य:* घरेलू वस्तुओं की खरीदारी;
- *ऋण अदायगी अवधि:* 18- 48 महीने, उत्पाद की लागत/प्रकृति और उधारकर्ता की आय/नकदी प्रवाह के आधार पर;
- *ऋण अदायगी मोड:* समान मासिक किस्त (ईएमआई);
- *ब्याज दर:* ब्याज की फ्लोटिंग दर। आमतौर पर, इस ऋण की ब्याज दर आवास/वाहन ऋण से अधिक होती है;
- *सिक्योरिटी:* खरीदी गई संपत्ति का हाइपोथिकेशन;
- *गारंटी:* आमतौर पर इसकी जरूरत नहीं पड़ती, बशर्ते कि उधारकर्ता की आय/नकदी प्रवाह पर्याप्त हो।

6.9 उपभोग ऋण

ये ऋण उन उद्देश्यों के लिए दिए जाते हैं, जिनका अंतिम उपयोग स्पष्ट नहीं होता है। आमतौर पर, इसके उद्देश्य में वस्तुओं/संपत्ति की खरीद शामिल नहीं होती है, जैसा कि अन्य खुदरा ऋण के मामले में होता है। बिना किसी मूर्त सिक्योरिटी के बेजमानती ऋण (clean loan) होने के कारण, यह अच्छे निवल मूल्य (networth) वाले व्यक्तियों/व्यवसायियों को प्रदान किया जाता है।

- *उद्देश्य:* यात्रा, विवाह या अन्य समारोह/कार्यक्रमों के लिए, जिनमें भारी-भरकम खर्चे की जरूरत पड़ती है या परिवार में सदस्यों की बीमारी के इलाज के लिए भी इसे लिया जा सकता है।
- *ऋणकी अवधि:* सामान्यतः 36 महीने से अधिक नहीं।
- *अदायगी:* EMI या जैसी सहमति बने।
- *ब्याज दर:* ब्याज की फ्लोटिंग दर। खुदरा सेगमेंट के अन्य ऋणों की तुलना में इसकी दर अधिक है।
- *सिक्योरिटी:* कोई मूर्त सिक्योरिटी नहीं। ऐसे मामलों में जहां निवल मूल्य या आय/नकदी प्रवाह पर्याप्त नहीं होता है, बैंक अन्य मूर्त सिक्योरिटी की मांग कर सकते हैं।
- *गारंटी:* यदि निवल मूल्य/नकदी प्रवाह पर्याप्त नहीं है और मूर्त सिक्योरिटी उपलब्ध नहीं है, तो इसकी जरूरत पड़ती है।

उपभोग ऋण सामान्यतः वेतनभोगी, स्व-रोज़गार प्राप्त पेशेवरों और व्यापारियों आदि उच्च आय वाले लोगों को दिए जाते हैं, हालांकि बैंक इन दिनों ग्रामीण लोगों को भी उपभोग ऋण मुहैय्या करा रहे हैं, ताकि वे फ़सलों की बर्बादी से पैदा होने वाली अपनी वित्तीय समस्याओं को दूर कर सकें।

6.10 ओवरड्राफ्ट

बैंक अपने ग्राहकों के चालू खातों में ओवरड्राफ्ट की सुविधा देते हैं, जिससे ग्राहक अपनी नकदी आवश्यकताओं के अनुरूप स्वीकृत सीमा तक ओवर-ड्रॉ (यानी क्रेडिट बैलेंस से अधिक) कर सकते हैं। यह चालू खाता है और ब्याज केवल दैनिक उत्पाद के आधार पर डेबिट बैलेंस पर ही लगाया जाता है। खुदरा ऋण के इस सेगमेंट में ब्याज दर सबसे ज्यादा होती है। यह सुविधा उधारकर्ताओं को काफी लचीलापन देती है, क्योंकि उधारकर्ता व्यावसायिक जरूरत के अनुसार ओवरड्राफ्ट की मात्रा और उस अवधि पर विचार कर सकते हैं, जिसके लिए वे इस सुविधा का फ़ायदा उठाने की सोच रहे होते हैं। ओवरड्राफ्ट सुविधा की प्रमुख विशेषताएं इस प्रकार हैं:

- *उद्देश्य:* आकस्मिकताओं और विशेष नकदी आवश्यकता को पूरा करने के लिए, व्यापक अथवा सामान्य उद्देश्य हेतु, क्रेडिट योग्यता वाले उधारकर्ताओं के लिए ओवरड्राफ्ट सुविधाओं पर विचार किया जाता है;
- *अवधि:* इस सेगमेंट (ओवरड्राफ्ट) के अंतर्गत दी गई सुविधा मांग किए जाने पर चुकाने योग्य है;
- *ब्याज:* फ्लोटिंग दर- खुदरा ऋण सेगमेंट में सबसे ऊंची दर;
- *सिक्योरिटी:* सामान्यतः गैर-जमानती। हालांकि ऐसे मामलों में जहां ओवरड्राफ्ट की मांग की राशि ज्यादा होती है, वहां उधारकर्ताओं को ओवरड्राफ्ट सुविधाएं देने के लिए तरल (चल) प्रतिभूतियाँ (जैसे कि सावधि जमा की रसीदें, RBI/FII/डाकघरों द्वारा जारी बॉन्ड/सर्टिफ़िकेट) प्रस्तुत करनी पड़ती हैं;

- *गारंटी:* यदि उधारकर्ता उपरोक्त सिक्योरिटी जरूरतों को पूरा करते हैं, तो आमतौर पर इस पर जोर नहीं दिया जाता है;
- *अन्य पहलू:* वर्तमान खाताधारकों के लिए दस्तावेजीकरण बेहद आसान और कम समय में पूरा हो जाता है।

6.11 क्रेडिट कार्ड

कई बैंक प्रत्यक्ष रूप से या अपनी अनुषंगी/संबद्ध कंपनियों के जरिए डेबिट कार्ड और क्रेडिट कार्ड दोनों जारी करते हैं। ये दोनों कार्ड वस्तुओं व सेवाओं की नकदी--मुक्त (cash-less) खरीद करने में मदद करते हैं, जो सुविधाजनक और सुरक्षित दोनों होते हैं। शहरों और महानगरों में इनके बढ़ते इस्तेमाल की यही बड़ी वजह है। जहां क्रेडिट कार्ड कुछ फ्रीक्रेडिट अवधि प्रदान करते हैं, वहीं डेबिट कार्ड के मामले में, खरीद लेनदेन की राशि तुरंत कार्डधारकों के खाते से डेबिट हो जाती है। बिल की तिथि और भुगतान की नियत तिथि के बीच प्रारंभिक फ्री-क्रेडिट अवधि के अलावा, क्रेडिट कार्ड कंपनियां उन्हें क्रेडिट को रोल-ओवर करने और किस्तों में भुगतान करने की भी सहूलियत भी देती हैं। इस मामले में, कार्ड जारी करने वाले बैंक उस तिथि से, जिस दिन कार्डधारक द्वारा खरीद लेनदेन किया गया होता है और उस तिथि तक जब वह आखिरकार अपने कार्ड की बकाया राशि का पूरा भुगतान करता है, ब्याज लेते हैं।

6.12 सूक्ष्म, लघु एवं मध्यम उद्यम (MSME) ऋण

केंद्र सरकार ने सूक्ष्म, लघु और मध्यम उद्यमों के वर्गीकरण के लिए निम्नांकित मानदंड निर्धारित किए हैं:

(i) सूक्ष्म उद्यम वह होता है, जहां प्लांट व मशीनरी या उपकरण में निवेश की राशि एक करोड़ रुपए से अधिक न हो और टर्नओवर पांच करोड़ रुपए से ज्यादा न हो;

(ii) लघु उद्यम वह है, जहां प्लांट व मशीनरी या उपकरण में निवेश दस करोड़ रुपए से अधिक न हो और उसका टर्नओवर पचास करोड़ रुपए से ज्यादा न हो;

(iii) मध्यम उद्यम वह है, जहां प्लांट व मशीनरी अथवा उपकरण में निवेश पचास करोड़ रुपए से अधिक न हो और टर्नओवर दो सौ पचास करोड़ रुपए से ज्यादा न हो।

उपरोक्त सभी उद्यमों को 'उद्यम रजिस्ट्रेशन' पोर्टल पर ऑनलाइन रजिस्ट्रेशन करना और 'उद्यम रजिस्ट्रेशन सर्टिफ़िकेट' हासिल करना जरूरी होता है।

निर्धारित दिशानिर्देशों के अनुरूप MSME को दिए गए सारे बैंक ऋण प्राथमिकता सेक्टर ऋण के तहत रखे जाने के पात्र होते हैं। समग्र प्राथमिकता सेक्टर ऋण के तहत सूक्ष्म उद्यमों को ऋण देने के लिए समायोजित नेट बैंक क्रेडिट (ANBC) का 7.5% या ऑफ-बैलेंस शीट एक्सपोजर (CEOBE) के बराबर क्रेडिट, इनमें जो भी अधिक हो,का उप-लक्ष्य घरेलू वाणिज्यिक बैंकों, 20 और उससे अधिक शाखाओं वाले विदेशी बैंकों, क्षेत्रीय ग्रामीण बैंकों और लघु वित्त बैंकों के लिए निर्धारित किया गया है।

समय-समय पर भारतीय रिज़र्व बैंक ने सूक्ष्म, लघु व मध्यम उद्यम क्षेत्र को ऋण देने को लेकर कई निर्देश/दिशानिर्देश जारी किए हैं।

6.13 मुद्रा योजना के तहत सूक्ष्म एवं लघु उद्यमों को ऋण

माइक्रो यूनिट्स डेवलपमेंट एंड रिफाइनेंस एजेंसी लि. (MUDRA), भारत सरकार द्वारा सूक्ष्म व लघु उद्यमों, जिनकी ऋण आवश्यकताएं 10 लाख रुपए से कम हैं, की गैर-कॉर्पोरेट, गैर-कृषि क्षेत्र में आय निर्माण गतिविधियों को फ़ाइनेंस मुहैय्या कराने के लिए स्थापित एक नई संस्था है। प्रधानमंत्री मुद्रा योजना (PMMY) के तत्वावधान में, MUDRA ने लाभार्थी माइक्रो यूनिट के विकास चरण और फंडिंग जरूरतों के अनुसार तीन उत्पाद *अर्थात,* 'शिशु', 'किशोर' और 'तरुण' तैयार किए हैं। ये योजनाएँ नीचे बताए अनुसार ऋण राशि को कवर करती हैं:

(a) शिशु ऋण: 50,000 रुपए तक के ऋण को कवर करता है

(b) किशोर ऋण: 50,000 रुपए से ऊपर और 5,00,000 रुपए तक के ऋण को कवर करता है।

(c) तरूण ऋण: 5,00,000 रुपए से ऊपर और 10,00,000 रुपए तक के ऋण को कवर करता है।

सभी गैर-कॉर्पोरेट लघु व्यवसाय खंड (NCSBS) में ग्रामीण और शहरी क्षेत्रों की छोटी विनिर्माण इकाइयां, सेवा क्षेत्र इकाइयां, दुकानदार, फल/सब्जी विक्रेता, ट्रक ऑपरेटर, खाद्य-सेवा इकाइयां, मरम्मत की दुकानें, मशीन ऑपरेटर, छोटे उद्योग, खाद्य प्रोसेसर, आदि के रूप में चलने वाली स्वामित्व या साझेदारी फर्म शामिल हैं, जो मुद्रा योजना के तहत सहायता के लिए पात्र हैं। बैंकों की शाखाएं ग्राहकों की आवश्यकताओं के अनुरूप मुद्रा योजना के तहत ऋण मुहैय्या कराएंगी। बैंकों को यह आदेश दिया गया है कि वे सूक्ष्म व लघु उद्यम क्षेत्र की इकाइयों को 10 लाख रुपए तक के ऋण के मामले में संपार्श्विक प्रतिभूति (collateral security) देने के लिए जोर न दें।

6.14 किसान क्रेडिट कार्ड योजना

किसान क्रेडिट कार्ड योजना का उद्देश्य किसानों को खेती और उनकी अन्य जरूरतों के लिए लचीली और सरल प्रक्रियाओं के साथ एक ही पटल पर बैंकों से पर्याप्त और समय पर ऋण सहायता मुहैय्या कराना है। किसान क्रेडिट कार्ड के अंतर्गत आने वाले मदों में फसलों की खेती, फसल कटाई के बाद के खर्च, उपज का विपणन, किसान परिवार की उपभोग जरूरतों, कृषि संपत्तियों के रखरखाव तथा कृषि से संबंधित गतिविधियों के लिए के लिए कार्यशील पूंजी, कृषि और संबद्ध गतिविधियों के लिए निवेश क्रेडिट आवश्यकता को पूरा करने के लिए अल्पकालिक ऋण जरूरतों को कवर किए जाएंगे। KCC योजना में व्यक्तिगत किसान, संयुक्त उधारकर्ता जो स्वामी कृषक, काश्तकार, मौखिक पट्टेदार, बटाईदार, स्वयं सहायता समूह/किरायेदार किसान और बटाईदार किसान समेत किसानों के संयुक्त देयता समूह, पशुपालन तथा मत्स्यपालन करने वाले किसान कवर होंगे।

क्रेडिट सीमा/लोन राशि का निर्धारण

किसान क्रेडिट कार्ड के तहत क्रेडिट सीमा नीचे बताए अनुसार तय की जा सकती है:

- **सीमांत (marginal) किसानों को छोड़कर सभी किसान:**

1. प्रथम वर्ष के लिए आने वाली अल्पकालिक सीमा (एक वर्ष में एकल फसल की खेती के लिए):

फसल के लिए फ़ाइनेंस का पैमाना (जो जिला स्तरीय तकनीकी समिति द्वारा तय किया गया हो) x खेती योग्य क्षेत्रफल की सीमा + फसल के बाद/घरेलू/उपभोग आवश्यकताओं के लिए सीमा का 10% + कृषि परिसंपत्तियों की मरम्मत व रखरखाव के खर्च + फसल बीमा और/या PAIS, स्वास्थ्य बीमा और परिसंपत्ति बीमा समेत दुर्घटना बीमा के लिए सीमा का 20%।

2. दूसरे और अगले वर्ष के लिए सीमा

फसल उगाने के लिए पहले वर्ष की सीमा ऊपर दी गई है, साथ ही प्रत्येक क्रमिक वर्ष (दूसरे, तीसरे, चौथे और पांचवें वर्ष) के लिए और किसान क्रेडिट कार्ड की अवधि यानी पांच वर्ष के लिए अनुमानित टर्म लोन कम्पोनेंट के लिए लागत वृद्धि / फ़ाइनेंस के पैमाने में वृद्धि की सीमा का 10%।

3. एक वर्ष में एक से ज्यादा फसल उगाने के लिए

प्रथम वर्ष के लिए प्रस्तावित फसल पैटर्न के अनुसार उगाई गई फसलों के आधार पर सीमा ऊपर निर्धारित की जानी है, साथ ही प्रत्येक क्रमिक वर्ष (दूसरे, तीसरे, चौथे और 5वें वर्ष) के लिए लागत वृद्धि / वित्त के पैमाने में वृद्धि के लिए सीमा का अतिरिक्त 10% भी शामिल है।)। यह माना जाता है कि किसान अगले चार वर्षों के लिए समान फसल पैटर्न अपनाएगा। यदि किसान द्वारा अपनाए गए फसल पैटर्न में अगले वर्ष बदलाव होता है, तो सीमा को फिर से तय किया जा सकता है।

4. निवेश के लिए मियादी ऋण (Termloan)

निवेश के लिए मिलने वाले मियादी ऋण भूमि के विकास, हल्की सिंचाई, कृषि उपकरणों की खरीद तथा संबद्ध कृषि गतिविधियों के लिए दिया जाता है। बैंक कृषि व संबद्ध गतिविधियों आदि के लिए टर्म और कार्यशील पूंजी सीमा के लिए क्रेडिट की मात्रा तय कर सकते हैं, जो कि किसान द्वारा अर्जित की जाने वाली प्रस्तावित संपत्ति की यूनिट लागत, खेत पर पहले से ही की जा रही संबद्ध गतिविधियों, मौजूदा ऋण दायित्वों समेत किसान पर पड़ने वाले कुल ऋण बोझ की तुलना में ऋण अदायगी क्षमता पर बैंक के निर्णय के आधार पर किया जा सकता है।

दीर्घ अवधि के ऋण की सीमा पांच वर्ष की अवधि के दौरान प्रस्तावित निवेश और किसान की ऋण चुकाने की क्षमता पर बैंक की अवधारणा के अनुसार होनी चाहिए।

- **सीमांत किसानों के लिए**

भूमि और उगाई गई फसलों के आधार पर ₹ 10,000 से ₹ 50,000 की लचीली सीमा प्रदान की जा सकती है (फ्लेक्सी KCC के रूप में), जिसमें फसल के बाद के वेयरहाउस स्टोरेज से संबंधित ऋण जरूरतें और अन्य कृषि खर्चे, उपभोग की जरूरतें आदि, और साथ ही भूमि के मूल्य से संबद्ध किए बगैर शाखा

प्रबंधक के मूल्यांकन के अनुसार कृषि उपकरणों की खरीद, मिनी डेयरी/बैकयार्ड पोल्ट्री की स्थापना जैसे लघु अवधि के टर्म लोन निवेश भी शामिल हैं। इस आधार पर पांच साल की अवधि के लिए संयोजित KCC सीमा तय की जानी होती है।

- **अधिकतम स्वीकृत सीमा**

5वें वर्ष के लिए आने वाली अल्पावधिक सीमा और अनुमानित दीर्घावधि ऋण आवश्यकता अधिकतम स्वीकृत सीमा (MPL) होगी और इसे किसान क्रेडिट कार्ड सीमा के रूप में ही माना जाएगा।

- **वैधता/नवीनीकरण**

बैंक MPL की वैधता अवधि निर्धारित करेंगे तथा इसकी समय-समय पर समीक्षा करेंगे। फसल पैटर्न में वृद्धि और उधारकर्ता के प्रदर्शन के आधार पर समीक्षा होने से यह सुविधा आगे भी बनी रह सकती है या इसकी सीमा बढ़ सकती है या सीमा रद्द हो सकती है या यह सुविधा वापस ली जा सकती है। जब बैंक ने किसानों की आमदनी को प्रभावित करने वाली प्राकृतिक आपदाओं के कारण ऋण चुकाने की अवधि को बढ़ा दिया हो और/या उसे फिर से निर्धारित किया हो, तो परिचालन की स्थिति को संतोषजनक माना जाएगा या अन्यथा इसकी अवधि सीमा की विस्तारित राशि के साथ बढ़ा दी जाएगी।

- **ब्याज दर(ROI)**

समय-समय पर बैंक RBI द्वारा जारी दिशानिर्देशों के अनुसार लागू ब्याज दर लगाएंगे।

- **अदायगी अवधि**

जिन फसलों के लिए ऋण लिया गया है, उनकी अनुमानित कटाई और विपणन अवधि के अनुसार बैंकों द्वारा अदायगी अवधि निर्धरित की जाएगी। निवेश क्रेडिट के लिए लागू मौजूदा दिशानिर्देशों के अनुसार गतिविधि/निवेश के प्रकार के आधार पर टर्म लोन कम्पोनेंट को प्रायः पांच वर्ष की अवधि के भीतर चुकाया जाता है।

- **डिलीवरी चैनल**

किसान क्रेडिट कार्ड के लाभार्थियों को स्मार्ट कार्ड/डेबिट कार्ड (ATM/हैंड हेल्ड स्वाइप मशीनों में उपयोग के लिए उपयुक्त बायोमेट्रिक स्मार्ट कार्ड) जारी किया जाता है, जो किसानों की पहचान, संपत्ति, भूमि जोत व क्रेडिट प्रोफ़ाइल आदि पर पर्याप्त जानकारी संग्रहीत करने में सक्षम होते हैं। किसान अपने KCC खातों में प्रभावी तरीके से लेनदेन करने के लिए किसान क्रेडिट कार्ड का इस्तेमाल कर सकें, इसके लिए निम्नांकित डिलीवरी चैनल स्थापित किए गए हैं:

(a) एटीएम/माइक्रो एटीम के जरिए धन निकासी

(b) स्मार्ट कार्ड का इस्तेमाल कर BC के जरिए धन निकासी,

(c) इनपुट डीलरों के माध्यम से PoS मशीन,

(d) IMPS क्षमताओं/IVR के साथ मोबाइल बैंकिंग तथा

(e) आधार सक्षम कार्ड

ऋण जीवन चक्र

ऋण चक्र (loancycle) को उस अवधि के रूप में परिभाषित किया जाता है, जो उधारकर्ता द्वारा ऋण के लिए आवेदन करने से लेकर ऋणदाता को ब्याज सहित इसका भुगतान किए जाने तक की होती है।

क्रेडिट स्कोर

क्रेडिट स्कोर किसी व्यक्ति के पिछले क्रेडिट गतिविधियों का सांख्यिकीय विश्लेषण है और यह उसके क्रेडिट अनुशासन को दिखाता है। क्रेडिट स्कोर का मूल्यांकन आवास ऋण, वाहन ऋण, क्रेडिट कार्ड, व्यक्तिगत ऋण और ओवरड्राफ्ट जैसे क्रेडिट उत्पादों में संपन्न किए लेनदेन के आधार पर किया जाता है। क्रेडिट स्कोर, क्रेडिट संस्थानों द्वारा जनरेट किया जाता है और यहां तक कि इसे खुद से भी जनरेट किया जा सकता है। भारतीय रिजर्व बैंक (आरबीआई) ने देश की सभी क्रेडिट इंफॉर्मेशन कंपनियों (CIC) के लिए उन व्यक्तियों को, जिनका क्रेडिट इतिहास उपलब्ध है, अनुरोध किए जाने पर कैलेंडर वर्ष में एक बार बगैर किसी शुल्क के फ़्री फुल क्रेडिट रिपोर्ट (FFCR) देना अनिवार्य बना दिया है। क्रेडिट स्कोर उपभोक्ता की क्रेडिट रिपोर्ट का एक 'स्नैपशॉट' लेता है और एडवांस्ड एनालिटिक्स के जरिए सूचना को 3-अंकीय संख्या में बदल देता है जो किसी ख़ास ट्रांजैक्शन में उसके द्वारा वहन किए जोखिम की मात्रा को दर्शाता है। क्रेडिट स्कोर का वैल्यू 300 से 900 तक होता है।

KCC सीमा पर पहुंचने के लिए सचित्र उदाहरण

चित्रण I

A. एक वर्ष में कई फसलें उगाने वाला छोटा किसान

1. अवधारणाएं

A. भूमि जोत: 2 एकड़

B. फसल पैटर्न

धान - 1 एकड़ (फ़ाइनेंस का पैमाना + प्रति एकड़ फसल बीमा: ₹.11000)

गन्ना - 1 एकड़ (फ़ाइनेंस का पैमाना + प्रति एकड़ फसल बीमा: ₹.22,000)

C. निवेश/संबद्ध गतिविधियां

i. प्रथम वर्ष में 1+1 डेयरी यूनिट की स्थापना () (यूनिट लागत: ₹ 20,000 प्रति मवेशी)

ii. तीसरे वर्ष में पंप सेट को बदलना (यूनिट लागत: ₹.30,000)

2. कार्ड सीमा का आकलन

(i) फसल ऋण का घटक:

1 एकड़ धान और 1 एकड़ गन्ने की खेती की लागत (11,000+22,000)	₹.33,000
जोड़ें: फसल कटाई के बाद/घरेलू खर्च/खपत के लिए 10%	₹. 3,300

जोड़ें: खेत के रख-रखाव के लिए 20%	₹. 6,600
पहले साल के लिए फसल ऋण की कुल सीमा	**₹. 42,900**
दूसरे वर्ष के लिए ऋण सीमा	
जोड़ें: लागत वृद्धि/फ़ाइनेंस के पैमाने में वृद्धि की सीमा का 10% (42900 का 10% अर्थात 4300)	₹. 4,300 **₹. 47,200**
तीसरे वर्ष के लिए ऋण सीमा	
जोड़ें: लागत वृद्धि/फ़ाइनेंस के पैमाने में वृद्धि की सीमा का 10% (47200 का 10% अर्थात 4700)	₹. 4,700 **₹. 51,900**
चौथे वर्ष के लिए ऋण सीमा	
जोड़ें: लागत वृद्धि/फ़ाइनेंस के पैमाने में वृद्धि की सीमा का 10% (51900 का 10% अर्थात 5200)	₹. 5,200 **₹. 57,100**
पांचवें वर्ष के लिए ऋण सीमा	
जोड़ें: लागत वृद्धि/फ़ाइनेंस के पैमाने में वृद्धि की सीमा का 10% (57100 का 10% अर्थात 5700)	₹. 5,700 **₹. 62,800**
मान लें...(A)	**₹. 63,000**

(ii) मियादी ऋण (Termloan) का घटक:

प्रथम वर्ष : 1+1 डेयरी यूनिट की लागत	₹. 40,000
तीसरा वर्ष : पंपसेट को बदलना:	₹. 30,000
मियादी ऋण की कुल राशि...(B)	**₹. 70,000**
अधिकतम स्वीकृत सीमा/	**₹. 1,33,000**
किसान क्रेडिट कार्ड सीमा (A) + (B)	**रु. 1.33 लाख**

नोट: लिए गए मियादी ऋण की अदायगी अनुसूची के आधार पर धन निकालने की सीमा हर साल कम की जाएगी और धन निकालने की सीमा तक ही निकालने की अनुमति दी जाएगी।

B. एक वर्ष में कई फसलें उगाने वाला दूसरा किसान

1. अवधारणाएं:

A. भूमि जोत: 10 एकड़

B. फसल पैटर्न:

a. धान - 5 एकड़ (फ़ाइनेंस का पैमाना + प्रति एकड़ फसल बीमा ₹.11,000) उसके बाद

b. मूंगफली - 5 एकड़ (फ़ाइनेंस का पैमाना + प्रति एकड़ फसल बीमा ₹.10,000) गन्ना - 5 एकड़ (फ़ाइनेंस का पैमाना + प्रति एकड़ फसल बीमा ₹.22,000)

C. निवेश/संबद्ध गतिविधियां:

i. प्रथम वर्ष में 1+1 डेयरी यूनिट की स्थापना () (यूनिट लागत: ₹.50,000)

ii. प्रथम वर्ष में ट्रैक्टर की खरीद (यूनिट लागत: रु. 6,00,000)

2. कार्ड सीमा का आकलन

i. फसल ऋण का घटक

5 एकड़ धान, 5 एकड़ मूंगफली और 5 एकड़ गन्ने की खेती की लागत	रु 2,15,000
जोड़: फसल कटाई के बाद/घरेलू खर्च/खपत के लिए 10%	₹.21,500
जोड़ें: खेत के रख-रखाव के लिए 20%	₹.43,000
पहले साल के लिए फसल ऋण की कुल सीमा	**रु 2,79,500**
दूसरे वर्ष के लिए ऋण सीमा	
जोड़ें: लागत वृद्धि/फ़ाइनेंस के पैमाने में वृद्धि की सीमा का 10% (2.79, 500 का 10% अर्थात 27,950)	₹.27,950 **रु 3,07,450**
तीसरे वर्ष के लिए ऋण सीमा	
जोड़ें: लागत वृद्धि/फ़ाइनेंस के पैमाने में वृद्धि की सीमा का 10% (3.07, 450 का 10% अर्थात 30,750)	₹.30,750 **रु 3,38,200**
चौथे वर्ष के लिए ऋण सीमा	
जोड़ें: लागत वृद्धि/फ़ाइनेंस के पैमाने में वृद्धि की सीमा का 10% (338200 का 10% अर्थात 33800)	₹.33,800 **रु 3,72,000**
पांचवें वर्ष के लिए ऋण सीमा	
जोड़ें: लागत वृद्धि/फ़ाइनेंस के पैमाने में वृद्धि की सीमा का 10% (3.72, 000 का 10% अर्थात 37,200)	₹.37,200 **रु 4,09,200**
मान लें...(A)	**रु 4,09,000**

ii. मियादी ऋण का घटक:

प्रथम वर्ष : 1+1 डेयरी यूनिट की लागत	रु 1,00,000
: ट्रैक्टर की खरीद	रु 6,00,000
कुल टर्म लोन राशि...(B)	**रु 7,00,000**
अधिकतम स्वीकृत सीमा / किसान क्रेडिट कार्ड सीमा (A) +(B)	**रु 11,09,000**

लिए गए मियादी ऋण की अदायगी अनुसूची के आधार पर धन निकालने की सीमा हर साल कम की जाएगी और धन निकालने की सीमा तक ही निकालने की अनुमति दी जाएगी।

चित्रण II

1. एक वर्ष में कई फसलें उगाने वाला सीमांत किसान

1. अवधारणाएं:

A. भूमि जोत: 1 एकड़

B. उगाई गई फसलें: धान (फ़ाइनेंस का पैमाना + प्रति एकड़ फसल बीमा: ₹.11,000)

C. 5 वर्षों तक फसल पैटर्न में कोई परिवर्तन नहीं हुआ

D. वित्त प्रदान की जाने वाली संबद्ध गतिविधियां - एक गैर-वर्णित दुधारू पशु (यूनिट लागत रु: 15,000)

2. कार्ड सीमा का आकलन:

(i) फसल ऋण का घटक

(एक एकड़ धान की खेती की लागत)	₹.11,000
जोड़ें: फसल कटाई के बाद/घरेलू खर्च/खपत के लिए 10%	₹.1,100
जोड़ें: खेत के रख-रखाव के लिए 20%	₹.2,200
पहले साल के लिए फसल ऋण की कुल सीमा....(A1)	**₹.14,300**

(ii) मियादी ऋण का घटक

एक दुधारू पशु की लागत **...(B)**	₹.15,000
प्रथम वर्ष की कम्पोजिट केसीसी (KCC) सीमा: (A1) + (B) (14300+15000)	**₹.29,300**
दूसरा वर्ष :	
फसल ऋण का घटक:	
A1 + फसल ऋण सीमा का 10% (A1) लागत वृद्धि/फ़ाइनेंस के पैमाने में वृद्धि के लिए [14,300+(14300 का 10% = 1430)] **....(A2)**	₹ 15730
दूसरे वर्ष की कम्पोजिट केसीसी (KCC) सीमा: A2+B (15730 + 15000)	**₹ 30,730**
तीसरा वर्ष :	
फसल ऋण का घटक:	
A2 + फसल ऋण सीमा का 10% (A2) लागत वृद्धि/फ़ाइनेंस के पैमाने में वृद्धि के लिए [15,730+(15730 का 10% = 1570)] **....(A3)**	₹ 17,300

तीसरे वर्ष की कम्पोजिट केसीसी (KCC) सीमा: A3+B (17300 + 15000)	**₹ 32,300**
चौथा वर्ष :	
फसल ऋण का घटक:	
A3 + फसल ऋण सीमा का 10% (A3) लागत वृद्धि/फ़ाइनेंस के पैमाने में वृद्धि के लिए [17,300+(17300 का 10% = 1730)] **....(A4)**	₹ 19,030
चौथे वर्ष की कम्पोजिट केसीसी (KCC) सीमा: A4+B (19,030+ 15,000)	**₹ 34,030**
पांचवां वर्ष :	
फसल ऋण का घटक:	
A4 + फसल ऋण सीमा का 10% (A4) लागत वृद्धि/फ़ाइनेंस के पैमाने में वृद्धि के लिए [19,030+(19030 का 10% = 1900)] **....(A5)**	₹ 20,930
पांचवें वर्ष की कम्पोजिट केसीसी (KCC) सीमा: A5+B (20,930+ 15,000)	**₹ 35,930**
अधिकतम स्वीकृत सीमा / कम्पोजिट केसीसी (KCC) सीमा है	**₹ 36,000**

नोट: उपरोक्त अनुमानित सभी लागतें उदाहरण के लिए हैं। क्रेडिट सीमा को अंतिम रूप देते समय फ़ाइनेंस/यूनिट लागत के प्रस्तावित पैमाने को ध्यान में रखा जा सकता है।

पशुपालन एवं मत्स्यपालन के लिए सचित्र उदाहरण

चित्रण I

कुल KCC सीमा - ₹2.5 लाख

फसल ऋण के अंतर्गत सीमा - ₹1.5 लाख

पशुपालन और/या डेयरी और/या मधुमक्खी पालन और/या मत्स्यपालन के तहत उप-सीमा - ₹1 लाख

IS तथा PRI लाभ समग्र ₹2.5 लाख पर मिलेगा, यानी

- ₹1.5 लाख - फसल ऋण + ₹1 लाख - पशुपालन और/या डेयरी और/या मधुमक्खी पालन और/या मत्स्य पालन

चित्रण II

कुल KCC सीमा - ₹3 लाख

फसल ऋण के अंतर्गत सीमा - ₹0.5 लाख

पशुपालन तथा/या डेयरी और/या मधुमक्खी पालन और/या मत्स्य पालन के तहत उप-सीमा - ₹2.5 लाख

IS तथा PRI लाभ समग्र ₹2.5 लाख पर मिलेगा यानी

- ₹0.5 लाख - फसल ऋण + ₹2 लाख - पशुपालन और/या डेयरी और/या मधुमक्खी पालन और/या मत्स्य पालन

चित्रण III

कुल KCC सीमा - ₹4 लाख

फसल ऋण के अंतर्गत सीमा - ₹1.75 लाख

पशुपालन और/या डेयरी एवं/या मधुमक्खी पालन और/या मत्स्य पालन के तहत उप-सीमा- ₹2.25 लाख
IS और PRI लाभ समग्र ₹3 लाख पर उपलब्ध होगा यानी

- ₹1.75 लाख - फसल ऋण + ₹1.25 लाख - पशुपालन और/या डेयरी और/या मधुमक्खी पालन और/या मत्स्य पालन

चित्रण IV

कुल KCC सीमा - ₹4.5 लाख

फसल ऋण के अंतर्गत सीमा - ₹2 लाख

पशुपालन तथा/या डेयरी और/या मधुमक्खी पालन और/या मत्स्य पालन के तहत उप-सीमा - ₹2.5 लाख

IS तथा PRI लाभ समग्र ₹3 लाख पर मिलेगा, यानी

- ₹2 लाख - फसल ऋण + ₹1 लाख - पशुपालन और/या डेयरी और/या मधुमक्खी पालन और/या मत्स्य पालन

चित्रण V

कुल KCC सीमा - ₹4 लाख

फसल ऋण के अंतर्गत सीमा - ₹3.15 लाख

पशुपालन तथा/या डेयरी और/या मधुमक्खी पालन और/या मत्स्य पालन के तहत उप-सीमा - ₹0.85 लाख

IS तथा PRI लाभ केवल फसल ऋण घटक के लिए, समग्र ₹3 लाख पर मिलेगा।

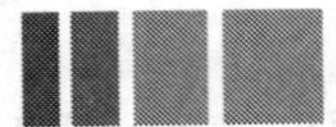

6.15 सारांश

खुदरा बैंकिंग की परिभाषा निजी ग्राहकों के साथ बैंकिंग व्यवसाय करने के रूप में दी जाती है। नब्बे के दशक के आरंभ में आए उदारीकरण के साथ, भारतीय अर्थव्यवस्था ने तेजी से आगे बढ़ना शुरु किया। भारत में विदेशी निवेश के बड़े प्रवाह से इसमें मदद मिली, बैंकिंग प्रणाली की तरलता (liquidity) में सुधार हुआ। वहीं दूसरी ओर, उदारीकरण से लोगों की आय और क्रय शक्ति में इजाफा हुआ, साथ ही लोगों में बेहतर जीवन शैली अपनाने की इच्छा भी बढ़ गई है। एक शाखा के रूप में, हाल में बैंकों के खुदरा ऋण में तेज वृद्धि हुई है। आज के खुदरा बैंकिंग सेक्टर के तीन बुनियादी पहलू हैं *यानी* : एकाधिक उत्पाद, एकाधिक चैनल एवं एकाधिक ग्राहक समूह। बैंकों द्वारा दिए जाने वाले खुदरा ऋण में आवास ऋण, वाहन ऋण और उपभोक्ता ऋण का बड़ा हिस्सा है। रोजगार एवं प्रति व्यक्ति आय व बचत में इजाफा के साथ, आवास की मांग में काफी वृद्धि हुई है।

2. MSME सेक्टर को दिए जाने वाले ऋण और कृषि ऋण पहली प्राथमिकता वाले ऋण सेक्टर हैं, जो बैंकों द्वारा छोटे उद्यमों व व्यवसाय तथा छोटे और सीमांत किसानों को मुहैय्या कराए जाते हैं। MSME ऋण के मामले में, व्यवसाय के स्तर, विकास के चरणों और इकाइयों की फंडिंग जरूरतों को ध्यान में रखते हुए सीमा निर्धारित की जाती है।

3. किसानों को अपनी फसल उत्पादन जरूरतों को पूरा करने के लिए लचीली ऋण सुविधाओं के प्रावधान पर विचार करते हुए वर्ष 1998 के दौरान शुरू की गई किसान क्रेडिट कार्ड योजना ने रफ़्तार पकड़ ली थी, जिसका नतीजा यह हुआ था कि बैंकों ने किसानों को बड़ी संख्या में KC कार्ड जारी किए थे। आगे चलकर वर्ष 2004 में इस योजना को किसानों की निवेश ऋण जरूरतों यानी संबद्ध और गैर-कृषि गतिविधियों को कवर करने के लिए भी शामिल कर दिया गया था। KCC योजना के तहत उत्पादन सीमा के घटक निर्धारित करते समय, खेती की लागत के अलावा, किसानों को आने वाली कृषि परिसंपत्तियों के रखरखाव की लागत, फसल कटाई के बाद, घरेलू और उपभोग की लागत को पूरा करने की जरूरतों को भी ध्यान में रखा जाता है। पिछले दो दशकों में भारत सरकार ने किसान क्रेडिट कार्डधारकों को कई तरह के लाभ मुहैय्या कराए हैं।

6.16 प्रमुख शब्द

आर्थिक विकास: किसी वित्तीय वर्ष में एक अर्थव्यवस्था द्वारा उत्पादित वस्तुओं एवं सेवाओं के मुद्रास्फीति-समायोजित बाजार मूल्य में वृद्धि या सुधार।

कैश क्रेडिट: यह व्यवसायों, वित्तीय संस्थानों और कंपनियों को उनकी कार्यशील पूंजी की आवश्यकताओं को पूरा करने हेतु बैंकों द्वारा स्वीकृत एक अल्पकालिक ऋण है। उधार लेने वाली यूनिट/कंपनी, बैंक द्वारा निर्दिष्ट उधार सीमा/आहरण क्षमता तक, इस खाते से धन निकाल सकती है।

ओवरड्राफ्ट: ओवरड्राफ्ट एक ऐसी स्थिति है, जिसमें बैंक ग्राहकों के खाते में पर्याप्त क्रेडिट बैलेंस न होने पर भी उन्हें अस्थायी अवधि के लिए धन निकालने की अनुमति देता है। व्यापार व व्यवसाय में लगे पक्षों को यह व्यवस्था मुहैया कराने के एवज में बैंक एक तय दर पर ब्याज लेता है। ऑथराइज्ड ओवरड्राफ्ट का अर्थ यह होगा कि बैंक व खाताधारक के बीच यह व्यवस्था पहले से ही तय की गई है।

मांग ऋण (DemandLoan): यह जमानती ऋण है, जिसे ऋणदाता की मांग पर उधारकर्ता को चुकाना पड़ता है। सामान्यतः, व्यक्तियों और व्यवसायों को ऐसे ऋण दिए जाते हैं, जो अधिकतर उनकी अल्पकालिक वित्तीय जरूरतों को पूरा करने के लिए होते हैं।

मियादी ऋण (TermLoan): ख़ास ऋण शर्तों के एवज में उधारकर्ताओं को एकमुश्त नकद राशि मुहैय्या कराता है। मियादी ऋण आमतौर पर अच्छी वित्तीय स्थिति वाले स्थापित लघु व्यवसायों के लिए होते हैं। ये ऋण बैंक व उधारकर्ताओं के बीच बनी सहमति के हिसाब से निश्चित/अस्थायी ब्याज दर पर दिए जाते हैं, जिसे एक निश्चित अवधि में किस्तों में चुकाना होता है।

फ़्लोटिंग ब्याज दर: (जिसे "समायोज्य" या "परिवर्तनशील " ब्याज दर भी कहा जाता है) किसी ऋण या प्रतिभूति (security) पर लगने वाली ब्याज दर है, जो समय के साथ बदलती रहती है, क्योंकि यह एक अंतर्निहित बेंचमार्क ब्याज दर या इंडेक्स पर आधारित होती है, जो समय-समय पर बदलती रहती है।

भारी उपभोक्ता टिकाऊ वस्तुएँ (WhiteGoods): घरेलू उपयोग में आने वाले बड़े बिजली के सामान, जैसे रेफ्रिजरेटर और वॉशिंग मशीन, जो अक्सर सफेद रंग के होते हैं।

प्रधानमंत्री मुद्रा योजना (PMMY): भारत सरकार की एक अग्रणी योजना है, जो विनिर्माण, प्रसंस्करण, ट्रेडिंग या सेवा क्षेत्र के गैर-कृषि क्षेत्र में काम करने वाले सूक्ष्म उद्यमों को आय सृजित करने हेतु 10 लाख रुपए तक के माइक्रो क्रेडिट/ऋण की सुविधा देती है।

6.17 अपनी प्रगति जाँचें

1. निम्नलिखित में से किसकी सिक्योरिटी पर आवास ऋण प्रदान किया जाता है?
   (a) फ़ाइनेंस किए घर के बंधक पर
   (b) फ़ाइनेंस किए घर के हाइपोथिकेशन पर
   (c) फ़ाइनेंस किए घर के मॉर्गेज पर
   (d) फ़ाइनेंस किए घर के लियन पर
2. आवास ऋण या वाहन ऋण में 'EMI' शब्द का हिसाब ---- के आधार पर लगाया जाता है।
   (a) ऋण का मूलधन
   (b) ऋण पर मूलधन व ब्याज

(c) ऋण पर ब्याज

(d) ऋण पर मूलधन व प्रसंस्करण शुल्क

3. आवास ऋण ---- के लिए दिए जाते हैं।

(a) अल्पावधि

(b) मध्यम अवधि

(c) दीर्घावधि

(d) (b) अथवा (c)

4. निम्नलिखित में से किसकी सिक्योरिटी पर वाहन ऋण प्रदान किया जाता है?

(a) फ़ाइनेंस किए वाहन के बंधक पर

(b) फ़ाइनेंस किए वाहन के हाइपोथिकेशन पर

(c) फ़ाइनेंस किए वाहन के मॉर्गेज पर

(d) उधारकर्ता की सभी परिसंपत्तियों के हाइपोथिकेशन पर

5. रेफ़्रिजरेटर के लिए ऋण ---- की सिक्योरिटी पर प्रदान किया जाता है।

(a) फ़ाइनेंस किए आइटम के बंधक

(b) फ़ाइनेंस किए आइटम के हाइपोथिकेशन

(c) फ़ाइनेंस किए आइटम के मॉर्गेज

(d) उधारकर्ता की सभी परिसंपत्तियों के मॉर्गेज

6. खुदरा ऋण में ---- शामिल हैं।

(a) आवास ऋण, वाहन ऋण, कॉरपोरेट ऋण

(b) आवास ऋण, वाहन ऋण, पूरक ऋण (BridgeLoans)

(c) वाहन ऋण, कॉर्पोरेट ऋण, पूरक ऋण

(d) आवास ऋण, वाहन ऋण, वाहन ऋण

7. खुदरा ऋण आमतौर पर इन्हें दिए जाते हैं:

(a) पेशेवर, व्यक्तियों, कंपनियों को

(b) उस व्यक्ति को जिस पर कुछ धन बकाया हो

(c) व्यक्तियों, संस्थाओं, कंपनियों को

(d) पेशेवर, वेतनभोगी कर्मचारी, कॉरपोरेशन को

8. भारत में खुदरा ऋण में सबसे अधिक प्रतिशत हिस्सेदारी किसकी है?

(a) वाहन ऋण

(b) आवास ऋण

(c) व्यक्तिगत ऋण

(d) व्यक्तियों के लिए ओवरड्राफ्ट

9. मुद्रा योजना के अनुसार, 'किशोर ऋण' के तहत ऋण सीमा क्या है?

(a) 50,000 रुपए तक के ऋण

(b) ऋण सीमा रु. 50,000 से रु. 5.00 लाख के बीच

(c) रु. 5.00 लाख से ऊपर के ऋण

(d) रु. 10.00 लाख से ऊपर के ऋण

10. KC कार्ड योजना की विशेषताओं को ध्यान में रखते हुए, निम्नांकित कथनों का अध्ययन करें और सही कथन की पहचान करें?

(a) बटाईदारों और मौखिक पट्टेदारों को किसान क्रेडिट कार्ड योजना के दायरे से बाहर रखा गया है

(b) KC कार्ड योजना के तहत सीमा निर्धारित करते समय फसल कटाई के बाद की जरूरतों की पहचान की जाती है

(c) सुरक्षा कारणों से किसान क्रेडिट कार्ड इनपुट डीलरों के PoS का इस्तेमाल नहीं कर पाते हैं

(d) किसान क्रेडिट कार्ड एक निश्चित सीमा के साथ पांच वर्ष की अवधि के लिए जारी किए जाते हैं और बैंकों को सालाना आधार पर किसान की वित्तीय समीक्षा करने की झंझटों से छुटकारा मिल जाता है।

6.18 'अपनी प्रगति जाँचें' का उत्तर

1. (c)	2. (b)	3. (d)	4. (b)	5. (b)	6. (d)
7. (d)	8. (b)	9. (b)	10. (b)		

अध्याय

परिसंपत्ति का वर्गीकरण एवं वसूली की विधियां

7.1 उद्देश्य

7.2 परिचय

7.3 गैर-निष्पादक परिसंपत्ति (Non-Performing Asset) की परिभाषा

7.4 आय पहचान, परिसंपत्ति वर्गीकरण (IRAC) मानदंडों के अनुरूप परिसंपत्ति वर्गीकरण

7.5 वसूली के महत्वपूर्ण पहलू

7.6 ऋणों की वसूली के लिए अपनाई जाने वाली विभिन्न विधियां

7.7 सारांश

7.8 प्रमुख शब्द

7.9 अपनी प्रगति जाँचें

7.10 'अपनी प्रगति जाँचें' का उत्तर

अध्याय

7 परिसंपत्ति का वर्गीकरण एवं वसूली की विधियां

7.1 उद्देश्य

यह अध्याय पाठकों को निम्नांकित बातें समझाने का प्रयास करता है:

- गैर-निष्पादक परिसंपत्ति (Non-Performing Asset) की अवधारणा और आय पहचान तथा परिसंपत्ति वर्गीकरण मानदंडों के अनुसार परिसंपत्तियों के वर्गीकरण के लिए निर्धारित मानदंड
- वसूली से जुड़े अहम पहलू और
- ऋणों और गैर-निष्पादक परिसंपत्तियों की वसूली के लिए बैंकों के पास उपलब्ध विभिन्न विकल्प

7.2 परिचय

ऋण और अग्रिम को बैंक की परिसंपत्ति के रूप में वर्गीकृत किया जाता है। यह आशा की जाती है कि बैंक स्वयं द्वारा दिए गए ऋणों और अग्रिमों पर नियमित रूप से ब्याज वसूल कर पाएंगे और मूलधन राशि भी निर्धारित नियत तिथि पर उन्हें वापस मिल जाएगी, ताकि बैंक नए ऋण जारी करने के लिए धन का पुनः उपयोग कर सकें। यदि किसी खाते में ब्याज भुगतान में देरी होती है या चूक हो जाती है और मूलधन राशि या किस्तों में देरी हो जाती है या चूक हो जाती है, तो खाता अतिदेय (overdue) हो जाता है। यदि खाते निर्धारित समयावधि से अधिक समय तक अतिदेय स्थिति में बने रहते हैं, तो उन्हें गैर-निष्पादक परिसंपत्ति (NPA) के रूप में वर्गीकृत किया जाता है। यदि ब्याज का भुगतान न करने और मूलधन को न चुकाने के मामले सामने आते हैं, तो बैंकों के कामकाज पर असर पड़ने से आय प्रवाह में व्यवधान पैदा होगा। यहां यह ध्यान रखना जरूरी है कि NPA खातों के मामले में, बैंक आय को तब तक मान्यता नहीं देते हैं, जब तक कि वास्तव में उसकी उगाही न हो जाए। इसके अलावा, यदि बैंक की परिसंपत्ति लंबे समय तक गैर-निष्पादक परिसंपत्ति (NPA) के रूप में बनी रही, तो इस बात की संभावना हो सकती है उस परिसंपत्ति की वसूली न की जा सके। इसलिए, बैंकों के लिए ऐसे वापस न मिलने वाले ऋणों के लिए व्यवस्था कर लेना समझदारी है। इस दिशा में, भारतीय रिजर्व बैंक (RBI) द्वारा बैंकों को जारी नियामक

दिशानिर्देशों के अनुसार, उनकी ऋण परिसंपत्तियों को चार अलग-अलग वर्गों, जैसे मानक परिसंपत्ति (Standard assets), अवमानक परिसंपत्ति (Sub-standard assets), संदिग्ध परिसंपत्ति (Doubtful assets) तथा हानि परिसंपत्ति (Loss assets) में वर्गीकृत करना अपेक्षित है। गैर-निष्पादक परिसंपत्तियोंकी शर्तों और उपचार की परिभाषा आरबीआई द्वारा अपने दिशानिर्देशों में दी गई है।

किसी भी ऋण का सबसे अहम सिद्धांत सहज रूप से ऋण की स्व-तरलीकरण (self-liquidating) प्रकृति का होना है। ऋण का आशय उसकी अदायगी से है। ऋण देने वाली संस्थाओं की लाभप्रदता और व्यवहार्यता के लिए यह बेहद अहम है कि उधार दिया गया पैसा वापस वसूल किया जाए और उसका पुनः उपयोग किया जाए। ऋणों की सही वसूली न होने से न केवल फंडों को पुनः उपायोग करने की क्षमता बाधित होती है, बल्कि दूसरे जरूरतमंद लोग भी उधार लेने के फायदों से वंचित रह जाते हैं। ऋणों की बेहतर वसूली से बैंकिंग प्रणाली के सही स्थिति में होने को लेकर आम जनता का भरोसा हासिल करने में मदद मिलती है। आय पहचान और गैर-निष्पादक परिसंपत्ति(NPA) की अवधारणा जुड़े आरबीआई के मौजूदा दिशानिर्देशों के साथ, बैंकों की वित्तीय मजबूती का आकलन करने में ऋणों की वसूली को सबसे ज्यादा महत्व मिल गया है।

7.3 गैर-निष्पादक परिसंपत्ति (Non-Performing Asset) की परिभाषा

लीज पर दी गई परिसंपत्ति समेत कोई परिसंपत्ति तब गैर-निष्पादक बन जाती है, जब वह बैंक के लिए आय पैदा करना बंद कर देती है। आरबीआई के लागू दिशानिर्देशों के अनुसार, गैर-निष्पादक परिसंपत्ति (NPA) वह ऋण या अग्रिम है जिसमें:

(i) ब्याज और/या मूलधन की किस्त 90 दिनों से अधिक की अवधि के लिए अतिदेय (अदत्त) रहती है।

(ii) किसी ओवरड्राफ्ट/कैश क्रेडिट के संबंध में खाता 90 दिनों से अधिक की अवधि के लिए 'आउट ऑफ़ ऑर्डर' रहता है (बकाया बैलेंस डेबिट में होता है या स्वीकृत सीमा से अधिक होता है),

(iii) पर्चेज बिल और डिस्काउंटेड बिल के मामले में, बिल 90 दिनों से अधिक की अवधि के लिए अतिदेय (अदत्त) रहता है।

(iv) छोटी अवधि वाली फसलों के लिए ऋण/कैश क्रेडिट पर मूलधन और/या ब्याज की किस्त दो फसल मौसमों के लिए अतिदेय रहती है,

(v) लंबी अवधि वाली फसलों के लिए, ऋण/कैश क्रेडिट पर मूलधन और/या ब्याज की किस्त एक फसल सीज़न के लिए अतिदेय रहती है।

अगर किसी तिमाही में लिया गया ब्याज तिमाही के अंत से 90 दिनों के भीतर पूरी तरह से चुकाया नहीं जाता है, तो बैंकों को उस खाते को NPA के रूप में वर्गीकृत करना चाहिए। अगर बकाया राशि लगातार स्वीकृत सीमा/आहरण क्षमता से अधिक बनी रहती है, तो किसी खाते/कैश क्रेडिट/ओवरड्राफ्ट

को 'आउट ऑफ़ ऑर्डर' माना जाना चाहिए। ऐसे मामलों में जहां मुख्य परिचालन खाते में बकाया राशि स्वीकृत सीमा/आहरण क्षमता से कम है, लेकिन बैलेंस शीट की तिथि तक 90 दिनों तक लगातार कोई क्रेडिट नहीं हुआ है, या उसी अवधि के दौरान डेबिट किए गए ब्याज को कवर करने के लिए पर्याप्त क्रेडिट नहीं है, तो इन खातों को 'आउट ऑफ़ ऑर्डर' माना जाना चाहिए।

किसी ऋण खाते को NPA में बदलने से पहले, बैंकों को विशेष उल्लेख खाता (SMA) श्रेणी के तहत तीन उप-श्रेणियां बनाकर खाते में शुरुआती दबाव (stress) की पहचान करनी होती है, जिसे नीचे दी गई तालिका में बताया गया है:

SMA उप-श्रेणियां	वर्गीकरण का आधार
SMA-0	मूलधन या ब्याज का भुगतान 30 दिनों से अधिक के लिए बाकी न हो, पर खाते में शुरुआती दबाव के लक्षण दिखाई दे रहे हों
SMA-1	मूलधन या ब्याज भुगतान 31-60 दिनों के बीच विलम्बित
SMA-2	मूलधन या ब्याज भुगतान 61-90 दिनों के बीच विलम्बित

7.4 आय पहचान, परिसंपत्ति वर्गीकरण (IRAC) मानदंडों के अनुरूप परिसंपत्ति वर्गीकरण

आरबीआई के दिशानिर्देशों में कहा गया है कि बैंकों को परिसंपत्ति या ऋण को चार श्रेणियों में वर्गीकृत करना चाहिए:

- मानक परिसंपत्तियां
- अवमानक परिसंपत्तियां
- संदिग्ध परिसंपत्तियां
- हानि परिसंपत्तियां

कोई परिसंपत्ति या तो एनपीए या गैर-एनपीए होगी। मानक परिसंपत्तियां वे परिसंपत्तियां हैं जो NPA नहीं होती हैं। इसलिए,NPA खातों को तीन श्रेणियों अर्थातअवमानक, संदिग्ध और हानि परिसंपत्तियों के अंतर्गत विभाजित किया जाता है।

मानक परिसंपत्तियां

मानक परिसंपत्तियों को निष्पादक परिसंपत्तियां कहा जाता है, क्योंकि वे बैंक को नियमित ब्याज देती हैं और मूलधन राशि/किस्तें समय पर वसूल हो जाती हैं, इस प्रकार, वे मुनाफा कमाने और आगे ऋण देने के लिए अदायगी को पुनः उपयोग करने में सक्षम होते हैं।

अवमानक परिसंपत्तियां

मौजूदा दिशानिर्देशों के अनुसार, अवमानक परिसंपत्ति वह होगी, जो 12 महीने तक की अवधि के लिए NPA बनी हुई हो। उदाहरण के लिए, यदि किसी ऋण की 3 EMI 90 दिनों से अधिक मगर 12 महीने से

कम की अवधि के लिए भुगतान नहीं की जाती है, तो उस खाते को अवमानक परिसंपत्ति माना जाएगा। अवमानक परिसंपत्तियों का कलेक्शन दिन-प्रतिदिन मुश्किल होता जाएगा। उदाहरण के लिए, यदि डिफ़ॉल्ट अवधि 91 दिन है, तो नियमित खाते की तुलना में अतिदेय राशि की वसूली कम कठिन हो सकती है। मान लें जब डिफ़ॉल्ट अवधि बढ़कर 6 महीने हो जाती है, तो 6 महीने की EMI के डिफ़ॉल्ट के कारण अतिदेय राशि बढ़ जाएगी (3 महीने पहले की तुलना में); अतिदेय राशि पर लगने वाला अतिरिक्त ब्याज भी उस राशि में जुड़ जाता है।

संदिग्ध परिसंपत्तियां

किसी परिसंपत्ति को 'संदिग्ध' के रूप में तब वर्गीकृत किया जाता है, जब यह 12 महीने की अवधि तक अवमानक श्रेणी में रही हो। संदिग्ध परिसंपत्तियां चिंता का कारण होती हैं, क्योंकि इससे अवमानक परिसंपत्ति की स्थिति और भी खराब हो रही होती है, क्योंकि जब से उसे अवमानक परिसंपत्ति के रूप में वर्गीकृत किया गया था, तब से कम से कम 12 महीनों से उनका भुगतान नहीं किया गया होता है। संदिग्ध परिसंपत्तियों में अतिदेय राशि की वसूली करना काफी कठिन होगा, क्योंकि अतिदेय राशि अतिरिक्त ब्याज के साथ अतिरिक्त 12 महीने (या अधिक समय) से जुड़ी होती है। इन मामलों में, यह स्पष्ट होता है कि देनदार की वित्तीय/तरलता स्थिति साफ तौर से खराब हो गई है, जो कि उसके खाते को अवमानक परिसंपत्ति के रूप में वर्गीकृत किए जाने के 12 महीने बीत जाने के बावजूद, अतिदेय राशि को चुकाने में देनदार की निरंतर असमर्थता से पता चलता है। ऐसी संपत्तियों को सही आधार पर ही संदिग्ध कहा जाता है, क्योंकि वर्तमान में ज्ञात तथ्यों, स्थिति और ऋण के सिक्योरिटी वैल्यू के आधार पर उनकी वसूली असंभव प्रतीत होती है।

हानि परिसंपत्तियां

हानि परिसंपत्ति वह है, जहां बैंक या आंतरिक या बाहरी लेखापरीक्षकों द्वारा या आरबीआई जांच द्वारा हानि की पहचान की जाती है, लेकिन उस राशि को पूरी तरह से आपलेखित (written off) नहीं किया गया होता है। हानि परिसंपत्ति को वसूली योग्य नहीं माना जाता है। उनका मूल्य इतना कम होता है कि भरोसेमंद परिसंपत्ति के रूप में उनका बने रहना सही नहीं होता। हालांकि, कुछ मामलों में लंबी अवधि में कुछ अवशिष्ट मूल्य (salvage value) हो सकता है।

निष्कर्षतः परिसंपत्ति वर्गीकरण पर यह कहा जा सकता है कि चार श्रेणियों में ऋण की अदायगी की लाभप्रदता सामान्यतः इस प्रकार होगी:

- मानक परिसंपत्तियों में उच्च,
- अवमानक परिसंपत्तियों में अच्छा या ठीक-ठाक,
- संदिग्ध संपत्तियों में शंकास्पद या संदेहास्पद, और
- हानि परिसंपत्ति में असंभव या नगण्य

प्रावधान मानदंड

विवेकपूर्ण मानदंडों के अनुसार परिसंपत्तियों के वर्गीकरण के आधार पर गैर-निष्पादक परिसंपत्तियों के लिए प्रावधान किए जाने चाहिए। किसी खाते की वसूली संदिग्ध होने, उसकी पहचान, सिक्योरिटी की उगाही और समय के साथ बैंक के लिए सिक्योरिटी मूल्य में गिरावट के बीच के समय अंतराल को ध्यान में रखते हुए, बैंकों को अवमानक परिसंपत्तियों, संदिग्ध परिसंपत्तियों और हानि परिसंपत्तियों के एवज में प्रावधान करना चाहिए, जिसे नीचे बताया गया है:

हानि परिसंपत्ति

हानि परिसंपत्तियों को अपलेखित (writtenoff) कर देना चाहिए। यदि किसी भी कारण से हानि परिसंपत्तियों को बही में रहने दिया जाता है, तो बकाया राशि के 100 प्रतिशत तक प्रावधान किया जाना चाहिए।

संदिग्ध परिसंपत्ति

अग्रिम की 100 प्रतिशत सीमा उसकी सिक्योरिटी वसूली योग्य मूल्य द्वारा कवर नहीं की जाती है, जिसके लिए बैंक के पास वैध सहारा (recourse) हो, और वसूली करने योग्य मूल्य का अनुमान वास्तविक आधार पर लगाया जाता है।

सिक्योर्ड हिस्से के संबंध में, नीचे बताए गए आधार पर प्रावधान किया जा सकता है, जो सिक्योर्ड हिस्से के 25 प्रतिशत से लेकर 100 प्रतिशत तक की दरों पर, जो उस अवधि पर निर्भर करेगा जिसके लिए परिसंपत्ति संदिग्ध बनी हुई है:

उस अवधि के लिए जिसमें अग्रिम 'संदिग्ध' श्रेणी में रहा है	प्रावधान करने की आवश्यकता (%)
एक वर्ष तक	25
एक से तीन वर्ष	40
तीन वर्ष से अधिक	100

अवमानक परिसंपत्ति

ECGC गारंटी कवर और उपलब्ध सिक्योरिटी के लिए कोई छूट दिए बगैर कुल बकाए पर 15 प्रतिशत का सामान्य प्रावधान किया जाना चाहिए।

'अनसिक्योर्ड एक्सपोज़र' जिन्हें अवमानक' (substandard) के रूप में पहचाना जाता है, उन पर बकाया राशि पर 10 प्रतिशत अर्थात कुल 25 प्रतिशत का अतिरिक्त प्रावधान लागू होगा। हालांकि, इंफ्रास्ट्रक्चर के ऋण प्रदायगी के मामले में उपलब्ध निलंब खाता (escrow accounts) जैसे कुछ सुरक्षा उपायों के आधार पर, इंफ्रास्ट्रक्चर ऋण खातों जिन्हें अवमानक के रूप में वर्गीकृत किया जाता है, उन पर 25 प्रतिशत के पूर्वोक्त सुझाव के स्थान पर 20 प्रतिशत का प्रावधान लागू होगा। निम्न प्रावधान के इस लाभ का फ़ायदा उठाने के लिए, बैंकों के पास नकद प्रवाह को निलंब (एस्क्रो) करने के लिए एक उचित प्रणाली होनी चाहिए और इन नकदी प्रवाह पर स्पष्ट और प्रथम कानूनी दावा भी होना चाहिए।

अनसिक्योर्ड 'संदिग्ध' परिसंपत्तियों के लिए प्रावधान की आवश्यकता 100 प्रतिशत की होती है। अनसिक्योर्ड एक्सपोज़र को ऐसे एक्सपोज़र के रूप में परिभाषित किया जाता है, जहां सिक्योरिटी का वसूली योग्य मूल्य, जो कि बैंक/स्वीकृत मूल्यांकन-कर्ताओं/रिज़र्व बैंक के निरीक्षण अधिकारियों द्वारा मूल्यांकन किया गया हो, बकाया एक्सपोज़र के शुरुआती रूप से 10 प्रतिशत से ज्यादा नहीं है। 'एक्सपोज़र' में सभी वित्तपोषित और गैर-वित्तपोषित एक्सपोज़र (अंडरराइटिंग और ऐसी ही प्रतिबद्धताओं समेत) सम्मिलित होंगे। 'सिक्योरिटी' का अर्थ बैंक द्वारा उचित रूप से वसूल की जाने वाली ठोस प्रतिभूति होगी और इसमें गारंटी (राज्य सरकार की गारंटी सहित), कम्फर्ट पत्र जैसी अमूर्त प्रतिभूतियां शामिल नहीं होंगी।

मानक परिसंपत्तियां

सभी प्रकार की मानक परिसंपत्तियों के लिए प्रावधान करने की आवश्यकताएं इस प्रकार हैं। बैंकों को वैश्विक ऋण पोर्टफोलियो के आधार पर वित्तपोषित बकाया के लिए नीचे बताई दरों पर मानक परिसंपत्तियों के लिए सामान्य प्रावधान लागू करना चाहिए:

(a) कृषि गतिविधियों के लिए फार्म क्रेडिट, व्यक्तिगत आवास ऋण और लघु तथा सूक्ष्म उद्यम (SME) सेक्टरों के लिए - 0.25%

(b) कमर्शियल रियल एस्टेट (CRE)1 सेक्टर - 1.00%

(c) कमर्शियल रियल एस्टेट - आवासीय हाउसिंग सेक्टर (CRE - RH)2 -0.75%

(d) आवास ऋण लुभावनी दर (teaser rates)पर दिए जाते हैं जैसा कि संकेतित है।

(e) रीस्ट्रक्चर्ड अग्रिम - अग्रिमों की रीस्ट्रक्चरिंग के लिए विवेकपूर्ण मानदंडों में यथानिर्धारित।

(f) अग्रिमों को प्रचलित निर्देशों के अनुसार मानक के रूप में रीस्ट्रक्चर और वर्गीकृत किया जाता है

(g) ऊपर (a) – (f) में शामिल न किए गए अन्य सभी ऋण और अग्रिम - 0.40 प्रतिशत।

नेट NPA की गणना के लिए मानक परिसंपत्तियों पर किए प्रावधानों को ध्यान में नहीं रखा जाना चाहिए।

7.5 वसूली के महत्वपूर्ण पहलू

स्मुचित रूप से समय पर ऋण का प्रावधान: ऋण के प्रावधान में समय का ध्यान रखना और पर्याप्त मात्रा में ऋण उपलब्ध कराना जरूरी होता है। ऋण न केवल समय पर दिया जाना चाहिए, बल्कि ऋण की वसूली के लिए जरूरी प्रयास भी उचित समय पर ही आरंभ किए जाने चाहिए। ऋण देते समय भी, उधारकर्ताओं को यह समझाया जाना चाहिए कि ऋण को निर्धारित समय पर चुकाया जाना आवश्यक है। इससे कर्जदारों के मन में बैठी यह आशंका दूर हो जाएगी कि सरकारी ऋण की तरह बैंक का ऋण भी आसानी से चुकता किया जा सकता है। त्वरित ऋण अदायगी सुनिश्चित करने के लिए उधारकर्ताओं के साथ समय-समय पर संपर्क करने जैसी प्रेरक गतिविधि करनी चाहिए, ख़ासतौर से फ़सल की कटाई/विपणन के समय।

मंजूरी-पूर्व की औपचारिकताएं: जहां तक संभव हो, उधारकर्ता की ऋण जरूरतों को एकीकृत आधार पर पूरा करना चाहिए। इसका आकलन तर्कसंगत तरीके से किया जाना चाहिए, न कि मनमाने ढंग से, ताकि अधिक/कम फ़ाइनेंसिंग न हो जाए। मंजूरी-पूर्व उचित मूल्यांकन और परामर्श करना चाहिए। अदायगी अनुसूची को यथार्थवादी तरीके से तय किया जाना चाहिए, जिसमें वित्तपोषित कार्य से अपेक्षित आय प्रवाह का उचित ध्यान रखा जाए और वास्तविक वसूली शुरू होने से पहले पर्याप्त 'उत्पादन पूर्व अवधि' (gestation period) की अनुमति दी जाए।

मंजूरी-पश्चात की अनुवर्ती कार्रवाई: क्रेडिट के उचित अंतिम उपयोग को सुनिश्चित करने के लिए, इनपुट आदि के विभिन्न मदों के संबंध में संवितरण, जहां तक संभव हो सीधे आपूर्तिकर्ताओं को किया जाना चाहिए, जहां व्यय कई चरणों में किया जाता है, इसलिए फंडों को भी चरणबद्ध तरीके से जारी किया जाना चाहिए। सेवा क्षेत्र में आने वाले गांवों में सही एजेंसियों की मदद से सहायक सेवाओं के प्रावधान जैसे इनपुट की आपूर्ति, स्टोर, परिवहन, मार्केटिंग इत्यादि की व्यवस्था पर उचित ध्यान देना चाहिए। जिस स्थिति में प्राकृतिक आपदाओं के कारण उधारकर्ता की फसलों और अन्य संपत्तियों को नुकसान होने से उधारकर्ताओं की ऋण चुकाने की क्षमता पर बुरा असर पड़ा हो, वहां शाखाओं को उन्हें कंवर्जन/रीशेड्यूलिंग सुविधाएं देने में हिचकिचाहट नहीं दिखानी चाहिए। सबसे अहम चरण विपणन के समय होगा और फील्ड स्टाफ को जितना संभव हो सके उधारकर्ताओं, ख़ासकर छोटे उत्पादकों को उनकी उपज के विपणन के सर्वोत्तम तरीकों के बारे में मार्गदर्शित करना चाहिए। इस संदर्भ में, उचित खरीद/प्रोसेसिंग एजेंसियों के साथ तालमेल स्थापित करने के लिए हरसंभव प्रयास किए जाने चाहिए।

फ़ॉलो-अप और वसूली: यह ऋण वसूली को प्रभावित करने वाला सबसे अहम कारक है। ऋणों के फ़ॉलो-अप और वसूली के लिए नीचे बताई विधियां अपनाई जाती हैं:

(a) जहां उधारकर्ताओं से महीनों तक संपर्क नहीं किया गया हो, वहाँ संपर्क न होना डिफ़ॉल्ट की संभावना को बढ़ा देता है। शाखाओं को उस क्षेत्र के बीच में स्थित गांव में व्यापक प्रचार वाली बैठकें आयोजित करनी चाहिए, जो किसानों के साथ संपर्क में आने और उन्हें बैंक के ऋणों को समय पर चुकाने को लेकर जागरुक बनाने का एक बढ़िया मंच हो सकता है।

(b) ऐसे मामलों में जहां उधारकर्ताओं की तादाद ज्यादा हो, फील्ड स्टाफ के दौरे के दौरान अलग-अलग उधारकर्ताओं से संपर्क स्थापित करना संभव नहीं हो पाता है। ग्राहकों के साथ संपर्क बनाए रखने के लिहाज से, मेलों (fair) और अन्य कार्यक्रमों के दौरान गांवों का बार-बार दौरा करना और फसल कटाई/उत्पादन के विपणन के वक्त कृषि उपज मंडियों (बाजारों) का दौरा करना जरूरी होता है।

(c) कर्जदारों को वसूली की नोटिस पहले ही भेज देनी चाहिए। ऋण पास-बुक जारी करने का ध्यान रखना चाहिए, क्योंकि उसमें अदायगी अनुसूची भी दिया जाता है। सही गुणवत्ता वाले ऋण में ऋण का समय पर और नियमित रूप से अदायगी होने का भरोसा होता है। केवल उचित प्रस्तावों को ही मंजूरी देनी चाहिए।

(d) जहां तक संभव हो संस्थागत संबद्धता को प्राथमिकता दी जानी चाहिए। गन्ने के लिए फसल ऋण और डेयरी फार्मिंग व भेड़ पालन आदि के लिए मियादी ऋण को आगे बढ़ाते समय, उपज की खरीद में लगी एजेंसियों के साथ प्रभावी संबंध स्थापित किया जा सकता है।

(e) सूखे/बाढ़ जैसी प्राकृतिक आपदाओं की स्थिति में, और उन वास्तविक मामलों में भी जहां उधारकर्ताओं की ऋण चुकाने की क्षमता प्राकृतिक आपदाओं के अलावा दूसरी आपदाओं से प्रभावित हो जाती है, इस तथ्य को ध्यान में रखते हुए ऋणों का तत्काल कंवर्जन/रीशेड्यूलिंग कर दिया जाना चाहिए कि ऋण की अवधि इस प्रकार तय की जाए जो बैंक की परिसंपत्ति की आर्थिक आयु से अधिक न हो। इससे न केवल पुराना खाता नियमित हो जाएगा, बल्कि समय पर नए ऋण के प्रावधान का मार्ग भी खुल जाएगा, जिसके बिना उधारकर्ता और बैंक एक मुश्किल स्थिति में फंस जाएंगे।

(f) शाखाओं को चाहिए कि वे किसानों को उचित समय के भीतर बीमा कंपनियों के समक्ष उनके दावे प्रस्तुत करने और उनका निपटान करने में सहायता करें जिससे वसूली में भी सहूलियत आएगी। मवेशी ऋण के मामले में, इस बात का ध्यान रखना चाहिए कि उनका पर्याप्त बीमा किया गया हो और बीमा पॉलिसियों को नियत तिथियों पर अनिवार्य रूप से नवीनीकृत किया जाता हो।

(g) गारंटरों को उधारकर्ता के खाते से जुड़ी प्रगति की सूचना दी जानी चाहिए और कठिन मामलों में, ऋण जारी करने/नवीनीकरण करने की प्रक्रिया को उधारकर्ता के खातों के उचित संचालन से जोड़ा जाना चाहिए।

(h) ऋण को जीवित रखने और कानूनी रास्ता खुला रखने के लिए पुनःप्रवर्तन पत्र (revivalletters) (ऋण की पावती) समय पर प्राप्त कर लेना चाहिए।

(i) फील्ड स्टाफ को गतिशील रहना चाहिए; उन्हें ज्यादा से ज्यादा समय फ़ील्ड में ही बिताना चाहिए। गांवों में रात में ठहरने को प्रोत्साहन देना चाहिए, क्योंकि किसान ज्यादातर देर रात या सुबह जल्दी गांवों में मिलते हैं।

(j) अच्छी ऋण-अदायगी जे रिकॉर्ड वाले उधारकर्ताओं की तारीफ़ की जानी चाहिए। उन्हें ग्राम सभा में छोटे-मोटे उपहार देकर सम्मानित किया जा सकता है। शाखा परिसर में उनके नाम को प्रदर्शित भी किया जा सकता है। हाल ही में, भारत सरकार ने फसल ऋण (croploans) में जहां समय पर ऋण चुकाया जाता है, वहां लागू ब्याज दर में रियायत देने का फ़ैसला किया है।

(k) महत्वपूर्ण इलाकों में सरकारी अधिकारियों की मदद से वसूली शिविर आयोजित किए जाएं, जिससे ऋणों की वसूली के लिए सही माहौल बन पाएगा। इन शिविरों में शाखाओं के क्षेत्रीय प्रबंधकों/नियंत्रकों को भी हिस्सा लेना चाहिए।

ऋणदाताओं के लिए उचित व्यवहार संहिता पर दिशा-निर्देश

उचित व्यवहार संहिता पर RBI द्वारा व्यापक दिशा-निर्देश जारी किए गए हैं और बैंकों को निम्नांकित व्यापक दिशा-निर्देशों को अपनाने और अपने निदेशक मंडल द्वारा विधिवत रूप से स्वीकृत उचित व्यवहार संहिता तैयार करने का सुझाव दिया गया है:

(i) ऋण के लिए आवेदन और उनकी प्रोसेसिंग

(ii) ऋण मूल्यांकन एवं नियम/शर्तें

(iii) नियम व शर्तों में बदलाव समेत ऋण का संवितरण

(iv) संवितरण के बाद निगरानी, आदि।

7.6 ऋणों की वसूली के लिए अपनाई जाने वाली विभिन्न विधियां

ऐसे तीन प्रकार के देनदार (कर्ज़दार) होते हैं, जिनके लिए वसूली की अलग-अलग रणनीतियों की जरूरत होती है:

(a) सामान्य देनदार, अर्थात जो भुगतान कर सकते हैं और यदि याद दिलाया जाए या/और भुगतान करने के लिए मनाया जाए तो कर्ज़ चुकाएंगे।

(b) कठिन देनदार, अर्थात जो भुगतान कर सकते हैं, पर वे भुगतान नहीं करेंगे।

(c) संदिग्ध देनदार, यानी जो अपने साथ मोल-भाव करने पर घटी हुई राशि को चुका सकते हैं।

वसूली की सामान्य विधियां/स्वयं-वसूली की विधियां:

सामान्य देनदारों से ऋण की वसूली के लिए बैंक निम्नांकित विधियां अपनाते हैं:

- ग्राहकों से नियमित समय पर मुलाकात करना
- फ़ोन कॉल करना
- गारंटरों के जरिए दबाव बनाना

वसूली की कठोर विधियां:

वसूली की कठोर विधियों में कानूनी कदम उठाना शामिल है:

(a) SARFAESI अधिनियम के तहत ऋण की वसूली

भारत सरकार द्वारा वर्ष 2002 में वित्तीय परिसंपत्तियों का प्रतिभूतिकरण एवं पुनर्निर्माण व सुरक्षा हित का प्रवर्तन (SARFAESI) अधिनियम को लागू किया गया था। जमाकर्ताओं के प्रति दायित्वों का निर्वहन करने के लिए सिक्योरिटी (प्रतिभूति) रखना पर्याप्त नहीं है। इस कार्य के लिए सिक्योरिटीज को तरलीकृत किया जाना होता है। ऐसे में सिक्योरिटीज के प्रवर्तन का महत्व ज्यादा हो जाता है। एक स्वस्थ बैंकिंग प्रणाली के लिए, उचित वसूली कानूनों द्वारा समर्थित सुव्यवस्थित वसूली प्रणाली जरूरी होती है। बैंक अक्सर चल और अचल परिसंपत्तियों को सिक्योरिटी के रूप में लेना पसंद करते हैं। चल परिसंपत्ति को बंधक/हाइपोथिकेशन आदि के जरिए सिक्योरिटी के रूप में स्वीकार किया जाता है। अचल संपत्तियों पर सिक्योरिटी मॉर्गेज (गिरवी) के जरिए रखी जाती हैं। जैसा कि अनुबंध अधिनियम के तहत प्रावधान किया गया है, गिरवी रखने वाले को नोटिस देकर गिरवी रखी गई चीजों का निपटान करना आसान है। जैसे

कि सोने के आभूषण गिरवी रखना। सिक्योरिटी के तौर पर ली गई अचल परिसंपत्तियों पर अधिकार लागू हासिल के लिए बैंकों को बहुत सारी समस्याओं से निपटना पड़ता है। देश के दीवानी कानून इतने जटिल हैं कि बकाया राशि की वसूली के लिए आदेश हासिल करने में वर्षों लग सकते हैं। वर्ष 2002 से पहले, बैंकों के पास अदालत/ट्रिब्यूनल के अलावा सिक्योरिटी का इस्तेमाल कर अपना बकाया वसूलने का कोई विकल्प नहीं था। SARFAESI अधिनियम के लागू होने से, बैंकों एवं वित्तीय संस्थानों को उधारकर्ता की सिक्योरिटी परिसंपत्तियों पर कब्जा करने का अधिकार दिया गया, जिसमें अदालत/ट्रिब्यूनल के हस्तक्षेप के बगैर सिक्योरिटी परिसंपत्ति की प्राप्ति के लिए लीज, असाइनमेंट या बिक्री के जरिए हस्तांतरण का अधिकार भी शामिल था।

यह अधिनियम किसी लेनदार (ऋणदाता) द्वारा अधिकारों को लागू करने के लिए चार शर्तें तय करता है।

(*a*) ऋण सिक्योर्ड हो

(*b*) बैंकों द्वारा ऋण को NPA के रूप में वर्गीकृत किया गया हो।

(*c*) बकाया राशि एक लाख रुपए से ज्यादा हो और ऋण की मूलधन राशि और उस पर आने वाले ब्याज के 20% से अधिक हो।

(*d*) इस्तेमाल की जाने वाली सिक्योरिटी कृषि योग्य भूमि न हो।

अधिकारों को लागू करने के लिए निम्नांकित प्रक्रियाओं का पालन किया जाएगा

i. धारा 13(2) के अंतर्गत, उधारकर्ता/सह-उधारकर्ताओं/गारंटरों को नोटिस भेजी जानी चाहिए/ देनदारी निर्धारित करने के लिए निश्चित रूप से 60 दिनों का समय दिया जाना चाहिए और साथ ही धारा 13(4) के तहत संपत्तियों पर कब्ज़ा हासिल करने की कार्रवाई की सिक्योर्ड लेनदार की मंशा की भी सूचना देनी चाहिए।)।

ii. 60 दिन पूरा होने के बाद, यदि देय राशि का भुगतान नहीं किया जाता है, तो बैंक परिसंपत्ति पर कब्ज़ा कर सकता है और बकाया राशि की वसूली के लिए इसे बिक्री के लिए इस्तेमाल कर सकता है।

iii. उधारकर्ता किसी भी स्पष्टीकरण की मांग कर सकता है और बैंक ऐसे अनुरोध के 15 दिनों के भीतर प्रश्नों का उत्तर देने के लिए कानूनी रूप से बाध्य होगा।

iv. इस प्रकार, यह अधिनियम देनदार को लेनदार की ओर से जरूरी विवरण हासिल करने का मौका देता है। हालांकि, बताए गए कारण या वजहों के बताने के चरण में सिक्योर्ड लेनदार की संभावित कार्रवाई, उधारकर्ता को DRT के आवेदन को प्राथमिकता देने का कोई अधिकार प्रदान नहीं करेगी।

इस अधिनियम के तहत नोटिस केवल बैंक के 'अधिकृत अधिकारी' द्वारा ही जारी की जा सकती है। कब्जे में ले लेने के बाद, बैंक को आम जनता को अवगत कराने के लिए दो अख़बारों में कब्जा नोटिस प्रकाशित करनी होगी।

v. उधारकर्ता/मॉर्गेजकर्ता बैंक द्वारा कब्जा लेने के 45 दिनों के अंदर यदि कोई शिकायत हो, तो उनके निवारण के लिए DRT से संपर्क कर सकता है। DRT के फ़ैसले से संतुष्ट न होने वाला कोई भी पक्ष 30 दिनों की निर्धारित अवधि के भीतर अपील दायर कर फिर से DRT से संपर्क कर सकता है।

(b) लोक अदालत के जरिए वसूली

वह अदालत, जिसे उच्च न्यायालय कानूनी सेवा या जिला कानूनी सेवा प्राधिकरण या तालुका कानूनी सेवा समिति द्वारा दो पक्षों के बीच विवाद को समझौते के जरिए सौहार्दपूर्ण तरीके से निपटाने के उद्देश्य से आयोजित किया गया हो, उसे लोक अदालत कहा जाता है। लोक अदालत का अर्थ यह है कि यह जनता अदालत नैतिकता एवं ईमानदारी पर आधारित है, जो हमारे पारंपरिक समाज के असली स्तंभ हैं। वैधानिक कानूनी प्राधिकरणों का संघटन प्रदान करने और इसे और इसके आदेशों को वैधानिक समर्थन प्रदान करने के लिए, भारत सरकार द्वारा कानूनी सेवा प्राधिकरण विधेयक, 1987 पेश किया गया था, जिसका उद्देश्य न्याय सुनिश्चित करने के अवसर मुहैय्या कराने के लिए समाज के निर्बल वर्गों को निःशुल्क व योग्य कानूनी सेवाएं प्रदान करना था। लोक अदालत समझौते करवाने पर ध्यान देती है। इसमें कोई अदालती शुल्क नहीं होता है और कोई कड़ी प्रक्रियात्मक आवश्यकता (यानी, सिविल प्रॉसीजर कोड अथवा साक्ष्य अधिनियम द्वारा तय की गई प्रक्रिया का पालन करने की कोई आवश्यकता नहीं है), जिससे इसकी प्रक्रिया बेहद तेज़ बन जाती है। इसके पक्ष सीधे जज से बातचीत कर सकते हैं, जो आम अदालतों में संभव नहीं होता है। जो मामले आम अदालत में लंबित होते हैं, उन्हें यदि दोनों पक्ष सहमत हों, तो लोक अदालत में स्थानांतरित किया जा सकता है। उस मामले को भी लोक अदालत में भी स्थानांतरित किया जा सकता है, जिसमें एक पक्ष अदालत में आवेदन करता है और अदालत दूसरे पक्ष को सुनवाई का अवसर देने के बाद समझौते की थोड़ी गुंजाइश देखती है। इस प्रकार, लोक अदालत का फ़ोकस समझौता करवाना होता है। जब कोई समझौता नहीं हो पाता, तो मामला वापस अदालत में चला जाता है। हालांकि, अगर समझौता हो जाता है, तो एक वार्ड बनाया जाता है और यह पक्षों के लिए बाध्यकारी होता है। इसे सिविल कोर्ट के आदेश (decree) के रूप में लागू किया जाता है। लोक अदालत 20 लाख रुपए तक की राशि से जुड़े बैंकिंग विवादों को निपटा सकती है।

(c) समझौता सेटलमेंट के जरिए अग्रिम की वसूली

समझौता सेट्लमेंट का अर्थ मोल-तोल द्वारा किया गया सेटलमेंट है, जहां एक उधारकर्ता कुछ रकम का भुगतान करने की पेशकश करता है, जो संबंधित ऋण अनुबंध के तहत बैंक को देय कुल राशि से कम होगी और बैंक फुल और फाइनल सेटलमेंट में बकाया राशि स्वीकार करने के लिए सहमत हो जाता है। इस प्रकार, सेटलमेंट में निश्चित रूप से बैंक द्वारा उधारकर्ताओं से बकाया राशि के एक हिस्से का कुछ त्याग करना पड़ता है (बट्टे खाते में डाल दिया जाता है और/या छूट दे दी जाती है)। हालांकि, ऐसे मामलों में समझौते को एक रणनीति के रूप में माना जाता जा सकता है, जहां:

- सिक्योरिटी कवरेज बैकअप संदेहास्पद/कम होता है और उधारकर्ता और गारंटर के स्वयं के साधनों से समूची वसूली की संभावनाएं बहुत कम रहती हैं।

- मुकदमा अदालत में लंबित है और सेटलमेंट में लंबा समय लग सकता है, आखिरकार जब राशि वसूल की जाएगी, तो प्राप्त धन का मूल्य, धन के समय मूल्य के सिद्धांतों के अनुरूप काफी कम होगा।
- न्यायालय का फ़ैसल बैंक के पक्ष में दिया गया हो, मगर विभिन्न कारणों से सिक्योरिटी के इस्तेमाल में व्यावहारिक परेशानियां होती हैं।
- दस्तावेजों के गलत संचालन के कारण मुकदमा चलाए जाने योग्य नहीं हो सकता है।
- समझौता सेटलमेंट के जरिए अग्रिमों की वसूली, उन मामलों में बैंक के एक प्रभावी गैर-कानूनी उपाय के रूप में माना जाता है, जहां दूसरी समाधान रणनीतियों की तुलना में इस विकल्प को अपनाना सबसे सही माना जाता है।

समझौता सेटलमेंट का मूल उद्देश्य बैंक को होने वाले नुकसान को कम करना और यथासंभव ज्यादा राशि (बगैर ब्याज के) वसूल करना है। अंतिम बिंदु पर बातचीत के जरिए ही पहुंचा जा सकता है। सभी ठोस सिक्योरिटी - प्राथमिक और संपार्श्विक (कोलैटरल) दोनों के मूल्य का आकलन स्वतंत्र रूप से और शामिल राशि की मात्रा के निर्धारण हेतु यथार्थवादी तरीके से संपन्न करना चाहिए। सिक्योरिटी के मूल्य का आकलन करने के लिए जरूरत पड़ने पर बाह्य अनुमोदित मूल्यांकनकर्ताओं/आकलनकर्ताओं की मदद ली जा सकती है। आमतौर पर, बैंक नेट हानि का निर्धारण करता है और ऐसे समझौता सेटलमेंट के साथ आगे बढ़ने से पूर्व उचित प्राधिकारी/स्क्रीनिंग समिति की मंजूरी हासिल करता है। भले ही भुगतान का तरीका काफी हद तक उधारकर्ता/गारंटर की क्षमता के आधार पर निर्धारित किया जाएगा, पर बैंक को सेटलमेंट राशि के बड़े हिस्से को एकमुश्त वसूलने की कोशिश करनी चाहिए।

(d) मुकदमा दायर कर ऋण की वसूली

अंतिम उपाय के रूप में मुकदमा दायर किया जाता है। कभी-कभी, मुकदमा दायर करना जरूरी हो जाता है, और इसमें देरी होने से निष्पादित दस्तावेज़ समय-अवरोधित हो सकते हैं या जब बैंक को यह लगे कि उधारकर्ता परिसंपत्ति को बर्बाद कर रहा है या सिक्योरिटी को बैंक के दायरे से हटाने का प्रयास कर रहा है। जैसा कि पहले बताया गया है, कभी-कभी, सिक्योरिटी का इस्तेमाल करने के लिए मुकदमा दायर करना जरूरी हो जाता है या जब बैंक से कोई कोई विशेष सिक्योरिटी चार्ज नहीं लिया जाता है और बैंक चाहता है कि पक्षकार व्यक्तिगत संविदा पर भरोसा करे। मुकदमा दायर करने के लिए, बैंक के वकील द्वारा वादपत्र तैयार किया जाता है और मामले की सुनवाई के लिए आर्थिक और क्षेत्रीय न्यायाधिकार वाली अदालत में प्रस्तुत किया जाता है। वादपत्र सही तरीके से ड्राफ़्ट किया जाना चाहिए और इसमें मूलधन, ब्याज, लागत और अन्य राहत के रिलीफ़ के अलावा मामले का पूरा विवरण मौजूद होना चाहिए। जैसे-जैसे मामला आगे बढ़ता है, बैंकर को वकील/अधिवक्ता के साथ लगातार संपर्क में बना रहना चाहिए और जब भी जरूरत हो, उसे जरूरी जानकारी/सबूत आदि मुहैय्या कराना चाहिए। अदालत द्वारा फ़ैसला जारी कर दिए जाने पर उसे शीघ्र लागू करने के लिए कदम उठाया जाना चाहिए। अगर अदालत द्वारा जारी आदेश में कुछ कठिन उपबंध शामिल हैं, जो बैंक के हितों के लिए हानिकारक हैं, तो निर्धारित समय के भीतर फैसले के विरुद्ध अपील दायर करने के लिए कदम उठाना चाहिए। मॉर्गेज मुकदमों के मामले में, जहां प्रारंभिक फ़ैसला असंतुष्टियुक्त रहता है, अंतिम फैसला पाने

के लिए तुरंत अदालत का रुख किया जाना चाहिए। कई बार सिविल प्रक्रिया संहिता के आदेश 37 के तहत संक्षिप्त रूप में मुकदमा दायर करना संभव होता है। इसके तहत निम्नांकित बातों के संबंध में मुकदमा दायर किया जा सकता है:

(a) विनिमय पत्र, हुंडी और प्रॉमिसरी नोट्स पर मुकदमा।

(b) ऐसे मुकदमे जिनमें वादी केवल प्रतिवादी द्वारा देय ऋण या तरलीकृत धन की मांग, ब्याज समेत या उसके बगैर वसूल करना चाहता हो:

(*i*) एक लिखित अनुबंध पर

(*ii*) एक अधिनियम पर, जहां वसूल की जाने वाली राशि एक निश्चित राशि होती है अथवा पेनल्टी के अलावा ऋण की प्रकृति वाली होती है, अथवा

(*iii*) गारंटी पर, जहां मूलधन के विरुद्ध क्लेम केवल ऋण या परलीकृत मांग के संबंध में है।

(e) ऋण वसूली न्यायाधिकरणों (DRT) के जरिए वसूली

बैंकों एवं वित्तीय संस्थानों के बकाया ऋणों की वसूली अधिनियम, 1993 ने निम्नांकित उद्देश्यों से ऋण वसूली न्यायाधिकरणों के गठन की सुविधा प्रदान की:

- बैंकों के सामने लंबे समय से आ रही वसूली की समस्याओं को दूर किया जाएगा
- प्रदान किए ऋण की वसूली आसान हो
- ख़ास मामलों पर त्वरित न्याय मिले
- जो धन अवरुद्ध है, उसे मुक्त किया जा सके

उपरिक्त अधिनियम बैंकों को 20 लाख रु. या उससे ऊपर के NPA की वसूली से संबंधित मामलों के तीव्र निर्णय में सहायता प्रदान करता है। ऋण वसूली न्यायाधिकरण (DRT) अर्ध-न्यायिक संस्थाएं होते हैं, जिन्हें बैंकों द्वारा डिफ़ॉल्टर उधारकर्ताओं के खिलाफ दायर कानूनी मुकदमों पर कार्रवाई करने के लिए गठित किया जाता है। सीमा अधिनियम के तहत दी गई सीमाएं DRT पर भी लागू होंगी। SARFAESI अधिनियम के तहत सिक्योर्ड लेनदारों द्वारा शुरू की गई कार्यवाही के विरुद्ध दायर की गई अपील को ऋण वसूली न्यायाधिकरणद्वारा भी देखा जा सकता है।

उपरोक्त अधिनियम में बताए गए DRT और अपील द्वारा निपटाई जाने वाली प्रक्रियाएं तथा ट्रिब्यूनल व अपीलीय ट्रिब्यूनल की शक्तियां नीचे दी गई हैं:

ट्रिब्यूनल द्वारा निपटाई जाने वाली प्रक्रियाएं	◆ "आवेदन दायर करना" -बैंक और वित्तीय संस्थान अपने आवेदन उस DRT में दाखिल कर सकते हैं, जो उनके अधिकार क्षेत्र में आता हो। ◆ आवेदन आवश्यक शुल्क के साथ दाखिल करना होगा ◆ आवेदनों को रजिस्टर कराने के बाद ट्रिब्यूनल द्वारा "समन/नोटिस जारी करने" पर विचार किया जाएगा।

	◆ "जवाब दाखिल करना" - प्रतिवादी को अपने बचाव के लिए सही दस्तावेजों के साथ 30 दिनों के भीतर अपने बचाव में लिखित बयान पेश करना होगा।यदि प्रतिवादी 30 दिनों के भीतर लिखित बयान पेश नहीं कर पाता है, तो DRT के पास इस समयावधि को 15 दिनों तक बढ़ाने का अधिकार है। ◆ प्रतिदावा के लिए दावा पहली सुनवाई पर पेश किया जा सकता है। ◆ यदि प्रतिवादी अपना दायित्व स्वीकार करता है, तो आदेश जारी कर दिया जाएगा और राशि का भुगतान 30 दिनों के भीतर किया जाएगा। ◆ DRT संपत्ति के आगे ट्रांसफर करने पर रोक लगाने के लिए अंतरिम आदेश (निषेधाज्ञा, स्थगनादेश) भी जारी कर सकता है। ◆ दोनों पक्षों को सुनने के बाद ट्रिब्यूनल अंतिम फैसला देगा।
अपीलीय न्यायाधिकरण में अपील की प्रक्रिया	◆ DRT के आदेश से व्यथित कोई भी व्यक्ति DRT द्वारा पारित आदेश के 30 दिनों के भीतर ऋण वसूली अपील न्यायाधिकरण में अपील दायर कर सकता है। ◆ अपील दायर करने हेतु, अपील न्यायाधिकरण के पास ट्रिब्यूनल द्वारा निर्धारित ऋण की 50 प्रतिशत राशि जमा करना अनिवार्य होता है। ◆ ऋण वसूली अपील न्यायाधिकरण (DRAT) के आदेशों से असंतुष्ट कोई भी व्यक्ति उच्च न्यायालय/उच्चतम न्यायालय में अपील दायर कर सकता है।

DRT द्वारा अपनाई गई प्रक्रियाओं को नीचे बताए अनुसार संक्षेप में दिया जा सकता है:

- आवेदन मिल जाने पर, ट्रिब्यूनल सम्मन जारी करेगा, जिसमें प्रतिवादी को सम्मन देने के 30 दिनों के भीतर कारण बताना होगा कि जिस राहत के लिए अनुरोध किया गया है वह क्यों नहीं दी जानी चाहिए।
- आवेदक द्वारा साक्ष्यकारी मूल्य के आवश्यक दस्तावेजों के साथ आवेदन और आवेदक के कृत्यों के खिलाफ लिखित बयान के जरिए काउंटर क्लेम दायर किया जा सकता है।
- ट्रिब्यूनल एक निषेधाज्ञा, स्थगन या कुर्की के रूप में एक अंतरिम आदेश पारित करेगा।
- ट्रिब्यूनल एक रिसीवर की नियुक्ति कर सकता है।

ट्रिब्यूनल में दिए गए आवेदन को त्वरित रूप से निपटाया जाएगा और दो सुनवाई में कार्यवाही पूरी करने और आवेदन मिलने की तिथि से एक सौ अस्सी दिनों के भीतर आवेदन का अंतिम निपटारा करने का हर संभव प्रयास किया जाएगा।

(f) गारंटर से ऋण की वसूली

भारतीय अनुबंध अधिनियम, 1872 की धारा 128 के अनुसार, ज़मानत का दायित्व, मुख्य देनदार के साथ सह-व्यापक है, बशर्ते कि यह दूसरे अनुबंध द्वारा पेश न किया गया हो। इसलिए, जब प्रधान देनदार द्वारा ऋण-अदायगी में विफलता होती है, तो बैंकर प्रधान देनदार के विरुद्ध उपचार समाप्त किए बगैर भी

गारंटर/ज़मानतकर्ता के विरुद्ध आगे बढ़ने में सक्षम होगा। जहां बैंकर ने गारंटर पर दावा पेश किया हो, प्रधान देनदार द्वारा किए गए डिफ़ॉल्ट के कारण, गारंटर की देनदारी तत्काल लागू होगी। यह समझना जरूरी है कि किसी भी प्रकार के ऋण पर गारंटर के रूप में, ऋण की अदायगी को सुनिश्चित करने के लिए भी उतना ही जिम्मेदार होता है। गारंटर तीसरे पक्ष की ओर से ऋण चुकाने का वादा करता है, जिसने ऋण लिया हो। बैंक हस्ताक्षरित प्रॉमिसरी नोट लेते हैं, जिस पर प्रधान ऋणदाता और उसके गारंटर द्वारा संयुक्त रूप से हस्ताक्षर किया गया होता है। इस नोट में, उधारकर्ता एवं गारंटर दोनों, व्यक्तिगत रूप से या अलग-अलग, उस लिए गए ऋण को चुकाने का वादा करते हैं; यह दोनों व्यक्तियों द्वारा किया गया वादा होता है, यानी एक जिसने ऋण लिया है और दूसरा जो ऋण का जमानतदार है। प्रॉमिसरी नोट के आधार पर, जिसमें हस्ताक्षरकर्ता व्यक्तिगत रूप से या अलग-अलग भुगतान करने के लिए जिम्मेदार होते हैं, ऋण देने वाला संगठन उस गारंटर के विरुद्ध आदेश हासिल कर सकता है।

7.7 सारांश

1. उधारकर्ता द्वारा लंबे समय तक भुगतान न करने के बाद, बैंक की बैलेंस शीट पर गैर-निष्पादक परिसंपत्ति (NPA) दर्ज की जाती हैं। NPs ऋणदाता पर वित्तीय बोझ पैदा करता है; किसी अवधि में NPA की एक बड़ी संख्या नियामकों को इस बात का संकेत दे सकती है कि बैंक की वित्तीय सेहत सही नहीं है। NPA को विलंबित बकाया अवधि की लंबाई और अदायगी की संभावना के आधार पर अवमानक परिसंपत्ति, संदिग्ध परिसंपत्ति या हानि परिसंपत्ति के रूप में वर्गीकृत किया जा सकता है। इसलिए बैंकों के ऋण पोर्टफोलियो में गुणवत्ता बनाए रखने के लिए ऋण परिसंपत्तियों के प्रदर्शन की कड़ी निगरानी और समय पर उनकी वसूली जरूरी होती है। ऋणदाताओं के पास ऋण के लिए कोलैटरल सिक्योरिटी के तौर पर पेश की गई चल/अचल संपत्तियों/संपत्तियों पर कब्जा कर गैर-निष्पादक परिसंपत्तियों से होने वाली अपनी हानि की भरपाई करने का विकल्प मौजूद रहता है।

2. बैंक उन उधारकर्ताओं से बकाया राशि की वसूली के लिए तरह-तरह की रणनीतियों और विधियों को अपनाते हैं जो ऋण चुकाने में असफल रहते हैं। इन विकल्पों में देश में निर्मित कानूनी ढांचे का इस्तेमाल किया जाता है, जैसे कि बैंकों एवं वित्तीय संस्थानों के बकाया ऋणों की वसूली अधिनियम, 1993 और वित्तीय संपत्तियों का प्रतिभूतिकरण एवं पुनर्निर्माण तथा सुरक्षा हित का प्रवर्तन अधिनियम 2002 (SARFAESI अधिनियम)। इस अधिनियम के प्रावधान अवमानक/संदिग्ध ऋण परिसंपत्तियों में अवरुद्ध बकाया राशि की शीघ्र वसूली की सुविधा प्रदान करने में मदद करते हैं।

3. अदालतों को मामलों के भारी बोझ से राहत देने के लिए कानूनी सेवा प्राधिकरण अधिनियम के प्रावधानों के तहत विभिन्न कानूनी सेवा प्राधिकरणों द्वारा स्थापित लोक अदालत योजना भी बैंकों को NPA में अवरुद्ध राशि को वसूलने में मदद करती है। बैंक ऋण की वसूली के लिए अन्य मानक विधियां भी अपनाते हैं, जैसे गारंटर/उधारकर्ता/गारंटर द्वारा मॉर्गेज रखी गई परिसंपत्तियों से बकाया वसूलना, वाद दायर करना इत्यादि। यदि प्रस्तावित सिक्योरिटी और मॉर्गेज रखी गई संपत्तियों के मूल्य में कमी के कारण बकाया की वसूली की गुंजाइश कम होती है, तो बैंक मोल-तोल वाले/समझौता सेटलमेंट का भी रास्ता अपनाते हैं। मोल-तोल वाले/समझौता सेटलमेंट में, बैंकों से उम्मीद की जाती है कि वे तय की गई राशि के बड़े हिस्से को एकमुश्त वसूलने की हर संभव कोशिश करेंगे। उचित विवेचना के बाद

और बैंक के पदानुक्रम में योग्य अधिकारियों या ऐसे प्रस्तावों के मूल्यांकन हेतु गठित स्क्रीनिंग कमिटी से आवश्यक स्वीकृति हासिल करने के बाद समझौता सेटलमेंट किया जाता है।

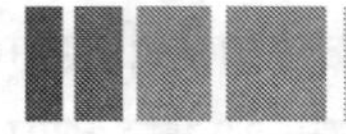

7.8 प्रमुख शब्द

संपत्ति वर्गीकरण: प्रावधान करने एवं लेखांकन (अकाउंटिंग) के लिए नियामक द्वारा निर्धारित नियमों को लागू कर, परिसंपत्तियों की प्रकृति के आधार पर, उन्हें व्यवस्थित रूप से विभिन्न समूहों में अलग-अलग रखने की एक प्रक्रिया है।

गैर-निष्पादक परिसंपत्ति: वे वित्तीय परिसंपत्तियां जो आमतौर पर ऋण पर चूक या डिफ़ॉल्ट के कारण, ऋणदाता के लिए आमदनी पैदा नहीं कर रही हों।

मानक परिसंपत्तियां: बैंक के लिए ऐसी परिसंपत्ति है, जिसे NPA के रूप में वर्गीकृत नहीं किया जाता है। सामान्य व्यवसाय जोखिम के अलावा, ये परिसंपत्तियां प्रायः कोई समस्या पैदा नहीं करती है।

अवमानक परिसंपत्ति: परिसंपत्तियों का एक वर्ग है, जो बैंकों की व्यापक और चिर-परिचित गैर-निष्पादक परिसंपत्ति श्रेणी के अंतर्गत आता है, जो उस अवधि के आधार पर होता है, जिसके लिए परिसंपत्ति वर्ग ने प्रदर्शन न किया हो और उसकी बकाया वसूली की सीमा बैंकों के पास रखे कोलैटरल सिक्योरिटी से ज्यादा हो।

संदिग्ध परिसंपत्ति: किसी परिसंपत्ति को 'संदिग्ध' के रूप में तब वर्गीकृत किया जाता है, जब यह 12 महीने की अवधि तक अवमानक श्रेणी में रही हो। ऐसी परिसंपत्ति में सभी कमजोरियां मौजूद रहती हैं, जैसी कि किसी संदिग्ध संपत्ति में होती है और इसकी एक और ख़ासियत यह है कि ये कमजोरियां कलेक्शन या तरलीकरण को काफी असंभव बना देती हैं।

हानि परिसंपत्तियां: हानि परिसंपत्ति वह होती है, जहां बैंक या आंतरिक या बाहरी ऑडिटरों द्वारा, अथवा आरबीआई जांच में हानि की पहचान कर ली जाती है, मगर उस राशि को पूरी तरह से आपलेखित नहीं किया गया होता है। दूसरे शब्दों में कहें, तो ऐसी परिसंपत्ति को वसूलने योग्य नहीं माना जाता है और इसका मूल्य इतना कम होता है कि भरोसेमंद परिसंपत्ति के रूप में इसका बने रहना जरूरी नहीं होता है, हालांकि इसमें कुछ बचाव या वसूली मूल्य हो सकता है।

आउट-ऑफ़-ऑर्डर खाता: एक ऐसा खाता जिसमें बकाया राशि लगातार स्वीकृत सीमा/आहरण क्षमता से ज्यादा बनी रहती है।

SARFAESI अधिनियम: भारत सरकार द्वारा लागू एक कानून, जो बैंकों एवं अन्य वित्तीय संस्थानों को ऋण की वसूली के लिए चूककर्ताओं (डिफॉल्टरों) की संपत्तियों (जो बैंक के अधिकार में होती है) की नीलामी करने की अनुमति देता है।

लोक अदालत: कानूनी सेवा प्राधिकरण अधिनियम, 1987 के तहत एक वैधानिक संगठन है, जिसे अदालती व्यवस्था के बाहर विवादों/शिकायतों को हल करने के लिए एक वैकल्पिक विवाद समाधान प्रणाली के रूप में गठित किया गया है।

कानूनी सेवा प्राधिकरण अधिनियम, 1987: समाज के कमजोर वर्गों को निःशुल्क और सक्षम कानूनी सेवाएं मुहैय्या कराने के लिए कानूनी सेवा प्राधिकरणों का गठन करने हेतु, यह सुनिश्चित करने हेतु कि किसी भी नागरिक को आर्थिक या अन्य अक्षमताओं के कारण न्याय पाने के अवसरों से वंचित नहीं किया जाए और यह सुनिश्चित करने के लिए एक अधिनियम जो लोक अदालतों का आयोजन करता है, ताकि कानूनी प्रणाली समान अवसर के आधार पर न्याय को बढ़ावा दे।

ऋण वसूली न्यायाधिकरण: बैंकों एवं वित्तीय संस्थानों द्वारा अपने ग्राहकों को दिए गए ऋणों की वसूली की सुविधा के लिए बैंकों और वित्तीय संस्थानों के बकाया ऋणों की वसूली अधिनियम, 1993 के तहत एक अर्ध-न्यायिक निकाय का गठन किया गया।

मोल-तोल से समाधान: एक प्रक्रिया, जिसके तहत पक्षदार वार्ताकार से अनुरोध करते हैं कि वह किसी संविदात्मक या अन्य कानूनी तौर से पैदा हुए अथवा उससे संबंधित विवाद को सौहार्दपूर्ण तरीके से निपटाने में पक्षदारों की मदद करें।

7.9 अपनी प्रगति जाँचें

1. बैंकों के ऋण और अग्रिम उनकी बैलेंस शीट में ---- की ओर दिखाई देते हैं।
   (a) देनदारियां
   (b) परिसंपत्तियां
   (c) आय
   (d) व्यय

2. किसी बैंक के ऋण या अग्रिम को तब 'गैर-निष्पादक परिसंपत्ति' (NPA) के रूप में परिभाषित किया जाता है, जब वह ---- की अवधि के लिए अतिदेय रही हो या आउट ऑफ़ ऑर्डर रही हो।
   (a) 90 दिन
   (b) 90 दिन से कम
   (c) 90 दिन से अधिक
   (d) 180 दिन से अधिक

3. बैंक के ऋण या अग्रिम को 'संदिग्ध' के रूप में तब परिभाषित किया जाता है जब वह कम से कम ---- अवधि के लिए अवमानक श्रेणी में रहता हो।
   (a) 6 महीने
   (b) 12 महीने

(c) 3 महीने

(d) 18 महीने

4. किसी बैंक की 'मानक संपत्ति' को ऐसी संपत्ति के रूप में परिभाषित किया जाता है, जो ---- हो।

(a) गैर-निष्पादक परिसंपत्ति (NPA) नहीं है

(b) एक संदिग्ध परिसंपत्ति

(c) एक हानि परिसंपत्ति

(d) उपरोक्त में से कोई नहीं

5. किसी ऋण को गैर-निष्पादक परिसंपत्ति कब कहा जाएगा?

(a) ब्याज और/या ऋण की किस्तें 90 दिनों से अधिक समय से बकाया हों

(b) ओवरड्राफ्ट/कैश क्रेडिट के मामले में खाता 90 दिनों से अधिक समय तक निष्क्रिय रहता है

(c) पर्चेज बिल/डिस्काउंट खाता 90 दिनों से अधिक समय से अतिदेय हो

(d) उपरोक्त सभी

6. बैंक ऋण की वसूली से संबंधित गलत तथ्य वाले कथन की पहचान करें?

(a) मानक परिसंपत्तियों के रूप में वर्गीकृत परिसंपत्तियों में अदायगी की संभावना ज्यादा होती है

(b) खरीद एजेंसियों के साथ संबंध स्थापित करने से हमेशा ऋणों की बेहतर वसूली में मदद मिलेगी

(c) शेष राशि की पुष्टि/रिवाइवल लेटर हासिल करने से ऋण को जीवित रखने में हमेशा सुविधा होगी और बैंकों के लिए कानूनी मार्ग खुला रहेगा।

(d) जहां ऋण प्राप्त करने के लिए उधारकर्ताओं द्वारा दिए दस्तावेजों को अनुचित/अपर्याप्त माना जाता है, फ़ैसला पाने और बकाया राशि की वसूली के लिए बैंक सिविल न्यायालयों की शरण में जाना पसंद करते हैं।

7. एक अवमानक परिसंपत्ति वह है जो ---- से कम या उसके बराबर अवधि के लिए NPA बनी हुई है।

(a) 12 महीने

(b) 6 महीने

(a) 90 दिन

(d) 180 महीने

8. SARFAESI अधिनियम के अनुसार, यदि उधारकर्ता नोटिस का पालन करने में विफल रहता है, तो बैंक क्या कदम उठा सकता है?

(a) ऋण के प्रावधान के लिए बैंक सिक्योरिटी परिसंपत्ति पर कब्ज़ा कर सकता है

(b) सिक्योरिटी के तौर पर दी गई संपत्ति को बैंक बेच सकता है या उसे लीज पर दे सकता है या उस पर अधिकार सौंप सकता है

(c) बैंक परिसंपत्तियों का प्रबंधन कर सकता है या सिक्योरिटी द्वारा कवर की गई परिसंपत्तियों के प्रबंधन के लिए किसी व्यक्ति को नियुक्त कर सकता है

(d) उपरोक्त सभी (a) से (c) तक

9. किस अधिनियम ने लोक अदालतों गठन का मार्ग प्रशस्त किया?

(a) SARFAESI अधिनियम, 2002

(b) बैंकों एवं वित्तीय संस्थानों के बकाया ऋणों की वसूली अधिनियम, 1993

(c) राजस्व वसूली अधिनियम, 1890

(d) कानूनी सेवा प्राधिकरण अधिनियम, 1987

10. DRT एक .... निकाय है।

(a) नियामक

(b) न्यायिक

(c) गैर-न्यायिक

(d) अर्ध-न्यायिक

7.10 'अपनी प्रगति जाँचें' का उत्तर

1. (b)	2. (c)	3. (b)	4. (a)	5. (d)	6. (d)
7. (a)	8. (d)	9. (d)	10. (d)		

अध्याय

8 बैंकों में शिकायत निवारण व्यवस्था (Grievance Redressal Mechanism) तथा एकीकृत लोकपाल योजना (Integrated Ombudsman Scheme)

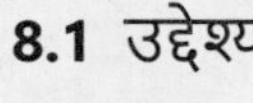

अध्याय

बैंकों में शिकायत निवारण व्यवस्था (Grievance Redressal Mechanism) तथा एकीकृत लोकपाल योजना (Integrated Ombudsman Scheme)

8.1 उद्देश्य

इस अध्याय को पढ़ने के बाद पाठक इन बातों को जान पाएंगे:

- ग्राहकों के नजरिए से शिकायत क्या होती है और उनकी निवारण प्रक्रियाएं क्या-क्या हैं
- छोटे ग्राहकों की आम शिकायतों के बारे में जानकारी हासिल करना
- वर्तमान में बैंकों में आने वाली ग्राहक शिकायतों की प्रकृति तथा शिकायत निवारण प्रणाली को समझना
- एकीकृत लोकपाल योजना के बारे में अवलोकन प्राप्त करना।

8.2 परिचय

चूंकि बैंकों के लिए ग्राहकों की संतुष्टि चिंता का मुख्य विषय है, अतः व्यवसाय के वृद्धि व निरंतर विकास को बनाए रखने के लिए तीव्र एवं दक्षतापूर्ण सेवा प्रदान करना आवश्यक है। तीव्र एवं दक्षतापूर्ण ग्राहक सेवा (customer service) से न केवल बैंक में नए ग्राहकों को लाने में सहूलियत मिलेगी, बल्कि उसे मौजूदा ग्राहकों को बनाए रखने में भी मदद मिलेगी। ग्राहकों की शिकायतों का प्रबंधन व्यावसायिक प्रक्रिया का अंग है। निवारण प्रणाली पर किसी प्रकार की चर्चा से पहले, शिकायत का मतलब और बैंकों के छोटे ग्राहकों की कुछ आम शिकायतों को समझ लेना कारगर होगा।

8.3 शिकायत का अर्थ (Meaning of Grievance)

शिकायत बैंक द्वारा पेश किए उत्पाद या सेवा के प्रति ग्राहक की असंतुष्टि का संकेत है। ग्राहक की कुछ इच्छाएं और उम्मीदें होती हैं, जिनके बारे में उसका मानना होता है कि बैंक के साथ व्यवहार करते समय उन्हें पूरा किया जाना चाहिए। बैंक जब ग्राहकों की जरूरतों के अनुरूप अपेक्षित सेवा देने में विफल रहता है, तो ग्राहकों में असंतोष या असंतुष्टि की भावना पैदा होती है। ऐसी स्थितियां हो सकती हैं, जिनमें ग्राहकों को लगे कि बैंक की प्रक्रियाएं बहुत जटिल हैं, जिससे उन्हें देर और असुविधा हो रही है। यह जरूरी होता है कि ग्राहकों की शिकायतें कई गुना बढ़ जाने/अनुपात से बाहर हो जाने से पहले, उनका तुरंत निपटारा किया जाए, अन्यथा उनसे ग्राहकों का एक बड़ा वर्ग प्रभावित हो सकता है, जिससे बैंक के लिए व्यवसाय अवसरों का नुकसान हो सकता है।

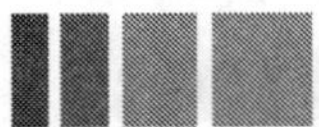

8.4 छोटे ग्राहकों की आम शिकायतें

छोटे जमाकर्ताओं की कुछ मुख्य शिकायतें नीचे बताई बातों से जुड़ी हो सकती हैं -

- खाता खोलने में कठिनाई होना,
- पासबुक अपडेट करने में देरी,
- खाते का स्टेटमेंट मिलने में देरी,
- बिना किसी सूचना के खाते को निष्क्रिय/अपरिचालनशील के रूप में वर्गीकृत किया जाना,
- न्यूनतम बैलेंस राशि बनाए रखने या उसकी सीमा में इजाफा जैसी शर्तों में संशोधन,
- बिना भुगतान के वापस किए गए चेक पर भारी शुल्क
- चेक बुक जारी करना,
- खाते का डुप्लिकेट स्टेटमेंट जारी करना,
- समय से पहले भुगतान और मियादी जमा (term deposits) आदि पर ऋण से संबंधित परेशानियां व शुल्क।

छोटे कर्जदारों की मुख्य शिकायतें इस प्रकार हो सकती हैं-

- ऋण की मंजूरी में देरी,
- कोलैटरल सिक्योरिटी की मांग करना,
- मासिक/त्रैमासिक आवेदन में फिक्स्ड/फ्लोटिंग रेट, बेस रेट/बेंचमार्क रेट को लेकर ब्याज दर पर स्पष्टता न होना,
- मनमाना प्रोसेसिंग शुल्क,

- प्रलेखन में कठिनाई,
- CIBIL में गलत सूचना,
- चूककर्ताओं (डिफ़ॉल्टरों) की सूची से नाम हटाने में देरी
- निरीक्षण, बीमा, मॉर्गेज, प्रलेखन इत्यादि के लिए भारी शुल्क लगाना।

दूसरी आम शिकायतें इस प्रकार हैं- निर्धारित कार्य घंटों का पालन न करना, RBI/सरकार की आवश्यकता के अनुसार करों के भुगतान को स्वीकार करने से मना कर देना या उसमें देरी करना, सरकारी प्रतिभूतियों की सर्विसिंग या रीडेंप्शन को स्वीकार करने से मना कर देना या देरी करना और खाते आदि बंद करने से मना करना या इसमें देरी करना।

8.5 शिकायत निवारण एवं इसके सिद्धांत

कई वर्षों से बैंक ग्राहकों की संतुष्टि के उच्च मानकों को पूरा करने और अपने संगठनों में शिकायत मुक्त शाखाओं/कार्यालयों की संख्या में इजाफा लाने के उद्देश्य से कई पहल कर रहे हैं। चूंकि बैंकों के उत्पादों, सेवाओं और लोगों का फ़ोकस ग्राहक पर होता है, इसलिए बैंकों ने ग्राहकों की शिकायतों को शिष्टतापूर्वक, तत्काल और संतोषजनक ढंग से लेने और उनका समाधान करने के लिए प्रणाली तैयार की है। कई बैंकों ने यह पहल की है कि शिकायत निवारण प्रणाली का विवरण जनता की जानकारी के दायरे में रखा जाए। बैंक की निवारण प्रणाली को अधिक सार्थक व प्रभावी बनाने के लिए, शाखाओं/क्षेत्रीय कार्यालयों/प्रधान कार्यालयों के स्तर पर एक सुरचित प्रणाली स्थापित की गई है, जो इस बात का ध्यान रखेगी कि मांग किया गया निवारण उचित और सही हो और नियमों व विनियमों के दिए गए ढांचे के अनुरूप है। ग्राहकों की शिकायतों के लिए बैंकों ने एस्केलेशन मैट्रिक्स तैयार किया है। संगठन के कई स्तरों पर शिकायतों के निपटारा के लिए नीति में निर्धारित अधिकतम अवधि के भीतर, मैट्रिक्स उन अनसुलझी शिकायतों/परेशानियों के लिए समयावधि भी निर्धारित करता है, जिनका ग्राहकों की संतुष्टि के अनुसार निवारण न होने पर उच्च अधिकारियों तक पहुंचाया जाएगा।

8.6 ग्राहक शिकायत (Customer Complaint)

ग्राहक की शिकायत निम्न कारणों से पैदा होती है:

(a) ग्राहकों के साथ व्यवहार में दृष्टिकोणपरक पहलू और/या

(b) ग्राहकों को उपलब्ध कराए गए कार्यों/व्यवस्थाओं की अपर्याप्तता या मुहैय्या कराई जाने वाली सेवाओं के तय मानकों व प्रदान की गई वास्तविक सेवाओं में फ़र्क।

ग्राहक यदि बैंक द्वारा दी गई सेवाओं से संतुष्ट न हो, तो उसे अपनी शिकायत दर्ज कराने का भरपूर अधिकार है। वह अपनी शिकायत लिखित, मौखिक या टेलीफ़ोन पर दे सकता है। यदि किसी ग्राहक की शिकायत का निपटारा तय समय के भीतर नहीं किया जाता है या वह बैंक द्वारा प्रदान किए गए समाधान

से संतुष्ट नहीं है, तो वह अपनी शिकायत या उसके निवारण के लिए उपलब्ध अन्य कानूनी रास्ते को अपना सकता है और साथ ही लोकपाल से भी संपर्क कर सकता है।

8.7 बैंकों में शिकायत निवारण प्रणाली

ग्राहक अगर शिकायत करना चाहता है तो उसे इन बातों की जानकारी दी जाएगी:

(a) शिकायत कहां करें?

(b) शिकायत कैसे की जानी चाहिए?

(c) जवाब की उम्मीद कब करें?

(d) निपटारा के लिए किससे संपर्क करें?

(e) यदि ग्राहक नतीजे से खुश नहीं हैं तो क्या करना चाहिए?

बैंक ग्राहकों को सूचित करेगा कि शिकायतों के निष्पक्ष व शीघ्र निपटारे के लिए प्रक्रियाओं का विवरण कहां मिलेगा। यह जानकारी आम तौर पर शाखा में किसी मुख्य स्थान पर लगे नोटिस बोर्ड पर या बैंक की वेबसाइट पर उपलब्ध कराई जाती है।

यदि ग्राहक की शिकायत लिखित रूप में मिलती है, तो बैंक एक सप्ताह के भीतर पावती/जवाब भेजने की कोशिश करेगा। यदि ग्राहक की शिकायत निर्दिष्ट टेलीफ़ोन हेल्पडेस्क या ग्राहक सेवा नंबर पर फ़ोन करके दी जाती है, तो बैंक उसे एक शिकायत संदर्भ नंबर प्रदान करेगा और उचित समय के भीतर ग्राहक को उसकी प्रगति के बारे में सूचित करेगा।

मामले की जांच करने के बाद, बैंक अंतिम जवाब भेजेगा या बताएगा कि उसे जवाब देने के लिए अधिक समय क्यों चाहिए और शिकायत मिलने के 30 दिनों के भीतर ऐसा करने का प्रयास करेगा और ग्राहक अभी भी संतुष्ट नहीं हों, तो उन्हें अपनी शिकायत आगे बढ़ाने के लिए कहेगा।

शाखा स्तर पर शिकायतों का समाधान

शाखा के जरिए ग्राहक सेवा को लेकर आने वाली शिकायतों/परेशानियों के निपटारे के लिए शाखा प्रबंधक जिम्मेदार होगा। वह शाखा में मिली सभी शिकायतों का उचित निपटारा सुनिश्चित करने के लिए जिम्मेदार होगा। यह देखना उसका सबसे अहम कर्तव्य है कि ग्राहक की संतुष्टि के लिए शिकायतों का उचित रूप से और पूरी तरह से समाधान किया जाए और यदि निपटारा निर्धारित अवधि में नहीं किया गया और ग्राहक उससे संतुष्ट न हो, तो समस्या को आगे बढ़ाने के लिए उसे वैकल्पिक तरीके बताए जाएंगे।

यदि शाखा प्रबंधक को लगता है कि उसके स्तर पर समस्या का समाधान करना संभव नहीं है, तो वह मार्गदर्शन के लिए उस मामले को क्षेत्रीय कार्यालय या मंडल कार्यालय या प्रधान कार्यालय को भेज सकता है। उसी प्रकार, यदि क्षेत्रीय कार्यालय/आंचलिक या मंडल या डिविजनल कार्यालय को लगता है कि वे भी समस्या का समाधान करने में असमर्थ हैं, तो ऐसे मामलों को बैंक के नोडल अधिकारी के पास भेजा जा सकता है। इस कार्य के लिए, बैंक अपने ग्राहकों को एक शिकायत एस्केलेशन प्रणाली मुहैय्या कराते हैं।

सभी शाखाओं में सुझाव पेटी तथा शिकायत पुस्तिका उपलब्ध करायी जाती है। किसी भी लिखित शिकायत को तत्काल और तुरंत स्वीकार किया जाता है। इसके अलावा, छोटी शाखाओं को छोड़कर दूसरी सभी शाखाओं में "हम आपकी क्या सहायता कर सकते हैं?" (May I help you?) काउंटरों की व्यवस्था की जाती है।

ग्राहकों से संपर्क करने के लिए काउंटर स्टाफ पहला स्थान होता है और इसलिए काउंटर स्टाफ को ग्राहकों के साथ विनम्रता से पेश आने के लिए जरूरी ओरिएंटेशन/ट्रेनिंग (प्रशिक्षण) मुहैय्या कराई जानी होती है। यदि काउंटर स्टाफ/सुपरवाइजर किसी शिकायत का समाधान निकालने में असमर्थ है, तो शाखा प्रभारी उसमें हस्तक्षेप करेगा और समस्या को निपटाने की कोशिश करेगा।

हर महीने के 15वें दिन को बैंकों में ग्राहक दिवस मनाया जाता है। इस दिन शाखा प्रभारी दोपहर 3 बजे से शाम 5 बजे तक शाखा में उपलब्ध रहेंगे, और बगैर किसी पूर्व अपॉइंटमेंट के उनसे ग्राहक मुलाकात कर सकते हैं। हर महीने बैंकों की शाखाओं में ग्राहक सेवा समिति की बैठकें भी आयोजित की जानी चाहिए। इस समिति का एकमात्र कार्य ग्राहकों की संतुष्टि के लिए सेवा प्रदान करने के तरीकों और माध्यमों की पड़ताल करना है। इस उद्देश्य से, यह समिति विभिन्न मुद्दों पर विचार-विमर्श करेगी और ग्राहक सेवा में प्रभावी सुधार के लिए उपाय सुझाएगी। कुछ बैंक ख़ास मौकों पर विशेष 'ग्राहक बैठक' का भी आयोजन करते हैं।

'शिकायत रहित शाखा नेटवर्क' के उद्देश्य को पूरा करने और अपने उत्पादों व सेवाओं को रेखांकित करने के लिए आम लोगों के साथ-साथ कर्मचारियों के बीच जागरूकता पैदा करने हेतु हर वर्ष 'ग्राहक पखवाड़ा' मनाया जाता है।

क्षेत्रीय कार्यालय के स्तर पर शिकायतों का समाधान

आमतौर पर, प्रबंधक/सहायक महाप्रबंधक स्तर के अधिकारी के पास क्षेत्रीय/मंडल कार्यालयों में ग्राहक सेवा अनुभाग का विशेष प्रभार होता है। कुल मिलाकर कहें, तो शिकायतों का निपटारा कम से कम समय में कर दिया जाता है। जब भी मामलों को सुलझाना असंभव होता है और अधिक क्रॉस चेकिंग की जरूरत पड़ती हो, तो सही समय के भीतर मामले को निपटाने के लिए आवश्यक कदम उठाए जाने चाहिए।

क्षेत्रीय प्रबंधक/सहायक महाप्रबंधक को समय-समय पर शाखाओं का दौरा करने के दौरान अपने प्रशासनिक नियंत्रण के अंतर्गत शाखाओं में शिकायतों के निवारण, ग्राहक सेवा समिति की बैठकें आयोजित करने आदि व्यवस्थाओं की भी समीक्षा करनी चाहिए।

ग्राहक सेवा अनुभाग के प्रभार वाले क्षेत्रीय कार्यालय/मंडल कार्यालय के क्षेत्रीय प्रबंधक/सहायक महाप्रबंधक को भी जरूरत पड़ने पर मामलों को समझने और उनके निपटारे के लिए, पीड़ित ग्राहकों से एक-एक कर संपर्क करना चाहिए।

उन्हें जहां भी खामियां दिखाई पड़े, उनकी जवाबदेही तय की जाए और दोषी कर्मचारियों को दंडित किया जाए।

प्रधान कार्यालय के स्तर पर शिकायतों का समाधान

ज्यादातर बैंकों के प्रधान कार्यालय में इस उद्देश्य के लिए नामित महाप्रबंधक की सीधी देखरेख में बाकायदा एक ग्राहक सेवा अनुभाग काम कर रहा है। शिकायत मिलने पर तुरंत ग्राहक को उसकी एक पावती भेजी जाती है।

शिकायतों का गहन विश्लेषण किया जाना चाहिए और मामले के शीघ्र निवारण के लिए क्षेत्रीय कार्यालयों (RO)/शाखाओं को भेजे गए जरूरी निर्देश और शिकायतकर्ता को अंतिम निवारण पत्र भेजने तक फ़ॉलो-अप गतिविधि की सूचना शिकायतकर्ता को भेजनी चाहिए और उसके साथ उस शिकायत पर लिए गए फ़ैसले की विधिवत रूप से व्याख्या भी भेजी जानी चाहिए।

हर महीने की 15 तारीख को दोपहर 3 से शाम 5 बजे के बीच ग्राहक दिवस मनाया जाता है। इस अवधि के दौरान, पर्यवेक्षी अधिकारी जो ग्राहक सेवा विभाग की देखरेख कर रहे होते हैं/शिकायतों के निवारण के लिए जिम्मेदार होते हैं, उन्हें पूर्व अपॉइंटमेंट के बगैर आम लोगों/ग्राहकों से मुलाकात के लिए उपलब्ध होना चाहिए।

शिकायत एस्कलेशन प्रणाली (Grievance Escalation System)

ग्राहक अपनी शिकायतें सीधे शाखा प्रभारी के पास दर्ज करा सकते हैं और शिकायत मिलने की तारीख से 7 दिनों के भीतर शिकायत के निपटारे की जिम्मेदारी शाखा प्रभारी की होगी।

शाखा प्रभारी उस शिकायत का विश्लेषण करेगा और यदि जरूरत पड़े, तो वह शिकायतकर्ता से व्यक्तिगत रूप से संपर्क करेगा और शिकायत का निवारण करेगा।

अगर शाखा स्तर पर शिकायत का समाधान हो जाता है, तो शिकायतकर्ता को शिकायत निवारण पत्र भेजा जाएगा। शाखा को प्राप्त हुए शिकायत का विवरण और उसके लिए किए गए समाधान का विवरण समय-समय पर शाखा द्वारा सूचना/समीक्षा के लिए अपने क्षेत्रीय कार्यालय को भेजा जाएगा।

शाखा प्रभारी यदि 7 दिनों के भीतर शिकायत का समाधान नहीं कर पाता है, तो शाखाओं द्वारा शिकायत को आगे की कार्रवाई हेतु अपनी टिप्पणियों/उत्तरों के साथ संबंधित क्षेत्रीय कार्यालय को भेज दिया जाएगा।

क्षेत्रीय कार्यालय को भेजी गई शिकायतों का 'ग्राहक सेवा अनुभाग' द्वारा विश्लेषण किया जाएगा और शाखा से मिले स्पष्टीकरण के आधार पर, क्षेत्रीय कार्यालय (RO)/ मंडल कार्यालय (CO) शिकायतकर्ता को उचित उत्तर भेजेंगे।

यदि शाखा से दिया गया जवाब संतोषजनक न हो और यदि क्षेत्रीय कार्यालय शिकायत मिलने की तारीख से 7 दिनों के भीतर शिकायत का समाधान नहीं कर पाता है, तो इसे उनकी टिप्पणियों/स्पष्टीकरणों के साथ ग्राहक सेवा अनुभाग, प्रधान कार्यालय को भेजा जाएगा।

क्षेत्रीय कार्यालय सीधे मिली शिकायतों और सात दिनों के भीतर निपटारा न की गई शिकायतों का विवरण ग्राहक सेवा अनुभाग, प्रधान कार्यालय को अपनी टिप्पणियों/उत्तरों के साथ भेजेगा।

ग्राहक सेवा अनुभाग, प्रधान कार्यालय शिकायत व शाखा और क्षेत्रीय कार्यालय से मिले उत्तरों का विश्लेषण करेगा। मामले को उचित प्राधिकारियों के सामने रखने पर शिकायत पर उचित निर्णय लिया जाता है।

प्रधान कार्यालय से शिकायतकर्ता को एक शिकायत निवारण पत्र भेजा जाता है और खामी वाले क्षेत्रों में कदम उठाने के लिए शाखा/क्षेत्रीय कार्यालय को उचित निर्देश दिए जाते हैं।

शिकायतों और परेशानियों के प्रबंधन के लिए नोडल अधिकारी, अन्य नामित अधिकारी एवं अनिवार्य प्रदर्शन आवश्यकताएं

शिकायतों को देखने वाले विभिन्न नामित अधिकारियों द्वारा निभाई जाने वाली भूमिकाएं इस प्रकार हैं:

नोडल अधिकारी: बैंकों के लिए ग्राहक सेवा अनुभाग, प्रधान कार्यालय के प्रभारी महाप्रबंधक रैंक के एक सीनियर अधिकारी को नोडल अधिकारी के रूप में नामित करना अनिवार्य है, जो पूरे बैंक के लिए ग्राहक सेवा को लागू करने और शिकायत प्रबंधन की निगरानी के लिए जिम्मेदार है।

गुणवत्ता आश्वासन अधिकारी (Quality Assurance Officer): आमतौर पर प्रधान कार्यालय में उप महाप्रबंधक स्तर के एक अधिकारी को गुणवत्ता आश्वासन अधिकारी के रूप में नामित किया जाता है, जिसे कई प्रकार के कार्य करने के अलावा, सेवा के स्तर का मूल्यांकन करने और जिन क्षेत्रों में कमी देखी जा रही है, वहां जरूरी कार्रवाई शुरु करने के लिए ग्राहकों के साथ बातचीत करने हेतु शाखाओं का अलग-अलग दौरा करना होता है।

अनिवार्य प्रदर्शन आवश्यकताएं: ग्राहकों के फ़ायदे के लिए बैंकों को अपनी शाखाओं में निम्नांकित जानकारी को प्रदर्शित करना अनिवार्य है:

(a) शिकायतें व सुझाव प्राप्त करने के लिए की गई समुचित व्यवस्था पर विवरण

(b) नोडल अधिकारी का नाम, पता और संपर्क नंबर

(c) उस क्षेत्र के बैंकिंग लोकपाल का संपर्क नंबर

(d) ग्राहकों के प्रति बैंक की प्रतिबद्धता संहिता/उचित व्यवहार संहिता का विवरण।

शिकायतों का समाधान

शाखा के जरिए ग्राहक सेवा से जुड़ी शिकायतों/परेशानियों के निपटारे के लिए शाखा प्रबंधक जिम्मेदार होगा। वह शाखा में प्राप्त हुई सभी शिकायतों का उचित निपटारा करने के लिए जिम्मेदार होगा। जब भी ग्राहक की ओर से शिकायत आए, BCA को इसे अनिवार्य रूप से शाखा प्रबंधकों के ध्यान में लाना चाहिए। यदि शाखा प्रबंधक को लगता है कि उसके स्तर पर समस्या का समाधान करना असंभव है, तो वह उस मामले को मार्गदर्शन के लिए क्षेत्रीय कार्यालय या मंडल कार्यालय या प्रधान कार्यालय को भेज सकता है। उसी प्रकार, यदि क्षेत्रीय कार्यालय को लगता है कि वे भी समस्या का समाधान करने में असमर्थ हैं, तो ऐसे मामलों को बैंक के नोडल अधिकारी के पास भेजा जा सकता है।

मिली शिकायतों को सही संदर्भ में देखा जाना चाहिए और उनका सभी संभावित नजरिए से विश्लेषण किया जाना चाहिए। शाखाओं/क्षेत्रीय कार्यालयों और प्रधान कार्यालय समेत सभी स्तरों पर शिकायतों को देखने और उनके निपटारे के लिए विशिष्ट समय-सारणी निर्धारित की जाती है। शाखा प्रबंधक को बैंक द्वारा तय की गई निर्धारित समय सीमा के भीतर शिकायत को निपटाने का प्रयास किया जाना चाहिए।

प्राप्त हुई सभी शिकायतों को तुरंत स्वीकार किया जाना चाहिए। ऐसे मामलों में जहां प्राप्त हुई शिकायतों की जांच के लिए कुछ समय की जरूरत होगी, अंतरिम उत्तर के जरिए इसकी जानकारी दी जाएगी।

शाखाएं/क्षेत्रीय कार्यालय/मंडल कार्यालय अपने स्तर पर प्राप्त शिकायतों पर उठाए गए कदम की रिपोर्ट हर महीने के अंत में प्रधान कार्यालय को भेजेंगे।

ग्राहकों के साथ बातचीत: BC/बैंक कर्मचारी ग्राहकों के साथ व्यक्तिगत रूप से बातचीत करेंगे, और इस तरीके से ग्राहक की उम्मीद/आवश्यकता/शिकायतों को बेहतर ढंग से समझा जा सकता है। संरचित (स्ट्रक्चर्ड) ग्राहक बैठकों से ग्राहकों को यह संदेश मिलेगा कि बैंक उनका ध्यान रखता है और ग्राहक सेवा में सुधार के लिए उनकी प्रतिक्रिया/सुझावों को अहमियत देता है। कई शिकायतें बैंक सेवाओं को लेकर ग्राहकों के बीच जागरूकता की कमी के कारण पैदा होती हैं और इस तरह की बातचीत से ग्राहक बैंकिंग सेवाओं की बेहतर समझ हासिल कर उनकी तारीफ़ कर सकते हैं। ग्राहकों की जरूरतों को पूरा करने के लिए उत्पाद व सेवाओं को संशोधित करने हेतु ग्राहकों की प्रतिक्रिया एक अहम इनपुट होगा ।

जब भी ग्राहक की ओर से शिकायत आए,BC को इसे अनिवार्य रूप से शाखा प्रबंधकों के ध्यान में लाना चाहिए।

8.8 एकीकृत लोकपाल योजना (Integrated Ombudsman Scheme)

RBI ने भारतीय रिज़र्व बैंक द्वारा नियंत्रित संस्थाओं द्वारा मुहैय्या करानी जाने वाली सेवाओं को लेकर ग्राहकों की शिकायतों का शीघ्र और किफ़ायती तरीके से निवारण करने के लिए 2021 में "एकीकृत लोकपाल योजना" शुरू की गई।

यह योजना आरबीआई की मौजूदा तीन लोकपाल योजनाओं को एकीकृत करती है, ये योजनाएं इस प्रकार हैं,

(i) बैंकिंग लोकपाल योजना, 2006;

(ii) गैर-बैंकिंग वित्तीय कंपनियों के लिए लोकपाल योजना, 2018; और

(iii) डिजिटल लेनदेन के लिए लोकपाल योजना, 2019।

यदि ग्राहकों की संतुष्टि के अनुरूप समाधान नहीं किया जाता है या नियंत्रित इकाई द्वारा 30 दिनों की अवधि के भीतर जवाब नहीं दिया जाता है, तो यह योजना आरबीआई द्वारा नियंत्रित संस्थाओं द्वारा मुहैय्या करानी जाने वाली सेवाओं में कमी को लेकर ग्राहकों की शिकायतों का नि:शुल्क निवारण प्रदान करेगी।

8.8.1 एकीकृत लोकपाल योजना की विशेषताएं

इस योजना की कुछ मुख्य विशेषताएं इस प्रकार हैं:

- शिकायतकर्ता के लिए अब इस बात की पहचान करना आवश्यक नहीं होगा कि उसे किस योजना के तहत लोकपाल के पास शिकायत दर्ज करनी चाहिए।

- यह योजना अपवर्जनों की एक निर्दिष्ट सूची के साथ शिकायत दर्ज करने के आधार के रूप में 'सेवा में कमी' को परिभाषित करती है। इसलिए, शिकायतों को अब केवल "योजना में सूचीबद्ध आधारों के अंतर्गत शामिल न होने" के आधार पर अस्वीकृत नहीं किया जाएगा।
- इस योजना ने प्रत्येक लोकपाल कार्यालय के अधिकार क्षेत्र को समाप्त कर दिया है।
- किसी भी भाषा में वास्तविक तरीके से और ईमेल के जरिए मिली शिकायतों और उनकी प्रारंभिक प्रोसेसिंग के लिए आरबीआई, चंडीगढ़ में एक केंद्रीकृत पावती और प्रोसेसिंग केंद्र (Centralised Receipt and Processing Centre) स्थापित किया गया है।
- विनियमित इकाई का प्रतिनिधित्व करने और विनियमित इकाई के विरुद्ध ग्राहकों द्वारा दर्ज की गई शिकायतों बारे में जानकारी पेश करने की जिम्मेदारी सार्वजनिक क्षेत्र के बैंक में महाप्रबंधक या समतुल्य रैंक के प्रधान नोडल अधिकारी की होगी।
- विनियमित इकाई के पास उन मामलों में अपील करने का अधिकार नहीं होगा जिनमें संतोषजनक और समय पर जानकारी/दस्तावेज प्रस्तुत न करने के लिए लोकपाल द्वारा उसके विरुद्ध आदेश जारी किया जाता हो।

आरबीआई के उपभोक्ता शिक्षा एवं संरक्षण विभाग के उत्तरदायी कार्यकारी निदेशक इस योजना के तहत अपील प्राधिकारी होंगे।

8.8.2 बैंक शिकायतों के लिए इस विशेष शिकायत निवारण प्रणाली के पीछे का औचित्य

ग्राहकों की शिकायतों से निपटने हेतु बैंकों की शिकायत निवारण मशीनरी, उपभोक्ता संरक्षण अधिनियम एवं सिविल अदालतों जैसे कई स्थानों के होने के बावजूद, ग्राहक किसी भी तरह प्रणाली के कामकाज से पूरी तरह संतुष्ट नहीं है। एकीकृत लोकपाल योजना बैंकर और ग्राहक के बीच के विवादों को झटपट, निष्पक्ष तरीके से, विशेषज्ञ और किफ़ायती तरीके से निपटाने का एक प्रभावी विकल्प है। इस योजना का उद्देश्य बैंकिंग सेवाओं से जुड़ी शिकायतों का समाधान करना और ऐसी शिकायतों के निवारण को सुविधाजनक बनाना है। यह बैंकों के आपसी विवादों के निवारण को भी सक्षम बनाती है। जहां तक लोकपाल की नियुक्ति की बात है, भारतीय रिजर्व बैंक इसका प्राधिकारी है। लोकपाल, जो एक अर्ध-न्यायिक प्राधिकारी है, के पास निम्नांकित शक्तियां व कर्तव्य होंगे-

(a) बैंकिंग सेवाओं से जुड़ी शिकायतें प्राप्त करना;

(b) ऐसी शिकायतों पर विचार करना और बैंक व पीड़ित पक्षों के बीच समझौता व मध्यस्थता के जरिए या योजना के अनुसार आदेश जारी कर एग्रीमेंट के तहत उनकी संतुष्टि या निपटारे की सुविधा प्रदान करना; तथा

(c) योजना के प्रावधानों व मध्यस्थता एवं समझौता अधिनियम, 1996 के अनुसार, बैंकों के बीच या बैंक और उसके घटकों के बीच पैदा हुए विवादों को मध्यस्थता के जरिए हल करना, जो वाद-पक्षों की सहमति पर निर्भर कर सकती है।

लोकपाल से कानूनी, बैंकिंग, वित्तीय सेवाओं एवं लोक-प्रशासन या प्रबंधन क्षेत्रों में उच्च स्तर का व्यक्ति होने की आशा की जाती है। सामान्यतः लोकपाल की नियुक्ति एक बार में तीन वर्ष से अधिक की अवधि के लिए नहीं की जाती है।

8.8.3 शिकायतों के आधार

किसी विनियमित निकाय के किसी भी कार्य/चूक के कारण सेवा में कमी होने पर पीड़ित ग्राहक व्यक्तिगत रूप से या अधिकृत प्रतिनिधि के जरिए शिकायत दर्ज़ करा सकता है।

8.8.4 शक्तियां एवं कार्य

(1) लोकपाल/उप-लोकपाल सेवा में कमी को लेकर विनियमित संस्थाओं के ग्राहकों की शिकायतों पर विचार करेगा।

(2) लोकपाल के सामने लाए जा सकने वाले विवाद में उस राशि की कोई सीमा नहीं है, जिसके लिए लोकपाल आदेश जारी कर सकता है। यद्यपि, शिकायतकर्ता को उससे होने वाले किसी भी नुकसान की भरपाई के लिए,लोकपाल के पास शिकायतकर्ता के समय की बरबादी, किए गए खर्चे व उसे हुई परेशानी/मानसिक पीड़ा के लिए एक लाख रु. के अतिरिक्त, 20 लाख रु. तक का मुआवजा प्रदान करने की शक्ति होगी।

8.8.5 शिकायत दर्ज कराने की प्रक्रिया

(1) शिकायत को इस उद्देश्य के लिए डिज़ाइन किए गए पोर्टल (https://cms.rbi.org.in) के जरिए ऑनलाइन दर्ज किया जा सकता है।

(2) शिकायत इलेक्ट्रॉनिक रूप में या वास्तविक रूप में रिज़र्व बैंक द्वारा अधिसूचित केंद्रीकृत रसीद एवं प्रोसेसिंग सेंटर को भेजी जा सकती है। शिकायत अगर वास्तविक रूप में सौंपी जाती है, तो उस पर शिकायतकर्ता या अधिकृत प्रतिनिधि द्वारा विधिवत रूप से हस्ताक्षर किए जाएंगे। शिकायत इलेक्ट्रॉनिक या वास्तविक रूप में ऐसे प्रारूप में दी जाएगी और इसमें ऐसी जानकारी होगी जो रिज़र्व बैंक द्वारा निर्धारित की गई हो सकती है।

शिकायत दर्ज होने के बाद, निम्नांकित कदम उठाए जाते हैं:

- *शिकायतों की प्रारंभिक जांच* - ऐसे शिकायतों को समाप्त कर दिया जाएगा, जिसमें सुझाव दिया गया हो या या मार्गदर्शन या स्पष्टीकरण मांगा गया हो। इसी प्रकार, जो शिकायतें ली जाने योग्य नहीं होती हैं, उन्हें पृथक कर दिया जाता है और शेष शिकायतों को आगे की जांच-पड़ताल के लिए लोकपाल को सौंप दिया जाता है।
- *जानकारी की मांग करने की शक्ति* - लोकपाल द्वारा RE से शिकायत से जुड़े किसी भी दस्तावेज़ की जानकारी या प्रमाणित प्रतियों की मांग की जा सकती है।

- *शिकायतों का निराकरण*- लोकपाल/उप-लोकपाल सुकरीकरण या समझौता अथवा मध्यस्थता के जरिए शिकायतकर्ता व विनियमित इकाई के बीच समझौते कराकर शिकायत का निपटारा करने के प्रयास को बढ़ावा देगा।
- *लोकपाल द्वारा आदेश* - जब तक शिकायत खारिज नहीं हो जाती, स्थितियों के आधार पर लोकपाल एक आदेश जारी करेगा। लोकपाल के पास क्षतिपूर्ति के रूप में, जो शिकायतकर्ता को हुए नुकसान से अधिक की राशि हो सकती है या 20 लाख रुपए हो सकती है, इनमें से जो भी कम हो; भुगतान करने का निर्देश देने के लिए कोई आदेश पारित करने की शक्ति नहीं होगी, वह क्षतिपूर्ति जो लोकपाल द्वारा जारी करवाई जा सकती है, विवाद में शामिल राशि से अलग होगी। शिकायतकर्ता के समय की बरबादी, होने वाले खर्चे, हुई परेशानी और मानसिक पीड़ा के मद्देनजर लोकपाल शिकायतकर्ता को अधिकतम एक लाख रुपए का मुआवजा भी दे सकता है। इस आदेश की एक प्रति शिकायतकर्ता एवं विनियमित इकाई को भेजी जाएगी।
- *अपील प्राधिकारी के समक्ष अपील* - किसी विनियमित निकाय द्वारा अपील किए जाने के मामले में, अपील दायर करने के लिए 30 दिनों की अवधि उस तारीख से शुरू होगी जिस दिन विनियमित इकाई को शिकायतकर्ता द्वारा आदेश का स्वीकृति पत्र प्राप्त होता है। विनियमित निकाय द्वारा अपील केवल अध्यक्ष (चेयरमैन) या प्रबंध निदेशक/मुख्य कार्यकारी अधिकारी या उनकी गैर-मौजूदगी में, उसी रैंक के कार्यकारी निदेशक/अधिकारी की पूर्व मंजूरी के साथ ही दायर की जा सकती है।

किसी आदेश या शिकायत की अस्वीकृति से असंतुष्ट शिकायतकर्ता, आदेश प्राप्त होने या शिकायत की अस्वीकृति की तारीख से 30 दिनों के भीतर अपील प्राधिकारी के पास अपील दायर कर सकता है।

8.9 सारांश

शिकायत आमतौर पर किसी व्यक्ति के अंदर अन्याय की भावना से पैदा होती है। यह बैंकों की जिम्मेदारी है कि वे नीतियां बनाएं और उनका पालन करें, ताकि शिकायतों पैदा करने वाली बातों में कमी आ सके। शिकायत निवारण प्रक्रिया एक ऐसी औपचारिक प्रक्रिया है, जो पक्षों को शांतिपूर्ण तरीके से और त्वरित रूप से अपनी असहमतियों को हल करने में सक्षम बनाती है।

बैंकों ने, RBI द्वारा निर्धारित दिशानिर्देशों को ध्यान में रखते हुए, उचित शिकायत निवारण नीतियां तैयार की हैं, जिसमें विभिन्न स्तरों पर शिकायतों से निपटने की प्रक्रियाएं व शिकायतों के समाधान के लिए एस्केलेशन मैट्रिक्स निर्धारित किया गया है। नियमित अंतराल पर बैंक अपनी शाखाओं में ग्राहक बैठकें भी आयोजित कर रहे हैं, ताकि उनके द्वारा प्रदान की जाने वाली सेवाओं को लेकर ग्राहकों की धारणा पर फीडबैक लिया जा सके और ग्राहकों की संतुष्टि में सुधार लाया जा सके।

भारतीय रिज़र्व बैंक ने, सार्वजनिक हित तथा बैंकिंग नीति के हित में, बैंकिंग सेवाओं से संबंधित सेवाओं में मौजूद खामियों के विरुद्ध शिकायत के निवारण के लिए वर्ष 2006 में बैंकिंग लोकपाल योजना बनाई है और बैंकों को इस योजना का अनुपालन करने के लिए निर्देश जारी किए हैं। बैंकिंग लोकपाल (BO)

योजना को डिजिटल लेनदेन और गैर-बैंकिंग वित्तीय कंपनियों को शामिल करने के लिए अपडेट किया गया है और अब परिचालन प्रक्रियाओं को युक्तिसंगत बनाने के साथ एकीकृत लोकपाल योजना 2021 परिचालन में है। बैंकों की मौजूदा शिकायत निवारण प्रणाली एवं एकीकृत लोकपाल योजना की समझ BC को ग्राहकों को शिक्षित करने में मदद देगी, इसके साथ ही बैंकों की शाखाओं को शिकायतों का समाधान करने और बदले में उत्तम ग्राहक सेवा प्रदान करने में मदद करेगी।

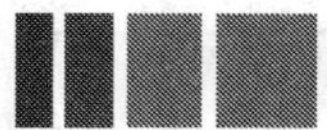

8.10 प्रमुख शब्द

शिकायत (Grievance): शिकायत का एक वास्तविक या अनुमानित कारण, ख़ासकर अनुचित व्यवहार

निवारण क्रियाविधि: किसी गलती या शिकायत के लिए उपचार करना या मुआवजा देना

ग्राहक सेवा: किसी बैंक या संस्थान द्वारा उन लोगों को प्रदान की जाने वाली सहायता व सलाह, जो उसके उत्पादों या सेवाओं को खरीदते या उनका इस्तेमाल करते हैं।

ग्राहक शिकायत: उपभोक्ता की ओर से एक जिम्मेदार पक्ष के प्रति असंतोष का प्रदर्शन; इसे किसी उत्पाद या सेवा की समस्या के बारे में दस्तावेज़ उपलब्ध कराने वाली उपभोक्ता रिपोर्ट भी कहा जा सकता है।

लोकपाल (Ombudsman): बैंकों द्वारा दी जाने वाली कुछ सेवाओं से संबंधित बैंकों के ग्राहकों की शिकायतों के समाधान को सक्षम बनाने के लिए RBI द्वारा गठित प्राधिकरण।

एस्केलेशन मैट्रिक्स: एस्केलेशन प्रक्रिया को प्रबंधित करने के लिए संस्थानों/बैंकों द्वारा इस्तेमाल किया जाने वाला एक साधन है।

नोडल अधिकारी; एक अधिकारी जिसे किसी संगठन या संस्थान के भीतर किसी ख़ास परियोजना या कार्य की जिम्मेदारी दी जाती है।

गुणवत्ता आश्वासन अधिकारी (Quality Assurance Officers): यह सुनिश्चित करने के लिए ज़िम्मेदार होते हैं कि उनके संस्थानों द्वारा प्रस्तुत उत्पाद एवं सेवाएं गुणवत्ता के कुछ मानकों का पालन करते हैं।

अर्ध-न्यायिक प्राधिकारी : एक प्रशासनिक निकाय या अधिकारी की कानूनी या अर्ध-कानूनी निर्णय लेने की शक्ति है, जो व्यक्तियों या संगठन के अधिकारों अथवा हितों को प्रभावित करती है। अर्ध-न्यायिक प्राधिकारी द्वारा लिए गए फ़ैसले अदालत द्वारा लिए गए निर्णयों के जैसे ही होते हैं, मगर वे आमतौर पर अधिक सुव्यवस्थित और अनौपचारिक तरीके से लिए जाते हैं।

अपीलीय प्राधिकरण: अपील पर सुनवाई करने के लिए नियुक्त या अधिकृत प्राधिकारी।

8.11 अपनी प्रगति जाँचें

1. शाखा स्तर पर शिकायतों के समाधान के लिए _____ जिम्मेदार होता है।
   (a) BC एजेंट
   (b) निर्दिष्ट काउंटर क्लर्क
   (c) उप-स्टाफ
   (d) शाखा प्रबंधक
2. पक्षदार____ के जरिए अपने मतभेदों को शांतिपूर्वक हल कर सकते हैं।
   (a) बैंकिंग लोकपाल
   (b) शिकायत निपटारा प्रक्रिया
   (c) उपभोक्ता अदालत
   (d) दीवानी न्यायालय
3. ग्राहक दिवस _______ को मनाया जाता है।
   (a) हर महीने की 5 तारीख
   (b) हर महीने की 10 तारीख
   (c) हर महीने की 15 तारीख
   (d) हर महीने की 20 तारीख
4. जो अधिकारी यह सुनिश्चित करने के लिए ज़िम्मेदार होते हैं कि उनके संस्थानों द्वारा प्रस्तुत उत्पाद एवं सेवाएं गुणवत्ता के कुछ मानकों का पालन करते हों, उन्हें -------- कहा जाता है।
   (a) नोडल अधिकारी
   (b) विशेषज्ञ अधिकारी
   (c) सेवा प्रबंधक
   (d) गुणवत्ता आश्वासन अधिकारी

5. यदि फ़ैसला/आदेश से संतुष्ट न हो, तो कोई भी बैंक या ग्राहक लोकपाल द्वारा दिए आदेश की प्राप्ति की तारीख से ____ दिनों के भीतर अपील प्राधिकारी अर्थात योजना का प्रबंधन करने वाले रिज़र्व बैंक के विभाग के प्रभारी कार्यकारी-निदेशक के पास अपील दायर कर सकता है।

(a) 45

(b) 30

(c) 15

(d) 10

8.12 'अपनी प्रगति जाँचें' का उत्तर

1. (d)	2. (b)	3. (c)	4. (d)	5. (b)

अध्याय

वित्तीय बाज़ार का अवलोकन

अध्याय

9 वित्तीय बाज़ार का अवलोकन

9.1 उद्देश्य

इस अध्याय का अध्ययन करने के बाद पाठक इन बातों में सक्षम हो सकेंगे:

- भारतीय वित्तीय बाजार के विभिन्न खंडों पर समझ हासिल करने में;
- बाजार में काम करने वाली संस्थाओं के उत्तम विकास को सुनिश्चित करने के लिए भारतीय वित्तीय प्रणाली के नियामकों द्वारा अदा की जाने वाली अहम भूमिका को जानने में;
- देश में बैंकिंग प्रणाली के विकास हेतु आरबीआई के कार्यों का सार समझने में;
- दीर्घावधि वित्तीय बाजार (पूंजी बाजार) के महत्व और भारतीय प्रतिभूति एवं विनिमय बोर्ड द्वारा निभाई गई भूमिका को समझने में;
- आजादी के बाद से भारत में बीमा बाजार में हुए विकास और उदारीकरण वाले माहौल में बीमा कंपनियों को नियंत्रित करने के लिए बीमा नियामक एवं विकास प्राधिकरण द्वारा निभाई गई भूमिका के बारे में जानने में;
- देश के पेंशन बाजार को बढ़ावा देने, प्रबंधन व विस्तार करने के लिए पेंशन फंड नियामक एवं विकास प्राधिकरण (PFRDA) द्वारा अदा की गई भूमिका के बारे में जानने में।

9.2 परिचय

भारत की वित्तीय प्रणाली का अर्थ सभी व्यक्तियों, संस्थाओं, कंपनियों व सरकारों द्वारा धन उधार लेने और देने या धन की मांग करने और आपूर्ति करने की प्रणाली है। सामान्यतः वित्तीय प्रणाली को औद्योगिक वित्त, कृषि वित्त, विकास वित्त और सरकारी वित्त में वर्गीकृत किया जाता है। भारत की वित्तीय प्रणाली में कई संस्थाएं एवं प्रणाली सम्मिलित हैं, जो समुदाय द्वारा बचत करने, बचत-राशि को जुटाने और उन

सभी के बीच बचत-राशि के प्रभावी वितरण को अंजाम देते हैं, जो निवेश उद्देश्यों के लिए धन की मांग करते हैं। इसलिए, मुख्यतः भारतीय वित्तीय प्रणाली निम्नांकित से निर्मित होती है:

a. बैंक: आसान शब्दों में, ऐसे वित्तीय मध्यस्थ होते हैं, जो लोगों से जमा-राशियां लेते हैं और उन्हें ऋण मुहैय्या कराते हैं। स्वामित्व के आधार पर, भारत में बैंकों को इस प्रकार से वर्गीकृत किया जा सकता है:

   i. सार्वजनिक क्षेत्र के बैंक

   ii. निजी क्षेत्र के बैंक

   इन्हें यूनिवर्सल बैंक, लघु वित्त बैंक, भुगतान बैंक, सहकारी बैंक के रूप में भी वर्गीकृत किया जा सकता है।

b. एनबीएफसी (NBFC) गैर-बैंकिंग वित्तीय कंपनियों (Non-Banking Financial Companies -NBFC) को इस प्रकार वर्गीकृत किया जा सकता है:

   i. जमा-राशि लेने वाली एनबीएफसी (NBFC)

   ii. गैर-जमा राशि लेने वाली एनबीएफसी (NBFC)

c. म्यूचुअल फंड्स

d. इक्विटी मार्केट: भारत में दो प्रमुख स्टॉक एक्सचेंज हैं, जो इस प्रकार हैं:

   i. बॉम्बे स्टॉक एक्सचेंज (BSE)

   ii. नेशनल स्टॉक एक्सचेंज (NSE)

e. बीमा कंपनियां: भारत में बीमा कंपनियों को इस प्रकार वर्गीकृत किया जा सकता है:

   i. जीवन बीमा कंपनियां

   ii. गैर-जीवन बीमा कंपनियां

भारत की वित्तीय प्रणाली में नियामक एजेंसियां, जैसे भारतीय रिजर्व बैंक, भारतीय प्रतिभूति एवं विनिमय बोर्ड, भारतीय बीमा नियामक एवं विकास प्राधिकरण और पेंशन फंड नियामक एवं विकास प्राधिकरण शामिल हैं। जहां आरबीआई क्रेडिट उत्पादों, बचत और विप्रेषण को नियंत्रित करता है, सेबी (SEBI) निवेश उत्पादों को नियंत्रित करता है, आईआरडीए बीमा उत्पाद को नियंत्रित करता है और पीएफआरडीए (PFRDA) पेंशन उत्पादों को नियंत्रित करता है।

9.3 भारतीय वित्तीय बाज़ार

किसी अर्थव्यवस्था का वह बाजार जहां फंड-अधिशेष (fund-surplus) और फंड-अभाव (fund-scarce) वाले व्यक्तियों व समूहों के बीच धन का लेनदेन होता है, उसे वित्तीय बाजार के नाम से जाना जाता है। लेनदेन का आधार ब्याज अथवा लाभांश (dividend) है। यह बाजार किसी अर्थव्यवस्था में

संगठित (संस्थागत) खंड के साथ-साथ असंगठित (अनियंत्रित/गैर-संस्थागत) खंड भी हो सकता है। इसके अतिरिक्त, प्रत्येक अर्थव्यवस्था में वित्तीय बाजारों के दो अलग-अलग खंड होते हैं - एक अल्पावधि फंडों की जरूरत से जुड़ा और दूसरा दीर्घावधि फंडों की आवश्यकताओं से संबद्ध। जहां अल्पावधि वित्तीय बाजार को मुद्रा बाजार (money market) के रूप में जाना जाता है, वहीं दीर्घावधि बाजार को पूंजी बाजार (capital market) के नाम से जाना जाता है। मुद्रा बाजार 364 दिनों (अल्पावधि) तक की अवधि के लिए धन की जरूरतों को पूरा करता है, जबकि पूंजी बाजार 364 दिनों से अधिक की अवधि (यानी दीर्घावधि) के लिए ऐसा करता है।

वित्तीय बाज़ार में वित्तीय परिसंपत्तियां/लिखत (Instruments) सृजित किए या हस्तांतरित किए जाते हैं। वित्तीय परिसंपत्तियां या वित्तीय लिखत (Financial Instruments) भविष्य में किसी धनराशि के भुगतान और/या ब्याज अथवा लाभांश के रूप में सावधिक भुगतान के दावे को निरूपित करते हैं। दूसरे शब्दों में कहें, तो वित्तीय लिखत वह वस्तु है जिसका मूल्यहोता है। वित्तीय लिखत के साक्ष्य के लिहाज से आपके पास एक वास्तविक दस्तावेज़ जैसे कि शेयर सर्टिफ़िकेट या बीमा पॉलिसी या कर्ज़ या ऋण आदि के लिए कॉन्ट्रैक्ट हो सकता है। विभिन्न प्रकार की वित्तीय परिसंपत्तियों को मुहैय्या कराने में वित्तीय मध्यस्थों (financial intermediaries) की भूमिका अहम होती है। वित्तीय मध्यस्थों में बैंक, वित्तीय संस्थान, म्यूचुअल फंड आदि सम्मिलित हो सकते हैं। मध्यस्थों, बाजारों एवं लिखतों का संयोजन मिलकर वित्तीय प्रणाली का सृजन करता है। नीचे दिया गया आरेख भारत में वित्तीय बाजार के विभिन्न खंडों को प्रदर्शित करता है।

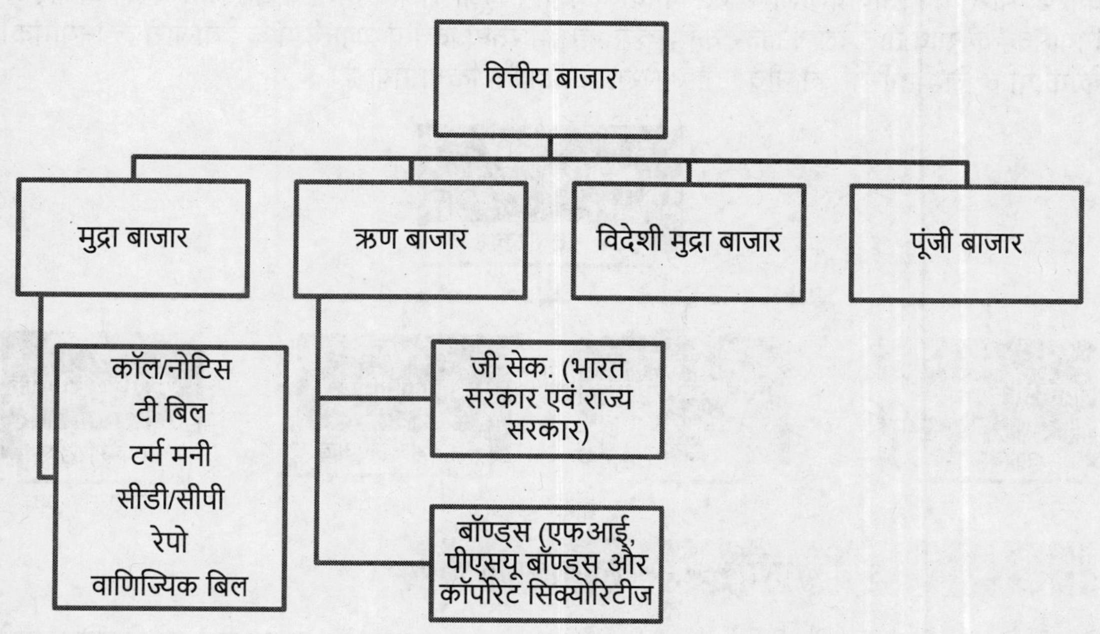

9.4 वित्तीय प्रणाली नियामक

भारतीय वित्तीय प्रणाली बचत-निवेश प्रक्रिया, जिसे पूंजी निर्माण भी कहा जाता है, के जरिए देश के आर्थिक विकास में महत्वपूर्ण भूमिका अदा करती है। इसी कारण से वित्तीय प्रणाली को कभी-कभी वित्तीय बाजार भी कहा जाता है। वित्तीय बाजार का उद्देश्य बचत को प्रभावी ढंग से जुटाना और उसे धन के अंतिम उपयोगकर्ताओं अर्थात निवेशकों के बीच दक्षतापूर्वक आवंटित करना है। तेज आर्थिक विकास के लिए पूंजी निर्माण की ऊंची दर एक अहम आवश्यकता है। पूंजी निर्माण की प्रक्रिया बचत में वृद्धि करने, बचत को जुटाने और फंडों के उचित निवेश पर निर्भर करती है। प्रायः भारतीय मुद्रा बाजार को हम संगठित क्षेत्र और असंगठित क्षेत्र में वर्गीकृत करते हैं। जहां मुद्रा बाजार के संगठित क्षेत्र में बैंक (RBI द्वारा लाइसेंस प्राप्त और नियंत्रित) आते हैं, वहीं असंगठित क्षेत्र में स्वदेशी बैंकर शामिल होते हैं। संगठित बैंकिंग प्रणाली को तीन श्रेणियों में विभाजित किया जा सकता है, वाणिज्यिक बैंक (RRB समेत), सहकारी बैंक एवं विभेदित (differentiated) बैंक (SFB, भुगतान बैंक)। भारत में बैंकों का एक दूसरा अधिक आम वर्गीकरण उनकी वित्तीय शक्ति के संदर्भ में अनुसूचित एवं गैर-अनुसूचित बैंक है। भारतीय रिज़र्व बैंक देश में सबसे प्रमुख मौद्रिक व बैंकिंग प्राधिकरण है और यह देश की बैंकिंग प्रणाली को नियंत्रित करने के लिए जिम्मेदार है।

भारतीय रिजर्व बैंक देश का केंद्रीय बैंक होने और देश की मौद्रिक प्रणाली के लिए जिम्मेदार होने के कारण, भारतीय वित्तीय प्रणाली के अन्य नियामकों यानी पूंजी बाजार, बीमा बाजार और पेंशन बाजार के नियामकों के साथ तालमेल बनाकर काम करता है। भारतीय वित्तीय प्रणाली में कई बाजारों के नियामकों के कार्यों व जिम्मेदारियों को नीचे दिए आरेखों में प्रदर्शित किया गया है।

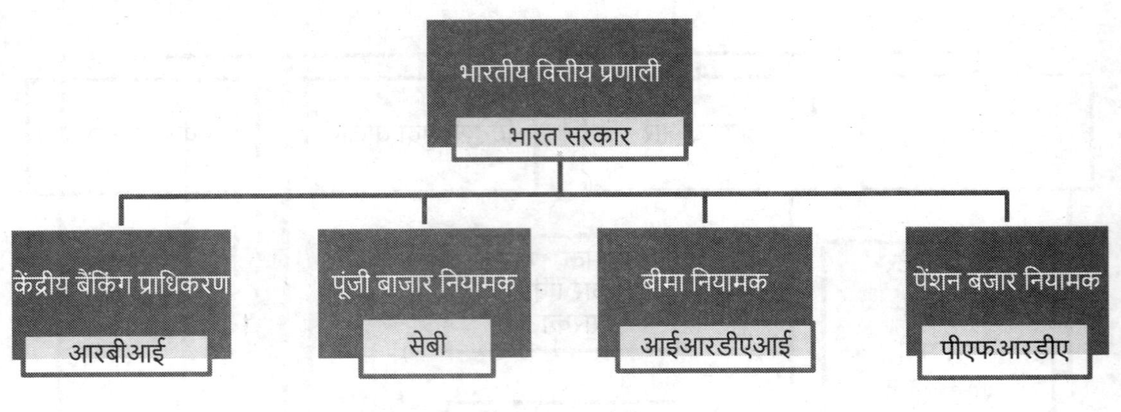

9.5 बैंकिंग सेक्टर: भारतीय रिजर्व बैंक

देश के केंद्रीय बैंक (भारतीय रिजर्व बैंक) की दो अलग-अलग भूमिका हैं - मुद्रास्फीति को नियंत्रित करने समेत मौद्रिक नियंत्रण तथा बैंकों का विनियमन और उनका पर्यवेक्षण। दूसरे देशों में भी केंद्रीय बैंक, इन दो प्राथमिक कार्यों को ही संभालते हैं और यह सुनिश्चित करने की जिम्मेदारी उठाते हैं कि बैंकों की समग्र वित्तीय स्थिति खराब न हो। यह बैंकों पर ऑन-साइट पर्यवेक्षण और ऑफ़-साइट निगरानी के

जरिए किया जाता है। मौद्रिक नियंत्रण कैश रिजर्व रेशियो और स्टैचुटरी लिक्विडिटी रेशियो प्रणाली एवं बैंक व रेपो दरों के माध्यम से किया जाता है - जो अग्रणी बैंकों की प्राइम दरों को नियंत्रित करने के लिए केंद्रीय बैंकों के पास उपलब्ध प्रमुख साधन हैं। केंद्रीय बैंक बैंकिंग प्रणाली के लिए अंतिम ऋणदाता के रूप में काम करते हैं, और वे दक्ष भुगतान व सेटलमेंट सिस्टम तय करने के लिए जिम्मेदार होते हैं।

आरबीआई के प्रमुख कार्यों को नीचे दी गई तालिका में संक्षेप में प्रस्तुत किया जा सकता है:

मौद्रिक प्राधिकरण	इस कार्य में मौद्रिक नीति तैयार करना, उसका क्रियान्वयन व निगरानी शामिल है। इस नीति का मुख्य उद्देश्य विकास के लक्ष्य को ध्यान में रखते हुए मूल्य स्थिरता बनाए रखना है।
मुद्रा प्राधिकरण	इसमें नए करेंसी नोट और सिक्के जारी करना (एक रुपए और सिक्कों को छोड़कर, जो वित्त मंत्रालय द्वारा ही जारी किए जाते हैं) के साथ-साथ उन नोटों को बदलना या नष्ट करना शामिल है जो प्रचलन योग्य नहीं हैं। मुद्राओं व सिक्कों का वितरण करना और गुणवत्तापूर्ण मुद्राओं तथा सिक्कों की पर्याप्त आपूर्ति बनाए रखना भी आरबीआई की ही जिम्मेदारी होती है।
वित्तीय प्रणाली का नियामक एवं पर्यवेक्षक	इसमें बैंकिंग परिचालन के व्यापक मानदंडों को निर्धारित किया जाता है जिसके तहत बैंकिंग व वित्तीय प्रणाली परिचालित होती है। इस कार्य का व्यापक उद्देश्य प्रणाली में लोगों का भरोसा बनाए रखना, जमाकर्ताओं के हितों की रक्षा करना और लोगों को किफ़ायती बैंकिंग सेवाएं मुहैय्या कराना है।
विदेशी मुद्रा प्रबंधन	इसमें फेमा (**विदेशी मुद्रा प्रबंध अधिनियम**) का प्रबंधन किया जाता है, देश के विदेशी मुद्रा भंडार को बनाए रखा जाता है, रुपए की विनिमय दर को स्थिर किया जाता है और अंतर्राष्ट्रीय मुद्रा कोष तथा विश्व बैंक में भारत सरकार का प्रतिनिधित्व किया जाता है। इस कार्य का उद्देश्य बाह्य व्यापार तथा बाहरी भुगतान को सुविधाजनक बनाना और देश में विदेशी मुद्रा बाजार (foreign exchange market) का व्यवस्थित विकास करना/उसे बनाए रखना है।
भुगतान व सेटल प्रणाली का नियामक और पर्यवेक्षक	इसमें बड़े पैमाने पर लोगों की जरूरतों को पूरा करने के लिए देश में भुगतान प्रणालियों के सुरक्षित और दक्ष तरीकों को प्रस्तुत करना और उन्हें अपग्रेड करने जैसे कार्य शामिल हैं। इसका उद्देश्य भुगतान व सेटलमेंट प्रणाली में लोगों का भरोसा बनाए रखना है।
सरकारों और बैंकों का बैंकर होना	RBI राज्य/केंद्र सरकारों के लिए बैंकर के रूप में काम करता है। RBI बैंकों का बैंकर भी है। यह देश में काम करने वाले अनुसूचित वाणिज्यिक बैंकों (scheduled commercial banks) - घरेलू, विदेशी, सार्वजनिक व निजी बैंकों के बैंकिंग खातों को अनुरक्षित (मेंटेन) करता है। इसका मुख्य उद्देश्य सरकारों तथा बैंकों के कामकाज के लिए पर्याप्त तरलता (चलनिधि) जुटाना है।

	RBI सरकारों की कर्ज़ योजनाओं से जुड़ा होता है। RBI बैंकों को अल्पावधि और दीर्घावधि ऋण मुहैय्या कराता है (अंतिम कर्ज़दाता के रूप में)
विकास से जुड़े कार्य	दुनिया के ज्यादातर केंद्रीय बैंकों के विपरीत, RBI विकास से जुड़े कार्य संपन्न कर रहा है। अर्थव्यवस्था के विकास के लिए इसने प्राथमिकता वाले क्षेत्रों की वृद्धि व विकास के लिए नाबार्ड, सिडबी, NHB और NaBFID जैसे कई विकास वित्त संस्थाओं की स्थापना को सुगम बनाया था। नीतियों व दिशानिर्देशों को विकसित कर यह देश में वित्तीय समावेशन को बढ़ावा देने में भी अहम भूमिका निभाता है

हमने पिछले अध्याय में वाणिज्यिक बैंकों, क्षेत्रीय ग्रामीण बैंकों, सहकारी बैंकों तथा विभेदित (Differentiated) बैंकों की स्थापना व आर्थिक वृद्धि एवं विकास सुनिश्चित करने के लिए अर्थव्यवस्था के विभिन्न क्षेत्रों को ऋण मुहैय्या कराने में उनके द्वारा अदा की गई भूमिकाओं के बारे में चर्चा की है। जैसा कि पहले ही बताया जा चुका है कि इन संस्थाओं को आरबीआई द्वारा लाइसेंस प्राप्त है और उनका नियंत्रण भी आरबीआई ही करता है। देश में बैंकों का निरंतर विकास सुनिश्चित करने के लिए समय-समय पर आरबीआई द्वारा बैंकों को विभिन्न बैंकिंग कार्यों के लिए अपनाई जाने वाली प्रक्रियाओं, विभिन्न क्षेत्रों के लिए ऋण के प्रावधान के लिए पालन किए जाने वाले मानदंडों, परिसंपत्तियों के वर्गीकरण तथा प्रावधान हेतु पालन किए जाने वाले नियमों, प्रशासनिक पहलुओं इत्यादि को लेकर दिशानिर्देश जारी किया जाता है।

9.6 पूंजी बाजार: सेबी (SEBI)

पूंजी बाजार किसी अर्थव्यवस्था के विकास को बढ़ावा देने और उसे बनाए रखने में बेहद अहम भूमिका अदा करता है। यह उद्यमों के लिए धन लाने और जुटाने का एक अहम और कुशल जरिया है, और यह अर्थव्यवस्था में निवेश का प्रभावी स्रोत मुहैय्या कराता है। यह देश की दीर्घकालिक विकास संभावनाओं को बढ़ाने लिहाज से उत्पादक परिसंपत्तियों में निवेश के लिए बचत जुटाने में अहम भूमिका निभाता है। इस प्रकार, पूंजी बाजार अर्थव्यवस्था को ज्यादा कुशल, नया और प्रतियोगी बाजार में बदलने में मुख्य उत्प्रेरक का काम करता है। यह बचत करने वालों और अपनी बचत को निवेश करने की इच्छा रखने वालों के बीच एक अहम कड़ी के रूप में काम करता है।

भारतीय प्रतिभूति एवं विनिमय बोर्ड (SEBI) को भारतीय पूंजी बाजारों को नियंत्रित करने की जिम्मेदारी सौंपी गई है। यह प्रतिभूति बाजार की निगरानी और नियंत्रण करता है और कुछ नियमों व विनियमों को लागू करके निवेशकों के हितों की रक्षा करता है। SEBI की स्थापना 12 अप्रैल 1992 को SEBI अधिनियम, 1992 के तहत की गई थी। SEBI का उद्देश्य यह तय करना है कि भारतीय पूंजी बाजार व्यवस्थित तरीके से काम करे और निवेशकों को उनके निवेश के लिए पारदर्शी माहौल मिल सके। सरल शब्दों में कहें तो SEBI की स्थापना का मुख्य कारण भारत के पूंजी बाजार में होने वाली गड़बड़ियों पर लगाम लगाना और पूंजी बाजार के विकास को बढ़ावा देना था।

SEBI पूंजी बाजार में काम करने वाले सभी पक्षों की जरूरतों को इस प्रकार पूरा करता है:

- *प्रतिभूतियों (securities) के जारीकर्ता के रूप में:* जो कंपनियां धन जुटाने के लिए प्रतिभूतियां (securities) जारी करती हैं, वे स्टॉक एक्सचेंज में सूचीबद्ध होती हैं। SEBI इस बात का ध्यान रखता है कि इनिशियल पब्लिक ऑफ़रिंग (IPO) और फ़ॉलो-अप पब्लिक ऑफ़र्स (FPO) स्वस्थ और पारदर्शी तरीके से जारी किए जाएं।

- *ट्रेडरों और निवेशकों के हितों की रक्षा करता है:* यह एक तथ्य है कि पूंजी बाजार सिर्फ इसलिए काम कर रहे हैं क्योंकि ट्रेडर्स काम कर रहे हैं। SEBI उनके हितों की रक्षा करने और यह तय करने के लिए जिम्मेदार है कि निवेशक किसी भी स्टॉक मार्केट धोखाधड़ी या हेरफेर का शिकार न बनें।

- *वित्तीय मध्यस्थ:* SEBI स्टॉक मार्केट में मध्यस्थ के रूप में काम करता है ताकि यह सुनिश्चित किया जा सके कि बाजार के सभी लेनदेन भरोसेमंद व सुगम तरीके से हो रहे हैं। यह वित्तीय मध्यस्थों, जैसे ब्रोकर, सब-ब्रोकर, NBFC इत्यादि की हर गतिविधि पर नजर रखता है।

भारतीय प्रतिभूति एवं विनिमय बोर्ड का ओहदा SEBI अधिनियम के संदर्भ में अर्ध-न्यायिक, अर्ध-विधायी तथा अर्ध-कार्यकारी है। अपने पास मौजूद शक्तियों के आधार पर, SEBI, म्यूचुअल फंड के नियमों को अधिसूचित करता है। SEBI स्टॉक एक्सचेंजों और म्यूचुअल फंड हाउसों के कामकाज पर नज़र रखता है। SEBI के दिशानिर्देशों के आधार पर म्यूचुअल फंड को पूंजी बाजार में प्रवेश करने की अनुमति मिलती है।

9.7 बीमा बाजार: आईआरडीएआई (IRDAI)

बीमा का उद्देश्य किसी व्यक्ति की संपत्ति या जीवन के आर्थिक मूल्य की रक्षा करना होता है। बीमा को जीवन बीमा और गैर-जीवन बीमा में वर्गीकृत किया जाता है। एक बीमा अनुबंध के जरिए, बीमाकर्ता बीमाकृत संपत्ति पर किसी भी नुकसान या जीवन की हानि होने पर (जैसा भी मामला बनता हो) उसकी भरपाई करने के लिए सहमत होता है, जो बीमाधारक द्वारा भुगतान किए जाने वाले एक छोटे प्रीमियम के एवज में हो सकता है। ज्यादातर बीमा लेनदेन में, प्रायः एक बिचौलिया होता है - जिसे बीमा एजेंट (व्यक्तिगत या कॉर्पोरेट) या बीमा ब्रोकर कहा जाता है। बीमा बिचौलिए, उपभोक्ताओं (बीमा पॉलिसियों को खरीदने के इच्छुक) और बीमा कंपनियों (उन पॉलिसियों को बेचने के इच्छुक) के बीच एक सेतु के रूप में काम करते हैं।

वर्ष 1999-2000 तक बीमा उद्योग में मुख्य रूप से दो खिलाड़ी शामिल थे। जीवन बीमा क्षेत्र में, भारतीय जीवन बीमा निगम (LIC) लिमिटेड एकमात्र खिलाड़ी था और साधारण बीमा क्षेत्र में, जनरल इंश्योरेंस कॉरपोरेशन ऑफ़ इंडिया (GIC) अपनी चार सहायक कंपनियों के साथ काम करता था, वे हैं, (a) द ओरिएंटल इंश्योरेंस कंपनी लिमिटेड (b) द न्यू इंडिया एश्योरेंस कंपनी लिमिटेड (c) नेशनल इंश्योरेंस कंपनी लिमिटेड (d) यूनाइटेड इंडिया इंश्योरेंस कंपनी लिमिटेड। GIC को 'राष्ट्रीय पुनर्बीमाकर्ता' (National reinsurer) में बदल दिया गया है और इन चार सहायक कंपनियों को मूल कंपनी से पृथक कर स्वतंत्र

बीमा कंपनी बना दिया गया है (दिसंबर 2000 से प्रभाव में है)। बीमा क्षेत्र को वर्ष 1999 में खोला गया, जिससे इस उद्योग में निजी भागीदार भी प्रवेश करने लगे।

भारतीय बीमा नियामक एवं विकास प्राधिकरण (IRDAI), भारत सरकार के वित्त मंत्रालय के अधिकार क्षेत्र के तहत काम करने वाला एक वैधानिक निकाय है और इसे भारत में बीमा एवं पुनर्बीमा उद्योगों को नियंत्रित करने और लाइसेंस प्रदान करने का काम सौंपा गया है। इसका गठन संसद के एक अधिनियम, बीमा नियामक एवं विकास प्राधिकरण अधिनियम, 1999 द्वारा किया गया था। IRDAI एक 10-सदस्यीय निकाय है, जिसमें भारत सरकार द्वारा नियुक्त अध्यक्ष, पांच पूर्णकालिक और चार अंशकालिक सदस्य मौजूद रहते हैं। IRDAI के उद्देश्य इस प्रकार हैं:

- पॉलिसीधारकों के हितों की रक्षा करना और उनके साथ उचित व्यवहार का ध्यान रखना;
- आम आदमी के फ़ायदे के लिए, बीमा उद्योग (ऐन्युटी और सुपरऐन्युएशन पेमेंट समेत) का तीव्र और व्यवस्थित विकास करना, और अर्थव्यवस्था के विकास में तेजी लाने के लिए दीर्घकालिक फंड मुहैय्या कराना;
- जिन्हें यह नियंत्रित करता है उनकी निष्ठा, अच्छी वित्तीय स्थिति, निष्पक्ष व्यवहार व क्षमता के उच्च मानक स्थापित करना, उसे बढ़ावा देना, उसकी निगरानी करना और उसे लागू करना;
- सही दावों का त्वरित निपटारा सुनिश्चित करना, बीमा धोखाधड़ी और अन्य कदाचार को रोकना और प्रभावी शिकायत निवारण प्रणाली स्थापित करना;
- बीमा से जुड़े वित्तीय बाजारों में निष्पक्षता, पारदर्शिता एवं व्यवस्थित आचरण को बढ़ावा देना और बाजार के भागीदारों के बीच वित्तीय सुदृढ़ता के उच्च मानकों को लागू करने के लिए एक भरोसेमंद प्रबंधन सूचना प्रणाली का निर्माण करना;
- जहां ऐसे मानक अपर्याप्त हों या अप्रभावी रूप से लागू हों, वहां कार्रवाई करना;
- विवेकपूर्ण नियंत्रण की आवश्यकताओं के अनुरूप के रोजमर्रा के कामकाज में ज्यादा से ज्यादा स्तर पर स्व-नियंत्रण लाना।

IRDAI के तत्वावधान में भारत में बीमा कंपनियों की पदानुक्रम की स्थिति

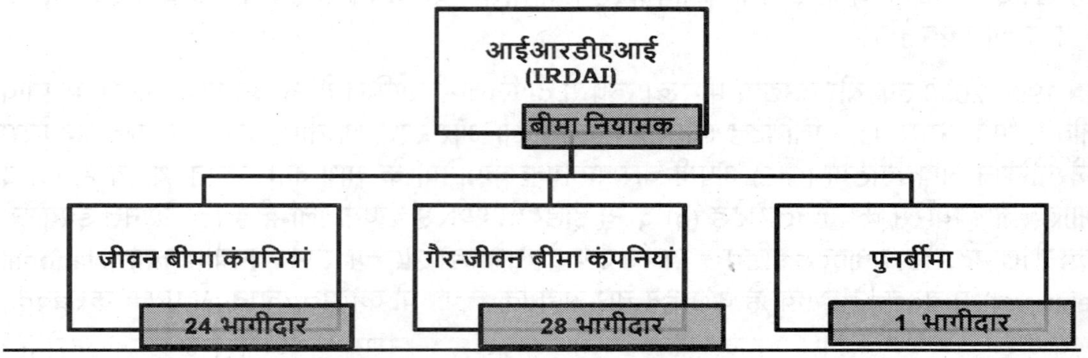

9.8 पेंशन बाजार: पीएफआरडीए (PFRDA)

पेंशन योजनाएं किसी भी देश की सामाजिक कल्याण प्रणाली का अनिवार्य अंग होती हैं, क्योंकि वे अपने नागरिकों को बुढ़ापे के दौरान वित्तीय सुरक्षा मुहैय्या कराती हैं। भारत में पेंशन फंड नियामक एवं विकास प्राधिकरण (PFRDA) की स्थापना, देश के पेंशन बाजार को बढ़ावा देने, प्रबंधन करने और उसका विस्तार करने के उद्देश्य से वर्ष 2003 में की गई थी। आरंभ में PFRDA की स्थापना केवल सरकारी कर्मचारियों के लिए पेंशन योजनाओं की देखरेख के लिए की गई थी। पर बाद में इसने अपनी सेवाओं में सभी भारतीय नागरिकों और NRI को भी शामिल कर लिया, जिनमें स्व-रोज़गार प्राप्त लोग भी शामिल थे। PFRDA विनियमों के लागू होने के साथ, भारत में पेंशन सेक्टर में अहम वृद्धि और विकास हुआ है, जिससे लोगों को अपने वित्तीय भविष्य को सुरक्षित करने के बेहतर अवसर हासिल हुए हैं।

PFRDA निम्नांकित प्रमुख कार्य संपन्न करता है:

- *वृद्धावस्था आय सुरक्षा को बढ़ावा देना:* PFRDA की प्रस्तावना के अनुसार, इस प्राधिकरण का एक मुख्य लक्ष्य पेंशन फंड की स्थापना करना, उसका विस्तार और देखरेख कर वृद्धावस्था आय सुरक्षा को बढ़ावा देना है।
- *राष्ट्रीय पेंशन प्रणाली की देखरेख:* PFRDA राष्ट्रीय पेंशन प्रणाली को नियंत्रित करता और उसकी देखरेख करता है, जिसमें टियर 1 और टियर 2 वाली दोनों पेंशन योजनाएं सम्मिलित हैं।
- *पेंशन योजनाओं को प्रोत्साहन देना:* सेवानिवृत्त कर्मचारियों की सेवानिवृत्ति आय की जरूरतों को पूरा करने के लिए, PFRDA अनिवार्य और स्वैच्छिक दोनों पेंशन योजनाओं को बढ़ावा देता है।
- *मध्यस्थों की नियुक्ति करना:* PFRDA पेंशन फंड मैनेजरों तथा सेंट्रल रिकॉर्ड-कीपिंग एजेंसी (CRA) समेत पेंशन फंड के प्रबंधनव विस्तार में मदद हेतु मध्यस्थों को नियुक्त करने के लिए जिम्मेदार है।
- *जन-शिक्षा:* PFRDA लोगो व अन्य इच्छुक पक्षों के सदस्यों को पेंशन के महत्व और सेवानिवृत्ति योजना की जरूरत के बारे में जानकारी प्रदान करता है।
- *मध्यस्थों के लिए प्रशिक्षण:* PFRDA मध्यस्थों के लिए प्रशिक्षण मुहैय्या कराता है, जो लोगों को पेंशन के महत्व के बारे में सूचित करने और बढ़ावा देने की भूमिका निभाते हैं।
- *समस्या को हल करना:* PFRDA उपभोक्ताओं व मध्यस्थों के साथ-साथ बैंकों समेत विभिन्न मध्यस्थों से जुड़े विवादों को देखता और उन्हें निपटाता है।

सेंट्रल रिकॉर्ड कीपिंग एजेंसी (CRA) की भूमिका

पेंशन फंड की व्यवस्था, संग्रहण, प्रबंधन, रिकॉर्ड-कीपिंग और वितरण में मदद के लिए भारत के पेंशन फंड नियामक एवं विकास प्राधिकरण (PFRDA) द्वारा मध्यस्थों की एक टीम को नियुक्त किया गया है। PFRDA ने पेंशन फंड ग्राहकों के लिए रिकॉर्ड रखने, अकाउंटिंग करने, प्रशासन और ग्राहक सहायता कार्य करने के लिए दो CRA नियुक्त किए हैं, जो इस प्रकार हैं: नेशनल सिक्योरिटीज डिपॉजिटरी लि.

और कार्वी कंप्यूटरशेयर प्राइवेट लि.। जिन नियोक्ताओं के पास निजी सेक्टर में पेंशन-सब्सक्राइब करने वाले कर्मचारी हों, उनके पास दो CRA के बीच एक का विकल्प है। गैर-कर्मचारी स्वैच्छिक सब्सक्राइबर्स खुद निर्णय ले सकते हैं कि किस CRA का इस्तेमाल करना है। जिन लोगों ने अटल पेंशन योजना और सरकारी क्षेत्र के कर्मचारी पेंशन के लिए साइन अप किया है, उनके लिए संबंधित सरकार CRA का चयन कर सकती है। दो CRA के बीच, एग्रीगेटर एनपीएस सब्सक्राइबरों के लिए एक का चुनाव करता है।

भारत में पेंशन फंड नियामक एवं विकास प्राधिकरण (PFRDA) द्वारा लोगों के लिए ऑनलाइन और ऑफ़लाइन दोनों तरह से पेंशन योजनाओं में निवेश को सरल बनाने के लिए कई प्रयास आरंभ किए गए हैं। लोगों को तमाम सेवानिवृत्ति निधियों पर जानकारी हासिल करने के लिए प्रोत्साहित करने के लिए, नियामक निकाय ने कई ऑनलाइन सेवाएं तैयार की हैं।

9.9 सारांश

वित्तीय बाज़ार में वित्तीय परिसंपत्तियां/लिखत (Instruments) सृजित या हस्तांतरित किए जाते हैं। वित्तीय मध्यस्थ, वित्तीय बाजार के परिचालन में अहम भूमिका निभाते हैं। वित्तीय प्रणाली में मध्यस्थों, बाजारों व लिखतों (instruments) का संयोजन मौजूद रहता है, जो एक-दूसरे से जुड़े होते हैं। यह एक ऐसी प्रणाली मुहैय्या कराता है, जिसके द्वारा बचत को निवेश में बदल दिया जाता है। केंद्रीय बैंकिंग प्राधिकरण होने के कारण RBI के पास मौद्रिक नियंत्रण एवं बैंकिंग संस्थानों की निगरानी करने की जिम्मेदारी होती है। वाणिज्यिक बैंक, गैर-बैंकिंग वित्तीय कंपनियां, म्यूचुअल फंड, बीमा कंपनियां, प्राइमरी डीलर, ब्रोकर, डिपॉजिटरी व बीमा एजेंट जैसी विभिन्न संस्थाएं व पूंजी बाजार और मुद्रा बाजार जैसे कई बाजार भी वित्तीय प्रणाली का हिस्सा निर्मित करते हैं। भारतीय प्रतिभूति एवं विनिमय बोर्ड, प्रतिभूति बाजारों (securities markets) का नियंत्रक निकाय होता है। यह प्रतिभूति बाजार से जुड़े सभी मामलों की निगरानी करता है और उनके ऊपर नियंत्रण रखता है। भारतीय पूंजी बाजार के लिए SEBI एक रखवाला के रूप में कार्य करता है और यह तय करता है कि प्रतिभूतियों का लेनदेन ठीक से हो रहा हो और निवेशकों के हित सुरक्षित हों। IRDA अधिनियम के तहत प्रदान की गई शक्तियों के तहत, IRDAI ने बीमाकर्ताओं, पुनर्बीमाकर्ताओं और बीमा मध्यस्थों के लाइसेंसिंग तथा कामकाज को नियंत्रित करने के लिए कई नियम जारी किए हैं। पेंशन फंड नियामक एवं विकास प्राधिकरण (PFRDA) भारत में पेंशन योजनाओं के समग्र पर्यवेक्षण और नियंत्रण के लिए एक नियामक निकाय है।

9.10 प्रमुख शब्द

वित्तीय बाजार: मुख्यतः उस बाजार का संकेत करता है, जहां प्रतिभूतियों (securities) का कारोबार होता है।

वित्तीय लिखत (Financial Instruments) : पक्षों के बीच मौद्रिक अनुबंध होते हैं। इन्हें सृजित किया जाता है, इनका ट्रेड किया जाता है, संशोधित किया जाता है और निपटारा किया जा सकता है। वे कैश (मुद्रा), किसी निकाय में स्वामित्व हित का प्रमाण या मुद्रा (विदेशी मुद्रा); ऋण (बॉण्ड, लोन); इक्विटी (शेयर) के रूप में हासिल करने या वितरित करने का संविदात्मक अधिकार हो सकते हैं।

पूंजी बाजार: यह एक वित्तीय बाजार है, जिसमें दीर्घावधि ऋण (एक वर्ष से अधिक) या इक्विटी-समर्थित प्रतिभूतियां खरीदी और बेची जाती हैं, यह मुद्रा बाज़ार के विपरीत होता है, जहां अल्पावधि ऋण खरीदा व बेचा जाता है।

बीमा बाजार: जहां बीमा उत्पादों को खरीदने और बेचने का कारोबार होता है और बीमा कंपनियां इस बाजार में परिचालन करती हैं।

ऋण बाजार: एक ऐसा बाजार या वित्तीय बाजार, जहां ऋण बाजार के वित्तीय लिखतों की खरीद-बिक्री की जाती है।

मुद्रा बाजार (Money Market): प्रतिभागियों द्वारा अल्पावधि में कर्ज़ लेने और कर्ज़ देने के साधन के रूप में इस्तेमाल किया जाने वाला एक मार्केट प्लेस, सामान्यतः जिसकी परिपक्वता अवधि रात भर से लेकर एक वर्ष से कम की होती है।

विदेशी मुद्रा बाजार: वह बाजार जिसमें मुद्राओं की खरीद, बिक्री और विनिमय किया जाता है। यह बाजार हरेक मुद्रा के लिए विदेशी विनिमय दरें निर्धारित करता है।

भारतीय प्रतिभूति एवं विनिमय बोर्ड (SEBI): भारत में प्रतिभूतियों और कमोडिटी बाजारों के लिए एक नियामक संस्था। स्टॉक एक्सचेंजों की देखरेख इसी नियामक संस्था द्वारा संपन्न की जाती है।

भारतीय बीमा नियामक एवं विकास प्राधिकरण (IRDAI): बीमा और पुनर्बीमा कंपनियों को नियंत्रित करने और उन्हें लाइसेंस देने के लिए भारत सरकार द्वारा स्थापित एक वैधानिक निकाय है।

म्यूचुअल फंड्स: यह एक निवेश फंड है, जो प्रतिभूतियों (securities) को खरीदने के लिए कई निवेशकों से धन जुटाता है।

पुनर्बीमा (Reinsurance): वह बीमा जो कोई बीमा कंपनी किसी बड़े दावे के जोखिम से खुद को बचाने के लिए (कम से कम आंशिक रूप से) किसी अन्य बीमा कंपनी से खरीदती है। पुनर्बीमा के साथ, कंपनी अपनी बीमा देनदारियों का कुछ हिस्सा दूसरी बीमा कंपनी को दे देती है।

पेंशन फंड नियामक एवं विकास प्राधिकरण (PFRDA):भारत में पेंशन योजनाओं के समग्र पर्यवेक्षण और नियंत्रण के लिए एक नियामक संस्था है।यह भारत सरकार के वित्तमंत्रालय के अधिकारक्षेत्र में काम करती है।

नेशनल पेंशन सिस्टम (NPS): पेंशन फंड नियामक एवं विकास प्राधिकरण द्वारा नियंत्रित एक परिभाषित-अंशदान वाली पेंशन प्रणाली है।

सेंट्रल रिकॉर्ड कीपिंग एजेंसी: यह सभी NPS सब्सक्राइबरों के लिए रिकॉर्ड रखने, प्रशासनिक कार्य देखने और ग्राहक सेवा कार्यों के लिए जिम्मेदार होती है, जिसमें उपस्थिति स्थान के जरिए ग्राहकों से निर्देश प्राप्त करना, ऐसे निर्देशों को पेंशन फंड तक पहुंचाना और ग्राहकों से प्राप्त स्विचिंग निर्देशों को प्रभावी किया जाता है। सीआरए (CRA) PFRDA और दूसरे NPS मध्यस्थों जैसे पेंशन फंड मैनेजर, ऐन्युटी सर्विस प्रोवाइडर, ट्रस्टी बैंक इत्यादि के बीच एक परिचालन इंटरफ़ेस के रूप में कार्य करता है।

9.11 अपनी प्रगति जाँचें

1. आईआरडीएआई (IRDAI) _____सेक्टर को नियंत्रित करता है।
   (a) बैंकिंग
   (b) बीमा
   (c) पेंशन
   (d) पूंजी बाजार

2. ________ सामूहिक निवेश का एक रूप है, जो कई निवेशकों से धन एकत्र करता है और उनके पैसे को शेयर, बॉण्ड, अल्पकालिक मुद्रा बाजार इंस्ट्रुमेंट्स और/या अन्य प्रतिभूतियों (securities) में निवेश करताहै।
   (a) बीमा पॉलिसी
   (b) नेट संपत्ति मूल्य
   (c) म्यूचुअल फंड्स
   (d) बैंक जमा

3. परिसंपत्ति के आर्थिक मूल्य की सुरक्षा के लिए किए जाने वाले बीमा को ________ कहा जाता है।
   (a) जीवन बीमा
   (b) गैर-जीवन बीमा
   (c) दुर्घटना बीमा
   (d) उपरोक्त में कोई नहीं

4. वित्तीय बाजार में 'प्रतिभूति' (Securities) का अर्थ ________ होता है।
   (a) शेयर/बॉण्ड/डिबेंचर
   (b) नकद, बैंक जमा
   (c) मवेशी, कमोडिटी, म्यूचुअल फंड
   (d) नकद, बैंकजमा, बीमा पॉलिसी

5.निम्नांकित तालिका का अध्ययन करें और उस विकल्प का चयन करें, जिसमें बाजार से जुड़े शब्द सही ढंग से दर्शाए गए हैं

	बाजार का नाम		इस्तेमाल हुआ ***प्रयुक्त*** शब्द
1	पूंजी बाजार	(i)	पुनर्बीमा (Reinsurance)
2	मुद्रा बाजार (Money Market)	(ii)	म्यूचुअल फंड्स
3	बीमा बाजार	(iii)	ऐन्युइटी सर्विस प्रोवाइडर
4	पेंशन बाजार	(iv)	टी बिल

(a) 1. (i); 2. (iii); 3. (ii); 4 (iv)

(b) 1. (ii); 2. (iv); 3. (i); 4. (iii)

(c) 1. (iii); 2 (iv); 3 (ii); 4 (i)

(d) 1. (iv); 2(ii); 3. (iii); 4. (i)

9.12 'अपनी प्रगति जाँचें' का उत्तर

1. (b)	2. (c)	3. (b)	4. (a)	5. (b)

B

वित्तीय समावेशन और बिजनेस कॉरेस्पॉन्डेंट की भूमिका

अध्याय

10

वित्तीय समावेशन

10

10.1 उद्देश्य

10.2 परिचय

10.3 वित्तीय समावेशन (Financial Inclusion) क्या है?

10.4 वित्तीय समावेशन की आवश्यकता

10.5 बिज़नेस कॉरेस्पॉन्डेंट (Business Correspondent) और बिज़नेस फैसिलिटेटर मॉडल (Business Facilitator Model)

10.6 बीसी/बीएफ (BC/BF) मॉडल की आवश्यकता

10.7 बिज़नेस कॉरेस्पॉन्डेंट/बिज़नेस फैसिलिटेटर की भूमिका और जिम्मेदारियाँ

10.8 बिज़नेस फैसिलिटेटर कौन हो सकते हैं?

10.9 बिज़नेस कॉरेस्पॉन्डेंट कौन हो सकते हैं?

10.10 बिज़नेस फैसिलिटेटर – कार्यकलापों का दायरा

10.11 बिज़नेस कॉरेस्पॉन्डेंट - कार्यकलापों का दायरा

10.12 बिजनेस कॉरेस्पॉन्डेंट बनाम बिजनेस फैसिलिटेटर

10.13 भारतीय रिज़र्व बैंक की पहलें

10.14 सूक्ष्म वित्त (Micro Finance) संस्थान

10.15 ऋण वितरण (Credit Delivery) प्रणाली में नवाचार

10.16 वर्तमान बैंकिंग परिदृश्य

10.17 वित्तीय समावेशन में प्रौद्योगिकी की भूमिका

10.18 सारांश

10.19 प्रमुख शब्द

10.20 अपनी प्रगति जांचें

10.21 'अपनी प्रगति जाँचें' का उत्तर

अध्याय

10 वित्तीय समावेशन

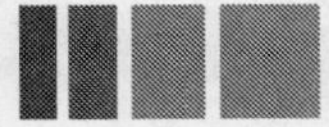

10.1 उद्देश्य

इस इकाई के द्वारा पाठक निम्नलिखित बातों को समझ सकेंगे:

- वित्तीय समावेशन की अवधारणा तथा समावेशी विकास के लिए इसका महत्व
- वित्तीय समावेशन कार्यक्रम के अंतर्गत संचालित विभिन्न पहलें
- बीसी/बीएफ (BC/BF) मॉडल की विशेषताएँ और बीसी/बीएफ (BC/BF) की गतिविधियों का दायरा
- समूह ऋण की अवधारणा और वित्तीय समावेशन कार्यक्रम के कार्यान्वयन से संबंधित अन्य नीतिगत मुद्दे

10.2 परिचय

देश में ऐसे लोगों की बड़ी संख्या है जिनके पास अब भी औपचारिक वित्तीय प्रणाली तक पहुँच नहीं है। हर किसी के लिए वित्तीय सेवाओं तक पहुँच आवश्यक है। वह स्थिति जिसमें लोगों के पास औपचारिक वित्तीय संस्थानों के वित्तीय उत्पादों तक पहुँच नहीं हो पाती है, उसे "वित्तीय बहिष्करण" (Financial Exclusion) कहा जाता है। ऐसी स्थिति के परिणामस्वरूप कुछ आर्थिक और सामाजिक दुष्परिणाम हो सकते हैं। बैंक स्वयं अंतिम चरण में वित्तीय समावेशन लक्ष्य को प्राप्त करने में सक्षम नहीं होंगे और उन्हें मध्यस्थों (intermediaries) की सहायता की आवश्यकता हो सकती है। एक उपयुक्त व्यवसाय मॉडल का उपयोग करके, औपचारिक वित्तीय प्रणाली ऐसी 'बहिष्कृत' आबादी से वित्तीय सेवाओं की पूरी न होने वाली मांग से आने वाली बड़ी संभावनाओं को समझ सकती है। सूक्ष्म वित्त (Microfinance) संस्थानों ने साबित कर दिया है कि वे पिरामिड की निचली परत तक पहुंच सकते हैं और इस गतिविधि से लाभ भी कमा सकते हैं। एसएचजी-बैंक (SHG-bank) लिंकेज एक अन्य माध्यम है जिसके द्वारा अर्थव्यवस्था की बहिष्कृत आबादी को शामिल किया जा सकता है। बहिष्कृत (excluded) लोगों तक पहुंचने के लिए कई नए तरीकों को भी बढ़ावा देने की आवश्यकता है। अंत में, 'वित्तीय रूप से बहिष्कृत' लोगों को संगठित

वित्तीय प्रणाली का हिस्सा होने पर मिलने वाले लाभों के बारे में शिक्षित करने की आवश्यकता है। यदि सूक्ष्म वित्त का विस्तार करना है और संपूर्ण वित्तीय समावेशन का लक्ष्य प्राप्त करना है तो लोगों को वित्तीय साक्षरता और उत्पाद नवाचार की जानकारी होना आवश्यक है।

10.3 वित्तीय समावेशन (Financial Inclusion) क्या है?

वित्तीय समावेशन की वर्तमान परिभाषा है- औपचारिक वित्तीय प्रणाली द्वारा वंचित और निम्न-आय समूहों के विशाल वर्गों को किफ़ायती लागत पर वित्तीय सेवाएं प्रदान करना। वित्तीय सेवाओं में, बहिष्कृत लोगों के लिए औपचारिक वित्तीय प्रणाली द्वारा बचत, ऋण, बीमा, भुगतान और विप्रेषण (remittance) सुविधाओं का प्रावधान किया गया है, जैसा कि नीचे दिए गए चित्र में दर्शाया गया है:

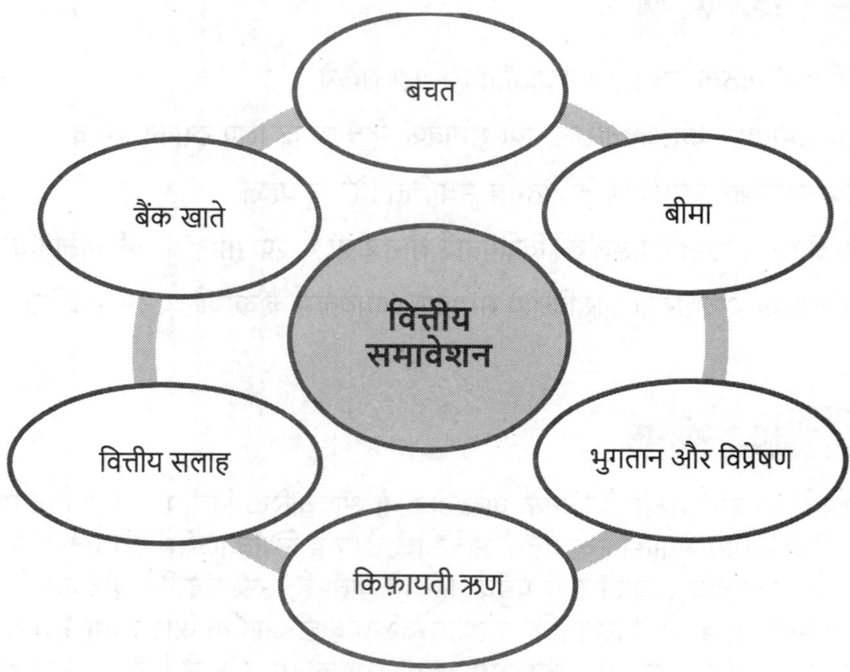

'वंचित' शब्द का उल्लेख व्यापक संदर्भ में किया जा सकता है और इसमें न केवल ग्रामीण गरीब, जिनमें सीमांत और उप-सीमांत किसान, भूमिहीन मजदूर और बंटाईदार शामिल हैं, बल्कि महिलाएं, असंगठित क्षेत्र के श्रमिक, पेंशनभोगी आदि भी शामिल हो सकते हैं।

10.4 वित्तीय समावेशन की आवश्यकता

चूंकि बुनियादी वित्तीय सेवाएं (बचत और विप्रेषण) आम तौर पर बैंकिंग प्रणाली द्वारा प्रदान की जाती हैं, अतः वित्तीय समावेशन पर कोई भी चर्चा इस प्रश्न से शुरू होनी चाहिए कि क्या बैंकिंग प्रणाली ने प्रत्यक्ष या अप्रत्यक्ष रूप से एसएचजी-बैंक लिंकेज मॉडल के माध्यम से गरीबों तक पहुंचने की सुविधा

प्रदान की है? इस मुद्दे पर दो राय नहीं हो सकती; गरीबों तक बैंकों की पहुंच में उल्लेखनीय सुधार हुआ है, विशेष रूप से, उनके राष्ट्रीयकरण के बाद के दशकों में। फिर भी, वित्तीय बहिष्करण (financial exclusion) एक बड़ा मुद्दा है। इसलिए वास्तविक प्रश्न यह है कि क्या बैंकिंग प्रणाली बहिष्कृत लोगों तक पहुंच रही है या दूसरे शब्दों में, क्या यह कभी पहुंच पाएगी? और यदि बाद वाले प्रश्न का उत्तर 'नहीं' में है और दुर्भाग्य से ऐसा ही है, तो अगला प्रश्न यह है कि ऐसी स्थिति में क्या किया जा सकता है? आजादी के 75 साल बाद भी, भारतीय आबादी का एक बड़ा हिस्सा अभी भी बैंकिंग सुविधाओं से वंचित है। इस व्याकुलता के कारण, निम्न आय वर्ग के बीच वित्तीय अस्थिरता पैदा हो गई है, जिनकी वित्तीय उत्पादों और सेवाओं तक पहुंच नहीं है।

10.5 बिज़नेस कॉरेस्पोंडेंट (Business Correspondent) और बिज़नेस फैसिलिटेटर मॉडल (Business Facilitator Model)

उपरोक्त के अनुसार यह स्पष्ट है कि बैंकिंग संरचना की मौजूदा डिज़ाइन में समावेशन के लक्ष्य को हासिल नहीं किया जा सकता है क्योंकि वित्तीय उत्पादों के वितरण में कुछ लागत और संरचनात्मक मुद्दे शामिल हैं। बहिष्कृत लोगों तक पहुंचने के लिए शाखा बैंकिंग और इलेक्ट्रॉनिक बैंकिंग उपयुक्त मॉडल नहीं हो सकते हैं क्योंकि वित्तीय समावेशन में वित्तीय शिक्षा, परामर्श और लोगों के साथ घनिष्ठ संबंध बनाना भी शामिल है। इसलिए, बैंकों को गरीब लोगों तक पहुंचने के लिए वैकल्पिक वितरण चैनलों पर विचार करना चाहिए। इनका महत्व उन क्षेत्रों में अधिक है, जहां बैंक की कोई शाखा नहीं है या जहां शाखा ग्राहकों की पहुंच से काफी दूर है। इसके अलावा, कुछ ऐसे क्षेत्र भी हो सकते हैं जहां शाखा नजदीक स्थित हो और फिर भी प्रक्रियात्मक या अन्य बाधाओं के कारण वित्तीय रूप से बहिष्कृत लोग बैंक उत्पादों के बारे में बहुत कम जागरूक हों। ऐसी पृष्ठभूमि में और इन बैंकिंग सुविधाओं से वंचित और कम बैंकिंग सुविधाओं वाले क्षेत्रों में बैंकिंग सेवाएं पहुंचाने के लिए बिज़नेस कॉरेस्पोंडेंट/बिज़नेस फैसिलिटेटर मॉडल की संकल्पना की गई है ताकि ग्रामीण विकास को सुनिश्चित करने के साथ ही मौजूदा वित्तीय संस्थानों और बहिष्कृत लोगों के बीच की खाई को भरा जा सके।

बिज़नेस कॉरेस्पोंडेंट (BC)/बिज़नेस फैसिलिटेटर (BF) के रूप में नियुक्त व्यक्ति या संस्थान अपने संबंधित क्षेत्र में बैंक शाखा की विस्तारित भुजा के रूप में कार्य करेगा। बीसी या बीएफ की भूमिका बैंक और लक्षित लोगों के बीच मध्यस्थ या सेतु की होगी। जिन क्षेत्रों में कोई शाखा नहीं है, वहां बैंक की ओर से बीसी/बीएफ को विभिन्न बैंकिंग और वित्त संबंधी मामलों में लोगों को सीधे सहायता प्रदान करनी होगी। यह उम्मीद की जाती है कि वित्तीय समावेशन के संदर्भ में बिज़नेस कॉरेस्पोंडेंट/बिज़नेस फैसिलिटेटर संबंधित क्षेत्र के निवासियों के लिए एक मित्र, दार्शनिक और मार्गदर्शक की भूमिका निभाएगा। इससे लक्षित आबादी को बैंकों और उनके द्वारा प्रदान की जाने वाली सेवाओं तक आसान पहुंच प्राप्त होगी। इसलिए, बीसी/बीएफ के लिए बुनियादी बैंकिंग ज्ञान और बिज़नेस कॉरेस्पॉन्डेंट्स/बिज़नेस फैसिलिटेटर्स की भूमिका और जिम्मेदारियों की समझ होना आवश्यक है। अधिक वित्तीय समावेशन सुनिश्चित करने और बैंकिंग क्षेत्र की पहुंच बढ़ाने के उद्देश्य से, बिज़नेस कॉरेस्पोंडेंट और बिज़नेस फैसिलिटेटर मॉडल के उपयोग के माध्यम से, बैंकों को वित्तीय और बैंकिंग सेवाएं प्रदान करने के लिए मध्यस्थों के रूप में गैर सरकारी संगठनों, स्वयं सहायता समूहों (SHG), सूक्ष्मवित्त संस्थानों (MFI) और अन्य नागरिक समाज

संगठनों (CSO) की सेवाओं का उपयोग करने की अनुमति दी गई है। प्रतिनिधि (कॉरेस्पोंडेंट) बैंकिंग के इस प्रावधान ने वित्तीय समावेशन में नए द्वार खोल दिए हैं।

केंद्रीय बजट 2005-06 में माननीय वित्त मंत्री ने सुझाव दिया कि ग्रामीण और कृषि क्षेत्रों को ऋण सहायता प्रदान करने के लिए नागरिक समाज संगठनों, ग्रामीण कियोस्क और ग्राम ज्ञान केंद्रों के बुनियादी ढांचे का उपयोग करके भारतीय रिजर्व बैंक (RBI) द्वारा बैंकों को 'एजेंसी मॉडल' अपनाने की अनुमति देने के मुद्दे की जांच की जा सकती है। इसके बाद, आरबीआई ने ग्रामीण ऋण और सूक्ष्म वित्त (Microfinance) से संबंधित मुद्दों की जांच के लिए एक आंतरिक समूह का गठन किया, जिसके अध्यक्ष श्री एच.आर. खान, तत्कालीन मुख्य महाप्रबंधक और कॉलेज ऑफ एग्रीकल्चरल बैंकिंग (CAB), आरबीआई, पुणे के प्रिंसिपल थे, ताकि बैंकों द्वारा प्रदान की जाने वाली वित्तीय सेवाओं को विशेष रूप से अल्प-सेवा वाले क्षेत्रों और ग्रामीण गरीबों के लिए गहन और व्यापक बनाया जा सके। इस समूह ने एमएफआई/एनजीओ, सिविल सोसाइटी संगठनों और अन्य बाहरी संस्थाओं का लाभ उठाकर क्रमशः 'पास थ्रू' एजेंटों के रूप में गैर-वित्तीय सहायता सेवाएं और वित्तीय सेवाएं प्रदान करने के लिए दो मॉडल यानी बिज़नेस फैसिलिटेटर मॉडल और बिज़नेस कॉरेस्पोंडेंट मॉडल का सुझाव दिया। इस समूह ने सुविधाजनक, सुरक्षित और लागत प्रभावी तरीके से बैंकिंग पहुँच (आउटरीच) के विस्तार के लिए सूचना और संचार प्रौद्योगिकी (ICT) के व्यापक उपयोग सहित एमएफआई और अन्य आउटरीच संस्थाओं और तंत्रों के प्रचार, विकास और रेटिंग से संबंधित सिफ़ारिशें भी कीं थी।

हमने देखा है कि बैंकों की ग्राहकों तक पहुंच अभी भी संतोषजनक नहीं है। बैंकों के राष्ट्रीयकरण के बाद बैंकों के शाखा नेटवर्क में व्यापक विस्तार के बावजूद यह स्थिति बनी हुई है। हालाँकि आईटी के कारण बैंकिंग प्रणाली में उल्लेखनीय सुधार हुए हैं और नवीन वितरण चैनल उपलब्ध हुए हैं, लेकिन ग्रामीण क्षेत्रों को अभी भी आईटी संचालित बैंकिंग का पूर्ण लाभ प्राप्त नहीं हुआ है। इसने नीति-निर्माताओं को एक वैकल्पिक स्रोत के बारे में सोचने के लिए प्रेरित किया है जो बैंकों को समाज के उन वर्गों, विशेष रूप से ग्रामीण लोगों तक पहुंचने में सक्षम बना सकता है, जो अन्यथा उपेक्षित बने रहेंगे। इस प्रक्रिया के परिणामस्वरूप बिजनेस कॉरेस्पोंडेंट मॉडल और बिजनेस फैसिलिटेटर मॉडल बन सके हैं जो स्थानीय संगठनों/प्रणालियों को बैंकों और ग्राहकों के बीच मध्यस्थ संगठन के रूप में उपयोग करने का एक प्रयास है जिससे बैंकिंग सेवाओं को उन वंचित लोगों तक पहुंचाया जा सके, जो अब तक इनसे अछूते थे और साथ ही, बैंक रहित गांवों को कवर किया जा सके। व्यापक और स्थिर वित्तीय समावेशन सुनिश्चित करने और बैंकिंग क्षेत्र की पहुंच बढ़ाने के उद्देश्य से विकसित इस मॉडल को शाखा रहित बैंकिंग मॉडल कहा जाता है।

10.6 बीसी/बीएफ (BC/BF) मॉडल की आवश्यकता

ग्रामीण क्षेत्रों में रहने वाले और औपचारिक बैंकिंग प्रणाली से अछूते लोगों तक बैंकिंग और वित्तीय सेवाएं पहुंचाने के लिए अभी भी एक विशाल अप्रयुक्त बाजार है। बैंकों के पिछले प्रदर्शन से यह अनुमान लगाया जा सकता है कि यह काम इतना चुनौतीपूर्ण है कि बैंक इसे अकेले नहीं संभाल सकते। न ही बैंकों द्वारा शाखा विस्तार की वर्तमान गति यह दर्शाती है कि निकट भविष्य में यह कार्य संभव हो पाएगा। इससे

नीति निर्माताओं को यह विश्वास हो गया कि जब तक उचित तकनीक के साथ कई कॉरेस्पॉन्डेंट्स/बिज़नेस फैसिलिटेटर्स को शामिल नहीं किया जाता, इस समस्या का समाधान नहीं किया जा सकता है। ये एजेंट/एजेंसियाँ बैंकों के नियमित कर्मचारी नहीं हो सकते हैं, बल्कि वे बैंकिंग सेवाओं को अब तक बैंक रहित केंद्रों तक ले जाने के लिए आउटसोर्सिंग के आधार पर काम करते हैं। उनका काम किसी बैंक को अपनी पहुंच का विस्तार करने और कम लागत पर सीमित श्रेणी की बैंकिंग सेवाएं प्रदान करने में सक्षम बनाना है, क्योंकि सभी मामलों में शाखा स्थापित करना व्यवहार्य नहीं है। वर्ष 2006 में, अधिक वित्तीय समावेशन सुनिश्चित करने और बैंकिंग क्षेत्र की पहुंच बढ़ाने के उद्देश्य से, आरबीआई ने क्षेत्रीय ग्रामीण बैंकों सहित सभी अनुसूचित वाणिज्यिक बैंकों को बैंकिंग सेवाओं के विस्तार के लिए बिज़नेस फैसिलिटेटर्स और कॉरेस्पॉन्डेंट्स का उपयोग करने के दिशानिर्देश जारी किए।

10.7 बिज़नेस कॉरेस्पॉन्डेंट/बिज़नेस फैसिलिटेटर की भूमिकाएँ और जिम्मेदारियाँ

बीसी (BC) द्वारा प्रदान की जाने वाली बुनियादी सेवाओं में ग्रामीण ऋण संवितरण, बचत और बीमा उत्पादों की डिलीवरी, छोटे मूल्य के भुगतान और विप्रेषण (remittance) शामिल हैं। बीसी की अवधारणा ब्राजील से ली गई है, जहां खुदरा विक्रेताओं, लॉटरी आउटलेट और डाकघरों की संख्या बैंकों की शाखाओं की तुलना में दोगुनी है। ऐसा कहा जाता है कि बिजनेस कॉरेस्पोंडेंट/बिजनेस फैसिलिटेटर जिन गांवों में अपनी सेवाएँ प्रदान करता है वहाँ के लोगों के लिए मित्र, दार्शनिक और मार्गदर्शक जैसा होगा। बिजनेस कॉरेस्पोंडेंट/बिजनेस फैसिलिटेटर आम तौर पर वह व्यक्ति होता है जो उस क्षेत्र का निवासी है और/या उसी जगह स्थित है जहां वह सेवा प्रदान करता है। उसकी खेतिहर पृष्ठभूमि हो सकती है और वह ग्रामीण गरीबों के उत्थान के लिए समर्पण के साथ काम करता है। वह आम तौर पर ग्रामीणों और विशेष रूप से किसानों को ग्रामीण विकास के संदर्भ में बैंकिंग और वित्त के विभिन्न पहलुओं के बारे में शिक्षित कर सकता है, और लागत में कटौती और क्षेत्र में फसलों की उपज और लोगों की आय में सुधार के लिए संभवतः बेहतर कृषि पद्धतियों के बारे में बता सकता है।

बिजनेस कॉरेस्पोंडेंट/बिजनेस फैसिलिटेटर की भूमिका

बिजनेस कॉरेस्पोंडेंट/बिजनेस फैसिलिटेटर की भूमिका में व्यापक रूप से निम्नलिखित शामिल हैं:

(a) वह बैंक और ग्रामीणों के बीच एक मध्यस्थ (intermediary) है।

(b) वह बैंक का मध्यस्थ और विश्वासपात्र है। वह संभावित उधारकर्ता के बारे में निम्न जानकारी एकत्र करता है:

- नाम, पता, परिवार का आकार और पारिवारिक विवरण
- घर के सदस्यों द्वारा की जाने वाली आर्थिक और आय अर्जन गतिविधि का विवरण
- भूमि जोत का आकार और पैटर्न और उसका स्थान
- खेती की जाने वाली फसलें, फसल का पैटर्न और खेती के तरीके

- नकदी प्रवाह का पैटर्न
- परिवार की वार्षिक शुद्ध आय
- परिवार के खर्च का पैटर्न

इस प्रकार एकत्र की गई जानकारी का उपयोग उधारकर्ता की प्रोफ़ाइल बनाने के लिए किया जाता है, जिससे बदले में बैंक को उचित ऋण निर्णय लेने में मदद मिलती है।

(c) वह एक सूचना संग्राहक है। इस प्रकार एकत्र की गई जानकारी का उपयोग करके, नकदी-प्रवाह विवरण तैयार करना और किसान का नकद बजट तैयार करना संभव है।

(d) बाद में वित्तीय आवश्यकताओं और इन्हें पूरा करने के बारे में ग्राहक परामर्श दिया जाता है और बैंक से उपलब्ध उत्पादों और सेवाओं पर ग्राहक शिक्षा प्रदान की जाती है।

(e) उसे किसानों और अन्य लोगों को बैंक के विभिन्न उत्पादों और अन्य पहलुओं पर संपूर्ण, तथ्यात्मक और सच्ची जानकारी देनी चाहिए।

(f) उसे ग्राहक से किसी भी महत्वपूर्ण और उत्पाद संबंधी जानकारी को नज़रअंदाज़ या छिपाना नहीं चाहिए।

(g) उसे ग्राहक की गोपनीयता की रक्षा और सम्मान करना चाहिए और साथ ही, बैंक के हित से समझौता नहीं करना चाहिए।

(h) उसे सभी ग्राहकों के साथ एक जैसा और समान व्यवहार करना चाहिए; सभी ग्राहकों के साथ सम्मानपूर्वक और गरिमापूर्ण ढंग से व्यवहार करना चाहिए। उसे ग्राहकों के बीच भेदभाव नहीं करना चाहिए और किसी भी जातिगत या सांप्रदायिक भावनाओं को बढ़ावा नहीं देना चाहिए।

उपरोक्त भूमिकाओं के अलावा, बिजनेस कॉरेस्पोंडेंट/बिजनेस फैसिलिटेटर से यह उम्मीद की जाती है कि वे बैंकों द्वारा उन्हें सौंपे गए निम्नलिखित विशिष्ट कर्तव्यों/गतिविधियों को करें:

- संभावित उधारकर्ताओं की पहचान करना।
- उनके (उधारकर्ताओं) द्वारा चुनी गई गतिविधियों की उपयुक्तता निर्धारित करना और संबंधित शाखा को उसकी स्थिति के बारे में सुझाव देना।
- संभावित उधारकर्ताओं को बैंक के विभिन्न ऋण उत्पादों की विशेषताओं के बारे में शिक्षित करना और उन्हें उनके कृषि/व्यवसाय विकास के लिए उपयुक्त उत्पाद के बारे में सुझाव देना।
- ऋण आवेदन पत्र भरने में संभावित उधारकर्ता की सहायता करना।
- यह सुनिश्चित करने के लिए कि बैंक द्वारा मांगी गई सभी प्रासंगिक जानकारी विधिवत शामिल हैं, आवेदकों से आवेदन पत्र एकत्र करना और उसकी प्रारंभिक जांच करना।
- यह सुनिश्चित करना कि बैंक द्वारा जारी दिशा-निर्देशों में निर्धारित केवाईसी मानदंडों का अनुपालन किया गया है।

- उत्पाद श्रेणी के लिए लागू बैंक के टेम्प्लेट की सहायता से ऋण आवेदनों का संसाधन करना और प्रस्तावों को शाखा में जमा करना।
- मंज़ूरी के बाद और वितरण से पहले और बाद में सत्यापन और जांच करना।
- वसूली के लिए अनुवर्ती कार्रवाई करना।
- किसानों और ग्रामीणों को उन उपायों के बारे में जानकारी देना जो उन्हें अपने कौशल को बेहतर बनाने में मदद कर सकते हैं और उन्हें स्वैच्छिक/विकासात्मक एजेंसियों द्वारा आयोजित कौशल विकास कार्यक्रमों में नामांकन करने की सुविधा प्रदान करना।
- एसएचजी-बैंक लिंकेज कार्यक्रम के तहत वित्तीय सहायता के लिए एसएचजी का गठन और उन्हें बैंकों के साथ जोड़ना।
- किसान क्लबों की स्थापना करना।

10.8 बिज़नेस फैसिलिटेटर कौन हो सकते हैं?

निम्नलिखित संगठन और उनके सदस्य/कर्मचारी बिज़नेस फैसिलिटेटर हो सकते हैं:

- गैर-सरकारी संगठन (एनजीओ)/स्वयं-सहायता समूह (एसएचजी)
- किसान क्लब
- समुदाय आधारित संगठन (CBO)
- सहकारी समितियाँ
- डाकघर
- बीमा एजेंट
- ग्राम ज्ञान केंद्र (VKC)
- कृषि क्लिनिक और कृषि व्यवसाय केंद्र (ACABC)
- कृषि विज्ञान केंद्र (KVK)
- क्षेत्र में कार्यरत केवीआईसी/केवीआईबी इकाइयां
- कॉर्पोरेट संस्थाओं के आईटी सक्षम ग्रामीण आउटलेट
- सुव्यवस्थित पंचायतें

उपरोक्त संगठनों और संस्थानों के अलावा, व्यक्ति भी बिजनेस फैसिलिटेटर के रूप में कार्य कर सकते हैं। ऐसे व्यक्तियों की उदाहरणात्मक सूची नीचे दी गई है:

- प्राथमिक और माध्यमिक विद्यालय के शिक्षक

- एनजीओ/एलबीओ के सदस्य
- स्वयं सहायता समूहों के सदस्य
- आंगनवाड़ी/बालवाड़ी के कार्यकर्ता
- प्राथमिक स्वास्थ्य केंद्र के कर्मचारी
- डाक कर्मचारी जैसे कि पोस्ट मास्टर/ग्राम पोस्ट मास्टर, डाकिया, डाक क्लर्क
- नगरपालिका एवं ग्राम पंचायत कर्मचारी
- ग्राम अधिकारी और उनके कर्मचारी
- किसान सेवा समितियों के सदस्य
- सार्वजनिक वितरण प्रणाली से जुड़े डीलर (राशन दुकान के डीलर)
- दुकानदार और किराना व्यापारी
- क्षेत्र में कार्यरत किसी अन्य व्यावसायिक संगठन और संस्थान के सदस्य।
- बैंक के सेवानिवृत्त कर्मचारी

10.9 बिज़नेस कॉरेस्पोन्डेंट कौन हो सकते हैं?

बिज़नेस फैसिलिटेटर के विपरीत, बिज़नेस कॉरेस्पोंडेंट बैंक और ग्राहकों की ओर से कुछ नकद लेनदेन कर सकते हैं। इसलिए, बिज़नेस कॉरेस्पोंडेंट के रूप में निम्नलिखित कार्य कर सकते हैं:

i. बैंक के सेवानिवृत्त कर्मचारी, सेवानिवृत्त शिक्षक, सेवानिवृत्त सरकारी कर्मचारी और भूतपूर्व सैनिक,

ii. किराना/मेडिकल/उचित मूल्य की दुकानों के व्यक्तिगत मालिक, व्यक्तिगत सार्वजनिक कॉल ऑफिस संचालक,

iii. भारत सरकार/बीमा कंपनियों की लघु बचत योजनाओं के एजेंट,

iv. वे व्यक्ति जो पेट्रोल पंप के मालिक हैं,

v. अच्छी तरह से संचालित स्व-सहायता समूहों के अधिकृत पदाधिकारी, जो बैंकों से जुड़े हुए हैं या कोई अन्य व्यक्ति जिनमें सामान्य सेवा केंद्र संचालित करने वाले भी शामिल हैं,

vi. सोसायटी पंजीकरण अधिनियम, ट्रस्ट अधिनियम और कंपनी अधिनियम, 2013 के अनुसार धारा 8 कंपनियों के तहत स्थापित एनजीओ/एमएफआई (तत्कालीन कंपनी अधिनियम, 1956 के तहत धारा 25 कंपनियां),

vii. पारस्परिक सहायता प्राप्त सहकारी समिति अधिनियम, सहकारी समिति अधिनियम, बहु-राज्य सहकारी समिति अधिनियम के तहत पंजीकृत सहकारी समितियाँ,

viii. डाकघर,

ix. कंपनी अधिनियम, 2013 के तहत पंजीकृत कंपनियां जिनके पास बड़े और व्यापक रिटेल आउटलेट हैं,

x. घरेलू अनुसूचित वाणिज्यिक बैंकों (RRB को छोड़कर) को टियर 1 से टियर 6 केंद्रों में शाखाएं खोलने के लिए दी गई सामान्य अनुमति के मद्देनजर, वे निम्नलिखित शर्तों के अधीन, गैर-जमा स्वीकार करने वाली एनबीएफसी (एनबीएफसी-एनडी) को बीसी के रूप में नियुक्त कर सकते हैं:

1. यह सुनिश्चित किया जाना चाहिए कि बैंक की निधि और बीसी के रूप में नियुक्त एनबीएफसी-एनडी की निधि के बीच कोई घालमेल न हो।
2. बैंक और एनबीएफसी-एनडी के बीच एक विशिष्ट संविदात्मक व्यवस्था होनी चाहिए ताकि हितों के सभी संभावित टकरावों का पर्याप्त रूप से ध्यान रखना सुनिश्चित हो सके।
3. बैंकों को यह सुनिश्चित करना चाहिए कि एनबीएफसी-एनडी केवल अपने ग्राहकों को बचत या विप्रेषण (remittance) जैसी सुविधाएँ प्रदान करने वाली कोई प्रतिबंधात्मक प्रथा नहीं अपनाता है, न ही एनबीएफसी-एनडी और बैंक द्वारा दी जाने वाली सेवाओं की जबरन बंडलिंग की जाती है।

बीसी मॉडल

कोई बीसी एक से अधिक बैंकों के लिए बीसी हो सकता है, लेकिन ग्राहक इंटरफेस के बिंदु पर रिटेल आउटलेट या बीसी का उप-एजेंट उस बैंक का प्रतिनिधित्व करेगा जिसने बीसी को नियुक्त किया है। हालाँकि, अब यह निर्णय लिया गया है कि रिटेल आउटलेट या बीसी के उप-एजेंटों (अर्थात ग्राहक इंटरफ़ेस के बिंदु पर) पर अंतर-संचालनीयता (interoperability) की अनुमति दी जाए, बशर्ते कि बीसी को नियुक्त करने वाले बैंक के पास उपलब्ध तकनीक निम्नलिखित शर्तों के अधीन उसका समर्थन करती हो:

(i) ऐसे रिटेल आउटलेट्स या बीसी के उप-एजेंटों पर लेनदेन और प्रमाणीकरण ऑनलाइन किए जाते हैं;

(ii) कोर बैंकिंग सॉल्यूशन (CBS) प्लेटफॉर्म पर लेनदेन किया जाता है; और

(iii) बैंकों द्वारा भारतीय बैंक संघ (IBA) द्वारा सुझाई गई मानक संचालन प्रक्रियाओं का पालन किया जाता है।

10.10 बिज़नेस फैसिलिटेटर - कार्यकलापों का दायरा

बिज़नेस फैसिलिटेटर आम तौर पर निम्नलिखित गतिविधियाँ करते हैं:

a. उधारकर्ताओं की पहचान और गतिविधियों का निर्धारण
b. ऋण आवेदनों का संग्रहण एवं प्रारंभिक जानकारी तथा संसाधन
c. प्राथमिक जानकारी/डेटा का प्रारंभिक सत्यापन

d. बचत और अन्य उत्पादों के बारे में गांवों में लोगों के बीच जागरूकता पैदा करना

e. लोगों को शिक्षित करना और उन्हें धन प्रबंधन पर सलाह देना

f. क्रेडिट (यानी कर्ज पर) परामर्श

g. आवेदनों का संसाधन और बैंक में उन्हें प्रस्तुत करना

h. मंजूरी के बाद की निगरानी

i. वसूली के लिए अनुवर्ती कार्रवाई।

j. स्वयं-सहायता समूहों/संयुक्त देयता समूहों को बढ़ावा देना और उनका पोषण करना

k. स्वयं सहायता समूहों/संयुक्त देयता समूहों/क्रेडिट समूहों/अन्य की निगरानी और सहायता करना

10.11 बिज़नेस कॉरेस्पोन्डेंट - कार्यकलापों का दायरा

बीसी द्वारा की जाने वाली गतिविधियाँ बैंकिंग व्यवसाय की सामान्य गतिविधियों के अंतर्गत होंगी। बीसी की गतिविधियों के दायरे में निम्नलिखित शामिल हो सकते हैं:

(i) उधारकर्ताओं की पहचान;

(ii) प्राथमिक जानकारी/डेटा के सत्यापन सहित ऋण आवेदनों का संग्रहण और प्रारंभिक संसाधन;

(iii) बचत और अन्य उत्पादों के बारे में जागरूकता पैदा करना और धन प्रबंधन पर शिक्षा और सलाह के साथ ऋण परामर्श देना;

(iv) आवेदनों का संसाधन और बैंक में उन्हें प्रस्तुत करना;

(v) स्वयं सहायता समूहों/संयुक्त देयता समूहों/क्रेडिट समूहों/अन्य को बढ़ावा देना, पोषण करना और निगरानी करना;

(vi) मंजूरी पश्चात की निगरानी;

(vii) वसूली के लिए अनुवर्ती कार्रवाई;

(viii) छोटे मूल्य के क्रेडिट का संवितरण (disbursal);

(ix) मूलधन की वसूली/ब्याज का संग्रहण;

(x) छोटे मूल्य की जमाराशियों का संग्रहण;

(xi) सूक्ष्म बीमा (micro insurance)/म्यूचुअल फंड उत्पाद/पेंशन उत्पाद/अन्य तीसरे पक्ष के उत्पादों की बिक्री;

(xii) छोटे मूल्य के विप्रेषणों/अन्य भुगतान उपकरणों की प्राप्ति और वितरण, और

(xiii) बैंक नोटों और सिक्कों का वितरण।

ऐसे तीसरे पक्ष के मध्यस्थ जो बैंक के स्थान से दूर गांवों में बैंकिंग व्यवसाय करते हैं, उन्हें बिजनेस कॉरेस्पॉन्डेंट्स के रूप में काम करने के लिए नियुक्त करने से बैंकों के लिए महत्वपूर्ण प्रतिष्ठित, कानूनी और परिचालन जोखिम उत्पन्न होते हैं।

इन जोखिमों को कम करने के लिए, बैंक आम तौर पर:

(i) बिज़नेस कॉरेस्पॉन्डेंट्स द्वारा नकदी रखने की उपयुक्त सीमा निर्दिष्ट करते हैं।

(ii) व्यक्तिगत भुगतान और प्राप्तियों पर सीमाएं निर्दिष्ट करते हैं।

(iii) सुनिश्चित करते हैं कि उनके द्वारा किए गए लेन-देन का हिसाब-किताब किया गया है और दिन के अंत में या कम से कम अगले कार्य दिवस पर बैंक की बहियों में दर्शाया गया है, और

(iv) सुनिश्चित करते हैं कि ग्राहक के साथ सभी समझौतों/अनुबंधों में स्पष्ट रूप से निर्दिष्ट किया जाए कि बैंक, बिजनेस कॉरेस्पॉन्डेंट के कृत्यों और चूक के लिए जिम्मेदार है।

साथ ही, RBI द्वारा निम्नलिखित दिशानिर्देश निर्धारित किए गए हैं:

ग्राहक गोपनीयता: बैंकों को बीसी के पास रखी गई ग्राहक जानकारी की सुरक्षा और गोपनीयता सुनिश्चित करनी चाहिए।

- *सूचना प्रौद्योगिकी मानक:* बैंकों को यह सुनिश्चित करना चाहिए कि बीसी द्वारा उपयोग किए जाने वाले उपकरण और प्रौद्योगिकी उच्च मानक के हों।

- *दूरी संबंधी मानदंड:* बैंकों द्वारा बीसी के रिटेल आउटलेट/उप-एजेंट के संचालन और गतिविधियों पर पर्याप्त पर्यवेक्षण सुनिश्चित करने की दृष्टि से, बीसी के प्रत्येक रिटेल आउटलेट/उप-एजेंट को आधार शाखा के रूप में नामित एक विशिष्ट बैंक शाखा से जुड़ा होना और उसकी निगरानी में रहना आवश्यक है। बीसी (BC) के रिटेल आउटलेट/उप-एजेंट के व्यवसाय स्थल और आधार शाखा के बीच की दूरी आमतौर पर ग्रामीण, अर्ध-शहरी और शहरी क्षेत्रों में 30 किलोमीटर और महानगरीय केंद्रों में 5 किलोमीटर से अधिक नहीं होनी चाहिए। यदि दूरी संबंधी मानदंड में रियायत देना अपेक्षित है, तो जिला सलाहकार समिति (DCC)/राज्य स्तरीय बैंकर्स समिति (SLBC) कम बैंकिंग सुविधा वाले क्षेत्रों आदि के संबंध में योग्यता के आधार पर रियायत पर विचार कर सकती है और मंजूरी दे सकती है।

  बैंकों को परिचालन संबंधी लचीलापन प्रदान करने और बैंकिंग क्षेत्र में तकनीकी विकास को ध्यान में रखते हुए, घरेलू अनुसूचित वाणिज्यिक बैंकों के लिए दूरी मानदंड से संबंधित शर्त को हटाने का निर्णय लिया गया है। हालाँकि, बीसी (BC) को नियुक्त करने के लिए बोर्ड द्वारा अनुमोदित नीति तैयार करते समय, इन बैंकों को मौजूदा दूरी मानदंडों के संशोधन पर निर्णय लेते समय बीसी (BC) की पर्याप्त निगरानी के साथ-साथ ग्राहक-सेवाओं के प्रावधान के उद्देश्यों को भी ध्यान में रखना चाहिए।

- *अति लघु शाखाएँ:* वित्तीय समावेशन को आगे बढ़ाने के लिए, बैंक ग्रामीण केंद्रों में आउटलेट स्थापित कर सकते हैं जहां से बीसी काम कर सकते हैं। ये बीसी आउटलेट कम लागत वाली

साधारण ईंट और मोर्टार से बनी संरचनाएं हो सकती हैं। प्रत्येक बीसी एक आधार शाखा की निगरानी में होनी चाहिए। इसलिए, आधार शाखा को बीसी आउटलेटों की निगरानी करनी होगी जिसमें आधार शाखा के अधिकारियों द्वारा इन आउटलेटों के साथ-साथ बीसी के कामकाज के अन्य स्थानों का समय-समय पर दौरा करना शामिल होगा।

बैंकिंग सेवाओं तक पहुंच के विस्तार के साथ, यह भी महत्वपूर्ण है कि आईसीटी आधारित डिलीवरी मॉडल के माध्यम से गुणवत्तापूर्ण सेवाएं प्रदान की जाएं। इस प्रकार, वर्तमान आधार शाखा और बीसी (BC) स्थानों के बीच एक मध्यवर्ती संरचना (अति लघु शाखा) का होना अपेक्षित है ताकि उचित दूरी पर बीसी इकाइयों (BC Units) के समूह को सहायता प्रदान की जा सके।

इन अति लघु शाखाओं को आधार शाखा और बीसी स्थानों के बीच स्थापित किया जा सकता है ताकि 3-4 किलोमीटर की उचित दूरी पर लगभग 8-10 बीसी इकाइयों को सहायता प्रदान की जा सके। ये या तो नए स्थापित किए जा सकते हैं या बीसी आउटलेट्स का रूपांतरण किया जा सकता है। ऐसी अति लघु शाखाओं में न्यूनतम बुनियादी ढांचा जैसे कि पास बुक प्रिंटर से जुड़ा कोर बैंकिंग सॉल्यूशन (CBS) टर्मिनल और बड़े ग्राहक लेनदेन के संचालन हेतु नकदी रखने के लिए एक तिजोरी होनी चाहिए, साथ ही बैंक अधिकारियों/कर्मचारियों द्वारा इनका पूर्णकालिक प्रबंधन किया जाना चाहिए।

यह उम्मीद की जाती है कि इस तरह की व्यवस्था से नकदी प्रबंधन, दस्तावेज़ीकरण, ग्राहकों की शिकायतों का निवारण और बीसी संचालन की नज़दीकी निगरानी में दक्षता आएगी। ये मामले के अनुसार सैटेलाइट कार्यालयया नियमित शाखाएँ हो सकती हैं।

बीसी (BC) ऐसी अति लघु शाखाओं से काम कर सकते हैं क्योंकि शाखा से जुड़ने पर क्षेत्र में उनकी वैधता और विश्वसनीयता बढ़ेगी और परिणाम स्वरूप लोग उनकी सेवाओं का अधिक उपयोग करेंगे।हालाँकि, यदि भौगोलिक विस्तार के कारण, ऐसी व्यवस्था से मिलने वाली बीसी सेवाएँ उनके परिचालन के पूरे क्षेत्र में आसानी से उपलब्ध नहीं हो पाती हैं, तोबैं को को यह सुनिश्चित करना चाहिए कि ऐसी व्यवस्था के परिणाम स्वरूप बीसी केवल ऐसी शाखाओं तक ही ग्राहकों को सेवा देने के लिए अपने परिचालन को सीमित न कर दें।

- *डिजिटल बैंकिंग इकाइयों (DBU) की स्थापना:* बैंकों को प्रासंगिक विनियमों के अनुरूप डिजिटल बिजनेस फैसिलिटेटर/बिजनेस कॉरेस्पॉन्डेंट्स को नियुक्त करने का विकल्प दिया गया है।

10.12 बिजनेस कॉरेस्पोन्डेंट बनाम बिजनेस फैसिलिटेटर

जैसा कि पिछले अनुच्छेद से स्पष्ट है कि बिजनेस फैसिलिटेटर वह होता है जो उन गांवों/केंद्रों में रहने वाले लोगों को बैंकिंग और वित्त संबंधी मामलों पर लीड प्रबंधन सुविधा सेवाएं प्रदान करता है, जहां कोई बैंक शाखा नहीं है। इसके विपरीत, बिजनेस कॉरेस्पोंडेंट द्वारा की जाने वाली गतिविधियों के दायरे में बिजनेस फैसिलिटेटर्स द्वारा की जाने वाली गतिविधियों के अलावा शाखाओं द्वारा की जाने वाली कुछ

बुनियादी बैंकिंग गतिविधियाँ भी शामिल होंगी। बिजनेस कॉरेस्पॉन्डेंट्स और बिजनेस फैसिलिटेटर्स के बीच प्रमुख अंतर यही है। बिजनेस फैसिलिटेटर और बिजनेस कॉरेस्पोंडेंट के बीच विभाजन रेखा यह है कि बिजनेस कॉरेस्पोंडेंट को उन केंद्रों में छोटे मूल्य के नकद लेनदेन संभालने की अनुमति है, जहां कोई बैंक की शाखा नहीं है, जबकि सामान्य स्थिति में ऐसा केवल शाखा परिसर में ही किया जा सकता है।

10.13 भारतीय रिज़र्व बैंक की पहलें

भारतीय रिज़र्व बैंक ने अप्रैल 2005 के अपने वार्षिक नीति वक्तव्य में वित्तीय बहिष्करण की समस्या को पहचाना और (उसे दूर करने के लिए) कई कदम उठाए। वित्तीय समावेशन को बढ़ावा देने के उद्देश्य से की गई कुछ प्रमुख पहलों में शामिल हैं:

- शून्य या बहुत कम शेष राशि के साथ-साथ सशुल्क बुनियादी बचत बैंक जमा खाते (BSBDA) की शुरूआत, जो ऐसे खातों को आबादी के विशाल वर्ग के लिए सुलभ बनाती है।
- एक सरलीकृत सामान्य प्रयोजन वाली क्रेडिट कार्ड (GCC) सुविधा, जिसे बैंकों द्वारा संपार्श्विक (collateral) या उद्देश्य पर जोर दिए बिना जारी किया जाएगा।
- स्वयं सहायता समूह योजना का शुभारंभ।
- "अपने ग्राहक को जानें (KYC)" मानदंडों को सरल बनाना।
- शाखा लाइसेंसिंग नीति में छूट।

10.14 सूक्ष्म वित्त (Micro Finance) संस्थान

नोबेल पुरस्कार विजेता, मुहम्मद यूनुस ने बांग्लादेश में माइक्रो-फाइनेंस की अवधारणा प्रस्तुत की थी। नाबार्ड ने इस अवधारणा का उपयोग करते हुए भारत में माइक्रो-फाइनेंस की शुरुआत की थी। माइक्रो-फाइनेंस संस्थान (MFI) वे वित्तीय संस्थाएं हैं जो उन लोगों को छोटे ऋण देती हैं जिनकी पारंपरिक बैंकिंग सेवाओं तक पहुंच नहीं है। "छोटे ऋण" शब्द को विभिन्न देशों में अलग-अलग तरीके से परिभाषित किया गया है।

आरबीआई (RBI) के अनुसार, माइक्रो-फाइनेंस ऋण को ₹3,00,000 तक की वार्षिक घरेलू आय वाले परिवार को दिए गए संपार्श्विक-मुक्त (collateral-free) ऋण के रूप में परिभाषित किया गया है। इस प्रयोजन के लिए, परिवार का अर्थ व्यक्तिगत परिवार इकाई अर्थात पति, पत्नी और उनके अविवाहित बच्चों से है।

10.15 ऋण वितरण (Credit Delivery) प्रणाली में नवाचार

समूह ऋण - एसएचजी (SHG)

माइक्रो-फाइनेंस का तात्पर्य बुनियादी वित्तीय सेवाओं तक पहुंच से है। वंचित वर्गों को माइक्रो-फाइनेंस की प्रभावशीलता का बेहतर एहसास तब हुआ जब वित्तीय पूंजी तक पहुंच के साथ-साथ उनकी क्षमताओं

को भी बढ़ाया गया। यह सिद्धांत स्वयं-सहायता समूह-बैंक लिंकेज कार्यक्रम के लिए प्रासंगिक है, जो आर्थिक रूप से बहिष्कृत गरीबों को बचत, ऋण और अन्य सुविधाएं प्रदान करता है। एसएचजी (SHG) 10-20 व्यक्तियों का छोटा अनौपचारिक समूह है (पहाड़ी इलाकों/क्षेत्रों और मुख्य रूप से आदिवासी बहुल क्षेत्रों में जहां समुदाय बिखरे हुए हैं, न्यूनतम 5 सदस्यों के छोटे समूह से भी एसएचजी (SHG) बनाए जाते हैं) जिनकी सामाजिक एवं आर्थिक पृष्ठभूमि समान होती है और जो सदस्यों के बीच बचत की आदत को बढ़ावा देने और समूह के सदस्यों के लाभ के लिए संसाधन जुटाने और प्रबंधित करने के सामान्य उद्देश्य के लिए स्वेच्छा से एक साथ आते हैं। इस समूह द्वारा जुटाई गई आंतरिक बचत इसके सदस्यों को आपातकालीन जरूरतों या समूह द्वारा तय किए गए ऐसे अन्य उद्देश्यों के लिए उधार दी जाती है।

एसएचजी (SHG) की विशेषताएँ निम्नवत होंगी:

- एसएचजी (SHG) का आकार 10-20 सदस्यों का होगा (पहाड़ी क्षेत्र के मामले में छोटी संख्या पर विचार किया जाता है)
- समूह को पंजीकृत करने की आवश्यकता नहीं है
- एक परिवार से केवल एक ही सदस्य
- समूह में केवल पुरुष या महिलाएँ शामिल होंगी
- समूह नियमित रूप से बैठक करेगा और उसकी उपस्थिति अनिवार्य होगी

एसएचजी (SHG) को पंचसूत्र का पालन करना होगा यानी नियमित बैठकें करना, नियमित बचत करना, नियमित आंतरिक उधार देना, नियमित पुनर्भुगतान करना और खाता-बहियों को पारदर्शी रखना ।

क्रेडिट लिंकेज के लिए, एसएचजी में निम्नलिखित विशेषताएं होनी चाहिए

(a) समूह कम से कम छह महीने की अवधि के लिए सक्रिय ढंग से संचालित हो

(b) समूह अपने स्वयं के संसाधनों से बचत और ऋण संचालनों को सफलतापूर्वक करे

(c) समूह को लोकतांत्रिक तरीके से काम करना चाहिए, जिसमें सभी सदस्यों को लगे कि उन्हें बराबर का अधिकार है

(d) समूह को उचित ढंग से खाते और रिकॉर्ड बनाए रखने चाहिए

(e) बैंकों को आश्वस्त होना चाहिए कि समूह की विद्यमानता केवल लाभ प्राप्त करने के लिए नहीं है, और सदस्यों के बीच एक-दूसरे की मदद करने और मिलकर काम करने की वास्तविक आवश्यकता दिखनी चाहिए

समूह ऋण – जेएलजी (JLG)

नाबार्ड (NABARD) ने छोटे/सीमांत/किरायेदार किसानों, बटाईदारों, मौखिक पट्टेदारों और सूक्ष्म उद्यमियों के लिए प्रभावी उत्पाद के रूप में संयुक्त देयता समूह योजना शुरू की। जेएलजी (JLG) एक अनौपचारिक

समूह है जिसमें 4-10 व्यक्ति शामिल होते हैं जो पारस्परिक गारंटी पर बैंक ऋण प्राप्त करने के उद्देश्य से एक साथ आते हैं। आमतौर पर, जेएलजी (JLG) के सदस्य निकटवर्ती क्षेत्र से कृषि/संबद्ध/गैर-कृषि क्षेत्र में समान प्रकार की आर्थिक गतिविधि में संलग्न होते हैं। सदस्यों द्वारा बैंक को संयुक्त वचन दिया जाएगा जो उन्हें ऋण लेने में सक्षम बनाएगा। जेएलजी (JLG) सदस्यों से अपेक्षा की जाती है कि वे व्यावसायिक और सामाजिक गतिविधियों को चलाने में एक-दूसरे को सहायता प्रदान करेंगे ।

जेएलजी (JLG) कार्यक्रम के तहत उद्देश्य, सदस्यों के लिए मानदंड, समूह दृष्टिकोण और औचित्य नीचे दिए गए हैं:

जेएलजी (JLG) योजना के उद्देश्य	◆ किसानों, विशेष रूप से छोटे, सीमांत, किरायेदार किसानों, मौखिक पट्टेदारों, बटाईदारों/व्यक्तियों को कृषि गतिविधियों के लिए ऋण का प्रवाह बढ़ाना, जिनके पास देने के लिए कोई संपार्श्विक (collateral) नहीं है ◆ समूह दृष्टिकोण के माध्यम से प्रदान किए जाने वाले ऋणों के लिए संपार्श्विक विकल्प के रूप में कार्य करना ◆ समूह दृष्टिकोण के माध्यम से बैंकों के लिए ऋण पोर्टफोलियो में जोखिम को कम करना ◆ समूह ऋण के साथ व्यक्तिगत ऋण और सामाजिक संपार्श्विक/साथी दबाव के साथ पारंपरिक संपार्श्विक को प्रतिस्थापित करके बैंकों की लेनदेन लागत को कम करना। ◆ जेएलजी (JLG) तंत्र के माध्यम से कृषि उत्पादन/उत्पादकता और आजीविका उत्पादन में वृद्धि करना।
जेएलजी (JLG) के सदस्यों के लिए मानदंड	◆ सदस्यों की सामाजिक-आर्थिक स्थिति समान होनी चाहिए, समान विचारधारा होनी चाहिए और संयुक्त देयता समूह के रूप में कार्य करने के लिए सहमति होनी चाहिए। वे एक ही गांव/क्षेत्र/पड़ोस के निवासी होने चाहिए और उन्हें एक-दूसरे को जानना और परस्पर भरोसा करना चाहिए ◆ जिन सदस्यों ने अतीत में किसी भी अन्य औपचारिक वित्तीय संस्थान के चूककर्ता रहे हैं, उन्हें समूह की सदस्यता से वंचित कर दिया जाता है ◆ किसी भी जेएलजी (JLG) में एक ही परिवार के एक से अधिक व्यक्तियों को शामिल नहीं किया जाना चाहिए

समूह दृष्टिकोण और इसका औचित्य	◆ जेएलजी (JLG) की गतिविधियों को सुनिश्चित करने के लिए, उसके सदस्यों को समूह का नेतृत्व संभालने के लिए पर्याप्त रूप से सक्रिय होना चाहिए। उनका नेता एकता की भावना को बढ़ावा देता है, अनुशासन बनाए रखता है, बैंक के साथ मध्यस्थ के रूप में कार्य करता है और पुनर्भुगतान को सुगम बनाने में मदद करता है ◆ आदर्श रूप से, जेएलजी (JLG) को पारस्परिक हित के मुद्दे पर चर्चा के लिए नियमित बैठकें आयोजित करनी चाहिए ◆ जेएलजी (JLG) आसानी से प्रौद्योगिकी हस्तांतरण के लिए माध्यम के रूप में काम कर सकता है, जिससे बाजार की जानकारी और प्रशिक्षण तक आम लोगों की पहुंच आसान हो जाएगी ◆ जेएलजी (JLG) विशिष्ट गतिविधि जैसे कि कृषि उत्पादन/सब्जियां/फल/मछली पकड़ना/बुनाई आदि कर सकते हैं, या व्यक्तिगत उद्यम शुरू कर सकते हैं

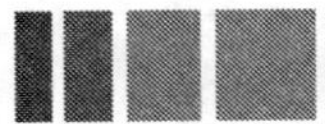

10.16 वर्तमान बैंकिंग परिदृश्य

वित्तीय समावेशन का उद्देश्य अब तक सेवा से वंचित देश की बड़ी आबादी तक वित्तीय सेवाओं का विस्तार करना है, ताकि इसकी विकास क्षमता को बढ़ाया जा सके। इसके अलावा, यह विशेष रूप से गरीबों को वित्तपोषण उपलब्ध कराकर अधिक समावेशी विकास की दिशा में प्रयास करता है। 31 मार्च 2022 की स्थिति के अनुसार देश में वाणिज्यिक बैंकों और क्षेत्रीय ग्रामीण बैंकों की 140,000 से अधिक शाखाएँ हैं। बैंकों की ग्राहक पहुंच अभी भी संतोषजनक नहीं है। उपरोक्त स्थिति के मूल कारणों का विश्लेषण करते समय, निम्नलिखित तथ्यों पर ध्यान देना चाहिए:

(a) औपचारिक बैंकिंग प्रणाली के विस्तार में एक बड़ी समस्या बैंकों के लिए लेनदेन लागत है। ग्रामीण क्षेत्रों में छोटे और सीमांत किसानों, खेतिहर मजदूरों, कारीगरों और छोटे व्यापारियों की ऋण आवश्यकताएँ अक्सर छोटी, तत्काल और बार-बार होती हैं। औपचारिक बैंकिंग प्रणाली में लागत संरचना, प्रणालियों और प्रक्रियाओं के कारण, छोटे बैंकिंग कार्यों के लिए लेनदेन लागत काफी अधिक हो जाती है।

(b) ग्रामीण ऋणों में खराब ऋण अनुशासन एक और महत्वपूर्ण मुद्दा है। ग्रामीण ऋण को आम तौर पर विकासात्मक ऋण माना जाता है, जिसका कई राज्यों में उधारकर्ता के मन में नकारात्मक अर्थ है।

(c) ग्रामीण शाखाओं में जनशक्ति की अपर्याप्तता एक अन्य मुद्दा है। ग्रामीण क्षेत्रों में पदस्थापना को लेकर अधिकतर बैंक कर्मी अनिच्छुक दिखते हैं, और इन्हें ग्रामीण क्षेत्रों में पदस्थापना के लिए प्रेरित करना बैंकों के लिए बड़ा मानव संसाधन मुद्दा है।

(d) न केवल बैंकों को ग्रामीण इलाकों में गरीबों तक पहुंचने में कठिनाई होती है, बल्कि गरीबों के लिए भी ग्रामीण शाखाओं में पदस्थापित शहरी प्रभाव वाले कर्मचारियों से जुड़ना आसान नहीं है। इसलिए, वे किसी ऐसे व्यक्ति की तलाश में रहते हैं, जिसके साथ वे आसानी से जुड़ सकें और अपनी बोली में बात कर सकें।

(e) अक्सर, बैंक की शाखाएं दूर स्थित होती हैं, जिसके कारण ग्राहकों को बैंकों में आने वाले दिनों के दौरान अपनी जेब से खर्च करना पड़ता है और उनकी कमाई का भी नुकसान होता है।

(f) आरबीआई (RBI) और सहकारी संघ द्वारा प्रकाशित आंकड़ों के अनुसार, देश में एक लाख से अधिक प्राथमिक कृषि समितियाँ हैं। फिर भी, यह एक तथ्य है कि उनमें से दो तिहाई से अधिक निष्क्रिय हैं। सहकारी समितियाँ बड़े ऋण संवितरण के लिए कुशल और आर्थिक रूप से मजबूत नहीं हैं।

इन सभी बातों ने बैंकों और उधारकर्ताओं के लिए लेनदेन लागत में काफी वृद्धि की है, जिससे गांवों में "वित्तीय समावेशन" के उद्देश्यों को साकार करने में बैंकों के वास्तविक प्रयास विफल हो गए हैं।

10.17 वित्तीय समावेशन में प्रौद्योगिकी की भूमिका

बैंकिंग क्षेत्र में प्रौद्योगिकी और वित्तीय समावेशन दो लोकप्रिय दृष्टिकोण हैं। वित्तीय समावेशन में अब तक की मुख्य बाधा बड़ी संख्या और कम मात्रा रही है, जो प्रौद्योगिकी का प्रभावी ढंग से लाभ उठाकर देश के सबसे दूर/दूरस्थ कोने तक पहुंच में सुधार की आवश्यकता पर जोर देती है। देश भर में बैंकिंग सुविधाएं उपलब्ध कराने के लिए, नवीनतम तकनीकी उत्पाद जैसे ई-केवाईसी (e-KYC), आईएमपीएस (IMPS), एईपीएस (AePS), मोबाइल बैंकिंग आदि लागत, सुविधा और पहुंच की गति के मामले में गेम चेंजर के रूप में उभरने की क्षमता रखते हैं। बैंकों, दूरसंचार ऑपरेटरों और अन्य हितधारकों के बिजनेस मॉडल को एकजुट होने की जरूरत है। आरबीआई (RBI) के मार्गदर्शन में, नेशनल पेमेंट्स कॉरपोरेशन ऑफ इंडिया (NPCI), इंस्टीट्यूट फॉर डेवलपमेंट एंड रिसर्च इन बैंकिंग टेक्नोलॉजी (IDRBT) जैसे विभिन्न संगठन नई तकनीक आधारित उत्पाद लाने में महत्वपूर्ण योगदान दे रहे हैं। रिज़र्व बैंक पिछले कई वर्षों से भारतीय बैंकिंग क्षेत्र के विकास के लिए सक्रिय रूप से प्रौद्योगिकी का उपयोग कर रहा है।

बैंकिंग क्षेत्र में प्रौद्योगिकी की प्रगति

कोर बैंकिंग सॉल्यूशंस (CBS) को अपनाना बैंकिंग क्षेत्र में एक प्रमुख तकनीकी विकास है। सीबीएस (CBS) 'कहीं भी-कभी भी बैंकिंग' के माध्यम से ग्राहक सुविधा बढ़ाने की दिशा में एक कदम है। सीबीएस (CBS) से परे के क्षेत्रों पर ध्यान देने के लिए इस तकनीकी प्रगति का लाभ उठाना महत्वपूर्ण है, जो न केवल ग्राहकों को गुणवत्तापूर्ण और कुशल सेवाएं प्रदान करने में मदद कर सकता है, बल्कि प्रभावी ढंग से जानकारी उत्पन्न करने और प्रबंधित करने में भी मदद कर सकता है। सीबीएस (CBS) को अपनाने से विभिन्न तकनीकी उत्पादों जैसे ईसीएस (ECS), एनईएफटी (NEFT), आरटीजीएस (RTGS), एटीएम (ATM), इंटरनेट बैंकिंग, मोबाइल बैंकिंग आदि को अपनाना सुगम हुआ है। बैंकिंग में प्रौद्योगिकी के इस्तेमाल में प्रगति और डिजिटल वित्तीय सेवाओं के विकास ने देश में वित्तीय समावेशन कार्यक्रम को

गति प्रदान की है। भारत सरकार के प्रमुख हस्तक्षेप कार्यक्रमों, प्रधानमंत्री जन-धन योजना और प्रत्यक्ष लाभ हस्तांतरण (DBT) ने भी वित्तीय समावेशन कार्यक्रम में भाग लेने के लिए वंचित व्यक्तियों को काफी सुविधा प्रदान की है। इसके अलावा, भारत में वित्तीय सेवाओं का उबेरीकरण 'जैम' (JAM) ट्रिनिटी द्वारा शुरू किया गया था, जिसमें निम्नलिखित शामिल हैं:

(a) शून्य शेषराशि, बीमा और ओवरड्राफ्ट सुविधा के साथ लिंक एक जन-धन योजना खाता, जो सरकार की सब्सिडी के डीबीटी (DBT) के लिए मुख्य माध्यम होगा,

(b) आधार डेटा बेस जो पहचान और ऑनलाइन केवाईसी (KYC) के त्वरित प्रमाणीकरण के लिए अद्वितीय बायोमेट्रिक पहचान प्रदान करता है,

(c) मोबाइल फोन जो लेनदेन के दोनों पक्षों - विक्रेता और ग्राहक - के लिए दो-कारक (two-factor) प्रमाणीकरण की सुविधा प्रदान करते हैं।

10.18 सारांश

1. सुव्यवस्थित वित्तीय प्रणाली तक पहुंच प्रदान कर व्यक्तियों, विशेषकर किसानों, छोटे उद्यमियों और महिलाओं को औपचारिक अर्थव्यवस्था में बेहतर ढंग से एकीकृत होने, आर्थिक अवसरों का उपयोग करने और खुद को आर्थिक अनिश्चितताओं से बचने के लिए सक्षम बनाकर आर्थिक और सामाजिक रूप से सशक्त बनाया जा सकता है। गरीबों और कमजोर वर्गों के लिए बचत, ऋण और अन्य वित्तीय सेवाओं के लिए कुशल, लागत प्रभावी, सुरक्षित और समावेशी वित्त दृष्टिकोण, उनकी आय बढ़ाने, उत्पादक संपत्तियों का निर्माण करने, जोखिमों का प्रबंधन करने और गरीबी के दुष्चक्र को तोड़ने में मदद कर सकता है।

2. भारतीय संदर्भ में, वित्तीय समावेशन को वित्तीय सेवाओं और समय पर तथा पर्याप्त ऋण तक पहुंच सुनिश्चित करने की एक प्रक्रिया के रूप में परिभाषित किया गया है, जहां कमजोर समूहों जैसे कि वंचितवर्गों और कम आय वाले समूहों को किफायती लागत पर आवश्यकता होती है। नीति निर्माताओं ने सभी, विशेषकर बहिष्कृत समूहों और समुदायों तक वित्तीय सेवाओं की पर्याप्त और आसान पहुँच को सक्षम बनाने में वित्तीय संस्थानों और अन्य सेवा प्रदाताओं की भूमिका पर प्रकाश डाला है। बैंकों का राष्ट्रीयकरण, शाखा नेटवर्क का विस्तार, समूह वित्तपोषण (SHG बैंक लिंकेज प्रोग्राम) जैसी नवीन ऋण वितरण प्रणाली की शुरूआत आदि उपायों ने संस्थागत संवितरण का विस्तार किया है।

3. प्रत्येक गांव में कम से कम एक बीसी (BC) रखने के लक्ष्य के साथ, उपयुक्त प्रौद्योगिकी पर आधारित बिजनेस कॉरेस्पोंडेंट मॉडल, बैंकों के लिए वित्तीय समावेशन प्राप्त करने के लिए 'रणनीति का केंद्र-बिंदु' है। बीएफ या बीसी (BF/BC), की भूमिका आमतौर पर ग्राहक की पहचान और बैंक उत्पादों के विपणन में बैंक और उसके ग्राहकों के बीच मध्यस्थ की होगी। बीसी (BC) बैंक की ओर से नकदी लेनदेन भी कर सकता है। बीसी/बीएफ (BC/BF) को बैंक उत्पादों, प्रक्रियाओं और तकनीक का पर्याप्त ज्ञान होना चाहिए। कोई व्यक्ति, फर्म, गैर सरकारी संगठन (NGO) और एनबीएफसी (NBFC) बिजनेस कॉरेस्पोंडेंट की भूमिका निभा सकते हैं।

4. तकनीकी प्रगति और डिजिटल वित्तीय सेवाओं के विकास ने जानकारी एकत्र करने और लेनदेन की लागत को कम करने में उत्प्रेरक (catalyst) की भूमिका निभाकर वित्तीय समावेशन को व्यापक स्तर पर सुविधाजनक बनाया है। बैंकों द्वारा कोर बैंकिंग सॉल्यूशन को अपनाने से एनईएफटी (NEFT), आरटीजीएस (RTGS), मोबाइल बैंकिंग, इंटरनेट बैंकिंग, एटीएम (ATM) आदि विभिन्न तकनीकी उत्पादों को अपनाना सुगम हुआ है। कुछ प्रौद्योगिकी-आधारित उत्पादों ने आम जनता तक बैंकिंग की पहुंच में महत्वपूर्ण बदलाव किए हैं।

10.19 प्रमुख शब्द

कृषि क्लिनिक और कृषि व्यवसाय केंद्र: ये किसानों को व्यावसायिक विस्तार सेवाएँ प्रदान करते हैं।

एईपीएस (AePS): यह एक बैंक-आधारित मॉडल है, जो आधार प्रमाणीकरण का उपयोग करके किसी भी बैंक के बिजनेस कॉरेस्पोंडेंट (BC)/बैंक मित्र के माध्यम से POS (पॉइंट ऑफ सेल/माइक्रो एटीएम) पर ऑनलाइन अंतर-संचालनीय (interoperable) वित्तीय लेनदेन को सुगम बनाता है।

आंगनवाड़ी: यह एक प्रकार का ग्रामीण बाल देखभाल केंद्र है। सरकार द्वारा बच्चों में व्याप्त भुखमरी और कुपोषण की समस्या से निपटने के लिए एकीकृत बाल विकास सेवा कार्यक्रम के भाग के रूप में आंगनवाड़ी को शुरू किया गया था।

बालवाड़ी: बच्चे को स्कूल और घर पर शारीरिक और मानसिक विकास के लिए सुविधाएँ प्रदान करने का एक कार्यक्रम।

शाखा लाइसेंसिंग: भारत या विदेश में व्यवसाय का एक नया स्थान खोलने और उसी शहर, कस्बे या गांव के अलावा किसी अन्य स्थान पर व्यवसाय के स्थान को स्थानांतरित करने या बदलने के लिए लाइसेंस/अनुमोदन प्राप्त करने की प्रक्रिया।

शाखा रहित बैंकिंग: ऐसी बैंकिंग जो किसी बैंक की वास्तविक शाखा में जाए बिना नियमित बैंकिंग सेवाओं को सक्षम बनाती है। ऐसे कई वितरण चैनल हैं जिनका उपयोग निर्बाध शाखा रहित बैंकिंग को सक्षम बनाने के लिए किया जा सकता है।

बिजनेस कॉरेस्पोंडेंट: बैंक शाखा/एटीएम (ATM) के अलावा अन्य स्थानों पर बैंकिंग सेवाएं प्रदान करने के लिए बैंकों द्वारा नियुक्त किए गए खुदरा एजेंट।

बिजनेस फैसिलिटेशन और बिजनेस फैसिलिटेटर: व्यवसाय के संदर्भ में, बिजनेस फैसिलिटेशन उन व्यवस्थाओं का संयोजन है जो व्यवसाय संचालन को सुगम बनाते हैं। वे लोग या संगठन जो व्यवसायों को ऐसी सुविधाएं प्रदान करते हैं, उन्हें 'बिजनेस फैसिलिटेटर्स' के रूप में जाना जाता है।

नागरिक समाज संगठन (CSO): गैर-राज्य, गैर-लाभकारी, सामाजिक क्षेत्र के लोगों द्वारा गठित वे स्वैच्छिक संस्थाएं जो राज्य और बाजार से अलग हैं। वे विभिन्न प्रकार के हितों का प्रतिनिधित्व करते हैं।

कोर बैंकिंग सॉल्यूशन (CBS): वह सॉफ्टवेयर सॉल्यूशन जो जटिल चीजों को अनुकूलित करता है, प्लेटफ़ॉर्म और एप्लिकेशन की स्वतंत्रता को सक्षम बनाता है, व्यापक उपयोगकर्ता अनुभव प्रदान करता है, और नवाचार के लिए निर्मित प्रौद्योगिकी के साथ फ्रंट, मिडल और बैक ऑफिस के बीच समन्वय स्थापित करता है।

किसान सेवा समितियाँ: चुनिंदा क्षेत्रों में छोटे और सीमांत किसानों और भूमिहीन मजदूरों को एकीकृत सेवाएँ प्रदान करने के लिए अल्पावधि सहकारी ऋण संरचना में विशेष प्रकार की ऋण सहकारी समितियाँ।

वित्तीय समावेशन: यह वित्तीय सेवाओं तक पहुँचने के अवसरों की उपलब्धता और समानता को संकेतित करता है। यह उस प्रक्रिया को संदर्भित करता है जिसके द्वारा व्यक्ति और व्यवसाय उचित, किफ़ायती और समय पर वित्तीय उत्पादों और सेवाओं तक पहुँच प्राप्त कर सकते हैं।

सामान्य प्रयोजन कार्ड: जारीकर्ता द्वारा प्रदान किया गया एक कार्ड जो कार्डधारकों को उनके द्वारा दी गई क्रेडिट लाइन तक पहुंच प्राप्त करके बड़ी संख्या में विभिन्न मर्चेंट को वस्तुओं और सेवाओं के लिए भुगतान करने की सुविधा प्रदान करता है।

आईडीआरबीटी (IDRBT): आरबीआई (RBI) द्वारा प्रवर्तित एक शीर्ष स्तरीय प्रशिक्षण संस्थान जो विशेष रूप से बैंकिंग प्रौद्योगिकी पर केंद्रित है।

आईएमपीएस (IMPS): यह अंतर-बैंक इलेक्ट्रॉनिक फंड ट्रांसफर के लिए एक त्वरित भुगतान प्रणाली है।

माइक्रो फाइनेंस (सूक्ष्म वित्त): एक प्रकार की बैंकिंग सेवा जो बेरोजगार या कम आय वाले व्यक्तियों या समूहों को प्रदान की जाती है, जिनके पास अन्यथा प्रकार से वित्तीय सेवाओं तक पहुंच नहीं होती।

सूक्ष्म वित्त संस्थान: वे वित्तीय कंपनियाँ जो ऐसे लोगों को छोटे ऋण प्रदान करती हैं जिनकी बैंकिंग सुविधाओं तक पहुँच नहीं है।

सूक्ष्म बीमा: बीमा पॉलिसियों की एक श्रेणी है जिसके तहत देश की आर्थिक रूप से कमजोर आबादी की बेहतरी के लिए विभिन्न किस्म की पॉलिसी डिज़ाइन की गई हैं।

गैर-लाभकारी संगठन (NGO): गैर-लाभकारी संगठन जो किसी भी सरकार से स्वतंत्र रूप से काम करते हैं, आमतौर पर जिनका उद्देश्य सामाजिक मुद्दों को संबोधित करना होता है।

एसएचजी (SHG) बैंक लिंकेज कार्यक्रम: वंचित और अल्प सेवा प्राप्त गरीब परिवारों को वित्तीय सेवाएं प्रदान करने के लिए स्थापित एक प्रणाली।

बैंक रहित: किसी बैंक या समान वित्तीय संगठन की सेवाओं तक पहुंच न होना।

अल्प-सेवा: अपर्याप्त रूप से कोई सेवा या सुविधा प्रदान की गई।

ग्राम ज्ञान केंद्र: सूचना प्रसार के केंद्र।

10.20 अपनी प्रगति जाँचें

1. ग्रामीण क्षेत्रों में संस्थागत ऋण के प्रवाह के संबंध में कौन-सा अवलोकन सही नहीं हो सकता है?
   - (a) ग्रामीण क्षेत्रों में ऋण के प्रवाह के लिए बैंकों की उच्च लेनदेन लागत प्रमुख मुद्दा रही है।
   - (b) जनशक्ति की कमी के कारण बैंकों को ग्रामीण शाखाओं के प्रबंधन में कठिनाई हो रही है क्योंकि कई बैंक कर्मी ग्रामीण क्षेत्रों में पदस्थापना के प्रति अनिच्छुक हैं।
   - (c) ग्रामीण क्षेत्रों में खराब ऋण अनुशासन के कारण बैंकों के लिए ग्रामीण क्षेत्रों में प्रदान किए गए ऋणों की निगरानी करना मुश्किल हो जाता है।
   - (d) बैंकों का खराब जमा आधार, ग्रामीण क्षेत्रों में ऋण के विस्तार में प्रमुख बाधा रहा है।
2. निम्नलिखित में से कौन-सा वित्तीय समावेशन कार्यक्रम के तहत आरबीआई (RBI) की पहल नहीं है?
   - (a) बुनियादी 'सीमित सुविधा' (no-frills) बचत खातों की शुरूआत, जिससे वे ग्रामीण गरीबों के विशाल वर्ग के लिए सुलभ हो सकें।
   - (b) रियायती ब्याज दर पर सूक्ष्म और लघु उद्यमों को वित्तपोषण
   - (c) संपार्श्विक (collateral) या उद्देश्य पर जोर दिए बिना, सरलीकृत सामान्य प्रयोजन क्रेडिट कार्ड (GCC) जारी करना।
   - (d) ग्रामीण क्षेत्रों में नए रिलेशनशिप खाते खोलने के लिए केवाईसी (KYC) मानदंडों में रियायत।
3. निम्नलिखित में से कौन सी एजेंसी ग्रामीण गरीबों तक पहुंचने के लिए बैंकों द्वारा उपयोग की जाने वाली मध्यस्थ एजेंसी का भाग नहीं बन सकती है?
   - (a) स्वयं सहायता समूह
   - (b) गैर-सरकारी संगठन
   - (c) ऋण वसूली एजेंट
   - (d) सूक्ष्म वित्त (माइक्रो-फाइनेंस) संस्थान
4. नीचे दी गई कौन सी गतिविधि बिजनेस फैसिलिटेटर के दायरे से बाहर है?
   - (a) बचत और ऋण उत्पादों के बारे में ग्रामीण लोगों के बीच जागरूकता पैदा करना
   - (b) लोगों को शिक्षित करना और उन्हें धन प्रबंधन पर सलाह देना
   - (c) फसल ऋण खंड में छोटे ऋणों की वसूली
   - (d) ऋण परामर्श

5. बिजनेस कॉरेस्पोंडेंट द्वारा की जाने वाली गतिविधियों के दायरे में .... शामिल नहीं होगा।

(a) छोटे मूल्य के ऋण का संवितरण

(b) उधारकर्ता से मूलधन की वसूली और ब्याज का संग्रहण

(c) छोटे मूल्य की जमाराशियों का संग्रहण

(d) 1000 रुपये या उससे कम के डिमांड ड्राफ्ट का भुगतान

6. बीएफ/बीसी (BF/BC) मॉडल के तहत बैंक मध्यस्थ के रूप में निम्नलिखित में से किसकी सेवाओं का उपयोग नहीं कर सकते हैं?

(a) गैर सरकारी संगठन (NGO)

(b) स्वयं सहायता समूह (SHG)

(c) ग्राम सरपंच

(d) सूक्ष्मवित्त संस्थान (MFI)

7. बिजनेस कॉरेस्पोंडेंट को नियुक्त करने और बैंक के स्थान से दूर गाँवों में बैंकिंग व्यवसाय करने से बैंकों को .... का सामना करना पड़ेगा।

(a) ऋण जोखिम

(b) ब्याज दर जोखिम

(c) प्रतिष्ठा जोखिम

(d) तरलता (liquidity) जोखिम

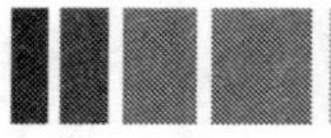

10.21 'अपनी प्रगति जाँचें' का उत्तर

1. (d)	2. (b)	3. (c)	4. (c)	5 (d)	6. (c)	7. (c)

अध्याय

11 वित्तीय शिक्षा एवं वित्तीय परामर्श

अध्याय

11 वित्तीय शिक्षा एवं वित्तीय परामर्श

11.1 उद्देश्य

इस इकाई का अध्ययन करने पर, पाठक यह समझ सकेंगे:

- वित्तीय साक्षरता के पहलू और वित्तीय समावेशन में इसका महत्व और वित्तीय साक्षरता के प्रसार के लिए उपयोग किए जाने वाले उपकरण
- वित्तीय शिक्षा के पहलू और वित्तीय शिक्षा में संवाद एवं परामर्श की भूमिका
- परामर्श में संरचित संवाद के प्रकार और वित्तीय परामर्श का महत्व
- क्रॉस सेलिंग की तकनीकें
- अधिक वित्तीय समावेशन प्राप्त करने के लिए वित्तीय साक्षरता को बढ़ावा देने हेतु भारत सरकार और वित्तीय प्रणाली में नियामकों की पहल।

11.2 परिचय

वित्तीय साक्षरता, धन या वित्तीय सेवाओं के बारे में सूचित निर्णय लेने की क्षमता या समझ है जो किसी की आवश्यकताओं के अनुकूल होती है। वित्तीय साक्षरता के अभाव में, लोग अपनी भविष्य की आवश्यकताओं के लिए बचत के संबंध में ठोस निर्णय लेने में सक्षम नहीं हो सकते हैं। इसलिए, इन छूटे हुए लोगों की वित्तीय शिक्षा, उनके बीच वित्तीय साक्षरता के प्रसार के लिए महत्वपूर्ण है। यह इकाई परामर्श में विभिन्न प्रकार के संरचित संवाद और प्रभावी संवाद एवं परामर्श के आवश्यक घटकों पर ध्यान केंद्रित करती है। वित्तीय परामर्श में प्रभावी संवाद और परामर्श की तकनीकों को अपनाना बहुत महत्वपूर्ण है, इससे ग्राहकों को वित्तीय योजना बनाने में मदद मिलेगी, चाहे वे किसान हों या छोटे उद्यमी। ग्राहक की वित्तीय प्रोफ़ाइल तैयार करने के लिए, जिससे नकदी प्रवाह के कार्य करने व

नकदी बजट के लिए, और अंततः उस ग्राहक की (किसान की भी) आवश्यकताओं के अनुरूप वित्तीय योजनाएँ तैयार करने के लिए, वित्तीय परामर्शदाताओं के पास कौशल और प्रभावी परामर्श तकनीक होना आवश्यक है। भारत में वित्तीय समावेशन को सुदृढ़ करना सरकार और आरबीआई (RBI), सेबी (SEBI), आईआरडीएआई (IRDAI), पीएफआरडीए (PFRDA) जैसे विभिन्न नियामक निकायों का एक महत्वपूर्ण एजेंडा रहा है। बैंकिंग सुविधाओं से वंचित/सेवा-अप्राप्त और ऐसे ही छोटे व्यवसायों के बीच जागरूकता फैलाने और वित्तीय साक्षरता बढ़ाने के लिए भी प्रयास किए गए हैं।

वित्तीय साक्षरता की मूल बातें

- बचत/निवेश
- बजट/व्यय
- कर्ज़ प्रबंधन
- बीमा
- भविष्य के व्यय की योजना बनाना
- आपातकालीन निधि का निर्माण

वित्तीय शिक्षा व्यक्तियों को वित्तीय नियोजन के लिए उचित उत्पाद/वित्तीय साधन का चयन करने में मदद करेगी। सामान्य तौर पर, वित्तीय नियोजन उपयुक्त वित्तीय उत्पादों में बचत निवेश करने के लिए निर्णय लेने की प्रक्रिया है। रिटर्न प्रदान करने की अपनी क्षमता के कारण ये बचतें भविष्य में निवेश में बदल जाती हैं, जिससे व्यक्तियों के लिए बचत का महत्व बढ़ जाता है।

11.3 वित्तीय शिक्षा (Financial Education)

वित्तीय शिक्षा प्रदान करने में प्रमुख विषय शामिल हैं : कौशल निर्माण, ज्ञान में वृद्धि करना, समझ विकसित करना और आत्मविश्वास विकसित करना।

(a) *कौशल निर्माण:* साक्षरता और संख्यात्मकता, धन के प्रबंधन और वित्तीय उत्पादों को समझने में बुनियादी कौशल हैं। यह अच्छी तरह से स्थापित तथ्य है कि कम शिक्षित लोगों और उनके सामने आने वाली वित्तीय कठिनाइयों के बीच सीधा संबंध है। इसलिए, ऐसे लोगों को वित्तीय उत्पादों/सेवाओं को समझाने के लिए साक्षरता और संख्यात्मकता बढ़ाना महत्वपूर्ण है।

(b) *ज्ञान में वृद्धि करना:* वित्त और वित्तीय उत्पादों पर ज्ञान संबंधी जानकारी देना लोगों को सूचित निर्णय लेने में मदद करने की कुंजी है। वित्तीय संस्थान अपने विपणन प्रयासों को शहरों में केंद्रित करते हैंऔर वंचित क्षेत्रों से बचते हैं। ऐसे क्षेत्र के लोगों के आर्थिक रूप से पीछे छूट जाने की संभावना अधिक होती है। वित्तीय समावेशन को बढ़ावा देने के संदर्भ में, छूटी हुई आबादी को आकर्षक माहौल में आसानी से समझने योग्य जानकारी प्रदान करने के लिए बहुत काम किया जाना है।

(c) *समझ विकसित करना:* ज़ब कि ज्ञान बढ़ाना मुख्यतः सूचना के प्रावधान से संबंधित है, समझ विकसित करने का अर्थ किसी व्यक्ति को इस जानकारी से निपटने के लिए एक रणनीति देना है, जिस में सर्वोत्तम सौदा खोजने के लिए बजट बनाने, योजना बनाने, उत्पादों के प्रकारों को समझने और खरीदारी करने का कौशल शामिल हो सकता है। इस प्रकार का प्रशिक्षण देने का कोई अनोखा/निश्चित तरीका नहीं है, लेकिन आमतौर पर यह माना जाता है कि, ग्राहक के लिए, इसमें 'मेरे लिए कुछ' होना चाहिए। ऋण परामर्श (क्रेडिट काउंसलिंग) लोगों को वित्तीय शिक्षा में शामिल करने के लिए उपयोगी है।

(d) *आत्मविश्वास का निर्माण:* बजट बनाने, योजना बनाने, उत्पादों के प्रकारों को समझने के लिए कौशल निर्माण ऐसे वातावरण में किया जा सकता है, जो ग्राहक का विश्वास बढ़ाने के लिए उपयुक्त हो। आत्मविश्वास पैदा करने से बैंक के फॉर्म भरने, जांच संबंधी प्रश्न पूछने, अधिक स्पष्टीकरण प्राप्त करने और यदि कोई संतुष्ट नहीं है तो शिकायत करने के लिए वांछित कौशल और आत्मविश्वास पैदा होगा। हालाँकि, वित्तीय बहिष्कार का कोई एक समाधान नहीं है और यदि परिस्थितियां उसके खिलाफ है तो वित्तीय रूप से सक्षम व्यक्ति के पास वित्तीय रूप से शामिल होने की बहुत कम संभावना है। हालाँकि अधिकारियों ने हाल के दिनों में अधिक सुलभ वातावरण बनाने के लिए कई पहलें की हैं, तथापि उचित वित्तीय उत्पादों के प्रावधान के माध्यम से मुख्यधारा की वित्तीय सेवाओं तक पहुंच वित्तीय समावेशन की दिशा में सबसे महत्वपूर्ण कदम होगा।। वित्तीय समावेशन के लिए कदम उठाकर, कोई बैंक अपने ग्राहक आधार का उल्लेखनीय रूप से विस्तार कर सकता है। उदाहरण के लिए, गांवों में बहिष्कृत आबादी के लिए सीधे या वित्तीय मध्यस्थ के माध्यम से 'सीमित सुविधा (नो-फ्रिल्स) बचत खाते' का विपणन, अन्य वित्तीय उत्पादों की क्रॉस-सेलिंग के लिए पर्याप्त रास्ते खोल सकता है। यह भी संभावना है कि कुछ ग्राहक जिनके पास 'ओवरड्राफ्ट सुविधा के साथ नो-फ्रिल खाते' हैं, वे अन्य प्रकार की उधारी की ओर अग्रसर हो सकते हैं।

11.4 बैंकों के लिए वित्तीय शिक्षा का महत्व

घरेलू बचत का एक बड़ा हिस्सा बैंकों और छोटी बचत योजनाओं में जमा किया जाता है। इसलिए, यह स्थिति बैंकों के लिए वित्तीय शिक्षा के महत्व को दर्शाती है। एक अच्छा वित्तीय शिक्षा कार्यक्रम गैर-बैंकिंग और कम बैंकिंग सुविधावाले क्षेत्रों की आबादी को मुख्य धारा की बैंकिंग सेवाओं का लाभ उठाने के लिए प्रोत्साहित करके बैंकों के वित्तीय समावेशन अभियान को बढ़ावा दे सकता है।अल्पावधि परिप्रेक्ष्य में, इन ग्राहकों को आकर्षित कर के खाताधारक के रूप में बनाए रखा जा सकता है, जब कि लंबी अवधि में वे अच्छे बचतकर्ता साबित होते हैं। ऐसे ग्राहक अपनी बचत से संपत्ति निर्माण करते हैं। ये वे लोग हैं, जो जोखिम को देखते हुए, बैंकों द्वारा पेश किए जाने वाले विभिन्न खुदरा वित्तीय उत्पादों का उपयोग करते हैं। यह सर्वविदित है कि खुदरा बैंकिंग व्यवसाय उच्च अपराधदर से जुड़ा हुआ है। व्यावसायिक चक्रों में गिरावट की स्थिति में उपभोक्ता वित्त और वाहन ऋण में शुद्ध अग्रिमों में गैर-निष्पादित परिसंपत्तियों (NPA) की हिस्सेदारी बढ़ जाती है। गलत जानकारी वाला ग्राहक, इससे जुड़े जोखिमों को समझे बिना अच्छी तरह से पैकेज किए गए ऋण उत्पादों की ओर आकर्षित हो जाता है। ऐसे ग्राहक हालाँकि शुरुआत में वाणिज्यिक बैंकों के व्यवसाय को बढ़ाने में योगदान दे रहे थे; लेकिन बढ़ते एनपीए (NPA) के कारण अंततः चिंता का कारण बन गए हैं। बहुत बड़ी संख्या में ऐसे ग्राहकों के चूक करने से संपूर्ण बैंकिंग उद्योग के लिए एक प्रणालीगत समस्या पैदा हो सकती है। निरंतर वित्तीय शिक्षा कार्यक्रमों से एक सुविज्ञ,

अच्छा ग्राहक आधार तैयार करने से बैंकों को दीर्घावधि में हमेशा लाभ होगा। बेहतर वित्तीय साक्षरता के परिणामस्वरूप ग्राहक को वित्तीय उत्पादों - परिसंपत्ति और देनदारी, दोनों उत्पादों - की बेहतर समझ हो जाती है। ऐसे जानकार उपभोक्ता निवेश और अन्य वित्तीय उत्पादों का अधिक विवेकपूर्ण चयन करते हैं।

लेकिन, भारतीय आबादी का एक बड़ा हिस्सा अशिक्षित है और अपने लिए उपलब्ध वित्त के औपचारिक चैनलों से दूर है। इसके अलावा, मौजूदा औपचारिक शिक्षा प्रणाली में पारिवारिक बजट, बचत, वित्तीय योजना आदि जैसे वित्तीय महत्व के पहलू शामिल नहीं हैं। यह भी देखा गया है कि बचत और बीमा योजनाओं और म्यूचुअल फंड के बारे में विज्ञापन उनसे जुड़े जोखिम को उजागर नहीं करते हैं, सिवाय एक छोटी सी वैधानिक चेतावनी के, जिसमें निवेशकों को उनमें निवेश करने से पहले ऑफर दस्तावेजों को ध्यान से पढ़ने की सलाह दी जाती है। जानकार वित्तीय परामर्शदाताओं द्वारा समर्थित एक अच्छी तरह से डिजाइन किया गया वित्तीय शिक्षा कार्यक्रम न केवल ऐसे खुदरा ग्राहकों को औपचारिक बैंकिंग क्षेत्र की ओर आकर्षित करने में काफी मददगार साबित होगा, बल्कि ऐसे उत्पादों में निवेश पर सूचित निर्णय लेने का मार्ग भी प्रशस्त करेगा।

11.5 वित्तीय शिक्षा और वित्तीय परामर्श में संचार की भूमिका (Roll of Communication in Financial Education and Counselling)

(a) संचार की अनिवार्यता

संवाद एक बहुत ही महत्वपूर्ण कौशल है, विशेष रूप से वित्तीय शिक्षा (और परामर्श) में, इसे हल्के में लेना उचित नहीं है। यह एकमात्र सबसे महत्वपूर्ण कौशल है जो एक परामर्शदाता परामर्श सत्र में लाता है। आइए अब संवाद प्रक्रिया की जांच करें क्योंकि यह परामर्शदाता-ग्राहक संबंध में मौजूद होती है। तीन प्रकार के संरचित संवाद हैं (a) साक्षात्कार (b) परामर्श और (c) सलाह देना। इन पहलुओं पर निम्नलिखित अनुच्छेदों में विस्तार से चर्चा की गई है:

(i) *साक्षात्कार:* संरचित संवाद का सबसे सामान्य रूप साक्षात्कार है। इसमें अक्सर दो लोगों के बीच एक पूर्वनिर्धारित और विशिष्ट उद्देश्य के साथ संवाद होता है, जिसमें आमतौर पर सार्थक जानकारी इकट्ठा करने के लिए प्रश्न पूछना और उत्तर देना शामिल होता है। ग्रामीण परिवेश के मामले में, साक्षात्कार का गैर-निर्देशक रूप अपनाया जाता है जो साक्षात्कारकर्ता और ग्राहक दोनों को व्यापक क्षेत्र पर चर्चा करने की अनुमति देता है, और साक्षात्कारकर्ता आमतौर पर साक्षात्कार की गति और उद्देश्य को नियंत्रित करता है। इस प्रकार के साक्षात्कारों के फायदों में अधिक लचीलापन, अधिक गहन प्रतिक्रियाएँ और साक्षात्कारकर्ता व ग्राहक के बीच घनिष्ठ संबंध की संभावनाएँ शामिल होती हैं । साक्षात्कार आमतौर पर उपरोक्त दोनों के बीच एक अल्पकालिक संबंध होता है।

(ii) *परामर्श:* परामर्श का तात्पर्य सहायता करने से है। एक परामर्शदाता का काम ग्राहकों को सहायता प्रदान करना है जिससे वे अपनी वर्तमान स्थितियों का पता लगाते हैं, यह समझना शुरू करते हैं कि वे कहां हैं और वे कहां होना चाहते हैं, और फिर वे जहां हैं वहां से जहां वे होना चाहते हैं वहां पहुंचने के लिए कार्य करते हैं। यह आमतौर पर लंबे समय तक चलने वाली प्रक्रिया है, जिसके फलस्वरूप ग्राहकों के व्यवहार में परिवर्तन हो जाता है। संक्षेप में, परामर्श को साक्षात्कार के समान शैलीबद्ध नहीं किया गया

है, क्योंकि प्रारूप कम औपचारिक और कम संरचित है। परामर्शदाता और ग्राहक दोनों की मानवीयता पर बहुत अधिक ध्यान दिया जाताहै, जिसका उद्देश्य ग्राहक को सहायता प्रदान करना है।

(iii) *परामर्श देना:* सलाह देने में ग्राहक को विशिष्ट मार्ग दर्शनया सुझाव प्राप्त करना शामिल होता है। सलाह देने को अक्सर परामर्श समझ लिया जाता है। सलाहकार अपने अपनी विशेषज्ञता के क्षेत्र के बारे में ग्राहकों से कहीं अधिक जानते हैं, और ग्राहक इस ज्ञान का उपयोग निर्णय लेने के लिए करते हैं। वित्तीय परामर्श में ऐसे अवसर भीआते हैं, जब परामर्शदाता सलाह देते हैं। हालाँकि, परामर्श संबंध (Counselling relationship)में बहुत जल्द सलाह देने का खतरा यह है कि परामर्श दाता की राय के पक्ष में निर्णय लेने की ग्राहक की क्षमता कम हो जाती है। शायद एक परामर्शदाता के लिए सबसे अच्छा तरीका यह है कि पहले ग्राहकों की बात सुनी जाए, ताकि उनकी स्थिति को पूरी तरह से समझा जा सके और उनके लक्ष्यों का आकलन किया जा सके, और फिर यह समझाया जा सके कि कौन से विकल्प उपलब्ध हैं।

(b) वित्तीय परामर्श की अनिवार्यता

उपरोक्त अनुच्छेदों में, हम ने तीन प्रकार के नियोजित, उद्देश्यपूर्ण संवाद के बीच अंतर को समझा है: साक्षात्कार, परामर्श और सलाह। इनमें से प्रत्येक प्रकार का संवाद वित्तीय परामर्श संबंध में पाया जा सकता है। उदाहरण के लिए, तथ्य खोजक के लिए डेटा संग्रह के रूप में साक्षात्कार संवाद प्रक्रिया के प्रारंभिक चरण का गठन कर सकता है। डेटा एकत्र होने के बाद, दूसरे चरण में संभवतः बड़े पैमाने पर परामर्श शामिल होगा - ग्राहकों को करीब से सुनना, और ग्राहकों की जरूरतों, इच्छाओं, भय, दृष्टिकोण, मूल्यों और लक्ष्यों की आंतरिक दुनिया को समझने कीकोशिश करना। वित्तीय परामर्श में संवाद के तीसरे और अंतिम चरण में विशेषज्ञ सलाह देना, या ग्राहक के उद्देश्यों को प्राप्त करने के लिए संभावित विकल्पों की सावधानी पूर्वक खोजकर नाशा मिल होगा।

11.6 प्रभावी परामर्श (Effective Counselling)

(a) एक प्रभावी परामर्शदाता का प्रोफ़ाइल

एक परामर्शदाता परामर्श सत्र में जो मुख्य चीज़ लेकर आता है, वह है उसका कौशल और प्रभावशीलता। वित्तीय परामर्शदाताओं को सबसे पहले और सबसे महत्वपूर्ण अपने ग्राहकों के साथ संबंध और बातचीत में खुद को शामिल करना चाहिए। ग्राहक में रचनात्मक परिवर्तन लाने के लिए तीन शर्तें आवश्यक हैं:

(i) *ग्राहक के प्रति सकारात्मक सम्मान प्रदर्शित करना:* बिना शर्त सकारात्मक सम्मान देना, ग्राहक को महत्व देने का एक तरीका है। किसी दूसरे व्यक्ति को पसंद करने और उसका सम्मान करने से सकारात्मक प्रभाव पड़ता है। जब आप ग्राहकों को महत्व देंगे, तो आपकी उन्हें पसंद करने की भावना उन तक संप्रेषित हो जाएगी; यह अपने आप में, स्वयं के प्रति उनकी भावना को बढ़ाएगा।

(ii) *सहानुभूति:* सटीक सहानुभूति ग्राहकों को यह अहसास कराती है कि आप उनके संपर्क में हैं। जब ग्राहक कहते हैं "यह बिल्कुल सही है", तो इससे यह स्पष्ट होता है कि आपकी प्रतिक्रिया लक्ष्य पर सही थी और उन्हें लगता है कि आप उनका बारीकी से अनुसरण कर रहे हैं और उन्हें समझ रहे हैं। समझना सीखना कोई आसान प्रक्रिया नहीं है; इसमें सावधानीपूर्वक सुनना शामिल है।

ध्यानपूर्वक सुनने से, आप न केवल स्पष्ट बातें सुन सकते हैं, बल्कि उन बारीकियों को भी समझ सकते हैं, जिनसे ग्राहक भी अनजान हो सकता है।

(iii) *वास्तविकता:* वास्तविकता का साधारण सा अर्थ है, कि परामर्शदाता ही प्रामाणिक व्यक्ति है, यानी एक पेशेवर परामर्शदाता को वास्तव में जो माना जाता है, उसमें न कोई दिखावा है, न ही कोई मुखौटा है। एक सच्चा परामर्शदाता सहज और अभिव्यंजक तरीके से संवाद करता है, और कुछ भी नहीं छिपाता है, ग्राहक जो भी चर्चा करना चाहता है उसे सुनने के लिए इच्छुक और तैयार होता है और सुसंगत रहता है।

(b) परामर्शदाता अग्रणी प्रतिक्रियाएँ

एक अग्रणी प्रतिक्रिया वह है, जिसमें परामर्शदाता नेतृत्व करता है और ग्राहक की प्रतिक्रियाओं से कुछ हद तक भटक जाता है। ऐसी स्थिति में, परामर्शदाता का संदर्भ तंत्र महत्वपूर्ण हो जाता है। अब तक, परामर्शदाता की प्रतिक्रियाएँ ग्राहक के बयानों पर आधारित होती हैं, लेकिन अब फोकस बदल जाता है। ऐसा इसलिए है क्योंकि (a) परामर्शदाता अपने अनुभव के आधार पर और ग्राहक की बात सुनकर, ग्राहक को एक विशेष मार्ग की ओर मार्गदर्शन प्रदान करना चाहेगा और (b) परामर्शदाता को पहले से ही उचित समाधान मिल गया है और वह ग्राहक को उसे अपनाने के लिए प्रेरित करना चाहेगा। इस बदलाव का एक स्पष्ट जोखिम यह है कि परामर्शदाता उस दिशा में आगे बढ़ सकता है जिस दिशा में ग्राहक अभी तक जाने के लिए तैयार या इच्छुक नहीं है। इस जोखिम के बावजूद, यदि परामर्शदाता ने अब तक ग्राहक का बारीकी से अनुसरण किया है, और यदि परामर्शदाता और ग्राहक के बीच अच्छे संबंध स्थापित हो गए हैं, तो इस अलग तरह की प्रतिक्रिया से ग्राहक को खतरा नहीं होना चाहिए।

(a) *स्पष्टीकरण:* अग्रणी प्रतिक्रियाओं में से प्रथम को स्पष्टीकरण के रूप में जाना जाता है। स्पष्टीकरण, चीज़ें जिस तरह से हैं उसका अपेक्षाकृत तटस्थ विवरण है। यह तार्किक, व्यावहारिक, तथ्यात्मक जानकारी से संबंधित है। परामर्शदाता द्वारा उपयोग की गई कुछ शब्दावली से एक ग्राहक भ्रमित हो सकता है और सवाल पूछ सकता है, उदाहरण के लिए "ईएमआई क्या है?" परामर्शदाता का स्पष्टीकरण सरल और समझने योग्य होना चाहिए। परामर्शदाता को चीजों को संरक्षणात्मक लहजे में समझाने से भी बचना चाहिए, ऐसा न हो कि ग्राहक इसे विक्रय तकनीक के रूप में गलत समझ ले।

(b) *व्याख्यात्मक प्रतिक्रिया:* व्याख्याएँ विशेष रूप से जोखिम भरी हो सकती हैं क्योंकि अक्सर व्याख्याएँ अधिकार जताने वाली प्रतीत होती हैं। इन कमियों के बावजूद, व्याख्याएँ बेहद प्रभावी प्रतिक्रियाएँ हो सकती हैं क्योंकि वे अक्सर मामले की जड़ तक पहुँचती हैं। जब व्याख्याएं ग्राहकों को समझ में आने लगती हैं, तो वे निश्चित रूप से परामर्श की प्रक्रिया को गति देते हैं। हमें यह ध्यान में रखना चाहिए कि सभी व्याख्यात्मक प्रयासों का लक्ष्य ग्राहक की प्रभावी ढंग से कार्य करने की क्षमता को बढ़ाने के लिए ग्राहक द्वारा आत्म-व्याख्या करना है।

(c) *आश्वासन या प्रोत्साहन:* यह तीसरे प्रकार की अग्रणी प्रतिक्रिया है जिसका उपयोग परामर्शदाता अक्सर करते हैं। एक आश्वस्त करने वाली प्रतिक्रिया ग्राहक को बेहतर महसूस कराने, उसका मनोबल बढ़ाने और जरूरत के समय सहायता प्रदान करने के इरादे से तैयार की जाती है। यह

ग्राहकों को स्पष्ट रूप से बताता है कि "मैं यहां आपके साथ हूं"। हालाँकि, मदद के साधन के रूप में, आश्वस्त करने वाली प्रतिक्रिया महज़ एक अस्थायी उपाय होती है।

(d) *सलाह या सुझाव:* अग्रणी प्रतिक्रिया के अंतिम प्रकार को सलाह या सुझाव कहा जाता है। बहुत से लोग सक्रिय रूप से दूसरों की सलाह लेते हैं, संभवतः यह आशा करते हुए कि दी गई सलाह उनके लिए कठिन निर्णय लेगी, या उनकी समस्या का समाधान करेगी। हालाँकि, वित्तीय परामर्श संबंध में, सबसे अच्छी सलाह स्व-सलाह है। जो परामर्शदाता समझदारी से जवाब दे रहे हैं, वे पहले से ही ग्राहकों को अपने तरीके से और अपने समय में यह पता लगाने में मदद करने की दिशा में अच्छी तरह से आगे बढ़ रहे हैं कि कौन सी सलाह उनके लिए सबसे उपयुक्त है। जब सलाह दी जाती है, तो इसे सुझाव के रूप में अस्थायी रूप से पेश किया जाना चाहिए जिसके बारे में ग्राहक का अंतिम निर्णय होता है। अन्यथा, परामर्शदाता न केवल नेतृत्व करता है बल्कि ग्राहकों की वित्तीय योजनाओं के लिए अंतिम जिम्मेदारी भी लेता है।

नैतिक व्यवहार, संवाद को कैसे बेहतर बनाता है

कभी-कभी, शब्द अपर्याप्त होते हैं और अच्छे वित्तीय परामर्शदाता को ग्राहकों के साथ प्रभावी ढंग से व्यवहार करने के लिए दो आवश्यक नियमों को समझना चाहिए। पहला है ग्राहक का विश्वास अर्जित करना क्योंकि विश्वास संवाद की बाधाओं को तोड़ देता है। अलग-अलग परामर्शदाता इसे अलग-अलग तरीकों से पूरा कर सकते हैं, लेकिन परामर्शदाता को चुनौतीपूर्ण प्रश्न पूछने के लिए स्वतंत्र होना चाहिए और संतोषजनक स्तर की समझ हासिल होने तक जांच जारी रखनी चाहिए। जब कोई ग्राहक सीमित समझ वाला है, तो अर्जित विश्वास आवश्यक है। दूसरा नियम विश्वास बनाए रखना है, जो ग्राहक-परामर्शदाता संबंध का एक महत्वपूर्ण कारक है। हालाँकि ग्राहक पूरी तरह से नहीं समझते हैं, फिर भी उन्हें कार्रवाई करने से नहीं चूकना चाहिए। दरअसल, अगर वे वित्तीय परामर्श के हर पहलू को समझ लें, तो उन्हें परामर्शदाता की आवश्यकता नहीं होगी। ग्राहक अक्सर अपने वित्तीय परामर्शदाता के आधार पर ही निर्णय लेते हैं। नैतिक और पेशेवर व्यवहार के लिए प्रतिष्ठा विकसित करने के अलावा विश्वास अर्जित करने और बनाए रखने का कोई बेहतर तरीका नहीं है। इसका एक महत्वपूर्ण लाभ बेहतर संवाद है।

11.7 वित्तीय शिक्षा में वित्तीय परामर्शदाताओं की भूमिका (Roll of Financial Counsellors in Financial Education)

वित्तीय (क्रेडिट) परामर्शदाता तनावग्रस्त उधारकर्ता की कठिनाइयों को समझने और आकलित करने के लिए बेहतर स्थिति में होते हैं (बैंक अधिकारियों की तुलना में) क्योंकि ये उधारकर्ता परामर्शदाताओं के सामने वास्तविक स्थिति का खुलासा करते हैं। हम पहले ही देख चुके हैं कि कैसे, परामर्शदाता, संवाद की प्रक्रिया में अपनी अग्रणी प्रतिक्रियाओं से, न केवल ग्राहक का विश्वास अर्जित कर सकते हैं, बल्कि उसे बनाए भी रख सकते हैं। इस प्रकार वित्तीय परामर्शदाता ऐसे उधारकर्ताओं के लिए उधार लेने या पुनर्भुगतान की योजना तैयार करने में सक्षम होते हैं। वे उधारकर्ताओं को इस तरह की संशोधित पुनर्भुगतान अनुसूची का पालन करने के लिए मना सकते हैं। ऐसा करने से पहले, वे उधारकर्ता, जिसे वे सलाह देते हैं, के हाथों में नकदी प्रवाह और उसके पैटर्न का पूरी तरह से विश्लेषण करते हैं। यह प्रक्रिया ऋण

प्रबंधन कहलाती है। इस तरह, वसूली (रिकवरी) एजेंटों और उनके जैसे लोगों की अत्यधिक आलोचना किए बिना बैंकों के वसूली (रिकवरी) प्रदर्शन में सुधार होने की संभावना होती है।

वित्तीय परामर्शदाताओं को अपने परामर्श कार्यक्रमों के दौरान बैंकों के संभावित ग्राहकों के साथ व्यक्तिगत रूप से बात करने का अवसर मिलता है। ये परामर्शदाता, सर्वोत्तम उत्पाद का चयन करने के बारे में व्यक्तियों को मार्गदर्शन देने के अलावा, लोगों के बीच जागरूकता पैदा करके बैंकों के विभिन्न खुदरा उत्पादों के लिए बाजार भी तैयार कर सकते हैं। इस प्रकार, वे क्षेत्र के लोगों के लिए बैंक के दूत बन जाते हैं।

अंतिम परंतु महत्वपूर्ण बात यह है कि बैंक सामाजिक उद्देश्यों और लक्ष्यों के प्रति प्रतिबद्ध हैं। वित्तीय उत्पादों और उनसे जुड़े जोखिमों के बारे में आम जनता को शिक्षित करना बैंकों की एक महत्वपूर्ण भूमिका है। ग्राहकों के साथ लेनदेन में पारदर्शिता सुनिश्चित करने का यह सबसे अच्छा तरीका है। वित्तीय साक्षरता और परामर्श में वाणिज्यिक बैंकों और अन्य संस्थानों के प्रयास समाज के कल्याण के लिए प्रतिबद्ध जिम्मेदार कॉर्पोरेट के रूप में उनकी छवि बनाने में काफी मददगार साबित होंगे। उदाहरण के लिए, कई साल पहले, जब प्रतिभूतियों का डीमैटरियलाइजेशन लॉन्च किया जा रहा था, भारत की अग्रणी डिपॉजिटरी, नेशनल सिक्योरिटीज डिपॉजिटरी लिमिटेड (NSDL) ने वित्तीय साक्षरता अभियान के एक भाग के रूप में, इस अवधारणा को आगे बढ़ाने के लिए कई रोड शो किए थे।

11.8 क्रॉस सेलिंग (Cross Selling) में वित्तीय सलाहकारों की भूमिका

(a) क्रॉस सेलिंग (cross selling) क्या है?

शाखा के साथ पहले से ही बैंकिंग संबंध रखने वाले ग्राहकों को कई उत्पाद बेचना क्रॉस सेलिंग कहलाता है। अधिकतर, क्रॉस सेलिंग से बैंक और ग्राहक दोनों के लिए लाभ की स्थिति होती है। इसका उद्देश्य किसी भी स्थिति में ग्राहक की कुल वित्तीय आवश्यकताओं को पूरा करना है जैसे कि फसल ऋण, लघु सिंचाई के लिए मध्यम अवधि का ऋण, उपकरण/कृषि मशीनरी की खरीद के लिए या खेती से संबंधित सहायक व्यवसाय की आवश्यकता। यह ग्राहक के बचत उत्पादों जैसे बैंक जमा खाते, म्यूचुअल फंड, बीमा उत्पाद आदि को बेचने से भी जुड़ा हो सकता है।

(b) क्रॉस सेलिंग (cross selling) के लाभ

अधिग्रहण लागत के अलावा, क्रॉस सेलिंग से बैंकों का ग्राहकों के साथ गहरा और स्थायी संबंध विकसित होता है। बैंक जितने अधिक उत्पाद क्रॉस-सेल करते हैं, ग्राहकों के साथ उनका संबंध उतना ही मजबूत होता है। इस तरह से बिक्री करना बैंकों के लिए भी आसान हो रहा है क्योंकि ग्राहक का ट्रैक-रिकॉर्ड पहले से ही उनके पास होता है। बैंकों द्वारा क्रॉस-सेल किए गए परिसंपत्ति उत्पादों के मामले में यह जोखिम-मुक्त या न्यूनतम जोखिम से भरा होता है। बदले में ग्राहक को लाभ होता है क्योंकि उन्हें त्वरित मंजूरी, कम दस्तावेज़ीकरण और मंजूरी के बाद शीघ्र सेवाओं की आसानी और सुविधा मिलती है। वह उन असुविधाजनक प्रश्नों से भी बच जाता है जिनका सामना आमतौर पर एक नए ग्राहक को करना पड़ता है। क्रॉस-सेलिंग बैंकों के लिए अपने फायदे के साथ आती है, क्योंकि यह ग्राहक अधिग्रहण लागत, सर्विसिंग, मार्केटिंग और संचार लागत को काफी कम कर देती है, जिससे बैंक का प्रसार काफी हद तक

बढ़ जाता है। ग्राहकों से उनकी शर्तों पर बात करना महत्वपूर्ण है। यह पता लगाकर कि उन्हें वास्तव में किस चीज़ की ज़रूरत है, कोई भी ऐसे उत्पाद बेच सकता है जो उनके लिए सही हों। यदि उत्पाद केवल तभी बेचे जाते हैं जब ग्राहकों को उनकी आवश्यकता होती है, तो उनकी संतुष्टि का स्तर बढ़ जाता है और मार्केटिंग करने वाले व्यक्ति का मनोबल भी बढ़ जाता है। पता लगाने का यह अवसर कि उनके लिए क्या सही है, बिजनेस कॉरेस्पॉन्डेंट्स/बिजनेस फैसिलिटेटर्स द्वारा साक्षात्कार के दौरान ग्राहक प्रोफ़ाइल बनाते समय निश्चित कर लेते हैं। संक्षेप में, क्रॉस सेलिंग संबंध बनाने की कला से संबंधित है, क्योंकि बैंक का ग्राहक के साथ जितना गहरा रिश्ता होगा, ग्राहक उतना ही अधिक वफादार होगा और दूसरे बैंक में जाने के लिए उसकी अनिच्छा उतनी ही अधिक होगी।

क्रॉस सेलिंग (cross selling) करते समय मिस - सेलिंग (mis-selling) नहीं करनी चाहिए। गलत बिक्री तब होती है जब अनुचित या झूठी सलाह दी जाती है, जोखिम का पर्याप्त रूप से खुलासा नहीं किया जाता है, क्योंकि ग्राहक की आवश्यकता को समझने के बावजूद सही उत्पाद प्रदान नहीं किया जाता है। ग्राहक के सर्वोत्तम हित को ध्यान में रखते हुए कोई भी वित्तीय सलाह / सिफारिश / वित्तीय उत्पाद देखते समय अत्यधिक सावधानी बरतनी चाहिए।

11.9 उधारकर्ता प्रोफाइलिंग (Borrower Profiling)

हमने पिछले अनुच्छेद में देखा है कि परामर्श प्रक्रिया का उपयोग एक अच्छे परामर्शदाता द्वारा ग्राहक, जैसे कि एक किसान के बारे में उपयोगी जानकारी प्राप्त करने के लिए किया जाता है। इस प्रकार प्राप्त की गई जानकारी या तो भौतिक रूपरेखा पर आधारित होगी, जैसे कि उसकी भूमि जोत, उसका स्थान, चाहे वह खंडित हो या सन्निहित हो, चाहे भूमि सिंचित हो या वर्षा आधारित, खेती की गई फसलें, अपनाए गए फसल पैटर्न, मशीनीकरण की सीमा आदि के बारे में जानकारी; या वित्तीय मापदंडों पर जैसे कि वह अपनी कृषि उपज का विपणन कैसे और कब करता है, उसकी वार्षिक आय, उसके हाथों में आय प्रवाह का पैटर्न, उसका घरेलू खर्च, बैंकों, वित्तीय संस्थानों और अन्य से उसका उधार और राशि और पुनर्भुगतान की आवधिकता आदि। भौतिक रूपरेखाओं के आधार पर एकत्र की गई जानकारी को इस तरह से सारणीबद्ध किया गया है कि एक नज़र में वह सब कुछ मिल जाए जो एक वित्तपोषण बैंकर को अपने ऋण निर्णय के लिए आवश्यक है। यहां परामर्शदाता द्वारा अपनाई जाने वाली तकनीक को "उधारकर्ता प्रोफाइलिंग तकनीक" कहा जाता है।

प्रश्नों की निम्नलिखित उदाहरण वाली चेकलिस्ट (checklist) और संभावित उधारकर्ता की प्रतिक्रिया एक परामर्शदाता (साक्षात्कारकर्ता के रूप में) को संभावित उधारकर्ताओं की पहचान करने और बैंक वित्त के लिए उनके द्वारा चुनी गई गतिविधियाओं की उपयुक्तता निर्धारित करने में उनकी भूमिका में मदद करेगी।

फ़सल उत्पादन गतिविधियों के लिए	◆ क्या किसान के पास आवश्यक भूमि है ◆ वह सन्निहित है या खंडित है ◆ क्या प्रस्तावित फसलें आम तौर पर क्षेत्र में उगाई जाती हैं ◆ क्या किसान को फसल उगाने का अनुभव है

	◆ क्या किसान के पास जुताई के पर्याप्त उपकरण हैं ◆ क्या सिंचाई की सुविधाएं उपलब्ध हैं या भूमि वर्षा पर आधारित है ◆ फसल पद्धति की उपयुक्तता
लघु सिंचाई गतिविधियों के लिए	◆ क्या क्षेत्र का भूमिगत सर्वेक्षण किया गया है ◆ क्या किसान के स्वामित्व वाली भूमि पर नये कुएँ खोदने की अनुमति है ◆ क्या स्थायी सिंचाई के लिए भूमि का पर्याप्त क्षेत्र उपलब्ध है ◆ कुँए को ऊर्जावान बनाने के लिए डीजल/बिजली की उपलब्धता
डेयरी संबंधी गतिविधियों के लिए	◆ पशुओं के लिए पर्याप्त प्रस्तावित आवास ◆ क्षेत्र में चारे एवं चारे की उपलब्धता एवं उनका स्रोत ◆ दूध एवं दूध उत्पादों के लिए विपणन व्यवस्था ◆ पशु चिकित्सा सहायता की उपलब्धता
मुर्गीपालन गतिविधियों के लिए	◆ क्या प्रस्तावित स्थल आदर्श रूप से स्थित है ◆ भूमि एवं जलवायु की उपयुक्तता ◆ जल आपूर्ति ◆ पशु चिकित्सा सहायता की उपलब्धता ◆ मुर्गी आहार की उपलब्धता ◆ अंडों और पक्षियों के लिए बाजार की उपलब्धता
ट्रैक्टर लोन के लिए	◆ भूमि-जोत का आकार ◆ चाहे वह सन्निहित हो या खंडित ◆ आस-पड़ोस में ट्रैक्टर (किराए) की मांग ◆ ट्रैक्टर की मरम्मत और सर्विसिंग के लिए सुविधाओं की उपलब्धता
छोटे व्यापारियों और लघु व्यवसाय के लिए	◆ क्या उधारकर्ता के पास व्यवसाय का पर्याप्त ज्ञान और अनुभव है ◆ प्रस्तावित व्यवसाय के लिए क्षेत्र की उपयुक्तता ◆ उचित बुनियादी ढाँचे की उपलब्धता ◆ खरीद का स्रोत

11.10 ऋण प्रबंधन कौशल (Debt Management Skills)

परामर्श का एक अन्य उद्देश्य ग्राहक के भविष्य के कार्यों के लिए कैश फ्लो कामकाज और फिर कैश बजट तैयार करना है। एक उद्यमी (या किसान) के हाथों में उपलब्ध संसाधनों को प्राथमिकता देने और विवेकपूर्वक आवंटित करने में पहले कदम के रूप में, एक वित्तीय (क्रेडिट) परामर्शदाता को ग्राहक के नकदी प्रवाह पैटर्न और अन्य विवरणों को जानना आवश्यक है। इसकी शुरुआत ग्राहक की वर्तमान वित्तीय स्थिति के आकलन से होती है और फिर उसे उसकी शुद्ध आय और जीवन-यापन के खर्चों के आधार पर एक ऋण-प्रबंधन समाधान प्रदान किया जाता है, ताकि उसके ऋण को प्रबंधनीय बनाया जा सके। यह सब, कैश फ्लो कार्यप्रणाली और कैश बजटिंग तकनीकों में ज्ञान को पूर्व निर्धारित करता है। कैश फ्लो वर्किंग का उपयोग किसी उद्यम की वास्तविक नकदी आवश्यकताओं का पता लगाने के लिए किया जाता है, चाहे वह खेती हो या विनिर्माण या सेवा उन्मुख हो। जब कृषि अधिक से अधिक संगठित हो रही है, विशेष रूप से, आधुनिक प्रौद्योगिकी और उन्नत कृषि पद्धतियों के आगमन के साथ, नकदी प्रवाह की अवधारणा अधिक प्रासंगिक हो जाती है। इसलिए कृषि और ग्रामीण उद्यमों में ऋण संबंधी निर्णय लेना अब नकदी प्रवाह पर आधारित हो गया है।

11.11 ऋण परामर्श केंद्र (Credit Counselling Centres)

आरबीआई (RBI) द्वारा जारी दिशा-निर्देशों के आधार पर, कई बैंकों ने गांवों में समावेशन की आवश्यकता को तेजी से पूरा करने के लिए, अपनी कॉर्पोरेट रणनीति के हिस्से के रूप में, ऋण परामर्श केंद्र शुरू किए हैं। यह पहल वित्तीय परामर्श के लिए सहायक गतिविधि के रूप में वित्तीय शिक्षा सेवाएँ प्रदान करती है। ऐसे केंद्रों के कार्यों में निम्नलिखित प्रदान करना शामिल है: (a) वित्तीय उत्पादों, सेवाओं और वे कहां उपलब्ध हैं, इसकी जानकारी (b) बैंक खाता खोलने पर मार्गदर्शन (c) ब्याज दरों और अन्य शुल्कों सहित बैंक के उत्पादों पर जानकारी (d) बचत और निवेश के तरीकों के प्रबंधन पर जानकारी और (e) मौजूदा ऋण के प्रबंधन पर मार्गदर्शन।

वित्तीय शिक्षा के लिए अत्यधिक व्यक्तिगत दृष्टिकोण की आवश्यकता होती है। कई देशों के अनुभव से पता चला है कि परामर्श प्रक्रिया के माध्यम से वित्तीय शिक्षा तब प्रभावी होती है, जब यह व्यक्ति और जिस समुदाय में वह रहता है, उसके सामाजिक और सांस्कृतिक वातावरण को ध्यान में रखती है। इसलिए इसकी सफलता परामर्शदाता की समग्र समुदाय में विश्वास और विश्वास को प्रेरित करने की क्षमता पर निर्भर करेगी। यह समुदाय के सदस्यों के सामाजिक और आर्थिक संदर्भ से संवाद करने और उनसे जुड़ने की क्षमता को पूर्व निर्धारित करता है। इसलिए एक वित्तीय (क्रेडिट) परामर्शदाता/वित्तीय सलाहकार की भूमिका के लिए उपयुक्त व्यक्ति/संस्था की पहचान करने के लिए काफी प्रयास और देखभाल की आवश्यकता होती है, ताकि उसे स्थानीय परिस्थितियों के ज्ञान, क्षेत्र के सांस्कृतिक और सामाजिक संदर्भ से जुड़ने की उसकी क्षमता और ग्रामीण क्षेत्र के वित्तपोषण के विभिन्न पहलुओं में उसकी विशेषज्ञता के साथ पहचाना जा सके।

परामर्श प्रक्रिया के माध्यम से वित्तीय शिक्षा के तार्किक अनुक्रम के रूप में, ग्रामीण युवाओं को लाभकारी स्व-रोजगार के अवसर प्रदान करने होंगे और स्थायी रोजगार हासिल करने के लिए सशक्त भी बनाना होगा। इस दिशा में एक कदम के रूप में, उन्हें सही प्रकार के प्रशिक्षण की आवश्यकता है और इसलिए स्थानीय क्षेत्रों में प्रशिक्षण सुविधाएं प्रदान करने की आवश्यकता है। इस उद्देश्य की पूर्ति के लिए, बैंकों ने ग्रामीण क्षेत्रों में ग्रामीण विकास और स्व-रोज़गार प्रशिक्षण संस्थान स्थापित करना शुरू कर दिया है। वित्तीय परामर्शदाता क्षेत्र में प्रशिक्षण आवश्यकताओं की पहचान भी करेगा और स्थानीय युवाओं को प्रशिक्षण सुविधाओं का उपयोग करने के लिए परामर्श भी देगा।

ऋण परामर्श केन्द्रों की स्थापना और कामकाज के लिए प्रायोजक बैंकों से वित्तीय सहायता की आवश्यकता होती है। ऐसे केंद्रों को प्रायोजित करने वाले व्यक्तिगत बैंक प्रयासों में दोहराव पैदा करते हैं और बैंक के संसाधनों पर दबाव डालते हैं, इसके बजाय, सभी बैंक मिलकर एक कानूनी इकाई बना सकते हैं जो बदले में परामर्श केंद्रों का एक नेटवर्क स्थापित और प्रबंधित करेगी। खर्चों को बैंकों द्वारा साझा किया जा सकता है, जैसा कि वे एटीएम (ATM) नेटवर्क के मामले में करते हैं। यह उन्हें जनता में जागरूकता पैदा करने के उद्देश्य से एक आम विज्ञापन अभियान शुरू करने में भी सक्षम बनाएगा। इससे इन केन्द्रों के प्रति जनता का विश्वास भी बढ़ेगा।

इसके अलावा, किसी भी बैंक से स्वतंत्र ऋण परामर्श केंद्रों की स्थापना और प्रबंधन करना अपने आप में एक कुशल कार्य है, जिसमें तीसरे पक्ष की आउटसोर्सिंग को शामिल किया जा सकता है। ऐसा तीसरा पक्ष ऋण परामर्शदाताओं के चयन और प्रशिक्षण की व्यवस्था कर सकता है और परामर्शदाताओं के रूप में सेवानिवृत्त बैंकरों की सेवाओं का उपयोग करके एक उपयुक्त मान्यता प्रक्रिया स्थापित करने में भी सहायता कर सकता है।

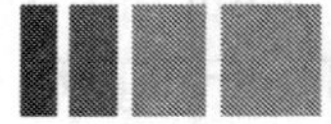

11.12 नेशनल सेंटर फॉर फाईनेशिअल एजुकेशन

राष्ट्रीय वित्तीय शिक्षा केंद्र (NCFE) की स्थापना निम्नलिखित उद्देश्यों के साथ कंपनी अधिनियम, 2013 के तहत धारा 8 कंपनी के रूप में सभी वित्तीय क्षेत्र नियामकों (आरबीआई, सेबी, आईआरडीएआई, पीएफआरडीए)द्वारा की गई है।

(a) स्वयं या संस्थानों, संगठनों की सहायता से सेमिनारों, कार्यशालाओं, सम्मेलनों, प्रशिक्षण, कार्यक्रमों, अभियानों, चर्चा मंचों के माध्यम से देश भर में जनसंख्या के सभी वर्गों के लिए वित्तीय शिक्षा अभियानों के माध्यम से वित्तीय जागरूकता और सशक्तिकरण पैदा करना।

(b) वित्तीय शिक्षा में प्रशिक्षण प्रदान करना और इलेक्ट्रॉनिक या गैर-इलेक्ट्रॉनिक प्रारूपों, कार्यपुस्तिकाओं, कार्यपत्रकों, साहित्य, पैम्फलेट, पुस्तिकाएं, फ़्लायर्स, तकनीकी सहायता और में वित्तीय शिक्षा सामग्री तैयार करना

(c) वित्तीय साक्षरता में सुधार के लिए वित्तीय बाजारों और वित्तीय डिजिटल मोड पर लक्ष्य-आधारित दर्शकों के लिए उचित वित्तीय साहित्य तैयार करना ताकि वित्त में उनके ज्ञान, समझ, कौशल और क्षमता में सुधार किया जा सके।

11.13 जमाकर्ता शिक्षा और जागरूकता फंड (Depositor Education and Awareness Fund)

जमाकर्ता शिक्षा और जागरूकता कोष आरबीआई द्वारा बनाया गया है और सभी बैंकों को उन निष्क्रिय जमा खातों को स्थानांतरित करने की सलाह दी गई है जिन पर दावा नहीं किया गया है या दस वर्ष या उससे अधिक की अवधि के लिए संचालित या कोई जमा या कोई राशि जो 10 वर्ष से अधिक समय से निधि में दावा न की गई हो। इस फंड का उपयोग जमाकर्ताओं के हितों को बढ़ावा देने और ऐसे अन्य उद्देश्यों के लिए किया जाएगा जो जमाकर्ताओं के हितों को बढ़ावा देने के लिए आवश्यक हो सकते हैं। हालाँकि, जमाकर्ता बैंक से अपनी जमा राशि का दावा करने या दस साल की समाप्ति के बाद अपना खाता संचालित करने का हकदार होगा, भले ही दावा न की गई जमा राशि को फंड में स्थानांतरित कर दिया गया हो। बैंक जमाकर्ता को जमा राशि का भुगतान करने और फंड से ऐसी राशि की वापसी का दावा करने के लिए उत्तरदायी होगा।

11.14 अन्य प्रयास

ऊपर बताई गई विशिष्ट पहलों के अलावा, वित्तीय प्रणाली में नियामक जैसे आरबीआई (RBI), सेबी(SEBI), आईआरडीएआई(IRDAI) और पीएफआरडीए (PFRDA) और अन्य हितधारक जैसे नाबार्ड(NABARD), सिडबी(SIDBI) और नेशनल पेमेंट कॉरपोरेशन ऑफ इंडिया ने वित्तीय समावेशन के लिए राष्ट्रीय रणनीति और वित्तीय शिक्षा के लिए राष्ट्रीय रणनीति को ध्यान में रखते हुए वित्तीय साक्षरता में सुधार और उन्हें सतत आधार पर लागू करने के लिए विभिन्न योजनाएं और कार्यक्रम विकसित किए हैं।

तीन दशकों से अधिक समय से नाबार्ड (NABARD) द्वारा डिजाइन और पोषित एसएचजी (SHG)-बैंक लिंकेज कार्यक्रम ने वित्तीय समावेशन कार्यक्रम को बढ़ावा दिया है। नाबार्ड (NABARD) कार्यक्रम के बेहतर विकास के लिए बैंक ऋण के लिए अनुदान के साथ-साथ पुनर्वित्त के रूप में वित्तीय सहायता प्रदान करने के अलावा नीतिगत सहायता, प्रशिक्षण और क्षमता निर्माण भी प्रदान कर रहा है।

नाबार्ड(NABARD) योजना के तत्वावधान में संयुक्त देयता समूह (JLG), छोटे किसानों, किरायेदार किसानों, मौखिक पट्टेदारों, छोटे कारीगरों आदि को संपार्श्विक मुक्त ऋण प्रदान करने के लिए एक रणनीतिक हस्तक्षेप के रूप में मौजूद हैं, जिससे ऋण के अनौपचारिक स्रोतों पर उनकी निर्भरता कम हो जाती है।

11.15 सारांश

1. बाजार में उपलब्ध विभिन्न वित्तीय सेवाओं से जुड़े जोखिम और लाभों की पर्याप्त जानकारी और समझ की कमी, किसी के व्यक्तिगत वित्त पर एक सूचित निर्णय लेने की क्षमता को प्रभावित करती है। यह समस्या दुनिया भर में वित्तीय सेवा प्रदाताओं और नियामकों का ध्यान खींच रही है। इस प्रकार, वित्तीय साक्षरता की अवधारणा उत्पन्न हुई और यह तेजी से लोकप्रिय हो रही है। इस क्षेत्र में महसूस की गई आवश्यकता के कारण, कई बैंकों ने परामर्श केंद्र स्थापित किए हैं। जबकि वित्तीय परामर्श के लिए

प्रभावी संचार महत्वपूर्ण है, परामर्श संबंध की संरचना करना, संबंध स्थापित करना और प्रतिरोध से निपटना परामर्श के लिए आवश्यक तत्व हैं। बिना शर्त सकारात्मक संबंध, सहानुभूति, वास्तविकता और आत्म-जागरूकता प्रभावी परामर्श के आवश्यक तत्व हैं।

2. जबकि आरबीआई(RBI) ने वित्तीय समावेशन के लिए राष्ट्रीय रणनीति और वित्तीय शिक्षा के लिए राष्ट्रीय रणनीति के तत्वावधान में अधिक वित्तीय समावेशन प्राप्त करने के लिए वित्तीय साक्षरता और वित्तीय शिक्षा के लिए विशिष्ट उपाय शुरू किए हैं, भारतीय वित्तीय प्रणाली में अन्य नियामकों ने भी बेहतर वित्तीय समावेशन प्राप्त करने के लिए योजनाएं/कार्यक्रम तैयार करने और उन्हें सतत आधार पर लागू करने के उपाय शुरू किए हैं। बुनियादी वित्तीय शिक्षा शुरू करने और जनता के बीच वित्तीय साक्षरता बढ़ाने के लिए उपयुक्त सामग्री विकसित करने के लिए, राष्ट्रीय वित्तीय शिक्षा केंद्र की स्थापना सभी वित्तीय क्षेत्र के नियामकों द्वारा धारा 8 कंपनी के रूप में की गई है। हाल ही में आरबीआई(RBI) द्वारा जमाकर्ता शिक्षा और जागरूकता कोष बनाया गया है और सभी बैंकों को निष्क्रिय जमा खातों को इसमें स्थानांतरित करने की सलाह दी गई है, जिन पर दस वर्ष या उससे अधिक की अवधि के लिए दावा नहीं किया गया है या संचालित नहीं किया गया है या कोई जमा राशि या कोई राशि जिसपर फंड में 10 वर्ष से अधिक समय से दावा न की गई हो। इस फंड का उपयोग जमाकर्ताओं के हित को बढ़ावा देने और ऐसे अन्य उद्देश्यों के लिए किया जाएगा जो आरबीआई(RBI) तय करेगा।

11.16 प्रमुख शब्द

वित्तीय साक्षरता : कौशल और ज्ञान के समूह की स्थिति जो किसी व्यक्ति को अपने सभी वित्तीय संस्थानों के साथ सूचित और प्रभावी निर्णय लेने की अनुमति देती है।

वित्तीय शिक्षा : वह प्रक्रिया जिसके द्वारा, वित्तीय उपभोक्ता/निवेशक वित्तीय उत्पादों, अवधारणा और जोखिमों के बारे में अपनी समझ में सुधार करते हैं और सूचना, निर्देशों और/या ध्येयनिष्ठ सलाह के माध्यम से वित्तीय जोखिम और अवसरों के बारे में अधिक जागरूक होने, सूचित विकल्प चुनने के लिए कौशल और आत्मविश्वास विकसित करते हैं। यह जानने के लिए की मदद के लिए कहां जाना है और अपनी वित्तीय इच्छा शक्ति को बेहतर बनाने के लिए अन्य प्रभावी कार्रवाई करनी है।

वित्तीय परामर्श : कुशल पेशेवरों, जिन्हें वित्तीय परामर्शदाता कहा जाता है, द्वारा प्रदान की जाने वाली एक निःशुल्क, गोपनीय और स्वतंत्र सेवा, जो वित्तीय कठिनाई का सामना कर रहे लोगों या अपने ऋणों से परेशान लोगों को व्यावहारिक सलाह और सहायता प्रदान करते हैं।

समानुभूति : दूसरे व्यक्ति की भावनाओं को समझने और साझा करने में सक्षम होने का गुण।

नैतिक व्यवहार : मजबूत नैतिक मानक और सुसंगत मूल्य प्रणाली प्रदर्शित करने वाला गुण।

वित्तीय सलाह देना : किसी व्यक्ति को अपने पैसे के साथ क्या करना चाहिए, इसके बारे में निर्णय लेने में मदद करने की प्रक्रिया, जिसमें निवेश या कार्रवाई के अन्य तरीके शामिल है।

उधारकर्ता प्रोफाइलिंग [profiling] :डेटा [data} आधारित विधि जो संभावित उधारकर्ताओं के लक्ष्य समूह को समझने में सुविधा प्रदान करती है।

क्रॉस सेलिंग: मौजूदा ग्राहकों को अतिरिक्त उत्पाद बेचने की प्रथा, अक्सर वित्तीय सेवा उद्योग में अपनाई जाती है।

वित्तीय साक्षरता केंद्र : बचत, धन प्रबंधन, ऋणों के प्रभावी उपयोग, पुनर्भुगतान दायित्वों आदि के संबंध में सरल संदेशों के रूप में वित्तीय साक्षरता प्रदान करने के लिए बैंकों द्वारा स्थापित केंद्र।

ऋण (credit) परामर्श : सेवाओं की शृंखला जिसका उद्देश्य लोगों को उनके वित्त में मदद करना है।

जमाकर्ता शिक्षा और जागरूकता कोष : वर्ष 2014 मैं बैंकिंग विनियमन अधिनियम में संशोधन के माध्यम से सशक्त, भारतीय रिजर्व बैंक ने इस कोष की स्थापना की है, जिसमें बैंकों को उन खातों में पड़े धन को स्थानांतरित करना आवश्यक है जो कम से कम 10 वर्षों से निष्क्रिय श्रेणी में है, धन का उपयोग जमाकर्ता के हित को बढ़ावा देने के लिए ऐसे अन्य उद्देश्यों के लिए किया जाएगा जो भारतीय रिजर्व बैंक द्वारा निर्दिष्ट किए जा सकते हैं।

11.17 अपनी प्रगति जाँचें

1. निम्नलिखित में से कौन-सा मद नैतिक व्यवहार को दर्शाता है?
   (a) डेटा गोपनीयता का उल्लंघन
   (b) भाई-भतीजावाद
   (c) जानकारी रोकना
   (d) सुसंगत मूल्य प्रणाली
2. ऋण परामर्श प्रदान करते समय की गई उधारकर्ता प्रोफाइलिंग...... है
   (a) एक प्रयोग आधारित - विधि
   (b) एक डेटा - आधारित विधि
   (c) एक शोध - आधारित विधि
   (d) एक सर्वेक्षण - आधारित विधि
3. बैंकिंग व्यवसाय की प्रतियोगिता में क्रॉस सेलिंग (cross selling)क्या है ?
   (a) मौजूदा ग्राहकों के लिए अतिरिक्त उत्पादों के विपणन का अभ्यास
   (b) एक बैंक के उत्पादों को दूसरे बैंक के ग्राहकों को बेचने का अभ्यास
   (c) ग्राहक आधार का विस्तार करना
   (d) बैंक की लाभप्रदता में सुधार के लिए कम ब्याज वाली जमाराशियों के प्रचार और उच्च मूल्य वाले अग्रिमों की गिनती पर ध्यान केंद्रित करना।

4. निम्नलिखित कथनों का अध्ययन करें और उस कथन की पहचान करें जिसमें जमाकर्ता शिक्षा और जागरूकता निधि से संबंधित दोष है?

(a) आरबीआई (RBI) में कोष बनाया गया

(b) भारतीय रिजर्व बैंक को कोश बनाने में सशक्त बनाने के लिए भारतीय रिजर्व बैंक अधिनियम में संशोधन किया गया

(c) खातों में पड़ी धनराशि जो कम से कम 10 वर्षों की अवधि से निष्क्रिय है, उसे कोष में स्थानांतरित कर दिया गया

(d) कोष के उपयोग के संबंध में भारतीय रिजर्व बैंक सशक्त है

5. परामर्श (काउंसलिंग)के संबंध में गलत अवलोकन की पहचान करें ?

(a) परामर्श में ग्राहकों को वित्तीय सलाह देने का उद्देश्य उन्हें वह करने के लिए राजी करना है जो परामर्शदाता सोचते हैं कि उन्हें करना चाहिए

(b) प्रतिरोध व्यवहार हमेशा सांकेतिक होते हैं कि ग्राहक को परामर्शदाताओं के संबंध में परेशानी हो रही है

(c) वित्तीय परामर्श में दी जाने वाली सलाह अस्थाई होनी चाहिए, अंतिम निर्णय ग्राहक को लेना चाहिए

(d) ग्राहक से प्रश्न पूछना आमतौर पर केवल तभी उचित होता है जब वह जानकारी इकट्ठा करने के लिए एक ईमानदार प्रयास हो कि परामर्शदाता को क्या चाहिए और परामर्शदाता क्या प्रदान कर सकता है

6. बुनियादी वित्तीय शिक्षा शुरू करने और जनता के बीच वित्तीय साक्षरता बढ़ाने के लिए उपयुक्त सामग्री विकसित करने के लिए धारा 8 कंपनी के रूप में राष्ट्रीय वित्तीय शिक्षा केंद्र की स्थापना .... द्वारा की गई है।

(a) भारत सरकार

(b) भारतीय रिजर्व बैंक

(c) वित्तीय समावेशन कोष के तत्वावधान में नाबार्ड (NABARD)

(d) भारतीय वित्तीय प्रणाली के सभी नियामक

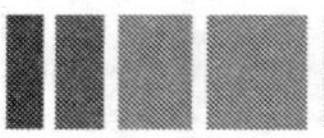

11.18 'अपनी प्रगति जाँचें' का उत्तर

1. (d)	2. (b)	3. (a)	4. (b)	5. (a)	6. (d)

अध्याय

12 वित्तीय समावेशन को बढ़ावा देने के लिए सरकारी योजनाएं

12.1 उद्देश्य

12.2 परिचय

12.3 प्रधानमंत्री जन-धन योजना (PMJDY)

12.4 प्रधानमंत्री जीवन ज्योति बीमा योजना (PMJJBY)

12.5 प्रधानमंत्री सुरक्षा बीमा योजना (PMSBY)

12.6 अटल पेंशन योजना (APY)

12.7 नेशनल पेंशन सिस्टम लाइट (एनपीएस/ लाइट) / स्वावलंबन योजना

12.8 वित्तीय समावेशन हेतु राष्ट्रीय रणनीति

12.9 सारांश

12.10 प्रमुख शब्द

12.11 अपनी प्रगति जाँचें

12.12 'अपनी प्रगति जाँचें' का उत्तर

अध्याय

12 वित्तीय समावेशन को बढ़ावा देने के लिए सरकारी योजनाएं

12.1 उद्देश्य

इस अध्याय को पढ़ने के बाद, पाठक वित्तीय समावेशन को बढ़ावा देने के लिए भारत सरकार की योजनाओं की प्रमुख विशेषताओं की जानकारी हासिल कर सकेंगे, जैसे कि:

- पीएम जन-धन योजना और नई बीमा व पेंशन योजनाएं, जैसे कि पीएमजेजेबीवाई, पीएमएसबीवाई तथा एपीवाई।
- इन योजनाओं के तहत आने वाली परिचालन की प्रक्रियाओं- जैसे खाता खोलना, दावा की प्रक्रिया इत्यादि के बारे में जानना।

12.2 परिचय

वित्तीय समावेशन को बढ़ावा देने के लिए, भारतीय रिज़र्व बैंक और भारत सरकार ने बहुत से प्रयास किए हैं। इन प्रयासों में मुख्य हैं- वाणिज्यिक बैंकों का राष्ट्रीयकरण, बैंकों के शाखा नेटवर्क का विस्तार, सहकारी बैंकों और आरआरबी की स्थापना और विस्तार, प्राथमिकता वाले क्षेत्रों को ऋण देने की शुरूआत, लीड बैंक योजना, एसएचजी का गठन और सरकार के प्रायोजित कार्यक्रमों के कार्यान्वयन के लिए राज्यों का विशिष्ट दृष्टिकोण अपनाना शामिल है। बिजनेस कॉरेस्पॉन्डेंट्स नामक एजेंटों के जरिए समाज के आर्थिक रूप से बहिष्कृत वर्गों को शाखा रहित बैंकिंग के माध्यम से औपचारिक वित्तीय प्रणाली में शामिल करने का प्रयास आरबीआई ने वर्ष 2006 में आरंभ किया था। वर्ष 2011 में, भारत सरकार ने 74,000 से अधिक गांवों में बैंकिंग सुविधाएं पहुंचाने हेतु "स्वाभिमान" अभियान (2000 से ज्यादा आबादी वाली बस्तियों में बैंकिंग की सुविधाएं सुनिश्चित करने के लिए एक वित्तीय सुरक्षा कार्यक्रम) आरंभ कर इस कार्यक्रम को गंभीरता से आगे बढ़ाया।

इन पहलों और अभियान से यह सीख मिली कि:

(*i*) इन प्रयासों को एकजुट करना होगा, ताकि सूक्ष्म ऋण (माइक्रो क्रेडिट), बीमा व पेंशन का लाभ उठाने जैसे कई पहलुओं को इनमें शामिल किया जा सके।

(*ii*) इस अभियान ने 2000 से अधिक आबादी वाले गांवों में बैंकिंग आउटलेट मुहैय्या कराकर केवल आपूर्ति पक्ष पर ध्यान केंद्रित किया, मगर पूरे भूभाग तक विस्तार नहीं किया जा सका।

(*iii*) इनका लक्ष्य गांवों को कवर करना था, न कि परिवारों को।

(*iv*) बैंक मित्र (बिजनेस कॉरेस्पोंडेंट) का मेहनताना काफी कम था।

(*v*) चलते-फिरते बीसी पर निर्भरता व भरोसा का स्तर ज्यादा नहीं था। ज्यादातर बीसी ऑफ़-लाइन काम करते थे, जिससे एक ग्राहक एक विशेष बीसी सेबंध जाता था, जिससे उनकी उपयोगिता बाधित हो जाती थी।

(*vi*) प्रौद्योगिकी की कुछ वजहों से अभियान को आगे बढाने की क्षमता में व्यवधान पैदा हुआ।

(*vii*) अभियान के तहत खोले गए जमा खातों में बहुत सीमित संख्या में लेनदेन हुआ, या कोई लेनदेन ही नहीं हुआ।

(*viii*) इस अभियान के साथ क्रेडिट काउंसलिंग और वित्तीय साक्षरता के कार्यक्रमों का आयोजन नहीं किया गया।

जनगणना, 2011 के अनुमान के मुताबिक देश में मात्र 58.7% परिवारों के पास बैंकिंग सेवाओं की उपलब्धता थी। भारत सरकार ने 15 अगस्त 2014 को प्रधानमंत्री जन-धन योजना (पीएमजेडीवाई) आरंभ की थी, जिसमें प्रति परिवार दो बैंक खातों की दर से 15 करोड़ से अधिक बैंक खाते खोलकर 7.5 करोड़ से अधिक गैर-बैंकिंग परिवारों को बैंकिंग प्रणाली में शामिल करने का महत्वाकांक्षी लक्ष्य रखा गया था। सामाजिक सुरक्षा को जन-जन तक पहुँचाने के लिए, सरकार ने नई बीमा व पेंशन योजनाएं- यानी प्रधान मंत्री सुरक्षा बीमा योजना, प्रधान मंत्री जीवन ज्योति बीमा योजना और अटल पेंशन योजना शुरू कीं।

12.3 प्रधानमंत्री जन-धन योजना (PMJDY)

पीएमजेडीवाई वित्तीय समावेशन हेतु राष्ट्रीय मिशन है, जो किफायती तरीके से वित्तीय सेवाओं, अर्थात् बैंकिंग/बचत और जमा खाते, विप्रेषण, क्रेडिट, बीमा तथा पेंशन की सुगमता सुनिश्चित करती है। इस योजना का दीर्घकालिक नजरिया नकदीरहित अर्थव्यवस्था की बुनियाद तैयार करना है। यह योजना छह स्तंभों पर तैयार की गई है, जो इस प्रकार हैं:

(1) बैंकिंग सुविधाओं को हर व्यक्ति तक पहुँचाना

(2) जमा राशि से 10,000 रुपए तक अधिक राशि निकालने की सुविधा और रुपे डेबिट कार्ड के साथ 1,00,000 रुपए (जिसे 28.8.2018 के बाद से खुले नए खातों के लिए बढ़ाकर रु. 2 लाख कर दिया गया है) के अंतर्निहित (इनबिल्ट) दुर्घटना बीमा कवर के साथ बेसिक बैंकिंग खाते प्रदान करना

(3) वित्तीय साक्षरता के लिए कार्यक्रम

(4) ओवरड्राफ्ट खातोंमें डिफ़ॉल्ट्स की कवरेज के लिए क्रेडिट गारंटी फंड का निर्माण

(5) सूक्ष्म बीमा (माइक्रो-इंश्योरेंस)

(6) 'स्वावलंबन' जैसी असंगठित क्षेत्र की पेंशन योजनाएं।

शहरी और ग्रामीण दोनों इलाकों में रहने वाले समाज के कमजोर वर्गों और कम आय वाले समूहों के लिए बुनियादीबचत बैंक खाते की उपलब्धता, आवश्यकता आधारित ऋण, विप्रेषण सुविधा, बीमा तथा पेंशन जैसी विभिन्न वित्तीय सेवाओं तक पहुंच सुनिश्चित करने के अलावा, इस योजना में सभी सरकारी लाभों (केंद्र/राज्य/स्थानीय निकाय से) को लाभार्थी के खातों में पहुंचाने और केंद्र सरकार की प्रत्यक्ष लाभ अंतरण(डीबीटी) योजना को आगे बढ़ाने के लिए, दूरसंचार ऑपरेटरों से खराब कनेक्टिविटी, ऑन-लाइन लेनदेन, नियोजित मोबाइल जैसे तकनीकी मुद्दों का समाधान करवा कर और , कैश आउट पॉइंट के रूप में स्थापित अपने केंद्रों के माध्यम से लेनदेन करके मिशन मोड में वित्तीय समावेशन के लक्ष्य को पूरा करने की संभावनाओं पर विचार किया गया है।

समूचे देश के सभी छह लाख गांवों को प्रत्येक बैंक के सेवा क्षेत्र के अनुसार नक्शे के अंदर लाना है। 1,000 से 1,500 परिवारों को सेवा प्रदान करने वाले कम से कम एक निश्चित पॉइंट बैंकिंग आउटलेट बनाने के लिए, सब-सर्विस एरिया (एसएसए) अवधारणा को अपनाया जाएगा, जो बैंकिंग आउटलेट यानी शाखा बैंकिंग (इमारती शाखाएं) और शाखा रहित बैंकिंग का एक मिला-जुला रूप होगा।

पीएमजेडीवाई घरों को शामिल करने पर ध्यान केंद्रित करती है, जबकि पूर्व की योजना - वित्तीय समावेशन योजना (स्वाभिमान) का ध्यान गांवों के कवरेज पर था। यह ग्रामीण और शहरी इलाकों के कवरेज पर केंद्रित है। पूर्व की योजना में केवल 2,000 से अधिक आबादी वाले गांवों को लक्षित किया गया था, जबकि पीएमजेडीवाई के तहत पूरे देश के 1,000 - 1,500 घरों वाले प्रत्येक सब-सर्विस एरिया में बैंकिंग सुविधाओं का विस्तार किया जाना है, ताकि सभी को उचित दूरी में, जैसे कि लगभग 5 किलोमीटर के भीतर बैंकिंग सुविधा उपलब्ध हो सके।

पीएमजेडीवाई योजना से जुड़े प्रत्यक्ष/विशेष लाभ हैं *(i)* जमा-राशियों के ऊपर ब्याज।*(ii)* 1 लाख रुपए (दिनांक 28.8.2018 के बाद खोले गए नए पीएमजेडीवाई खातों के लिए बढ़कर रु. 2 लाख हो गया) का दुर्घटना बीमा कवर, *(iii)* किसी भी न्यूनतम बैलेंस की शर्त नहीं। हालांकि, रुपे कार्ड से किसी भी एटीएम से पैसे निकालने के लिए, खाते में कुछ बैलेंस बनाए रखने का सुझाव दिया गया है (iv) पूरे भारत में पैसे का सुगम अंतरण। *(v)* सरकारी योजनाओं के लाभार्थियों को इन खातों में प्रत्यक्ष लाभ अंतरण (डाइरेक्ट बेनीफ़िट ट्रांसफ़र) मिलेगा। *(vi)* छह महीने तक खाते के संतोषजनक संचालन के बाद, ओवरड्राफ्ट सुविधा दी जाएगी। *(vii)* पेंशन, बीमा तथा 'मुद्रा' उत्पादों तक पहुंच।

पीएमजेडीवाई के तहत बैंक खाता खोलना

पीएमजेडीवाई के अंतर्गत बैंक खाता किसी भी बैंक शाखा या बिजनेस कॉरेस्पोंडेंट (बैंक मित्र) आउटलेट में खोला जा सकता है और ये खाते ज़ीरो बैलेंस के साथ खोले जा सकते हैं। यदि खाताधारक चेक बुक लेना चाहता है, तो उसे न्यूनतम (मिनिमम) बैलेंस की शर्त को पूरा करना होगा। ज्वाइंट खाता भी खोला जा सकता है।

बीएसबीडीए

बुनियादी बचत बैंक जमा खाता (बीएसबीडीए) को आरबीआई ने 10 अगस्त 2012 के परिपत्र के अनुसार परिभाषित किया है। बीएसबीडीए की मुख्य विशेषताएं इस प्रकार हैं:

(a) इसमें न्यूनतम बैलेंस की कोई बाध्यता नहीं है

(b) उपलब्ध सेवाओं में बैंक शाखा के साथ-साथ एटीएम में कैश जमा करना और निकालना शामिल है; इलेक्ट्रॉनिक भुगतान चैनलों के माध्यम से या चेक के संग्रह/जमा के माध्यम से पैसे की प्राप्ति/क्रेडिट।

(c) एटीएम से निकासी समेत एक माह में अधिकतम चार निकासी। जमा करने की ऐसी कोई सीमा नहीं।

(d) एटीएम कार्ड या एटीएम-कम-डेबिट कार्ड की सुविधा उपलब्ध कराई जाएगी।

(e) ऊपर बताई सुविधाएं बगैर किसी अतिरिक्त लागत के प्रदान की जानी हैं।

(f) 10 वर्ष से अधिक आयु का कोई भी व्यक्ति बीएसबीडीए खोल सकता है। व्यक्तियों के लिए बैंकों द्वारा बीएसबीडीए खोलने के लिए आयु, आय, राशि इत्यादि जैसी कोई पाबंदियां नहीं हैं।

मोबाइल नंबर को बैंक खाते से लिंक करना

खाता खोलने वाले फ़ॉर्म में दी गई सूचना के आधार पर, बैंक सीबीएस सिस्टम में ग्राहक के खाते में खाताधारक का मोबाइल नंबर दर्ज करता है। इसके अलावा, वर्तमान खातों के लिए, एटीएम, पंजीकृत मोबाइल से एसएमएस, नेट-बैंकिंग के जरिए या शाखा में अनुरोध करने पर बैंक सीडिंग की अनुमति देते हैं (बैंक के आधार पर अलग-अलग हो सकता है)।

खाता खोलना

a. पीएमजेडीवाई के तहत आधिकारिक तौर पर वैध दस्तावेज (*i*) पासपोर्ट, (*ii*) ड्राइविंग लाइसेंस, (*iii*) भारत के चुनाव आयोग द्वारा जारी वोटर आइडी, (*iv*) राज्य सरकार के एक अधिकारी द्वारा विधिवत हस्ताक्षरित मनरेगा द्वारा जारी जॉब कार्ड, (*v*) आधार संख्या के होने का प्रमाण, या (*vi*) राष्ट्रीय जनसंख्या रजिस्टर द्वारा जारी पत्र जिसमें नाम और पते का विवरण हो, इत्यादि को प्रस्तुत कर खाता खोला जा सकता है।

b. जहां ग्राहक द्वारा प्रस्तुत ओवीडी में अद्यतित पता नहीं है, वहां नीचे बताए दस्तावेजों या उसके समकक्ष ई-दस्तावेजों को पते के प्रमाण के सीमित उद्देश्य के लिए ओवीडी माना जाएगा:

i. उपयोगिता बिल, जो किसी भी सेवा प्रदाता (बिजली, टेलीफ़ोन, पोस्ट-पेड मोबाइल फ़ोन, पाइप्ड गैस, पानी बिल) का दो महीने से अधिक पुराना न हो;

ii. संपत्ति या नगरपालिका टैक्स रसीद;

iii. सरकारी विभागों या सार्वजनिक क्षेत्र के उपक्रमों द्वारा सेवानिवृत्त कर्मचारियों को जारी किए गए पेंशन या पारिवारिक पेंशन भुगतान आदेश (पीपीओ), बशर्ते कि उनमें पता शामिल हो;

iv. राज्य सरकार या केंद्र सरकार के विभागों, वैधानिक या नियामक निकायों, सार्वजनिक क्षेत्र के उपक्रमों, अनुसूचित वाणिज्यिक बैंकों, वित्तीय संस्थानों तथा लिस्टेड कंपनियों द्वारा जारी नियोक्ता आवास आवंटन का पत्र और आधिकारिक आवास आवंटित करने वाले ऐसे नियोक्ताओं के साथ अवकाश और लाइसेंस करार;

c. ग्राहक को ऊपर निर्दिष्ट दस्तावेज़ जमा करने के तीन महीने की अवधि के भीतर मौजूदा पते वाला ओवीडी जमा करना होगा।

भारतीय रिज़र्व बैंक (आरबीआई) ने स्पष्ट किया कि वे व्यक्ति जिनके पास कोई भी 'आधिकारिक तौर पर वैध' कागज़ात नहीं है, वे बैंकों में "लघु खाता (स्मॉल अकाउंट)" खोल सकते हैं।

बैंक के अधिकारियों की उपस्थिति में, स्व-सत्यापित फ़ोटो और अपने हस्ताक्षर या अंगूठे के निशान के आधार पर "लघु खाता" खोला जा सकता है।ऐसे खातों की, कुल क्रेडिट (एक वर्ष में एक लाख रुपए से अधिक नहीं), कुल निकासी (एक महीने में दस हजार रुपए से अधिक नहीं) और खातों में बैलेंस (किसी भी समय पचास हजार रुपए से अधिक नहीं) सीमाएं होती हैं। ये खाते प्रायः बारह महीने की अवधि के लिए मान्य होंगे। इसके बाद, ऐसे खातों को अगले बारह महीनों की अवधि के लिए जारी रखने की अनुमति दी जाएगी, बशर्ते कि खाताधारक यह दिखाने वाला दस्तावेज़ प्रदान करता है कि उसने लघु खाता खोलने के 12 महीनों के भीतर आधिकारिक तौर पर वैध दस्तावेज़ प्राप्त करने के लिए आवेदन कर दिया है।

पीएमजेडीवाई में शामिल होने वाले सभी बैंक सीबीएस (कोर बैंकिंग सॉल्यूशन) प्लेटफ़ॉर्म पर हैं, और खाताधारक के अनुरोध के मुताबिक खाते को किसी भी शहर/कस्बे में बैंक की किसी भी शाखा में आसानी से अंतरित किया जा सकता है।

रुपे डेबिट कार्ड

रुपे डेबिट कार्ड नेशनल पेमेंट कॉरपोरेशन ऑफ़ इंडिया (एनपीसीआई) द्वारा पेश किया गया एक स्वदेशी घरेलू डेबिट कार्ड है। यह कार्ड देश के सभी एटीएम (नकद निकासी के लिए) और अधिकांश पीओएस मशीनों (खरीदारी के लिए नकदीरहित भुगतान करने के लिए) में स्वीकार किया जाता है। रुपे कार्ड के लाभार्थियों को कार्ड को सुरक्षित रखना जरूरी होता है। पिन को समय-समय पर बदलना चाहिए और कभी भी किसी को नहीं बताना चाहिए। एटीएम मशीन या पीओएस में कार्ड का इस्तेमाल करते समय पिन को बेहद गोपनीय तरीके से मशीन में दर्ज करना चाहिए, ताकि किसी को भी पिन नंबर के बारे में पता न चल सके। जहां तक संभव हो, कार्ड का इस्तेमाल केवल अधिकृत स्थानों/केंद्रों पर ही किया जाना चाहिए। इसके अतिरिक्त कार्ड पर कभी भी पिन नंबर नहीं लिखना चाहिए। पर्सनल आइडेंटिफ़िकेशन नम्बर (पिन) एटीएम मशीनों से पैसे निकालने के लिए और पीओएस (पॉइंट ऑफ़ सेल) पर भुगतान करते समय इस्तेमाल करने के लिए रैंडम तरीके से जेनरेट कोड है।

रुपे डेबिट कार्ड रु. 1लाख तक का दुर्घटना बीमा कवर प्रदान करता है, (जिसे बढ़ाकर रु. 28.8.2018 के बाद खोले गए नए पीएमजेडीवाई खातों में 2 लाख रुपए कर दिया गया है), जिसके लिए ग्राहक से कोई शुल्क नहीं लिया जाता। दुर्घटना का अर्थ है बाहरी, आकस्मिक और हिंसक तरीकों से घटने वाली औचक, अप्रत्याशित और अनैच्छिक घटना। रुपे कार्ड निरक्षर ग्राहकों को भी जारी किया जा सकता है। हालांकि, शाखा प्रबंधक को रुपे कार्ड जारी करते समय अनपढ़ खाताधारक को उससे जुड़े सभी जोखिमों के बारे में सलाह देनी होगी।

रुपे डेबिट कार्ड पर व्यक्तिगत दुर्घटना बीमा कवर हासिल करने के लिए पात्रता मानदंड:

पीएमजेडीवाई के तहत व्यक्तिगत दुर्घटना बीमा योजना के तहत दावा तभी माना जाएगा, जब रुपे कार्ड धारक ने किसी भी बैंक शाखा, बैंक मित्र, एटीएम, पीओएस, ई-कॉम जैसे चैनल पर न्यूनतम एक इंट्रा और इंटर-बैंक दोनों पर, दुर्घटना की तारीख से पहले 90 दिनों के भीतर (गैर-प्रीमियम कार्ड धारकों के मामले में) सफल वित्तीय या गैर-वित्तीय ग्राहक प्रेरित लेनदेन पूरा किया हो। दुर्घटना बीमा कवर केवल एक खाते के लिए उपलब्ध है।

डेबिट कार्ड की समाप्ति तिथि कार्ड पर ही अंकित होती है। खाताधारक को सलाह दी जाती है कि वह अपने मौजूदा कार्ड की समाप्ति तिथि से काफी पहले जारीकर्ता बैंक को आवेदन देकर बैंक से नया कार्ड जारी करवा ले।

व्यक्तिगत दुर्घटना बीमा 5 वर्ष से अधिक आयु के सभी रुपे कार्डधारकों के लिए खुला है, बशर्ते कि उन्हें पात्र होना चाहिए। बीमा दावों के निपटारे के लिए निम्नांकित प्रक्रियाओं का पालन किया जाएगा।

- दावे की सूचना दुर्घटना की तारीख से 90 दिनों के भीतर दी जानी चाहिए।
- दावे से जुड़े सभी सहायक दस्तावेज़, दावे की सूचना की तिथि से 60 दिनों के भीतर जमा किए जाने चाहिए।
- बीमा कंपनी से दस्तावेजों का पूरा सेट मिलने और पात्रता का आकलन पूरा होने की तिथि से 10 कार्य दिवसों के भीतर दावे का निपटारा किया जाएगा।

- पॉलिसी अवधि की तिथि से 120 दिनों के बाद सूचित किसी भी दावे के लिए कोई मुआवजा नहीं होगा।

पीएमजेडीवाई खाते में ओवरड्राफ्ट

खाते को छह महीने तक संतोषजनक तरीके से चलाने के बाद प्रति परिवार पीएमजेडीवाई के खाताधारक को रुपए 10,000 तक की ओवरड्राफ्ट सुविधा उपलब्ध होगी। दोहराव से बचने के लिए आधार संख्या देना होगा। यदि आधार संख्या उपलब्ध न हो, तो बैंक को अतिरिक्त प्रयास करना होगा और लाभार्थी से वचन पत्र भी लेना होगा। प्रति परिवार 10,000 रुपए तक की ओवरड्राफ्ट सुविधा केवल एक खाते के लिए उपलब्ध है, ख़ासकर यह घर की महिला सदस्य के लिए है।

पीएमजेडीवाई में बिजनेस कॉरेस्पॉन्डेंट्स (बैंक मित्र) की भूमिका

बैंकों को बिजनेस कॉरेस्पॉन्डेंट (बैंक मित्र) के रूप में व्यक्तियों/संस्थाओं को नियुक्त करने की अनुमति दी गई है जैसे (i) सेवानिवृत्त बैंक कर्मचारी (ii) सेवानिवृत्त शिक्षक (iii) सेवानिवृत्त सरकारी कर्मचारी (iv) पूर्व सैनिक (v) किराना/मेडिकल/उचित मूल्य की दुकानका एकल मालिक, पब्लिक कॉल ऑफ़िस (पीसीओ) का ऑपरेटर, भारत सरकार की लघु बचत योजना के एजेंट/बीमा कंपनियां, भारतीय कंपनी अधिनियम के तहत पंजीकृत 'लाभकारी' कंपनियां और नॉन-डिपॉजिट स्वीकार करने वाली एनबीएफसी, जिनकी चर्चा पहले ही इस पुस्तक के दूसरे अध्याय में चर्चा की जा चुकी है। आरबीआई के दिशा-निर्देशों में वर्णित उनकी गतिविधियों के दायरे के बारे में भी चर्चा की गई है।

चूंकि बैंक मित्र संबंधित बैंक का प्रतिनिधित्व करते हैं और बैंक को अपनी पहुंच का विस्तार करने और उन स्थानों में कम खर्चे पर सीमित श्रेणी की बैंकिंग सेवाएं मुहैय्या कराने में सक्षम बनाते हैं, जहां, इमारती शाखा स्थापित करना व्यावहारिक नहीं होता, बिजनेस कॉरेस्पॉन्डेंट/बैंक मित्र अधिक वित्तीय समावेशन हासिल करने के लिए पीएमजेडीवाई खाते खोलने में शामिल हैं।

प्रौद्योगिकी की भूमिका

वित्तीय समावेशन में अब तक की मुख्य बाधा बड़ी संख्या और कम मात्रा रही है, जो महंगी लागत में बदल गई है। लागत को किफायती बनाने और देश के दूर-दराज के इलाकों तक बैंकिंग सेवाओं को पहुंचाने में सुधार करने का एकमात्र तरीका प्रौद्योगिकी का दक्षतापूर्वक लाभ उठाना है। देश भर में बैंकिंग सुविधाएं उपलब्ध कराने के लिए, ई-केवाईसी, आईएमपीएस, एईपीएस, मोबाइल बैंकिंग इत्यादि जैसे नवीनतम तकनीकी उत्पादों का इस्तेमाल किया जा रहा है। इस लक्ष्य को हासिल करने के लिए बैंकों, टेलीकॉम ऑपरेटरों और अन्य हितधारकों के बिजनेस मॉडल को एक साथ लाने की जरूरत है।

बैंकिंग सेक्टर में एक मुख्य तकनीकी विकास कोर बैंकिंग सिस्टम (सीबीएस) को अपनाना है।सीबीएस 'कहीं भी', 'कभी भी' बैंकिंग के माध्यम से ग्राहकों की सुविधा बढ़ाने की दिशा में एक कदम है। सीबीएस से आगे के क्षेत्रों पर ध्यान देने के लिए इस तकनीकी प्रगति का लाभ उठाना जरूरी है, जो न केवल ग्राहकों को गुणवत्तापूर्ण और कुशल सेवाएं प्रदान करने में मदद कर सकती है, बल्कि जानकारी को प्रभावी ढंग से सामने लाकर और प्रबंधित करने में भी मदद कर सकती है। सीबीएस को अपनाने से एनईएफटी, आरटीजीएस, मोबाइल बैंकिंग, इंटरनेट बैंकिंग, एटीएम आदि जैसे तमाम तकनीकी उत्पाद सामने आए।

सीबीएस के अलावा, कुछ अन्य प्रौद्योगिकी-आधारित उत्पाद, जिन्होंने लोगों तक बैंकिंग सुविधा पहुंचाने में जरूरी बदलाव किए हैं, वे हैं हैंडहेल्ड डिवाइस, मोबाइल, कार्ड, माइक्रो-एटीएम और कियोस्क की मदद से मल्टी-चैनल शाखा रहित तरीका अपनाना। ऐसे फ्रंट-एंड उपकरणों के जरिए किए गए लेनदेन को बैंकों के सीबीएस के साथ सुगमता से एकीकृत किया जाता है।

इसके अतिरिक्त, आरटीजीएस (रियल टाइम ग्रॉस सेटलमेंट), इलेक्ट्रॉनिक क्लियरिंग सर्विस (ईसीएस), इलेक्ट्रॉनिक फंड ट्रांसफर (नेफ्ट), चेक ट्रंकेशन सिस्टम (सीटीएस) और मोबाइल फ़ोन की मदद से बैंकिंग लेनदेन जैसी कार्यरूप में अपनाई गई इलेक्ट्रॉनिक भुगतान प्रणाली ने ग्राहकों की पहुंच बढ़ाने और उन्हें सुविधा पहुंचाने में महत्वपूर्ण योगदान दिया है।

मोबाइल बैंकिंग के जरिए लेनदेन

मोबाइल फ़ोन के कवरेज और आबादी के सभी वर्गों द्वारा ऐसे उपकरणों के इस्तेमाल का फ़ायदा सुविधाओं से वंचित आबादी तक वित्तीय सेवाओं को पहुँचाने के लिए किया जा सकता है। यह ग्राहकों को जगह और समय बंधन से मुक्त होकर, अपने वित्तीय लेनदेन (धन हस्तांतरण) की व्यवस्था करने में सक्षम बनाता है। कई बैंकिंग सेवाए जैसे फंड ट्रांसफर, तत्काल भुगतान सेवाएं, पूछताछ सेवाएं (बैलेंस पूछताछ/मिनी स्टेटमेंट), कागजरहित खाता सेवाएँ (डिमटेरियलाइज़्ड अकाउंट सर्विसेज), चेक बुक के लिए अनुरोध, बिल भुगतान जैसे काम मोबाइल बैंकिंग के जरिए पूरे किए जा सकते हैं। मोबाइल बैंकिंग के लिए लेनदेन की सीमाएं होती हैं और ये सेवाएं निःशुल्क होती हैं। मोबाइल बैंकिंग सेवाएं एसएमएस पर भी उपलब्ध होती हैं। बैंक खातों से बुनियादी वित्तीय लेनदेन "मोबाइल बैंकिंग" की मदद से मोबाइल आधारित पिन प्रणाली के जरिए पूरा किया जा सकता है।

इमिडिएट पेमेंट सिस्टम (IMPS)

इमिडिएट पेमेंट सिस्टम (IMPS) एससीपीआई ने 22 नवंबर, 2010 को शुरू की थी। यह मोबाइल फ़ोन के साथ-साथ इंटरनेट बैंकिंग और एटीएम के जरिए तत्काल, 24X7, इंटर-बैंक इलेक्ट्रॉनिक फंड ट्रांसफर की सेवा मुहैय्या कराता है। बैंक में धनराशि भेजने की प्रक्रिया में चार हित-धारक इस प्रकार हैं- (*i*) विप्रेषक (भेजने वाला), (*ii*) लाभार्थी (प्राप्तकर्ता), (*iii*) बैंक और (*iv*) नेशनल फ़ाइनेंशियल स्विच-एनसीपीआई। आईएमपीएस के जरिए पैसे भेजने के लिए, धन भेजने वाले को मोबाइल बैंकिंग का इस्तेमाल करना चाहिए, प्राप्तकर्ता का मोबाइल नंबर उसके बैंक के साथ पंजीकृत होना चाहिए और पैसा तुरंत प्राप्तकर्ता के खाते में जमा हो जाएगा।

धनप्रेषक को मोबाइल बैंकिंग के लिए पंजीकरण करना होगा और लेनदेन शुरू करने के लिए मोबाइल मनी आइडेंटिफ़ायर (MMID) और मोबाइल बैंकिंग पिन (MPIN) हासिल करना होगा। एमएमआईडी 7 अंकों की एक संख्या होती है, रजिस्टर करने पर बैंक जिसे ग्राहक को जारी कर देता है। लाभार्थी को भी अपना मोबाइल नंबर बैंक खाते के साथ रजिस्टर करना होगा और एमएमआईडी प्राप्त करनी होगी।

धनप्रेषक अपने बैंक को लाभार्थी का मोबाइल नंबर, लाभार्थी की एमएमआईडी और राशि टाइप कर एक एसएमएस भेजकर आईएमपीएस लेनदेन शुरू कर सकता है। प्राप्तकर्ता को उसके खाते में पैसे जमा होने की पुष्टि हेतु एक एसएमएस भेजा जाएगा। नेशनल पेमेंट्स कॉरपोरेशन ऑफ़ इंडिया (NCPI), इंटरबैंक मोबाइल पेमेंट सर्विस (IMPS) की सुविधा दे रहा है।

माइक्रो-एटीएम

माइक्रो-एटीएम उंगलियों की छाप से प्रमाणीकरण करने योग्य (बायोमेट्रिक ऑथेंटिकेशन एनैबल्ड) हैंड-हेल्ड उपकरण होते हैं। ग्रामीण/अर्ध-शहरी केंद्रों पर एटीएम को व्यावहारिक बनाने के लिए, प्रत्येक बैंक मित्र के कार्यस्थल पर कम लागत वाले माइक्रो-एटीएम लगाए जाते हैं। यह किसी व्यक्ति को किसी ख़ास बैंक/ बिजनेस कॉरेस्पोंडेंट से जुड़े बैंक पर ध्यान दिए बगैर तुरंत धनराशि जमा करने या निकालने में सक्षम बनाता है। इसकी निम्नांकित खूबियां हैं:

- यह उपकरण मोबाइल फ़ोन कनेक्शन पर आधारित होगा और प्रत्येक बैंक मित्र/बिजनेस कॉरेस्पोंडेंट को दिया जाएगा। ग्राहकों को अपनी पहचान प्रमाणित करानी होगी और अपने बैंक खातों से पैसे निकालने या उसमें डालने होंगे। यह पैसा बैंक मित्र/बिजनेस कॉरेस्पोंडेंट के नकदी दराज से मिलेगा/में डलेगा।
- बैंक मित्र के लिए बैंक के रूप में कार्य करेगा और उन्हें केवल ग्राहक के यूआईडी का इस्तेमाल कर ग्राहक की प्रामाणिकता को सत्यापित करना होगा। माइक्रो-एटीएम समर्थित बुनियादी लेनदेन में- जमा, निकासी, फंड ट्रांसफर और बैलेंस पूछताछ शामिल होते हैं। माइक्रो-एटीएम बैंक की सुविधा से वंचित आबादी को वित्तीय सेवाएं प्रदान करने के लिए सबसे कारगर विलल्प प्रदान करता है। माइक्रो एटीएम में ऑथेंटिकेशन के कई विकल्प होंगे जैसे बायोमेट्रिक, पिन आधारित आदि और इसका इस्तेमाल मोबाइल एटीएम के रूप में भी किया जाएगा, ताकि ग्राहकों के घर पर ही लेनदेन को पूरा किया जा सके। माइक्रो-एटीएम देश के सभी नागरिकों को एक ऑनलाइन इंटरऑपरेबल, कम खर्चे वाला पेमेंट प्लैटफ़ॉर्म उपलब्ध कराते हैं।

यूएसएसडी आधारित ट्रांजैक्शन और इसके इस्तेमाल का तरीका

यूएसएसडी "अनस्ट्रक्चर्ड सप्लीमेंट्री सर्विस डेटा" का संक्षिप्त रूप है। यूएसएसडी -आधारित मोबाइल बैंकिंग, साधारण जीएसएम आधारित मोबाइल फ़ोन पर धन अंतरण, बिल भुगतान, बैलेंस पूछताछ, व्यापारियों को भुगतान जैसी बुनियादी बैंकिंग सुविधाएं मुहैय्या कराती है, जिसके लिए किसी फ़ोन पर ऐप्लिकेशन डाउनलोड करने की जरूरत नहीं होती, जिसकी इमीडिएट पेमेंट सर्विस (IMPS) आधारित मोबाइल बैंकिंग में पड़ती है। लेनदेन बेसिक फ़ोन हैंडसेट पर किया जा सकता है। यूजर को अपने बैंक से संपर्क करके अपना मोबाइल नंबर पंजीकृत कराना होगा। बैंक यूजर को एक एमपिन (मोबाइल पिन) जारी करेगा। इसके बाद यूजर के *99# डायल करते ही यूएसएसडी का इस्तेमाल करने के लिए मेन्यू खुल जाएगा। इसके बाद ग्राहक को लेनदेन पूरा करने के लिए मेन्यू पर चयन प्रक्रिया का पालन करना होगा। टेलीकॉम ऑपरेटर द्वारा लागू शुल्क (रु. 1.50 प्रति लेनदेन, जैसा कि ट्राई की अनुमति है, से ज्यादा नहीं होगा) लागू हो सकता है।

रुपे डेबिट कार्ड

घरेलू, ओपन-लूप, बहुपक्षीय प्रणाली की पेशकश करने के लिए नेशनल पेमेंट्स कॉरपोरेशन ऑफ़ इंडिया (NCPI) ने यह कार्ड भुगतान योजना शुरू की है, जिसके माध्यम से भारत के सभी भारतीय बैंक और वित्तीय संस्थान इलेक्ट्रॉनिक भुगतान में भाग ले पाएँगे। "रुपे" शब्द में ही राष्ट्रीयता का भाव झलकता

है। "रुपे" दो शब्दों रुपया और पेमेंट से मिलकर बना है। रुपे कार्ड भारतीय उपभोक्ताओं, व्यापारियों और बैंकों की जरूरतों को पूरा करते हैं। उत्पाद मंच का लचीलापन, उच्च स्तर की स्वीकृति और रुपे ब्रांड की ताकत रुपे डेबिट कार्ड के कुछ फ़ायदे हैं- और ये सभी उत्पाद के एहसास को बढ़ाने में मदद करेंगे। इसकी प्रमुख विशेषताएं इस प्रकार हैं:(i) कम लागत और वहन करने की क्षमता (ii) ग्राहक के अनुकूल उत्पाद की पेशकश (iii) भारतीय उपभोक्ताओं से जुड़ी जानकारी की सुरक्षा (iv) अप्रयुक्त/अछूते उपभोक्ता समूह को इलेक्ट्रॉनिक उत्पाद के विकल्प प्रदान करना।

आधार एनैबल्ड पेमेंट सिस्टम (AePS)

एईपीएस बैंक का एक ऐसा उत्पाद है, जो आधार सत्यापन का इस्तेमाल कर किसी भी बैंक के बिजनेस कॉरेस्पोंडेंट के जरिए पीओएस (माइक्रो - एटीएम) या कियॉस्क पर ऑनलाइन इंटरऑपरेबल वित्तीय समावेशी लेनदेन करता है। इस समय चार आधार एनैबल्ड बुनियादी किस्म के बैंकिंग लेनदेन उपलब्ध हैं *यानी*। (*i*) बैलेंस पूछताछ, (*ii*) कैश निकासी, (*iii*) कैश जमा और (*iv*) आधार से आधार में फंड ट्रांसफर करना।

प्रत्यक्ष लाभ अंतरण योजना (Direct Benefit Transfer Scheme)

बैंकों ने बिजनेस कॉरेस्पॉन्डेंट्स के जरिए वित्तीय समावेशन के तहत बुनियादी बचत बैंक जमा खाते खोलने के लिए स्कीम कोड सौंपे हैं। इस योजना की शुरुआत के समय, इन खातों को केवल स्मार्ट कार्ड द्वारा संचालित किया जाना था और एटीएम/डेबिट कार्ड जारी करने की अनुमति नहीं थी। इन ग्राहकों को स्मार्ट कार्ड के अलावा एटीएम/डेबिट कार्ड/रुपे डेबिट कार्ड भी जारी करने के लिए दिशानिर्देशों में अब संशोधन किया गया है, ताकि वे बीसी पॉइंट पर किए गए लेनदेन के अलावा, अपनी नकदी आवश्यकता के लिए एटीएम का इस्तेमाल कर सकें।

एलपीजी कंज्यूमर आईडी को बैंक खाता संख्या से जोड़ना:

इस प्रणाली के तहत, जिस ग्राहक के पास आधार नंबर है, उसे अपना आधार नंबर बैंक शाखा में अपने बैंक खाते और एलपीजी वितरक के पास एलपीजी उपभोक्ता आईडी से जोड़ना होगा। यदि ग्राहक के पास आधार नंबर नहीं है, तो उसे अपना बैंक खाता नंबर एलपीजी वितरक के साथ लिंक/सीड करना चाहिए। एलपीजी उपभोक्ता एलपीजी उपभोक्ता आईडी को अपने बैंक खाते से जोड़कर भी सब्सिडी पा सकते हैं। एलपीजी उपभोक्ता आईडी को जोड़ने के लिए, नीचे बताए चरणों का पालन करना होगा: (*i*) एलपीजी उपभोक्ता आईडी की सीडिंग के लिए बैंक से अनुरोध करना चाहिए (*ii*) संयुक्त खाते के मामले में एक से ज्यादा एलपीजी उपभोक्ता आईडी की सीडिंग की जा सकती है (*iii*) बचत, चालू और ओडी खाते में सीडिंग की जा सकती है।

ग्राहक के आधार नंबर को उनके बैंक खाते से जोड़ना:

आधार संख्या को अपने बैंक खाते से जोड़ने की जरूरत: सरकार ने तमाम सरकारी योजनाओं के तहत इलेक्ट्रॉनिक बेनीफ़िट ट्रांसफ़र (ईबीटी) कार्यक्रम के जरिए लाभार्थियों के बैंक खातों में सीधे भुगतान, जैसे कि एलपीजी सब्सिडी की राशि को डालने का फ़ैसला किया है। सरकार ने लोगों के आधार/यूआईडी

नंबर के आधार पर सब्सिडी/डाइरेक्ट कैश ट्रांसफ़र शुरू करने पर बल डाला है। इसलिए ग्राहक के आधार/यूआईडी नंबर को उनके बैंक खाते से जोड़ना बेहद जरूरी होता है।

इस उद्देश्य के लिए बैंक शाखाओं को नीचे बताई प्रक्रियाओं का पालन करना होगा:

(i) बैंक शाखा को इस उद्देश्य के लिए ग्राहक से भारतीय विशिष्ट पहचान प्राधिकरण (यूआईडीएआई) द्वारा जारी आधार कार्ड की प्रति के साथ लिखित आवेदन लेना होगा। आधार कार्ड की प्रति को शाखा द्वारा यूआईडीएआई द्वारा जारी मूल पत्र से सत्यापित करके रिकॉर्ड में रखा जाना चाहिए

(ii) संयुक्त खाते की स्थिति में, आधार संख्या को जोड़ने के लिए शाखा को एक संयुक्त आवेदन लेना चाहिए और सभी संयुक्त खाताधारकों की सहमति से केवल एक खाताधारक का आधार नंबर खाते से जोड़ना चाहिए।

(iii) नया खाता खोलने की स्थिति में, शाखा आवेदक से पूछताछ कर सकती है कि क्या उसे आधार नंबर मिला है और खाते को लिंक करने के लिए बैंक रिकॉर्ड के लिए आधार कार्ड की प्रति ली जा सकती है।

(iv) सभी निजी बचत खाते आधार संख्या से लिंक करने के पात्र हैं।

(v) हालांकि, ग्राहकों को सलाह दी जानी चाहिए कि यदि उन्हें आधार कार्ड नहीं मिला है तो वे उसे हासिल करें, और सरकारी लाभ प्राप्त करने के लिए खाते से लिंक करवा लें।

12.4 प्रधानमंत्री जीवन ज्योति बीमा योजना (PMJJBY)

यह योजना एक साल की कवर वाली सावधि जीवन बीमा योजना है, जिसे साल-दर-साल नवीनीकृत किया जाता है, और जो किसी भी कारण से होने वाली मृत्यु के लिए जीवन बीमा कवर प्रदान करती है। पीएमजेजेबीवाई प्राकृतिक आपदाओं, जैसे भूकंप, बाढ़ और प्रकृति के अन्य संकटों से होने वाली मृत्यु को कवर करती है। हालांकि, 1 जून 2016 को या उसके बाद पहली बार नामांकन करने वाले ग्राहकों के लिए, इस योजना में नामांकन की तिथि से पहले 45 दिनों के दौरान होने वाली मृत्यु (दुर्घटना के अलावा किसी अन्य कारण से) के लिए बीमा लाभ उपलब्ध नहीं होगा। दुर्घटना के कारण होने वाली मृत्यु बीमा कवरेज के पहले दिन से कवर की जाएगी। जो व्यक्ति किसी भी समय योजना से बाहर निकलते हैं, वे

आगामी वर्षों में वार्षिक प्रीमियम का भुगतान कर पुनः योजना में शामिल हो सकते हैं। हालांकि, ऐसे सब्सक्राइबरों के लिए इस योजना में नामांकन की तिथि से पहले 30 दिनों के दौरान होने वाली मृत्यु (दुर्घटना के अलावा किसी अन्य कारण से) के लिए बीमा लाभ उपलब्ध नहीं होगा।

मुआवज़ा

किसी भी कारण से ग्राहक की मृत्यु होने पर रुपए 2 लाख का मुआवजा दिया जाएगा। पीएमजेजेबीवाई के तहत केवल मृत्यु के लिए कवरेज मिलता है और इसलिए इसका लाभ केवल नामांकित व्यक्ति को ही मिलेगा। पीएमजेजेबीवाई पूरी तरह से एक टर्म इंश्योरेंस पॉलिसी है, जो बिना किसी निवेश के घटक के केवल मृत्यु को कवर करती है।1 जून से 31 मई तक की एक वर्ष की अवधि के लिए 2 लाख रुपए का जीवन कवर होगा और इसका नवीनीकरण किया जा सकेगा।

प्रीमियम

जिन जीवन बीमा पॉलिसियों में परिपक्वता लाभ, अभ्यर्पण मूल्य (सैरेंडर वैल्यू) इत्यादि उपलब्ध होते हैं उन दूसरी जीवन बीमा पॉलिसियों के मुकाबले मूल्य कम निर्धारित किया गया है। इसे समाज के कमजोर वर्गों को जीवन बीमा कवर प्रदान करने के लिए तैयार किया गया है। इस उद्देश्य से, निवेश घटक को खत्म करते हुए प्रीमियम को कम रखा जाता है। देय प्रीमियम प्रति ग्राहक 436 रुपए प्रति वर्ष है। नामांकन के समय दी गई सहमति के अनुसार, वार्षिक प्रीमियम की राशि खाताधारक के बैंक खाते से 'ऑटो डेबिट' सुविधा के जरिए एकमुश्त काट ली जाएगी। आधार बैंक खाते के लिए प्राथमिक केवाईसी होगा।

पॉलिसी अवधि के बीच में पहली बार पीएमजेजेबीवाई के तहत नामांकित होने वालों के लिए, आनुपातिक प्रीमियम का भुगतान नीचे बताए अनुसार परिवर्तित करने की अनुमति है;

a. जून, जुलाई और अगस्त में नामांकन के लिए - 436/- रुपए का पूरा वार्षिक प्रीमियम देय है।

b. सितंबर, अक्टूबर और नवंबर में नामांकन के लिए - यथानुपात प्रीमियम रु.342/- देय है।

c. दिसंबर, जनवरी और फरवरी में नामांकन के लिए - यथानुपात प्रीमियम रु.228/- देय है।

d. मार्च, अप्रैल और मई में नामांकन के लिए - यथानुपात प्रीमियम रु.114/- देय है।

हालांकि, योजना के तहत नवीनीकरण के समय पूरे वर्ष का प्रीमियम रु 436/- देय है।

पहली बार नामांकन करने वाले ग्राहकों के लिए जोखिम की शुरुआत प्रीमियम के ऑटो-डेबिट की तिथि से आरंभ होती है। हालांकि, इस योजना में नामांकन की तिथि (ग्रहणाधिकार अवधि) से पहले 30 दिनों के दौरान होने वाली मृत्यु (दुर्घटना के अलावा) और ग्रहणाधिकार अवधि के दौरान मृत्यु (दुर्घटना के अलावा) के मामले में बीमा कवर उपलब्ध नहीं होगा और कोई दावा स्वीकार नहीं किया जाएगा।

प्रीमियम रु.436 वार्षिक है, जिसे इस योजना के तहत प्रत्येक वार्षिक कवरेज अवधि की 31 मई को या ग्राहक द्वारा दिए गए विकल्प के अनुसार उससे पूर्व उसके के बैंक खाते से एक किस्त में ऑटो-डेबिट किया जाना होता है। इस योजना के लागू रहने तक सदस्य हर साल ऑटो-डेबिट के लिए एक बार का आदेश भी दे सकते हैं, जिनमें योजना के अनुभव की समीक्षा पर आवश्यक समझे जाने फिर से परिवर्तन किया जा सकता है।

प्रीमियम का विनियोजन जहां:	रु.436/- का पूरा वार्षिक प्रीमियम ले लिया गया हो।	जोखिम अवधि की दूसरी तिमाही में रु. 342/- एकत्र हुआ हो।	जोखिम अवधि की तीसरी तिमाही में रु.228/- एकत्र हुआ हो।	जोखिम अवधि की चौथी तिमाही में रु.114/- एकत्र किए गए हों।
(1) एलआईसी / बीमा कंपनी को बीमा प्रीमियम	रु.395/-	रु.309/-	रु.206/-	रु.103/-
(2) बिजनेस कॉरेस्पॉन्डेंट, एजेंटों आदि को देय कमीशन (केवल नए नामांकन के लिए)	रु.30/-	रु.22.50	रु.15/-	रु.7.50
(3) भागीदार बैंकों को देय प्रशासनिक व्यय	रु.11/-	रु.10.50	रु.7/-	रु.3.50

नोट:किसी खाताधारक द्वारा इलेक्ट्रॉनिक माध्यम से स्वैच्छिक नामांकन की स्थिति में बची हुई आइटम (2) में निर्दिष्ट अनुसार बिजनेस कॉरेस्पॉन्डेटों, एजेंटों इत्यादि को देय कमीशन की राशि को, ऊपर निर्दिष्ट बीमा की देय प्रीमियम से कम कर कस्टमर को लाभ के रूप में पारित किया जाएगा।

पात्रता

18 से 50 वर्ष की आयु के संस्थागत खाताधारकों के अलावा सभी बैंक खाताधारक पीएमजेजेबीवाई योजना की सदस्यता के लिए योग्य हैं। किसी व्यक्ति के एक या अलग-अलग बैंकों में एकाधिक बैंक खाते होने की स्थिति में, वह व्यक्ति केवल एक बैंक खाते के माध्यम से इस योजना में शामिल होने के लिए योग्य होगा। एनआरआई खातों के धारक भी पीएमजेजेबीवाई योजना की सदस्यता के लिए योग्य होते हैं। यदि कोई दावा किया जाता है, तो दावा लाभ का भुगतान बीमाधारक के नामित व्यक्ति को भारतीय मुद्रा में किया जाएगा।

सदस्य के जीवन पर आश्वासन की समाप्ति

नीचे बताई किसी भी घटना के घटित होने पर सदस्य के जीवन पर आश्वासन उसी के अनुसार समाप्त/ प्रतिबंधित हो जाएगा: (i) 55 वर्ष की आयु (जन्मदिन के निकट की आयु) पूरी कर लेने पर, उस तिथि तक वार्षिक नवीनीकरण के अधीन (हालांकि, 50 वर्ष की आयु से अधिक पर प्रवेश संभव नहीं होगा)। (ii) बैंक में खाता बंद होना या बीमा चालू रखने योग्य बैलेंस राशि का पर्याप्त न होना। (iii) यदि कोई सदस्य एक

से अधिक खातों के माध्यम से कवर किया गया हो और प्रीमियम एलआईसी/बीमा कंपनी ने अनजाने में प्राप्त किया है, तो बीमा कवर 2 लाख रुपए सीमित होगा और डुप्लिकेट बीमा के लिए भुगतान किया गया प्रीमियम जब्त किया जा सकता है।

योजना का संचालन

इस योजना को एक समान शर्तों पर आवश्यक अनुमोदन सहित, भाग लेने वाले बैंकों के सहयोग से, एलआईसी तथा उत्पाद की पेशकश करने की इच्छुक अन्य जीवन बीमा कंपनियों के माध्यम से प्रस्तावित/वितरित किया जाएगा। भागीदार बैंक अपने ग्राहकों के लिए योजना को लागू करने के लिए ऐसी किसी भी जीवन बीमा कंपनी को शामिल करने के लिए स्वतंत्र हैं। भागीदार बैंक मास्टर पॉलिसी धारक होंगे। भागीदार बैंक के परामर्श से एलआईसी/चयनित बीमा कंपनी द्वारा एक सरल और कस्टमर के अनुकूल संचालन व दावा निपटान प्रक्रिया को अंतिम रूप दिया जाएगा।

बीमा कंपनी और बैंक की भूमिका

यह योजना एलआईसी या किसी अन्य जीवन बीमा कंपनी द्वारा संचालित की जाएगी, जो बैंकों के साथ साझेदारी में इस किस्म के उत्पाद की पेशकश करने को तैयार हो। यह भागीदार बैंक की जिम्मेदारी होगी कि वह 'ऑटो-डेबिट' प्रक्रिया के माध्यम से नियत तिथि पर या उससे पहले खाताधारकों से प्राप्त विकल्प के अनुसार उचित वार्षिक प्रीमियम को एक किस्त में वसूल करे और बीमा कंपनी को देय राशि ट्रांसफ़र कर दे। जरूरत के अनुरूप निर्धारित प्रोफार्मा में नामांकन फॉर्म/ऑटो-डेबिट प्राधिकरण/सहमति-सह-घोषणा प्रपत्र, भागीदार बैंक प्राप्त करेगा और उसे अपने पास रखेगा। दावे के मामले में, एलआईसी/बीमा कंपनी इसे जमा करने की मांग कर सकती है। एलआईसी/बीमा कंपनी किसी भी समय इन दस्तावेजों को मंगाने का अधिकार सुरक्षित रखती है।

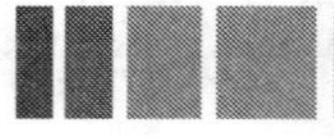

12.5 प्रधानमंत्री सुरक्षा बीमा योजना (PMSBY)

यह योजना एक वर्ष के कवरेज वाली निजी दुर्घटना बीमा योजना है, जिसे हर वर्ष नवीनीकृत किया जाता है, जो दुर्घटना के कारण होने वाली मृत्यु या विकलांगता से सुरक्षा प्रदान करती है। प्राकृतिक आपदाओं की प्रकृति दुर्घटनाओं के समान होती है, ऐसी प्राकृतिक आपदाओं के कारण होने वाली कोई भी मृत्यु/विकलांगता (जैसा कि पीएमएसबीवाई के तहत परिभाषित है) भी पीएमएसबीवाई के अंतर्गत कवर की जाती हैं। वहीं आत्महत्या से होने वाली मौत को कवर नहीं किया जाता है, हां पर हत्या से होने वाली मौत को कवर किया जाता है।

योजना के लाभ

इस योजना के तहत लाभ इस प्रकार हैं:

	लाभ की तालिका	बीमा-राशि
(*a*)	दुर्घटना में मृत्यु	रु. 2 लाख
(*b*)	पूर्ण विकलांगता - दोनों आंखों की पूरी और अपूरणीय क्षति या दोनों हाथों या पैरों के इस्तेमाल के लायक न रह जाना।	रु. 2 लाख
(*c*)	आंशिक विकलांगता - एक आंख की दृष्टि की पूरी और अपूरणीय हानि या एक हाथ या पैर के इस्तेमाल योग्य न रह जाना।	रु. 1 लाख

यह कवर किसी अन्य बीमा योजना के तहत उस ग्राहक को दिए गए कवर के अलावा होगा। इस योजना में नामांकित खाताधारक की दुर्घटनावश मृत्यु हो जाने पर नामांकन फॉर्म के अनुसार नामांकित व्यक्ति और अंशदाता बैंक खाता धारक द्वारा नामांकन न किए जाने की स्थिति में कानूनी उत्तराधिकारी द्वारा नियुक्त व्यक्ति दावा कर सकता है। विकलांगता दावा बीमाकृत बैंक खाताधारक के बैंक खाते में जमा कर दिया जाएगा। मृत्यु दावे नामांकित व्यक्ति/कानूनी उत्तराधिकारी के बैंक खाते में भेजे जाएंगे। दुर्घटना के कारण होने वाली मृत्यु या विकलांगता के बाद अस्पताल में भर्ती होने के खर्च का मुआवजा देने का कोई प्रावधान नहीं है। इसके अतिरिक्त, यदि खाताधारक आत्महत्या करता है, तो परिवार को बीमा लाभ नहीं मिलेगा। पीएमएसबीवाई दस्तावेजी सबूतों से पुष्टि होने वाली मौतों को कवर करती है, जो दुर्घटना के कारण हुई हों। यदि बीमाधारक लापता हो और मृत्यु की पुष्टि न हुई है, तो कानूनी उत्तराधिकारियों को बीमा का लाभ नहीं मिलेगा। यदि किसी व्यक्ति की आंख की अपूरणीय क्षति न हुई हो या उसका एक हाथ या पैर इस्तेमाल के लायक हो, पर वह आंशिक विकलांगता से पीड़ित है, तो भी उसे कोई लाभ नहीं मिलेगा। भले ही बीमाधारक के पास एक से अधिक बैंक खाते हों, बीमाधारक/नामांकित व्यक्ति केवल एक दावा ही दायर कर सकता है।

प्रीमियम

देय प्रीमियम रु.20 वार्षिक, प्रति सदस्य। यह प्रीमियम नीचे बताए अनुसार विनियोजित किया जाता है: (a) पीएसजीआईसी/अन्य बीमा कंपनी को देय बीमा प्रीमियम: प्रति सदस्य 20 रुपए वार्षिक; (b) बैंक को संचालन व परिचालन लागत का भुगतान प्रति वर्ष प्रति नामांकन 2 रुपए है, जिसमें बिजनेस कॉरेस्पॉन्डेंट, एजेंटों आदि को भुगतान किया जाने वाला वार्षिक कमीशन शामिल है। (c) बीमाकर्ता द्वारा बिजनेस कॉरेस्पॉन्डेंट, एजेंटों आदि को देय कमीशन: रु.1/- प्रति सदस्य (केवल नए नामांकन के लिए)। किसी खाताधारक द्वारा इलेक्ट्रॉनिक तरीके से स्वैच्छिक नामांकन के मामले में ग्राहक ऊपर बताए कमीशन/लागत के भुगतान से बच सकता है। नामांकन के समय दी गई सहमति के अनुसार प्रीमियम को खाताधारक के बैंक खाते से 'ऑटो डेबिट' सुविधा के जरिए एक ही किस्त में काटा जाएगा। यह योजना लागू रहने तक सदस्य हर साल ऑटो-डेबिट के लिए एक बार का आदेश भी दे सकते जिनमें योजना के अनुभव की समीक्षा पर आवश्यक समझे जाने फिर से परिवर्तन किया जा सकता है। यह योजना बैंक खाते रखने वाले 18 से 70 वर्ष की उम्र के लोगों के लिए उपलब्ध है, जो वार्षिक नवीनीकरण के आधार पर 1 जून

से 31 मई तक कवरेज अवधि के लिए 31 मई को या उससे पहले ऑटो-डेबिट में शामिल होने / सक्षम करने के लिए अपनी सहमति देते हैं। वर्णित शर्तों के अधीन, इस तिथि के बाद पूरी वार्षिक प्रीमियम के भुगतान करने पर विलंबित नवीनीकरण संभव हो सकता है।

पात्रता

इसमें भागीदार बैंकों के 18 से 70 वर्ष की आयु वर्ग के सभी व्यक्तिगत (एकल या संयुक्त) बैंक खाताधारक शामिल होने के योग्य होंगे। किसी व्यक्ति के एक या अलग-अलग बैंकों में एकाधिक बैंक खाते होने की स्थिति में, व्यक्ति केवल एक बैंक खाते के माध्यम से इस योजना में शामिल होने के लिए योग्य होगा। संस्थागत खाताधारकों के अतिरिक्त सभी बैंक खाताधारक (भारत में स्थित बैंक शाखा में पात्र बैंक खाता रखने वाले एनआरआई समेत) पीएमएसबीवाई योजना की सदस्यता के लिए पात्र हैं। यदि कोई दावा उत्पन्न होता है, तो दावा लाभ का भुगतान बीमाधारक के नामित व्यक्ति को भारतीय मुद्रा में किया जाएगा। पात्र व्यक्ति जो शुरुआती वर्ष में योजना में शामिल नहीं हो पाए थे, वे ऑटो-डेबिट के माध्यम से प्रीमियम का भुगतान करके बाद के वर्षों में शामिल हो सकते हैं। जो व्यक्ति किसी भी समय योजना से बाहर निकलते हैं, वे आगामी वर्षों में वार्षिक प्रीमियम का भुगतान कर पुनः योजना में शामिल हो सकते हैं, जो निर्धारित शर्तों के आधार पर ही किया जा सकता है। संयुक्त खाते की स्थिति में, उक्त खाते के सभी धारक योजना में शामिल हो सकते हैं, बशर्ते वे इसकी पात्रता शर्तों को पूरा करते हों और प्रति व्यक्ति प्रति वर्ष 20 रुपए की दर से ऑटो-डेबिट के माध्यम से प्रीमियम का भुगतान करते हों।

दुर्घटना कवर आश्वासन की समाप्ति

नीचे बताई किसी भी घटना के घटित होने पर सदस्य का दुर्घटना कवर समाप्त/प्रतिबंधित कर दिया जाएगा: (i) 70 वर्ष की आयु प्राप्त करने पर (जन्मदिन के निकट आयु)। (ii) बैंक में खाता बंद होना या बीमा चालू रखने योग्य बैलेंस राशि का पर्याप्त न होना। (iii) यदि किसी सदस्य को एक से अधिक खातों के माध्यम से कवर किया गया हो और बीमा कंपनी द्वारा अनजाने में प्रीमियम ले लिया गया हो, तो बीमा कवर एक खाते तक सीमित रहेगा और प्रीमियम जब्त किया जा सकता है।

बीमा कंपनी और बैंक की भूमिका

यह योजना बैंकों के साथ साझेदारी में, बीमा कंपनियों या किसी पब्लिक सेक्टर वाली अन्य जनरल इंश्योरेंस कंपनियों द्वारा संचालित की जाएगी, जो इस तरह के उत्पाद की पेशकश करने को तैयार हों। यह भागीदार बैंक की जिम्मेदारी होगी कि वह 'ऑटो-डेबिट' प्रक्रिया के माध्यम से नियत तिथि पर या उससे पहले खाताधारकों से विकल्प के अनुसार उचित वार्षिक प्रीमियम एक किस्त में वसूल करे और बीमा कंपनी को देय राशि ट्रांसफ़र कर दे। जरूरत के अनुरूप निर्धारित प्रोफार्मा में नामांकन फॉर्म/ऑटो-डेबिट ऑथराइजेशन/सहमति-सह-घोषणा प्रपत्र, भाग लेने वाले बैंक द्वारा लिया जाएगा और उसे रख लिया जाएगा। दावे के मामले में, बीमा कंपनी इसे जमा करने की मांग कर सकती है। बीमा कंपनी के पास किसी भी समय इन दस्तावेजों को मंगाने का अधिकार होता है।

12.6 अटल पेंशन योजना (APY)

Atal Pension Yojana

लोग जब कमाई नहीं कर रहे होते हैं, तो पेंशन से लोगों को मासिक आय मिलती करती है। आयु बढ़ने के साथ आय अर्जित करने की क्षमता कम होने, एकल परिवार के चलन बढ़ने के कारण पेंशन की जरूरत पैदा होती है। कमाने वाले सदस्यों का दूर चले जाना, जीवन यापन के खर्चों में वृद्धि, लंबी आयु प्राप्त करना और सुनिश्चित मासिक आय होना, बुढ़ापे में सम्मानजनक जीवन सुनिश्चित करती है।

अटल पेंशन योजना (एपीवाई)- भारत के नागरिकों के लिए एक पेंशन योजना है, जो असंगठित क्षेत्र के श्रमिकों पर केंद्रित है। एपीवाई के तहत, ग्राहकों द्वारा किए गए योगदान के अनुसार न्यूनतम रु.1,000 या रु.2,000 या रु.3,000 या रु.4,000 या रु.5,000 प्रति माह की पेंशन की गारंटी मिलती है, जो 60 वर्ष की आयु पूरी होने पर हर माह दी जाएगी। उदाहरण के लिए, 18 वर्ष की आयु में एपीवाई योजना में शामिल होने वाला व्यक्ति यदि प्रति माह 5,000 रुपए वार्षिक पेंशन का चुनाव करता है, तो उसे रु.210 प्रति माह (42 वर्ष की अवधि) का योगदान करना होगा।

भारत का कोई भी नागरिक एपीवाई योजना से जुड़ सकता है। इसमें शामिल होने के पात्रता मानदंड नीचे दिए गए हैं: (i) ग्राहक की उम्र 18-40 वर्ष के बीच होनी चाहिए (जिस व्यक्ति जिसकी आयु 18 वर्ष से 39 वर्ष 364 दिन के बीच है) (ii) उसके पास एक बचत बैंक खाता/डाकघर बचत बैंक खाता होना चाहिए।

एपीवाई अकाउंट पर समय-समय पर अपडेट प्राप्त करने की सुविधा के लिए, संभावित आवेदक पंजीकरण के दौरान बैंक को आधार और मोबाइल नंबर दे सकता है।

एपीवाई योजना से जुड़ने के फ़ायदे

न्यूनतम गारंटीकृत मासिक पेंशन रु. 1,000 से रु.5,000 मासिक दी जाएगी, जो योजना के तहत ग्राहक द्वारा किए गए योगदान के आधार पर 60 वर्ष की आयु से दी जाएगी। अटल पेंशन योजना के तहत न्यूनतम पेंशन का लाभ सरकार द्वारा इस अर्थ में प्रदान किया जाएगा कि यदि पेंशन योगदान पर वास्तविक रिटर्न, योगदान की अवधि के दौरान न्यूनतम गारंटीकृत पेंशन के लिए अनुमानित रिटर्न से कम है, तो ऐसी कमी को सरकार की ओर से वित्तीय सहायता देकर पूरा किया जाएगा। दूसरी ओर, अगर पेंशन योगदान पर वास्तविक रिटर्न, योगदान की अवधि के दौरान न्यूनतम गारंटीकृत पेंशन के लिए अनुमानित रिटर्न से

अधिक है, तो ऐसी अतिरिक्त राशि ग्राहक के खाते में जमा की जाएगी, जिससे ग्राहकों को योजना के लाभ में वृद्धि होगी।

मौजूदा समय में, नेशनल पेंशन सिस्टम (एनपीएस) के तहत एक ग्राहक एक सीमा तक योगदान के लिए कर लाभ (टैक्स बेनिफिट) प्राप्त करने के लिए योग्य है, और यहां तक कि ऐसे योगदान पर निवेश वापसी के योग्य भी होगा। इसके अतिरिक्त, एनपीएस से बाहर निकलने पर ऐन्युइटी की खरीद कीमत पर भी कर नहीं लगाया जाता है और केवल ग्राहकों की पेंशन आय को सामान्य आय का हिस्सा माना जाता है और ग्राहक पर लागू कर को भी उचित मार्जिनल रेट पर कर लगाया जाता है। यह प्रस्तावित है कि एपीवाई के ग्राहकों को ऐसा ही कर लाभ दिया जा सकता है। हालांकि, अभी एपीवाई के तहत उपलब्ध समान कर छूट, एपीवाई के तहत ग्राहकों को दी जानी बाकी है।

एपीवाई के तहत योगदान केंद्र सरकार/राज्य सरकार/एनपीएस-लाइट/स्वावलंबन योजना/एपीवाई के लिए पीएफआरडीए द्वारा निर्धारित निवेश के दिशा-निर्देशों के अनुसार किया जाता है।

एपीवाई खाता खोलने की प्रक्रिया

एपीवाई में शामिल होने के लिए सेविंग बैंक अकाउंट/डाकघर बचत बैंक खाता होना अनिवार्य है। ग्राहक को एपीवाई रजिस्ट्रेशन फॉर्म भरना होगा जिसमें बैंक/डाकघर खाता संख्या और अन्य विवरण जैसे आधार और मोबाइल फ़ोन नंबर आदि प्रदान करना होगा। ग्राहक को यह ध्यान रखना होगा कि वह समय-समय पर योगदान करने के लिए बैंक/डाकघर के बचत खाते में आवश्यक बैलेंस राशि बनाए रखे।

पेंशन फंड में योगदान ऑटो-डेबिट व्यवस्था के जरिए मासिक/तिमाही/छमाही अंतराल पर किया जा सकता है। कस्टमर साल में एक बार अप्रैल माह के दौरान ऑटो डेबिट सुविधा का मोड (मासिक/त्रैमासिक/छमाही) बदल सकता है। मासिक/त्रैमासिक/छमाही योगदान इच्छित/वांछित मासिक पेंशन और प्रवेश के समय ग्राहक की उम्र पर निर्भर करता है।

एपीवाई में योगदान का भुगतान बचत बैंक खाते/डाकघर बचत बैंक खाते के जरिए, मासिक योगदान के मामले में उस महीने की किसी भी तिथि को, त्रैमासिक योगदान के मामले में तिमाही के पहले महीने के किसी भी दिन, या अर्धवार्षिक योगदान के मामले में, अर्धवार्षिक के पहले माह किसी भी दिन किया जा सकता है।

यदि किसी कारण से, ग्राहक भुगतान नहीं कर सका, तो उसे डिफॉल्टर माना जाएगा और विलंबित योगदान के लिए अतिदेय ब्याज के साथ अगले महीने में योगदान का भुगतान करना होगा। बैंकों को प्रत्येक विलंबित मासिक योगदान के लिए हर 100 रुपए या उसके हिस्से के योगदान के लिए प्रति माह 1 रुपए लेना होगा।

एक सब्सक्राइबर केवल एक एपीवाई खाता खोल सकता है और यह यूनीक होता है। एकाधिक खातों की अनुमति नहीं है। अभिदाता (सब्सक्राइबर) वर्ष में एक बार संचय चरण के दौरान पेंशन राशि को घटाने या बढ़ाने का चुनाव कर सकते हैं। हालांकि, जैसा कि पहले ही संकेत दिया गया है, स्विचिंग विकल्प वर्ष में एक बार अप्रैल महीने के दौरान उपलब्ध होगा।

अन्य पहलू

एपीवाई खाते में नामांकित व्यक्ति का विवरण देना जरूरी होगा। यदि अभिदाता विवाहित है, तो उसका जीवन-साथी स्वतः ही नामांकित व्यक्ति होगा। अविवाहित अभिदाता किसी दूसरे व्यक्ति को नामांकित व्यक्ति के रूप में नामित कर सकते हैं और उन्हें शादी के बाद जीवनसाथी का नाम और अन्य जरूरी विवरण प्रदान करना होगा। जीवनसाथी और नामांकित व्यक्तियों का आधार विवरण दिया जा सकता है।

एपीवाई अभिदाता को पीआरएएन के ऐक्टिवेशन, खाते में बैलेंस राशि, अंशदान क्रेडिट आदि के बारे में समय-समय पर जानकारी एसएमएस अलर्ट के जरिए दी जाएगी। अभिदाता को वर्ष में एक बार खाते का वास्तविक विवरण भी प्राप्त होगा।

एपीवाई से निकासी की प्रक्रिया

60 वर्ष पूरे हो जाने पर, यदि निवेश रिटर्न एपीवाई में अंतर्निहित गारंटीकृत रिटर्न से अधिक है, तो अभिदाता उस बैंक को गारंटीकृत न्यूनतम मासिक पेंशन या उच्च मासिक पेंशन प्राप्त करने के लिए अनुरोध प्रस्तुत करेंगे, जिसके साथ वह योजना के तहत जुड़े हुए हैं। अभिदाता की मृत्यु पर, मासिक पेंशन की वही राशि पति/पत्नी (डिफ़ॉल्ट नामांकित व्यक्ति) को दी जाएगी। नामांकित व्यक्ति, अभिदाता और पति/पत्नी दोनों की मृत्यु पर ग्राहक की 60 वर्ष की आयु तक संचित पेंशन धन निकालने के लिए पात्र होगा।

60 वर्ष की आयु के बाद किसी भी कारण से अभिदाता की मृत्यु के मामले में, पति/पत्नी को पेंशन मिलेगी और उन दोनों (अभिदाता और पति/पत्नी) की मृत्यु पर, ग्राहक की 60 वर्ष की आयु तक जमा हुई पेंशन राशि नामांकित व्यक्ति को दे दी जाएगी। 60 वर्ष से पहले अभिदाता की मृत्यु के मामले में, एपीवाई के तहत संचित पूरी राशि पति/पत्नी/नामित व्यक्ति को वापस कर दी जाएगी। हालांकि, पति/पत्नी/नामित व्यक्ति को पेंशन देय नहीं होगी।

आमतौर पर 60 वर्ष की आयु से पहले बाहर निकलने की अनुमति नहीं है। पीएफआरडीए द्वारा केवल असामान्य परिस्थितियों, अर्थात लाभार्थी की मृत्यु या लाइलाज बीमारी आदि की स्थिति में ही अनुमति दी जा सकती है, एनपीएस से समय से पहले बाहर निकलने के प्रावधानों के अनुरूप।

यदि कोई अभिदाता, जिसने एपीवाई के तहत सरकारी सह-योगदान का लाभ उठाया है, भविष्य की तिथि में स्वेच्छा से एपीवाई से बाहर निकलने चुनाव करता है, तो उसे केवल उसके द्वारा एपीवाई में किए गए योगदान के साथ-साथ उसके योगदान पर अर्जित शुद्ध वास्तविक अर्जित आय (जिसमें से खाता रखरखाव शुल्क काटने के बाद) वापस कर दी जाएगी। सरकारी सह-योगदान, और सरकारी सह-योगदान पर अर्जित आय, ऐसे अभिदाताओं को वापस नहीं की जाएगी।

12.7 नेशनल पेंशन सिस्टम लाइट (एनपीएस लाइट)/स्वावलंबन योजना

नेशनल पेंशन सिस्टम लाइट (NPS Lite) 1 अप्रैल 2010 को लॉन्च हुआ था। इसे एनपीएस स्वावलंबन के रूप में भी जाना जाता है, जिसका लक्ष्य गरीब लोगों को शामिल करता है। एनपीएस लाइट आर्थिक रूप से वंचित लोगों के भविष्य को सुरक्षित करने में मदद करता है। इस योजना से 18-60 वर्ष की आयु का कोई भी व्यक्ति जुड़ सकता है। वर्ष 2015 में अटल पेंशन योजना की शुरुआत के साथ, स्वावलंबन

योजना के तहत नया रजिस्ट्रेशन 1 अप्रैल, 2015 से बंद कर दिया गया है। स्वावलंबन/ एनपीएस लाइट के 18-40 वर्ष के आयु वर्ग के अभिदाता अपने आप एपीवाई में स्थानांतरित हो जाएंगे, जहां उनके पास बाहर निकलने का विकल्प भी होगा। संबद्ध एग्रीगेटर उन अभिदाताओं को माइग्रेशन की प्रक्रिया पूरी करने में सहूलियत देगा। अभिदाता अपने स्वावलंबन खाते को पीआरएएन विवरण के साथ एपीवाई में स्थानांतरित करने के लिए निकटतम अधिकृत बैंक शाखा/डाकघर से भी संपर्क कर सकते हैं। एपीवाई में स्थानांतरित होने वाले स्वावलंबन योजना के अभिदाताओं के लिए भारत सरकार के सह-योगदान का लाभ , दोनों योजनाओं के तहत 5 वर्ष से अधिक नहीं होगा। उदाहरण के लिए, यदि किसी स्वावलंबन लाभार्थी को एक वर्ष के लिए सरकारी सह-योगदान का लाभ मिला है, तो स्वावलंबन योजना से माइग्रेशन के बाद एपीवाई के तहत उस अभिदाता को सरकार का सह-योगदान केवल चार वर्षों के लिए उपलब्ध होगा।

एपीवाई में प्रस्तावित स्वचालित प्रवास से बाहर निकलने वाले मौजूदा स्वावलंबन लाभार्थी को 2016-17 तक सरकारी सह-योगदान दिया जाएगा, बशर्ते कि वह इसके लिए पात्र हो और एनपीएस स्वावलंबन तब तक जारी रहेगा जब तक ऐसे लोग उस योजना के तहत बाहर निकलने की उम्र नहीं हासिल कर लेते। 18 से 40 वर्ष की उम्र के बीच के मौजूदा स्वावलंबन अभिदाता, जो एपीवाई में माइग्रेट हो जाते हैं, उनका संचित कोष उसी पीआरएएन के तहत रखा जाएगा और बाहर निकलने के समय तक अभिदाता की अतिरिक्त संपत्ति के रूप में रहेगा। यह अतिरिक्त राशि अभिदाता को बढ़े हुए पेंशन लाभ के रूप में या एकमुश्त निकासी के रूप में दी जा सकती है, जो मामले पर निर्भर करेगा। स्वावलंबन योजना के तहत अभिदाता, जिनकी उम्र 40 वर्ष से अधिक है और जो योजना के तहत जारी नहीं रहना चाहते हैं, वे एकमुश्त पूरी राशि निकालने का चुनाव कर सकते हैं, या इसके तहत ऐन्युइटी के लिए पात्र होने के लिए 60 वर्ष की आयु तक जारी रखना पसंद कर सकते हैं।

खाता रखरखाव शुल्क तथा अन्य संबंधित शुल्कों के लिए अभिदाताओं के खाते से समय-समय पर कटौती की जाएगी। जब खाता रखरखाव शुल्क, शुल्क और अतिदेय ब्याज की कटौती के कारण अभिदाता के खाते में बैलेंस शून्य हो जाता है, तो खाता तुरंत बंद कर दिया जाएगा। उन अभिदाताओं के लिए, जिन्होंने सरकारी सह-योगदान का लाभ उठाया है, खाते को तब "ज़ीरो" बैलेंस माना जाएगा, जब अभिदाता का कोष घटाकर सरकार का सह-योगदान, खाता रखरखाव शुल्क, शुल्क और अतिदेय ब्याज के बराबर होगा। इन मामलों में, सरकारी सह-योगदान सरकार को वापस कर दिया जाएगा।

12.8 वित्तीय समावेशन हेतु राष्ट्रीय रणनीति

वित्तीय समावेशन हेतु राष्ट्रीय रणनीति 2019-2024 वित्तीय क्षेत्र के सभी हितधारकों को शामिल करते हुए कार्रवाई के व्यापक संमिलन के जरिए राष्ट्रीय स्तर पर वित्तीय समावेशन प्रक्रिया का विस्तार करने और उसे बनाए रखने में मदद करने हेतु भारत में वित्तीय समावेशन नीतियों के दृष्टिकोण व मुख्य उद्देश्यों का निर्धारण करती है। इस रणनीति का उद्देश्य किफायती तरीके से औपचारिक वित्तीय सेवाओं तक पहुंच उपलब्ध कराना, वित्तीय समावेशन को व्यापक व गहरा बनाना और वित्तीय साक्षरता तथा उपभोक्ता संरक्षण को बढ़ावा देना है।

12.9 सारांश

1.बैंक की सुविधाओं से वंचित लोगों को बैंकिंग प्रणाली में लाने के लिए, वित्तीय सेवाओं जैसे बैंकिंग/बचत और जमा खातों, विप्रेषण, ऋण, बीमा और पेंशन तक किफ़ायती पहुंच दिलाने के लिए राष्ट्रीय वित्तीय समावेशन मिशन के तत्वावधान में 2014 में प्रधान मंत्री जन-धन योजना (पीएमजेडीवाई) शुरू की गई थी। सामाजिक सुरक्षा को व्यापक बनाने के लिए, सरकार ने प्रधान मंत्री सुरक्षा बीमा योजना, प्रधान मंत्री जीवन ज्योति बीमा योजना और अटल पेंशन योजना शुरू कीं।

2.पीएमजेजेवाई 18 से 50 वर्ष की आयु के बैंक खाता वाले लोगों के लिए उपलब्ध है, जो ऑटो-डेबिट में शामिल होने/सक्षम करने के लिए अपनी सहमति देते हैं। आधार, बैंक खाते के लिए मुख्य केवाईसी पेपर होगा। 1 जून से 31 मई तक की एक वर्ष की अवधि के लिए 2 लाख रुपए का लाइफ़ कवर होगा और यह नवीकरणीय होगा। किसी भी कारण से बीमाधारक की मृत्यु होने की स्थिति में इस योजना के तहत जोखिम कवरेज 2 लाख रु. है। प्रीमियम रु.436 वार्षिक है, जो इस योजना के तहत प्रत्येक वार्षिक कवरेज अवधि की 31 मई को या उससे पूर्व ग्राहक द्वारा दिए गए विकल्प के अनुसार उसके बैंक खाते से एक किस्त में ऑटो-डेबिट किया जाना होता है। यह योजना जीवन बीमा निगम तथा अन्य सभी जीवन बीमाकर्ताओं द्वारा प्रस्तुत की जा रही है जो जरूरी स्वीकृति के साथ समान शर्तों पर उत्पाद पेश करने के इच्छुक हैं और इस उद्देश्य के लिए बैंकों के साथ सहयोग स्थापित करते हैं।

3.यह प्रधानमंत्री सुरक्षा बीमा योजना (PMSBY) 18 से 70 वर्ष की उम्र के बैंक खाते वाले लोगों के लिए उपलब्ध है, जो वार्षिक नवीनीकरण के आधार पर 1 जून से 31 मई तक कवरेज अवधि के लिए 31 मई को या उससे पहले ऑटो-डेबिट में शामिल होने / सक्षम करने के लिए अपनी सहमति देते हैं। आधार, बैंक खाते के लिए मुख्य केवाईसी पेपर होगा। इस योजना के तहत दुर्घटना में मृत्यु के तथा पूर्ण विकलांगता के लिए लिए जोखिम कवरेज रु. 2 लाख है और रु.1 लाख आंशिक विकलांगता के लिए दिया जाता है। प्रति वर्ष 20 रुपये का प्रीमियम एक किस्त में 'ऑटो-डेबिट' सुविधा के जरिए खाताधारक के बैंक खाते से काटा जाता है। यह योजना पब्लिक सेक्टर जनरल इंश्योरेंस कंपनियों या अन्य जनरल इंश्योरेंस कंपनियों द्वारा प्रस्तुत की जा रही है, जो जरूरी स्वीकृति के साथ समान शर्तों पर उत्पाद पेश करने के इच्छुक हैं और इस उद्देश्य के लिए बैंकों के साथ सहयोग स्थापित करते हैं।

4.वर्ष 2015 में आरंभ की गई अटल पेंशन योजना 18 से 40 वर्ष की आयु के सभी बचत बैंक/डाकघर बचत बैंक खाताधारकों के लिए है और चुनी गई पेंशन राशि के आधार पर योगदान राशि अलग-अलग होती है। अभिदाताओं को गारंटीकृत न्यूनतम मासिक पेंशन रु.1,000 या रु.2,000 या रु.3,000 या रु.4,000 या रु.60 साल के अंत में 5,000 प्राप्त होगी। एपीवाई के तहत, मासिक पेंशन अभिदाता को उपलब्ध होगी, और उसके बाद उसके पति या पत्नी को और उनकी मृत्यु के बाद, अभिदाता की 60 वर्ष की आयु में जमा हुई पेंशन राशि, उसके नॉमिनी को वापस कर दी जाएगी। न्यूनतम पेंशन की गारंटी सरकार द्वारा दी जाएगी, यानी, यदि योगदान के आधार पर संचित धनराशि के निवेश पर अनुमानित रिटर्न से कम आय अर्जित करती है और न्यूनतम गारंटीकृत पेंशन प्रदान करने के लिए राशि अपर्याप्त है, तो केंद्र सरकार ऐसी अपर्याप्तता को फंड देकर उसे पूरा करेगी। अन्यथा, यदि निवेश पर रिटर्न अधिक है, तो सब्सक्राइबर को बढ़ा हुआ पेंशन लाभ मिलेगा।

12.10 प्रमुख शब्द

प्रधानमंत्री जन धन योजना: यह भारतीय नागरिकों के लिए भारत सरकार का एक वित्तीय समावेशन कार्यक्रम है, जिसका लक्ष्य बैंक खाते, विप्रेषण, क्रेडिट, बीमा और पेंशन जैसी वित्तीय सेवाओं तक किफायती पहुंच का विस्तार करना है।

प्रधानमंत्री जीवन ज्योति बीमा योजना: 18 से 50 वर्ष की आयु के बैंक खाता वाले लोगों के लिए भारत सरकार की एक बीमा योजना है, जो ऑटो-डेबिट में शामिल होने/सक्षम करने के लिए अपनी सहमति प्रदान करते हैं। आधार बैंक खाते के लिए प्राथमिक केवाईसी पेपर होगा।

प्रधानमंत्री सुरक्षा बीमा योजना: भारत सरकार की एक दुर्घटना बीमा योजना, जो 18 से 70 वर्ष की आयु के बैंक खाते वाले नागरिकों के लिए उपलब्ध है, जो ऑटो-डेबिट में शामिल होने/सक्षम करने के लिए अपनी सहमति प्रदान करते हैं। आधार बैंक खाते के लिए प्राथमिक केवाईसी पेपर होगा। इस योजना के तहत जोखिम कवरेज आकस्मिक मृत्यु और पूर्ण विकलांगता के लिए रु. 2 लाख और रु.1 लाख आंशिक विकलांगता के लिए दिया जाता है।

अटल पेंशन योजना:भारत के नागरिकों के लिए एक पेंशन योजना जो असंगठित क्षेत्र के श्रमिकों पर केंद्रित है। एपीवाई के तहत, सब्सक्राइबरों के द्वारा किए गए योगदान के आधार पर न्यूनतम गारंटीशुदा पेंशन रु.1,000/- या 2,000/- या 3,000/- अथवा 4,000 या 5,000/- प्रति माह की पेंशन प्रदान की जाती है, जो 60 वर्ष की आयु पर हर माह दी जाएगी।भारत का कोई भी नागरिक एपीवाई योजना से जुड़ सकता है।

नेशनल पेंशन सिस्टम: पेंशन फंड नियामक एवं विकास प्राधिकरण (PFRDA) द्वारा नियंत्रित एक निश्चित-अंशदान (Defined-Contribution) वाली पेंशन प्रणाली है।

पेंशन निधि विनियामक एवं विकास प्राधिकरण: भारत में पेंशन के समग्र पर्यवेक्षण और विनियमन के लिए नियामक निकाय।

स्वावलंबन योजना: सरकार समर्थित, माइक्रो-पेंशन योजना थी जिसकी निगरानी पेंशन फंड विनियमन एवं विकास प्राधिकरण या पीएफआरडीए द्वारा की जाती थी। यह योजना सेवानिवृत्त जीवन के लिए बचत की आदत को बढ़ावा देने के लिए वर्ष 2010 में शुरू की गई थी। वर्ष 2015 में अटल पेंशन योजना की शुरूआत के साथ इस योजना को बंद कर दिया गया और स्वावलंबन के सब्सक्राइबरों को एपीवाई में माइग्रेट करने की अनुमति दी गई।

स्थायी सेवानिवृत्ति खाता संख्या (Permanent Retirement Account Number): यह 12 अंकों की एक यूनीक संख्या है, जो एनपीएस योजना के प्रत्येक अभिदाता को जीवन भर के लिए आवंटित की जाती है।

प्रत्यक्ष लाभ अंतरण (Direct Benefit Transfer): 2013 में भारत सरकार द्वारा आरंभ की गई योजना, जिसका उद्देश्य- सूचना/धन के सरल और तेज़ प्रवाह के लिए कल्याणकारी योजनाओं की मौजूदा प्रक्रिया को फिर से संशोधित कर सरकारी वितरण प्रणाली में सुधार कर और लाभार्थियों के सटीक लक्ष्यीकरण, डी-डुप्लीकेशन और धोखाधड़ी में कमी लाना था।

साधारण बीमा (General Insurance) कंपनियां: कंपनियां/उद्यम, जो ग्राहकों के लिए विभिन्न गैर-जीवन बीमा प्रकारों के निर्माण, विपणन और संवर्धन में लगे हुए हैं।

12.11 अपनी प्रगति जाँचें

1.यदि कोई व्यक्ति 18 वर्ष की उम्र में एपीवाई में शामिल होता है और वह 60 वर्ष की आयु में प्रति माह 5,000 रुपए की न्यूनतम मासिक पेंशन पाना चाहता है, तो उसे कितनी मासिक किस्त (अपने योगदान के रूप में) का भुगतान करना होगा?

(a) रु. 291

(b) रु. 240

(c) रु. 209

(d) रु.126

2. बैंकों ने बिजनेस कॉरेस्पॉन्डेंट्स के जरिए वित्तीय समावेशन के तहत बुनियादी बचत बैंक जमा खाते खोलने के लिए _______________ सौंपे हैं।

(a) स्कीम कोड

(b) पर्सनल आइडेंटिफ़िकेशन नम्बर

(c) आधार नंबर

(d) पीआरएएन

3. ईबीटी का अर्थ होता है ....

(a) इकोनॉमिक बेनीफ़िट ट्रांसफ़र

(b) एक्स्ट्रा बेनीफ़िट ट्रांसफ़र

(c) इलेक्ट्रॉनिक बेनीफ़िट ट्रांसफ़र

(d) इलेक्ट्रॉनिक बोर्ड फ़ॉर ट्रांजेक्शन

4. पीओएस मशीन एक छोटी डिवाइस है, जिसे लगभग सभी व्यवसाय केंद्रों में अपने ग्राहकों को नकदी रहित खरीदारी की सुविधा प्रदान करने के लिए लगाया जाता है।पीओएस का मतलब _____ है।

(a) पेमेंट ऑन सेल

(b) पॉइंट ऑफ़ सेल

(c) पॉइंट ऑफ़ सेटलमेंट

(d) पर्चेंज एंड सेल्स

5. बैंकिंग चैनलों में से एक एटीएम है। 'एटीएम' का पूर्ण नाम ________ है।

(a) एनी टाईम मनी

(b) ऑटोमेटेड टेलर मशीन

(c) ऑटोमेटेड ट्रांजैक्शन मनी

(d) ऑल टाईम मनी

6. ई-केवाईसी के तहत, यूआईडीएआई की आधार केवाईसी सेवा ग्राहक के ___ को प्रमाणित करती है।

(a) डेटा

(b) गतिविधि

(c) केवल बैंक खाता संख्या

(d) उपरोक्त में कोई नहीं

7. क्या कोई नाबालिग पीएमजेडीवाई के तहत खाता खोल सकता है?

(a) 18 वर्ष से अधिक आयु का कोई भी नाबालिग किसी भी बैंक में अपना बचत बैंक खाता खोल सकता है।

(b) 10 वर्ष से अधिक आयु का कोई भी नाबालिग किसी भी बैंक में अपना बचत बैंक खाता खोल सकता है।

(c) 12 वर्ष से अधिक आयु का कोई भी नाबालिग किसी भी बैंक में अपना बचत बैंक खाता खोल सकता है।

(d) इस योजना के तहत कोई नाबालिग खाता नहीं खोल सकता।

8. पीएमजेडीवाई योजना के तहत जीवन बीमा कवरेज की आयु ___ है।

(a) आयु वर्ग 21 से 59 वर्ष

(b) आयु वर्ग 18 से 59 वर्ष

(c) आयु वर्ग 18 से 60 वर्ष

(d) आयु वर्ग 21 से 60 वर्ष

9. पीएमजेडीवाई योजना के तहत दिए जाने वाली जीवन बीमा कवर की बीमा राशि है_
   (a) रु. 5,000
   (b) रु. 25,000
   (c) रु.30,000
   (d) रु. 1,00,000
10. पीएमजेडीवाई के तहत एसबी खातों में ओवरड्राफ्ट सुविधा की अनुमति दी जाएगी____।
   (a) खाते की वार्षिक समीक्षा के अधीन 36 महीनों के लिए चलने वाली ओडी सुविधा के रूप में
   (b) 12 महीने तक चलने वाली ओडी सुविधा के रूप में
   (c) खाते की वार्षिक समीक्षा के अधीन 24 महीनों के लिए चलने वाली ओडी सुविधा के रूप में
   (d) खाताधारक की पसंद के अनुसार चालू ओडी सुविधा के रूप में

12.12 'अपनी प्रगति जाँचें' का उत्तर

1. (c)	2. (a)	3. (c)	4. (b)	5. (b)	6. (a)
7. (b)	8. (b)	9. (c)	10. (a)		

अध्याय

13 जोखिम और धोखाधड़ी प्रबंधन

13

13.1 उद्देश्य

13.2 परिचय

13.3 बैंकों की नजर में जोखिम और इसे कम करने के उपाय

13.4 बीसी (BCs) की नजर में जोखिम

13.5 जोखिम और धोखाधड़ी प्रबंधन

13.6 बिज़नेस कॉरेस्पॉन्डेंट और बिज़नेस फैसिलिटेटर के लिए 'क्या करें और क्या न करें'

13.7 सारांश

13.8 प्रमुख शब्द

13.9 अपनी प्रगति जाँचें

13.10 'अपनी प्रगति जाँचें' का उत्तर

अध्याय

जोखिम और धोखाधड़ी प्रबंधन

13.1 उद्देश्य

इस अध्याय का अध्ययन करने के बाद पाठक निम्नलिखित बातों को समझ सकेंगे:

- बैंकों के लिए बीसी मॉडल से जुड़े जोखिम
- बीसी एजेंट जिन जोखिमों के संपर्क में आते हैं
- जोखिम और धोखाधड़ी प्रबंधन उपाय

13.2 परिचय

जोखिम वित्तीय सेवाओं का एक अभिन्न अंग है। सरल शब्दों में, जोखिम एक प्रतिकूल घटना घटित होने की संभावना है, जिसके फलस्वरुप वित्तीय संस्थानों को आय का नुकसान हो सकता है। किसी भी वित्तीय संगठन के लिए जोखिम प्रबंधन एक कठिन कार्य है। बिज़नेस कॉरेस्पॉन्डेंट एजेंट और बैंकों के लिए एक प्रोएक्टिव जोखिम प्रबंधन प्रणाली का होना आवश्यक है, जो जोखिम परिदृश्य की लगातार समीक्षा करेगी और उन जोखिमों का प्रबंधन करने के लिए निवारक उपाय करेगी। एक बैंक के लिए, सभी जोखिमों को खत्म करना असंभव है, हालांकि जोखिम प्रबंधन का लक्ष्य जोखिमों का लगातार आकलन करना है, और उन्हें स्वीकार्य जोखिम स्तरों के तहत रखना है।

13.3 बैंकों के नजर में जोखिम और इसे कम करने के उपाय

चूँकि आउटसोर्स गतिविधि ने बैंकों को विभिन्न प्रकार के जोखिमों से अवगत कराया है, इसलिए उचित होगा कि बिज़नेस कॉरेस्पॉन्डेंट और बिज़नेस फैसिलिटेटर की स्वीकृति भूमिका के निष्पादन से विचलन के कारण उत्पन्न होने वाले बैंकों के जोखिम की प्रकृति का जांच करना और उन्हें कैसे कम किया जा सकता है, इसकी जांच करना प्रासंगिक है। निम्नलिखित तालिका प्रासंगिक पहलुओं पर प्रकाश डालेगी:

	जोखिम	जोखिम कम करने की तकनीक
1.	**रणनीतिक जोखिम:**	
	1. सेवा प्रदाता अपनी ओर से गतिविधियों का संचालन कर सकता जो कि विनियमित इकाई (बैंक) के समग्र रणनीतिक लक्ष्यों के साथ असंगत हैं ।	1. जनता की जानकारी के लिए बिजनेस फैसिलिटेटर/कॉरेस्पोंडेंट की भूमिका/कर्तव्यों को मीडिया के माध्यम से प्रचारित किया जाएगा ताकि वे (ग्राहक/आसामी) बीएफ/बीसी (BF/BC) के साथ अपने लेन-देन को केवल उन्हीं गतिविधियों तक सीमित रख सकें जो बैंक अपने दिशानिर्देशों में निर्दिष्ट करते हैं। शाखा प्रबंधक को इस संबंध में व्यवस्थाओं की समय-समय पर जांच करनी होगी।
	2. बीसी (BC) और उसके उप एजेंटों को आउटसोर्स की गतिविधियों के संबंध में उचित निरीक्षण लागू करने में आउटसोर्सिंग बैंक की विफलता। ऐसा इसलिए भी हो सकता है कि आउटसोर्सिंग बैंकों के पास अपने बीसी और उप-एजेंटों की निगरानी के लिए पर्याप्त विशेषज्ञता नहीं होती है।	2. एक एमओयू (MOU)/समझौते पर इस शर्त के साथ हस्ताक्षर किए जा सकते हैं कि बीएफ/बीसी (BF/BC) अपनी ओर से या किसी अन्य असंगत गतिविधि का संचालन नहीं करेगा, जो एमओयू (MOU) में निर्दिष्ट नहीं है।
		3. संबंधित पक्षों को उचित अभिविन्यास और प्रशिक्षण दिया जाएगा
2.	**कार्यकारी जोखिम**	
	1. चूँकि वर्तमान बीसी (BC) मॉडल का अधिकांश भाग प्रौद्योगिकी के उपयोग पर निर्भर करता है, इसलिए प्रौद्योगिकी विफलता एक गंभीर मुद्दा हो सकती है। एक संबंधित मुद्दा बीसी (BC) और आउटसोर्सिंग बैंक के बीच प्रौद्योगिकी की अनुकूलता और एकीकरण है।	1. बैंक उचित तंत्र स्थापित करेंगे ताकि यह सुनिश्चित किया जा सके कि प्रौद्योगिकी विषयों की पूरी तरह से जांच की जाती है, और जब भी तकनीकी समस्याएं आती हैं तो उन्हें ठीक करने की व्यवस्था की जाती है। किसी भी प्रौद्योगिकी विफलता/क्षेत्र स्तर की समस्याओं की स्थिति में सावधानी बरतने के लिए बीसी (BC) को पर्याप्त रूप से प्रशिक्षित किया जाना चाहिए।
	2. बीसी (BC) के पास अपने दायित्वों को पूरा करने और/या गंभीर धोखाधड़ी या त्रुटियों के मामले में समाधान करने के लिए अपर्याप्त वित्तीय और अन्य क्षमता हो सकती है।	2. बैंकों को बीसी (BC) के साथ समझौते करते समय वित्तीय और अन्य क्षमता पर ध्यान देने की जरूरत है, जो कि परिकल्पित कार्यवाही के पैमाने और उनके द्वारा भौतिक रूप से मध्यवर्ती किए जाने वाले धन की मात्रा पर ध्यान देते हैं।
	3. प्रत्येक क्लस्टर के प्रस्तावित विशाल आउटरीच और कठिन भौतिक इलाके को देखते हुए, आउटसोर्सिंग बैंक और/या बीसी (BC) के लिए कठोर आंतरिक ऑडिट और निरीक्षण करना कठिन और महंगा हो सकता है।	3. इस पहलू का उचित मूल्यांकन करने और इसे कम करने की आवश्यकता है।

	जोखिम	जोखिम कम करने की तकनीक
3.	**प्रतिष्ठा जोखिम:**	
	1. बीसी (BCs) अपने ग्राहकों को सेवा की सभी विशेषताओं – गुणवत्ता, सेवा की स्थिरता,समयबद्धता, अनुकूलनशीलता आदि के संदर्भ में खराब सेवा प्रदान करते हैं।	1. ग्राहकों की फीडबैक प्रणाली विकसित की जाएगी। गांव के प्रतिष्ठित व्यक्तियों से भी मार्केट संबंधी पूछताछ की जा सकती है।
	2.बीसी (BCs) का ग्राहक से संपर्क और जुड़ाव आउटसोर्सिंग (outsourcing) बैंक के समग्र गुणवत्ता स्तरों को पूरा नहीं करता है (जो विनियमित इकाई है और बैंकिंग विनियमन अधिनियम के विभिन्न प्रावधानों और प्रचलित स्वैच्छिक आचार संहिता का अनुपालन करना माना जाता है।)	2. बीसी (BCs) को उचित प्रशिक्षण दिया जाएगा ताकि यह सुनिश्चित किया जा सके की वे ग्राहकों को गुणवत्तापूर्ण सेवा प्रदान करें। शाखाएँ/नियंत्रक बीसी (BC) के साथ नियमित बातचीत के माध्यम से इस मुद्दे पर समय-समय पर निगरानी रखेंगे।
4.	**अनुपालन जोखिम:**	
	1. बीसी (BCs) के स्तर की कार्यवाही/कार्यवाहियां, गतिविधियां और व्यवहार आउटसोर्सिंग बैंक द्वारा निश्चित की गईं प्रक्रियाओं, प्रथाओं और कार्यवाही के अनुरूप नहीं होती।	1. अनुपालन प्रणाली/नियंत्रण आवश्यकता को समझौते में स्पष्ट रूप से दर्शाया जाएगा और शाखाओं द्वारा समय-समय पर स्थिति पर नजर रखी जाएगी।
	2. बीसी (BCs) गोपनीयता पहलुओं और संबंधित गोपनीयता कानून का अनुपालन नहीं करते हैं।	2. गोपनीयता के उल्लंघन की स्थिति में, बीसी (BC) को दंडित किया जा सकता है या काली सूची में डाला जा सकता है और बीसी का नामांकन/नियुक्ति करते समय इस आशय का एक वचन पत्र प्राप्त किया जाएगा।
5.	**निकासरण नीति जोखिम:**	
	1. उपयुक्त निकास रणनीतियाँ मौजूद नहीं हैं। यह एक-फर्म पर अत्यधिक निर्भरता के कारण उत्पन्न हो सकता है (जैसे क्लस्टर के लिए सामान्य बीसी और उप एजेंट) 2. आउटसोर्सिंग बैंकों में प्रासंगिक कौशल की हानि, जिससे बैंकों को बाद की तारीख में गतिविधि को वापस लाने से रोका जा सके; और 3. संविदात्मक शर्तें जो त्वरित निकास को अत्यधिक महंगा बना सकती हैं।	बिजनेस कॉरेस्पोंडेंट/बिजनेस फैसिलिटेटर्स की भूमिका और कर्तव्य अत्यधिक तकनीकी नहीं हैं। प्रतिस्थापन संभव है। बैंकों को समय-समय पर ग्राहकों की प्रतिक्रिया, निरीक्षण के माध्यम से समीक्षा आदि के आधार पर स्थिति की समीक्षा करनी चाहिए।
6.	**संविदात्मक जोखिम:**	
	अनुबंध को लागू करने में बैंक की ओर से असमर्थता।	बिजनेस कॉरेस्पोंडेंट/बिजनेस फैसिलिटेटर्स की संविदात्मक क्षमता की जांच नियुक्ति के समय परिश्रम जांच के माध्यम से की जाएगी।

	जोखिम	जोखिम कम करने की तकनीक
7.	**सूचना और पहुंच का जोखिम:**	
	इससे नियामक इकाई के नियामक/पर्यवेक्षक को समय पर डेटा और अन्य जानकारी प्रदान करने की क्षमता में बाधा आती है।	बिजनेस कॉरेस्पॉन्डेंट्स/फैसिलिटेटर्स ग्रामीण स्थानों पर भी काम करेंगे जहां लेनदेन मैन्युअल होगा। इसे उचित परिश्रम और डेटा/सूचना को रिपोर्ट करने की व्यवस्था/तरीकों के माध्यम से जांचा जाना चाहिए।
8.	**एकाग्रता और व्यवस्थित जोखिम:**	
	किसी सेवा प्रदाता पर व्यक्तिगत फर्मों के नियंत्रण का अभाव। एक ही सेवा प्रदाता के संपर्क में आने पर प्रणालीगत जोखिम।	व्यवसाय को आवश्यक स्टैंड बाय (stand by) व्यवस्था के साथ कई बिजनेस कॉरेस्पॉन्डेंट्स/फैसिलिटेटर्स को वितरित किया जाएगा।

13.4 बीसी (BCs) के नजर में जोखिम

सरल शब्दों में सुरक्षित और अनुचित या गैरकानूनी लाभ के लिए जानबूझकर किए गए कार्य को धोखाधड़ी कहा जाता है। इस अनुभाग में, हम व्यवसाय प्रतिनिधि के दृष्टिकोण से जोखिम और धोखाधड़ी प्रबंधन से संबंधित विभिन्न पहलुओं पर चर्चा करेंगे। बीसीए (BCA) को अपने कार्य की प्रकृति और जिन ग्राहकों के साथ वह काम करता है, उनकी विशेषताओं के कारण काफी जोखिम का सामना करना पड़ता है। बीसी (BC) एजेंटों के कर्तव्यों में अन्य बातों के अलावा नकद लेनदेन भी शामिल है। परिणामस्वरूप, एजेंटों को कई समस्याओं का सामना करना पड़ता है, जिनमें से सबसे प्रमुख नकदी प्रबंधन और परिचालन मामले हैं। बीसी (BC) के लिए नकदी संभालने का जोखिम होता है।

एक बीसी (BC) द्वारा सामना किए जाने वाला एक अन्य जोखिम क्षेत्र प्रौद्योगिकी से संबंधित है। हालांकि प्रौद्योगिकी-आधारित उत्पादों के लाभ निर्विवाद है, फिर भी कुछ चिंताएं/मुद्दे है, जिन्हें अधिक सुविधाजनक और परेशानी मुक्त बनाने के लिए समाधान करने की आवश्यकता है। ग्राहकों को इन उत्पादों को समझने और उनसे संपत्ति का उपयोग करने में मदद करने के लिए बैंकों ने अपनी वेबसाइट में विस्तृत प्रक्रिया/डेमो/सुरक्षा उपाय आदि दिए हैं।

कई ग्राहक, विशेष रूप से ग्रामीण क्षेत्र से, डिजिटल बैंकिंग उत्पादों को समझने में असमर्थ हैं। साथ ही, एटीएम (ATM) या मोबाइल बैंकिंग (Mobile Banking) सुविधाओं में शामिल जोखिम के बारे में ग्रामींण ग्राहकों को जागरूक करने के लिए बहुत अधिक प्रयास नहीं किए गए हैं। प्रौद्योगिकी - आधारित बैंकिंग उत्पादों का उपयोग करते समय, लेनदेन की सुरक्षा एक बड़ा मुद्दा है। यदि बीसीए (BCA) जो ऐसे उत्पादों से निपट रहे हैं, को सुरक्षा संबंधी चिताओं के बारे में स्पष्ट रूप से जानकारी नहीं है, तो समस्या बढ़ जाएगी। परिणामस्वरूप उत्पादों का प्रयोग करते समय पालन की जाने वाली सुविधाओं/सुरक्षा पहलुओं को ग्राहक को स्पष्ट रूप से नहीं समझाया जाता है। आईटी (IT) और बैंकों द्वारा कार्यान्वित इसके सुरक्षा उपाय अधिक बैंकर अनुकूल और फिर ग्राहक अनुकूल प्रतीत होते हैं। बैंकिंग प्रौद्योगिकी उत्पादों का उपयोग करते समय ग्राहकों द्वारा सामना की जाने वाली समस्याओं को नीचे दर्शाया गया है।

(a) ग्राहक के खाते में गलत तरीके से डेबिट की गई राशि (या तो प्रौद्योगिकी की विफलता या धोखाधड़ी के कारण) वापिस करने में देरी। इन सारे मामलों में, ग्राहकों द्वारा बार-बार शाखा में जाने के बाद भी बैंक इस संबंध में ग्राहकों द्वारा की गई शिकायतों का समाधान नहीं कर सके।

(b) ऐसे उदाहरण है, जिनमें एटीएम (ATM) द्वारा ग्राहकों को कम भुगतान किया गया है। दूसरे शब्दों में, एटीएम(ATM) द्वारा ग्राहक के खाते से डेबिट की गई राशि से कम राशि की नकदी निकाली गई।

(c) जब कोई ग्राहक एटीएम (ATM) पर जाता है, जहां या तो मशीन खराब हो जाती है या नकदी खत्म हो जाती है, जिससे ग्राहक को असुविधा होती है।

(d) अधिकांश समय, ग्राहकों को एटीएम (ATM) में केवल उच्च मूल्यवर्ग के नोट ही मिलते हैं और ऐसे उच्च मूल्यवर्ग के करेंसी नोटों को छोटे मूल्वर्ग की करेंसी नोटों या सिक्कों में बदलने की कोई सुविधा नहीं है।

(e) एटीएम (ATM) में नकदी जमा लेनदेन के मामले में, भले ही एटीएम (ATM) के बाहंर यह चेतावनी दी गई हो कि "एटीएम (ATM) में स्वीकार की गई नकदी जमा बैंक कर्मचारियों द्वारा सत्यापन के अधीन है और इस संबंध में बैंक का निर्णय अंतिम होगा", फिर भी विवाद की गुंजाइश होती है।

(f) जब ग्राहकों द्वारा एटीएम (ATM) या ऑनलइन (online) लेनदेन करने के लिए तीन बार गलत पिन (PIN) का उपयोग किया जाता है, तो खाता बंद (Block) हो जाता है और ग्राहक आगे लेनदेन नहीं कर पाते हैं; ऐसे अवसरों पर उन्हें मार्गदर्शन और पासवर्ड रिसेट (password Reset) करने के लिए बैंक कर्मचारियों/प्रतिनिधि की मदद का इंतजार करना पड़ता है और ऐसी मदद आमतौर पर उसी दिन नहीं मिलती है।

(g) ऑनलाइन (online) लेनदेन, बैंक ओटीपी (one time password) प्रदान करते हैं, जिसे ग्राहक द्वारा तीसरे पक्ष के साथ साझा नहीं किया जाता है। स्वतंत्र रूप से लेनदेन करने की अक्षमता के कारण, वे अक्सर तीसरे पक्ष की मदद लेते हैं। जब ग्राहक ओटीपी (OTP) और अन्य जानकारी तीसरे पक्ष के साथ साझा करता है, तो वह जोखिम में पड़ जाता है।

(h) जब भी व्यापारिक प्रतिष्ठानों पर डेबिट\क्रेडिट (Debit/Credit) कार्ड का उपयोग करके लेनदेन किया जाता है तो व्यापारिक प्रतिष्ठान को ग्राहक की महत्वपूर्ण जानकारी प्राप्त होती है। ऐसे में दुरुपयोग की गुंजाइश रहती है।

(i) मोबाइल के माध्यम से गलत तरीके से विज्ञापन बेचने से ग्राहकों पर अनावश्यक बोझ पड़ता है।

(j) धन हस्तांतरण के लिए मोबाइल बैंकिंग या ऑनलाइन बैंकिंगं (mobile banking or online banking) में, भुगतानकर्ता को पंजीकृत करना और पुष्टि प्राप्त करना आवश्यक है। यह एक बोझिल प्रक्रिया है।

(k) एक अन्य मुद्दा यह है कि यह नोट करना मुश्किल हो जाता है की लेनदेन सफल हुआ या नहीं। इंटरनेट कनेक्टिविटी बाधित होने या धीमे इंटरनेट कनेक्शन या नेटवर्क/सर्वर समस्याओं के कारण, कभी-कभी लेनदेन नहीं हो पाता, जिससे ग्राहकों को असुविधा होती है।

13.5 जोखिम और धोखाधड़ी प्रबंधन

प्रभावी धोखाधड़ी प्रबंधन दृष्टिकोण तीन उद्देश्यों पर केंद्रित होता है।

(i) *रोकथाम:* सबसे पहले धोखाधड़ी के जोखिम को कम करने के लिए डिज़ाइन किए गए नियंत्रण और प्रणालियाँ, जिनमें विशिष्ट प्रक्रियाओं का पालन, तीसरे पक्ष का उचित परिश्रम आदि शामिल हैं।

(ii) *पता लगाना:* धोखाधड़ी होने पर उसका पता लगाने के लिए डिज़ाइन किए गए नियंत्रण, जैसे ऑडिट और निगरानी, बैंक शाखा द्वारा निरीक्षण आदि।

(iii) *प्रतिक्रिया:* सुधारात्मक कार्रवाई करने और धोखाधड़ी के कारण होने वाले नुकसान को दूर करने के लिए डिज़ाइन किए गए नियंत्रण, जैसे जांच और उपचारात्मक कार्रवाई।

बीसी (BCs) को दूसरों द्वारा धोखाधड़ी की गतिविधियों में शामिल होने से बचने के लिए, यह उचित होगा कि बीसी (BC) निम्नलिखित गतिविधियों को अंजाम न दे।

i. सिस्टम में संचार विफलता होने पर बीसी (BC), किसी भी इलेक्ट्रॉनिक लेनदेन को संचालित या निष्पादित नहीं करेगा।

ii. जब लेन-देन की रसीद या पावती उत्पन्न नहीं की जा सकती तो वह लेन-देन नहीं करेगा/करेगी।

iii. वह ग्राहकों से सीधे कोई शुल्क नहीं लेगा/लेगी।

iv. वह किसी संस्था या ग्राहक के पक्ष में किसी प्रकार की कोई गारंटी नहीं देगा/देगी।

v. वह अपनी मर्जी से बैंकिंग सेवा प्रदान नहीं करेगा/करेगी।

vi. वह किसी ऐसी एजेंसी से व्यवसाय जारी नहीं रखेगा/रखेगी, जिसका आपराधिक रिकॉर्ड हो, जो धोखाधड़ी, बेईमानी, इमानदारी या किसी अन्य वित्तीय अनौचित्य में संलिप्त हो।

vii. वह कोई भी ऐसी बैंकिंग सेवा प्रदान नहीं करेगा/करेगी, या प्रदान करने से रोकेगा/रोकेगी जिसकी अनुबंध में विशेष रूप से अनुमति नहीं है।

viii. वह चेक जमा और चेक भुगतान का कार्य नहीं करेगा/करेगी।

ix. वह विदेशी मुद्रा लेनदेन नहीं करेगा/करेगी।

x. वह नकद अग्रिम (advance) भुगतान नहीं करेगा/करेगी।

xi. वह अपनी ओर से एजेंट बैंकिंग (Agent Banking) करने के लिए किसी अन्य संस्था को उप-ठेका नहीं देगा/देगी।

सुरक्षित और सुचारू डिजिटल बैंकिंग के लिए ग्राहक शिक्षा और उचित जोखिम प्रकटीकरण आवश्यक है।

13.6 बिज़नेस कॉरेस्पॉन्डेंट और बिज़नेस फैसिलिटेटर के लिए 'क्या करें और क्या न करें'

मूल्य और नैतिकता

बुनियादी मूल्य वे होते हैं जो मानव होने के मूल में है। मूल्य किसी के लिए क्या महत्वपूर्ण है, इसके बारे में स्थिर, दीर्घकालिक विश्वास हैं। ये ऐसे गुण हैं जिन्हें कोई व्यक्ति अपने कार्यों और आचरण का मार्गदर्शन करने के लिए अपनाता है।

मरियम-वेबस्टर 'नैतिकता' को इस प्रकार परिभाषित करता है:

- "अच्छे और बुरे नैतिक कर्तव्य और दायित्व से निपटने वाला अनुशासन"।
- "नैतिक सिद्धांतों का एक समूह: नैतिक मूल्यों का एक सिद्धांत या प्रणाली"।
- "किसी व्यक्ति या समूह को नियंत्रित करने वाले आचरण के सिद्धांत"।
- "नैतिक मुद्दों या पहलुओं का एक समूह (जैसे कि न्यायसंगतता)"।

इसलिए, नैतिकता एक समाज में स्वीकार्य नैतिक मानकों और मूल्यों का एक समूह है और मानव व्यवहार का मार्गदर्शन करती है। यह लोगों को ऐसे निर्णय लेने से रोकती है जो दूसरों या समाज के लिए हानिकारक हो सकते हैं। नैतिक सिद्धांत सार्वभौमिक है। नैतिकता प्रकृति में अनुदेशात्मक होती है - इसका संबंध इस बात से है कि क्या करना अनिवार्य है या क्या किया जाना चाहिए।

बैंक किसी देश की अर्थव्यवस्था में महत्वपूर्ण भूमिका निभाते हैं, और बैंकिंग न्यायसंगत और सत्य पर आधारित है। बैंकिंग व्यवसाय विभिन्न नैतिक संहिताओं जैसे सच्चाई, ईमानदारी, सत्यनिष्ठा, पारदर्शिता आदि पर निर्भर करता है जो उधार देने के लिए जमा स्वीकार करने के बुनियादी बैंकिंग व्यवसाय की प्रकृति को देखते हुए महत्वपूर्ण हैं।

बैंकिंग में नैतिकता की आवश्यकता और महत्व

नैतिकता, नैतिक निर्भरता, दायित्वों को पूरा करने की समयबद्धता और अनुबंध की शर्तों का सम्मान करना है। यह बैंकों के लिए विश्वसनीयता पैदा करता है। बैंकों को उच्च नैतिक मानकों से प्रेरित होकर उच्च गुणवत्ता वाली सेवाएँ प्रदान करने और अपनी कार्य संस्कृति, प्रबंधन और अपने कर्मचारियों की गुणवत्ता में इसे बनाए रखने की आवश्यकता है। बैंक तभी अच्छा काम कर सकते हैं जब जनता उन पर भरोसा करे। बैंकिंग गतिविधियों की सुरक्षा सुनिश्चित करना निश्चित रूप से एक चुनौतीपूर्ण कार्य है।

वैश्विक एकीकरण के साथ-साथ, चल रहे वित्तीय नवाचारों ने बैंकिंग कार्यों पर सरकारों और नियामकों के न्यूनतम प्रत्यक्ष हस्तक्षेप की संभावनाएँ ला दी हैं। इसलिए, बैंकिंग गतिविधि की सुरक्षा काफी हद तक बाजार के खिलाड़ियों के रवैये और आत्मविश्वास पर निर्भर है।

(i) नैतिकता दुविधाओं से निपटने में मदद करती है - एक बैंक को, कभी-कभी, व्यवसाय के दौरान नैतिक दुविधाओं का सामना करना पड़ सकता है। बैंकों को सही बनाम कम सही के बीच जटिल दुविधाओं से

निपटना पड़ता है। इसलिए कर्मचारियों को जटिल नैतिक विकल्पों से गुजरने में सक्षम बनाने के लिए मजबूत नैतिक सिद्धांतों के एक समूह की आवश्यकता है।

(ii) प्रतिष्ठा/सद्भावना की रक्षा करती है — बैंक का नैतिक व्यवहार जमाकर्ताओं के हितों की रक्षा करने में सहायता करता है, इस प्रकार, व्यवस्था की स्थिरता बनाए रखता है और बैंक की प्रतिष्ठा को संरक्षित करता है। नैतिक आचरण कानूनी उल्लंघनों और भ्रष्ट गतिविधियों को रोकता है, प्रतिष्ठा को बढ़ाने में अन्य हित धारकों के हितों की रक्षा करता है और ब्रांड छवि को बढ़ाता है।

(iii) जोखिम से बचने में मदद करती है - वरिष्ठों द्वारा अपनाई गई एक अच्छी तरह से परिभाषित नैतिकता संहिता उच्च नैतिक मानकों और कर्मचारियों द्वारा अनैतिक प्रथाओं के खिलाफ निवारक और सुधारात्मक उपायों को सुनिश्चित करती है। इससे स्टाफ के सदस्य कुछ संतुष्टि के प्रलोभन के कारण अपराध करने से बचेंगे, जैसे अयोग्य ऋण आवेदन को मंजूरी देना, अनुचित शर्तों पर ऋण देना और ऋण आवेदन की प्रक्रिया में जानबूझकर देरी करना आदि।

चूंकि बिजनेस कॉरेस्पॉन्डेंट (बीसी) अंतिम छोर तक कनेक्टिविटी सुनिश्चित करने वाले बैंकों की विस्तारित भुजाएं हैं, इसलिए बीसी के लिए नैतिक सिद्धांतों का पालन महत्वपूर्ण है।

कॉर्पोरेट प्रशासन

"कॉर्पोरेट प्रशासन" का अर्थ किसी कंपनी के प्रबंधन, उसके बोर्ड, उसके शेयरधारकों के साथ-साथ अन्य हितधारकों के बीच संबंधों का एक सेट है जो संरचना प्रदान करता है, जिसके माध्यम से कंपनी के उद्देश्यों को निर्धारित किया जाता है, साथ ही उन उद्देश्यों को प्राप्त करने और प्रदर्शन की निगरानी करने के साधन भी प्रदान किए जाते हैं। इससे यह परिभाषित करने में मदद मिलती है कि प्राधिकार और जिम्मेदारी कैसे आवंटित की जाती है और निर्णय कैसे लिए जाते हैं।"

एक फर्म के निदेशक किसी संगठन के सभी हितधारकों के लिए धन और खुशी पैदा करने और कॉर्पोरेट प्रशासन का उपयोग करके सुधार करने के लिए जिम्मेदार होते हैं। निदेशकों का यह कर्तव्य है कि वे अपनी निदेशक भूमिका में नैतिक कदाचार से बचें और संगठन में नैतिक कदाचार को रोकने के लिए निर्णयों में नेतृत्व प्रदान करें। कर्मचारियों के लिए अनैतिक निर्णय लेने के अवसर को दूर करने के लिए, अधिकांश कंपनियों ने जवाबदेही, निरीक्षण और नियंत्रण की औपचारिक प्रणालियाँ विकसित की हैं - जिन्हें कॉर्पोरेट प्रशासन के रूप में जाना जाता है।

सुदृढ़ कॉर्पोरेट प्रशासन प्रथाओं के कुछ लाभ इस प्रकार हैं:

1. यह अनुकूल वातावरण बनाता है, जो मालिकों, बिजनेस कॉरेस्पॉन्डेंट्स सहित विभिन्न हितधारकों को संगठन के हित में उद्देश्यों को प्राप्त करने के लिए प्रोत्साहित करता है।

2.यह भ्रष्टाचार, विलंब, जोखिम और प्रबंधन को कम करता है।

3. अच्छा कॉर्पोरेट प्रशासन बैंकों और उनके ग्राहकों के बीच विश्वास के निर्माण और रखरखाव को सुनिश्चित करता है। बैंकों के एजेंट होने के नाते, बिजनेस कॉरेस्पॉन्डेंट्स की यह सुनिश्चित करने में महत्वपूर्ण भूमिका होती है कि उनके ग्राहकों के साथ विश्वास हमेशा बना रहे।

जैसी कि पहले चर्चा की गई है, आउटसोर्सिंग मॉडल को सफल बनाने और वित्तीय समावेशन के अपने उद्देश्य को प्राप्त करने के लिए जनता का विश्वास और ग्राहक का विश्वास एक पूर्व-आवश्यकता है। यह बिजनेस कॉरेस्पॉन्डेंट्स/बिजनेस फैसिलिटेटर्स द्वारा की गई हर कार्रवाई में प्रतिबिंबित होना चाहिए:

a. ग्राहकों की जानकारी की गोपनीयता अत्यंत महत्वपूर्ण है। बीसी/बीएफ (BC/BF) को इसे पूरी तरह से बनाए रखना चाहिए।

b. ग्राहक की जानकारी तक उनकी पहुंच उन क्षेत्रों तक सीमित होनी चाहिए, जहां आउटसोर्स का कार्य करने के लिए जानकारी की आवश्यकता होती है। उन्हें अन्य अभिलेख उपलब्ध न कराये जाएं।

c. बैंक की गोपनीयता बनाए रखने के लिए उन्हें बैंक के ग्राहक की जानकारी, दस्तावेज़, रिकॉर्ड और संपत्ति को अलग करने और स्पष्ट रूप से पहचानने में सक्षम होना चाहिए।

d. उन्हें निष्पक्ष होना चाहिए और राजनीति, जाति-विभाजन आदि में शामिल नहीं होना चाहिए और सभी ग्राहकों के साथ उनकी जाति, पंथ और लिंग की परवाह किए बिना, समान रूप से सम्मानपूर्वक व्यवहार किया जाना चाहिए।

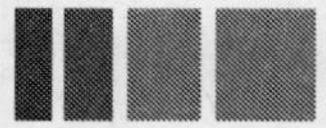

13.7 सारांश

चूंकि आउटसोर्स गतिविधि बैंकों को विभिन्न प्रकार के जोखिमों में डालती है, बिजनेस कॉरेस्पोंडेंट और बिजनेस फैसिलिटेटर की स्वीकृत भूमिका के प्रदर्शन से विचलन के कारण होने वाले जोखिमों की प्रकृति की जांच करना आवश्यक है और जोखिमों को कम करने के लिए उचित तकनीकों/उपायों को नियोजित किया जाना चाहिए। बीसी(BC) जो नकदी का प्रबंधन कर रहा है और अपनी सेवाओं की डिलीवरी के लिए हाथ से पकड़े जाने वाले उपकरणों/प्रौद्योगिकी का उपयोग करता है, उसे भी महत्वपूर्ण जोखिमों का सामना करना पड़ रहा है। सभी प्रक्रियाओं का पालन करने वाली एक अच्छी जोखिम प्रबंधन प्रणाली बीसीए(BCA) और बैंक को ऐसे जोखिमों के कारण होने वाले नुकसान को कम करने, ऐसे जोखिमों को अवसरों में बदलने, प्रतिस्पर्धा को पूरा करने और संसाधनों के उचित आवंटन द्वारा उनकी दक्षता बढ़ाने में मदद करेगी।

13.8 प्रमुख शब्द

नैतिक आचरण: पारदर्शिता और विश्वास की संस्कृतियाँ शामिल करने वाली प्रथाएँ।

जोखिम प्रबंधन: जोखिम के स्तर की पहचान करने और जोखिम के स्तर को मापने की प्रक्रिया, इकाई द्वारा वर्तमान में की जा रही है, ऐसे कार्य करना जो जोखिम के वास्तविक स्तर को जोखिम के वांछित स्तर पर लाते हैं और जोखिम के नए वास्तविक स्तर की निगरानी करते हैं, ताकि यह जोखिम के वांछित स्तर के साथ जुड़ा रहे।

धोखाधड़ी प्रबंधन: अवैध गतिविधियों का पता लगाने और महत्वपूर्ण जानकारी को ऑनलाइन धोखाधड़ी करने वालों के हाथों में पड़ने से बचाने की प्रक्रिया।

रणनीतिक जोखिम: वह जोखिम है जो असफल व्यावसायिक निर्णय से किसी संस्था के लिए उत्पन्न हो सकता है।

प्रतिष्ठा जोखिम: किसी व्यवसाय या इकाई के अच्छे नाम या प्रतिष्ठा के लिए ख़तरा है।

अनुपालन जोखिम: किसी संगठन के लिए कानूनी दंड, वित्तीय ज़ब्ती और भौतिक हानि का संभावित जोखिम है, जो उद्योग कानूनों और विनियमों, आंतरिक नीतियों या निर्धारित सर्वोत्तम प्रथाओं के अनुसार कार्य करने में विफलता के परिणामस्वरूप होता है।

पहुंच जोखिम: सिस्टम, डेटा या सूचना तक अनुचित पहुंच से जुड़ा जोखिम।

संविदात्मक जोखिम: वह जोखिम जो स्पष्ट रूप से उन विशिष्ट अनुबंधों से जुड़ा हुआ है जिनमें संगठन शामिल है।

डिजिटल बैंकिंग: चेक, पे-इन स्लिप, डिमांड ड्राफ्ट आदि जैसी सभी कागजी कार्रवाई को दूर करते हुए, डिजिटल प्लेटफॉर्म के माध्यम से बैंकिंग की जाती है। डिजिटल बैंकिंग के तहत सभी बैंकिंग गतिविधियाँ ऑनलाइन उपलब्ध हैं।

वन टाइम पासवर्ड: जैसा कि नाम से पता चलता है, एक ऐसी प्रणाली है जो एक अद्वितीय पासवर्ड का उपयोग करके किसी नेटवर्क या सर्विस पर लॉग इन करने के लिए एक तंत्र प्रदान करती है जिसका उपयोग केवल एक बार किया जा सकता है।

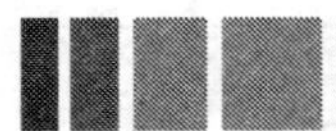

13.9 अपनी प्रगति जाँचें

1. बीसीए (BCA) लक्षित लोगों को बैंकिंग सेवा प्रदान करता है। बीसीए (BCA) की खराब सेवा के कारण ग्राहकों के बीच बैंक का नाम और छवि खराब हो रही है। यह बैंक के लिए ---------------- जोखिम है।

   (a) संविदात्मक

   (b) एकाग्रता

   (c) प्रतिष्ठा

   (d) अनुपालन

2. बीसीए (BCA) के अनुपालन के लिए क्या करें और क्या ना करें के बारे में आपकी समझ के आधार पर, निम्नलिखित में से कौन-सा कथन सत्य है?

   (a) ग्राहक जानकारी के संबंध में गोपनीयता का पालन करना बीसीए (BCA) के लिए आवश्यक है।

(b) कभी-कभी, बैंक के लिए कारोबार तलाशने के लिए बीसीए को मौजूदा स्थानीय राजनीति में उलझना पड़ता है

(c) यदि बैंक के लिए व्यवसाय का दायरा बढ़ाने के लिए ऐसी प्रथाओं की आवश्यकता होती है, तो बीसीए (BCA) को चुनिंदा रूप से भेदभावपूर्ण प्रथाओं को अपनाने की अनुमति दी जाती है

(d) जहां तक संभव हो, बीसीए (BCA) को, वित्तीय रूप से वंचित लोगों के साथ लेनदेन से बचना चाहिए

13.10 'अपनी प्रगति जाँचें' का उत्तर

1. (c)	2. (a)

C

तकनीकी कौशल
(TECHNICAL SKILLS)

अध्याय 14 : मूलभूत तकनीकी कौशल(माइक्रो-एटीएम, बायोमेट्रिक व अन्य डिवाइसों की देखभाल, कनेक्टिविटी से जुड़ी बुनियादी समस्याएं)

अध्याय 15 : डिजिटल बैंकिंग उत्पाद

अध्याय 16 : डिजिटल बैंकिंग में नवीनतम विकास

अध्याय

14 मूलभूत तकनीकी कौशल (माइक्रो-एटीएम, बायोमेट्रिक व अन्य डिवाइसों की देखभाल, कनेक्टिविटी से जुड़ी बुनियादी समस्याएं)

14

अध्याय

14 मूलभूत तकनीकी कौशल (माइक्रो-एटीएम, बायोमेट्रिक व अन्य डिवाइसों की देखभाल, कनेक्टिविटी से जुड़ी बुनियादी समस्याएं)

14.1 उद्देश्य

इस अध्याय का अध्ययन करने के बाद पाठक -

- माइक्रो-एटीएम और अन्य तकनीकी उपकरणों की जटिलताओं को समझ पाएँगे, जिनका उपयोग वित्तीय समावेशन के लक्ष्यों को प्राप्त करने के लिए किया जाता है।
- उन्हें किसी भी कनेक्टिविटी समस्या की स्थिति में, उपयोग की जाने वाली तकनीक की जटिलताओं और समस्याओं से निपटने के लिए आवश्यक कौशल को समझने के लिए सहयोग (input) प्रदान किया जाएगा।

14.2 परिचय

बीसी को बैंकिंग में इस्तेमाल की जाने वाली प्रौद्योगिकी की पर्याप्त जानकारी होनी चाहिए और माइक्रो एटीएम व दिन-प्रतिदिन इस्तेमाल किए जाने वाले अन्य डिवाइसों को चलाने के लिए जरूरी कौशल प्राप्त करना चाहिए। प्रौद्योगिकी का प्रयोग करते समय, बीसी को प्रौद्योगिकी के अनुप्रयोग (application) से संबंधित समस्याओं के साथ-साथ कनेक्टिविटी से संबंधित मुद्दों का भी सामना करना पड़ता है। बीसी को डिवाइसों को चलाने के लिए इस्तेमाल की जाने वाली प्रौद्योगिकी के पहलुओं और इन डिवाइसों का प्रयोग करने के दौरान होने वाली सामान्य समस्याओं/खामियों को समझकर उन आकस्मिक स्थितियों से निपटने के लिए तैयार रहना चाहिए।

14.3 बीसी मॉडल की मदद से आईटी सक्षम वित्तीय समावेशन (Financial Inclusion)

"सूचना प्रौद्योगिकी सक्षम वित्तीय समावेशन" शब्द को सूचना व संचार प्रौद्योगिकी में नवीनतम विकास की मदद से, बिजनेस कॉरस्पॉन्डेंट के जरिए, अब तक बहिष्कृत आबादी के लिए बैंकिंग व वित्तीय सेवाओं

का प्रावधान करने के अर्थ में लिया जा सकता है। ग्रामीण क्षेत्रों की बड़ी आबादी से होने वाले भारी मात्रा वाले लेनदेन की व्यवस्था करने के लिए बैंक, आईटी के इस्तेमाल का फ़ायदा उठा सकते हैं। इसके अलावा, जबकि आईटी सक्षम बैंकिंग आउटरीच ग्रामीण क्षेत्रों में एक शाखा स्थापित करने जितना महंगा नहीं हो सकता है, तो ऐसे में उम्मीद की जाती है कि जब भी योजना का विस्तार किया जाएगा आईटी संचालित वित्तीय समावेशन में वितरण लागत कम हो जाएगी। सार्वजनिक व निजी, दोनों ही क्षेत्र के बैंकों ने, उन लोगों तक पहुंचने के लिए, बिजनेस कॉरेस्पोंडेंट मॉडल का इस्तेमाल कर, आईटी सक्षम वित्तीय समावेशन की दिशा में बड़ी पहल की है।

बैंकिंग सेवाओं तक पहुंच बढ़ाने के साथ, यह भी जरूरी है कि सूचना एवं संचार प्रौद्योगिकी (ICT) आधारित डिलीवरी मॉडल के जरिए गुणवत्तापूर्ण सेवाएं मुहैय्या कराई जाएं। इस संदर्भ में, आरबीआई ने तय किया है कि वर्तमान आधार शाखा (बेस ब्रांच) और बीसी लोकेशनों के बीच एक मध्यवर्ती इमारती संरचना (अति लघु शाखा) होना आवश्यक होगा, ताकि उचित दूरी पर बीसी यूनिटों के समूह को मदद पहुँचाई जा सके। इन अति लघु शाखाओं को आधार शाखा (बेस ब्रांच) और बीसी लोकेशनों के बीच स्थापित किया जा सकता है, ताकि 3-4 किलोमीटर की उचित दूरी पर लगभग 8-10 बीसी यूनिट्स को मदद पहुँचाई जा सके। इन्हें या तो नए रूप से स्थापित किया जा सकता है या बीसी आउटलेट्स का रूपांतरण किया जा सकता है। ऐसी अति लघु शाखाओं में न्यूनतम इंफ्रास्ट्रक्चर होना चाहिए जैसे पासबुक प्रिंटर से जुड़ा कोर बैंकिंग सॉल्यूशन (सीबीएस) टर्मिनल और बड़े ग्राहक लेनदेन को पूरा करने के लिए नकदी रखने के लिए एक तिजोरी और बैंक अधिकारियों/कर्मचारियों द्वारा उनका पूर्णकालिक प्रबंधन किया जाना चाहिए। इस तरह की व्यवस्था से नकदी प्रबंधन, दस्तावेजीकरण, ग्राहकों की शिकायतों का निवारण और बीसी परिचालनों की गहन निगरानी में दक्षता बढ़ने की आशा की जाती है। ये सेटेलाइट ऑफ़िस या नियमित शाखाएं, जैसा भी मामला हो, हो सकते हैं।

14.4 कम लागत वाले वित्तीय समावेशन हेतु प्रौद्योगिकी

बैंकों को अपने आईटी सक्षम आउटरीच प्रयास के लिए एक वेंडर का चुनाव करना होता है और इस बात का ध्यान रखा जाना चाहिए कि सॉल्यूशन ओपन प्लेटफ़ॉर्म्स,अंतर-संचालनीय (इंटर-ऑपरेबल) तथा सुरक्षित हों। इस समय देश के कुछ बैंकों द्वारा इस्तेमाल किए जा रहे तीन मुख्य मॉडलों की विशेषताएं इस प्रकार हैं:

(a) कॉन्टैक्ट कार्ड के साथ हैंड हेल्ड डिवाइस:

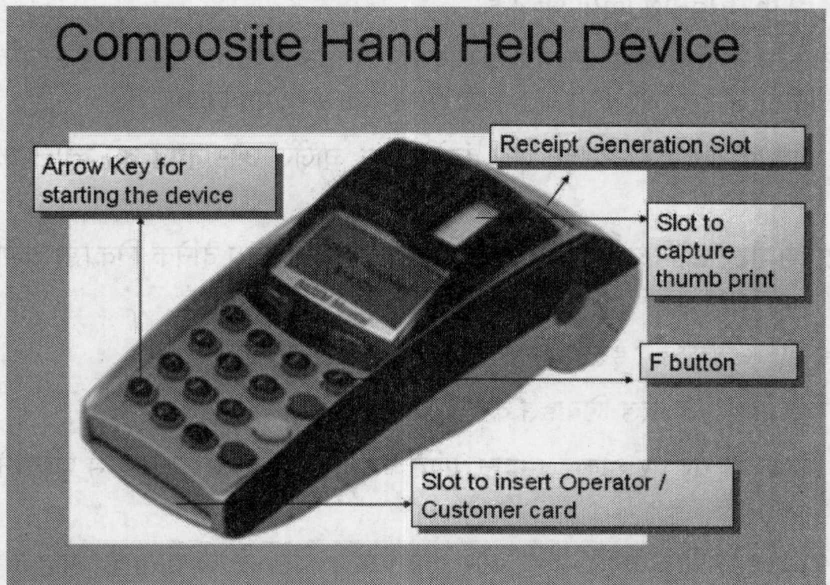

इस सिस्टम की प्रमुख विशेषताएं इस प्रकार हैं:

- कॉम्पैक्ट और पोर्टेबल डिवाइस, कार्यक्षेत्र में ले जाने में आसान और ग्रामीण/अर्ध-शहरी इलाकों के लिए बेहद उपयुक्त
- एक 2-4-लाइन वाला डिस्प्ले, 16-की वाला कीपैड, आठ घंटे की बैटरी लाइफ वाला एक थर्मल प्रिंटर।
- पूरी तरह से ऑफ़लाइन परिवेश में, निर्बाध रूप से काम करने की क्षमता
- कनेक्टिविटी ऐग्नॉस्टिक - देश में उपलब्ध कनेक्टिविटी के किसी भी माध्यम जीएसएम/जीपीआरएस, सीडीएमए और टेलीफ़ोन लाइन पर काम कर सकता है।
- मैगस्ट्रिप कार्ड को सपोर्ट करने के लिए डिवाइस में बैकवर्ड कॉम्पैट्बिलिटी है।
- डिवाइस में एंबेडेड फिंगरप्रिंट स्कैनर, ऑफ़लाइन मोड में कार्यक्षेत्र में मौजूद ग्राहक के बायोमेट्रिक सत्यापन को सक्षम करता है
- यह सिस्टम कार्यक्षेत्र में ऑफ़लाइन मोड में किए जाने वाले तमाम वित्तीय/गैर-वित्तीय लेनदेन को सपोर्ट करता है, जैसे जमा, निकासी, खाता स्थानांतरण, स्थायी निर्देश, नए उत्पाद का अनुरोध व अलर्ट।
- लेनदेन प्रसंस्करण और निपटान

- हैंडहेल्ड पर कार्यक्षेत्र में किए जाने वाले लेनदेन को अपलोड करने के लिए स्टोर और फॉरवर्ड मेकैनिज्म का इस्तेमाल किया जाता है।
- सभी लेनदेन के लिए एजेंट/निकाय-वार विस्तृत लेनदेन रिपोर्ट। कस्टमाइज्ड इंटरफेस के जरिए कोर बैंकिंग सिस्टम और अन्य थर्ड-पार्टी सिस्टम के साथ एकीकरण।
- स्मार्ट कार्ड में बैक-एंड अपडेट जैसे इंटरेस्ट रन, चार्जेज और कार्ड को ब्लॉक करने के लिए सपोर्ट।
- रिमोट पैरामीटर कॉन्फ़िगरेशन के लिए सपोर्ट, जैसे अधिकतम दैनिक निकासी राशि, अधिकतम संचयी और खाता बैलेंस।
- एक ही इंफ्रास्ट्रक्चर का इस्तेमाल कर कई बैंकों के बीच निपटारा

कॉन्टैक्ट कार्ड के साथ हैंड हेल्ड डिवाइस की फ़ंक्शनल प्रक्रियाएं इस प्रकार हैं:

- एजेंट ग्राहक के घर पर मोबाइल फ़ोन, एप्लिकेशन और एक छोटा हाथ में पकड़ने वाला प्रिंटर साथ ले जाता है।
- प्रिंटर में एक मैग्नेटिक कार्ड रीडर और एक फिंगर प्रिंट स्कैनर होता है। ग्राहक को कोई भी लेनदेन करने से पहले अपना डेबिट कार्ड हैंडहेल्ड प्रिंटर पर स्वाइप करना होगा।
- ग्राहक का विवरण एजेंट के मोबाइल स्क्रीन पर फ्लैश हो जाएगा, क्योंकि यह मैग्नेटिक कार्ड से डेटा कैप्चर करता है।
- ग्राहक की वित्तीय लेनदेन की पसंद के आधार पर, एजेंट ऐप्लिकेशन में उचित विकल्प का चयन करता है।
- सूचना मिलने पर, एजेंट का मोबाइल ऐप्लिकेशन एक रसीद प्रिंट करता है। एजेंट वह रसीद ग्राहक को देता है, जो बदले में रसीद की एक प्रति पर हस्ताक्षर करता है या अंगूठे का निशान लगाता है और एजेंट को वापस कर देता है।
- एजेंट और ग्राहक को वैलिडेट करने के बाद, सर्वर लेनदेन को ऑनलाइन संसाधित करता है। सर्वर एमएफआई सिस्टम से ऑनलाइन जुड़कर लेनदेन को संसाधित करता है।
- लेनदेन का विवरण मोबाइल फ़ोन के स्पीकर पर अंग्रेजी या स्थानीय भाषा में चलाया जाता है। ग्राहक जब लेनदेन के विवरण से संतुष्ट हो जाता है, तो उसे लेनदेन को आगे बढ़ाने के लिए अपना अंगूठा फिंगर प्रिंट स्कैनर पर रखना होगा। ग्राहक के अंगूठे की छाप मेल खाने के बाद ऐप्लिकेशन डेटा को एन्क्रिप्ट करता है और एन्क्रिप्टेड डेटा को सर्वर पर भेजता है।

(b) कॉन्टैक्ट-लेस कार्ड से नियर फील्ड कम्युनिकेशंस (NFC) मोबाइल:

इस सिस्टम की मुख्य विशेषताएं नीचे दी गई हैं:

- सेंट्रल कंप्यूटर पर सीमित सुविधा (नो फ्रिल) वाले जीरो-बैलेंस कार्ड खातों समेत विभिन्न खातों का सेंट्रल डेटाबेस, न्यू जेनरेशन के एनएफसी मोबाइल फ़ोन टेक्नोलॉजी, कॉन्टैक्ट-लेस आरएफआईडी (रेडियो फ्रीक्वेंसी पहचान) स्मार्ट कार्ड और इंटीग्रेटेड फ़िंगरप्रिंट मिलान पर आधारित, बैंक के होस्ट कंप्यूटर के लिए पास थ्रू बनने की सुविधा से लैस है।
- इस कार्ड में एक व्यापक आईडी प्रोफ़ाइल, एकाधिक खाता; अंतिम ज्ञात बैलेंस राशि और हाल के लेनदेन का इतिहास मौजूद रहते हैं। आरएफआईडी स्मार्टकार्ड में उच्च-स्तरीय सुरक्षा फ़ीचर्स होती हैं (नए अमेरिकी पासपोर्ट में एम्बेडेड कार्ड के समान)।
- ऑपरेटरों के पास पोर्टेबल उपकरण होते हैं: एनएफसी मोबाइल + फिंगरप्रिंट यूनिट + रसीद प्रिंटर। सभी पोर्टेबल और बैटरी चालित होते हैं। बगैर बिजली के 10 दिन तक चल सकते हैं।
- खाता के सभी डेबिट के लिए फ़िंगरप्रिंट मिलान।
- शाखा या एटीएम आधारित लेनदेन की तुलना में प्रति लेनदेन की लागत बहुत कम हो जाती है।
- बैंक होस्ट से ऑनलाइन लेनदेन (जीपीआरएस या एन्क्रिप्टेड एसएमएस के जरिए)। कार्ड और डिवाइसों में अंतर्निहित रिस्क पैरामीटर और काउंटरों के आधार पर, जमा और निकासी ऑफ़लाइन भी की जा सकती है। ऑफ़लाइन लेनदेन को एक बैच के रूप में बैकएंड पर वापस भेजना होता है। इस प्रकार, यह सिस्टम बिना कनेक्टिविटी वाले इलाकों में भी काम करता है।
- ग्राहक का खाता, बैंक में केंद्रीय रूप से रखा जाता है (स्थानीय शाखा में नहीं)।
- बिजनेस कॉरेस्पोंडेंट कार्यशील पूंजी को बैंकों की कोर बैंकिंग ब्रांच में एक एग्रीगेटर खाते में रखता है।
- लोकल ऑपरेटर - ग्राहक सेवा बिंदु या सीएसपी बैंक में बिजनेस कॉरेस्पोंडेंट के खाते में कुछ कार्यशील पूंजी जमा करता है, और आउटलेट पर उचित मात्रा में कैश भी उपलब्ध रखता है।
- ग्राहक के खाते और बिजनेस कॉरेस्पोंडेंट के खाते (एक खाते का क्रेडिट और दूसरे का संबंधित डेबिट) के बीच जमा और निकासी लेनदेन का तुरंत निपटान किया जाता है - क्योंकि दोनों खाते एक ही सिस्टम में होते हैं।

- लेनदेन का पूरा पता लगाने की क्षमता और उसके ऑडिट ट्रेल को बनाए रखा जाता है। अब मार्केट में कई वेंडर हैं जो कॉन्टैक्ट और कॉन्टैक्ट-लेस दोनों कार्डों के साथ उपरोक्त सुविधाओं को शामिल कर रहे हैं। एक ही रीडिंग डिवाइस पर दोनों प्रकार के कार्डों की रीडिंग को शामिल करने के लिए मॉडल भी तैयार किए जा रहे हैं।

जब एनएफसी तकनीक को मोबाइल फ़ोन में शामिल किया जाता है, तो इसे सिम कार्ड के भीतर एक सुरक्षित एलीमेंट के रूप में एम्बेड किया जा सकता है। यह क्रेडिट कार्ड नंबर और एक्सपायरी नंबर जैसी उपयोगकर्ता जानकारी स्टोर करने के लिए डेबिट या क्रेडिट कार्ड पर सोने की चिप का इस्तेमाल करने जैसा ही है। जब कोई कस्टमर अपना डेबिट या क्रेडिट कार्ड टर्मिनल में डालता है, तो यह वही रीड करता है और फिर यह उसके पिन नंबर को सत्यापित करता है और इस प्रकार वह अपना भुगतान करता है। वही जानकारी सिम कार्ड में सुरक्षित एलीमेंट में अंतर्निहित हो जाती है, जो कार्ड पर लगी चिप जितनी ही सुरक्षित होती है।

(c) कियोस्क बैंकिंग

यह एक इंटरनेट सक्षम व्यक्तिगत कम्प्यूटर-आधारित तकनीक है और इस्तेमाल करने में बेहद आसान है। इसलिए, कोई भी ग्राहक सेवा बिंदु कियॉस्क आउटलेट (सीएसपी) पर बिजनेस कॉरेस्पोंडेंट (बीसी) बन सकता है और ग्राहकों के खाते खोल सकता है। कियोस्क लेनदेन बायो-मीट्रिक रूप से सुरक्षित हैं। प्रत्येक लेनदेन के लिए प्रिंटेड रसीद ग्राहक को जारी की जाती है और इसमें खाता खोलने और ऑनलाइन लेनदेन की शुरू से अंत तक प्रक्रिया होती है। माइको बचत एवं माइक्रो विप्रेषण को सीएसपी कियोस्क के साथ खोले गए बचत बैंक खातों के जरिए से किया जाता है। खुदरा विक्रेताओं को अब बिजनेस कॉरेस्पॉन्डेंटों के लिए ग्राहक सेवा बिंदु के रूप में नियुक्त किया जा सकता है और सीएसपी अपने बैंक की ओर से बैंकिंग लेनदेन कर सकता है। यह सीएसपी/बिजनेस कॉरेस्पॉन्डेंटों को अपनी कमाई तेजी से बढ़ाने में मदद करता है।

इस प्रकार, कियोस्क बैंकिंग ग्राहकों को नकदी जमा करने, नकदी निकालने और मनी ट्रांसफर जैसी अहम बैंकिंग सेवाएं प्रदान करती है। चूंकि बैंकों और लोगों के लिए कियोस्क एक टचपॉइंट के रूप में कार्य करता है,अतः कियोस्क बैंकिंग बैंकों को वित्तीय समावेशन के लक्ष्यों को हासिल करने में सुगमता लाएगा।

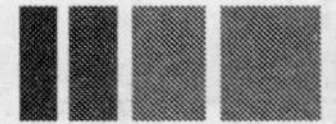

14.5 सारांश

शाखा रहित बैंकिंग, डिलीवरी की लागत को कम कर (मकान को किराए पर लेना और उसे बनाए रखना, और कम मूल्य वाले लेनदेन की सीधे व्यवस्था करके) और सेवाओं तक पहुँचने में ग्राहकों की लागत (यात्रा और कतार में लगने का समय बचाकर और इस प्रकार दिन की दिहाड़ी की हानि को बचाकर) को कम कर, गरीबों और बहिष्कृत लोगों तक वित्तीय सेवाओं के वितरण को काफी हद तक बढ़ा सकती है।

हर गांव में कम से कम एक बीसी रखने के लक्ष्य के साथ, इसे हासिल करने के लिए उचित तकनीक पर आधारित बिजनेस कॉरेस्पोंडेंट मॉडल, बैंकों के लिए 'रणनीति का अहम तत्व' है। नई तकनीक के इस्तेमाल ने बैंकों को अब तक बैंक से विहीन इलाकों में ग्राहक सेवा केंद्रों के रूप में एक मिनी बैंक ब्रांच स्थापित करने में सक्षम बनाया है। मोबाइल बैंकिंग और कियोस्क बैंकिंग ऐसे ही नवाचारों के उदाहरण हैं।

14.6 प्रमुख शब्द

माइक्रो एटीएमः पॉइंट ऑफ़ सेल्स (पीओएस) टर्मिनलों का उन्नत वर्ज़न है जिसमें बायोमेट्रिक स्कैनर (फिंगर प्रिंट स्कैनर) जैसी उन्नत सुविधाओं जुड़ी हुई हैं।

बायोमेट्रिक डिवाइसः वह डिवाइस जिनका इस्तेमाल आधार नम्बर धारकों से बायोमेट्रिक डेटा इनपुट कैप्चर करने के लिए किया जाता है। इन डिवाइसों में स्लॉट कैप्चर थंबप्रिंट होगा।

स्मार्ट कार्डः एक वास्तविक कार्ड है जिसमें एक एम्बेडेड इंटीग्रेटेड चिप होता है जो सिक्योरिटी टोकन के रूप में काम करता है।

कॉम्पैक्ट और पोर्टेबल डिवाइसः एक हैंडहेल्ड कंप्यूटिंग या इलेक्ट्रॉनिक डिवाइस जो एक या दोनों हाथों में पकड़ने और इस्तेमाल करने के लिए पर्याप्त छोटी और पोर्टेबल होती है।

जीएसएम (GSM):मोबाइल के लिए ग्लोबल सिस्टम (या स्टैंडर्ड) डिजिटल मोबाइल दूरसंचार के लिए एक मानकीकृत अंतर्राष्ट्रीय प्रणाली है।

जीपीआरएस (GPRS): जेनरल पैकेट रेडियो सर्विस, ख़ासतौर से मोबाइल फ़ोन और इंटरनेट के बीच डेटा के छोटे पैकेट के रेडियो के लिए एक तकनीक है।

सीडीएमए (CDMA): कोड डिवीजन मल्टीपल एक्सेस, एक टेलीफ़ोन ट्रांसमिशन सिस्टम जिसमें, कई कोडेड कॉल एक साथ एक सिंगल चैनल पर कब्जा कर लेते हैं।

ऑनलाइन और ऑफ़लाइनः कंप्यूटर प्रौद्योगिकी और दूरसंचारमें, ऑनलाइन कनेक्टिविटी की स्थिति को इंगित करता है और ऑफ़लाइन एक डिस्कनेक्टेड स्थिति का संकेत देता है।

कोर बैंकिंग: नेटवर्क युक्त बैंक शाखाओं के समूह द्वारा प्रदान की जाने वाली एक बैंकिंग सेवा जहां ग्राहक अपने बैंक खाते तक पहुंच सकते हैं और किसी भी सदस्य शाखा कार्यालय से बुनियादी लेनदेन पूरा कर सकते हैं।

मैग्नेटिक कार्ड: मैग्नेटिक कार्ड में ऐसे कोड लगे होते हैं जो उपयोगकर्ता की पहचान करते हैं।

सर्वर: सर्वर कंप्यूटर हार्डवेयर या सॉफ़्टवेयर (कंप्यूटर प्रोग्राम) का एक हिस्सा है जो "क्लाइंट" नामक अन्य प्रोग्राम या डिवाइस के लिए फ़ंक्शनैलिटी प्रदान करता है। इस व्यवस्था को क्लाइंट-सर्वर मॉडल कहा जाता है। सर्वर विभिन्न फ़ंक्शनैलिटी प्रदान कर सकते हैं, जिन्हें अक्सर "सेवाएँ" कहा जाता है, जैसे कई क्लाइंट के बीच डेटा या रिसोर्सेज को साझा करना या क्लाइंट के लिए गणना करना।

नियर फील्ड कम्युनिकेशन मोबाइल: ऐसी टेक्नोलॉजी जो उपयोगकर्ताओं को सुरक्षित लेनदेन करने, डिजिटल सामग्री का आदान-प्रदान करने और इलेक्ट्रॉनिक डिवाइसों को एक टच से कनेक्ट की अनुमति देती है। एनएफसी ट्रांसमिशन छोटे रेंज के (एक टच से कुछ सेंटीमीटर तक) होते हैं और इसमें डिवाइसों को नजदीक रखने की जरूरत होती है।

कॉन्टैक्टलेस कार्ड: एक कार्ड है जिसमें चिप आरएफआईडी के समान एक इंडक्शन तकनीक के माध्यम से कार्ड रीडर के साथ कम्युनिकेट करता है। लेनदेन पूरा करने के लिए इन कार्डों को केवल एंटीना के करीब रहने की जरूरत होती है।

आरएफआईडी: रेडियो फ्रीक्वेंसी आइडेंटिफ़िकेशन, टैग के जरिए माल को ट्रैक करने की एक विधि है जो रेडियो सिग्नल भेजती है।

एन्क्रिप्टेड: सूचना या डेटा को एक कोड में बदलने की प्रक्रिया, विशेष रूप से किसी भी अनाधिकृत पहुंच को रोकने के लिए।

कियोस्क बैंकिंग: इंटरनेट सक्षम पीसी-आधारित तकनीक है और बीसी/सीएसपी के लिए बैंकिंग सेक्टर के साथ हाथ मिलाने और प्रत्येक लेनदेन के लिए उचित कमीशन कमाने करने का एक अवसर है। सीएसपी नकद निकासी, नकद जमा, क्रेडिट कार्ड भुगतान और अन्य बिल भुगतान करने, खाता खोलने पर कमीशन कमाता है।

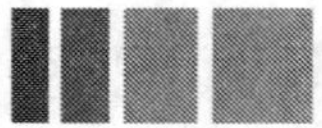

14.7 अपनी प्रगति जाँचें

1. नियर फील्ड कम्युनिकेशन (NFC) मोबाइल के बारे में क्या सही है?

   (a) एनएफसी मोबाइल उस तकनीक का इस्तेमाल करता है जो उपयोगकर्ताओं को डिजिटल सामग्री का आदान-प्रदान करने और इलेक्ट्रॉनिक उपकरणों को एक टच से कनेक्ट करने की अनुमति देता है

   (b) एनएफसी ट्रांसमिशन लंबी दूरी का और शक्तिशाली होता है क्योंकि एनएफसी मोबाइल को डिवाइसों के करीब होने की जरूरत नहीं है

(c) एनएफसी रेंज अनलीमिटेड होता है और इसलिए एनएफसी मोबाइल को बीसी के स्थानों से कुछ दूरी पर स्थित बैंक की शाखा से संचालित किया जा सकता है।

(d) (b) तथा (c)

2. निम्नांकित में से किसे डिजिटल मोबाइल कम्युनिकेशन के लिए एक मानकीकृत अंतर्राष्ट्रीय प्रणाली के रूप में वर्णित किया जाता है?

(a) ग्लोबल सिस्टम फ़ॉर मोबाइल

(b) जेनरल पैकेट रेडियो सर्विस सिस्टम

(c) कोड डिवीजन मल्टीपल एक्सेस सिस्टम

(d) रेडियो फ्रीक्वेंसी आइडेंटिफ़िकेशन सिस्टम

3. एन्क्रिप्शन से आप क्या समझते हैं?

(a) वह विधि जिसके द्वारा कोड को डेटा या सूचना में बदला जाता है

(b) वह विधि जिसके द्वारा डेटा या सूचना को कोड में बदला जाता है

(c) वह विधि जिसके द्वारा कोड को वॉयस मोड में बदला जाता है

(d) छोटे गोल निशानों का इस्तेमाल कर प्रिंट की एक प्रणाली जो कागज की सतह से ऊपर उभरी होती है और जिन्हें अंधे लोग छूकर पढ़ सकते हैं

4. कियोस्क बैंकिंग में लेनदेन ------ के जरिए किया जाता है।

(a) मोबाइल

(b) इंटरनेट सक्षम पीसी-आधारित तकनीक

(c) क्रेडिट कार्ड

(d) प्री-पेड कार्ड

5. कियोस्क बैंकिंग द्वारा प्रदान की जाने वाली/सेवाओं की पहचान करें?

(a) कैश जमा करना

(b) कैश निकालना

(c) मनी ट्रांसफर

(d) उपरोक्त सभी सेवाएं

14.8 'अपनी प्रगति जाँचें' का उत्तर

1. (a)	2. (a)	3. (b)	4. (b)	5. (d)

अध्याय

15 डिजिटल बैंकिंग उत्पाद

अध्याय

डिजिटल बैंकिंग उत्पाद

15.1 उद्देश्य

इस अध्याय का अध्ययन करने के बाद पाठक समझ पाएँगे-

- मौजूद दौर के संदर्भ में डिजिटल बैंकिंग की आवश्यकता को समझना और डिजिटल बैंकिंग उत्पादों पर ग्राहक को जानकारी देना
- विभिन्न प्रकार के कार्ड, मोबाइल बैंकिंग और इंटरनेट बैंकिंग की विशेषताएं
- एटीएम,पॉइंट ऑफ सेल (PoS) टर्मिनल और माइक्रो एटीएम की विशेषताएं और फ़ीचर्स
- आधार सक्षम भुगतान प्रणाली (AePS), रूपे(RuPay) कार्ड, भारत इंटरफेस फ़ॉर मनी (BHIM), यूनिफाइड पेमेंट इंटरफेस (UPI), भारत क्यूआर(QR) इत्यादि।

15.2 परिचय

वित्तीय समावेशन में डिजिटल बैंकिंग उत्पाद अपनी अहम भूमिका निभा रहे हैं। पीएमजेडीवाई (PMJDY) के तहत पहले ही 49.08 करोड़ से अधिक खाते खोले जा चुके हैं (24 मई 2023 तक), इन खातों के धारक अपने नियमित लेनदेन के लिए डिजिटल बैंकिंग उत्पाद समर्थन की तलाश में होंगे। डिजिटल बैंकिंग, इलेक्ट्रॉनिक बैंकिंग के क्षेत्र की नई प्रौद्योगिकियों और बैंकिंग टूल्स का इस्तेमाल करने की एक नई अवधारणा है। आम उपयोग में, तकनीक-आधारित बैंकिंग सेवाओं, डिलीवरीज को डिजिटल बैंकिंग कहते हैं। इस अध्याय में चर्चा के उद्देश्य से, जहां भी उल्लेख किया गया है, हम वैकल्पिक इलेक्ट्रॉनिक चैनलों को इसके सीमित अर्थ में 'डिजिटल बैंकिंग' के रूप में चर्चा करेंगे। वैकल्पिक डिलीवरी चैनलों में एटीएम, कार्ड,पॉइंट ऑफ़ सेल (पीओएस) टर्मिनल, इंटरनेट और मोबाइल बैंकिंग, ऐडवांस्ड इलेक्ट्रॉनिक पेमेंट सिस्टम, जैसे आरटीजीएस(RTGS), एनईएफटी (NEFT) इत्यादि शामिल हैं।

15.3 डिजिटल बैंकिंग की जरुरत

वर्ष 2021 के लिए संयुक्त राष्ट्र और विश्व बैंक के आंकड़ों के मुताबिक, भारत की अर्थव्यवस्था सामान्य जीडीपी पर ~ 3.18 ट्रिलियन डॉलर के हिसाब से दुनिया में पांचवीं सबसे बड़ी है और पर्चेजिंग पॉवर पैरिटी (PPP) ~ 11.66 ट्रिलियन डॉलर के हिसाब से तीसरी सबसे बड़ी है, दोनों ही आंकड़े 2021 के लिए विश्व बैंक व आईएमएफ(IMF) डेटा के अनुसार जारी किए गए हैं। विश्व व्यापार संगठन (WTO) के अनुसार, हमारा देश जी-20 अर्थव्यवस्थाओं में से एक है, ब्रिक्स का सदस्य है और एक विकासशील अर्थव्यवस्था है जो शीर्ष 20 वैश्विक व्यापार करने वाली अर्थव्यवस्थाओं में से एक है। बढ़ती आबादी के साथ, ऐसा लगता है कि इमारती शाखाएं और एटीएम(ATMs) दोनों ही बैंकिंग सेवाओं के ऊपर न केवल परिचालन के लिहाज से, बल्कि व्यावसायिक दृष्टिकोण से भी दबाव पड़ रहा है। इस पहलू के अलावा, एटीएम की तुलना में बैंक शाखा के स्तर पर लेनदेन करने की लागत काफी अधिक होती है, जो तब और कम हो जाती है, जब ग्राहक व्यापारी के पॉइंट ऑफ़ सेल (PoS) या ई-कॉमर्स या मोबाइल बैंकिंग पर लेनदेन करने का विकल्प चुनता है। डिजिटल चैनलों को अपनाने से बैंकों को लागत में कमी लाने, ग्राहकों की संतुष्टि और उनकी निष्ठा को गहन बनाने और दीर्घकालिक संबंधों और लाभशीलता को बढ़ाने में मदद मिल सकती है।

15.4 विभिन्न प्रकार के कार्ड

भुगतान कार्ड सामान्यतः एक प्लास्टिक कार्ड होता है, जो अपने उपयोगकर्ताओं को इलेक्ट्रॉनिक भुगतान करने की अनुमति देता है। सबसे आम प्रकार के भुगतान कार्ड क्रेडिट कार्ड और डेबिट कार्ड हैं। प्लास्टिक भुगतान कार्ड आमतौर पर आयताकार और 85.60 × 53.98 मिमी आकार के होते हैं, ताकि यह उपयोगकर्ताओं के वॉलेट में फिट हो सकें। सभी प्रकार के कार्ड बैक एंड पर किसी न किसी प्रकार के खाते से ख़ास रूप से जुड़े होते हैं। यह खाता किसी बैंकिंग इकाई/गैर-बैंकिंग इकाई में हो सकता है, जिसने कार्ड जारी किया है। बाजार में कई प्रकार के कार्ड प्रचलन में हैं, जो बैंकों/गैर-बैंक संस्थाओं द्वारा जारी किए जाते हैं।

विभिन्न प्रकार के कार्डों की उत्पाद सुविधाओं और उनके इस्तेमाल के बारे में नीचे दिए अनुच्छेद में चर्चा की गई है।

(a) डेबिट कार्ड

डेबिट कार्ड से कार्ड धारक को एटीएम का इस्तेमाल कर सीधे अपने बैंक खाते से पैसे निकालने की अनुमति मिलती है। यह उपयोगकर्ताओं को खरीदी गई वस्तुओं/सेवाओं के लिए, व्यापारिक स्थानों पर,पॉइंट ऑफ़ सेल (PoS) डिवाइस पर कार्ड स्वाइप करने की सुविधा भी देता है। इसी कार्ड का इस्तेमाल ऑनलाइन खरीदारी और ई-कॉमर्स लेनदेन के लिए भी किया जा सकता है। इन ई-कॉमर्स लेनदेन को "कार्ड नॉट प्रेजेंट" के रूप में जाना जाता है, जहां सिर्फ कार्ड नंबर और अन्य डिटेल्स शामिल होते हैं। व्यापारी को भुगतान शुरू करने के लिए वैधता की तारीख, कार्ड वेरिफ़िकेशन वैल्यू (CVV) इत्यादि का इस्तेमाल किया जाता है।

(b) क्रेडिट कार्ड

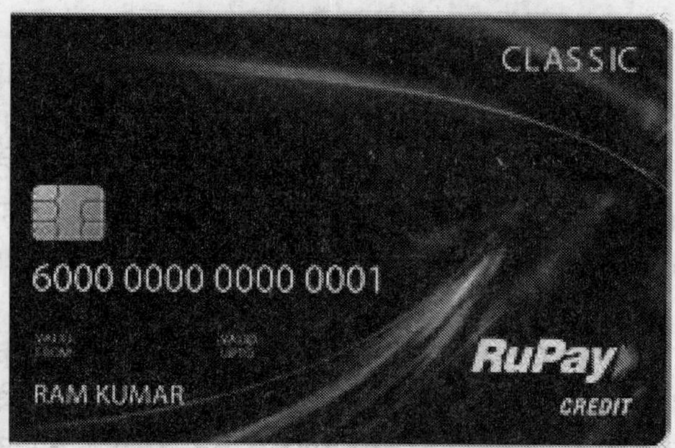

क्रेडिट कार्ड से कार्ड धारक को कार्ड जारी करने वाले बैंक/संगठन द्वारा स्वीकृत क्रेडिट लाइन के एवज में इस्तेमाल करने की अनुमति मिलती है। कार्ड का जारीकर्ता सामान्यतः कार्ड धारक को इस्तेमाल की गई राशि को पूर्ण या आंशिक (मासिक न्यूनतम पुनर्भुगतान) चुकाने की अनुमति देता है। कार्ड का उपयोग पॉइंट ऑफ़ सेल (PoS) डिवाइस पर, व्यापारिक स्थानों पर, खरीदी गई वस्तुओं/सेवाओं के लिए किया जा सकता है। कई क्रेडिट कार्ड एटीएम पर नकद ऐडवांस सुविधा की भी अनुमति देते हैं, मगर एटीएम के मालिक बैंक और कार्ड जारीकर्ता के बीच तय व्यवस्था के अनुसार ब्याज लगाया जाता है। इसी कार्ड का इस्तेमाल ऑनलाइन शॉपिंग और ई-कॉमर्स लेनदेन के लिए भी किया जा सकता है। इन ई-कॉमर्स लेनदेन को "कार्ड नॉट प्रेजेंट" के रूप में जाना जाता है, जहां सिर्फ कार्ड नंबर और अन्य डिटेल्स शामिल होते हैं। मर्चेंट को भुगतान शुरू करने के लिए वैधता की तारीख, कार्ड वेरिफ़िकेशन वैल्यू (CVV) इत्यादि का इस्तेमाल किया जाता है।

(c) एटीएम कार्ड

एटीएम कार्ड वह है, जिसका इस्तेमाल केवल एटीएम से कैश निकालने तक ही सीमित होता है। इस कार्ड का इस्तेमाल मर्चेंट के स्थान पर पीओएस या ई-कॉमर्स ट्रांजेक्शन में नहीं किया जा सकता है, जबकि दुकानों पर एटीएम और व्यापारी पीओएस दोनों में डेबिट कार्ड को अनुमति रहती है।

(d) प्रीपेड कार्ड

प्रीपेड कार्ड में दरअसल उपयोग के लिए एक निश्चित राशि का मौद्रिक मूल्य पहले से लोड किया होता है। कुछ प्रीपेड कार्डों को केवल चुनिंदा आउटलेट्स पर इस्तेमाल के लिए प्रोग्राम किया जा सकता है, उदाहरण के लिए, किराना दुकानों, खाद्य खरीदारी खुदरा दुकानों, या ईंधन स्टेशनों/पेट्रोल पंपों आदि पर इस्तेमाल करना। 'गिफ्ट कार्ड' भी प्रीपेड कार्डों का ही एक प्रकार है, जहां इसमें वैल्यू स्टोर कर कोई राशि उपहार में दी जा सकती है। प्रीपेड कार्ड दो प्रकार के होते हैं, अर्थात् एकल-उद्देश्य वाला और कई उद्देश्य वाला। एकल-उद्देश्य वाला कार्ड, जिन्हें क्लोज़्ड-लूप कार्ड के रूप में भी जाना जाता है, को किसी ख़ास मर्चेंट या उद्देश्य के लिए उपयोग करने के लिए निर्धारित किया गया होता है। इनमें स्टोर-ब्रांडेड कार्ड, प्रीपेड टेलीफ़ोन कार्ड और नियोक्ताओं द्वारा दिए जाने वाले बेनीफ़िट्स कार्ड शामिल होते हैं। कई उद्देश्यों वाला कार्ड, जिन्हें ओपन-लूप कार्ड के रूप में भी जाना जाता है, बैंक (जारीकर्ता) और कार्ड एसोसिएशन (नेटवर्क) के लोगो के साथ ब्रांडेड होते हैं। उदाहरण के लिए, मास्टर कार्ड-ब्रांडेड प्रीपेड कार्ड का इस्तेमाल एटीएम में कैश निकालने और हर उस स्थान पर वतुओं व सेवाओं के खरीद करने के लिए किया जा सकता है, जहां भी मास्टर कार्ड क्रेडिट या डेबिट कार्ड स्वीकार किए जाते हैं। गिफ़्ट और पेरोल कार्ड कई उद्देश्य वाले प्रीपेड कार्ड के उदाहरण हैं।

(e) स्टोर्ड वैल्यू कार्ड

स्टोर्ड वैल्यू कार्ड एक प्रकार का प्रीपेड कार्ड है जिसमें कार्ड के वैल्यू स्टोरिंग मेकैनिज्म में अंतर होता है। स्टोर्ड वैल्यू कार्ड में, मौद्रिक वैल्यू कार्ड पर ही स्टोर्ड होता है, जबकि प्रीपेड कार्ड में, वैल्यू बैक एंड पर जुड़े जमा खाते में पड़ा होता है। यहां कार्ड जारीकर्ता एक सेवा प्रदाता होता है, न कि बैंक। अधिकांश मेट्रो रेल कार्ड स्टोर्ड वैल्यू कार्ड होते हैं, जो कार्ड में स्टोर्ड वैल्यू को एंट्री पॉइंट पर ही कट जाने के बाद कार्ड धारक को ट्रेन में चढ़ने की अनुमति देते हैं।

(f) चार्ज कार्ड

यह क्रेडिट कार्ड जैसा होता है। हालांकि, चार्ज कार्ड और क्रेडिट कार्ड में फ़र्क इनके रीपेमेंट मोड का है। जहां क्रेडिट कार्ड कार्ड धारक को उपयोग किए गए मूल्य को पूर्ण या आंशिक रूप से चुकाने की अनुमति देता है (यानी, मासिक न्यूनतम भुगतान), चार्ज कार्ड में, उपयोगकर्ताओं को स्वीकार्य ग्रेस पीरियड के अंत में, एक बार में ही उपयोग की हुई पूरी राशि चुकानी होती है।

(g) वर्चुअल कार्ड

डेबिट/क्रेडिट कार्ड रखने वाले कार्ड के कस्टमर को जोखिम का भी सामना करता पड़ता है, क्योंकि कार्ड की चोरी होना, जालसाजी, स्किमिंग, फ़िशिंग इत्यादि होने की संभावना बनी रहती है और उसके बाद उसका ऑनलाइन इस्तेमाल किया जा सकता है (कार्ड-नॉट-प्रेजेंट ट्रांजैक्शन)। वर्चुअल डेबिट/क्रेडिट/प्रीपेड कार्ड ऑनलाइन इस्तेमाल के लिए उपयोगकर्ताओं के वास्तविक कार्ड से जुड़ा एक यादृच्छिक रूप से जेनरेट किया हुआ कार्ड नंबर होता है। कार्ड जारीकर्ता के आधार पर, ग्राहक वर्चुअल नंबर के लिए अधिकतम मात्रा/सीमा और उपयोगकर्ताओं की संख्या निर्धारित करने में सक्षम हो सकता है, जिससे लेनदेन या इसका इस्तेमाल करते समय उपयोगकर्ताओं की सुरक्षा सुनिश्चित हो सकेगी। ऑनलाइन

मर्चेंट के संबंध में, यह किसी भी अन्य पारंपरिक कार्ड से अलग नहीं होता है। जारीकर्ता वर्चुअल कार्ड के खाताधारक/क्रेता को कार्ड धारक का नाम, कार्ड नंबर, एक्सपायरी डेट, कार्ड सत्यापन डेटा नंबर (CVD2) जैसे विवरणों के बारे में सुरक्षित तरीके से सूचित करेगा। उपभोक्ताओं को कार्ड से भुगतान के फ़ायदों में सुविधा, लचीलापन, नियंत्रण और सुरक्षा शामिल हैं।

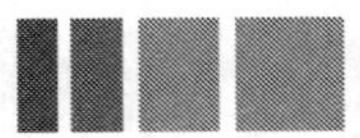

15.5 मोबाइल बैंकिंग

आज, बैंक अपने ग्राहकों को कई चैनलों, जैसे एसएमएस, यूएसएसडी और मोबाइल बैंकिंग ऐप्लिकेशन के माध्यम से मोबाइल बैंकिंग मुहैय्या करा रहे हैं। हालांकि, रियल टाइम इंटर-बैंक मोबाइल बैंकिंग भुगतान को इंटर-बैंक मोबाइल बैंकिंग सेवाओं की स्थापना के जरिए सुविधाजनक बनाया गया है, जिसे अब इमीडिएट पेंमेंट सर्विस (IMPS) कहा जाता है, और इसे भारतीय रिजर्व बैंक की मंजूरी के साथ एनपीसीआई द्वारा परिचालित किया जाता है।

एसएमएस (SMS) आधारित चैनल

बैंक एसएमएस चैनल के माध्यम से कई किस्म की मोबाइल बैंकिंग सेवाएं प्रदान कर रहे हैं, जैसे कि गैर-वित्तीय लेनदेन (बैलेंस पूछताछ, मिनी स्टेटमेंट लेना, चेक बुक अनुरोध और ट्रांजैक्शन अलर्ट शामिल हैं) और वित्तीय लेनदेन (धन हस्तांतरण, मोबाइल/डीटीएच(DTH) रिचार्ज और बिल भुगतान सम्मिलित हैं)। इसमें व्यापक स्वीकृति और इस्तेमाल, सभी प्रकार के मोबाइल हैंडसेट [जीएसएम (ग्लोबल सिस्टम फ़ॉर मोबाइल कम्युनिकेशन) और सीडीएमए (कोड डिवीजन मल्टीपल एक्सेस)] इत्यादि में सर्वव्यापी उपलब्धता जैसे लाभ हैं। एसएमएस चैनल के जरिए मोबाइल बैंकिंग सेवाओं का फ़ायदा उठाने के लिए,ग्राहक को कीवर्ड और पैरामीटर के साथ शॉर्ट कोड या लॉन्ग कोड नंबर पर एसएमएस भेजना होगा, उदाहरण के लिए, बैलेंस पूछताछ के लिए,ग्राहक BAL टाइप कर 566XXXX (शॉर्ट कोड) या 92XXXXXXXX (लॉन्ग कोड) पर एसएमएस भेज सकता है। यह अनुरोध मोबाइल फ़ोन से उसके सेलुलर टेलीफ़ोन सेवा प्रदाता को कॉल किए गए (बैंक के) नंबर के प्रदाता को भेजा जाता है, और फिर बैंक के नंबर पर और उसके बाद, बैंकिंग डेटा के लिए बैंक मोबाइल ऐप्लिकेशन सर्वर को उसके बैंकिंग सर्वर में कंवर्ट करने के बाद भेजा जाता है। रिवर्स लेग में, आखिरी ग्राहक को एसएमएस के जरिए प्रतिक्रिया प्राप्त होती है। ये शॉर्ट कोड भारतीय बैंकिंग प्रणाली, बैंकों और दूरसंचार ऑपरेटरों दोनों के लिए मानकीकृत होते हैं। एसएमएस

आधारित मोबाइल बैंकिंग के मामले में कस्टमर को लेनदेन करने के लिए एसएमएस का सटीक सिंटैक्स जानना जरूरी होता है।

यूएसएसडी (USSD) आधारित मोबाइल बैंकिंग और यूएसएसडी (USSD) कोड *99#

यूएसएसडी(USSD) (अनस्ट्रक्चर्ड सप्लीमेंट्री सर्विस डेटा) एक ट्रांसमिशन प्रोटोकॉल है, जिसका इस्तेमाल जीएसएम(GSM) सेलुलर टेलीफ़ोन द्वारा दूरसंचार सेवा प्रदाताओं (TSP) के साथ संचार करने के लिए किया जाता है। अपनी अनोखी विशेषताओं के कारण, यूएसएसडी(USSD) तमाम किस्म की सेवाओं में इस्तेमाल किया जाता है, जैसे कि मोबाइल चैट, एम-कॉमर्स, प्रीपेड बैलेंस पूछताछ, मोबाइल बैंकिंग, कॉल-संबंधित सेवाएं और कोई अन्य सेवा जिसके लिए उपयोगकर्ता और ऐप्लिकेशन के बीच संवाद की जरूरत है। इसकी उपयोगिता को ध्यान में रखते हुए, भारत में कई बैंकों ने अलग-अलग यूएसएसडी(USSD) ऐप्लिकेशन विकसित किए गए हैं, जिनका मोबाइल बैंकिंग रिटेल डोमेन के साथ-साथ वित्तीय समावेशन क्षेत्र में भी इस्तेमाल किया जाता है। एनपीसीआई(NPCI) ने एक यूएसएसडी(USSD) सेवा के लिए तालमेल बनाया है, जहां *99# किसी भीटीएसपी (टेलीफ़ोन सर्विस प्रोवाइडर) के मोबाइल फ़ोन से किसी भी बैंक के मोबाइल ग्राहक को डायल करने के लिए आम शुरुआती कोड है। यह ग्राहक-फ़ोन के टीएसपी को जाता है, जो इसे बीसी के टेक्नोलॉजी बैकएंड पर भेजता है, और वहां से बैंक बैकएंड पर भेजता है, (यह अंतिम चरण के सेशन में या बाद में शामिल होता है, यह इस बात पर निर्भर करता है कि बैंक कैसा फ़्लो चाहता है)। इससे कोड आदि याद रखने की जरूरत नहीं पड़ती और सभी बैंकों और ग्राहकों के लिए एकीकृत संचार आसान हो जाता है। एनपीसीआई(NPCI) सार्वजनिक समन्वयक है और *99# सर्विस वर्तमान में 83 अग्रणी बैंकों और सभी जीएसएम(GSM) सेवा प्रदाताओं द्वारा प्रदान की जाती है और इसे हिंदी और अंग्रेजी समेत 13 विभिन्न भाषाओं में इस्तेमाल किया जा सकता है, (31st मई 2023 तक)। यूएसएसडी(USSD) प्लेटफ़ॉर्म में *99# सर्विस, बैंक की यूएसएसडी(USSD) सेवा में पेश किए गए मेनू के अनुसार, उपयोगकर्ताओं को वित्तीय, गैर-वित्तीय और मूल्य वर्धित सेवाएं (VAS) मुहैय्या कराती है।

वर्तमान में, नीचे बताए वित्तीय, गैर-वित्तीय और मूल्य वर्धित सेवाएं (VAS) *99# सेवा के जरिए पेश की जा रही हैं।

वित्तीय सेवाएं	मोबाइल नंबर का इस्तेमाल कर पैसे भेजना यूपीआई(UPI) आईडी की मदद से पैसे भेजना खाता संख्या + आईएफएससी(IFSC) की मदद से पैसे भेजना यूपीआई(UPI) आईडी/मोबाइल नंबर की मदद से पैसे का अनुरोध करना।
गैर-वित्तीय सेवाएं	खाता बैलेंस यूपीआई (UPI) पिन सेट करना यूपीआई (UPI) पिन बदलना पिछले 5 लेनदेन

*99# सर्विस की ख़ासियत

- यूएसएसडी(USSD) को एक्सेस चैनल के रूप में इस्तेमाल करता है, जो सभी जीएसएम(GSM) हैंडसेट (स्मार्टफ़ोन या अन्य) पर काम करता है और इसे अंतिम सिरे तक पहुंचने वाले उपयोगकर्ताओं तक पहुंचाता है।
- मेनू-आधारित ऐप्लिकेशनों को सपोर्ट करता है, जिससे उपयोगकर्ताओं के लिए इस्तेमाल करना आसान है
- इसमें डेटा कनेक्टिविटी की जरूरत नहीं होती है (सिग्नलिंग चैनल पर काम करता है) जो इसे उच्च उपलब्धता वाली सेवा बनाता है
- चौबीसों घंटे उपलब्धता (छुट्टियों पर भी काम करता है)
- ख़ास जीएसएम(GSM) ऑपरेटरों और मोबाइल हैंडसेटों में एक सार्वजनिक कोड *99# के जरिए ऐक्सेस किया जा सकता है।
- भीम(BHIM) ऐप का इस्तेमाल करने के लिए अतिरिक्त चैनल और वित्तीय समावेशन के लिए प्रमुख उत्प्रेरक

यूएसएसडी(USSD) आधारित मोबाइल बैंकिंग और यूएसएसडी(USSD) कोड *99# के तहत ख़ास प्रक्रिया प्रवाह नीचे बताया गया है:

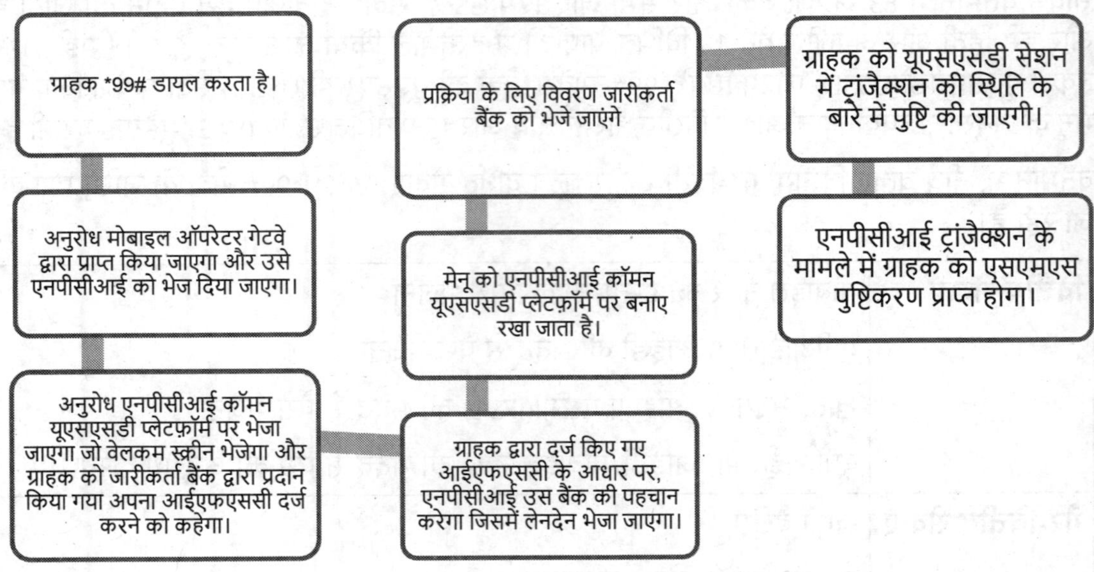

मोबाइल बैंकिंग- ऐप्लिकेशन आधारित

बैंक, ऐप्लिकेशन आधारित मोबाइल बैंकिंग सेवाएं उपलब्ध करा रहे हैं। बैंक के ग्राहकों को ऐप्लिकेशन डाउनलोड करना होगा और वे गैर-वित्तीय लेनदेन (बैलेंस पूछताछ, मिनी स्टेटमेंट, चेक बुक अनुरोध),

वित्तीय लेनदेन (फंड ट्रांसफर, मोबाइल/डीटीएच रिचार्ज, बिल भुगतान इत्यादि), जैसी कई अन्य (कार्ड, ऋण, विदेशी मुद्रा, निवेश और बीमा, इंटरनेट बैंकिंग की सुविधाएं, इत्यादि) बैंकिंग सेवाओं का फ़ायदा उठा सकते हैं। हालांकि, मोबाइल बैंकिंग ऐप का इस्तेमाल करने के लिए,ग्राहक को ऐप्लिकेशन डाउनलोड करने और लेनदेन करने के लिए जीपीआरएस(GPRS) सब्सक्रिप्शन की जरूरत होती है। किसी भी संवर्धन (एनहान्समेंट) या अपडेट के लिए ग्राहक के पास एक कम्पैटिबल हैंडसेट होना चाहिए और ऐप को अपग्रेड करते रहना चाहिए।

मोबाइल वॉलेट

मोबाइल वॉलेट, मोबाइल-आधारित वर्चुअल कंटेनर है, जहां उपयोगकर्ता मोबाइल वॉलेट सेवा प्रदाता के साथ बने अपने खाते में एक निश्चित राशि प्रीलोड कर सकता है, और उसके बाद, मोबाइल वॉलेट सेवा प्रदाता के साथ सूचीबद्ध ऑनलाइन और ऑफ़लाइन व्यापारियों पर खर्च कर सकता है। उदाहरण के लिए, यदि उपयोगकर्ता कॉफी शॉप 'ए' में जाता है, जो XYZ मोबाइल वॉलेट के साथ सूचीबद्ध है, तो वह फ़ोन के जरिए कॉफी के लिए भुगतान कर सकता है। सेवा प्रदाता के आधार पर, कोई ऐप, टेक्स्ट संदेश, सोशल मीडिया खाता या वेबसाइट के जरिए भी भुगतान कर सकता है। उदाहरण के लिए, पेटीएम(Paytm), मोबीक्विक(MobiKwik), फ्रीचार्ज आदि कंपनियों ने ग्राहकों से अपने मोबाइल वॉलेट के जरिए भुगतान स्वीकार करने के लिए विभिन्न व्यापारियों के साथ समझौता किया है।

आईएमपीएस (IMPS)

इमीडिएट पेमेंट सर्विस (IMPS) एक रियल टाईम पेमेंट सेवा है, जो सार्वजनिक छुट्टियों समेत साल के 24×7 और 365 दिन उपलब्ध रहती है। यह इंटर-बैंक, खाते से खाते में फंड ट्रांसफर की सुविधा देती है। आईएमपीएस(IMPS) मोबाइल (ऐप, एसएमएस(SMS), वैप(WAP), यूएसएसडी(USSD)), इंटरनेट बैंकिंग, एटीएम और शाखा जैसे कई प्लेटफ़ॉर्मों पर भी उपलब्ध है। यदि आईएमपीएस(IMPS) का इस्तेमाल इंटरनेट या एटीएम(ATM) के जरिए किया जाता है, तो किसी पूर्व पंजीकरण की जरूरत नहीं होती है। मोबाइल के जरिए आईएमपीएस(IMPS) का इस्तेमाल करने के लिए, मोबाइल बैंकिंग के लिए मोबाइल नंबर को बैंक के साथ पंजीकृत होना जरूरी होता है। पंजीकृत होने के बाद, ग्राहक को एक एमएमआईडी(MMID) (मोबाइल मनी आइडेंटिफ़ायर), एक 7 अंकों का कोड और एक एमपिन(MPIN) दिया जाता है, जो लेनदेन के पासवर्ड के तौर पर काम करता है।

आईएमपीएस(IMPS) जबर्दस्त और रियल टाईम फ़ंड ट्रांसफर की सुविधा देती है, जो तुरंत, 24X7, इंटरबैंक इलेक्ट्रॉनिक फ़ंड ट्रांसफर सेवा मुहैय्या कराती है, जिसे मोबाइल, इंटरनेट, एटीएम, एसएमएस जैसे कई चैनलों पर इस्तेमाल किया जा सकता है। आईएमपीएस(IMPS) एक प्रभावशाली सेवा है, जो समूचे भारत में बैंकों के भीतर तुरंत फ़ंड ट्रांसफर करने में मदद करती है, जो न केवल सुरक्षित है, बल्कि किफायती भी होता है। वर्तमान में आईएमपीएस(IMPS) पर 717 सदस्य सक्रिय हैं जिनमें बैंक और पीपीआई(PPI) शामिल हैं।

आईएमपीएस(IMPS) में भाग लेने वाले बैंकों के लिए पात्र होने का मानदंड यह है कि निकाय के पास आईएमपीएस(IMPS) में भाग लेने के लिए भारतीय रिजर्व बैंक का वैध बैंकिंग या प्रीपेड पेमेंट इंस्ट्रुमेंट लाइसेंस होना चाहिए।

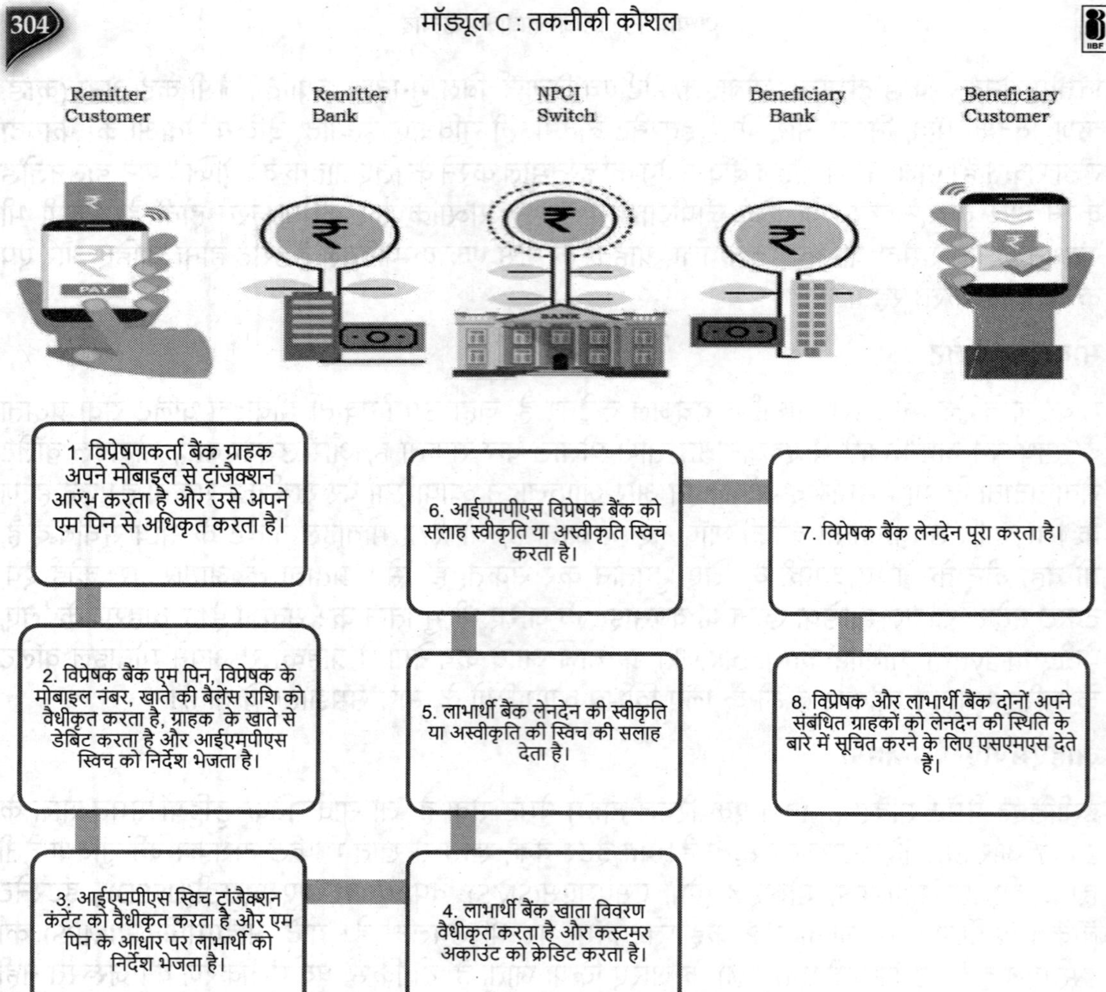

उपयोग के मामले (NPCI से)

आईएमपीएस (IMPS) सेवाओं का इस्तेमाल कैसे करें?

खुदरा ग्राहक के उपयोग संबंधी मामले :

(1) दूर-दराज के स्थान पर फ़ंड ट्रांसफर करना

राम भारत के एक बड़े महानगर में एक प्रवासी मजदूर है, वह अपने मोबाइल फ़ोन पर बैंकिंग मोबाइल ऐप्लिकेशन के जरिए आईएमपीएस(IMPS) सेवा का इस्तेमाल कर, मध्य प्रदेश के सुदूर ग्रामीण इलाके में रहने वाले अपने परिवार को तुरंत पैसे भेज सकता है।

(2) विदेश से धन विप्रेषण

माधवन यूएई में स्थित एक कॉन्ट्रैक्ट वर्कर है, वह अपने वेतन खाते से भारत में अपने घर धनराशि भेजने में सक्षम है। वह संयुक्त अरब अमीरात (UAE) में मनी ट्रांसफर प्रदाता के जरिए सीधा अपनी पत्नी के

बैंक खाते में फ़ंड ट्रांसफर कर सकता है, जिसका आईएमपीएस (IMPS) ट्रांसफर के लिए भारतीय बैंकों के साथ सहयोग (tie-up) है।

(3) बड़ी कीमत की सुरक्षित खरीदारी

रोहित ने एक नई कार बुक की है। वह अपने आवश्यक कार ऋण को कम करने के लिए एक बड़ा डाउन पेमेंट करना चाहता है। वह अपने बैंक द्वारा सक्षम आईएमपीएस (IMPS) सेवा का इस्तेमाल, अपने लैपटॉप की मदद से कर लेता है और पूरी सुरक्षा के साथ बड़ा डाउन पेमेंट चुकाता है।

(4) बड़ी कीमत की खरीदारी का तुरंत भुगतान

चंद्रकांत ने धनतेरस के शुभ अवसर पर अपनी पत्नी को सोने का हार देने का वादा किया है। वह अपनी पत्नी के लिए एक सुंदर हार चुनता है और अपने मोबाइल फ़ोन पर अपने बैंक के मोबाइल ऐप्लिकेशन के जरिए आईएमपीएस(IMPS) सुविधा का इस्तेमाल कर इसका भुगतान करता है।

कॉर्पोरेट के उपयोग संबंधी मामले:

(1) संभावित उधारकर्ता का सत्यापन

एबीसी(ABC) लिमिटेड ऋण देने के व्यवसाय के क्षेत्र में काम करने वाला एक बड़ा एनबीएफसी(NBFC) है। संभावित उधारकर्ता के खाते के विवरण को सत्यापित करने के लिए, एबीसी(ABC) लिमिटेड ऋण प्रक्रिया को सक्षम करने के लिए आईएमपीएस(IMPS) अकाउंट वेलिडेशन एपीआई(API) का इस्तेमाल करता है।

(2) पूरे भारत में बड़े पैमाने पर वेतन का संवितरण

सीबीडी(CBD) कंपनी लिमिटेड के पास पूरे भारत में शाखाओं और सेल्स टीमों का एक नेटवर्क है। यह सुनिश्चित करने के लिए कि उनके कर्मचारियों को हर महीने उनका वेतन क्रेडिट हो जाए, सीबीडी(CBD) अपने बैंक द्वारा प्रदान की जाने वाली थोक संवितरण सुविधा का इस्तेमाल करता है।

15.6 इंटरनेट बैंकिंग

एटीएम की तरह यहां भी हमारे पास सीबीएस(CBS) के सामने एक इंटरनेट बैंकिंग सर्वर है। इसमें इंटरनेट बैंकिंग प्रोग्राम होता है, जिसमें ग्राहक के सामने वाली स्क्रीन को वेब पर होस्ट किया जाता है। ग्राहक अपने पीसी/फ़ोन से या किसी अन्य पीसी/मोबाइल से इस पेज पर जा सकते हैं। ग्राहक वेब पेज देखते हैं। वे शाखा के जरिए अपना खाता रजिस्टर और लिंक कर सकते हैं। फिर वह शाखा इंटरनेट बैंकिंग सुविधा सक्रिय करती है और नए विवरण भी इंटरनेट बैंकिंग सर्वर पर अपलोड कर देती है। लॉगिन करने के लिए बैंक, आईडी और पासवर्ड प्रदान करता है। लॉगिन का प्रयास करने पर, इंटरनेट बैंकिंग सर्वर लॉगिन विवरण का अपने डेटाबेस से सत्यापन करता है, और फिर, उसके मिलान हो जाने पर लॉगिन की अनुमति देता है। सॉफ्टवेयर ग्राहक को उसके सीबीएस(CBS) खाते से जोड़ता है, और फिर वह वेबपेज में मेनू के अनुसार ट्रांजेक्शन कर सकता है। इंटरनेट बैंकिंग लेनदेन के लिए कई अतिरिक्त

जांचों का उपयोग करती है (अतिरिक्त प्रश्नों के साथ सुरक्षा जांच, लेनदेन के दौरान ग्राहक के पंजीकृत मोबाइल पर भेजा गया वन-टाइम पासवर्ड, स्क्रीन एंट्री और सिस्टम द्वारा सत्यापन इत्यादि)। इंटरनेट बैंकिंग के अपने जोखिम भी होते हैं।

इंटरनेट बैंकिंग की निम्नांकित विशेषताएं हैं:

(a) *खाता विवरण:* कोई भी व्यक्ति बैलेंस राशि देखकर, विवरण डाउनलोड कर और बहुत कुछ कर पूरे खाते के विवरण को ट्रैक कर सकता है। अन्य सभी खाते, जैसे क्रेडिट कार्ड (उसी बैंक के), लोन, डीमैट खाता इत्यादि को एक ही स्थान पर लिंक और ट्रैक किया जा सकता है।

(b) *विप्रेषण और फ़ंड ट्रांसफर:* इंटरनेट बैंकिंग सुविधा की मदद से, कोई व्यक्ति एनईएफटी(NEFT), आरटीजीएस(RTGS) या आईएमपीएस(IMPS) जैसी प्रणालियों का उपयोग करके उसी बैंक/अन्य बैंक स्थित अपने खातों में या उसी बैंक में या अलग-अलग बैंकों में मौजूद दूसरों के बैंक खातों में पैसे ट्रांसफर कर सकता है।

(c) *अनुरोध सेवाएँ:* इस सेवा के जरिए, चेक बुक, डिमांड ड्राफ्ट, स्टॉप चेक भुगतान, डेबिट कार्ड लॉयल्टी पॉइंट रिडेम्प्शन इत्यादि जारी करने के अनुरोध किए जा सकते हैं।

(d) *बिल भुगतान सेवाएँ:* बिजली और टेलीफ़ोन बिल, मोबाइल फ़ोन बिल, क्रेडिट कार्ड भुगतान और बीमा प्रीमियम और अन्य यूटिलिटी बिलों के भुगतान की सुविधा प्रदान करने के लिए किसी को भी उन सेवा प्रदाताओं की साइट पर जाने की आवश्यकता नहीं होती है, क्योंकि प्रत्येक बैंक ने देश भर की विभिन्न उपयोगिता कंपनियों, सेवा प्रदाताओं और बीमा कंपनियों के साथ सहयोग स्थापित किया है। बिल का भुगतान करने के लिए, प्रत्येक बिलकर्ता के लिए एक सरल वन-टाईम रजिस्ट्रेशन पूरा करना जरूरी होता है।

(e) बार-बार आने वाले बिलों का ऑटोमेटेड भुगतान करने के लिए कोई भी व्यक्ति ऑनलाइन स्थायी निर्देश भी सेट कर सकता है। इन 'पंजीकृत' स्वचालित भुगतान (मानक अनुदेशों द्वारा), या भुगतान किए जाने वाले ऑटो-कलेक्टेड बिलों (बिलर पंजीकरण प्रक्रिया) के अलावा, सामान्यतः ज्यादातर ऑनलाइन भुगतान हर बार ऐड हॉक आधार पर किए जाते हैं। ऑनलाइन भुगतान सत्र में विकल्प का चयन कर क्रेडिट कार्ड/डेबिट कार्ड/बैंक खातों से इंटरनेट पर पेमेंट को संभव बनाता है। यहां किसी 'पंजीकरण' की जरूरत नहीं होती, और ग्राहक यह चुनाव करने के लिए स्वतंत्र है कि किस बैंक खाते या कार्ड से भुगतान करना है।

(f) *इंटरनेट बैंकिंग के जरिए निवेश:* अब कोई भी व्यक्ति फंड ट्रांसफर के जरिए ऑनलाइन एफडी(FD) खोल सकता है। अब इंटरलिंक्ड डीमैट और बैंक खातों वाले निवेशक आसानी से शेयर बाजार में ट्रेड कर सकते हैं और राशि अपने आप उनके संबंधित बैंक खातों में डेबिट/क्रेडिट कर दी जाएगी और शेयर उनके डीमैट खाते में क्रेडिट/डेबिट कर दिए जाएंगे। इसके अतिरिक्त, कुछ बैंक सीधे ऑनलाइन बैंकिंग प्रणाली के जरिए म्यूचुअल फंड खरीदने की सुविधा भी मुहैय्या कराते हैं।

(g) *प्रीपेड फ़ोन रिचार्ज करना:* अब कोई व्यक्ति इंटरनेट बैंकिंग पर लॉग इन कर अपने प्रीपेड मोबाइल कार्ड को टॉप-अप कर सकता है। बस केवल टेलीकॉम ऑपरेटर का नाम चुनकर, मोबाइल नंबर और रिचार्ज की राशि एंटर कर, कुछ ही मिनटों में फ़ोन वापस चालू हो सकता है।

(h) *खरीदारी:* सभी प्रकार के उत्पादों की रेंज के साथ, कोई भी ऑनलाइन खरीदारी कर सकता है और भुगतान भी खाते के जरिए आसानी से किया जाता है। इंटरनेट बैंकिंग का इस्तेमाल कर वह रेलवे और हवाई टिकट भी खरीद सकता है।

निश्चित रूप से, ऊपर बताए कामों के लिए, बैंकों, टेलीकॉम और अन्य ऑनलाइन विक्रेताओं, बिलर संगठनों के साइट-टू-साइट इंटीग्रेशन बैकग्राउंड में जुड़े होते हैं, साथ ही इन संदेशों/डेटा को संभालने के लिए, इन लेनदेन के होने के लिए क्रेडेंशियल, ऐक्सेस, सहमत डेटा विनिमय और संदेश, कार्यक्रम भी प्रदान किए जाते हैं।

शुरुआत में, इंडस्ट्री का आरंभ वन-टू-वन सहयोग (एक बैंक और एक संगठन, जैसे कि रेलवे) के साथ हुआ। धीरे-धीरे कुछ बैंक और कुछ संगठन ऐसी स्थिति में परिपक्व हो गए, कि उन्होंने डेटा एक्सचेंज और रूटीन कार्यों का एक सार्वजनिक मानक बनाया, संगठनों के बीच साइट-टू-साइट हैंडशेक के लिए एक सार्वजनिक तकनीकी विवरण निर्धारित किया, ताकि कई काउंटरपार्टी पंजीकृत कर सकें, संदेश/मानक, रुटीन उसका पालन कर सकें और इन संगठनों में ऑनलाइन लेनदेन कर सकें ताकि, फ्रंट-एंड ग्राहक को दुकान एक्स(X) साइट पर जाने, बैंक वाई(Y) से ऑनलाइन भुगतान करने, या बैंक वाई साइट पर जाने का सहज अनुभव मिल सके तथा सरकार को ऑनलाइन टैक्स का भुगतान कर सके, और ये सभी काम कागज के बगैर और तुरंत, संबंधित संस्थाओं (दुकान, बैंक, सरकार) के साथ सहमति के अनुसार करते हुए ई-पावती, रसीदें प्रदान हासिल किए जा सकते हैं।

पर्सनल इंटरनेट बैंकिंग, बैंकिंग ट्रांजैक्शन के लिए तेजी से एक लोकप्रिय प्लैटफ़ॉर्म बनता जा रहा है। हालांकि, इंटरनेट की 'खुली' प्रकृति के कारण वित्तीय संस्थानों और उपयोगकर्ताओं को इंटरनेट सुरक्षा से जुड़ा जोखिम भी रहता है।

15.7 ऑटोमेटेड टेलर मशीनें (ATMs)

1990 के दशक की शुरुआत में विदेशी बैंकों ने भारतीय बैंकिंग इंडस्ट्री में एटीएम(ATMs) की शुरुआत की थी। जिन बैंकों के पास शाखाओं का अपर्याप्त नेटवर्क है, उनको एटीएम तकनीक ने प्रारंभिक सेवाओं व लेनदेन की कम लागत पर ग्राहकों तक पहुँचने में और परेशानी मुक्त सेवाएं प्रदान करने में सक्षम बनाया है। समय के साथ एटीएम टेक्नोलॉजी में कई आविष्कारी कार्य हुए, जिनसे ग्राहकों की ग्रहणशीलता में वृद्धि हुई है। सार्वजनिक क्षेत्र के बैंक देश में एटीएम नेटवर्क का बड़े पैमाने पर विस्तार कर रहे हैं। एटीएम नेटवर्क का विकास न केवल लेनदेन के खर्चे कम करने के लिए किया जाता है, बल्कि एक प्रभावी विपणन चैनल रिसोर्स के रूप में भी किया जाता है।

संपूर्ण भारत के बैंकों ने ग्रामीण बाजारों की क्षमता का इस्तेमाल करने के लिए बायोमेट्रिक तकनीक से लैस एटीएम लगाने की प्रक्रिया शुरू कर दी है। उन इलाकों में बड़े पैमाने पर निरक्षरता के कारण, ऐसे केंद्रों में जनसंख्या का एक बड़ा हिस्सा शहरी केंद्रों को लोगों की तरह टेक्नोलॉजी को उतनी तेजी से नहीं अपनाता है। बायोमेट्रिक टेक्नोलॉजी के विकास ने निरक्षर आबादी के लिहाज से एटीएम जैसे सेल्फ़-सर्विस चैनलों के इस्तेमाल को व्यवहार्य बना दिया है। हालांकि इसे इंस्टॉल करना महंगा है, फिर भी बायोमेट्रिक्स का दायरा तेजी से बढ़ रहा है। यह चेहरे, उंगलियों के निशान, आंखों या आवाज की पहचान के साथ क्रेडेंशियल वेरिफ़िकेशन को जोड़कर बेहतर सुरक्षा प्रणाली प्रदान करता है। कुछ बड़े बैंकों ने, ख़ासकर ग्रामीण बैंकिंग के लिए, व्यापक रूप से बायोमेट्रिक एटीएम शुरू करने की दिशा में अपना पहला कदम उठाया है। कुछ बैंकों द्वारा मल्टीलिंगुअल एटीएम लगाने पर भी विचार किया गया है। इस टेक्नोलॉजी इनोवेशन का लक्ष्य ग्रामीण बैंकिंग व्यवसाय भी है, जिसमें बड़ी संभावना छिपी है। भारत की भाषाई विविधता और अंग्रेजी के ज्ञान की कमी की वजह से नई टेक्नोलॉजी को सक्रिय रूप से अपनाने में बाधा आती है। "टॉकिंग एटीएम" ऐसा एटीएम है जो ध्वनि निर्देश प्रदान करता है, ताकि जो व्यक्ति एटीएम की स्क्रीन नहीं पढ़ सकते, वे मशीन का इस्तेमाल स्वयं कर सकें। पूरी ध्वनि सूचना मशीन के चेहरे पर एक स्टैंडर्ड हेडफोन जैक के जरिए निजी तौर पर भेजी की जाती है।

भारत में स्थापित विभिन्न प्रकार के एटीएम और इन एटीएम की ख़ासियत नीचे दी गई तालिका में दी गई हैं:

ऑन-साइट एटीएम	ऐसे एटीएम, जो बैंक के परिसर के भीतर मौजूद रहते हैं।
ऑफ़-साइट एटीएम	ऐसे एटीएम, जो बैंक परिसर के बाहर परिचालित होते हैं।
वर्कसाइट एटीएम	एटीएम जो किसी कंपनी के परिसर में स्थित होते हैं और प्रायः उस कंपनी के कर्मचारियों के लिए होते हैं।
कैश डिस्पेंसर एटीएम	ऐसे एटीएम, जो केवल नकद निकासी, बैलेंस पूछताछ और मिनी स्टेटमेंट की सुविधा देते हैं
मोबाइल एटीएम	मोबाइल एटीएम वे एटीएम हैं, जो उपयोगकर्ताओं के लिए उनके इलाकों में घूमते रहते हैं। कोविड19 के कारण मोबाइल एटीएम की संख्या में वृद्धि हुई है
व्हाइट लेबल एटीएम	ऐसे एटीएम जो स्थापित करने वाले गैर-बैंकों के स्वामित्व में होते हैं और उनके द्वारा ही चलाए जाते हैं। गैर-बैंक ऑपरेटरों को आरबीआई ने पेमेंट और सेट्लमेंट सिस्टम अधिनियम, 2007 के तहत अधिकृत किया गया है। अधिकृत व्हाइट लेबल ऑपरेटरों की सूची आरबीआई की वेबसाइट पर इस लिंक पर उपलब्ध है https://www.rbi.org.in/Scripts/PublicationsView.aspx?id=12043

ग्रीन लेबल एटीएम	ऐसे एटीएम, जो कृषि बैंकिंग ट्रांजैक्शन को बढ़ावा देने के लिए लगाए जाते हों।
ऑरेंज लेबल एटीएम	एटीएम, जो शेयर ट्रांजैक्शन के लिए प्रदान किए जाते हैं।
येलो लेबल एटीएम	ऐसे एटीएम जिनका इस्तेमाल ऑनलाइन खरीदारी के लिए किया जाता है।
पिंक लेबल एटीएम	एटीएम, जो महिलाओं द्वारा किए जाने वाले बैंकिंग लेनदेन को बढ़ावा देने के लिए लगाए जाते हैं।
ब्राउन लेबल एटीएम	ऐसे एटीएम जहां हार्डवेयर और एटीएम मशीन की लीज किसी सेवा प्रदाता के हाथ में होती है। हालांकि, प्रायोजक बैंक द्वारा कैश प्रबंधन और बैंकिंग नेटवर्क से कनेक्टिविटी की पेशकश की जाती है।

उपयोगकर्ताओं को बेहतरीन अनुभव देने और लेनदेन को सुरक्षित बनाने के लिए एटीएम में इस्तेमाल होने वाली मशीन की तकनीक में दिन-ब-दिन सुधार होता जा रहा है। कुछ उल्लेखनीय बदलाव इस प्रकार हैं:

- *एटीएम की बहुउद्देशीय प्रकृति:* पूर्व के विपरीत, अब एटीएम न केवल कैश निकालने की सुविधा दे रहे हैं, बल्कि आज, वे नकदी जमा करने, फंड ट्रांसफर, बिलों का भुगतान और मिनी स्टेटमेंट तैयार करने की सुविधाएं भी मुहैय्या कराते हैं। ये महज कुछ सेवाएं हैं, पर बैंकों द्वारा प्रदान की जाने वाली कई दूसरी परिष्कृत सेवाएं भी हैं।
- *इस्तेमाल करने में आसान:* आधुनिक एटीएम इस तरह से डिज़ाइन किए जाते हैं कि निरक्षर लोग और ख़ासतौर से विकलांग व्यक्तियों समेत सभी के लिए इसका इस्तेमाल करना आसान हो जाता है। बायोमेट्रिक आइडेंटिफ़िकेशन स्कैनर जैसी तकनीक इसे लगभग सभी लोगों के लिए इस्तेमाल करना सुविधाजनक बनाती है।
- *भाषा कोई बाधा नहीं:* भारत कई सारी संस्कृतियों और भाषाओं वाला देश है और इस प्रकार, एटीएम के परिचालन में एक भाषा का उपयोग कई यूजरों के लिए बाधा बन रहा है। एटीएम में बहुभाषी या कई भाषाओं का इस्तेमाल इस समस्या के सामाधान के रूप में कार्य करता है। आधुनिक एटीएम कई भाषाओं से लैस होते हैं और उनमें यूजर अपनी पसंद की भाषा चुन सकते हैं, जिससे उनके लिए मशीन का इस्तेमाल करना सरल हो जाता है।

ATM के लाभों को इस प्रकार समझा जा सकता है:

- एटीएम कई स्थानों पर सुविधाजनक रूप से लगाए जाते हैं। ग्राहक कोई भी लेनदेन करने के लिए किसी भी बैंक के एटीएम पर जाते हैं।
- एटीएम चंद मिनटों में नकद राशि निकालने में मदद करते हैं और इस प्रकार उनका समय बच जाता है।
- एटीएम कार्ड हासिल करने की प्रक्रिया आसान है और इसमें किसी डॉक्युमेंट्स की जरूरत नहीं होती है; लगभग सभी बैंक खाता खोलते समय ही एटीएम कार्ड उपलब्ध करा देते हैं।
- एटीएम लेनदेन का विवरण, कुल बैलेंस और मिनी स्टेटमेंट लेने में मदद करते हैं।

- कुछ एटीएम कैश जमा करने और फंड ट्रांसफर की सुविधा भी देते हैं।
- उपयोगिता बिलों और कई अन्य बिलों का भुगतान करने में मदद मिलती है।
- यह सुविधा साल के 24*7, 365 दिन उपलब्ध रहती है।
- एटीएम सुरक्षित होते हैं, क्योंकि एटीएम का इस्तेमाल केवल पिन जानने वाले व्यक्ति ही कर सकते हैं। इस प्रकार, यदि कस्टमर पिन को गोपनीय रखते हैं, तो उनके अलावा कोई अन्य व्यक्ति एटीएम का इस्तेमाल नहीं कर सकता है।
- एटीएम सेल्फ़-सर्विस होते हैं और इस प्रकार, बैंक कर्मचारियों के काम के बोझ में कमी आती है।
- एटीएम पास में कैश रखने की जरूरत को कम कर देते हैं, क्योंकि व्यक्ति किसी भी एटीएम से पैसे निकाल सकते हैं, जो कैशपॉइंट के रूप में कार्य करता है।

एटीएम के परिचालन व इस्तेमाल के लिए शुल्क लगाने के संबंध में आरबीआई द्वारा बैंकों को जारी किए गए दिशा-निर्देश इस प्रकार हैं:

- मेट्रो शहर के अलावा किसी अन्य लोकेशन पर बैंक के अपने एटीएम पर लेनदेन: बैंकों को अपने सेविंग्स बैंक खाताधारकों को एक महीने में कम से कम 5 निःशुल्क लेनदेन (वित्तीय और गैर-वित्तीय दोनों लेनदेन समेत) की पेशकश करनी चाहिए। (इसके अलावा, अन्य बैंकों के एटीएम पर 5 निःशुल्क लेनदेन निःशुल्क दिए जाने चाहिए, इस प्रकार कुल 10 निःशुल्क लेनदेन होते हैं)।
- मेट्रो शहर में बैंक के अपने एटीएम पर लेनदेन: मेट्रो लोकेशनों पर, जैसे कि मुम्बई, नई दिल्ली, चेन्नई, कोलकाता, बेंगलुरु और हैदराबाद के बैंकों के अपने एटीएम पर कम से कम 5 निःशुल्क लेनदेन। (इसके अलावा अन्य बैंकों के एटीएम पर 3 निःशुल्क लेनदेन, इस प्रकार कुल 8 निःशुल्क लेनदेन)।
- हार्डवेयर, सॉफ़्टवेयर, संचार समस्याओं जैसे तकनीकी कारणों से विफल होने वाले लेनदेन; एटीएम में करेंसी नोटों की अनुपलब्धता; और अन्य डिक्लाइंस की स्थिति में सीधे/पूरी तरह से बैंक/सेवा प्रदाता को जिम्मेदार ठहराया जा सकता है; अमान्य पिन/वेलिडेशन; आदि को ग्राहक के लिए वैध एटीएम लेनदेन के रूप में नहीं माना जाएगा। इस कारण, उसके लिए कोई चार्ज नहीं लगाया जाएगा।
- गैर-नकद निकासी/गैर-वित्तीय लेनदेन (जैसे कि बैलेंस पूछताछ, चेक बुक अनुरोध, करों का भुगतान, धन हस्तांतरण, इत्यादि), जो 'ऑन-अस' लेनदेन निर्मित करते हैं (यानी, जब किसी कार्ड का उपयोग उस बैंक के एटीएम में किया जाता है, जिसने कार्ड जारी किया है) वह भी निःशुल्क एटीएम लेनदेन की संख्या का हिस्सा नहीं होगा।

15.8 पॉइंट ऑफ़ सेल (PoS) टर्मिनल और माइक्रो एटीएम (Micro ATM)

पीओएस(PoS) टर्मिनल

पॉइंट-ऑफ-सेल टर्मिनल कैश रजिस्टर का एक ऑटोमेटेड वर्ज़न है, जो विभिन्न हार्डवेयर और सॉफ़्टवेयर सेवाओं के जरिए संचालित होता है। मौजूदा पीओएस टर्मिनल न केवल कस्टमर के ऑर्डर/लेन-देन को रिकॉर्ड और ट्रैक कर सकते हैं, बल्कि क्रेडिट/डेबिट कार्ड को प्रोसेस भी कर सकते हैं, नेटवर्क के दूसरे सिस्टम से कनेक्ट कर सकते हैं और इन्वेंट्री का प्रबंधन भी कर सकते हैं। जीपीआरएस पीओएस(GPRS PoS) टर्मिनल को कहीं भी ले जाया जा सकता है, क्योंकि इसमें एक सिम कार्ड और बिल्ट-इन बैटरी होती है, जबकि पीएसटीएन पीओएस(PSTN POS) टर्मिनल को ख़ास जगहों पर लगाया जाता है और उन्हें टेलीफ़ोन लाइन से कनेक्ट किया जाता है।

क्रेडिट और डेबिट कार्ड की मैग्नेटिक स्ट्रिप्स को रीड करने के लिए सॉफ्टवेयर हार्डवेयर में एम्बेडेड रहता है। जब किसी क्रेडिट कार्ड या डेबिट कार्ड का इस्तेमाल किसी चीज़ के भुगतान के लिए किया जाता है, तो एक पारंपरिक पीओएस टर्मिनल पहले मर्चेंट को ट्रांसफ़र करने के लिए पर्याप्त धनराशि की जांच करने के लिए मैग्नेटिक स्ट्रिप्स को रीड करता है, फिर ट्रांसफ़र किया जाता है। बिक्री के लेनदेन को रिकॉर्ड किया जाता है और रसीद प्रिंट की जाती है या खरीदार को ई-मेल या टेक्स्ट एसएमएस(SMS) के जरिए भेजी जाती है। व्यापारी या तो पीओएस टर्मिनल खरीद सकते हैं या उसे लीज पर ले सकते हैं। ऐसे डिवाइस व्यस्त खुदरा दुकानों और रेस्तरां में देखे जा सकते हैं, जहां मालिकों को इस बात का एहसास होता है कि ग्राहक प्रायः किसी उत्पाद या भोजन के लिए भुगतान करने के लिए इंतजार करना पसंद नहीं करते हैं। पीओएस सिस्टम खरीदारों के लिए कीमत, कार्य और उपयोगकर्ता हितैषी महत्वपूर्ण मानदंड होते हैं।

माइक्रो एटीएम

माइक्रो-एटीएम बायोमेट्रिक ऑथेंटिकेशन एनैबल्ड हैंड हेल्ड डिवाइस हैं। बिजनेस कॉरेस्पोंडेंट ग्राहकों के लिए बैंक के रूप में कार्य करेगा और उन्हें केवल ग्राहक के यूआईडी(UID) का इस्तेमाल कर ग्राहक की प्रामाणिकता को सत्यापित करना होगा। माइक्रो-एटीएम द्वारा सपोर्टेड बुनियादी लेनदेन में- जमा, निकासी, फंड ट्रांसफर और बैलेंस पूछताछ शामिल होते हैं। माइक्रो-एटीएम बैंक की सुविधा से वंचित आबादी को वित्तीय सेवाएं प्रदान करने के लिए सबसे कारगर विकल्प प्रदान करता है। माइक्रो एटीएम में ऑथेंटिकेशन के कई विकल्प होंगे जैसे बायोमेट्रिक, पिन आधारित आदि और इसका इस्तेमाल मोबाइल एटीएम के रूप में भी किया जाएगा, ताकि ग्राहकों के घर पर ही लेनदेन को पूरा किया जा सके। माइक्रो-एटीएम देश में सभी नागरिकों को एक ऑनलाइन अंतर-संचालनीय (इंटरऑपरेबल), कम खर्चे वाला भुगतान मंच उपलब्ध कराते हैं। माइक्रो एटीएम किसी व्यक्ति को किसी ख़ास बिजनेस कॉरेस्पोंडेंट से जुड़े बैंक पर ध्यान दिए बगैर तुरंत धनराशि जमा करने या निकालने में सक्षम बनाता है।

माइक्रो एटीएम का नवीनतम संस्करण आधार सक्षम भुगतान प्रणाली (AePS) पर आधारित है। इसके लिए किसी एटीएम कार्ड या किसी स्वाइप मशीन की जरूरत नहीं होती है। माइक्रो एटीएम मूल रूप से पीओएस होते हैं और यह उपयोगकर्ता को बायो-मीट्रिक डिवाइस, उसके आधार नंबर, उसके पंजीकृत मोबाइल पर एक ओटीपी से सत्यापित करता है। इस अनिवार्य सत्यापन के बाद उपयोगकर्ता अपने आधार से जुड़े बैंक खाते में उपलब्ध बैलेंस राशि के बारे में पूछताछ कर सकता है और अपने आधार से जुड़े बैंक खाते से नकद राशि निकाल सकता है। इस स्थिति में एजेंट उपयोगकर्ता को नकद राशि सौंप देगा।

15.9 आधार सीडिंग (Aadhaar Seeding) और ई-केवाईसी(e-KYC)

आधार एक 12 अंकों की अद्वितीय संख्या है, जिसे भारतीय विशिष्ट पहचान प्राधिकरण (यूआईडीएआई) ने भारत के सभी निवासियों को जारी किया है। इस नंबर को एक केंद्रीकृत डेटाबेस में स्टोर किया जा रहा है और उसे प्रत्येक व्यक्ति की बुनियादी जनसांख्यिकी और बायोमेट्रिक जानकारी, फोटोग्राफ, दस उंगलियों के निशान और आईरिस से जोड़ा गया है। बैंकिंग परिचालन के लिहाज से, खाते में आधार संख्या को जोड़ने/सीडिंग करने से नीचे बताए तीन मुख्य लाभ मिलते हैं: -

(i) आधार पेमेंट ब्रिज सिस्टम (APBS) के जरिए डीबीटी/डीबीटीएल/मनरेगा जैसी कई सरकार प्रायोजित सब्सिडी/लाभ योजनाओं को सीधे बैंक खातों में जमा करना, इस प्रकार दुरुपयोग/भ्रष्टाचार पर लगाम लगती है।

(ii) खाता खोलने की प्रक्रिया में केवाईसी (अपने ग्राहक को जानें) के रूप में इस्तेमाल किया जाता है। खाते सीधे शाखा और बीसी नेटवर्क पर ई-केवाईसी प्रक्रिया के जरिए खोले जाते हैं।

(iii) यूआईडीएआई डेटा बेस से ग्राहक के बायोमेट्रिक ऑथेंटिकेशन के आधार पर बीसी नेटवर्क के जरिए आधार सक्षम भुगतान प्रणाली (AEPS) का इस्तेमाल कर बैंकिंग सेवाएं/लेनदेन पूरा किया जाता है।

बैंक कई चैनलों *यानी*, शाखाओं, वैकल्पिक वितरण चैनलों (यानी, इंटरनेट बैंकिंग, एटीएम और मोबाइल/एसएमएस) और बिजनेस कॉरेस्पोंडेंट (BC) चैनल के माध्यम से आधार सीडिंग सुविधा मुहैय्या कराते हैं। बीसी चैनल के जरिए आधार सीडिंग की प्रक्रिया इस प्रकार है:

(i) बीसीए ग्राहक के बायोमेट्रिक अनुरोध के आधार पर आधार सीडिंग शुरू करेगा, जिसे यूआईडीएआई डेटा बेस से सत्यापित किया जाएगा।

(ii) ग्राहक कियोस्क बैंकिंग सॉल्यूशन (केबीएस) ऐप्लिकेशन के जरिए इलेक्ट्रॉनिक रूप से अनुरोध प्रस्तुत करेगा, जिसे यूआईडीएआई डेटा बेस से बायोमेट्रिक सत्यापन के जरिए ग्राहक की पहचान सत्यापित करने के लिए यूआईडीएआई के डेटा बेस पर भेजा जाएगा।

(iii) सफल सत्यापन/पहचान स्थापित कर लिए जाने पर, ग्राहक अपना बैंक खाता नंबर देगा और ग्राहक का विवरण सीबीएस से प्राप्त किया जाएगा और आधार कार्ड और बैंक (CBS) में जनसांख्यिकीय विवरण बीसी एजेंट द्वारा मिलान किया जाएगा।

(iv) यूआईडीएआई के डेटा बेस से ग्राहकों की सफल पहचान/बायो-मीट्रिक सत्यापन के बाद, यदि सीबीएस और आधार कार्ड में खातों का जनसांख्यिकीय विवरण मेल खाता है, तो बीसी एजेंट बैंक खाते में आधार नंबर जोड़ने के लिए आगे की कार्रवाई पूरा करेगा।

(v) इसके बाद, सीबीएस में ग्राहक के जनसांख्यिकीय विवरण को डेमो ऑथेंटिकेशन प्रक्रिया के जरिए यूआईडीएआई के डेटा बेस के साथ सत्यापित किया जाएगा।

(vi) डेमो ऑथेंटिकेशन के जरिए सफल जनसांख्यिकीय सत्यापन के बाद, आधार सीडिंग स्वचालित प्रक्रिया के माध्यम से पूरी होगी। जिस मामले में जनसांख्यिकीय सत्यापन विफल हो जाता है, वहां आधार को सीड नहीं किया जाएगा।

(vii) सीबीएस में फ़ाइल के सफल प्रोसेसिंग पर, आधार सीडिंग स्थिति, यानी सफलता/असफलता ग्राहक के पंजीकृत मोबाइल नंबर पर एसएमएस से भेजी जाएगी और डेटा बेस को अपडेट करने के लिए एक रेस्पॉन्स फ़ाइल एफआई गेटवे को भेज दी जाएगी।

(viii) बीसी एजेंट को एक स्टेटस पूछताछ विकल्प दिया जाता है, जहां वह सीडिंग की स्थिति की जांच करने के लिए आरआरएन(RRN) नंबर दर्ज करेगा।

ई-केवाईसी (e-KYC)

पहचान की धोखाधड़ी, दस्तावेज़ों की जालसाजी के जोखिम को कम करने और कागज रहित केवाईसी सत्यापन के लिए, यूआईडीएआई ने अपनी ई-केवाईसी सेवाएं शुरू की हैं। ई-केवाईसी प्रक्रिया के तहत,

ग्राहक की स्पष्ट सहमति से और यूआईडीएआई डेटा बेस से उसके बायो-मीट्रिक सत्यापन के पश्चात, नाम, उम्र, लिंग और फोटोग्राफ जैसे व्यक्तिगत बुनियादी डेटा को बैंकों जैसे अधिकृत उपयोगकर्ताओं के साथ इलेक्ट्रॉनिक रूप से साझा किया जा सकता है। यह केवाईसी की एक वैध प्रक्रिया है। उपरोक्त प्रक्रिया कागज रहित है और इससे आधार नंबर वाले ग्राहकों के लिए खाता खोलना बहुत सरल हो गया है। लगभग सभी बैंकों ने या तो इस प्रक्रिया को अपना लिया है या इस सिस्टम को लागू करने के एडवांस चरण में हैं। ई-केवाईसी प्रक्रिया से आने वाले समय में बड़े पैमाने पर खाते खोलने में सुविधा होगी। ई-केवाईसी आधार प्रमाणीकरण की मदद से ग्राहक की प्रामाणिक, तत्काल केवाईसी करने का एक इलेक्ट्रॉनिक तरीका है। यह कागज-आधारित पारंपरिक केवाईसी प्रक्रिया का एक विकल्प है, जो लागत, समय और प्रयास को कम करता है और गोपनीयता, सहजता और डेटा विश्वसनीयता में इजाफा करता है। ई-केवाईसी बैंक को ग्राहक की सहमति से यूआईडीएआई डेटाबेस में मौजूद ग्राहक की पहचान और पते के विवरण की इलेक्ट्रॉनिक प्रति पाने में सक्षम बनाता है। ई-केवाईसी के फायदों में किफायती, पहचान हैकिंग और जाली दस्तावेजों को खत्म करना, सुरक्षित और संरक्षित, झटपट होने वाला, बैंक के लिए सुविधाजनक और लागत और प्रयास को कम करना शामिल है।

15.10 आधार समर्थित भुगतान प्रणाली (AePS)

एईपीएस(AePS) एक बैंक आधारित मॉडल है, जो आधार सत्यापन का इस्तेमाल कर किसी भी बैंक के बिजनेस कॉरेस्पोंडेंट के जरिए पीओएस (माइक्रो एटीएम) पर ऑनलाइन इंटरऑपरेबल वित्तीय समावेशी लेनदेन करता है। एईपीएस छह प्रकार के लेनदेन करने की अनुमति देता है। इस स्थिति के तहत लेनदेन करने के लिए ग्राहक के लिए आवश्यक इनपुट हैं (a) बैंक का नाम (b) आधार संख्या और (c) एनरोल्मेंट के दौरान लिया गया फिंगर प्रिंट।

एईपीएस के उद्देश्य इस प्रकार हैं:

- किसी बैंक ग्राहक को अपने संबंधित आधार सक्षम बैंक खाते को ऐक्सेस करने और बुनियादी बैंकिंग ट्रांजैक्शन, जैसे बिजनेस कॉरेस्पॉडेंट के जरिए कैश जमा, कैश निकालना, इंट्राबैंक या इंटरबैंक फंड ट्रांसफर, बैलेंस पूछताछ और मिनी स्टेटमेंट पाने के लिए आधार को अपनी पहचान के रूप में इस्तेमाल करने के लिए सशक्त बनाना।
- वित्तीय समावेशन को बढ़ावा देने में भारत सरकार और भारतीय रिजर्व बैंक के लक्ष्य को पूरा करना।

- रिटेल पेमेंट के इलेक्ट्रॉनिकीकरण में आरबीआई के लक्ष्य को पूरा करना।
- बैंकों को केंद्रीय स्विचिंग और क्लियरिंग एजेंसी के जरिए आधार द्वारा शुरू किए गए इंटरबैंक लेनदेन को रूट करने में सक्षम बनाना।
- यूआईडीएआई द्वारा सपोर्टेड आधार और उसके सत्यापन की मदद से किसी भी केंद्रीय या राज्य सरकार निकाय के नरेगा, सामाजिक सुरक्षा पेंशन, विकलांग वृद्धावस्था पेंशन आदि जैसी सरकारी योजनाओं के संवितरण की सुविधा प्रदान करना।
- भरोसेमंद और सुरक्षित तरीके से बैंकों के बीच अंतर-परिचालन की सुविधा देना।
- आधार सक्षम बैंकिंग सेवाओं की एक पूरी रेंज के लिए बुनियाद तैयार करना।

एईपीएस द्वारा दी जाने वाली बैंकिंग सेवाओं में कैश जमा, नकद निकासी, बैलेंस पूछताछ, मिनी स्टेटमेंट, आधार से आधार फंड ट्रांसफर, सत्यापन और भीम आधार पे शामिल हैं। एईपीएस द्वारा दी जाने वाली अन्य सेवाएं ई-केवाईसी, बेस्ट फिंगर डिटेक्शन, डेमो ऑथ, टोकनाइजेशन व आधार सीडिंग स्टेटस हैं।

- बैंक बीसी को डिवाइसों के साथ तैनात करते हैं और ग्राहक के लिए अपने फ्रंट-एंड, बैक-एंड और अकाउंटिंग सिस्टम तैयार करते हैं।
- इन बीसी के पास माइक्रो-एटीएम होते हैं और इन्हें फिंगर-प्रिंट स्कैनर के साथ माइक्रो-एटीएम डिवाइसों से ट्रांजैक्शन रिक्वेस्ट अपलोड करने के लिए संचालित किया जाता है।
- डिवाइसों पर लेनदेन करने पर, बैंक प्रणाली (ऑफ़-अस) लेनदेन को एनपीसीआई(NPCI) को भेजती है, या फिंगरप्रिंट स्कैन (ऑन-अस लेनदेन के लिए) भेजती है।
- बैंक ऑथेंटिकेशन यूजर एजेंसी (AUA) की भूमिका निभाते हैं।
- एनपीसीआई एक ऑथेंटिकेशन सर्विस एजेंसी (ASA) और केवाईसी सर्विस एजेंसी (KSA) के रूप में काम करता है, अर्थात वे बैंकों से डेटा लेते हैं, यूआईडी को भेजते हैं, लेनदेन प्रवाह के अनुसार बैंकों (प्रेषक या ग्राहक का खाता बनाए रखने वाले बैंक को) को जवाब भेजते हैं।
- एएसए लीज़्ड लाइनों द्वारा यूआईडी से कनेक्टेड रहता है। इसी प्रकार, एयूए एएसए से कनेक्टेड होता है। एक सब-एयूए हो सकता है, *यानी*, एजेंसियां/बीसी ऑर्गेनाइजेशन अपने सिस्टम के साथ फ़ील्ड डिवाइसों से सत्यापन डेटा एकत्र करते हैं और बैंकों के साथ उनका आदान-प्रदान करते हैं।
- एएसए के रूप में एनपीसीआई बैंकों और नॉन-बैंक वित्तीय कंपनियों को कस्टमर ऑथेंटिकेशन गेटवे सेवाएं प्रदान करता है, साथ ही इंटरबैंक विवादों को निपटाने के लिए क्लीयरिंग और सेटलमेंट गतिविधि (ऑफ़-यूएस के लिए), और एक एईपीएस डीएमएस (डिस्प्यूट मैनेजमेंट सिस्टम) भी प्रदान करता है।

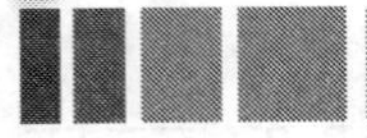

15.11 रूपे कार्ड्स (RuPay Cards)

रूपे भारत का अपनी तरह का पहला घरेलू कार्ड भुगतान नेटवर्क है, जिसकी पूरे भारत के एटीएम, पीओएस डिवाइसों और ई-कॉमर्स वेबसाइटों पर व्यापक स्वीकृति है। यह एक बेहद सुरक्षित नेटवर्क है जो लोगों को एंटी-फ़िशिंग से बचाता है। यह नाम, "रुपया" और "पेमेंट" शब्दों से मिलकर बना है, इस बात पर महत्व देता है कि यह कार्ड से भुगतान के लिए भारत की अपनी पहल है। यह अपनी राष्ट्रीयता पर गर्व करते हुए अंतरराष्ट्रीय भुगतान नेटवर्क को हमारा जवाब है। रूपे " नकदी कम" वाली अर्थव्यवस्था शुरू करने के आरबीआई के लक्ष्य को पूरा करता है। यह केवल प्रत्येक भारतीय बैंक और वित्तीय संस्थान को टेक-सेवी बनने और इलेक्ट्रॉनिक पेमेंट की पेशकश में शामिल होने के लिए प्रोत्साहित करके ही हसिल किया जा सकता है। रूपे एनपीसीआई का एक प्रॉडक्टहै, जो देश में रिटेल पेमेंट को शक्ति प्रदान करने वाला प्रमुख संगठन है।

रूपे कार्ड की विशेषताएं नीचे दी गई हैं:

- *एसएमएस/डीएमएस आधारित कार्ड उत्पाद:* दोहरी संदेश प्रणाली (DMS) जारीकर्ताओं, अधिग्रहणकर्ताओं और अन्य ट्रांजैक्शन प्रोसेसर या नेटवर्क के बीच ऑथराइजेशन अनुरोधों और नतीजों के प्रसारण के लिए प्रदान की जाती है। एकल संदेश प्रणाली (SMS) वित्तीय संदेशों को स्विच करती है और लेनदेन और निपटान रिपोर्टिंग प्रदान करती है।
- *अन-एम्बॉस्ड (Un-embossed):* सभी खाते की जानकारी - कार्डधारक का नाम,प्राथमिक लेखा संख्या (पैन), वैधता तिथि और सुरक्षा अक्षर - उभरा हुआ होने के बजाय प्रिंटेड होते है।
- एक्स2एक्स (X2X) सर्विस कोड: सर्विस कोड तीन अंकों वाले मान(value) होते हैं जिन्हें जारीकर्ता कार्ड की मैग्नेटिक स्ट्रिप में एन्कोड करते हैं। इन कोडों का इस्तेमाल मर्चेंट टर्मिनलों को यह निर्देश देने के लिए किया जाता है कि किसी कार्ड को कैसे प्रॉसेस किया जाना चाहिए। "एक्स2एक्स" ("X2X") संकेत करता है कि लेनदेन को ऑथराइजेशन के लिए ऑनलाइन भेजा जाना चाहिए।
- मैगस्ट्रिप/चिप
- *आधार और गैर-आधार वेरिएंट:* ग्राहक के खाते के बजाय, ग्राहक का आधार नंबर कार्ड में एकीकृत किया जाता है, जिसे ग्राहक के खाते से जोड़ा जाता है।
- पिन आधारित/हस्ताक्षर आधारित और बायोमेट्रिक लेनदेन को सपोर्ट करता है।
- ट्रांजैक्शन किसी एटीएम/माइक्रो एटीएम/पीओएस/ऑनलाइन पर पूरा किया जा सकता है।
- सुरक्षा फ़ीचर्स [होलोग्राम/हाईको (HiCo) मैगस्ट्रिप/सिग्नेचर पैनल/आईआईएन (IIN) (जारीकर्ता पहचान संख्या) के प्री-प्रिंटेड 4 अंक/सीवीडी (CVD) (कार्ड वेरिफ़िकेशन डेटा- *यानी* सीवीवी)]।

हरेक रूपे कार्ड धारक को व्यक्तिगत दुर्घटना बीमा कवरेज मिलती है, जो रूपे डेबिट कार्ड की एक ऐड-ऑन सुविधा के रूप में दिया जाता है। बीमा सुविधा सभी कार्डों पर लागू होती है, भले ही खाता किसी भी प्रकार का हो या कोई भी सरकारी योजना हो। प्रधान मंत्री जन धन योजना (PMJDY) के तहत,

खाताधारक को 1,00,000 रुपए (जिसे बढ़ाकर 28.8.2018 के बाद खोले गए नए पीएमजेडीवाई (PMJDY) खातों के लिए 2 लाख कर दिया गया है) के अंतर्निहित दुर्घटना बीमा कवर के साथ रूपे डेबिट कार्ड दिया जाता है। रूपे कार्ड के लिए पर्सनल आइडेंटिफ़िकेशन नम्बर (PIN) एटीएम मशीनों से पैसे निकालने के लिए और पीओएस (पॉइंट ऑफ़ सेल) पर पेमेंट करते समय एटीएम में इस्तेमाल के लिए रैंडम तरीके से जेनरेट होने वाले कोड है। रूपे कार्ड के लाभार्थियों को कार्ड को सुरक्षित रखना जरूरी होता है। उन्हें अपने खातों को सुरक्षित रखने के लिए नियमित अंतराल पर पिन बदलने का सुझाव भी दिया जाता है।

एनपीसीआई ने टोकनाइजेशन और मोबाइल आधारित पीओएस जैसे नेक्स्ट जेनरेशन सॉल्यूशन पेश करने में निवेश किया है। ये प्रौद्योगिकियां भारतीय उपभोक्ताओं को उनके कार्ड के संवेदनशील विवरण का खुलासा किए बिना, कार्ड से पेमेंट करने के लिए सुरक्षित रूप से अपने फ़ोन का इस्तेमाल करने में सक्षम बनाती हैं। यह कार्ड को स्मार्टवॉच और कई आईओटी (IoT) एनैबल्ड डिवाइसों समेत दूसरे पहनने योग्य डिवाइसों पर टोकनाइज करने की अनुमति देगा, जिससे उन्हें कार्ड से पेमेंट करने में मदद मिलेगी। भारत ई-कॉमर्स पेमेंट गेटवे (BEPC) रूपे कार्डधारकों के लिए वर्तमान ई-कॉमर्स सुविधा को बढ़ाने की नई ई-कॉमर्स प्रणाली है। रूपे कार्ड का उद्देश्य सुरक्षा व जोखिम से समझौता किए बिना एक सुविधाजनक और सरल ई-कॉमर्स अनुभव मुहैय्या कराना है।

सपोर्ट किए जाने वाले लेनदेन के प्रकार:

1. *खरीद:* रूपे कार्ड पूरे भारत में रिटेल आउटेलेटों और ईकॉमर्स व्यापारियों द्वारा पेमेंट टूल के रूप में स्वीकार किए जाते हैं।

2. *पॉइंट ऑफ़ सेल (PoS) पर नकद निकासी:* खाता खोलने वाले और जारीकर्ता बैंक द्वारा लागू नकद निकासी की सीमा के अनुसार, रूपे कार्ड का इस्तेमाल भारत में रूपे एटीएम और दूसरे बैंक एटीएम से नकदी निकालने के लिए किया जा सकता है।

3. *रीवर्सल:* रूपे कार्ड उन मामलों में लेनदेन को रीवर्सल को सपोर्ट करते हैं, जहां ट्रांजैक्शन लागू होने वाले बैंकिंग/व्यावसायिक समय-सीमा के भीतर विवादित होता है।

4. *वॉयड:* पेमेंट लेनदेन पूरा होने से पहले मर्चेंट द्वारा रूपे कार्ड पर लेनदेन को रद्द किया जा सकता है। सामान्यतः यह उन मामलों में लागू होता है जहां भूल से गलत राशि एंटर हो जाती है या कस्टमर खरीदारी को लेकर अपना मन बदल लेता है। इस प्रकार के लेनदेन के लिए ग्राहक से कोई शुल्क नहीं लिया जाएगा और न ही इंटरचेंज शुल्क फ़ीस लगाया जाएगा।

5. *मनी ऐड:* यह एक ऐसी फ़ीचर है, जो रूपे एनसीएमसी कार्ड पर लागू होती है। उपयोगकर्ता या जारीकर्ता प्राधिकारी विभिन्न प्रकार के लेनदेन के लिए इसके इस्तेमाल को सक्षम करने के लिए कार्ड में पैसे डाल सकते हैं।

6. *बैलेंस अपडेट:* बैलेंस अपडेट फीचर उपयोगकर्ता को यह जानने योग्य बनाती है कि रूपे कार्ड का इस्तेमाल कर कितना पैसा खर्च किया गया है क्योंकि यह हर लेनदेन के बाद अपने आप बैलेंस राशि अपडेट कर देता है।

7. *बैलेंस पूछताछ:* रूपे कार्ड के कस्टमर बैलेंस पूछताछ के जरिए डेबिट, प्रीपेड या क्रेडिट राशि देख सकता है।

15.12 यूपीआई (UPI), भीम (BHIM) और भारत क्यूआर (Bharat QR)

(a) यूनिफ़ाइड पेमेंट इंटरफ़ेस

यूनिफाइड पेमेंट्स इंटरफेस (UPI), एक ऐसी प्रणाली है, जो कई बैंक खातों को एक ही मोबाइल ऐप्लिकेशन (किसी भी भाग लेने वाले बैंक का) में साथ जोड़ देती है और कई बैंकिंग सुविधाओं, निर्बाध फंड रूटिंग और व्यापारियों के भुगतान को एक स्थान पर विलय कर देती है। यह "पीयर टू पीयर" संग्रहण अनुरोध को भी पूरा करती है, जिसे जरूरत और सुविधा के अनुसार शिड्यूल और भुगतान किया जा सकता है। यूपीआई नीचे बताए तरीकों से आईएमपीएस में अतिरिक्त लाभ शामिल करता है:

- पी2पी (P2P) सेतु क्रियात्मकता प्रदान करता है,
- व्यापारियों के भुगतान को सरल बनाता है,
- धन हस्तांतरण के लिए सिंगल एप,
- सिंगल क्लिक टू फैक्टर ऑथेंटिकेशन।

यूपीआई-पिन (यूपीआई पर्सनल आइडेंटिफ़िकेशन नम्बर) इस ऐप के साथ पहली बार पंजीकरण के दौरान बनाया जाने वाला 4 - 6 अंकों का पास कोड है। सभी बैंक ट्रांजैक्शन को अधिकृत करने के लिए, इस यूपीआई-पिन को एंटर करना होगा। पेमेंट ऐड्रेस एक ऐसा ऐड्रेस है, जो किसी व्यक्ति के बैंक खाते की ख़ास पहचान करता है। यूपीआई के जरिए फंड ट्रांसफर करने के लिए लाभार्थी के रजिस्ट्रेशन की जरूरत नहीं होती है, क्योंकि फंड वर्चुअल आईडी/खाता+आईएफएससी/मोबाइल नंबर+एमएमआईडी/आधार नंबर के आधार पर हस्तांतरित किया जाएगा।

यूपीआई अनूठी प्रकृति का होता है, क्योंकि इसमें निम्नांकित विशेषताएं होती हैं:

- मोबाइल डिवाइस से चौबीसों घंटे -24*7 और 365 दिन तुरंत धन अंतरण होना।
- कई बैंक खातों को ऐक्सेस करने के लिए एकल मोबाइल ऐप्लिकेशन।
- सिंगल क्लिक 2 फैक्टर ऑथेंटिकेशन- नियामक दिशा-निर्देशों के अनुरूप, फिर भी निर्बाध सिंगल क्लिक पेमेंट की एक बेहद प्रभावी सुविधा प्रदान करता है।

- पुल एंड पुश के लिए ग्राहक का वर्चुअल ऐड्रेस ज्यादा सुरक्षा प्रदान करता है, जिसमें ग्राहक को कार्ड नंबर, खाता संख्या, आईएफएससी इत्यादि जैसे विवरण दर्ज नहीं करना होता है।
- क्यूआर कोड
- कैश ऑन डिलीवरी के झंझट, एटीएम तक जाने या सटीक राशि देने का सबसे अच्छा विकल्प है।
- सिंगल ऐप्लिकेशन या इन-ऐप भुगतान से व्यापारी को भुगतान
- यूटिलिटी बिल भुगतान, काउंटर पर भुगतान, क्यूआर कोड (स्कैन और भुगतान) आधारित पेमेंट
- डोनेशन, कलेक्शंस, संवितरण आकलन करने योग्य
- सीधे मोबाइल ऐप से शिकायत दर्ज़ करना।

कई प्रतिभागियों को इस प्रणाली के लाभ इस प्रकार मिलते हैं:

बैंकों के लिए लाभ	कस्टमरों के लिए लाभ	मर्चेंटों के लिए लाभ
◆ सिंगल क्लिक टू फैक्टर ऑथेंटिकेशन ◆ ट्रांजैक्शन के लिए यूनिवर्सल ऐप्लिकेशन ◆ मौजूदा इंफ़्रास्ट्रक्चर का फ़ायदा लेना ◆ अधिक सुरक्षित, भरोसेमंद और आविष्कारी ◆ भुगतान आधार सिंगल/विशिष्ट पहचानकर्ता ◆ निर्बाध मर्चेंट ट्रांजेक्शन को सक्षम बनाता है।	◆ चौबीस घंटे उपलब्ध ◆ कई बैंक खातों तक पहुंचने के लिए एकल ऐप्लिकेशन। ◆ वर्चुअल आईडी का इस्तेमाल अधिक सुरक्षित है, कोई क्रेडेंशियल शेयर नहीं करना होता है। ◆ सिंगल क्लिक ऑथेन्टिकेशन ◆ सीधे मोबाइल एप से शिकायत दर्ज़ करना।	◆ ग्राहक-एकल पहचानकर्ताओं से सुगम फ़ंड संग्रह ◆ कार्ड की तरह ग्राहक का वर्चुअल ऐड्रेस स्टोर करने का कोई खतरा नहीं। ◆ उन ग्राहकों के लिए उपलब्ध, जिनके पास क्रेडिट/डेबिट कार्ड नहीं हैं ◆ ई-कॉमर्स और एम-कॉमर्स ट्रांजैक्शन के लिए सही ◆ सीओडी कलेक्शन की समस्या का समाधान करता है। ◆ कस्टमर को सिंगल क्लिक 2एफए सुविधा - निर्बाध पुल (seamless pull) ◆ इन ऐप पेमेंट (IAP)

(b) भारत इंटरफेस फ़ॉर मनी (BHIM)

भारत इंटरफेस फ़ॉर मनी (BHIM) एक ऐसा ऐप है, जिससे यूनिफाइड पेमेंट इंटरफेस (UPI) का उपयोग करके सरल, आसान और त्वरित भुगतान लेनदेन करने में मदद मिलती है। यह सीधे बैंक से बैंक को तुरंत भुगतान करने और केवल मोबाइल नंबर/नाम या पेमेंट ऐड्रेस का इस्तेमाल कर धन प्राप्त करने की सुविधा देता है। भीम की मुख्य विशेषताएं नीचे दी गई हैं:

- *सेंड मनी* - वर्चुअल पेमेंट एड्रेस (UPIID), अकाउंट नंबर और क्यूआर स्कैन एंटर कर पैसे भेजे जा सकते हैं।
- *रिक्वेस्ट मनी* - वर्चुअल पेमेंट ऐड्रेस (UPIID) एंटर कर धन प्राप्त किया जा सकता है। इसके अलावा, भीम ऐप के जरिए आप मोबाइल नंबर की मदद से पैसे ट्रांसफर कर सकते हैं (मोबाइल नंबर भीम या *99# के साथ पंजीकृत होना चाहिए और खाता लिंक होना चाहिए)
- *स्कैन एंड पे* - स्कैन एंड पे के जरिए क्यूआर कोड को स्कैन कर भुगतान किया जा सकता है या लोगों को आसान भुगतान करने के लिए क्यूआर कोड जेनरेट किया जा सकता है।
- *ट्रांजेक्शंस* - कोई भी लेन-देन इतिहास और लंबित यूपीआई कलेक्ट रिक्वेस्ट (यदि कोई हो) की जांच कर सकता है। आप किसी भी लेनदेन में 'रिपोर्ट इश्यू' पर क्लिक करके अस्वीकृत लेनदेन के लिए शिकायत दर्ज करा सकते हैं।
- *प्रोफ़ाइल* - आप खाते से जुड़े स्टैटिक क्यूआर कोड और पेमेंट ऐड्रेस देख सकते हैं। क्यूआर कोड को फ़ोन पर उपलब्ध विभिन्न मैसेंजर ऐप्लिकेशन जैसे व्हाट्सएप, ई-मेल आदि के माध्यम से भी शेयर किया जा सकता है और क्यूआर कोड को डाउनलोड भी किया जा सकता है।
- *बैंक अकाउंट* - भीम ऐप से जुड़े कई बैंक खातों के बीच स्विच करें। आप यूपीआई पिन सेट/बदल सकते हैं या बैलेंस चेक कर सकते हैं।
- *लैंग्वेज* - वर्तमान में भीम 20 भाषाओं में उपलब्ध है।
- *प्राइवेसी:* यदि सेकंडरी यूपीआई आईडी बनाई गई है तो उपयोगकर्ता को प्रोफ़ाइल में mobilenumber@upi को डिसेबल और एनैबल करने की (डिसैबल्ड यूपीआई आईडी के लिए क्यूआर भी निष्क्रिय हो जाता है) अनुमति दें।
- *स्कैन:* किसी भी क्यूआर कोड स्टिकर को भीम ऐप से स्कैन करें, जिस पर यूपीआई और भारत क्यूआर का लोगो हो। आप अपना क्यूआर कोड भी जेनरेट कर सकते हैं, जिससे दूसरों के लिए आपको भुगतान करना आसान हो सके।
- *भीम का उपयोग करते हुए आईपीओ :* किसी भी आईपीओ के लिए आईपीओ ऐप्लिकेशन पर अपनी भीम यूपीआई आईडी एंटर कर आवेदन करें, और फिर भीम ऐप पर अनुमोदित करके आगे बढ़ें।
- *भीम पर बिल का भुगतान:* भीम ऐप इन-ऐप यूटिलिटी बिल पेमेंट को सपोर्ट करता है, ताकि उपयोगकर्ताओं को भीम बिल पे की मदद से बिलों का भुगतान करने में सहूलियत मिल सके।

- *यूपीआई ऑटोपे:* अब कोई भी, मोबाइल बिल, बिजली बिल, ईएमआई भुगतान, मनोरंजन/ओटीटी सदस्यता, बीमा, म्यूचुअल फंड जैसे बार-बार किए जाने वाले भुगतानों के लिए किसी भी यूपीआई एनैबल्ड ऐप का इस्तेमाल कर रेकरिंग ई-मेंडेट सक्रिय कर सकता है।

भीम ऐप का पहली बार उपयोग करने वालों को नीचे बताए चरणों का पालन करना होगा:

स्टेप 1: गूगल प्ले स्टोर/एप्पल ऐप स्टोर से भीम ऐप डाउनलोड और इंस्टॉल करें।

स्टेप 2: अपनी पसंदीदा भाषा चुनें।

स्टेप 3: उस सिम कार्ड का चयन करें, जिसमें संबंधित बैंक के साथ रजिस्टर्ड मोबाइल नंबर हो।

स्टेप 4: ऐप में प्रवेश करने के लिए जरूरी ऐप्लिकेशन पासकोड सेट करें।

स्टेप 5: बैंक खाता विकल्प की मदद से अपने बैंक खातों को लिंक करें।

स्टेप 6: डेबिट कार्ड के अंतिम 6 अंक और डेबिट कार्ड की समाप्ति तिथि दर्ज कर अपना यूपीआई पिन सेट करें।

स्टेप 7: सेंड पर क्लिक करें और यूपीआई आईडी डालें। आप जिस व्यक्ति को पैसे भेजना चाहते हैं उसका क्यूआर स्कैन करके भी पेमेंट कर सकते हैं।

स्टेप 8: ट्रांजैक्शन को सत्यापित करने के लिए अपना पहले से सेट किया यूपीआई पिन दर्ज करें।

स्टेप 9: लेन-देन की स्थिति देखने के लिए 'ट्रांजैक्शन' देखें

(c) भारत क्यूआर कोड

भारत क्यूआर , जैसा कि नाम से पता चलता है, एक क्यूआर आधारित पेमेंट सॉल्यूशन है और इसका उपयोग पी2एम (व्यक्ति से व्यापारी) डिजिटल पेमेंट करने के लिए किया जा सकता है। इसका मतलब यह है कि कोई भी व्यक्ति किसी भी भारत क्यूआर एनैबल्ड मोबाइल ऐप्लिकेशन का इस्तेमाल कर व्यापारी या विक्रेता के स्थान पर लगे भारत क्यूआर कोड को सीधे स्कैन कर सकता है। भारत क्यूआर मोबाइल फ़ोन से पेमेंट करने का एक नया आविष्कारी तरीका है। भारत क्यूआर, यूपीआई के जरिए भुगतान करने जितना ही सुरक्षित है। कार्ड का विवरण किसी तीसरे पक्ष के सामने उजागर नहीं किया जाता है। आप किसी ऐसे ऐप का इस्तेमाल कर सकते हैं, जो भारत क्यूआर को सपोर्ट करता हो और कार्ड (वीज़ा, मास्टरकार्ड, एमेक्स या रूपे के माध्यम से) या भीम यूपीआई का उपयोग कर भुगतान कर सकते हैं। भारत क्यूआर के जरिए पेमेंट करने के लिए ग्राहक से कोई अतिरिक्त शुल्क नहीं लिया जाता है। सरल शब्दों में कहें, तो भारत क्यूआर भुगतान का एक वैकल्पिक माध्यम है, जहां कोई भी भारत क्यूआर एनैबल्ड मोबाइल बैंकिंग ऐप डाउनलोड कर सकता है। इस कोड को दुकान पर स्कैन किया जा सकता है और भुगतान मोड यानी डेबिट/क्रेडिट/प्रीपेड या यूपीआई का चुनाव किया जा सकता है। भुगतान सफल हो जाने पर, लेन-देन में शामिल सभी पक्षों को सफल लेन-देन की सूचना मिल जाएगी।

भारत क्यूआर का इस्तेमाल करने के लिए, हमें बस डेटा कनेक्शन वाला एक स्मार्टफ़ोन और फ़ोन पर डाउनलोड किया गया भारत क्यूआर को सपोर्ट करने वाला मोबाइल ऐप चाहिए। भारत क्यूआर हर जगह भुगतान को आसान बनाता है। बस अपने रिटेल स्टोर के बिलिंग काउंटर या अपनी पसंदीदा शॉपिंग वेबसाइट/ऐप के पेमेंट गेटवे पेज पर भारत क्यूआर ऐक्सेप्टेंस मार्क और क्यूआर कोड देखें। अगर कोई किसी स्टोर पर पेमेंट करना चाहता है, तो उसे निम्नांकित काम करने होंगे:

- व्यापारी के क्यूआर कोड को स्कैन करें या ऐप में भारत क्यूआर मर्चेंट आईडी टाइप करें।
- यदि भारत क्यूआर यूपीआई के साथ चालू है, तो आपको कार्ड या यूपीआई के जरिए भुगतान करने का विकल्प दिया जाएगा
- जब आप इच्छित विकल्प चुन लेते हैं, तो वह सटीक राशि दर्ज करें जो आपको व्यापारी को भुगतान करनी है।

- अपने एमपिन (पासकोड) से लेनदेन को सत्यापित करें।
- लेनदेन की पुष्टि प्राप्त करें।

15.13 विफल लेनदेन के लिए टर्न-अराउंड टाइम (TAT) का सामंजस्य

कई ग्राहकों की शिकायतें, असफल या विफल लेनदेन (संचार लिंक में व्यवधान, एटीएम में नकदी की अनुपलब्धता, सत्र का समय समाप्त होना, कई कारणों से लाभार्थी के खाते में क्रेडिट न होना आदि) के कारण पैदा होती हैं। टीएटी और कम्पेंसेशन फ्रेमवर्क पर निर्देश एटीएम पर विफल लेनदेन और नेफ्ट और आरटीजीएस के जरिए लेनदेन के गैर-क्रेडिट/विलंबित रिटर्न को कवर करते हैं। सितंबर 2019 में, आरबीआई ने सभी अधिकृत पेमेंट सिस्टमों में विफल लेनदेन के समाधान के लिए टीएटी और कस्टमर कम्पेंसेशन पर एक फ्रेमवर्क तय किया।

अधिकृत भुगतान प्रणालियों का इस्तेमाल कर विफल लेनदेन के लिए टर्न अराउंड टाइम (TAT) और कस्टमर कम्पेंसेशन का तालमेलअधिकृत भुगतान प्रणालियों का इस्तेमाल कर विफल लेनदेन के लिए टर्न अराउंड टाइम (TAT) और कस्टमर कम्पेंसेशन का तालमेल

क्र.सं.	घटना का विवरण	ऑटो-रिवर्सल और कम्पेंसेशन के लिए फ्रेमवर्क	
		ऑटो-रिवर्सल के लिए समयरेखा	देय मुआवजा
I	II	III	IV
1	**माइक्रो-एटीएम सहित ऑटोमेटेड टेलर मशीनें (ATMs)।**		
a	कस्टमर के खाते से डेबिट हो गया लेकिन कैश नहीं निकला।	अधिकतम टी + 5 दिनों के भीतर विफल लेनदेन का प्रो-एक्टिव रिवर्सल (आर)।	₹ टी + 5 दिन से अधिक की देरी पर 100/- रोजाना, खाताधारक के खाते में।
2	**कार्ड ट्रांजेक्शन**		
	कार्ड से कार्ड में ट्रांसफर		
a	कार्ड खाता से डेबिट हो गया, पर लाभार्थी के कार्ड खाते में क्रेडिट नहीं किया गया।	यदि लाभार्थी के खाते में क्रेडिट प्रभावी नहीं होता है, तो लेनदेन को टी + 1 दिन के भीतर रिवर्स कर दिया जाना चाहिए।	₹ टी + 1 दिन से अधिक की देरी पर 100/- रोजाना।
b	पीओएस पर कैश समेत पॉइंट ऑफ़ सेल (पीओएस) (कार्ड मौजूद)		
	खाता डेबिट हो गया, पर मर्चेंट के स्थान पर कंफर्मेशन नहीं मिली, यानी चार्ज-स्लिप जेनरेट नहीं हुई।	टी + 5 दिनों के भीतर ऑटो-रिवर्सल।	₹ टी + 5 दिन से अधिक की देरी पर 100/- रोजाना।

क्र.सं.	घटना का विवरण	ऑटो-रिवर्सल और कम्पेंसेशन के लिए फ्रेमवर्क	
		ऑटो-रिवर्सल के लिए समयरेखा	देय मुआवजा
I	II	III	IV
c	कार्ड मौजूद नहीं है (CNP) (ई-कॉमर्स) खाते से डेबिट किया गया लेकिन व्यापारी के सिस्टम पर पुष्टि प्राप्त नहीं हुई।		
3	**इमिडिएट पेमेंट सिस्टम (IMPS)**		
a	खाते से डेबिट हो गया, मगर लाभार्थी के खाते में क्रेडिट नहीं हुआ।	यदि लाभार्थी के खाते में क्रेडिट करने में असमर्थ है, तो लाभार्थी बैंक द्वारा अधिकतम टी + 1 दिन पर ऑटो रिवर्सल (आर)।	₹ टी + 1 दिन से अधिक की देरी पर 100/- रोजाना।
4	**यूनिफ़ाइड पेमेंट्स इंटरफेस (UPI)**		
a	खाते से डेबिट हो गया, मगर लाभार्थी के खाते में क्रेडिट नहीं हुआ (फ़ंड का ट्रांसफ़र)।	यदि लाभार्थी के खाते में क्रेडिट करने में असमर्थ है, तो लाभार्थी बैंक द्वारा अधिकतम टी + 1 दिन पर ऑटो रिवर्सल (आर)।	₹ टी + 1 दिन से अधिक की देरी पर 100/- रोजाना।
b	खाते से डेबिट हो गया, मगर व्यापारी के स्थान पर लेनदेन की पुष्टि नहीं हुई (व्यापारी को भुगतान)।	टी + 5 दिनों के भीतर ऑटो-रिवर्सल।	₹ टी + 5 दिन से अधिक की देरी पर 100/- रोजाना।
5	**आधार सक्षम भुगतान प्रणाली (आधार भुगतान समेत)**		
a	खाते से डेबिट हो गया, मगर मर्चेंट लोकेशन पर ट्रांजैक्शन का कंफ़र्मेशन नहीं हुआ।	अधिग्रहणकर्ता को टी + 5 दिनों के भीतर "क्रेडिट ऐडजस्टमेंट" शुरू करना होगा।	₹ टी + 5 दिन से अधिक की देरी पर 100/- रोजाना।
b	खाते से डेबिट हो गया, मगर लाभार्थी के खाते में क्रेडिट नहीं हुआ।		
6	**नेशनल ऑटोमेटेड क्लीयरिंग हाउस (NACH)**		
a	लाभार्थी के खाते में राशि जमा करने या राशि वापस करने में देरी।	लाभार्थी बैंक को टी + 1 दिन के भीतर बिना क्रेडिट वाले ट्रांजैक्शन को रिवर्स करना होगा।	₹ टी + 1 दिन से अधिक की देरी पर 100/- रोजाना।

क्र.सं.	घटना का विवरण	ऑटो-रिवर्सल और कम्पेंसेशन के लिए फ्रेमवर्क	
		ऑटो-रिवर्सल के लिए समयरेखा	देय मुआवजा
I	II	III	IV
b	ग्राहक द्वारा बैंक के साथ डेबिट अधिदेश को निरस्त करने के बावजूद खाते से डेबिट किया गया।	ऐसे डेबिट के लिए ग्राहक का बैंक जिम्मेदार होगा। संकल्प टी+1 दिन के भीतर पूरा किया जाना है।	
7	**प्रीपेड पेमेंट इंस्ट्रुमेंट्स (PPIs) - कार्ड/वॉलेट**		
a	ऑफ़-अस ट्रांजैक्शन ट्रांजैक्शन जैसा भी हो, यूपीआई, कार्ड नेटवर्क, आईएमपीएस, इत्यादि पर आधारित होगा। संबंधित प्रणाली का टीएटी और मुआवजा नियम लागू होगा।		
b	ऑन-अस ट्रांजैक्शन	प्रेषक के खाते में टी + 1 दिन के भीतर वापस हो गया।	₹ टी + 1 दिन से अधिक की देरी पर 100/- रोजाना।
	लाभार्थी के पीपीआई में क्रेडिट नहीं किया गया।	पीपीआई से डेबिट हो गया, मगर मर्चेंट लोकेशन पर लेनदेन की पुष्टि नहीं मिली।	

15.14 सारांश

1. वित्तीय समावेशन में डिजिटल बैंकिंग उत्पाद अपनी अहम भूमिका निभा रहे हैं। बैंकिंग की नई टेक्नोलॉजीज/टूल्स में एटीएम, कार्ड, पॉइंट ऑफ़ सेल्स (पीओएस) टर्मिनल, इंटरनेट और मोबाइल बैंकिंग, ऐडवांस्ड इलेक्ट्रॉनिक पेमेंट सिस्टम इत्यादि आते हैं। डिजिटल चैनलों को अपनाने से बैंकों को खर्च में कटौती करने, ग्राहकों की संतुष्टि और उनकी वफादारी गहराने और दीर्घकालिक संबंधों और लाभशीलता को बढ़ाने में सहायता मिल सकती है। इस अध्याय में महत्वपूर्ण डिजिटल बैंकिंग उत्पादों पर चर्चा की गई।

2. भुगतान कार्ड सामान्यतः एक प्लास्टिक कार्ड होता है, जो अपने यूजरों को इलेक्ट्रॉनिक भुगतान करने की अनुमति देता है। विभिन्न प्रकार के कार्डों में डेबिट कार्ड, क्रेडिट कार्ड, एटीएम कार्ड, प्री-पेड कार्ड, स्टोर्ड-वैल्यू कार्ड, चार्ज कार्ड आदि शामिल हैं। उपभोक्ताओं को कार्ड से भुगतान से होने वाले फ़ायदों में सुविधा, लचीलापन, नियंत्रण और सुरक्षा शामिल हैं। बैंक अपने ग्राहकों को कई चैनलों जैसे एसएमएस, यूएसएसडी और मोबाइल बैंकिंग ऐप्लिकेशन के माध्यम से मोबाइल बैंकिंग मुहैय्या करा रहे हैं। एसएमएस चैनल के अपने फ़ायदे होते हैं, जैसे व्यापक स्वीकृति और इस्तेमाल, सभी प्रकार के मोबाइल हैंडसेट (GSM और CDMA दोनों) से काम करना। अनस्ट्रक्चर्ड सप्लीमेंट्री सर्विस डेटा (USSD) एक प्रकार का प्रोटोकॉल है जिसका इस्तेमाल जीएसएम फ़ोन द्वारा दूरसंचार सेवा प्रदाताओं की प्रणालियों से इंटरैक्ट करने के लिए किया जाता है। सिंगल शॉर्ट कोड *99# के साथ एक सामान्य यूएसएसडी गेटवे एक इंटरऑपरेबल इंफ्रास्ट्रक्चर है, जिसमें बैंक और टेलीकॉम ऑपरेटर शामिल होते हैं, जो एक सामान्य प्लेटफ़ॉर्म के जरिए

बैंकिंग सेवाएं प्रदान करने के लिए यूएसएसडी तकनीक का उपयोग करते हैं। इमीडिएट पेमेंट सर्विस (IMPS) एक रियल टाईम पेमेंट सेवा है, जो सार्वजनिक छुट्टियों समेत साल के 24×7 और 365 दिन उपलब्ध रहती है। यह इंटर-बैंक, खाते से खाते में फंड ट्रांसफर की सुविधा देती है। इंटरनेट बैंकिंग ने नवाचार, मुहैय्या कराई जाने वाली सेवाओं, सुविधा व विभिन्न बैंकों द्वारा दी जा रही पावर-पैक सुविधाओं को होस्ट करने के मामले में एक अभूतपूर्व छलांग लगाई है और इंटरनेट की 'खुली' प्रकृति बैंकों और उपयोगकर्ताओं को इंटरनेट सुरक्षा के खतरों से भी सामना कराती है।

3. एटीएम इलेक्ट्रॉनिक बैंकिंग आउटलेट होते हैं, जो ग्राहक को किसी भी बैंक प्रतिनिधि या टेलर की सहायता के बगैर मुख्य बैंकिंग ट्रांजैक्शन करने की अनुमति देते हैं। व्हाइट लेबल एटीएम में बैंक का लोगो नहीं होता है। ब्राउन लेबल एटीएम बैंकों के होते हैं, मगर एटीएम परिचालन संचालन किसी तीसरे पक्ष को आउटसोर्स किया जाता है। POS या PoS पॉइंट ऑफ़ सेल का संक्षिप्त रूप है। माइक्रो एटीएम मूल रूप से पीओएस होते हैं और यह यूजर को बायो-मीट्रिक डिवाइस, उसके आधार नंबर, उसके पंजीकृत मोबाइल पर एक ओटीपी से सत्यापित करता है।

4. आधार सीडिंग ग्राहक के बैंक खाते को उसके आधार नंबर से लिंक करने की प्रक्रिया है। आधार एनैबल्ड पेमेंट सिस्टम (AEPS) और ई-केवाईसी का इस्तेमाल करने के बैंकिंग परिचालन के लिहाज से कई फ़ायदे होते हैं। रूपे डेबिट कार्ड नेशनल पेमेंट कॉरपोरेशन ऑफ़ इंडिया (NPCI) द्वारा पेश किया गया एक स्वदेशी घरेलू डेबिट कार्ड है। यह कार्ड देश के सभी एटीएम (नकद निकासी के लिए) और अधिकांश पीओएस मशीनों (खरीदारी के लिए कैशलेस भुगतान करने के लिए) पर स्वीकार किया जाता है।

5. यूनिफाइड पेमेंट्स इंटरफेस (UPI), एक ऐसी प्रणाली है, जो कई बैंक खातों को एक ही मोबाइल ऐप्लिकेशन (किसी भी भाग लेने वाले बैंक का) में साथ जोड़ देती है और कई बैंकिंग सुविधाओं, निर्बाध फंड रूटिंग और मर्चेंट भुगतान को एक स्थान पर विलय कर देती है। भारत इंटरफेस फ़ॉर मनी (BHIM) एक ऐप है जो सीधे बैंक से बैंक में भुगतान करने और यूनिफाइड पेमेंट इंटरफेस (UPI) का इस्तेमाल कर सिर्फ मोबाइल नंबर या पेमेंट ऐड्रेस का इस्तेमाल कर पैसे प्राप्त करने में मदद करता है। भारत क्यूआर पर्सन टू मर्चेंट मोबाइल भुगतान समाधान है। भारत क्यूआर ट्रांजैक्शन पीओएस ट्रांजैक्शन से अलग हैं। पीओएस ट्रांजैक्शन में, पीओएस टर्मिनल की जरूरत होती है जबकि भारत क्यूआर ट्रांजैक्शन में, क्यूआर कोड की जरूरत होती है।

15.15 प्रमुख शब्द

डिजिटल बैंकिंग: ऑटोमेटेड बैंकिंग प्रक्रियाएं, जो कंप्यूटर, लैपटॉप, टैबलेट और मोबाइल फ़ोन जैसे डिवाइसों पर बैंकिंग ट्रांजैक्शन करने की सुविधा प्रदान करती हैं।

सकल घरेलू उत्पाद (GDP): किसी विशिष्ट समय अवधि में देश की सीमाओं के भीतर उत्पादित सभी तैयार वस्तुओं और सेवाओं का कुल मौद्रिक या बाजार मूल्य।

ब्रिक्स (BRICS): ब्रिक्स पांच प्रमुख उभरती अर्थव्यवस्थाओं का संक्षिप्त रूप है: ब्राज़ील, रूस, भारत, चीन और दक्षिण अफ़्रीका।

विश्व व्यापार संगठन (WTO): एक अंतर-सरकारी संगठन है, जो अंतर्राष्ट्रीय व्यापार को विनियमित और सुगम बनाता है। संयुक्त राष्ट्र प्रणाली में प्रभावी सहयोग के साथ, सरकारें अंतर्राष्ट्रीय व्यापार को नियंत्रित करने वाले नियमों को स्थापित करने, संशोधित करने और लागू करने के लिए इस संगठन का इस्तेमाल करती हैं।

पीओएस टर्मिनल: रिटेल लोकेशनों पर कार्ड से भुगतान संसाधित करने के लिए एक हार्डवेयर प्रणाली है। क्रेडिट और डेबिट कार्ड की मैग्नेटिक स्ट्रिप्स को रीड करने के लिए सॉफ्टवेयर हार्डवेयर में एम्बेडेड रहता है।

डेबिट कार्ड: एक भुगतान कार्ड है जिसका इस्तेमाल करने पर उपभोक्ता के बचत बैंक खाते से सीधे राशि कट जाती है।

क्रेडिट कार्ड: एक वित्तीय टूल है, जो किसी को एक निश्चित राशि उधार लेने और बाद में किस्तों में उसे चुकाने की सुविधा देता है। इसपर ब्याज केवल तभी लगाया जाता है, जब उधार राशि छूट की अवधि के भीतर चुकाई नहीं जाती है, जो आमतौर पर 20 से 60 दिनों के बीच होती है।

ई-कॉमर्स: इलेक्ट्रॉनिक कॉमर्स (ई-कॉमर्स) उन कंपनियों और व्यक्तियों का संकेत करता है, जो इंटरनेट पर वस्तु व सेवाएं खरीदते-बेचते हैं। ई-कॉमर्स विभिन्न प्रकार के बाज़ार क्षेत्रों में परिचालित होता है और इसे कंप्यूटर, टैबलेट, स्मार्टफ़ोन और अन्य स्मार्ट उपकरणों पर चलाया जा सकता है।

प्रीपेड कार्ड: यह बैंक की ओर से जारी एक सुरक्षित कार्ड है जिसे प्रीपेमेंट के साथ सुरक्षित किया गया है। आम क्रेडिट कार्डों के उलट, जो बैंक से उधार लिए गए क्रेडिट पर काम करते हैं, प्रीपेड कार्ड लोड किए गए पैसे के साथ मिलते हैं।

स्टोर्ड वैल्यू कार्ड: या गिफ़्ट कार्ड, एक प्रकार का इलेक्ट्रॉनिक बैंक डेबिट कार्डहै। स्टोर्ड वैल्यू कार्डों में एक ख़ास वैल्यू पहले से लोड होता है।

चार्ज कार्ड: एक प्रकार का इलेक्ट्रॉनिक पेमेंट कार्ड है, जो कोई ब्याज नहीं लेता है, लेकिन इसके लिए आवश्यक है कि व्यक्ति स्टेटमेंट बैलेंस का पूरा भुगतान करे, आमतौर पर हर महीने। चार्ज कार्ड सीमित संख्या में जारीकर्ताओं द्वारा उपलब्ध कराए जाते हैं। उनके पास कार्डधारक के लिए उदार रिवार्ड फ़ायदों के साथ एक असीमित(अनकैप्ड) खर्च सीमा होती है, पर प्रायः वे उच्च वार्षिक शुल्क लेते हैं।

वर्चुअल कार्ड: क्रोम और एंड्रॉइड ऐप्स पर ऑटोफिल का इस्तेमाल कर भुगतान करने का एक सुरक्षित तरीका है। किसी के असली कार्ड नंबर को मर्चेंट के साथ साझा करने के बजाय, यूनीक वर्चुअल कार्ड नंबर बनाए जाते हैं। जब व्यक्ति एप से बाहर निकलता है, तो वर्चुअल कार्ड कुछ व्यक्तिगत भुगतान विवरण छिपा देते हैं और संभावित धोखाधड़ी से बचाव होता है।

मोबाइल बैंकिंग: मोबाइल डिवाइस (सेल फ़ोन, टैबलेट, आदि) पर वित्तीय लेनदेन करना है।

यूएसएसडी: अनस्ट्रक्चर्ड सप्लीमेंटरी सर्विस डेटा क्विक कोड या फ़ीचर कोड हैं। यह एक नेटवर्किंग स्टैंडर्ड है, जिसका इस्तेमाल जीएसएम (ग्लोबल सिस्टम फ़ॉर मोबाइल) मोबाइल फ़ोन वाले सेल फ़ोन से मोबाइल ऑपरेटर द्वारा होस्ट किए गए ऐप्लिकेशन पर संपर्क करने या टेक्स्ट भेजने के लिए किया जाता है।

मोबाइल वॉलेट: डिजिटल फ़ॉर्मेट में कैश रखने का एक तरीका है। मोबाइल वॉलेट में, कोई भी व्यक्ति मोबाइल डिवाइस में क्रेडिट/डेबिट कार्ड से जुड़ी जानकारी को मोबाइल वॉलेट से लिंक कर सकता है। खरीदारी करने के लिए असली प्लास्टिक कार्ड का इस्तेमाल करने के बजाय, कोई मोबाइल वॉलेट से स्मार्ट फ़ोन, टैबलेट या स्मार्ट वाच से भुगतान कर सकता है।

ई-केवाईसी: ग्राहक के क्रेडेंशियल को इलेक्ट्रॉनिक रूप से सत्यापित करने की प्रक्रिया।

एईपीएस: एक बैंक आधारित मॉडल है, जो आधार सत्यापन का इस्तेमाल कर किसी भी बैंक के बिजनेस कॉरेस्पोंडेंट/बैंक मित्र के जरिए पीओएस (पॉइंट ऑफ सेल/माइक्रो एटीएम) पर ऑनलाइन इंटरऑपरेबल वित्तीय लेनदेन करने देता है।

रूपे: नेशनल पेमेंट्स कॉरपोरेशन ऑफ़ इंडिया (NPCI) द्वारा लॉन्च की गई एक वित्तीय और भुगतान सेवा प्रणाली है, जो सभी भारतीय बैंकों और वित्तीय संस्थानों में इलेक्ट्रॉनिक भुगतान की सुविधा मुहैय्या कराती है।

यूपीआई: एक स्मार्टफ़ोन ऐप्लिकेशन, जो उपयोगकर्ताओं को बैंक खातों के बीच पैसे ट्रांसफ़र करने की अनुमति देता है। यह एक सिंगल-विंडो मोबाइल भुगतान प्रणाली है, जिसे नेशनल पेमेंट्स कॉरपोरेशन ऑफ़ इंडिया (NPCI) द्वारा विकसित किया गया है। यह कस्टमर द्वारा ट्रांजैक्शन शुरू करने पर हर बार बैंक विवरण या अन्य संवेदनशील जानकारी दर्ज करने की जरूरत को खत्म कर देता है।

भीम: भारत इंटरफेस फ़ॉर मनी (BHIM) एक पेमेंट ऐप है, जो यूनिफाइड इंटरफेस (UPI) का उपयोग करके आपको सरल, आसान और त्वरित लेनदेन करने में मदद करता है। भीम के तहत, आप किसी की यूपीआई आईडी का इस्तेमाल कर या भीम ऐप से उसके क्यूआर को स्कैन कर यूपीआई पर उसे सीधे बैंक भुगतान कर सकते हैं। कोई व्यक्ति यूपीआई आईडी से ऐप के जरिए पैसे लेने का भी अनुरोध कर सकता है।

भारत क्यूआर: यह एक क्यूआर आधारित पेमेंट सॉल्यूशन है और इसका उपयोग पी2एम (व्यक्ति से मर्चेंट) डिजिटल पेमेंट करने के लिए किया जा सकता है।

15.16 अपनी प्रगति जाँचें

1. बैंकिंग के निम्नांकित प्रकारों में से कौन सा डिजिटल बैंकिंग के अंतर्गत आता है?
   (a) शाखा बैंकिंग
   (b) मोबाइल बैंकिंग
   (c) चेक जमा करना
   (d) पासबुक प्रिंटिंग मशीन

2. इंटीग्रेटेड सर्किट में डेटा स्टोर करने वाले कार्ड को .... भी कहा जाता है।
   (a) स्मार्ट कार्ड
   (b) मेगा स्ट्रिप कार्ड
   (c) ऊपर के दोनों
   (d) उपरोक्त में कोई नहीं
3. एटीएम मशीन पर नीचे बताई गई किस सुविधा का लाभ उठाया जा सकता है?
   (a) नकदी निकालना
   (b) पिन नंबर अपडेट करना
   (c) बैलेंस पूछताछ
   (d) उपरोक्त सभी
4. गैर-बैंकिंग निकायों द्वारा स्थापित एटीएम को .... कहा जाता है
   (a) ग्रीन लेवल एटीएम
   (b) व्हाइट लेबल एटीएम
   (c) ब्लू लेबल एटीएम
   (d) ब्राउन लेवल एटीएम
5. बैलेंस पूछताछ एक तरह का ....है।
   (a) वित्तीय लेन-देन
   (b) गैर-वित्तीय लेनदेन
   (c) तकनीकी लेनदेन
   (d) उपरोक्त में कोई नहीं
6. आईएमपीएस का अर्थ होता है ....
   (a) इमिडिएट पेमेंट सर्विस
   (b) इंटरमीडिएट पेमेंट सर्विस
   (c) इंटर-बैंक पेमेंट सर्विस
   (d) उपरोक्त में कोई नहीं

7. एक बैंक आधारित प्रारूप जो आधार सत्यापन का इस्तेमाल कर किसी भी बैंक के बिजनेस कॉरेस्पोंडेंट के जरिए- माइक्रो एटीएम पर वित्तीय समावेशी लेनदेन करने की अनुमति देता है, उसे...........कहते हैं।

(a) एनएसीएच डेबिट

(b) आधार पेमेंट ब्रिज सिस्टम (APBS)

(c) आधार सक्षम भुगतान प्रणाली (AePS)

(d) नेशनल फाइनेंशियल स्विच (NFS)

15.17 'अपनी प्रगति जाँचें' का उत्तर

1. (b)	2. (a)	3. (d)	4. (b)	5. (b)	6. (a)
7. (c)					

अध्याय

16

डिजिटल बैंकिंग में नवीनतम विकास

16

16.1 उद्देश्य

16.2 परिचय

16.3 सेंट्रल बैंक डिजिटल करेंसी (CBDC)

16.4 खाता और भुगतान एग्रीगेटर

16.5 जन समर्थ पोर्टल

16.6 ओपन नेटवर्क फ़ॉर डिजिटल कॉमर्स (ONDC)

16.7 सारांश

16.8 प्रमुख शब्द

16.9 अपनी प्रगति जाँचें

16.10 'अपनी प्रगति जाँचें' का उत्तर

अध्याय

डिजिटल बैंकिंग में नवीनतम विकास

16.1 उद्देश्य

इस अध्याय को पढ़ने के बाद, पाठक डिजिटल डोमेन में हुए निम्नांकित नवीनतम विकासों के बारे में धारणा बना पाने में सक्षम होंगे:

- सेंट्रल बैंक डिजिटल करेंसी के आवश्यक पहलू, सीबीडीसी प्रणाली के कार्यान्वयन के लिए प्रक्रियात्मक पहलू, सीबीडीसी के कारण अर्थव्यवस्था को होने वाले लाभ और भारत में सीबीडीसी के पायलट लॉन्च का विवरण पाने में।
- खाता एग्रीगेटर और भुगतान एग्रीगेटर मॉडल की विशेषताएं और इन मॉडलों के आवश्यक पहलू।
- भारत सरकार के शुरू किए जन समर्थ पोर्टल की महत्वपूर्ण विशेषताएं और यह कैसे पात्र लाभार्थियों को कुछ सरल चरणों में उनकी पात्रता की डिजिटल जांच करने, भारत सरकार की पात्र योजनाओं के तहत ऑनलाइन आवेदन करने और डिजिटल स्वीकृति हासिल करने की सुविधा की जानकारी पाने में।
- डिजिटल कॉमर्स सिस्टम के लिए ओपन नेटवर्क के सिद्धांत और उद्देश्य तथा यह अर्थव्यवस्था में आंतरिक व्यापार को बढ़ावा देने में कैसे मदद करेगा, यह जानने में।

16.2 परिचय

सेंट्रल बैंक डिजिटल करंसी किसी देश की फ़िएट मुद्रा का डिजिटल रूप है। सीबीडीसी को किसी देश के मौद्रिक प्राधिकरण या केंद्रीय बैंक द्वारा जारी और नियंत्रित किया जाता है। दुनिया भर में, कुछ केंद्रीय बैंकों ने सीबीडीसी की शुरुआत की है, जो तेजी से बढ़ती वैश्विक भुगतान प्रणाली पर अधिक स्थानीय

नियंत्रण हासिल करना चाहते हैं। केंद्रीय बैंक सीबीडीसीको स्थानीय डिजिटल भुगतान प्रणालियों के संभावित स्टैब्लाइजिंग एंकर के रूप में देखते हैं। भारत ने भी 2022 में सीबीडीसीकी शुरुआत की, जिसे e₹ (डिजिटल रुपी) कहा जाता है। चूंकि खाता एग्रीगेटर सिस्टम ऋण देने और धन प्रबंधन को बहुत तेज और किफ़ायती बना सकता है, इसलिए हाल के दिनों में यह भारत में रफ़्तार पकड़ रहा है। खाता एग्रीगेटर किसी ग्राहक या फ़ाइनेंशियल इफ़ॉर्मेशन यूज़र (FIU) को उपयोगकर्ताओं की स्पष्ट इलेक्ट्रॉनिक/डिजिटल सहमति के आधार पर फ़ाइनेंशियल इंफॉर्मेशन प्रोवाइडर (FIP) से डेटा प्रदान करता है। उपयोगकर्ताकी स्पष्ट सहमति के बिना,खाता एग्रीगेटर द्वारा उपयोगकर्ताकी कोई भी वित्तीय जानकारी पुनर्प्राप्त, साझा या ट्रांसफ़र नहीं की जाती है। पेमेंट एग्रीगेटर (PAs) ऐसी संस्थाएं हैं, जो ई-कॉमर्स साइटों और व्यापारियों को अपने भुगतान दायित्वों को पूरा करने के लिए ग्राहकों से विभिन्न पेमेंट इंस्ट्रुमेंट्स स्वीकार करने की सुविधा प्रदान करती हैं, जिसके लिए व्यापारियों को अपनी अलग भुगतान एकीकरण प्रणाली बनाने की आवश्यकता नहीं होती। पीए व्यापारियों को अधिग्रहणकर्ताओं से जुड़ने की सुविधा प्रदान करते हैं। इस प्रक्रिया में, वे ग्राहकों से भुगतान लेते हैं, एक समय के बाद उन्हें एकत्रित करते हैं और व्यापारियों को अंतरित(ट्रांसफ़र) कर देते हैं।

जन समर्थ पोर्टल भारत सरकार का एक डिजिटल पोर्टल है, जो कई क्रेडिट लिंक्ड सरकारी योजनाओं को एक सरल प्लेटफ़ॉर्म पर जोड़ता है। लाभार्थी यहां कुछ आसान विधियों से डिजिटल रूप से पात्रता की जांच कर सकते हैं, पात्र योजनाओं के तहत ऑनलाइन आवेदन कर सकते हैं और डिजिटल स्वीकृति हासिल कर सकते हैं। इस पोर्टल का मुख्य उद्देश्य सुगम और आसान डिजिटल प्रक्रियाओं के जरिए लोगों को सही प्रकार के सरकारी लाभ मुहैय्या कराकर कई क्षेत्रों के समावेशी विकास को बढ़ावा देना है।

ओपन नेटवर्क फ़ॉर डिजिटल कॉमर्स (ONDC), एक निजी गैर-लाभकारी, सेक्शन 8 कंपनी है जिसे ओपन ई-कॉमर्स विकसित करने हेतु भारत सरकार के उद्योग व आंतरिक व्यापार संवर्धन विभाग (DPIIT) द्वारा स्थापित किया गया है। डीपीआईआईटीके मुख्य उद्देश्य प्लेटफ़ॉर्म के एकाधिकार को खत्म करना, लोकतंत्रीकरण और विकेंद्रीकरण लाना, वैल्यू चेन का डिजिटलाइजेशन, वेल्यू चेन का मानकीकरण, संचालन का मानकीकरण, लॉजिस्टिक्स में दक्षता बढ़ाना जैसे कार्य हैं।

16.3 सेंट्रल बैंक डिजिटल करेंसी (CBDC)

मुद्रा का प्रबंधन करना, रिज़र्व बैंक के मुख्य सेंट्रल बैंकिंग कार्यों में से एक है, जिसके लिए, यह भारतीय रिज़र्व बैंक अधिनियम, 1934 में वर्णित आवश्यक वैधानिक अधिकार हासिल करता है। भारत सरकार के साथ-साथ, रिज़र्व बैंक अर्थव्यवस्था में साफ-सुथरे और वास्तविक नोटों की पर्याप्त आपूर्ति सुनिश्चित करने के लक्ष्य के साथ, देश की करेंसी को डिजाइन करने, उत्पादन करने और समग्र प्रबंधन के लिए जिम्मेदार है।

सेंट्रल बैंक डिजिटल करेंसी (सीबीडीसी) देश की फिएट करेंसी का डिजिटल रूप है। सीबीडीसी को केंद्रीय बैंक द्वारा जारी किया जाता और गारंटी दी जाती है, जिसका इस्तेमाल डिजिटल भुगतान करने के लिए किया जा सकता है। इसलिए सीबीडीसी को केंद्रीय बैंक द्वारा जारी और नियंत्रित एक डिजिटल मुद्रा के रूप में माना जा सकता है, जो वर्चुअल रूप से संग्रहीत होता है और सभी के लिए आसानी से

उपलब्ध होता है। इसके साथ ही सीबीडीसी तथा वास्तविक कैश को समवर्ती व कानूनी तौर से कानूनी मुद्राओं के रूप में माना जाएगा और केंद्रीय बैंक या सरकार पर दावा निहित होगा। सीबीडीसी, रिटेल पेमेंट के त्वरित निपटान में मदद कर और बिक्री के बिंदु पर या दो पक्षों (पी2पी) के बीच भुगतान करने की दक्षता बढ़ाकर भुगतान प्रणालियों की सुरक्षा और दक्षता में वृद्धि करता है।

डिजिटल रुपया (eRs.-R)

आरबीआई ने होलसेल और रिटेल दोनों क्षेत्रों में सीबीडीसी के पायलट लॉन्च किए हैं।

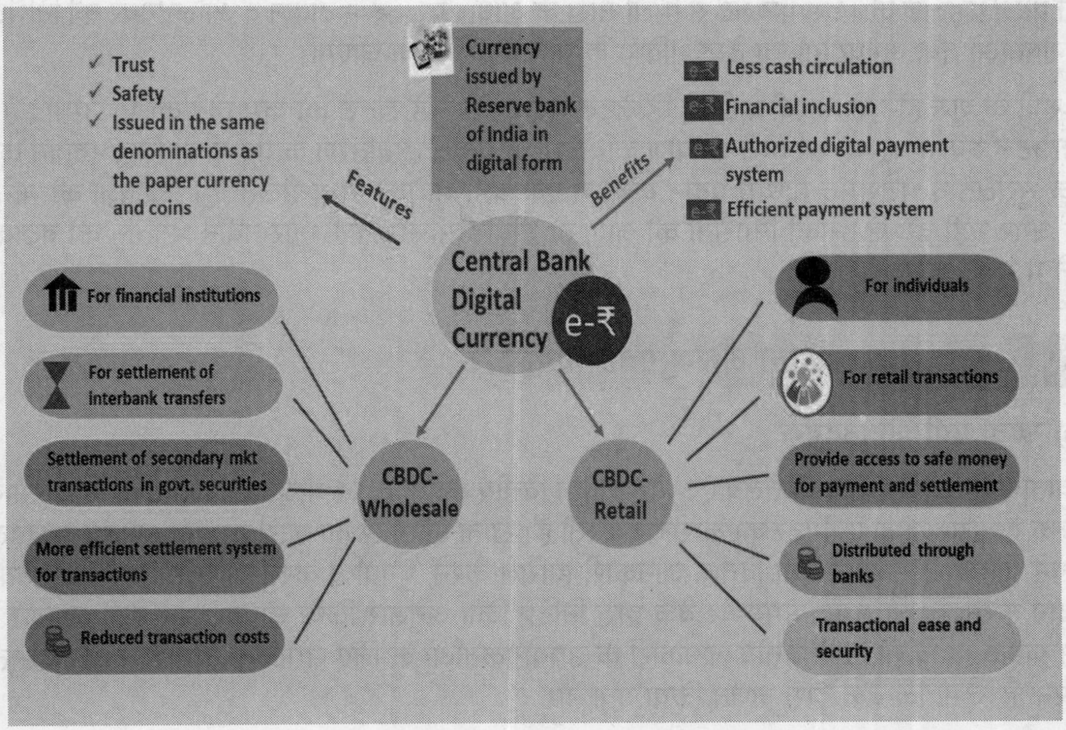

✓ Trust
✓ Safety
✓ Issued in the same denominations as the paper currency and coins
Features
Currency issued by Reserve bank of India in digital form
Benefits
Less cash circulation
Financial inclusion
Authorized digital payment system
Efficient payment system
Central Bank Digital Currency e-₹
CBDC-Wholesale
For financial institutions
For settlement of interbank transfers
Settlement of secondary mkt transactions in govt. securities
More efficient settlement system for transactions
Reduced transaction costs
CBDC-Retail
For individuals
For retail transactions
Provide access to safe money for payment and settlement
Distributed through banks
Transactional ease and security

होलसेल में पायलट, जिसे डिजिटल रुपी-होलसेल **(eRs.-R)** के रूप में जाना जाता है, 1 नवंबर, 2022 को शुरु किया गया था, जिसका इस्तेमाल सरकारी प्रतिभूतियों में द्वितीयक बाजार लेनदेन के सेट्लमेंट तक सीमित था। डिजिटल रुपी-होलसेल **eRs.-R** के इस्तेमाल से इंटर-बैंक मार्केट के और अधिक दक्ष बनने की उम्मीद है। केंद्रीय बैंक के धन के निपटान में निपटान जोखिम को कम करने के लिए निपटान गारंटी इंफ्रास्ट्रक्चर या कोलैटरल की जरूरत को दूर कर लेनदेन के खर्च में कमी आएगी।

रिटेल सेगमेंट में पायलट, 1 दिसंबर, 2022 को लॉन्च किया गया था, जिसे डिजिटल रुपी-रिटेल **eRs.-R** के नाम से जाना जाता है। इस पायलट ने भाग लेने वाले ग्राहकों व व्यापारियों वाले क्लोज्ड यूजर ग्रुप (सीयूजी) में चुनिंदा लोकेशनों को कवर किया। **eRs.-R** डिजिटल टोकन के रूप में होगा, जो लीगल टेंडर का निरूपण करता है। इसे उन्हीं मूल्यवर्ग में जारी किया जाएगा, जिनमें मौजूदा समय में पेपर करेंसी और सिक्के जारी किए जाते हैं। इसे बिचौलियों यानी बैंकों के जरिए वितरित किया जाएगा। उपयोगकर्ता

भाग लेने वाले बैंकों द्वारा दिए गए और मोबाइल फ़ोन/डिवाइस में स्टोर एक डिजिटल वॉलेट के जरिए eRs.-R से लेनदेन कर सकेंगे। लेनदेन व्यक्ति से व्यक्ति को (पी2पी) और व्यक्ति से मर्चेंट (पी2एम) दोनों प्रकार के हो सकते हैं। व्यापारियों को उनकी लोकेशनों पर प्रदर्शित क्यूआर कोड की मदद से भुगतान किया जा सकता है। **eRs.-R** वास्तविक कैश की तरह ही भरोसा, सुरक्षा और निपटान को अंतिम रूप देने की सुविधाएं प्रदान करेगा। जैसा कि कैश के मामले में देखा जाता है, इस पर कोई ब्याज नहीं मिलेगा और इसे धन के अन्य रूपों, जैसे बैंकों में जमा, में बदला जा सकता है।

इस पायलट ने रियल टाईम में डिजिटल रुपये के निर्माण, वितरण और रिटेल इस्तेमाल की पूरी प्रक्रिया की प्रबल पड़ताल की। इस पायलट से मिली सीख के आधार पर, e₹-R टोकन व आर्किटेक्चर की विभिन्न विशेषताओं तथा अनुप्रयोगों का टेस्ट भविष्य के पायलटों में किया जाएगा।

ई-रुपी के शुरु होने से आरबीआई को डिजिटल मुद्राओं से जुड़े खतरों को कम होने की भी उम्मीद है। डिजिटल रुपी (eRs.-R) सरकारी कल्याण कार्यक्रमों के प्रत्यक्ष हस्तांतरण कार्यक्रमों के लिए भुगतान का एक सुरक्षित व भरोसेमंद माध्यम प्रदान करने में एक बड़ी भूमिका निभा सकता है। विशेषज्ञों की मानें, तो अगर सही ढंग से इसकी निगरानी की जाए, तो सीबीडीसी समावेशी और नवीन भुगतान को बढ़ावा देने में मदद करेगा।

16.4 खाता और भुगतान एग्रीगेटर

(a) खाता एग्रीगेटर नेटवर्क

"खाता एग्रीगेटर" (AA) का मतलब एक गैर-बैंकिंग वित्तीय कंपनी है, जो मौजूदा दिशानिर्देशों के अनुसार शुल्क या दूसरे खाता एग्रीगेटर का कारोबार करती है। खाता एग्रीगेटर का कारोबार एक अनुबंध के तहत अपने ग्राहक से संबंधित ऐसी वित्तीय जानकारी हासिल करने, पुनर्प्राप्त करने या एकत्र करने की सेवा प्रदान करना है, जो समय-समय पर बैंक द्वारा निर्दिष्ट किए अनुसार किया जाएगा; और ऐसी जानकारी को ग्राहक या किसी अन्य वित्तीय जानकारी के उपयोगकर्ताओं के लिए समेकित, व्यवस्थित और प्रस्तुत करना है, जैसा कि बैंक द्वारा वर्णित किया गया हो।

बशर्ते कि ग्राहक से संबंधित वित्तीय जानकारी खाता एग्रीगेटर की संपत्ति नहीं होगी, और किसी दूसरे तरीके से उनका इस्तेमाल नहीं किया जाएगा।

एए को वित्तीय डेटा साझा करने के लिए आरबीआई ने प्रस्तुत किया था, जो क्रेडिट वितरण प्रणाली को सुगम और बेहतर बनाएगा। इससे ग्राहक आधार का विस्तार करने में मदद मिलेगी और ग्राहकों की सहमति से ही डेटा शेयर किया जा सकेगा।

The Account Aggregator is an interoperable data blind Consent Manager

AAs cannot read consumer data.
They cannot resell consumer data.

AAs enable consumers to selectively **share & even revoke data** once shared.

AAs have a fiduciary duty to consumers and are **RBI regulated entities,** sharing **digitally signed & encrypted data**

भारत की वित्तीय प्रणाली में आज उपभोक्ताओं के लिए कई परेशानियां उठ खड़ी हुई हैं - बैंक विवरणों की वास्तविक हस्ताक्षरित और स्कैन की गई प्रतियां साझा करना, दस्तावेजों को नोटरी या मोहर लगाने के लिए इधर-उधर भागना, या किसी थर्ड पार्टी को वित्तीय इतिहास देने के लिए व्यक्तिगत यूजर नेम और पासवर्ड साझा करना। खाता एग्रीगेटर नेटवर्क इन सभी के स्थान पर एक सरल, मोबाइल-आधारित और सुरक्षित डिजिटल डेटा एक्सेस और शेयरिंग प्रक्रिया लाएगा। इससे नई किस्म की सेवाओं की संभावना पैदा होगी। व्यक्ति के बैंक को बस खाता एग्रीगेटर नेटवर्क से कनेक्ट करने की जरूरत होती है।

Account Aggregator empowers the individual with control over their personal financial data, which otherwise remains in silos

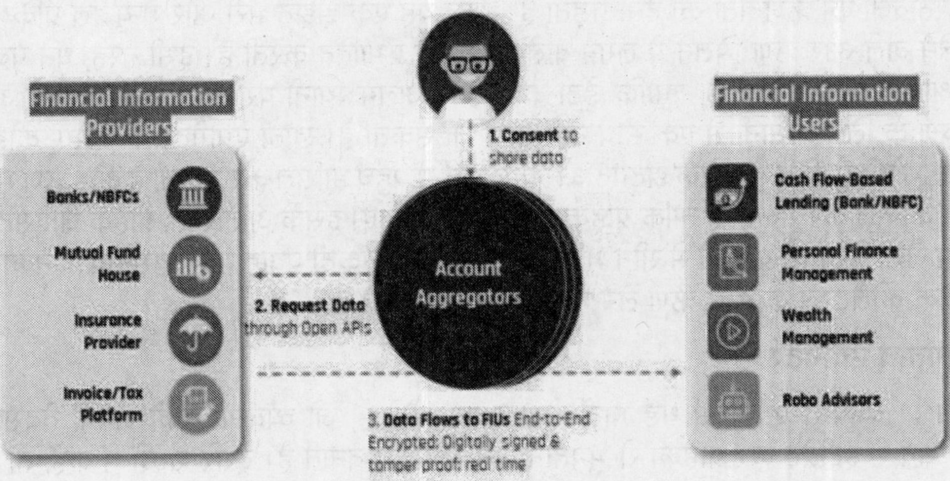

इस लिहाज से यह कहा जा सकता है कि आधार ई-केवाईसी तथा सीकेवाईसी केवल केवाईसी उद्देश्यों (जैसे, नाम, पता, लिंग, आदि) के लिए चार 'पहचान' डेटा फ़ील्ड शेयर करने की अनुमति देते हैं। इसी तरह, क्रेडिट ब्यूरो डेटा केवल लोन हिस्ट्री और/या क्रेडिट स्कोर दिखाता है। खाता एग्रीगेटर नेटवर्क बचत/जमा/चालू खातों से लेनदेन का डेटा या बैंक स्टेटमेंट साझा करने की अनुमति देगा।

आज के दौर में बैंकिंग ट्रांजैक्शन डेटा (उदाहरण के लिए, चालू या बचत खाते से बैंक विवरण) उन बैंकों को साझा करने के लिए उपलब्ध है जो नेटवर्क पर लाइव हो चुके हैं। धीरे-धीरे, AA फ्रेमवर्क पूरे वित्तीय डेटा को साझा करने के लिए उपलब्ध कराएगा, जिसमें कर डेटा, पेंशन डेटा, प्रतिभूति डेटा (म्यूचुअल फंड और ब्रोकरेज) शामिल हैं, और बीमा डेटा उपभोक्ताओं के लिए उपलब्ध होंगे। यह वित्तीय सेक्टर से भी आगे जाएगा जिससे स्वास्थ्य देखभाल और दूरसंचार डेटा को एए के जरिए व्यक्ति तक पहुंचाया जा सके। खाता एग्रीगेटर डेटा नहीं देख सकते; वे इसे केवल किसी व्यक्ति के निर्देश व सहमति के आधार पर एक वित्तीय संस्थान से दूसरे में ले जा सकते हैं। इसके नाम के विपरीत, वे डेटा को 'एग्रेगेट' नहीं कर सकते। एए टेक्नोलॉजी कंपनियों की तरह नहीं हैं, जो डेटा एकत्र करते हैं और उनका डिटेल्ड प्रोफ़ाइल बनाते हैं। एए द्वारा शेयर किया गया डेटा प्रेषक द्वारा एन्क्रिप्ट किया गया होता है और उसे केवल प्राप्तकर्ता द्वारा डिक्रिप्ट किया जा सकता है। एंड-टू-एंड एन्क्रिप्शन और 'डिजिटल सिग्नेचर' जैसी तकनीक का इस्तेमाल, कागजी दस्तावेजों को साझा करने की तुलना में प्रक्रिया को ज्यादा भरोसेमंद बनाता है।

एए के साथ पंजीकरण करना उपभोक्ताओं के लिए पूरी तरह से उनका अपना फ़ैसला है। यदि उपभोक्ता जिस बैंक का इस्तेमाल कर रहा है, वह नेटवर्क में शामिल हो गया है, तो कोई व्यक्ति एए पर पंजीकरण करना चुन सकता है, वे जिन खातों को लिंक करना चाहते हैं, उनका चुनाव कर सकते हैं और किसी ख़ास उद्देश्य के लिए अपने किसी खाते से अपना डेटा किसी नए ऋणदाता या वित्तीय संस्था के साथ साझा कर सकते हैं, जो खाता एग्रीगेटर्स में से एक के माध्यम से 'सहमति' देने के चरण में है। ग्राहक किसी भी समय शेयर करने की सहमति के अनुरोध को अस्वीकार कर सकता है।

किसी व्यक्ति के लिए जिन दो मुख्य सेवाओं में सुधार किया जाएगा, वे हैं ऋण तक पहुंच और धन के प्रबंधन तक पहुंच। यदि कोई ग्राहक आज छोटा व्यावसायिक या व्यक्तिगत ऋण लेना चाहता है, तो कई दस्तावेजों को ऋणदाता को देना पड़ता है। आज यह एक झंझट भरी और मैन्युअल प्रक्रिया है, जो ऋण लेने वाले और ऋण मिलने में लगने वाले समय को प्रभावित करती है। इसी तरह, धन प्रबंधन का कार्य आज कठिन हो गया है, क्योंकि डेटा कई अलग-अलग स्थानों पर स्टोर्ड किया गया है और उन्हें विश्लेषण के लिए आसानी से एक साथ नहीं लाया जा सकता है। खाता एग्रीगेटर के जरिए, कोई कंपनी छेड़छाड़-रोधी सुरक्षित डेटा तक झटपट और कम खर्चे में पहुंच हासिल कर सकती है और ऋण मूल्यांकन प्रक्रिया को तेज़ कर सकती है ताकि ग्राहक को ऋण मिल जाए। इसके अतिरिक्त, ग्राहक जीएसटी अथवा जीईएम जैसी सरकारी प्रणाली से सीधे भविष्य के चालान या नकदी प्रवाह पर विश्वसनीय जानकारी देकर वास्तविक कोलैटरल के बगैर ऋण लेने में सक्षम हो सकता है।

(b) भुगतान एग्रीगेटर

भुगतान या व्यापारी एग्रीगेटर्स थर्ड पार्टी सेवा प्रदाता होते हैं, जो व्यवसायों को अपनी वेबसाइटों या ऐप्लिकेशन में इंटीग्रेट कर ग्राहकों से भुगतान पाने में सक्षम बनाते हैं। दूसरे शब्दों में कहें, तो भुगतान

एग्रीगेटर (पीए) एक ऐसी कंपनी है, जो व्यापारियों को अधिग्रहणकर्ताओं से जोड़ती है। पीए अधिग्रहणकर्ता को सब-मर्चेंट खाता तक ऐक्सेस प्रदान करता है और अधिग्रहणकर्ता की ओर से उपभोक्ता से भुगतान स्वीकार करता है। अंत में, यह अधिग्रहणकर्ता को कई चरणों में फंड हस्तांतरित करता है। इस समय को निपटान अवधि कहा जाता है। वे कई प्रकार के भुगतान के विकल्प प्रदान करते हैं जैसे यूपीआई, नेट बैंकिंग, क्रेडिट कार्ड, डेबिट कार्ड, वॉलेट, ईएमआई, पे लेटर सुविधाएं इत्यादि।

पीए द्वारा की जाने वाली भुगतान प्रक्रिया में कई चरण शामिल होते हैं।

1. जब भी कोई ग्राहक नेट बैंकिंग, यूपीआई, डेबिट कार्ड या किसी अन्य भुगतान के विकल्प के जरिए भुगतान करता है, तो पीए इन भुगतान के विवरणों को एन्क्रिप्ट करता है।
2. फिर, पीए अधिग्रहणकर्ता के बैंक में धन स्थानांतरित करने से पहले एक धोखाधड़ी का विश्लेषण करता है।
3. भुगतान एग्रीगेटर का अधिग्रहणकर्ता बैंक लेनदेन का डेटा प्राप्त करता है। भुगतान का विवरण सत्यापित करने के बाद, अधिग्रहणकर्ता ग्राहक की जानकारी उपयुक्त कार्ड की कंपनी को भेजता है।
4. अधिग्रहणकर्ता से लेनदेन की जानकारी मिलने के बाद, कार्ड की कंपनी यह सत्यापित करती है कि कार्ड उनके द्वारा जारी किया गया था या नहीं और धोखाधड़ी की जांच-पड़ताल करती है।
5. उसके बाद, यह पेमेंट प्रोसेसर के जरिए जानकारी जारीकर्ता बैंक को स्थानांतरित कर देता है।
6. ग्राहक के बैंक को जारीकर्ता बैंक या जारीकर्ता के रूप में जाना जाता है। यह बैंक ग्राहक की जानकारी को वैध करता है और देखता है कि खाते में पर्याप्त धन है या नहीं।
7. उसके बाद, यह कार्ड नेटवर्क को लेनदेन स्वीकृत करने का या अस्वीकार करने का संदेश भेजता है।
8. यहां से, लेनदेन की स्वीकृति की जानकारी उसी मार्ग से भेजी जाती है, जहां से यह आई थी यानी - जारीकर्ता - कार्ड नेटवर्क - अधिग्रहणकर्ता/अधिग्रहणकर्ता बैंक - पेमेंट एग्रीगेटर।
9. व्यापारी को उनके मर्चेंट पेमेंट की सूचना पेमेंट गेटवे द्वारा लेनदेन की स्थिति के बारे में दी जाती है। इसके बाद व्यापारी उपभोक्ता को सूचित करता है। लेनदेन स्वीकृत होने के बाद, अधिग्रहणकर्ता जारीकर्ता से नकदी का अनुरोध करता है।

भुगतान एग्रीगेटर बनाम भुगतान गेटवे

भुगतान एग्रीगेटर ग्राहकों को भुगतान के कई विकल्प मुहैय्या कराता है, जिससे एक अलग एकीकरण प्रणाली की जरूरत खत्म हो जाती है। भुगतान गेटवे (पीजी) लोगों को ऑनलाइन भुगतान करने में मदद करने के लिए तकनीकी इंफ्रास्ट्रक्चर प्रदान करता है। भुगतान एग्रीगेटर और भुगतान गेटवे के बीच यही मुख्य फ़र्क है। भुगतान एग्रीगेटर निधियों का प्रभारी (इन-चार्ज) होता है, जबकि गेटवे केवल प्रौद्योगिकी का प्रभारी होता है। भुगतान गेटवे पीए के लिए प्रौद्योगिकी के प्रदाता होते हैं। इस प्रणाली के तहत, सेवा प्रदाता विभिन्न भुगतान गेटवे जैसे कई इलेक्ट्रॉनिक भुगतान विधियों को एकीकृत करेगा, और

उन सभी को एक ही स्थान पर रखेगा। बिल डेस्क और इंस्टामोजो जैसी भुगतान एग्रीगेटर सेवाएं इसके दो प्रचलित उदाहरण हैं। गैर-बैंक पीए को भुगतान और सेटलमेंट प्रणाली अधिनियम, 2007 के तहत आरबीआई से प्राधिकरण (अथोराइजेशन) हासिल करना होता है। व्यापारी या विक्रेता आमतौर से गेटवे होते हैं। सभी कंपनियां भुगतान एग्रीगेटर्स के रूप में काम नहीं कर सकतीं, क्योंकि इसके लिए संसाधनों और प्रतिबद्धता की जरूरत पड़ती है। भुगतान पाने के लिए भुगतान एग्रीगेटर द्वारा डेबिट कार्ड, क्रेडिट कार्ड, वॉलेट, यूपीआई और अन्य पारंपरिक भुगतान की विधियों का इस्तेमाल किया जा सकता है। पेमेंट एग्रीगेटर एक बिचौलिए के रूप में काम करते हैं, जो भुगतानकर्ता (कस्टमर) और भुगतान-प्राप्तकर्ता (पेयी) (व्यापारी) के बीच के अंतर को भरता है।

16.5 जन समर्थ पोर्टल

JanSamarth

जन समर्थ पोर्टल कर्ज़दाताओं को लाभार्थियों से सीधे जोड़ने के लिए अपनी तरह का पहला ऑनलाइन प्लेटफ़ॉर्म है। नागरिक 4 लोन श्रेणियों के तहत केंद्र सरकार की 13 योजनाओं के तहत लोन ले सकते हैं। वन-स्टॉप पोर्टल नागरिकों को पात्रता की जांच करने, ऑनलाइन आवेदन करने और डिजिटल स्वीकृति हासिल करने की अनुमति देता है। जन समर्थ पोर्टल का मुख्य उद्देश्य सुगम व आसान डिजिटल प्रक्रियाओं के जरिए उन्हें मार्गदर्शन और सही प्रकार के सरकारी लाभ देकर विभिन्न क्षेत्रों के समावेशी विकास को बढ़ावा देना है। यह पोर्टल इससे जुड़ी सभी योजनाओं की सारी प्रक्रियाओं और गतिविधियों की शुरू से अंत तक कवरेज का ध्यान रखता है।

जन समर्थ पोर्टल नागरिकों को केंद्र सरकार की अलग-अलग योजनाओं के तहत ऋण की जानकारी लेने और उनका लाभ उठाने में सक्षम बनाता है। इस पोर्टल पर वर्तमान में उपलब्ध ऋण की श्रेणियों में शामिल हैं:

- शिक्षा ऋण (एजुकेशन लोन):
- कृषि ऋण (ऐग्री लोन /किसान क्रेडिट कार्ड)
- कृषि अवसंरचना ऋण (ऐग्री इंफ्रास्ट्रक्चर लोन)
- व्यवसाय गतिविधि ऋण (बिजनेस ऐक्टिविटी लोन)
- आजीविका (लाइवलीहुड) ऋण

जन समर्थ पोर्टल नागरिकों को सब्सिडी की पात्रता देखने के लिए सहज मार्गदर्शन देने के लिए अत्याधुनिक तकनीकों और स्मार्ट एनालिटिक्स का इस्तेमाल करता है और ऑटो रिकमंडेशन प्रणाली नागरिकों की

जरूरतों व क्रेडेंशियल के अनुसार सबसे अच्छी योजनाएं पेश करती है। ऐडवांस्ड टेक्नोलॉजीज डिजिटल सत्यापन के आधार पर संपूर्ण ऋण प्रक्रियाओं को स्वचालित करती हैं, जिससे पूरी प्रक्रिया सुगम, त्वरित और झंझट मुक्त हो जाती है।

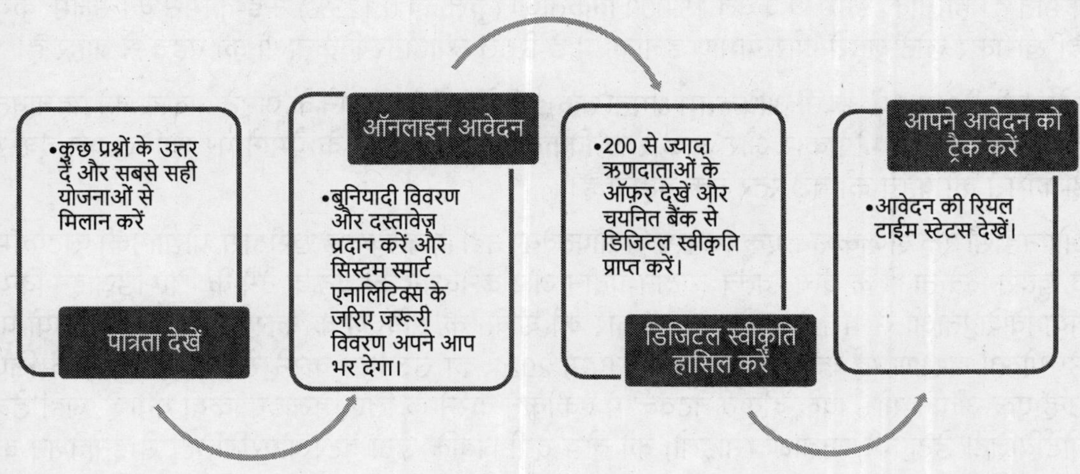

16.6 ओपन नेटवर्क फ़ॉर डिजिटल कॉमर्स (ONDC)

सरकार की मंशा ई-कॉमर्स इंडस्ट्री की मुख्य संरचना को "प्लेटफ़ॉर्म स्ट्रक्चर" से "ओपन-नेटवर्क मॉडल" में बदलना है। ओएनडीसी की कल्पना एक तटस्थ प्रणाली के रूप में की गई है, जो उपभोक्ताओं समेत सभी बाजार प्रतिभागियों को एक समान संभावनाएं प्रदान करने के लिए यूनिफाइड पेमेंट्स इंटरफेस (UPI) जैसा ही कैटलॉगिंग, विक्रेता मिलान और कीमत खोज के लिए ओपन-सोर्स स्टैंडर्ड प्रदान करेगी। इसका अर्थ यह है कि उपभोक्ता और विक्रेता इस बात की परवाह किए बगैर व्यवसाय कर सकते हैं कि वे किसी निश्चित ई-कॉमर्स पोर्टल से जुड़े हैं या नहीं। ओएनडीसी की पहल यूनिफाइड पेमेंट्स इंटरफेस (UPI) परियोजना पर आधारित है, जिसे काफी सफल माना जाता है। इसी तरह, प्रशासन यह सुनिश्चित करना चाहता है कि ई-कॉमर्स कस्टमर और सेलर दोनों सूचीबद्ध स्थानों की परवाह किए बिना ट्रेड कर सकें। ओएनडीसी के कारण, उदाहरण के लिए, ऐमेज़ॉन पर रजिस्टर उपभोक्ता, फ्लिपकार्ट पर बेचने वाले व्यापारी से सीधे चीजें खरीद सकता है।

ओएनडीसी एक निजी गैर-लाभ अर्जक धारा 8 की कंपनी है, जिसे भारत सरकार के उद्योग एवं आंतरिक व्यापार संवर्धन विभाग (DPIIT) ने ओपन ई-कॉमर्स विकसित करने के लिए स्थापित किया है। क्वालिटी

काउंसिल ऑफ़ इंडिया और प्रोटीयन ईगॉव टेक्नोलॉजीज लिमिटेड (पूर्व में एनएसडीएल ई-गवर्नेंस इंफ्रास्ट्रक्चर लिमिटेड) के शुरुआती निवेश के साथ इसे 31 दिसंबर 2021 को निगमीकृत किया गया था।

भारत में, 12 मिलियन से अधिक विक्रेता, उत्पादों व सेवाओं को बेचकर या रीसेल कर अपनी आजीविका कमाते हैं। हालांकि, इनमें से केवल 15,000 विक्रेताओं (कुल का 0.125%) ने ई-कॉमर्स को सक्षम किया है। खासकर छोटे शहरों और ग्रामीण इलाकों में ई-रिटेल ज्यादातर विक्रेताओं की पहुंच से बाहर है।

ओएनडीसी भारत में अपनी अधिकतम क्षमता तक ई-रिटेल में पैठ बढ़ाने के अनूठे अवसर को पहचानता है। उनका लक्ष्य सभी प्रकार और आकार के विक्रेताओं को आबादी के पैमाने पर शामिल कर देश में ई-कॉमर्स की पहुंच को बड़े स्तर तक बढ़ाना है।

ओएनडीसी एक ऐप्लिकेशन, एक मध्यस्थ या सॉफ्टवेयर नहीं है, बल्कि यह खरीदारों, प्रौद्योगिकी प्लेटफ़ॉर्मों व खुदरा विक्रेताओं के बीच स्वतंत्र आदान-प्रदान और कनेक्शन को बढ़ावा देने के लिए डिज़ाइन किया गया विशिष्टताओं से भरा एक सेट है। बाजार की शक्ति के संकेंद्रण के कारण बिग टेक कंपनियों पर उपभोक्ता संरक्षण (ई-कॉमर्स) (संशोधन) नियम, 2021 का उल्लंघन करने से लगाम लगाने के लिए, उन्हें एक ओपन-सोर्स विकेन्द्रीकृत नेटवर्क में एकीकृत करने के लिए डिजाइन किया गया है, जहां डेटा पोर्टेबिलिटी डेटा की गुटबाजी (साइलो) को तोड़ देगी जबकि डेटा इंटरऑपरेबिलिटी से इनोवेशन को बढ़ावा मिलेगा।

ओएनडीसी का प्रयास है:

- पूर्ण वैल्यू चेन को डिजिटाइज़ करना,
- प्रक्रियाओं को मानकीकृत करना,
- आपूर्तिकर्ता समावेशन को प्रोत्साहित करना,
- लॉजिस्टिक्स दक्षता में सुधार लाना और
- कस्टमर वैल्यू बढ़ाना।

जब ओएनडीसी पूरी तरह से क्रियांवित और नियंत्रित हो जाएगा, तो भारत में सभी ई-कॉमर्स उद्यमों को, ब्रांड से स्वतंत्र होकर एंड्रॉइड-आधारित मोबाइल डिवाइसों के एक समान मानकों का पालन करना होगा। छोटी ऑनलाइन शॉप्स और न्यूकमर्स को इससे फ़ायदा होगा, क्योंकि खोज क्षमता, अंतरसंचालनीयता और समावेश में सुधार होगा। प्रमुख प्लेटफ़ॉर्मों के एकाधिकार को तोड़कर, यह आपूर्तिकर्ताओं और ग्राहकों को नवाचार को बढ़ावा देने व खुदरा, खाद्य तथा मोब्लिटी जैसे सेक्टरों में व्यवसायों को अदला-बदली करने की अनुमति देगा। पारदर्शी कानून, हल्के निवेश और व्यवसाय अधिग्रहण खर्चे में कमी से व्यवसायों को मदद मिलने की उम्मीद है। यह भी आशा है कि टाइम-टू-मार्केट और टाइम-टू-स्केल को काफी कम कर दिया जाएगा। सरकार के अनुसार, ओएनडीसी ई-कॉमर्स कारोबार में कुछ अग्रणी कंपनियों की सत्ता को समाप्त कर देगा। सरकार की मंशा ओएनडीसी जैसा एक ओपन नेटवर्क स्थापित करके क्षेत्र को समरूप करने का है, जो ग्राहकों को विभिन्न चैनलों पर खरीदारी करने की अनुमति देता है। व्यापारियों के बीच स्विच किए बिना, उपभोक्ता अलग-अलग चैनलों से उन तक पहुंच सकेंगे।

16.7 सारांश

1. सेंट्रल बैंक डिजिटल करंसी किसी देश की फ़िएट मुद्रा का डिजिटल रूप है। सीबीडीसी को देश का मौद्रिक प्राधिकारी या केंद्रीय बैंक जारी और नियंत्रित करता है। करेंसी के एक केंद्रीकृत रूप में, वे कुछ क्रिप्टोकरेंसी की तरह लेनदेन को छिपा नहीं सकते हैं। कई देश यह पता लगा रहे हैं कि सीबीडीसी उनकी अर्थव्यवस्थाओं, मौजूदा वित्तीय नेटवर्क व स्थिरता पर किस प्रकार का प्रभाव डालेगी। सीबीडीसी के दो प्रकार हैं, होलसेल और रिटेल। आरबीआई ने दिसंबर, 2022 में रिटेल डिजिटल रुपी (eRs.-R) के लिए पहला पायलट लॉन्च किया है। रिटेल डिजिटल रुपी (eRs.-R) एक डिजिटल टोकन के रूप में काम करेगा, जो लीगल टेंडर का निरूपण करता है। इसे उन्हीं मूल्यवर्ग में जारी किया जाएगा, जिनमें मौजूदा समय में पेपर करेंसी और सिक्के जारी किए जाते हैं। इसे बिचौलियों यानी बैंकों के जरिए वितरित किया जाएगा।

2. खाता एग्रीगेटर (AA) एक प्रकार का आरबीआई विनियमित निकाय है, जो किसी व्यक्ति को एए नेटवर्क के किसी अन्य विनियमित वित्तीय संस्थान को अपने खाते वाले वित्तीय संस्थान की जानकारी को सुरक्षित और डिजिटल रूप से एक्सेस करने और शेयर करने में मदद करता है। खाता एग्रीगेटर डेटा के हरेक इस्तेमाल के लिए 'ब्लैंक चेक' स्वीकृति के लंबे नियमों और शर्तों के स्थान पर एक विस्तृत, चरण-दर-चरण अनुमति और नियंत्रण लाता है। भारत की वित्तीय प्रणाली में आज उपभोक्ताओं के लिए कई परेशानियां उठ खड़ी हुई हैं - जैसे कि बैंक स्टेटमेंट्स की वास्तविक हस्ताक्षरित और स्कैन की गई प्रतियां शेयर करना, दस्तावेजों को नोटरी या स्टांप करने के लिए इधर-उधर भागना, या किसी थर्ड पार्टी को अपना वित्तीय इतिहास देने के लिए अपना व्यक्तिगत यूजर नेम और पासवर्ड देना। खाता एग्रीगेटर नेटवर्क इन सभी के स्थान पर एक सरल, मोबाइल-आधारित और सुरक्षित डिजिटल डेटा एक्सेस और शेयरिंग की प्रक्रिया लाएगा। खाता एग्रीगेटर नेटवर्क बचत/जमा/चालू खातों से ट्रांजैक्शन डेटा या बैंक स्टेटमेंट साझा करने की अनुमति देता है।

3. भुगतान एग्रीगेटर्स थर्ड पार्टी सेवा प्रदाता होते हैं, जो व्यवसायों को अपनी वेबसाइटों या ऐप्लिकेशन में एकीकरण कर ग्राहकों से भुगतान पाने में सक्षम बनाते हैं। भारत में दो प्रकार के भुगतान एग्रीगेटर हैं। वे निजी (तृतीय-पक्ष) भुगतान एग्रीगेटर और बैंकों द्वारा पेश किए गए भुगतान एग्रीगेटर हैं। इक्कीसवीं सदी के शुरुआती वर्षों से पहले,भुगतान एग्रीगेटर सेवाएं केवल बैंकों के जरिए उपलब्ध थीं। दूसरी ओर, ज्यादातर व्यापारी तकनीकी रूप से उन्नत भुगतान विकल्पों की खोज कर रहे थे। इस अंतर को थर्ड-पार्टी भुगतान एग्रीगेटर्स द्वारा भरा गया, जिन्होंने रचनात्मक समाधानों से इंडस्ट्री में अफरा-तफरी मचा दी। मगर गैर-बैंक भुगतान एग्रीगेटर्स को एक अलग आरबीआई ऑथराइजेशन की ज़रूरत होती है। ऐसा इसलिए है क्योंकि 'फंड प्रबंधन' को बैंक पीए के कार्य का एक ख़ास अंग माना जाता है। भुगतान गेटवे प्रदाता की एग्रीगेटर सेवा ई-कॉमर्स मार्केटप्लेस और छोटे व्यवसायों के लिए भुगतान की प्रक्रिया को सुगम बना देती है। यदि कोई उद्यम ऐसा व्यवसाय विकसित कर रहा है जो खरीदारों और विक्रेताओं को जोड़ता है, तो वह विक्रेताओं को भुगतान देने के लिए गेटवे प्रदाता के खाते का इस्तेमाल कर सकता है। एग्रीगेटर समाधान एक ही स्वीकृत लेनदेन के कई सेट्लमेंट पूरे करता है।

4. जन समर्थ कर्ज़दाताओं को लाभार्थियों से सीधे जोड़ने वाला अपनी तरह का पहला ऑनलाइन प्लैटफ़ॉर्म है। नागरिक चार लोन श्रेणियों में केंद्र सरकार की विभिन्न योजनाओं के तहत ऋण ले सकते हैं। यह

वन-स्टॉप पोर्टल नागरिकों को पात्रता की जांच करने, ऑनलाइन आवेदन करने और डिजिटल स्वीकृति हासिल करने की अनुमति देता है। जन समर्थ पोर्टल का मुख्य उद्देश्य सुगम व आसान डिजिटल प्रक्रियाओं के जरिए उन्हें मार्गदर्शन और सही प्रकार के सरकारी लाभ देकर विभिन्न क्षेत्रों के समावेशी विकास को बढ़ावा देना है। यह पोर्टल इससे जुड़ी सभी योजनाओं की सारी प्रक्रियाओं और गतिविधियों की शुरू से अंत तक कवरेज का ध्यान रखता है।

5. ओपन नेटवर्क डिजिटल कॉमर्स एक निजी गैर-लाभकारी, सेक्शन 8 कंपनी है जिसे ओपन ई-कॉमर्स विकसित करने हेतु भारत सरकार के उद्योग एवं आंतरिक व्यापार संवर्धन विभाग (DPIIT) ने स्थापित किया है। इसे बिग टेक कंपनियों पर उपभोक्ता संरक्षण का उल्लंघन करने से लगाम लगाने के लिए डिज़ाइन किया गया है, जिसके लिए उन्हें एक ओपन-सोर्स विकेन्द्रीकृत नेटवर्क में एकीकृत किया जाता है, जहां डेटा पोर्टेबिलिटी डेटा साइलो को तोड़ देगी जबकि डेटा इंटरऑपरेबिलिटी से इनोवेशन को बढ़ावा मिलेगा। जब ओएनडीसी पूरी तरह से क्रियांवित और नियंत्रित हो जाएगा, तो भारत में सभी ई-कॉमर्स उद्यमों को, ब्रांड से स्वतंत्र होकर एंड्रॉइड-आधारित मोबाइल डिवाइसों के एक समान मानकों का पालन करना होगा। छोटी ऑनलाइन शॉप्स और न्यूकमर्स को इससे फ़ायदा होगा, क्योंकि खोज क्षमता, अंतरसंचालनीयता और समावेश में सुधार होगा।

16.8 प्रमुख शब्द

डिजिटल भुगतान: डिजिटल भुगतान डिजिटल या ऑनलाइन मोड के जरिए किया जाने वाला भुगतान है, जिसमें हार्ड कैश का आदान-प्रदान नहीं होता है। ऐसा भुगतान, जिसे कभी-कभी इलेक्ट्रॉनिक पेमेंट (ई-पेमेंट) भी कहा जाता है, एक भुगतान खाते से दूसरे भुगतान खाते में वैल्यू का ट्रांसफ़र है, जहां भुगतानकर्ता और भुगतानप्राप्तकर्ता दोनों मोबाइल फ़ोन, कंप्यूटर या क्रेडिट डेबिट, या प्रीपेड कार्ड जैसे डिजिटल उपकरणों का इस्तेमाल करते हैं।

नैशनल इलेक्ट्रॉनिक टोल कलेक्शन: भारतीय बाजार की इलेक्ट्रॉनिक टोलिंग जरूरतों को पूरा करने के लिए नेशनल पेमेंट्स कॉरपोरेशन ऑफ़ इंडिया (NPCI) द्वारा विकसित एक प्रोग्राम है। यह एक इंटरऑपरेबल राष्ट्रव्यापी टोल भुगतान समाधान प्रदान करता है, जिसमें निपटान और विवाद प्रबंधन के लिए क्लीयरिंग हाउस सेवाएं शामिल है। इसमें प्रक्रियाओं, व्यवसाय नियमों और तकनीकी विशिष्टताओं का एक सामान्य सेट मौजूद होता है, जो कस्टमर को किसी भी टोल प्लाजा पर भुगतान मोड के रूप में अपने फास्टैग का इस्तेमाल करने में सक्षम बनाता है, भले ही टोल प्लाजा का अधिग्रहण किसी ने किया हो।

डिजिटल करेंसी: डिजिटल करेंसी वह मुद्रा है जो विशेष रूप से इलेक्ट्रॉनिक रूप में उपलब्ध होती है।

क्रिप्टो करेंसी: एक डिजिटल करेंसी है, जिसे कंप्यूटर नेटवर्क के जरिए विनिमय के माध्यम के रूप में काम करने के लिए डिज़ाइन किया गया है, जो इसे धारित करने या बनाए रखने के लिए सरकार या बैंक जैसे किसी केंद्रीय प्राधिकरण पर निर्भर नहीं होता।

वर्चुअल करेंसी: वर्चुअल करेंसी डिजिटल मुद्रा का ही एक रूप है, जो इलेक्ट्रॉनिक रूप में मौद्रिक वैल्यू का निरूपण करती है, और प्रायः नियामक दायरे से बाहर रहती है।

टोकन-आधारित प्रमाणीकरण: यह उपयोगकर्ताओं को नेटवर्क तक पहुंचने के लिए सुरक्षा तंत्र में इज़ाफा करने लिए दो-चरणों वाली प्रमाणीकरण रणनीति है। उपयोगकर्ताओं को अपने क्रेडेंशियल पंजीकृत कर लेने पर उन्हें एक यूनीक एन्क्रिप्टेड टोकन मिलता है, जो एक विशेष सेशन टाईम के लिए मान्य होता है।

क्लोज्ड यूजरग्रुप: यह मोबाइल ऑपरेटरों द्वारा मोबाइल सब्सक्राइबरों को प्रदान की जाने वाली एक अनुपूरक सेवा है, जिससे ग्रुप के भीतर जुड़े किसी भी सदस्य को कॉल कर सकते और कॉल ले सकते हैं। यह सेवा एसएमएस के लिए भी काम करती है। इसका प्रशासनिक मालिक ही इंवॉइसिंग के लिए जिम्मेदार होगा।

खाता ऐग्रेगेटर: खाता एग्रीगेटर एक गैर-बैंकिंग वित्तीय कंपनी होती है, जो एक अनुबंध के तहत अपने ग्राहक से संबंधित वित्तीय जानकारी हासिल करने या एकत्र करने की सेवा प्रदान करने के व्यवसाय में लगी हुई है। यह बैंक के बताए ग्राहक या किसी अन्य वित्तीय जानकारी के उपयोगकर्ताओं के लिए ऐसी जानकारी को समेकित करने, व्यवस्थित करने और मुहैय्या कराने में भी लगी हुई है।

भुगतान एग्रीगेटर: यह एक कंपनी होती है, जो व्यापारियों को ऐक्वायरर (अधिग्रहणकर्ताओं) से जोड़ती है। पीए व्यक्ति को सब-मर्चेंट के खाते तक पहुँच प्रदान करता है और उसकी ओर से उपभोक्ता भुगतान स्वीकार करता है।

भुगतान गेटवे: भुगतान जानकारी एकत्र करने के लिए कंज्यूमर-फ़ेसिंग इंटरफ़ेस का इस्तेमाल किया जाता है।

जन समर्थ पोर्टल: क्रेडिट से जुड़ी सरकारी योजनाओं के लिए यह एक नैशनल पोर्टल है।

ओपन नेटवर्क फ़ॉर डिजिटल कॉमर्स: ओएनडीसी का ध्यान डिजिटल कॉमर्स को हर व्यक्ति की पहुँच के योग्य बनाना है, इसे एक प्लेटफ़ॉर्म-केंद्रित मॉडल की ओर से एक ओपन-नेटवर्क में ले जाना है।

ई-कॉमर्स: वाणिज्यिक ट्रांजैक्शन इंटरनेट पर इलेक्ट्रॉनिक रूप से किया जाता है।

16.9 अपनी प्रगति जाँचें

1. भुगतान इको-सिस्टम के व्यवस्थित विकास के लिए हमारे देश में कौन-सा कानून लागू है और उस प्रयोजन के लिए प्राधिकारी कौन है?
   (a) भारतीय रिज़र्व बैंक अधिनियम; भारतीय रिजर्व बैंक
   (b) भुगतान एवं निपटान प्रणाली अधिनियम; भारतीय राष्ट्रीय भुगतान निगम
   (c) भुगतान एवं निपटान प्रणाली अधिनियम; भारतीय रिजर्व बैंक
   (d) विप्रेषण प्रबंधन अधिनियम/नियम; भारतीय रिजर्व बैंक

2. सीबीडीसी से जुड़े होने के कारण कौन सा कथन गलत धारणा पेश करता है?

(a) सीबीडीसी डिजिटल रूप में केंद्रीय बैंक द्वारा जारी एक लीगल टेंडर है।

(b) सीबीडीसी संप्रभु कागजी मुद्रा के समान है मगर इसका रूप अलग है।

(c) मौजूदा मुद्रा के बराबर विनिमय योग्य है और भुगतान के माध्यम की तरह स्वीकार किया जाएगा।

(d) सीबीडीसी आरबीआई की बैलेंस शीट में परिसंपत्ति के एक मद के रूप में दिखाई पड़ेगा।

3. निम्नांकित कथनों का अध्ययन करें और गलत कथन की पहचान करें?

(a) रिटेल सीबीडीसी मूलतः इंटर-बैंक लेनदेन के निपटान के प्रयोजन के लिए है।

(b) डाइरेक्ट मॉडल के तहत सीबीडीसी प्रणाली के सभी पहलुओं के प्रबंधन के लिए सेंट्रल बैंक जिम्मेदार है।

(c) टोकन आधारित सीबीडीसी को सीबीडीसी आर (CBDC R) के पसंदीदा मोड के रूप में देखा जाता है, क्योंकि यह असली कैश के करीब हो सकता है

(d) सीबीडीसी का उद्देश्य मौजूदा भुगतान प्रणालियों का स्थान लेने की बजाय उनका पूरक बनाना है।

4. खाता एग्रीगेटर्स की परिचालन प्रक्रियाओं के संबंध में कौन सा सही है?

(a) खाता एग्रीगेटर्स आरबीआई द्वारा नियंत्रित संस्थाएं नहीं हैं।

(b) खाता एग्रीगेटर्स टेक्नोलॉजी कंपनियों की तरह होते हैं, जो डेटा एकत्र करते हैं और विस्तृत प्रोफ़ाइल बनाते हैं।

(c) खाता एग्रीगेटर डेटा नहीं देख सकते; वे इसे केवल किसी व्यक्ति के निर्देश / सहमति के आधार पर एक वित्तीय संस्थान से दूसरे संस्थान में ले जा जाएंगे।

(d) खाता एग्रीगेटर प्रणाली की खामी यह है कि इसमें व्यक्ति की सहमति के बगैर ही डेटा साझा करने की गुंजाइश होती है।

5. नीचे दी गई सूची में से कौन सी भुगतान गेटवे कंपनी है?

(a) फिनवू (Finvu)

(b) वन मनी (One Money)

(c) कैम फिनसर्व (CAM FinServ)

(d) बिल डेस्क (Bill Desk)

6. जन समर्थ पोर्टल .... से संबंधित है।
   (a) छोटे उद्यमों के ऋण का क्रेडिट मूल्यांकन
   (b) एसएचजी बैंक लिंकेज प्रोग्राम
   (c) क्रेडिट से जुड़े सरकारी प्रोग्राम
   (d) पीएमजेडीवाई खातों के तहत प्रदान किया गया क्रेडिट
7. डिजिटल कॉमर्स के लिए ओपन नेटवर्क के संबंध में कौन सा सही है?
   (a) आंतरिक ट्रेड को बढ़ावा देने के लिए वैश्विक ई-कॉमर्स की बड़ी कंपनियों द्वारा ओएनडीसी को बढ़ावा दिया जाता है।
   (b) ओएनडीसी कमोडिटी ऑर्गेनाइजेशन का एक संयुक्त उद्यम है।
   (c) ओएनडीसी छोटे व्यवसायों को अक्सर प्रमुख ई-कॉमर्स प्लेटफ़ॉर्मों द्वारा इस्तेमाल किए जाने वाले सिस्टम व टूल तक पहुंचने में सक्षम बनाएगा।
   (d) ओएनडीसी ई-कॉमर्स प्लेटफ़ॉर्म के जरिए किए जाने वाले आंतरिक ट्रेड पर जीएसटी से संबंधित मामलों का प्रभावी प्रबंधन सुनिश्चित करने वाला एक डिजिटल प्लेटफ़ॉर्म है।

16.10 'अपनी प्रगति जाँचें' का उत्तर

1. (c)	2. (d)	3. (a)	4. (c)	5. (d)	6. (c)	7. (c)

मॉड्यूल

D

अनौपचारिक (सॉफ्ट) कौशल और व्यवहारगत पहलू

अध्याय

17 बिजनेस कॉरेस्पॉन्डेंट के लिए जरूरी कौशल आवश्यकताएं

17

अध्याय

17 बिजनेस कॉरेस्पॉन्डेंट के लिए जरूरी कौशल आवश्यकताएं

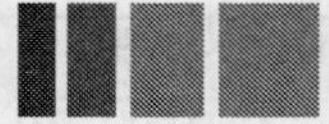

17.1 उद्देश्य

इस अध्याय का अध्ययन करने के बाद पाठक इन बातों में सक्षम हो सकेंगे:

- विभिन्न प्रकार के कौशल और उनकी विशेषताओं को जानने में।
- अनौपचारिक (सॉफ्ट) कौशल के पहलुओं और संबंधित व्यवहारगत पहलुओं को जानने में।
- यह समझने में कि जब कोई ग्राहक/आसामी के साथ लेनदेन करता है, तो अनौपचारिक (सॉफ्ट) कौशल संबंध स्थापित करने में कैसे मदद करती हैं।
- बातचीत करने के कौशल के पहलुओं और बीसी के लिए उनकी प्रासंगिकता को जानने में।

17.2 परिचय

वित्तीय समावेशन को आगे बढ़ाने में, 'वित्तीय रूप से वंचित' लोगों की ग्राहक सेवा, 'वित्तीय रूप से समावेशी' लोगों के मुकाबले अधिक महत्वपूर्ण और ज्यादा मुश्किल होती है। बैंकों को काफ़ी हद तक स्थानीय लोगों पर निर्भर रहना पड़ता है, जो ग्रामीण अर्थव्यवस्था, ग्रामीण मनोविज्ञान, ग्रामीण बोली-भाषा और ग्रामीण लोगों की समझ रखते हों। बिजनेस कॉरेस्पोंडेंट बैंक और आर्थिक रूप से वंचित लोगों के बीच एक बिचौलिया या कड़ी के रूप में काम करता है। वह उन इलाकों में बैंक का चेहरा होता है, जहां कोई शाखा नहीं है। उन्हें कई बैंकिंग व वित्तीय मामलों में लोगों की प्रत्यक्ष रूप से मदद करनी होती है। उनसे यह अपेक्षा की जाती है कि वे वित्तीय समावेशन के संदर्भ में अमुक इलाके में रहने वाले लोगों के लिए एक मित्र, दार्शनिक और मार्गदर्शक की भूमिका निभाएंगे। अपनी भूमिका के तहत, उन्हें बैंकरों के साथ-साथ इलाके के लक्षित लोगों के साथ संवाद स्थापित करना पड़ता है। इसलिए, बीसी की सफलता उनकी उस प्रभावशीलता पर निर्भर करती है, जिससे वे इन लोगों के साथ संवाद करने योग्य बन पाए थे।

17.3 अनौपचारिक कौशल (Soft Skills) और व्यावहारिक कौशल (Hard Skills)

व्यावहारिक कौशल अकादमिक हुनर, अनुभव और विशेषज्ञता का स्तर हैं, जबकि अनौपचारिक (सॉफ्ट) कौशल अपने आप विकसित होने वाले, इंटरैक्टिव, संचारगत, मानवीय और हस्तांतरणीय कौशल होते हैं। प्रबंधन, संचालन, उत्पादन तथा लॉजिस्टिक से संबंधित कौशल को हार्ड स्किल के अंतर्गत लाया जा सकता है। मशीन लर्निंग, वित्तीय विश्लेषण, टाइपिंग कौशल, कंप्यूटर दक्षता, प्रोग्रामिंग आदि हार्ड स्किल्स के कुछ उदाहरण हैं।

अनौपचारिक (सॉफ्ट) कौशल दरअसल व्यावहारिक हुनर सीखने- यानी अच्छे कैसे बनें, एक साथ काम कैसे करें, अपने शिष्टाचार का प्रयोग कब और कहां करें, सामाजिक गरिमा का विकास कैसे करें, टकराव को कैसे दूर करें, औरों की तारीफ़ कैसे करें और भाषा का इस्तेमाल किस तरह से करें कि दूसरों की सहमति प्राप्त की जा सके। संचार, आत्म-प्रेरणा, नेतृत्व, जिम्मेदारी, टीम वर्क, समस्या-समाधान, निर्णय लेने की क्षमता, समय का प्रबंधन, लचीलापन एवं मोल-तोल करने और टकराव दूर करने के हुनर को सॉफ़्ट स्किल माना जाता है। व्यावहारिक कौशलऔर अनौपचारिक (सॉफ्ट) कौशल के बीच के अंतर को नीचे दी गई तालिका में दिखाया गया गया है:

<table>
<tr><th colspan="2">व्यावहारिक कौशल बनाम अनौपचारिक (सॉफ्ट) कौशल</th></tr>
<tr><td>
</td><td>
</td></tr>
<tr><td>प्रबंधन कौशल
परिचालन कौशल
उत्पादन कौशल
लॉजिस्टिक स्किल्स
(मशीन लर्निंग, वित्तीय विश्लेषण, टाइपिंग कौशल, कंप्यूटर की जानकारी, प्रोग्रामिंग, टूल टेक्नीक, तकनीकी जानकारी इत्यादि कुछ उदाहरण हैं)</td><td>कम्युनिकेशन
आत्म-प्रेरणा
नेतृत्व
जिम्मेदारी
टीम वर्क
समस्या को हल करना
निश्चित होने की क्षमता
समय का प्रबंधन
लोचशीलता
बातचीत और टकराव दूर करना</td></tr>
</table>

17.4 संबंध बनाने के लिए अनौपचारिक कौशल (Soft Skills)

अनौपचारिक (सॉफ्ट) कौशल और कुछ नहीं बल्कि ग्राहकों के साथ संबंध बनाना है। यहां कुछ सामान्य अनौपचारिक (सॉफ्ट) कौशल दिए गए हैं जो बेहतरीन ग्राहक सेवा प्रदान करने और उनके साथ संबंध स्थापित करने में मदद करते हैं।

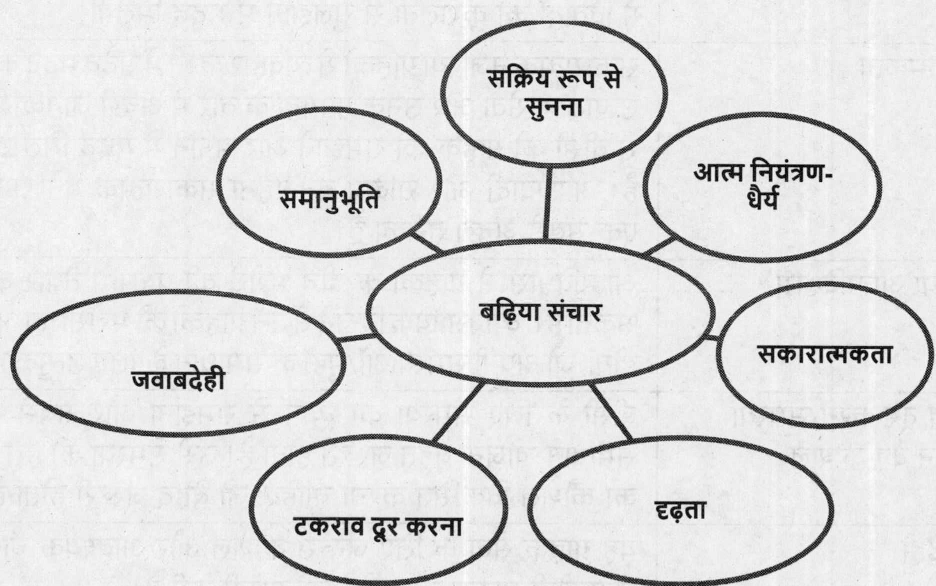

बढ़िया संवादः लिखित और मौखिक संवाद दोनों ही जरूरी होते हैं। बीसी को ग्राहकों की जरूरतों को समझने और उनके जरूरी काम करने में सक्षम होना चाहिए। उत्साह से भरी दमदार आवाज में बोलने से बीसी को ग्राहकों से आत्मविश्वास के साथ और स्पष्ट रूप से बातचीत करने में मदद मिलेगी। ग्राहक सेवा में स्पष्ट संवाद जरूरी होता है - उसे यह जानना होगा कि ग्राहक क्या चाहता है और यह बताने में सक्षम होना चाहिए कि ग्राहक के लिए क्या किया जा सकता है।

अच्छे संवाद की मुख्य बातें और उनके फायदे नीचे दी गई तालिका में बताए गए हैं

ध्यान देकर सुनना	सुनना उतना ही जरूरी होता है, जितना अच्छा संवाद करना। बीसी को ग्राहकों की बातें ध्यान से सुननी चाहिए और उनकी जरूरतों को समझना चाहिए। प्रतिक्रिया देने/स्पष्टीकरण के लिए प्रश्न पूछने और बॉडी लैंग्वेज के जरिए ध्यान देकर श्रवण किया जा सकता है। बॉडी लैंग्वेज में चेतन और अचेतन हाव-भाव तथा गतिविधि शामिल होते हैं, जो जानकारी व्यक्त करते या विचार संप्रेषित करते हैं। इसमें चेहरे के हाव-भाव, अच्छी मुद्रा, हाथ के हाव-भाव, और आई कॉन्टैक्ट या आंखों की हलचल शामिल हो सकते हैं। सिर हिलाना,

	आंखें मिलाना, या मुस्कुराना (जब उचित हो) यह दिखाने का सही संकेत हैं कि आप उसकी ओर ध्यान दे रहे हैं।
आत्म-नियंत्रण-धैर्य	ग्राहको से व्यवहार करते समय शांत और संयमित रहना एक अहम अनौपचारिक (सॉफ्ट) कौशलहै। धैर्य के साथ, आप नकारात्मक बातों से भी सकारात्मक ढंग से निपट सकते हैं। आत्म-नियंत्रण और धैर्य से विवादों को कुशलता से सुलझाने में मदद मिलेगी।
सकारात्मकता	सकारात्मक नजरिया ग्राहकों से व्यवहार करने में सदैव मदद करेगा। उत्पाद या सेवा और उनके फ़ायदों के बारे में अच्छी जानकारी होने से बीसी को ग्राहक को समझाने और मनाने में मदद मिल सकती है। आशावादी और सक्रिय बने रहना सकारात्मक बने रहने का एक सबसे अच्छा तरीका है।
दृढ़ता या आत्मविश्वास	आत्मविश्वास से ग्राहकों के बीच भरोसे की पृष्ठभूमि तैयार की जा सकती है। व्यावसायिक दिखने से उन ग्राहकों को भरोसा का अनुभव होगा, जो अपनी समस्याओं/मुद्दों के समाधान के लिए उत्सुक होते हैं
टकराव दूर करने/समस्या समाधान का कौशल	बीसी के लिए समस्या को ध्यान से समझना और सबसे अच्छा समाधान खोजना बहुत जरूरी होता है। उसे समस्या को हल करने का कौशल विकसित करना चाहिए, जो बेहद जरूरी होता है।
जवाबदेही	यह ग्राहक सेवा के लिए जरूरी कौशल और आवश्यक चीज़ है। जवाबदेही ग्राहक को भरोसे की गारंटी देती है।
समानुभूति	यदि किसी ग्राहक को खराब गुणवत्ता वाली सेवा दी जाती है, तो बीसी को उससे माफी मांग लेनी चाहिए। बैंक की ओर से ग्राहकों से माफी मांग लेने से समस्या को एक निश्चित स्तर तक हल करने में मदद मिल सकती है।

प्रभावशीलता में सुधार लाने के लिए बीसी को नीचे बताए गुण अपनाने होंगे:

- बीसी को सामाजिक उद्देश्यों एवं लक्ष्यों को लेकर प्रतिबद्धता के साथ कार्य करना चाहिए। उसे उन ग्राहकों के प्रति संवेदनशील होना चाहिए जिनके साथ वह काम कर रहा है।
- उसे बैंकिंग व बैंकिंग उत्पादों समेत वित्त और वित्तीय उत्पादों की जानकारी को समझना और विकसित करना चाहिए।
- उसे अपना आत्मविश्वास और हुनर विकसित करना चाहिए।
- उसे झूठा या भ्रामक बयान देकर, उत्पाद के असली तथ्यों को छुपाने या छोड़ने, उत्पादों से जुड़े जोखिमों को छुपाकर वित्तीय उत्पादों की अनुचित सेलिंग से बचना चाहिए।

17.5 बातचीत करने का कौशल

बातचीत करने का कौशल स्वाभाविक गुण होता है, जो दो या दो से अधिक पक्षों को एक सामान्य तार्किक समाधान पर तैयार होने में मदद करता है। कार्य-स्थल पर, आपको तमाम परिस्थितियों में आपना बातचीत करने का कौशल दिखाना पड़ता है। बातचीत करने के कौशल की कमी, बिजनेस की आधार रेखा को प्रभावित करती है और ग्राहक के साथ रिश्ते को खराब कर सकती है। बातचीत करने का कौशल अनौपचारिक (सॉफ्ट) कौशल है और अच्छा बातचीत करने वाला बनने और कार्यस्थल पर विवादों का समाधान करने के लिए यह आवश्यक होता है। हालांकि, यह कौशल , कार्य परिवेश, शामिल पक्षों तथा इच्छित नतीजे के ऊपर निर्भर करता है। प्रायः, जब एक पक्ष समझौता करने के लिए तैयार होता है, तो दूसरा पक्ष विरोध में जा सकता है। इससे समझौता करना कठिन हो जाता है और इसीलिए, आपको बातचीत करने के हुनर में महारत हासिल करनी पड़ती है।

बातचीत में कुशल होना एक प्रमुख नेतृत्व कौशल है, जो व्यवसायों को उनके व्यावसायिक उद्देश्य तक पहुंचने में मदद करता है। कार्यस्थल में बातचीत करने का कौशल दिखाने के लिए यहां कुछ बातें दी गई हैं:

- *संबंध निर्मित करता है:* नजरिए में फ़र्क होने के बावजूद, बातचीत करने का कौशल समाधान निकालने में मदद करता है और सद्भावना व मूल्य बनाने पर अधिक जोर देता है। इससे दीर्घकालिक संबंध विकसित होता है।
- *बेहतरीन समाधान पेश करता है:* बातचीत करने का बेहतर कौशल इस बात का ध्यान रखता है कि विवादों का समाधान अल्पकालिक न हो। यह लंबे समय तक चलने वाले समाधान तलाश करने पर ध्यान देता है, क्योंकि दोनों पक्ष तभी नर्म पड़ते हैं, जब समाधान संतोषजनक हो।
- *भविष्य के विवादों से बचना:* जैसे ही दोनों पक्ष एक कॉमन समाधान पर पहुंच जाते हैं, भविष्य में टकराव होने की संभावना काफी हद तक कम हो जाती है।
- *व्यावसायिक सफलता का माहौल बनाता है:* बातचीत करने का अच्छा कौशल व्यावसायिक लक्ष्यों की पूर्ति का ध्यान रखता है, जिससे व्यवसाय के सफल होने की परिस्थिति बनती है। इससे भविष्य में व्यापारिक लेन-देन होने की संभावना भी बढ़ जाती है।

अच्छी बातचीत करने वाला बनने के लिए व्यक्ति में चित्र में बताए कई गुण होने चाहिए।

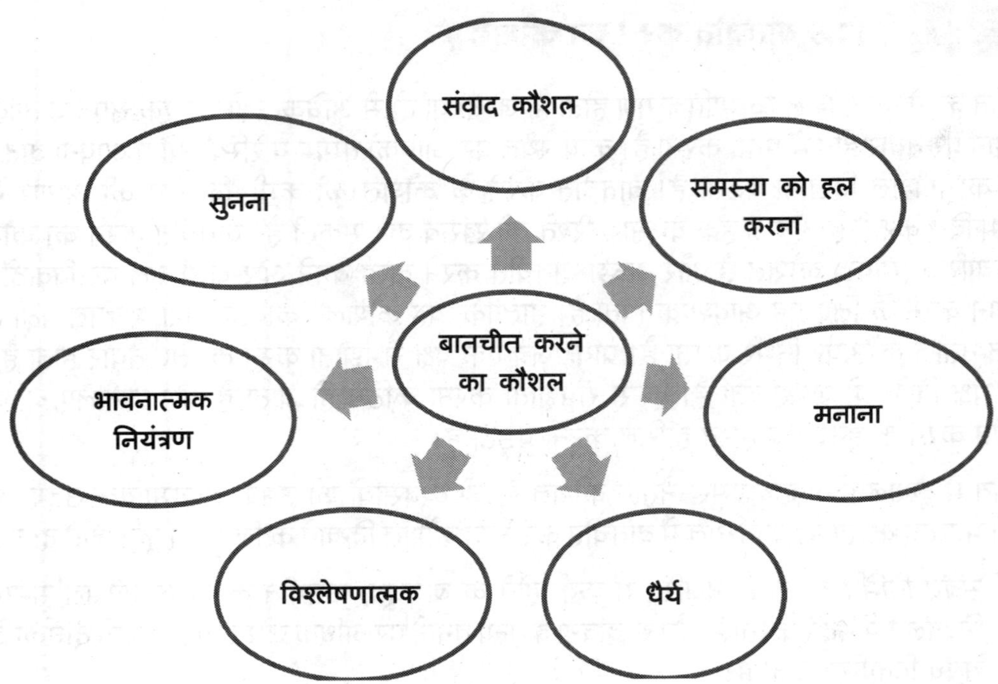

संवाद कौशल

संवाद एक सामान्य समझ पैदा करने के लिए कम से कम दो व्यक्तियों के बीच सूचना, विचार, सोच-समझ इत्यादि के आदान-प्रदान की प्रक्रिया है। संवाद कई प्रकार के होते हैं जैसे- मौखिक या लिखित, औपचारिक या अनौपचारिक इत्यादि। संवाद दोनों तरीकों से काम कर सकता है यानी, यह संबंध को तोड़ सकता है या बना भी सकता है। संवाद में बॉडी लैंग्वेज भी महत्वपूर्ण है और बॉडी लैंग्वेज और बोले गए शब्दों के बीच तालमेल होना चाहिए। अच्छे संवाद में याद रखने योग्य दस बातें होती हैं (1) सुनना (2) विनम्रता (3) स्पष्टता (4) समानुभूति (5) रुकावट दूर करना (6) धैर्य रखना (7) आँखों का संपर्क बनाना (8) बहस न करना (9) प्रतिक्रिया देना (10) पारस्परिक संपर्क बनाना।

ऋण की वसूली में लगे रहने के दौरान, देनदार और एजेंट के बीच शब्दों, लिखित सामग्री, आई कॉन्टैक्ट या बॉडी लैंग्वेज (व्यक्तिगत बैठकों के दौरान) के जरिए संवाद होता है।

संवाद दो प्रकार का होता है, बोले गए शब्दों द्वारा मौखिक संवाद, गैर-मौखिक संवाद (चेहरे के हाव-भाव, आँखों का संपर्क), ध्वनि का लहजा (आवाज का स्वर, आवाज की पिच), और बॉडी लैंग्वेज (शरीर की स्थिति, शरीर की गति): गैर-मौखिक भाषा के सारे या इनमें से कोई भी बात, प्राप्तकर्ता को कुछ-न-कुछ संदेश (चाहे संप्रेषक द्वारा जानबूझ कर या अनजाने में) संप्रेषित करते हैं।

प्रभावी संवाद के मुख्य सिद्धांत नीचे दिए गए हैं, जिनका पालन एक एजेंट (संप्रेषक) द्वारा देनदार (रिसीवर) के साथ संवाद में किया जा सकता है।

- बैंक की ख़ास जरूरत के अनुसार, एजेंट की भाषा (मौखिक और शारीरिक भाषा) सभ्य व विनम्र होनी चाहिए।
- संवाद का उद्देश्य स्पष्ट होना चाहिए।
- इस्तेमाल की जाने वाली भाषा स्पष्ट, सरल व विनम्र होनी चाहिए।
- इस्तेमाल की गई भाषा प्राप्तकर्ता को आसानी से समझ में आने लायक होनी चाहिए।
- एजेंट को प्राप्तकर्ता की प्रतिक्रियाओं (उसकी बॉडी लैंग्वेज समेट, जैसा कि ऊपर बताया गया है) के प्रति सावधान और संवेदनशील होना चाहिए।
- इस बात का ध्यान रखें कि गैर-मौखिक संवाद (या बॉडी लैंग्वेज) देनदार के लिए अनुचित न हो, भले ही अनजाने में हो।
- इस बात का ध्यान रखें कि प्राप्तकर्ता ने संप्रेषित किए जाने वाले संदेश को समझ लिया हो; अन्यथा छूटी हुई बातों को दोहराएं और स्पष्ट करें।

समस्या को हल करना

समस्या को हल करने का अर्थ कार्यस्थल में कठिन या आकस्मिक परिस्थितियों के साथ-साथ जटिल व्यावसायिक चुनौतियों से निपटने का हुनर है। संगठन ऐसे लोगों पर भरोसा करते हैं, जो दोनों तरह की स्थितियों का आकलन कर सकते हैं और शांति से समाधान की पहचान कर सकते हैं। समस्या-समाधान का कौशल ऐसी ख़ासियत है, जो किसी व्यक्ति को समाधान निकालने में सक्षम बनाते हैं। जहाँ समस्या समाधान के कौशल को नियोक्ताओं द्वारा महत्व दिया जाता है, वे संबंध निर्माण और रोजमर्रा के फ़ैसले लेने जैसे अन्य क्षेत्रों में भी काफी कारगर होते हैं। समस्या समाधान का कौशल किसी समस्या के स्रोत की पहचान करने और उसके लिए एक प्रभावी समाधान खोजने में मदद करता है। हालांकि समस्या-समाधान को प्रायः अपने अलग कौशल के रूप में पहचाना जाता है, मगर अन्य संबंधित कौशल भी हैं जो इस क्षमता में अपना योगदान देते हैं। समस्या समाधान के लिए ध्यान से से सुनना, विश्लेषण, अनुसंधान, रचनात्मकता, संचार, निर्णय लेना, टीम निर्माण जैसे जरूरी कौशल आते हैं।

प्रेरक कौशल

देनदार के साथ अच्छे संबंध स्थापित करने के बाद, एक अच्छे रिकवरी एजेंट में अगला कौशल बकाया चुकाने के लिए देनदार को मनाने में समर्थ होना है। इसे प्रेरक कौशल कहा जा सकता है। प्रेरक कौशल एक बेहतर तालमेल बनाने और देनदार का भरोसा जीतने से जुड़ा होता है। ऋण की वसूली में प्रेरणा के कुछ तत्व इस प्रकार हैं:

- बता दें कि बैंक (प्रिंसिपल) जनता से एकत्र की गई जमा राशि में से धन उधार देता है और ऋण की शर्तों के मुताबिक ख़ास देनदार और दूसरों द्वारा ऋण चुकाया जाता है, जिससे बैंक जमाकर्ता द्वारा मांगे जाने पर जमा देनदारियों का भुगतान करने में सक्षम होता है।

- प्रिंसिपल की ओर से बकाया राशि की वसूली के अपने काम/कर्तव्य को स्पष्ट करें और आपके पास वसूली को माफ करने/कम करने या अनावश्यक रूप से स्थगित करने का कोई अधिकार नहीं है।
- देनदार की समस्याओं को समझकर उसके प्रति दिलचस्पी/चिंता दिखाएं और कहें कि आप प्रिंसिपल की ओर से एक एजेंट के रूप में आपको दिए गए अधिकार के भीतर, जितना हो सके उतनी मदद करने का प्रयास करेंगे।
- भुगतान न करने से देनदार के क्रेडिट हिस्ट्री पर खराब प्रभाव पड़ सकने के बारे में बताएँ, जिससे भविष्य में किसी भी बैंक से उधार लेना उसके लिए महंगा और मुश्किल पड़ सकता है। इससे देनदार को भुगतान करने के लिए प्रेरित होना चाहिए।
- उन्हें यह भी समझाएं कि बकाया ऋण का भुगतान न करना ऋण अनुबंध का उल्लंघन माना जाएगा और इस कारण बैंक अधिक ब्याज दर वसूल करेगा। एजेंट उसके नतीजे भी बता सकते हैं, जो देनदार द्वारा हस्ताक्षरित ऋण अनुबंध के संदर्भ में बकाया राशि का भुगतान न करने के कारण पैदा हो सकते हैं, उदाहरण के लिए, बैंक द्वारा चार्ज की गई संपत्ति को अपने कब्जे में ले लेना, बैंक की ओर से बकाई की वसूली के लिए मुकदमा दायर करना। हालांकि, ऐसा समझाते समय, एजेंट को देनदार को किसी भी प्रकार की धमकी नहीं देनी चाहिए। प्रयास इस बात का होना चाहिए कि देनदार को वह समझाने-बुझाने वाला लगे न कि धमकी देने वाला।

धैर्य

बातचीत में धैर्य और संयम से काम लें। यह बहुत जरूरी होता है कि इस प्रक्रिया में जल्दबाजी किए बिना, बिंदु-दर-बिंदु बातचीत की जाए। इसके अलावा, कोई भी व्यक्ति भावनाओं की अनदेखी नहीं कर सकता है। संतुलित रहना और बातचीत में भावनाओं को दूर रखना सफल बातचीत की चाबी है। व्यक्ति को धैर्यवान और जमीन से जुड़ा रहना होगा और बातचीत को वाकई प्रभावशाली बनाना होगा। लाभ हमेशा *धैर्यवान* वार्ताकार को मिलता है, जो *लगातार रचनात्मक* सफल समाधान हासिल करने का प्रयास करता है। बातचीत करना एक जटिल प्रक्रिया है जिसमें समय लगता है। इसमें प्रगति आमतौर पर छोटे-छोटे रूपों में मिलती है। अधीर वार्ताकार जिनमें दृढ़ता की कमी होती है, अक्सर संभावित नतीजे पर ध्यान नहीं देते हैं और बड़ी गलतियां कर डालते हैं। सबसे सफल और प्रभावी वार्ताकार बेहद रचनात्मक होते हैं। अच्छे समाधान आखिर में उन लोगों के पास आते हैं, जिनमें प्रतीक्षा करने का धैर्य होता है, उनके लिए दृढ़ता महत्व रखती है और अनूठे सफल नतीजे हासिल करने की इच्छा होती है। आपको यह नहीं भूलना चाहिए कि कुछ अधिक कठिन वार्ताओं के लिए काफी धैर्य की जरूरत होगी।

विश्लेषणात्मक कौशल

विश्लेषणात्मक कौशल में किसी समस्या पर अनुसंधान, तथ्यों और अन्य जानकारी की समीक्षा करना और उन प्रवृत्तियों व निष्कर्षों की पहचान की जाती है, जो कारगर समाधान की ओर ले जाते हैं। विश्लेषण में प्रासंगिक डेटा व नियमों और विनियमों का अध्ययन किया जाता है और शोध जानकारी के बारे में गंभीरता से विचार किया जा सकता है कि अमुक जानकारी समस्या से कैसे संबंधित है।

भावनात्मक नियंत्रण

बातचीत करने के दौरान तेज भावनाएं हमें तर्क के प्रति अंधा बना देती हैं। हालांकि वार्ता के दौरान भावुक हो जाना आम बात है, मगर जैसे-जैसे हम अधिक भावुक होते जाएंगे, हम अपने वार्ता के व्यवहार को रचनात्मक तरीके से नियंत्रित नहीं रख पाएंगे। इसलिए नियंत्रण बनाए रखना जरूरी होता है।

सुनने का कौशल

सुनना एक अन्य कौशल है जो ऋण की वसूली की प्रक्रिया में जरूरी माना जाता है। एक अच्छे एजेंट को एक अच्छा संप्रेषक और एक बढ़िया श्रोता भी होना चाहिए। सुनने की प्रक्रिया में वे तरीके आते हैं, जिसमें दूसरे पक्ष से संवाद प्राप्त किया जा रहा है और इसमें न केवल सुनना बल्कि चेहरे और शरीर के हावभाव, ध्यान देकर सुनना या उसकी कमी भी शामिल है। ध्यान से सुनने के लिए निम्नांकित पूर्वावश्यकताएं बताई जाती हैं, जो संवाद को बेहतर बनाने और प्रभावी बनाने में मदद करती हैं:

- देनदार जो कह रहा है उसे ध्यान से सुनना। यदि आपका ध्यान कहीं और हैं या आप सतर्क है, तो आप सुन तो सकते हैं, मगर आप ध्यान से सुन नहीं सकते।
- ध्यान से सुनने की कमी, संवादकर्ता के प्रति आदर/सम्मान की कमी को दिखाती है; इसलिए इससे बचना चाहिए।
- देनदार की बात सुनते समय उतावलापन या जल्दबाजी न दिखाएं। आपसे कुछ अहम जानकारी छूट सकती है, जो देनदार कहना चाहता हो।
- देनदार की बात सुनते समय गुस्सा या असहमति न दिखाएं या चेहरे/शरीर के ऐसे अन्य भाव न दिखाएं।

आमतौर पर, दूसरे पक्ष के बोलने या अपनी बात कहने के बाद ही बोलना शुरू करें। आमतौर पर बीच में न टोकें। दूसरे शब्दों में कहें, तो केवल तभी टोकें जब जब ऐसा करना बेहद जरूरी हो, उदाहरण के लिए, जब बोले जा रहे मुद्दे अप्रासंगिक हों या अनावश्यक रूप से लंबे या विवादास्पद हों या लंबा हो रहा हो और समय सीमित हो। साथ ही "माफ़ करें" जैसे शब्द कहकर धीरे से टोकें। अच्छे श्रवण के महत्व को इस प्रकार समझाया जा सकता है:

- श्रवण करने से दो पक्षों के बीच की मनोवैज्ञानिक दूरियां कम होकर संवाद के प्रवाह में सुधार होता है। ध्यान से सुनने से एजेंट को देनदार के बारे में अधिक जानकारी पाने में मदद मिलती है और मिली जानकारी से वसूली प्रक्रिया सुगम हो सकती है।
- इन दो जरूरी कौशलों के बिना या उनकी कमी की तुलना में, अच्छे संवाद और अच्छी श्रवण क्षमता के माध्यम से एजेंट और देनदार के बीच बेहतर संबंध बनते हैं।

17.6 सारांश

बिजनेस कॉरेस्पोंडेंट बैंक और आर्थिक रूप से वंचित लोगों के बीच एक बिचौलिया या कड़ी के रूप में काम करता है। अपनी भूमिका के तहत, बीसी को बैंकरों के साथ-साथ इलाके के लक्षित लोगों के साथ

संवाद स्थापित करना होगा। ग्राहक के साथ संबंध बनाने के लिए बीसी के पास जरूरी अनौपचारिक (सॉफ्ट) कौशलहोने चाहिए। ग्राहकों के साथ स्पष्ट संवाद से बीसी को अपनी जिम्मेदारियों को बड़े प्रभावी ढंग से पूरा करने में मदद मिलेगी। तैयारी करना और योजना बनाना, बातचीत की जा रही विषय वस्तु की जानकारी, दबाव और अनिश्चितता में स्पष्ट होना और झटपट सोचने की क्षमता, मौखिक रूप से विचार व्यक्त करने की क्षमता, ध्यान से सुनना, ईमानदारी बरतना, दूसरों को समझाने की क्षमता, धैर्य, निर्णायकता, विकल्पों का खुला होना, लचीला होना, समझौते के संभावित क्षेत्रों के बारे में सोचना और बात करना इत्यादि एक अच्छे वार्ताकार के सबसे अहम लक्षण होते हैं और सफल होने के लिए बीसी को वार्ता करने (निगोशिएशन) का कौशल हासिल करने का अभ्यास करना चाहिए।

17.7 प्रमुख शब्द

व्यावहारिक कौशल: इसका अर्थ वह जरूरी ज्ञान होता है, जिसे किसी व्यक्ति को अपने पेशे के लिए हासिल करना पड़ता है।

अनौपचारिक (सॉफ्ट) कौशल: वे ऐसे व्यक्तिगत गुण होते हैं, जो समस्याओं के प्रति व्यक्ति के दृष्टिकोण, रचनात्मकता और औरों के साथ काम करने की क्षमता को प्रभावित करते हैं।

सक्रिय रूप से सुनना: कठिन दौर से गुजर रहे भागीदार की बातों को सक्रिय रूप से सुनने की क्षमता; यह तब बहुत जरूरी हो जाता है जब रिलेशनशिप पार्टनर परेशान हो।

सकारात्मकता:अपने नजरिए में सकारात्मक या आशावादी होने का अभ्यास या प्रवृत्ति रखना।

समस्या समाधान: किसी समस्या को परिभाषित करना; समस्या के कारण का पता लगाना; समाधान के लिए विकल्पों की पहचान करना, उन्हें प्राथमिकता देना और चयन करना; और एक समाधान लागू करने की करने की प्रक्रिया है।

समानुभूति: दूसरे व्यक्ति की भावनाओं को समझने और साझा करने की क्षमता।

वार्ताकार (Negotiator): वह व्यक्ति जो वार्ता करता है।

17.8 अपनी प्रगति जाँचें

1. संचार कौशल एक _____ है।

   (a) अकादमिक कौशल

   (b) व्यावहारिक कौशल

   (c) अनौपचारिक (सॉफ्ट) कौशल

   (d) उपरोक्त में कोई नहीं

2. नीचे बताई विशेषताओं का अध्ययन करें और उस विशेषता की पहचान करें, जो ग्राहक के साथ संबंध स्थापित करने के लिए बताई गई विशेषता नहीं है।

(a) असंयम

(b) श्रवण

(c) सकारात्मकता

(d) समानुभूति

3. नीचे सूचीबद्ध हावभाव में से, उस हावभाव की पहचान करें, जो नाराज ग्राहक को खुश करने के लिए जरूरी विशेषता नहीं है।

(a) सिर हिलाना

(b) आई कॉन्टैक्ट बनाना

(c) व्यंग्यात्मक ढंग से मुस्कुराना

(d) स्पष्ट रुख रखना

4. किसी दूसरे व्यक्ति की भावनाओं को समझने और साझा करने में सक्षम होने की गुणवत्ता को .... के नाम से जाना जाता है।

(a) सकारात्मकता

(b) समानुभूति

(c) सहानुभूति

(d) प्रतिकार

17.9 'अपनी प्रगति जाँचें' का उत्तर

1. (c)	2. (a)	3. (c)	4. (b)

अध्याय

18 विभिन्न प्रकार के ग्राहकों को संभालना और बैंक ऋणों की वसूली के लिए रणनीतियां

18

- **18.1** उद्देश्य
- **18.2** परिचय
- **18.3** विभिन्न प्रकार के ग्राहकों को संभालना
- **18.4** ग्राहक संबंध में विश्वास को कैसे बनाए रखा जाए?
- **18.5** शिकायतों का निपटारा कैसे करें?
- **18.6** ग्राहक की शिकायतों का निपटारा करने के लिए क्या करें और क्या न करें
- **18.7** बैंक के कर्तव्य (Duties of a Bank)
- **18.8** हठी ग्राहकों को संभालना
- **18.9** बैंक ऋणों की वसूली के लिए रणनीतियां
- **18.10** बैंक ऋणों की वसूली के लिए किसान क्लबों व स्वयं सहायता समूहों का लाभ उठाना
- **18.11** सारांश
- **18.12** प्रमुख शब्द
- **18.13** अपनी प्रगति जाँचें
- **18.14** 'अपनी प्रगति जाँचें' का उत्तर

अध्याय 18

विभिन्न प्रकार के ग्राहकों को संभालना और बैंक ऋणों की वसूली के लिए रणनीतियां

18.1 उद्देश्य

इस अध्याय का अध्ययन करने के बाद पाठक इन बातों में सक्षम हो सकेंगे:

- कई तरह के ग्राहकों, ख़ासकर नाराज, अधीर, संदिग्ध और अनिर्णायक ग्राहकों को संभालने के लिए अपनाए जाने वाले तरीकों को समझना।
- ग्राहकों की शिकायतों को हल करना और उनके के साथ संबंधों में भरोसा पैदा करना।
- ग्राहकों की जानकारी की गोपनीयता बनाए रखने के लिए ध्यान में रखी जाने वाली बातों को समझना।
- हठी ग्राहकों को संभालने के लिए अपनाए जाने वाले उपायों को जानना और बैंक ऋणों की वसूली के लिए रणनीति बनाना।

18.2 परिचय

बिजनेस कॉरेस्पॉन्डेंट बैंक और आर्थिक रूप से वंचित लोगों के बीच बिचौलिए की भूमिका निभाते हैं और वे उन इलाकों में बैंकों का चेहरा होते हैं, जहां बैंकिंग सुविधा नहीं होती हैं। इसलिए, उनके पास कई तरह के ग्राहकों से व्यवहार करने के लिए जरूरी कौशल होने चाहिए। उन्हें ग्राही होने के गुण भी अर्जित करने चाहिए और बीसी के रूप में अपने कर्तव्यों का प्रभावी निर्वहन करने के लिए ग्राहकों का भरोसा जीतना चाहिए। बीसी को बैंकों के साथ तालमेल बनाकर ग्राहकों की शिकायतों का हल निकालने में भी अहम भूमिका निभानी चाहिए। बीसी को अच्छे तरीके से ग्रामीण और बैंक रहित इलाकों के लोगों को सुविधाजनक, सुरक्षित और सुगम बैंकिंग सेवाएं मुहैय्या करानी चाहिए। इन्हें बैंक शाखाओं की विस्तारित भुजा माना जाता है। बीसी द्वारा प्रदान की जा सकने वाली सेवाओं के समूह में अन्य बातों के साथ-साथ नीचे बताई बातें भी शामिल हैं:

1. छोटे मूल्य की जमाराशियां जुटाना
2. उधारकर्ताओं की पहचान करना
3. ऋण की किस्तें/ब्याज की वसूली करना
4. वित्तीय जागरूकता फैलाना।

बैंक बीसी द्वारा प्रदान किए गए कार्यों/सेवाओं के लिए उत्तरदायी होते हैं।

बीसी मॉडल क्यों महत्वपूर्ण होता है?

1. यह बैंक की शाखा के विस्तार के रूप में काम करता है।
2. वित्तीय सेवाओं की विस्तृत श्रृंखला पेश करता है।
3. बैंक रहित आबादी तक पहुंचने की क्षमता रखता है।
4. घर पर जाकर बैंकिंग सुविधाएं पेश करना
5. ऋण और प्रत्यक्ष लाभ अंतरण (डाइरेक्ट बेनीफ़िट ट्रांसफ़र) के लिए अंतिम बिंदु की कनेक्टिविटी देता है।

18.3 विभिन्न प्रकार के ग्राहकों को संभालना

अपने कर्तव्यों को पूरा करते समय, बीसी को कई किस्म के ग्राहकों से जूझना पड़ता है। हरेक ग्राहक अनोखा होता है, मगर विभिन्न व्यक्तित्व प्रकारों को वर्गीकृत करने से विभिन्न प्रकार के ग्राहकों को समझने में मदद मिल सकती है। विभिन्न प्रकार के ग्राहकों से सफलतापूर्वक व्यवहार करने के लिए कुछ टिप्स नीचे दिए गए हैं।

(a) *चिढ़े हुए ग्राहक:* प्रत्येक व्यवसाय को कभी न कभी नाखुश ग्राहकों का सामना करना पड़ता है। मगर सबसे बड़ी चुनौती यह है कि ग्राहकों की शिकायतों को कैसे निपटाया जाए कि ग्राहक को लगे कि वे मूल्यवान हैं। इस प्रकार के ग्राहकों को हैंडल का एक तरीका अपनी विशेषज्ञता से उन्हें प्रभावित करना है। समस्या समाधान, अनुमोदन, विनम्रता और नम्र व्यवहार के बीच सही संतुलन बनाकर ग्राहक के मन को शांत करना बहुत जरूरी होता है। जब आपको यह एहसास होगा कि आपकी बात सुनी जा रही है और उस पर प्रतिक्रिया दी जा रही है, तो आप अंत में उन्हें समझाने में सक्षम हो जाएंगे।

(b) *महत्वपूर्ण ग्राहक:* कुछ ग्राहक चाहते हैं कि उनका काम झटपट निपटाया जाए। अन्यथा, वे चिढ़ जाते और गुस्सा हो जाते हैं। वे ऐसे ग्राहक होते हैं, जो हमेशा जल्दबाजी में रहते हैं। इस किस्म के ग्राहकों पर तुरंत ध्यान देने की जरूरत होती है, इससे कोई फर्क नहीं पड़ता कि उनसे पहले आए अन्य ग्राहक क्या सोचेंगे; क्योंकि अक्सर वे तनाव में रहते हैं। इस प्रकार के ग्राहकों के मामले में देरी से बचना चाहिए।

(c) *संदिग्ध ग्राहक:* संदिग्ध ग्राहक गंभीर होते हैं। वे प्रसन्नतापूर्वक बीसी को सब कुछ समझाने देंगे और एक मजबूत राय और ज्ञान से हैरान हो जाएंगे। आपको भरोसा रखना चाहिए और उन्हें दिखाना चाहिए कि वे सबसे अच्छे लोगों के संपर्क में आए हैं। भरोसेमंद जानकारी देना और गहन विशेषज्ञता के साथ उन्हें समझाने का भरोसा दें। सही जानकारी देना संदिग्ध प्रकार के ग्राहकों को समझाने का एक बेहतर तरीका है। इसका एकमात्र हल यह है कि जरूरी सबूत दिए जाएं, ताकि यदि उनकी कोई गलतफहमियां, तो दूर हो सकें।

(d) *अनिश्चित ग्राहक:* ये वे ग्राहक होते हैं, जिन्हें वाकई इस बारे में यकीन नहीं होता कि वे क्या चाहते हैं। वे "शायद" या "मुझे नहीं पता" जैसी बातें कहते हुए संक्षिप्त, अनिश्चित जवाब देते हैं। उनके मन में बहुत कुछ चल रहा होता है। अनेक सवालों से पता चलता है कि वे यह सोच-विचार कर रहे हैं कि लें या न लें। उन्हें सहमत करने के लिए, थोड़ी, या बहुत हाथ-पकड़कर समझाने की जरूरत होगी। आपको उनके बारे में ज्यादा जानने की जरूरत होती है, वे संभवतः काफी जानकारी देंगे जिससे आपको उन्हें सही रास्ते पर लाने में काफी मदद मिलेगी। बीसी को इस प्रकार के ग्राहकों को यह बताना चाहिए कि बैंक उत्पाद/सेवा उनके लिए सर्वोत्तम क्यों है। इस प्रकार के ग्राहकों को आखिरी फ़ैसला लेने में सक्षम बनाने के लिए सपोर्ट करने की जरूरत होती है।

(e) *संभावित ग्राहक:* जिन ग्राहकों ने बैंक के उत्पाद में दिलचस्पी दिखाई है, मगर अभी तक उनका लाभ नहीं उठाया है उन्हें "संभावित ग्राहक" कहा जाता है। बीसी ऐसे ग्राहकों का फ़ॉलो-अप कर सकते हैं और उनकी वित्तीय जरूरतों को पूरा करने के लिए सही बैंकिंग उत्पाद या सेवा का चयन करने के लिए उनके विकल्पों का आकलन करने में उनकी सहायता कर सकते हैं।

(f) *नए ग्राहक:* जिन ग्राहकों ने पहली बार बैंक के उत्पादों या सेवाओं का लाभ लिया है, उन्हें वित्तीय उत्पादों का इस्तेमाल करने पर कुछ शुरुआती मार्गदर्शन की आवश्यकता हो सकती है। उन्हें बैंकिंग उत्पाद/सेवाओं से जुड़े नियम व शर्तें बताईं जानी चाहिए। बीसी उन्हें वित्तीय धोखाधड़ी से बचने के लिए सुरक्षा सुविधाओं से जुड़ी सावधानियों के बारे में भी जानकारी दे सकता है।

(g) दूसरे *किस्म के ग्राहक:*बीसी को विभिन्न योग्यता और चरित्र वाले ग्राहकों से व्यवहार करने की क्षमता विकसित करनी चाहिए।

उदाहरण के लिए, बातचीत करने की क्षमता रखने वाला ग्राहक, बातचीत या सौदेबाजी के लिए गुंजाइश होने पर वार्ता में शामिल होगा। यदि सौदेबाजी की कोई गुंजाइश नहीं है तो बीसी के पास उनकी बात सुनने और जरूरी स्पष्टीकरण देने की क्षमता होनी चाहिए।

अच्छी तरह से जानकारी रखने वाले ग्राहक आश्वस्त दिखते हैं। हालांकि ऐसा लगता है कि उन्हें पहले से ही सब कुछ पता है, फिर भी वे पेशेवर सलाह की उम्मीद रखते हैं। यहां तक कि अगर ऐसा लगे कि उन्होंने पहले से ही एक धारणा बना ली है, तो आप उन्हें सटीक जानकारी दे सकते हैं। उनकी योग्यता को मान लेने से उन्हें राहत मिलेगी। यदि उनकी राय गलत है, तो उन्हें भाषण देने का प्रयास न करें, क्योंकि इससे वे असहज हो जाएंगे और हो सकता है कि वे गुस्सा भी हो जाएं।

जो ग्राहक पूछताछ करने वाले होते हैं, वे हमेशा हर बात जानना चाहेंगे। बीसी को इस प्रकार के कस्टमरों के साथ हमेशा दोस्ताना तरीके से पेश आना और धीरज रखना चाहिए।

वे ऐसे ग्राहक होते हैं, जो हर बात पर सहमत होते हैं,वे संकोची होते हैं और शर्मीले दिखते हैं। वे झट से "हां" कह देंगे। साथ ही वे अति उत्साहित भी हो जाएंगे और यहीं पर संवेदनशीलता की जरूरत पड़ेगी। उनसे शांति और खुले तरीके से बातचीत करनी होगी। अन्यथा, वे जल्द ही उपेक्षित किया हुआ महसूस करेंगे। आपको उनकी ज़रूरतों और प्राथमिकताओं के बारे में जानने के लिए खुले प्रश्न पूछने चाहिए।

सभी स्थितियों में, बीसी को धीरज बनाए रखना चाहिए और शांत रहना चाहिए और उकसावे में नहीं आना चाहिए, न ही उनके साथ बहस करनी चाहिए। यह जरूरी है कि ग्राहकों की जरूरतों और शिकायतों को ध्यान से सुनकर उनमें वास्तविक दिलचस्पी दिखाई जाए। उत्तर देने से पहले बीसी को ग्राहक के व्यवहार के संभावित कारण को समझने की क्षमता भी विकसित करनी चाहिए। यदि जरूरत पड़े, तो बीसी को हठी ग्राहक के व्यवहार से निपटने की प्रक्रियाएं अपनाने के लिए बैंक शाखा के कर्मचारियों/प्रबंधक के साथ चर्चा करनी चाहिए। यदि मुद्दे नहीं सुलझ पाते हैं, तो बीसी को यह ध्यान देना चाहिए कि ग्राहकों की कठिन स्थिति पर अच्छी प्रतिक्रिया देने के लिए एस्केलेशन के लिए निर्धारित प्रक्रियाओं का पालन किया जाए। इसलिए, बीसी को सुनने, शांत रहने और उनके मुद्दों को व्यक्तिगत तौर से न लेने का कौशल विकसित करना चाहिए। बीसी को ग्राहकों की समस्याओं का समाधान करते करने का प्रयास करना चाहिए।

ग्राहकों से निपटने के लिए कुछ व्यावहारिक सुझाव:

1. अपने काम और ग्राहकों को गंभीरता से लें
2. हमेशा शांत रहें
3. ग्राहकों की जरूरत को समझने का प्रयास करें
4. सबसे अच्छा समाधान ढूंढने का प्रयास करें
5. ग्राहकों की जरूरतों/शिकायतों को समझने के लिए उनकी बातों को गौर से सुनें।
6. गलती होने पर उनसे माफी मांगने में संकोच न करें।
7. सुझाव पाने का प्रयास करें।
8. आवश्यकता पड़ने पर ग्राहकों के लिए उपलब्ध रहने का प्रयास करें।
9. अपनी सीमा को जानें

18.4 ग्राहक संबंध में विश्वास को कैसे बनाए रखा जाए?

ग्राहक के साथ मजबूत संबंध बनाते समय, जतन, समझ और समय की जरूरत होती है। हालांकि, किसी भी रिश्ते की तरह, अगर भरोसा टूटता है, तो जो जुड़ाव बना था वह भी आसानी से टूट सकता है। भरोसा बनाने में समय लगता है और बहुत जतन करने पड़ते है। इस कार्य के लिए, तीन सबसे महत्वपूर्ण मुख्य

दक्षताएं- सेवा, निरंतरता और पारदर्शिता हैं। कस्टमर का भरोसा हासिल करना, बेहतरीन सेवा देने से शुरू होता है। बेहतरीन सेवा देने के साथ-साथ निरंतरता भी साथ-साथ चलनी चाहिए। आपको अपनी त्रुटियों को छिपाना या दबाना नहीं चाहिए, और मुद्दों से सीधे निपटना चाहिए, उन्हें यह बताएं कि इसे कैसे संभाला जाएगा और समझाएँ कि भविष्य में होने वाली त्रुटियों को रोकने के लिए क्या कदम उठाए जा रहे हैं। नीचे बताई युक्तियों से बीसी को ग्राहक से संबंध बनाने में मदद मिलेगी: (a) मानवतापूर्ण संवाद करें (b) अपने ग्राहक के बारे में जानें (c) ग्राहकों की शिकायतों को प्राथमिकता दें (d) ग्राहकों के नियमित संपर्क में रहें (e) ग्राहकों में भरोसा पैदा करें (f) इनबाउंड मार्केटिंग का अभ्यास करें (g) ग्राहक से संबंध बनाएं और ग्राहक सेवा में सुधार लाएं।

18.5 शिकायत का निपटारा कैसे करें?

ग्राहकों में असंतोष होने से बैंक का नाम और छवि खराब हो सकती है। उसी प्रकार, शिकायत निवारण पर बैंक नीति में नीचे दी हुई विशेषताएं होंगी।

(a) ग्राहकों के साथ हर समय उचित व्यवहार करना चाहिए।

(b) यदि ग्राहक अपनी शिकायतों पर बैंक की प्रतिक्रिया से पूरी तरह संतुष्ट नहीं हैं, तो ग्राहकों को संगठन के भीतर अपनी शिकायतों/परेशानियों को एस्केलेट करने के तरीकों और वैकल्पिक उपचार के उनके अधिकारों के बारे में पूरी जानकारी दी जानी चाहिए।

(c) ग्राहकों द्वारा की गई शिकायतों को विनम्रतापूर्वक और समय पर स्वीकार करना चाहिए। ग्राहकों को प्रस्तावित कार्रवाई, प्रतिक्रिया के समय आदि के बारे में सूचित किया जाना चाहिए।

(d) बैंक को सभी शिकायतों के साथ कुशलतापूर्वक और निष्पक्ष तरीके से व्यवहार करना चाहिए, क्योंकि यदि उन्हें दूसरे तरीके से संभाला जाता है, तो उससे बैंक की प्रतिष्ठा और व्यवसाय को ठेस पहुंचा सकते हैं। बीसी को अच्छी मंशा के साथ और ग्राहक के हितों पर खराब असर डाले बगैर काम करना चाहिए।

ग्राहकों की शिकायत, उनके के साथ किए व्यवहार संबंधी पहलुओं या उन्हें उपलब्ध कराए गए कार्यों/व्यवस्थाओं की कमी या मानकों में अंतर के कारण पैदा होती है। ग्राहकों की शिकायतों से निपटने के लिए कुछ टिप्स इस प्रकार हैं:

(a) शिकायत को समझें और

(b) शिकायत में उठाए गए मुद्दों को हल करने के लिए आगे बढ़ें।

शिकायत को समझने के लिए, आप नीचे बताए चरणों का पालन कर सकते हैं:

(a) शांत रहें और अपने मनोभाव को काबू में रखें।

(b) शिकायतकर्ता के दृष्टिकोण को समझें।

(c) भावनाओं को स्थिति से अलग करें।

(d) ग्राहक की चिंताओं को दुहराएं और सवाल करें।

(e) गहन सहानुभूति रखें

(f) माफ़ी मांगें।

(g) यदि शिकायतकर्ता चाहे कि मामले को प्रबंधकीय कर्मचारियों/उच्च अधिकारी की जानकारी में लाया जाए, तो इसका पालन किया जा सकता है।

दूसरे चरण में, फ़ैसले लेने और उठाए गए मुद्दों को हल करने तथा ग्राहकों का सुझाव हासिल करने के लिए संभावित समाधान पेश करने का प्रयास किया जाना चाहिए।

18.6 ग्राहक शिकायतों का निपटारा करने के लिए क्या करें और क्या न करें

ग्राहकों की शिकायतों से निपटने के लिए क्या करें और क्या न करें जैसी बातें नीचे दी गई हैं:

ग्राहक की शिकायतों से निपटने के लिए क्या करें:

- ध्यान से सुनें।
- बैंक की नीति का इस्तेमाल मार्गदर्शन के रूप में करें, न कि कठोर नियमों के रूप में।
- प्रश्न पूछें।
- समस्या को सुलझाने के लिए ज्यादा प्रयास करें।
- दक्ष बनें।

ग्राहक की शिकायतों से निपटने के लिए क्या न करें?

- शिकायत को बड़ी समस्या न मानते हुए खारिज करना।
- बहस में पड़ना
- ऐसे सवाल करना, जिनका जवाब ग्राहक पहले ही दे चुका हो।
- अधीरता दिखाना।

ग्राहक यदि बैंक द्वारा दी गई सेवाओं से संतुष्ट न हो, तो उसे अपनी शिकायत दर्ज कराने का पूरा अधिकार है। ग्राहक अपनी शिकायत लिखित, मौखिक या टेलीफ़ोन पर दे सकता है। यदि किसी ग्राहक की शिकायत का निपटारा तय समय-सीमा के भीतर नहीं किया जाता है या वह बैंक द्वारा प्रदान किए गए समाधान से संतुष्ट नहीं है', तो वह अपनी शिकायत या शिकायत निवारण के लिए अन्य कानूनी रास्ते को अपना सकता है और साथ ही लोकपाल (Ombudsman) से भी संपर्क कर सकता है।

18.7 बैंक के कर्तव्य (Duties of a Bank)

किसी बैंकर के दायित्वों या कर्तव्यों को नीचे के शीर्षकों के तहत समझाया जा सकता है:

(a) ग्राहकों के खातों की गोपनीयता बनाए रखने का कर्तव्य

(b) यदि खाते में मौजूद बैलेंस राशि चेक को डेबिट करने की अनुमति देती है और चेक ठीक से निकाला गया है, तो चेक का ऑनर करने का कर्तव्य

(c) पास-बुक, खातों का विवरण आदि जारी करने का कर्तव्य।

(d) चेक, बिल आदि एकत्र करने का कर्तव्य।

ग्राहकों के खातों की गोपनीयता बनाए रखना बैंक का कर्तव्य है

जब कोई व्यक्ति किसी बैंक में खाता खोलता है, तो वह कुछ बातों का भरोसा पाने का हकदार होता है, जैसे कि खाते से संबंधित जानकारी केवल बैंक और खाताधारक के बीच ही रहेगी। इस प्रकार, बैंकर का एक मुख्य कर्तव्य ग्राहक के खाते की स्थिति की पूरी गोपनीयता बनाए रखना है। गोपनीयता बरतने का बैंक का यह दायित्व ग्राहक का खाता क्लोज होने के बाद भी जारी रहता है। अगर बैंक अपने ग्राहक के खाते की स्थिति के बारे में किसी दूसरे व्यक्ति, यहां तक कि किसी करीबी रिश्तेदार को भी बताता है, तो उसे ग्राहक को मुआवजा देना पड़ सकता है। हालांकि, ग्राहक के खाते की स्थिति की गोपनीयता बनाए रखने का बैंक का दायित्व व्यक्तिपरक (सब्जेक्टिव) है और यह पूर्ण (एब्सोल्यूट) नहीं है। कुछ ऐसी परिस्थितियां होती हैं, जिनमें बैंकर किसी ग्राहक के खाते के बारे में जानकारी उजागर करने का हकदार होता या ऐसा कर सकता है। आइए उन दशाओं को समझें जिनके तहत एक बैंकर द्वारा खुलासा करना जरूरी होता है।

नीचे उल्लिखित दशाओं में ग्राहक के खाते का खुलासा उचित है:

(a) *कानून के तहत:* बैंक को ग्राहक के खाते के बारे में किसी भी जानकारी का खुलासा करना तब उचित होगा, जब यह आगे दर्शाए कानूनों के तहत, वैधानिक रूप से आवश्यक हो। (a) आयकर अधिनियम, 1961 (b) कंपनी अधिनियम, 1956/2013, (c) बैंकर्स पुस्तक साक्ष्य अधिनियम, 1891 (d) भारतीय रिजर्व बैंक अधिनियम, 1934 (e) बैंकिंग विनियमन अधिनियम, 1949 (f) विदेशी मुद्रा प्रबंधन अधिनियम, 1999 (g) उपहार कर अधिनियम, 1958 और (h) दंड प्रक्रिया संहिता 1973.

(b) *ग्राहक की व्यक्त या निहित सहमति के तहत:* जब बैंक में खाता खोला जाता है, तो ग्राहक और बैंक के बीच एक अंतर्निहित अनुबंध होता है कि बैंक ग्राहक की सहमति के बगैर, उसके खाते से जुड़ी जानकारी का खुलासा नहीं करेगा। हालांकि, यदि कोई ग्राहक अनुमति देता है, तो इस जानकारी को उजागर किया जा सकता है। उदाहरण के लिए, ग्राहक अपने खाते से जुड़ी जानकारी किसी संभावित गारंटर या उसके व्यवसाय में उसके साथ काम करने वाले ग्राहक को देने की

अनुमति दे सकता है। जानकारी को उजागर करने से पहले ग्राहक की सहमति लेना जरूरी होता है। सहमति व्यक्त या निहित हो सकती है।

(c) *बैंक के हित में प्रकटीकरण:* बैंक तब जानकारी का खुलासा कर सकता है जब उसके लिए कानूनी रूप से अपने हितों की रक्षा करना जरूरी हो। उदाहरण के लिए, यदि ग्राहक और बैंकर के बीच ग्राहक के खाते की बैलेंस राशि के संबंध में कोई विवाद हो या यदि कोई लोन डिफ़ॉल्ट हो, तो बैंक के लिए गारंटर या वकील को जानकारी देना उचित होगा, ताकि कानूनी अदालत में कानूनी कार्यवाही शुरु की जा सके। बैंक और बिजनेस कॉरेस्पॉन्डेंट/फेसिलिटेटर के बीच सूचना का आदान-प्रदान इसी विषय के तहत आएगा। यह जरूरी है कि बीसी/बीएफ/एजेंट के साथ साझा की गई जानकारी ख़ास हो और इसका अन्य इस्तेमाल न किया जाए।

(d) *जहां खुलासा करना लोगों का कर्तव्य है:* बैंकर को राष्ट्र और व्यापक जनहित में खुलासा करने की आवश्यकता पड़ सकती है। लोकहित की मान्यता तत्कालीन परिस्थितियों के अनुसार तय की जा सकती है।

18.8 हठी ग्राहकों को संभालना

कुछ देनदार ऐसे होते हैं जिन्हें 'हठी देनदार' कहा जा सकता है *यानि* ये ऐसे देनदार होते हैं, जो 'भुगतान कर सकते हैं', लेकिन 'भुगतान करना नहीं चाहते'। ऐसे देनदारों को इरादतन चूककर्ता ('विलफुल' डिफॉल्टर) भी कहा जा सकता है। उनके पास बकाया चुकाने के लिए साधन और संपत्ति तो हैं, मगर वे भुगतान करने को तैयार नहीं होते हैं। सामान्यतः, देनदारों की उपरोक्त श्रेणी की ये ख़ासियत होती है:

- वे किसी न किसी बहाने से रिकवरी एजेंटों की कॉल का जवाब देने से बचते हैं।
- वे अंतिम समय में अपॉइंटमेंट रद्द कर रिकवरी एजेंट से मिलने से बचेंगे और इस टालमटोल को बार-बार करेंगे।

ऐसे हठी देनदारों की प्रतिक्रियाओं से, जो भुगतान नहीं करना चाहते हैं, 'बचने' का एक पैटर्न देखा जा सकता है। इसलिए एजेंट को अपने कलेक्शन प्रयासों के प्रति देनदार की नकारात्मक प्रतिक्रियाओं को साबित करने के लिए डॉक्युमेंटरी साक्ष्य एकत्र करना और उन्हें सुरक्षित रख लेना चाहिए:

(a) देनदार/देनदारों से संपर्क करने के लिए किए गए हर प्रयास का दस्तावेज बनाना चाहिए।

(b) कॉल और निजी मुलाक़ातों के दौरान देनदार/देनदारों की सभी प्रतिक्रियाओं की ऑडियो-रिकॉर्डिंग रखना। यह देनदार/देनदारों की पूरी जानकारी में किया जाना चाहिए।

(c) ईमेल/पंजीकृत डाक से पत्र भेजना, जिसमें बकाया राशि का संपूर्ण विवरण और रिकवरी एजेंट द्वारा देनदारों से फ़ोन कॉल और मुलाक़ातों के माध्यम से संपर्क करने के लिए किए गए उन प्रयासों का विवरण शामिल हो, जिसका कोई फायदा नहीं हुआ था।

गुस्सा नियंत्रित करने के लिए युक्तियां

- बीसी/बीएफको ग्राहक के साथ कोई मौखिक झड़प नहीं करनी चाहिए।
- जब कोई ग्राहक कहता है कि वह उस दिन भुगतान नहीं करना चाहता है, मगर वह बाद में भुगतान कर देगा - तो ऐसी स्थिति में, बीसी ग्राहक से पूछ सकता है कि अगला सही समय कब है जब वह भुगतान कर सकता/सकती है। इसे पीटीपी (प्रॉमिस टु पे) के रूप में लिया जा सकता है, और एजेंट उस दिन वापस हो सकता है।
- कुछ आवासीय भवनों या परिसरों में ग्राहकों के प्रवेश की व्यवस्था हो सकती है, जहां सिक्योरिटी बाहरी लोगों के प्रवेश पर प्रतिबंध लगा सकता है। ऐसे सूरत में, बीसी को ग्राहक को कॉल करना चाहिए या एक एसएमएस भेजना चाहिए, जिसमें उसे भवन में प्रवेश की अनुमति देने के लिए कहा जाए और फिर ग्राहक के साथ तय मीटिंग पूरी की जाए।
- कुछ ग्राहक अभद्र तरीके से व्यवहार कर सकते हैं और बीसी के साथ भड़काऊ भाषा का इस्तेमाल कर सकते हैं, कह सकते हैं कि "आप जो चाहते हैं वह करें" या "आप जो करने जा रहे हैं, ठीक है"। ऐसी सूरतों में, एजेंटों के लिए बेहतर होगा कि वे शांत रहें और ग्राहक के साथ फ़िज़ूल की बहस में न पड़ें। बीसी उस समय विनम्रता के साथ वहां से जा सकता है और बाद में ग्राहक से दोबारा मिल सकता है।
- ऐसे उदाहरण हो सकते हैं जब ग्राहक ऋण पर विवाद कर सकता है या कह सकता है कि उन्होंने किसी और के लिए लोन लिया है और बीसी को दूसरे व्यक्ति से मिलने के लिए कह सकता है। ऐसे मामलों में, संबंधित बीसी को अपने कार्यालय को इसकी सूचना देनी चाहिए। उन्हें दूसरे व्यक्ति से नहीं मिलना चाहिए, क्योंकि रिकॉर्ड पर ग्राहक ही वह व्यक्ति है जिसने लोन लिया है। इसकी सूचना ग्राहक को भी दी जा सकती है।
- कई ग्राहक शिकायत करने की धमकी देते हैं पर वे आगे नहीं बढ़ते हैं, क्योंकि शिकायत दर्ज करने की प्रक्रिया आसान नहीं होती है। वे यह भी जानते हैं कि उन पर किसी का उधार बाकी है। चूंकि बीसी को भी इसके बारे में पता है, इसलिए वह जोखिम लेने और आक्रामक होने के लिए प्रेरित हो सकता है। पर इससे बचा जाना चाहिए क्योंकि नियामक अधिकारी ग्राहक की एक भी शिकायत बर्दाश्त नहीं करते हैं और इस कारण संगठन को भारी जुर्माना भरना पड़ सकता है।
- भले ही अपना आपा खोना आसान है, मगर इसका काम पर बहुत अधिक प्रभाव पड़ सकता है। गुस्सा करना आसान होता है। मगर गुस्सा आ जानने पर विनम्र और सही स्थिति में रहना मुश्किल हो जाता है। इस बात का ध्यान रखना चाहिए।

18.9 बैंक ऋणों की वसूली के लिए रणनीतियां

रणनीति तैयार करने से तय किए लक्ष्य या उद्देश्य को पूरा करने में मदद मिलती है। इसलिए वसूली एजेंटों को ऋण की वसूली के लिए एक रणनीति तैयार करनी चाहिए। निम्नांकित दिशानिर्देश ऋण की वसूली के लिए उचित रणनीति तैयार करने में मदद करेंगी।

(i) कलेक्शन की प्रक्रिया बैंक के अपने वसूली मानदंडों और नियामक दिशानिर्देशों के अनुरूप होनी चाहिए।

(ii) वसूली का समय देनदारों के कैश फ़्लो पैटर्न के अनुरूप होना चाहिए; उदाहरण के लिए, वेतनभोगी कर्मचारियों से ऋण की वसूली उस समय की जानी चाहिए, जब वेतन देनदार के खाते में प्राप्त या जमा होता है, जो अक्सर महीने के अंत में (जहां वेतन मासिक भुगतान किया जाता है) होता है। एसएमई कर्ज़दारों के मामले में, वसूली कार्य बिक्री से होने वाले कैश फ़्लो से मेल खाना चाहिए। यदि किसानों से कलेक्शन किया जाना है, तो इसे फ़सल की बिक्री/विपणन के तुरंत बाद लिया जाना चाहिए। इसके लिए एजेंटों को बैंक उत्पादों के बारे में जानकारी हासिल करनी होगी। एजेंट का प्रयास होना चाहिए कि कैश फ़्लो से देनदार अन्य खर्चों को पूरा करने के लिए खर्च करे, उससे पहले ही वसूली कर ली जाए।

(iii) अलग-अलग किस्मों के देनदार के लिए अलग-अलग कलेक्शन रणनीति अपनाएं: यह इस कहावत पर आधारित है कि 'एक साइज़ सभी पर फिट नहीं होता'। पिछले अनुच्छेद में, तीन प्रकार के देनदारों का वर्णन किया गया है और वसूली की सफलता के लिए उनके ऊपर अलग-अलग रणनीतियों को लागू करने की जरूरत पड़ती है:

- सामान्य देनदार, अर्थात जो भुगतान कर सकते हैं और यदि याद दिलाया जाए या/और भुगतान करने के लिए मनाया जाए तो कर्ज़ चुकाएंगे।
- हठी देनदार, अर्थात जो भुगतान कर सकते हैं, पर वे भुगतान नहीं करेंगे।
- संदिग्ध देनदार, यानी जो अपने साथ मोल-भाव करने पर घटी हुई राशि को चुका सकते हैं।.

(iv) जहां कई प्रकार के देनदारों के लिए अलग-अलग रणनीतियों की आवश्यकता पड़ती है, सभी प्रकार की वसूली रणनीतियों में पालन किए जाने वाले आम बिंदु नीचे बताए गए हैं:

- वसूली के प्रयास की शुरुआत देनदार के साथ अच्छे संबंध स्थापित करने से करनी चाहिए। अच्छे पारस्परिक संबंध बनाने में संचार, ध्यान से सुनने और समझाने के कौशल का इस्तेमाल करना चाहिए।
- बैंक द्वारा दिए गए 'अपने ग्राहक को जानें' (केवाईसी) कागजात देखें और ग्राहक की पहचान व व्यक्तिगत प्रोफ़ाइल जानें (देनदार से मिलने के दौरान कॉपी ले जाएं)।
- बैंक द्वारा दिए देनदार के ऋण अनुबंध की कॉपी देखें और वित्तीय स्थिति, नकदी प्रवाह पैटर्न और बैंक को सौंपी गई संपत्तियों को नोट करें (वसूली प्रक्रिया के दौरान संदर्भ के लिए इस नोट को अपने साथ रखें)।

(v) हरेक देनदार के लिए समय के क्रम में किए गए वसूली प्रयासों को नोटबुक में रिकॉर्ड करें। इससे एजेंट को निम्नलिखित मदद मिलेगी:

- अदालत में सबूत के रूप में पेश किया जा सकता है, जहां उन मामलों में मुकदमा बाद में दायर किया गया हो।
- प्रिंसिपल को समय-समय पर रिपोर्ट भेजने में

यदि ऊपर के प्रयासों से देनदार की ओर से कोई सकारात्मक प्रतिक्रिया नहीं मिलती है, तो एजेंट को उचित समय सीमा के भीतर बकाया चुकाने के लिए देनदार को वकील का नोटिस देने की व्यवस्था करनी चाहिए, कि बकाया चुकाने में विफल रहने पर बकाया की वसूली के लिए मुकदमा दायर किया जाएगा, जिसके साथ वर्णित उच्चतर दर पर ब्याज की राशि और सभी कानूनी खर्चें भी शामिल रहेंगे। देनदार पर अब बकाया चुकाने का दबाव होगा और वाकई वह चुका भी सकता है। यदि देनदार अभी भी बकाया राशि को नहीं चुकाता है, तो सौंपी गई संपत्ति को फिर से हासिल करने या बकाया वसूली के लिए मुकदमा दायर करने के लिए कदम उठाए जाने चाहिए।

18.10 बैंक ऋणों की वसूली के लिए किसान क्लबों व स्वयं सहायता समूहों का लाभ उठाना

नाबार्ड ने वर्ष 1982 में "क्रेडिट के माध्यम से विकास" के पांच सिद्धांतों का प्रचार करने के लिए "विकास वॉलंटीयर वाहिनी (वीवीवी)" प्रोग्राम शुरू किया है - अर्थात, क्रेडिट का उपयोग विज्ञान व प्रौद्योगिकी के सबसे सही तरीकों, नियम व शर्तों के अनुसार किया जाना चाहिए, ऋण की शर्तों का पूरा सम्मान किया जाना चाहिए, उत्पादन और उत्पादकता बढ़ाने के लिए हुनर के साथ काम किया जाना चाहिए, ऋण से अर्जित अतिरिक्त आय का एक हिस्सा बचाया जाना चाहिए, ऋण की किस्तें समय पर और नियमित रूप से चुकाई जानी चाहिए ताकि क्रेडिट का रीसाइकल किया जा सके। वर्ष 2005 में वीवीवी कार्यक्रम पर दोबारा गौर किया गया और इसका नाम बदलकर किसान क्लब प्रोग्राम (एफसीपी) कर दिया गया। किसान क्लब एक जमीनी स्तर का अनौपचारिक मंच है। ऐसे क्लबों का आयोजन, बैंकों व किसानों के पारस्परिक लाभ के लिए नाबार्ड के समर्थन और वित्तीय सहायता से बैंकों, गैर सरकारी संगठनों और केवीके इत्यादि की ग्रामीण शाखाओं द्वारा किया जाता है। बीसीए ऋणों के फ़ॉलो-अप कार्य और वसूली में किसान क्लबों की सहायता ले सकता है।

स्वयं सहायता समूह 10-20 व्यक्तियों का छोटा अनौपचारिक समूह होता है, जो सामाजिक व आर्थिक पृष्ठभूमि को लेकर एक समान होते हैं और सदस्यों के बीच बचत की आदत को बढ़ावा देने और समूह के सदस्यों के फ़ायदे के लिए संसाधन जुटाने और प्रबंधित करने के एक कॉमन उद्देश्य के लिए स्वेच्छा से साथ मिलकर काम करते हैं। एनजीओ, स्वैच्छिक संगठनों, बैंकों आदि द्वारा आयोजित इन समूहों में समान सामाजिक व वित्तीय पृष्ठभूमि के सदस्य मौजूद रहते हैं। वे गांवों में रोजगार और आय-सृजन गतिविधियों में समाज के गरीब और हाशिए पर बसर करने वाले वर्गों की कार्यात्मक क्षमता का निर्माण करने में अहन भूमिका निभा रहे हैं। नाबार्ड द्वारा शुरू किया गया एसएचजी बैंक लिंकेज प्रोग्राम भारत में दुनिया का सबसे बड़ा माइक्रोफाइनेंस प्रोग्राम है। ये एसएचजी आमतौर से ग्रामीण लोगों और विशेष रूप से समूहों के सदस्यों के बीच ऋण अनुशासन विकसित करने में अहम भूमिका निभाते हैं। गरीबों को औपचारिक बैंकिंग सेवाओं के लिए एक मुख्य संगठन के रूप में कार्य करने के अलावा, एसएचजी

आपसी चर्चा और सामूहिक नेतृत्व के जरिए सदस्यों के बीच विवादों को सुलझाने की कोशिश करते हैं। बीसी इलाके में कार्यरत एसएचजी की उपस्थिति का लाभ उठा सकते हैं, क्योंकि कुछ/अधिकांश कर्ज़दारों का इन समूहों के साथ प्रत्यक्ष या अप्रत्यक्ष रूप से संबंध होगा।

18.11 सारांश

1. बिजनेस कॉरेस्पोंडेंट बैंक और आर्थिक रूप से वंचित लोगों के बीच एक बिचौलिया या कड़ी के रूप में काम करता है। इस भूमिका के तहत, उसे बैंकरों के साथ-साथ इलाके के लक्षित लोगों के साथ संवाद स्थापित करना होता है। ग्राहकों से संबंध बनाने के लिए बीसी के पास जरूरी सॉफ़्ट स्किल होने चाहिए। कई किस्म के ग्राहकों के साथ व्यवहार करने, ग्राहकों में भरोसा पैदा करने के लिए उन्हें विशेष गुण सीखने की आवश्यकता होती है। व्यवसाय के विकास के लिए ग्राहकों की संतुष्टि बहुत जरूरी होती है और इसलिए, बीसी को ग्राहकों की शिकायतों को विनम्रता के साथ हल करने में बैंकों की मदद करनी चाहिए। बीसी को ग्राहकों के हितों पर अनुचित असर डाले बगैर सद्भावना के साथ काम करना चाहिए और शिकायतों के सौहार्दपूर्ण समाधान में मदद करनी चाहिए।

2. बैंकर की जिम्मेदारी है कि वह ग्राहक के खाते की गोपनीयता बनाए रखे, ग्राहक के चेक का सम्मान करे, कस्टमरों के चेक/बिल आदि कलेक्ट करें, जबकि बैंक का दायित्व है कि वह अपने ग्राहक के खाते की गोपनीयता बनाए रखने में अत्यधिक सावधानी बरते, हालांकि ग्राहक/ग्राहकों के खातों का खुलासा विशेष परिस्थितियों में उचित हो सकता है। जानकारी उजागर करने की अनुमति तब दी जाती है जब देश के विभिन्न कानूनों के तहत ऐसा करना वैधानिक रूप से जरूरी हो। कुछ मामलों में भी उजागर करने की अनुमति है, जैसे (i) ग्राहक की व्यक्त या निहित सहमति से, (ii) बैंकरों के बीच सामान्य शिष्टाचार (iii) जहां बैंक का हित शामिल है (iv) जहां सार्वजनिक / राष्ट्रीय हित में जानकारी का खुलासा करना जरूरी होता है। भरोसे के तहत प्रदान की गई जानकारी को ऐसी जानकारी हासिल करने वाले पक्षों द्वारा भी गोपनीय रखा जाता है।

3. अन्य बातों के अलावा, बतौर बीसी अपने प्रमुखों (बैंकों) द्वारा प्रदान किए गए छोटे ऋणों पर देय मूलधन/ब्याज की वसूली भी करते रहेंगे, उन्हें ऋणों की वसूली के लिए कौशल और क्षमता विकसित करनी होगी। कलेक्शन प्रक्रिया बैंक के अपने-अपने रिकवरी मानदंडों और नियामक दिशानिर्देशों के अनुरूप होनी चाहिए। वसूली का समय देनदारों के कैश फ़्लो पैटर्न के अनुरूप होना चाहिए। कलेक्शन एजेंटों को कई प्रकार के देनदारों के लिए अलग-अलग कलेक्शन रणनीतियां अपनानी होगी, मगर साथ ही, उनके लिए देनदारों के साथ अच्छा संबंध स्थापित करना भी जरूरी है। अच्छे पारस्परिक संबंध बनाने में संवाद, ध्यान से सुनने और समझाने के कौशल का इस्तेमाल करना चाहिए। गांवों और ग्रामीण इलाकों में गठित किसान क्लब और एसएचजी ग्रामीण गरीबों, किसानों और कारीगरों के हितों के लिए अच्छी तरह से संगठित अनौपचारिक समूह हैं। वे आमतौर पर ग्रामीण लोगों और ख़ासकर समूहों के सदस्यों के बीच ऋण अनुशासन विकसित करने में अहम भूमिका निभाते हैं। गरीबों को औपचारिक बैंकिंग सेवाओं के लिए एक मुख्य संगठन के रूप में कार्य करने के अलावा, एसएचजी आपसी चर्चा और सामूहिक नेतृत्व के जरिए सदस्यों के बीच विवादों को सुलझाने की कोशिश करते हैं। बीसी को उन इलाकों में काम करने

वाले किसान क्लबों और एसएचजी की मौजूदगी फ़ायदा उठाना चाहिए, जहां वे काम कर रहे हैं, क्योंकि कुछ/अधिकांश उधारकर्ताओं का इन समूहों के साथ प्रत्यक्ष या अप्रत्यक्ष रूप से संबंध होगा।

18.12 प्रमुख शब्द

वादी: वह पक्ष होता है, जो कानूनी कार्रवाई या प्रक्रिया में शिकायत करता है।

आयकर अधिनियम: आयकर और सुपर-टैक्स से जुड़े कानूनों को समेकित व संशोधित करने हेतु भारत सरकार द्वारा अधिनियमित एक अधिनियम है।

कंपनी अधिनियम: कंपनियों तथा कुछ अन्य संगठनों से संबंधित कानूनों को समेकित व संशोधित करने हेतु भारत सरकार द्वारा अधिनियमित एक अधिनियम। वर्ष 2013 में किए गए संशोधन वर्तमान में लागू हैं।

बैंकर्स बही साक्ष्य अधिनियम, 1891: एक अधिनियम जो बैंकिंग संस्थानों को बैंकिंग रिकॉर्ड से संबंधित कानूनी कार्यवाही के बारे में दिशानिर्देश प्रदान करता है। यह एक अधिनियम है, जिसे बैंकिंग रिकॉर्ड से जुड़े साक्ष्य के कानून में संशोधन करने के लिए लागू किया गया था।

विदेशी मुद्रा प्रबंधन अधिनियम, 1999: यह भारत की संसद का एक अधिनियम है, जो विदेशी व्यापार और भुगतान को सुविधाजनक बनाने तथा भारत में विदेशी मुद्रा बाजार के व्यवस्थित विकास व मेंटिनेंस को बढ़ावा देने के उद्देश्य से, विदेशी मुद्रा से संबंधित कानूनों को समेकित और संशोधित करता है।

उपहार कर अधिनियम: सरकार ने कुछ ख़ास परिस्थितियों में उपहार देने और लेने पर कर लगाने के उद्देश्य से अप्रैल 1958 में उपहार कर अधिनियम, 1958 (जीटीए) द्वारा नियंत्रित उपहार कर की शुरुआत की।

दंड प्रक्रिया संहिता: एक प्रक्रियात्मक कानून है जो 1 अप्रैल, 1974 को लागू हुआ। दंड प्रक्रिया कानून को अपराध का पता लगाने, संदिग्ध अपराधियों को पकड़ने, सबूत इकट्ठा करने, किसी संदिग्ध के अपराधी या निर्दोष होने का पता लगाने और दोषी पाए गए व्यक्तियों को उचित सजा देने के लिए कानूनी व्यवस्था बनाने के लिए तैयार किया गया है।

किसान क्लब कार्यक्रम: इस कार्यक्रम का उद्देश्य "क्रेडिट, प्रौद्योगिकी हस्तांतरण, जागरूकता और क्षमता निर्माण के जरिए से विकास" करना है। यह कार्यक्रम उचित प्रौद्योगिकी, अच्छी कृषि पद्धतियों, ऋण और विपणन कौशल के उचित इस्तेमाल को अपनाकर, उत्पादन व उत्पादकता में बढ़ावा देकर किसानों की आय बढ़ाने पर अपना ध्यान केंद्रित करता है।

स्वयं सहायता समूह: यह 10-20 व्यक्तियों का छोटा अनौपचारिक समूह होता है, जो सामाजिक व आर्थिक पृष्ठभूमि को लेकर एक समान होते हैं और सदस्यों के बीच बचत की आदत को बढ़ावा देने और समूह के सदस्यों के फ़ायदे के लिए संसाधन जुटाने और प्रबंधित करने के एक कॉमन उद्देश्य के लिए स्वेच्छा से मिलकर काम करते हैं।

18.13 अपनी प्रगति जाँचें

1. उस अनुचित व्यवहार की पहचान करें, जिसे ग्राहक की शिकायत का निपटारा करने के दौरान बैंक/बीसी के लिए उचित नहीं माना जाता है।

(a) बैंक की नीति का इस्तेमाल दिशानिर्देश के रूप में करना, न कि कठोर नियमों के रूप में।

(b) आई समस्या को सुलझाने के लिए ज्यादा प्रयास करना।

(c) सच्चाई को समझने के लिए शिकायतकर्ता से बहस करना।

(d) ग्राहक द्वारा बताई गई बातों पर ध्यान देना।

2. किन परिस्थितियों में बैंक ग्राहकों के खातों की जानकारी का खुलासा करने के लिए बाध्य होते हैं?

(a) कानून की बाध्यता

(b) बैंकिंग कार्य

(c) बैंक का ब्याज

(d) उपरोक्त सभी

3. उस अधिनियम का नाम बताएं, जो बैंकिंग संस्थानों को बैंकिंग रिकॉर्ड से जुड़ी कानूनी कार्यवाही के बारे में दिशा-निर्देश प्रदान करता है।

(a) परक्राम्य लिखत अधिनियम 1881

(b) बैंकर्स बही साक्ष्य अधिनियम, 1891

(c) भारतीय साक्ष्य अधिनियम, 1872

(d) बैंकिंग विनियमन अधिनियम, 1949

4. किसान क्लबों की शुरुआत नाबार्ड द्वारा 1982 में विकास वॉलंटरी वाहिनी प्रोग्राम के रूप में "______ के जरिए विकास" के पांच सिद्धांतों का प्रचार करने के लिए की गई थी।

(a) बचत (सेविंग्स)

(b) ऋण (क्रेडिट)

(c) वसूली

(d) बैठकें एवं चर्चा

18.14 'अपनी प्रगति जाँचें' का उत्तर

1. (c)	2. (d)	3. (b)	4. (b)